〈서양의 공자 숭배와 근대화〉 연구총서

근대 프랑스의 공자 열광과 계몽철학

황태연 지음

The 'Confucius Frenzy' and the Enlightenment Philosophy in Modern France

by Professor Dr. Tai-Youn Hwang(Dongkuk University)

한국문화사

유튜브 "황태연 아카데미아"에서 저서들과 관련된 저자의 육성 강연과 강의를 들을 수 있습니다.

근대 프랑스의 공자 열광과 계몽철학

초판 1쇄 발행	2023년 7월 20일
지은이	황태연
펴낸이	김진수
펴낸곳	한국문화사
우편번호	04790
주소	서울시 성동구 아차산로 49, 404호 (성수동1가, 서울숲코오롱디지털타워3차)
전화	02-464-7708
팩스	02-499-0846
이메일	hkm7708@daum.net
홈페이지	http://hph.co.kr
출판등록	제1994-9호
ISBN	979-11-6919-132-6 93150

ⓒ 2023, 황태연
※ 값은 뒤표지에 표시되어 있습니다.
※ 잘못된 책은 구입처에서 교환해 드립니다.

황태연 교수의 약력

지은이 황태연黃台淵은 서울대학교 외교학과를 졸업하고, 같은 학과 대학원에서 「헤겔의 전쟁 개념」으로 석사학위를 받았고, 독일 프랑크푸르트 괴테대학교에서 『지배와 노동(Herrschaft und Arbeit)』(1991)으로 박사학위를 받았다. 1994년 동국대학교 정치외교학과 교수로 초빙되어 현재까지 동서양 정치철학과 정치사상을 연구하며 가르치고 있다.

그는 수십 년 동안 동서고금의 정치철학과 제諸학문을 접목해 통합하는 학제적 연구에 헌신해 왔다. 동서통합 정치철학 저서로는 『감정과 공감의 해석학(1·2권)』(2014·2015)이 있고, 동서 문명교류 분야 저서로는 『패치워크문명의 이론』(2016), 『공자철학과 서구 계몽주의의 기원(상·하권)』(2019), 『근대 영국의 공자숭배와 모럴리스트들(상·하)』(2020·2023), 『근대 프랑스의 공자열광과 계몽철학』(2023), 『근대 독일과 스위스의 유교적 계몽주의』(2023), 『공자와 미국의 건국(상·하)』(2020·2023) 등이 있다. 그리고 『공자의 자유·평등철학과 사상초유의 민주공화국』(2021), 『공자의 충격과 서구 자유·평등사회의 탄생(1-3)』(2021), 『극동의 격몽과 서구 관용국가의 탄생』(2022), 『유교국가의 충격과 서구 근대국가의 탄생(1-3)』(2022), 『유교적 근대의 일반이론(상·하)』(2021·2023), 『놀이하는 인간』(2023) 등을 더 공간했다. 해외번역서로는 저자의 대중보급판 저서 『공자, 잠든 유럽을 깨우다』(2015)를 중역한 『孔夫子與歐洲思想啟蒙』(북경: 인민일보 출판사)(2020)이 있다. 논문으로는 「서구 자유시장·복지국가론에 대한 공맹과 사마천의 영향」(2012), 「공자와 서구 관용사상의 동아시아적 기원(상·중·하)」(2013), 「공자의 분권적 제한군주정과 영국 내각제의 기원(1)」(2014), 「윌리엄 템플의 중국 내각제 분석과 영국 내각제의 기획추진」(2015), 「찰스 2세의 내각위원회와 영국

내각제의 확립』(2015) 등이 있다.

한국정치 분야에서는 『지역패권의 나라』(1997), 『중도개혁주의 정치철학』(2008), 『대한민국 국호의 유래와 민국의 의미』(2016), 『갑오왜란과 아관망명』(2017), 『백성의 나라 대한제국』(2017), 『갑진왜란과 국민전쟁』(2017), 『한국 근대화의 정치사상』(2018), 『일제종족주의』(2019·2023), 『중도적 진보, 행복국가로 가는 길』(2020), 『대학민국 국호와 태극기의 유래』(2023) 등 여러 저서가 있다. 논문으로는 「'대한민국' 국호의 기원과 의미」(2015), 「조선시대 국가공공성의 구조변동과 근대화」(2016) 등이 있다.

동양정치철학 분야 저서로 『사상체질과 리더십』(2003), 『실증주역(상·하)』(2008), 『공자와 세계(1-5권)』(2011), 『공자의 인식론과 역학』(2018) 등을 출간했다. 논문으로는 「공자의 주역관」(2005) 등이 있다.

서양정치 분야에서는 『환경정치학』(1992), 『포스트사회론과 비판이론』(1992, 공저), 『지배와 이성』(1996), 『분권형 대통령제 연구』(2003, 공저), 『계몽의 기획』(2004), 『서양근대 정치사상사』(2007, 공저) 등이 있다. 논문으로는 「근대기획에 있어서의 세계시민과 영구평화의 이념」(1995), 「신新봉건적 절대주권 기획과 주권지양의 근대기획」(1997), 「자본주의의 근본적 변화와 제국주의의 종식」(1999) 등이 있다. 그리고 독일어 저서로는 *Herrschaft und Arbeit im neueren technischen Wandel*(1992)이 있고, 논문으로는 "Verschollene Eigentumsfrage"(1992)가 있다. 또 영어논문으로는 "Habermas and Another Marx"(1998), "Knowledge Society and Ecological Reason"(2007) 등이 있다.

지금은 『도덕의 일반이론: 도덕철학의 현대과학적 정초(상·하)』와 『정의국가에서 인의국가로: 국가변동의 일반이론(상·하)』을 동시에 집필하고서 마지막 원고 다듬기를 하고 있다. 그는 지금까지 총 67권의 저서를 공간했다. 유튜브 "황태연 아카데미아"에서 저서들과 관련된 저자의 육성 강연과 강의를 들을 수 있다.(편집부)

근대 프랑스의 공자 열광과 계몽철학

머리말

이 책은 공자철학과 중국사상을 열광적으로 찬미하고 수용한 프랑스의 주요 계몽철학자들, 즉 17세기의 라 모트 르 베예·베르니에·피에르 벨과 18세기의 이른바 '필로소프들(philosophes)'들의 계몽주의(Lumières; Enlightenment)를 논하고, 아울러 이에 맞선 프랑스판 위정척사파 페넬롱·말브랑쉬·몽테스키외 등의 반동적·반계몽적 몽매주의(obscurantisme)도 다룬다. 이른바 '필로소프들'이란 실루에트·멜롱·볼테르·케네·다르장송·미라보·뒤부르·구다르·보도·르클레르크·푸아브르·루소와 백과전서파(디드로·달랑베르·엘베시우스) 등 '프랑스 계몽철학자들'을 말한다.

영국 식자들은 공자철학과 중국문화예술을 공공연하게 찬양하며 수용하기도 했지만, 거센 이교논란에 오갈이 든 적잖은 영국철학자들은 공자철학을 몰래 표절해서 자기의 이론으로 둔갑시켜 독창적 이론인 양 발표했다. 공자와 공자철학을 공공연하게 예찬한 솔직하고 용감한 영국 철학자들은 존 웹, 나다나엘 빈센트, 아이작 보시어스, 윌리엄 템플, 버젤, 존 트렝커드, 토마스 고든, 매슈 틴들, 토마스 첩(Thomas Chubb), 유스터스 버젤, 데이비드 흄 등이었다. 표절자들도 못지않게 많았다. 베이컨, 밀턴, 컴벌랜드, 로크, 섀프츠베리, 허치슨, 아담 스미스 등이 그들이다. 흄도 그의 도덕철학의 많은 부분에서 우리가 그 시대를 고려할 때 양해할 수 있는 '불가피한' 부분적 표절자였다. 이런 까닭에 필자는 『근대 영국의 공자 숭배와 모럴리스트들(상·하)』(2020·2023)에서 베이컨, 밀턴, 로크, 섀프츠베리, 흄, 스미스 등의 공자학습과 극동문화 수용정도를 밝히기 위해 그들의 독서·학습·교육과정, 서신이나 미셀러니와 잡문들, 심지어 개인 장서까지도 파헤쳐야만 했다.

그러나 프랑스인들은 영국인과 달랐다. 프랑스인들은 그 화끈한 민족성대로 모두가 다 공자를 공공연하게 찬양하고, 그의 철학을 큰 소리로 연호했다. 공자를 비판하는 경우에도 공개적으로 비판했다. 프랑스 철학자들 중에는 전략적 고려에서 공자나 중국에 대한 입장을 잠시 숨기고 그 공표를 유예하는 경우나 오락가락한 경우는 있었지만 이교논란을 피하기 위해 비겁하게 공자로부터 배운 사실을 몰래 감추거나 공자를 슬그머니 표절하는 철학자는 한 명도 없었다. 프랑수와 케네는 공자나 중국에 대한 열광적 동조 입장을 홍보전략적 고려에서 잠시 숨겼지만 나중에 적절한 시기가 되자 공자와 중국에 대한 찬양을 공개적으로 몽땅 쏟아놓았다. 유일하게 루소만이 중국문화에 대해 찬양과 비방을 오가며 '양가치적' 또는 '정신분열증적' 태도를 보였다. 거의 모든 프랑스 철학자들이 이렇게 자신들의 입장을 노골적으로 밝혔기 때문에 이들에 대한 극동과 공자의 영향을 살피기 위해 그들의 개인장서나 편지 뭉치, 교육·학습과정까지 샅샅이 뒤질 필요는 없었다.

　프랑스에 대한 공자철학과 극동문화의 영향도 영국에 대한 영향과 달랐다. 영국을 혁신해서 근대화한 극동의 영구적 영향은 태생적 자유·평등사상, 탈脫기독교적·탈희랍적·세속적 윤리도덕, 혁명권(저항권)이론, 신사紳士이념, 내각제, 공무원임용고시와 관료제 등이었던 반면, 프랑스에 대한 극동의 근본적 근대화 영향은 인간사회의 인간화(탈脫종교화·탈脫주술화·세속화), 자유시장, 농본주의(중농주의), 신분 철폐, 보편적 관용사상, 탈脫기독교적 인도주의, 세계주의, 예술(로코코) 등의 분야였다. 여기에 『근대 독일과 스위스의 유교적 계몽주의』에서 다루는 독일·오스트리아·스위스가 극동으로부터 수용한 또 다른 중국적 근대요소들(복지국가, 관료제, 필기시험, 귀족신분의 무력화와 퇴출 등)이 보태졌다. 물론 세 나라가 활발한 사상·문화교류 속에서 중국으로부터 앞서거니 뒤서거나 받아들인 정치적·경제적·문화적 영향들은 상호 융해되어 '유럽적 근대'를 만들어냈고, 이를 바탕으로 유교제국의 '원형적 근대'보다 더 '높은 근대'로 도약했다.

　이 책에서는 라 모트 르 베예, 베르니에, 라 루베르, 테브노 등이 17세기에 '계몽의 파종자들', 그리고 피에르 벨·볼테르·케네·루소·다르장송·뒤부르·구다르·보도·르클레르크·실루에트·멜롱·푸아브르·디드로·엘베시우스 등의 '유교적 근대화론'으로서의 프랑스 계몽철학이 본격적으로 논의될 뿐만 아니라, 위정척사파적 반反계몽주의, 즉 페넬롱·말브랑쉬·몽테스키외 등의 '몽매주의'도 본격 분석된다. 아무쪼록 독자들이 이 프랑스 계몽주의에 대한 정확한 인식을 통해 17-18세기 유럽의 근대화 이념의 형성과정에 대한 극동의 영향이 얼마나 강력하고 또 '본질구성적'이었는지, 그리고 그들의 열정과 동경이 극동을 향해 얼마나 뜨겁게 들끓었는지, 그리고 공자철학과 극동문화에 대한 그들의 환상과 오해가 어떤 것들이었는지를 밝게 알기를 바랄 따름이다. 나아가 이를 통해 우리가 무시하거나 깔보았던 공자철학과 유교문명이 세계적 비교 차원에서 얼마나 위대한 철학인지, 그리고 얼마나 보편타당한 문명인지를 반사적으로 깨닫게 되기를 기원한다.

　『공자철학과 서구 계몽주의의 기원』과 속편 『근대 프랑스의 공자열광과 계몽철학』, 『근대 영국의 공자 숭배와 모럴리스트들(상·하권)』, 『근대 독일과 스위스의 유교적 계몽주의』, 『공자와 미국의 건국(상·하권)』은 공자철학의 서천과 계몽주의의 유교적 기원 및 근대국가의 유교적 본질을 파헤친 5부작이다. 이 책 『근대 프랑스의 공자열광과 계몽철학』은 5부작의 다른 책들과 통시적·공시적으로 긴밀히 연결되어 있다. 부디 서양 근대문명의 유교적 본질 측면을 이해하는 데 이 5부작이 필수적이고 충분한 역할을 수행할 수 있기를 바랄 뿐이다.

2020년 1월 서울 바람들이에서
죽림 竹林 지識.

The 'Confucius Frenzy' and the Enlightenment
Philosophy in Modern France

차례

▸ 머리말 ········ 6
▸ 서론 ········ 15

제1장 공자와 프랑스 계몽철학자들

제1절 라 모트 르 베예와 '중국의 소크라테스' 공자	**21**
1.1. 기독교신앙 없이 구원받은 철인치자로서의 공자제자들	22
■ 공자철학의 분석	22
■ 중국과 일본의 문화적 대비와 비교종교학적 불교논의	27
1.2. 라 모트 르 베예와 베르니에의 공자 추앙	29
■ 라 모트 르 베예의 공자 추앙	29
■ 프랑수아 베르니에의 공자 숭배	31
제2절 무차별적 관용론과 무신론적 공자해석	**33**
2.1. 피에르 벨의 무신론적 중국관과 무차별적 관용론	34
■ 무신론자들의 '무제한적 관용과 덕성의 나라' 중국	34
■ 극동사회의 종교적 본질: 유신론과 무신론의 초월	37
■ 공자의 무제한적 관용론	42
■ 기독교적 불관용에 대한 벨의 비판과 무신론적 불교이해	44
■ 데카르트주의자들의 공자 비판과 벨의 반격	53
■ 벨의 무신론적 공자이해	56
2.2. '종교적으로 미적지근한' 유럽적 관용사회의 비전	63
■ 종교적으로 '미적지근한' 무신론사회의 개념	63
■ 무차별적 관용과 유럽의 세속적 근대사회 비전	68
■ 벨의 마음속에 감춰진 무신론적 극동사회	78

■ 강제개종 활동에 대한 반대 83
■ 벨의 무차별적 관용론의 국제적 영향과 파장 87
2.3. 벨의 중국 동경과 계몽군주론 91
■ 보댕의 주권론에 대한 제한군주론적 해석과 호평 92

제3절 유럽중심주의적 위정척사파의 저항 104

3.1. 페넬롱의 헬레니즘적 반反공자주의 106
■ 「공자와 소크라테스의 대화」 107
■ 대화에 대한 분석 119
■ 『텔레마크』와 페넬롱의 정치적 몰락 130
3.2. 말브랑쉬의 신新교부철학적 중국성리학 비판 134
■ 말브랑쉬의 배경과 그의 신학적 철학의 요지 134
■ 『기독교철학자와 중국철학자의 대화』(1708)의 집필 배경 139
■ 『대화』의 내용 149
■ 리理와 기氣 개념의 재再정의를 통한 '신의 본성'의 정의 173
■ '리理'를 신과 등치시키려는 말브랑쉬의 기도 176
■ 『독자를 위한 조언』의 내용 178
3.3. 몽테스키외의 유럽중심주의와 중국 비방 184
■ 몽테스키외의 중국비방에 대한 그간의 학술적 평가 186
■ 몽테스키외 정치철학의 복고반동성 200
■ 몽테스키외의 자의적 전제정론과 자가당착적 중국전제정론 209
■ 풍토결정론적 중국전제정론과 그 이론적 파탄 246
■ 중국인 비방: "지구상에서 가장 사악한 국민" 256
■ 자기부정 259
■ 중국의 규범혼합론과 중국선교 불가론 264

제4절 볼테르의 '중국이상국가론'과 혁명적 공자철학 273

4.1. 중국의 경제·기술에 대한 볼테르의 정보 부족 274
■ 중국의 과학기술에 대한 볼테르의 무지 275
■ 진실: 중국의 과학기술적 우위 278
4.2. 볼테르의 중국 예찬과 몽테스키외 비판 287

- ■ 볼테르의 수많은 공자 논의와 중국 논고들   287
- ■ 볼테르의 몽테스키외 비판   289

4.3. 볼테르의 근대기획: 유교적 인도주의와 관용 이념   297
- ■ 볼테르의 지극한 공자 숭배   297
- ■ 볼테르의 유교적 인도주의와 관용 이념   304
- ■ 『예수회 회원들의 중국으로부터의 추방 이야기』의 분석   313

4.4. 유교문명에 대한 볼테르의 찬양과 변호   320
- ■ 볼테르의 유신론적 중국관   321
- ■ 볼테르의 중국선교 폐지론과 유교적 유럽혁명의 이념   326
- ■ 『중국의 고아』와 유교문명 예찬   331

제5절 '유럽의 공자' 케네와 근대경제학의 탄생   337

25.1. 근대적 중농주의 자유경제론의 창시자 케네   337
- ■ 케네의 중농주의 경제학과 마르크스의 평가   337
- ■ 케네의 중농주의 자유경제론과 중국경제의 관계   339

5.2. 케네의 중국모델과 중농주의적 자유경제론   341
- ■ 케네의 경제연구와 중국문화와의 접촉   341
- ■ 『경제표』의 모델로서의 중국경제   344
- ■ 튀르고의 중국인들과 『부의 형성과 분배에 관한 성찰』   346
- ■ 케네의 중농주의 모델은 중국이라는 것에 대한 정황증거   352
- ■ '자연의 도'(무위이치)와 '레세페르'의 복잡한 관계   367
- ■ 케네의 자유시장 개념에 영향을 미쳤을 여러 서적들   373

5.3. 케네의 『경제표』와 그 분석   379
- ■ '경제표'   380
- ■ 자유시장을 통한 물가안정의 절대적 요청   386
- ■ '경제표'의 경제정책의 중국적 유래   392

5.4. 『중국의 계몽전제정』과 유럽 대개혁: 유럽제국의 중국화   395
- ■ 케네가 『중국의 계몽전제정』에서 직접 인용하는 주요서적들   396
- ■ 유럽 '계몽군주정'의 모델로서의 중국의 '법치적 전제정'   397
- ■ 중국예찬   400
- ■ 공자경전과 탈脫희랍적 중국화의 소망   406

- ▪ 중국의 자유상공업에 대한 예찬   411
- ▪ 중국인들의 '사기성' 악명에 대한 변호   413
- ▪ 황제의 권력에 대한 중국헌법의 견제장치들   415
- ▪ 중국의 과잉인구에 대한 케네의 오판과 그릇된 방책 제시   421
- ▪ '프랑스의 중국화'로서의 프랑스 대개혁론   427
- ▪ 중국은 유럽계몽의 모델이자 케네의 모델   432

제6절 루소의 중국 칭송과 비방의 자기분열   435

6.1. 루소의 중국 비방과 자기분열증   437
- ▪ 중국의 평화주의와 군사적 허약성에 대한 루소의 비난   437
- ▪ 전쟁기술과 무용武勇의 고양은 '문명의 소산'이 아니라 '전쟁의 산물'   439
- ▪ 중국의 평화주의   441
- ▪ 루소의 '복고적 군국주의'와 중국 평화주의에 대한 비방   446

6.2. 루소의 중국 찬양   451
- ▪ 『정치경제론』과 『에밀』에서의 중국찬양   451
- ▪ 루소를 단순한 중국비방자나 중국모방자로 보는 오류   453

6.3. 루소의 정치경제론과 중국의 영향   454
- ▪ 가정과 국가의 구분론   454
- ▪ 루소의 자기모순: 가정비유적 국가론   456
- ▪ 루소의 '중국 표절'   458

제2장 '필로소프들'의 공자숭배와 중국열광

제1절 중농주의자들과 기타 중국예찬자들   465

1.1. 르 마키 다르장송의 『중국인 편지』   465
- ▪ 굴절과 갑론을박   465
- ▪ 다르장송의 『중국인 편지』   466

1.2. 뒤부르의 『유럽의 중국 스파이』와 구다르의 『중국 스파이』   470
- ▪ 뒤부르의 『유럽의 중국 스파이』   470
- ▪ 구다르의 『중국 스파이』와 프랑스대혁명의 예감   472

1.3. 니콜라 보도의 『경제철학의 초보입문』	476
1.4. 니콜라-가브리엘 르클레르크의 『대우大禹와 공자』	481
■ 중농주의자 르클레르크의 『대우大禹와 공자』	481
1.5. 에티엔느 드 실루에트의 『중국의 저울』	485
■ 실루에트의 『중국인의 통치와 도덕의 일반이념』(1729)	485
■ 『중국의 저울, 또는 한 중국인의 교육에 관한 편지』(1764)	490
1.6. 멜롱의 『상업평론』과 푸아브르의 『어느 철학자의 여행』	491
■ 프랑수아 멜롱의 『상업에 관한 정치평론』	491
■ 피에르 푸아브르의 『어느 철학자의 여행』	492

제2절 디드로와 엘베시우스   496

2.1. 드니 디드로의 공자 찬양	496
2.2. 클로드 엘베시우스의 중국정치 찬미	497
■ 『정신론』(1763)과 중국 찬양	497
■ 입장 변화	505

▸ 맺음말__508
▸ 참고문헌__511
▸ 찾아보기__592

서론

프랑스는 17세기 중후반부터 '유럽의 중국'이라고 불릴 만큼 중국적 공예·예술풍조인 '시누아즈리(*chinoiserie*)'와 공자열풍이 휩쓴 나라였다. 프랑스의 18세기 계몽주의는 피에르 벨, 볼테르, 케네, 루소, 백과전서파가 대를 이어 이끌었지만, 이미 17세기부터 유력한 지성인들로부터 공자열광과 바로크적 계몽의 불이 지펴지기 시작했다. 프랑스에서 제일먼저 공자에 열광한 최초의 큰 사상가는 라 모트 르 베예(François de La Mothe le Vayer, 1588-1672)였다. 『공자철학과 서구 계몽주의의 기원』에서 이미 상론했듯이, 라 모트 르 베예는 당대의 대철학자로서 유럽에서 고명高名했다. 그리고 그는 당시 전 유럽에서 위세를 떨치던 '태양왕' 루이 14세의 왕사로서 국왕을 움직일 만큼 막강한 영향력을 가진 유력인사였다. 라 모트 르 베예는 이미 1640년대 초에 쓴 자신의 저서 『이교도들의 덕성에 관하여(*De La vertu des payens*)』(1642)에서[1] 트리고와 마테오리치, 기타 기행문을 통해 전해진 공자철학을 최초로 정밀 분석해 기독교철학과 관련시켜 설명하면서 공자를 "중국의 소크라테스(le Socrate de la Chine)"로[2] 추앙했다. 가상디의 제자로서 프랑스의 저명한 저술가이자 여행가인 프랑수아 베르니에(François Bernier, 1620-1688)는 라 모트 르 베예의 저 책과 쿠플레의 『중국철학자 공자』를[3] 읽고 '공자의 발견'에 감격했다. 그리하여 1688년 베르니에는 이런 감격 속에서 『중국철학자 공자』를 불역佛譯하는 구상을 하면서 '공자철학을 발견한 감격'을 긴 글

---

[1] François de La Mothe le Vayer, *De La vertu des payens* (Paris: Chez François Targa, 1642).

[2] La Mothe le Vayer, De La vertu des payens, 278쪽.

[3] Prosperi Intorcetta, Christian Herdtrich, Rancisci Rougemont, Philiphi Couplet, *Confucius Sinarum Philosophus, sive Scientia Sinensis* (Parisiis: Apud Danielem Horthemels, viâ Jacobæâ, sub Mæcente, 1687). 이 번역서에 대한 자세한 분석은 참조: 황태연, 『공차철학과 서구 계몽주의의 기원(하)』(파주: 청계, 2019), 1047-1091쪽.

로 토로하기도 했다.⁴⁾

이렇듯 기염氣焰을 토하듯 공자와 중국을 격찬하는 베르니에의 공자예찬과 중국열광의 전소유럽적 확산과 공자의 무신론적·인간적 도덕철학에 대한 프랑스철학자들의 깊고 치밀한 이해가 없었더라면 프랑스와 유럽에서 기독교성직자들의 종교적 독재와 군왕들의 정치적 전제정을 분쇄하는 계몽주의와 근대유럽의 세속적 윤리도덕은 형성될 수 없었을 것이고, 종교·정치·사회의 각 분야에서의 부조리한 신비적 권위와 몽매주의적 '신의 질서'를 탈脫주술화하고 '인간의 질서'를 수립하는 '유럽의 해방과 근대화'는 요원하거나 불가능했을 것이다.

공자열광자들 중에는 거의 다 유력인사들이 많았고 그렇기 때문에 프랑스 왕궁과 정부, 파리 시민대중을 가리지 않고 공자열광과 중국열기, 그리고 시누아즈리는 무소불위로 확산되며 로코코문예사조와 계몽의 회오리바람을 일으켰다. 라 모트 르 베예는 루이 14세의 왕사 철학자였고, 공자열광자 베르니에는 세계여행가로서 당시 프랑스의 유명인사이자, 콜베르 재상의 브레인이었다. 테브노(Melchisédech Thévenot, 1620-1692) 예수회 신부는 유명한 아시아 여행기 저널 『신기하고 다양한 항해 이야기(*Relations de divers voyages curieux*)』의 편집 책임자였고, 1684년 12월부로 왕립도서관의 관장직을 맡았다. 테브노는 1673년 이 저널의 제4권(1672-1673)으로 인토르케타의 『중용』 라틴어 번역서 『중국인들의 정치·도덕학(*Sinarum Scientia Politico-Moralis*)』(1667)을 라틴어-불어 대역 서적 『중국인의 과학, 또는 공자의 책(*La Science des Chinois, ou le Livre de Cum-fu-çu*)』으로 출판했었다. 그는 왕립도서관 관장 지위에서 국왕과 파리 살롱에 공자철학을 전파하는 전위前衛와 전동벨트로서의 역할을 했다. 그리고 쿠플레를 루이 14세에게 소개해 줌으로써 『중국철학자 공자』의 출판을 가능케 한 라 셰스(François de La Chaise, 1624-1709)는 국왕의 참회신부였다. 여기에 더해 가톨릭 예수회가 아니라 위그노였지만 전 유럽적 명성을 가진 철학자들이 공자철학과 중

---

⁴⁾ François Bernier, "Introduction à la lecture de Confucius, Extrait de diverses pièces envoyées pour étrennes par M. Bernier à Madame de la Sablières", *Journal des Sçavans*(7 juin 1688) [pages 25-40], 38-39쪽.

국문화의 홍보역할을 했다. 이런 철학자로는 낭트칙령 폐지 후에 네덜란드로 망명한 프랑스 출신 대철학자 피에르 벨(Pierre Bayle, 1647-1706)을 꼽아야 할 것이다. 또한 스위스사람으로 알려진 쟝 바르베락(Jean Barbeyrac, 1674-1744)도 빼놓을 수 없다. 그는 칼뱅교 위그노로서 루이 14세의 개신교박해를 피해 독일·스위스·네덜란드로 떠돌며 자연법철학자로서 가르쳤고, 푸펜도르프와 그로티우스에 대한 역주譯註로 국제적으로 유명해졌다. 그는 푸펜도르프의 『자연법에 따른 인간의 전소 의무(*The Whole Duty of Man according to the Law of Nature*)』(1673)에 붙인 모두冒頭 논문으로 유럽 차원의 명사가 되었다. 그런데 바르베락은 이 역주와 모두 에세이, 그리고 자신의 저서에서 공자의 도덕철학과 중국의 법률을 틈틈이 소개했다.5) 이런 유력인사들이 공자철학의 찬양과 전파를 담당했던 까닭에 공자열광과 중국열풍은 17세기 중반부터 18세기 초까지 프랑스에서 마치 요원의 불길처럼 거침없이 번져나갔다.

이 공자열광 속에서 공자철학과 극동의 정치문화를 프랑스인의 입맛에 따라 이해하고 번안한 프랑스 사상계의 계몽주의와 로코코예술사조도 동시에 일어났다. 프랑스 계몽주의는 18세기 중후반 사상적으로 공자열광자들인 볼테르와 케네에 의해 대표되었고, 정치적으로는 '케네의 제안'으로 1756년 중국 황제의 모델에 따라 춘경기 개막 시점에 손수 쟁기를 가는 장엄한 의식을 거행한 계몽군주 루이 15세의 밭갈이 쟁기질 행사로 정점에 도달했다.6)

어니스트 휴즈(Ernest R. Hughes, 1883-1956)에 의하면, 18세기 중반 파리에서 공자철학의 영향은 이중적인 것이었다. 첫째는 단호한 영향인데, 그것은 인간들에게 인간적 운명의 온유한 통제자로서의 자연(본성)과 더불어 살고 생각하는 보다 인간적인 길을 가리켜 보여주는 것이었다. 두 번째 영향은 이러한 노선에 따른, 중국에서 방사되는 것으로 여겨지지 않는 "널리 스며든 일반적" 영향이었다. 드러난 전면前面에서 보면, 공자철학의 사상들은 아주 논쟁할 여지 없이 올바르고, 따라서 전 세계 지성인

---

5) 베르베락의 '모두 에세이'에 대한 분석은 참조: 황태연, 『근대 독일과 스위스의 유교적 계몽주의』, (서울: 넥센미디어, 2020), 61-71쪽.
6) Reichwein, *China and Europe*, 106쪽.

들의 공동자산이었다. 중국철학을 집중적으로 연구하고 의식적으로 환영한 사람들은 비교적 소수였다. 나머지 대다수는 중국철학을 집중적으로 연구하지 않았고 선교사들의 책들을 떠들어 보고 "계몽주의가 스스로를 계몽하는 장소인 살롱"에서 화젯거리가 된 10여 권의 다른 저작들을 필독서로 읽었을지라도 그 밖의 서적으로는 인기 있는 대중적 서적들을 읽는 것으로 만족했기 때문이다. 그러나 공자철학이 이국적 철학으로 간주되지 않고 "자연적·순리적 철학"으로 간주되었다는 바로 이 사실은 서양 지식인 대중들로 하여금 공자철학을 그 출처에 대한 뚜렷한 의식 없이 자연스럽게, 쉽사리 받아들이도록 만들었던 것이다.7)

17세기 후반과 18세기 전반의 프랑스 계몽주의는 피에르 벨이 이끌었다. 그리고 유럽 차원에서 18세기 후반의 계몽주의는 볼테르와 케네가 이끌었다. 그러나 세기전환기와 18세기 초반에는 중국열광과 계몽주의 운동의 충격적 여파에 대한 위정척사파적 반발이 없지 않았다. 이하에서는 프랑스철학에 대한 공자철학의 영향을 유력한 계몽철학자들 중심으로 살펴보고, 곁들여 위정척사파의 논변도 정밀 분석한다.

프랑스의 위정척사파들은 프랑스와 유럽의 '중국적 근대화'에 대한 수구적 반발의 세 가지 철학적 흐름을 대표하는 페넬롱, 말브랑쉬, 몽테스키외다. 이들은 공자와 중국을 중상모략하듯 비방하고 무고하며 '프랑스와 유럽의 중국화·유교화'에 강력 반발했다. 그러나 이 위정척사파들의 몽매주의적 논변은 18세기 중반을 넘기지 못하고 열띤 계몽주의의 거센 화염 속에서 완전히 소각되었다. 본론에서는 이 위정척사파들의 주장도 상세하게 분석하고, 공자철학과 중국문화에 대한 이들의 무지와 오류, 그리고 무고를 밝혀 보일 것이다. 물론 공자를 추앙하고 중국에 열광한 계몽철학자들에게서도 공자와 중국에 대한 오해가 없지 않았지만 무고는 없었다. 이들의 무지와 오류는 드러나는 족족 지적해 보일 것이다.

---

7) 참조: Ernest R. Hughes, "Introduction", 16쪽. Ernest R. Hughes(transl.), *The Great Learning and The Mean- In-Action*(London: J. M. Dent abd Sons Ltd., 1942).

제1장

공자와 프랑스 계몽철학자들

제1절
라 모트 르 베예와 '중국의 소크라테스' 공자

트리고와 마테오리치, 기타 기행문을 통해 전해진 공자철학을 최초로 양심적으로 설명하고 기독교철학과 관련시켜 이해하고 높이 평가한 17세기 서양 철학자는 이신론적理神論的 자유사상가로 불리는 라 모트 르 베예(François de La Mothe le Vayer, 1588-1672)였다.[8] 그는 당대의 대철학자로서 국제적으로 고명했고, 무엇보다도 당시 전 유럽에서 위세를 떨치던 '태양왕' 루이 14세의 왕사 王師였다.

라 모트 르 베예

이처럼 고명한 학문적 권위와 강력한 정치적 영향력을 겸비한 라 모트 르 베예는 기독교를 새롭게 이해하는 데 공자의 이신론적(자연종교적)·본성론적 도덕철학이 도움을 줄 수 있다고 기대한 것으로 보인다. 그는 공자를 소크라테스와 같은 선택받은 철학자들의 반열에 올려놓고 공자철학을 높이 평가한 "유럽 최초의 걸출한 사상가"였다.[9]

---

[8] 이하 라 모트 르 베예에 대한 논의는 『공자철학과 서구 계몽주의의 기원(하)』의 논의(1146-1156쪽)를 손질한 것이다.

[9] Rowbotham, "The Impact of Confucianism on Seventeenth Century Europe", 230쪽.

라 모트 르 베예는 리셸리외의 간청에 따라 원죄 때문에 예수 그리스도의 구원 은 총 없으면 도덕적 생활을 영위하는 것이 불가능하다는 얀세니스트 사상과 대결하며 불교와 유교의 독트린을 찬양했다. 계시된 진리와 교회의 비준보다 일차적으로 인간의 경험과 지성적 가치들에 기초한 본성적 도덕에 대한 그의 의무의식은 프랑스 교회의 정치사회적 지위에 대한 일종의 도전이었다.[10]

1.1. 기독교신앙 없이 구원받은 철인치자로서의 공자제자들

라 모트 르 베예는 1642년에 출간한 자신의 저서 『이교도들의 덕성에 관하여(De La vertu des payens)』에서 '자연법의 국가', '왕의 국가', '그리스의 국가'를 논한 데 이어 소크라테스, 플라톤, 아리스토텔레스, 디오게네스, 제논, 피타고라스, 에피쿠로스, 피론 등 고대그리스 이교철학자들을 살펴본다. 그는 이 논의에서 소크라테스·플라톤·피타고라스·세네카를 선택하고, 기타 철학자들에 대해서는 기대를 접는다. 하지만 그는 이어지는 절에서 공자를 "중국의 소크라테스(le Socrate de la Chine)"로 특대하고 『중국인들 사이에서의 기독교 선교』(1615)를 쓴 트리고(마테오리치) 신부를 거듭 거론하며 공자의 도덕철학과 중국의 유자(儒者)학파를 상론한다.[11]

■ 공자철학의 분석

라 모트 르 베예는 『이교도들의 덕성에 관하여』의 제2부 「공자, 중국의 소크라테스에 관하여(De Confutius, le Socrate de la Chine)」라는 절에서 공자철학을 다룬다. 일단 그는

---

[10] Gregory Blue, "China and Western Social Thought in the Modern Period", 61쪽. Timothy Brook and Gregory Blue, *China and Historical Capitalism. Genealogies of Sinological Knowledge*(Cambridge: Cambridge University Press, 1999).

[11] François de La Mothe le Vayer, *De La vertu des payens*(Paris: Chez François Targa, 1642), 278-291쪽.

아우구스티누스를 원용해 기독교세계에서 훌륭한 이교철학을 긍정적으로 검토해야 하고 또 해도 되는 토대를 마련한다.

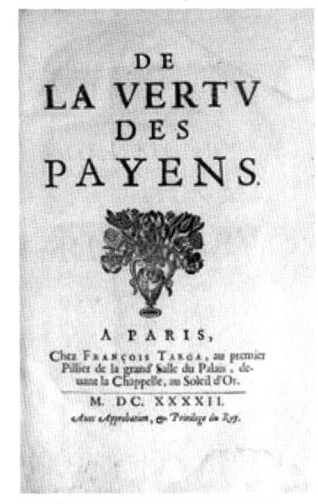

『이교도들의 덕성에 관하여 (De La vertu des payens)』 표지

성 아우구스티누스는 『신국론』에서 어떤 철학이 우리 종교와 일치성을 가장 많이 갖는다고 말할 수 있는지를 알기 위해 다양한 철학 학파들을 검토하면서, 자신에게 잘 맞는 일반적 판단으로 문제를 해결한다. 그는 그리스를 선호하지 않고 그리스 철학자들이 자신들의 지혜를 숭상하게 하는 지역을 염두에 두지 않는다. 그러면서 그는 스키타이·인도·페르시아·이집트, 또는 다른 어떤 나라의 사람이든 간에 만물의 창조주인 유일신의 권능과 선을 가르친 모든 사람은 기독교적 신앙의 빛에 가장 가깝게 접근한 사람들로서 다른 사람들보다 선호되어야 한다고 주장한다. 이것이 바로 내가 많은 그리스 사람들에 대해 언급한 다음 이어서 한 중국인에 대해 말하는 이유이다.[12]

그런데 르 베예는 이미 제1부 「왕의 국가(De le'Estat de la Loy)」 절에서 트리고와 마테오 리치의 보고를 근거로 '중국인이 자연법에 대한 준수를 통해 구원받았음'을 미리 인정했었다.

트리고 신부는 중국의 선교사들 중 하나인 마테오리치 신부의 비망록에 따라 많은 덕스러운 중국인들이 단순한 자연법의 준수와 그들이 하늘과 땅의 창조주로 인정하는 유일신의 특별한 원조에 의해 드물지 않게 구원받았음을 의심치 않는다.[13]

---

12) La Mothe le Vayer, *De La vertu des payens*, 278-279쪽.
13) La Mothe le Vayer, *De La vertu des payens*, 33-34쪽.

라 모트 르 베예는 많은 중국인들이 기독교 없이도 단순한 자연법 준수에 의해 기독교도들과 유사하게 구원받았다는 것을 화두로 공자철학의 평가를 개시한다.

공자

이 신부들(트리고와 마테오리치)이 확신하는 것처럼, 내가 이 책의 제1부에서 이미 지적한 바는 적잖은 중국인들이 자연법의 순박한 준수 속에서 도덕적으로 잘 살았고 드물지 않게 그들의 창조자의 자비와 특별한 지원으로 영원한 구원을 얻었다는 점이다. 트리고 신부가 자신의 이 견해에 대는 근거는 다른 모든 민족 가운데 중국민족이 겉으로 보기에 자연본성적 빛(la lumiere naturelle)을 가장 잘 따를 수 있게 되어 있고, 종교문제에서 오류를 가장 덜 범한 민족이라는 점이다. 우리는 그리스·로마·이집트 사람들이 이전에 종교의식을 통해 어떤 초자연적인 일을 이루었는지를 알고 있다. 반대로 중국 사람들은 아주 오래전부터 자신들이 상제上帝(le Roi du Ciel)라고 부르는 유일신만을 인정했다. 이것을 우리는 4,000년 이상 된 그들의 연대기를 통해 알 수 있으며, 중국인들 가운데 상제를 배척한 이교도는 없었다. 나머지 행동들은 바른 이성이 규정하는 것과 가장 일치한다.[14]

르 베예는 이어 중국에서 '반신半神(demy-dieus)'으로 섬겨지는 공자의 지위를 논한다.

동양이 가졌던 가장 선한 사람, 그리고 가장 위대한 철학자는 공자라고 불렸던 중국 사람이었으며, 중국 사람들은 공자에 대한 숭배의 기억을 간직하고 있어서 공자상像을 몇몇 제자들의 상과 함께 사당에 세워 놓고 있다. 그렇다고 중국 사람들이 공자를 신으로 여기지는 않으며, 공자에게 기도를 드리지도 않는다. 하지만 중국 사람들은 상제(le souverain Estre) 다음으로 자신들이 성인들이라고 믿는 위대한 인물들을 그런 식으로 공경하며 반

---

[14] La Mothe le Vayer, *De La vertu des payens*, 279-280쪽.

신[神]으로 여긴다.[15]

르 베예는 그가 공자를 '중국의 소크라테스'라고 부르게 된 두세 가지 이유를 밝힌다.

> 이 철학자의 삶에 대한 여러 정황들 가운데 내가 공자를 '중국의 소크라테스'라고 자신 있게 부를 수 있는 두세 가지 이유가 있다. 첫 번째는 공자가 세상에 태어난 시기로서 그리스 소크라테스의 시기와 거의 다르지 않다. 트리고 신부의 계산에 따르면 공자는 기원전 551년에 태어나 70년 이상 살았으므로 공자의 사망 시기가 소크라테스 세대의 시기와 일치한다는 점에 대해서는 거의 말할 것이 없다. 여기서 나오는 결론은 같은 세기에 중국과 그리스의 모든 이교도 중에서 가장 덕스러운 두 사람이 있었다는 사실이다. 이들의 또 다른 공통점은 지금 우리에게 더욱 와닿는 도덕을 매우 주도면밀하게 선양하기 위해 별로 유용하지 않은 학문들을 무시했다는 점이다. 공자가 소크라테스와 마찬가지로 도덕에 권위를 부여함으로써 하늘의 철학을 땅으로 내려오게 했다고 말할 수 있듯이, 물리학·천문학 및 유사한 학문들에 대한 호기심은 당시 이들에 의해 거의 무시되었다.[16]

첫 번째 이유는 소크라테스가 9세였을 때 공자가 사망해서 삶의 시기가 조금은 겹친다는 말이다. 두 번째 이유는 따지고 보면 아주 중요한 말인데, 그것은 공자가 지식의 중심을 사물에 대한 앎인 '지물[知物]'에서 사람에 대한 앎인 '지인[知人]'으로 지식혁명을 일으킨 것과 소크라테스가 자연철학에서 '너 자신을 알라'는 구호로써 인간의 도덕에 대한 앎으로 선회한 것을 두고 하는 말이다. 공자와 소크라테스의 이 '철학혁명'의 공통점은 나중에 윌리엄 템플이 다시 논하게 된다.[17]

르 베예는 그렇다고 중국인들이 기하학·산술·의학·점성학과 자연사물의 연구 및 예술 등을 소홀히 한 것은 아니라고 말한다. 이런 분야도 중국에서는 발달해 있다는

---

[15] La Mothe le Vayer, *De La vertu des payens*, 280쪽.
[16] La Mothe le Vayer, *De La vertu des payens*, 280-281쪽.
[17] 공자와 소크라테스의 이 공통점에 대한 상론은 참조: 황태연, 『공자의 인식론과 역학』(파주: 청계, 2018), 353-356쪽.

말이다.18) 그럼에도 공자 이래 중국에서 윤리학이 다른 모든 학문에 대해 점하는 우월적 지위를 설명한다.

공자는 사람들에게 윤리학의 중요성을 깨닫게 하고 자신보다 앞선 철학자들의 아름다운 모든 문장을 4권으로 만들고 나서 자기 나름의 사상을 다섯 번째 책으로 편찬했다. 이렇게 해서 공자는 다른 모든 학문 위에다 도덕과학(la science des moeurs)을 올려놓았다. 공자 이후의 사람들은 도덕에 관해 연구해야만 중국에서 학사나 박사가 될 수 있었다. 중국에 3개의 철학파가 있음은 분명한 사실인데 '선비들의 학파(儒家)'라고 불리는 공자학파는 다른 두 개의 학파보다 우월하므로 이 제국에서 훌륭한 모든 사람은 공자의 학문을 직업으로 삼고 있다.19)

르 베예는 트리고와 마테오리치가 준 정보에 따라 중국제국이 철인치자가 다스리는 나라임을 확신하고 이를 아주 특이한 점으로 간주한다.

내가 또한 매우 특이하게 여기는 점은 이 철학자의 제자들이 지식과 현명의 특별한 명성을 갖고 있기 때문에 국법에 의해 이들만이 정사를 맡고, 왕국의 권위를 바탕으로 절대적 권력을 행사하는 만다린·관료·문인들은 이 학파에서만 배출되었다는 점이다. 군대의 통솔에 있어서도 다른 모든 학파는 이 공자학파보다 열등하기 때문에, 명령을 내리는 사람들은 이 학파의 철학자들이며, 모든 부대에서 이들의 처분을 영예롭게 실행한다. 확실히, 지배권을 철학의 손 안에 위치시키고 무력을 평화적으로 이성에 복종하게 만든 것은 공자에게 작은 영광이 아니다. 왕들에게 철학하게 하고 철학자들이 지배하게 하는 것보다 더 큰 그 무슨 행운을 도대체 바랄 수 있을 것인가? 이런 보기 드문 정신은 중국 안의 이 두 가지 지복至福을 결합해야 한다. 공자의 덕목으로 최고 주권자 자신도 그의 가르침에 맞지 않는 어떤 명령도 내리지 않고, 왕국의 모든 관리와 마찬가지로 모든 치자가 반드시 공자의 제자들이기 때문에, 아주 커다란 이 제국을 지배하는 사람들은 철학자들밖에 없다고 말할

---

18) La Mothe le Vayer, *De La vertu des payens*, 282쪽.
19) La Mothe le Vayer, *De La vertu des payens*, 282-283쪽.

수 있다.[20]

르 베예는 인덕仁德을 제일의 덕목으로 치는 공자의 경험주의적 철학자들을, 소크라테스·플라톤이 말하는, 지혜(소피아)를 제일의 덕성으로 치는 합리주의적 철학자로 오인하고 중국의 '군자'(군주·신사 위정자)를 플라톤의 '철인치자'로 만들어놓고 있다. 그러나 이런 약간의 오해를 제외하면 그는 대체로 중국과 공자제자들의 정치적 역할에 대한 개념적 이해에서 곧은길을 따라가고 있다.

■ 중국과 일본의 문화적 대비와 비교종교학적 불교논의

라 모트 르 베예는 이어서 역시 트리고의 기술에 근거해 중국의 역사에서 유학자들이 국가와 임금을 위해 필요하면 목숨을 초개와 같이 버리는 애국심과 충성을 발휘하는 가운데 군인들보다 더 고귀한 용기를 보여왔고, 또 이것이 공자의 가르침에 기초한 것이라는 점을 밝힌다.[21] 또한 그는 이것을 두고 중국과 일본을 비교한다. 일본은 선비가 아니라 무사가 권력을 쥐고 있다는 것이다. "일본 사람들은 사납고 아주 전투적인 기질 때문에 자신들이 처한 모든 상황에서 토의나 이성보다는 무력을 더 사용하고, 평화적 수단보다는 군사적 행동을 더 선호했다."[22] 그러나 17세기 도쿠가와 막부시대의 일본은 도요토미 히데요시 시대에 비하면 보다 평화지향적이고 유학경전이 보다 열성적으로 학습되던 시대였다. 중국에 체류할 때 일본의 조선침략(1592-1598)을 경험한 마테오리치의 관찰에 따라 르 베예는 이 차이를 무시하고 있다. 게다가 그는 결정적인 실언을 한다. 공자가 "중국 이외의 다른 지역, 특히 이웃의 모든 나라에 알려지지는 않았다"는 것이다.[23]

이어서 르 베예는 지금은 추적할 수 없는 크리스토프 보리(Christoph le Borry) 신부가

---

[20] La Mothe le Vayer, *De La vertu des payens*, 283-284쪽.
[21] La Mothe le Vayer, *De La vertu des payens*, 284-285쪽.
[22] La Mothe le Vayer, *De La vertu des payens*, 285쪽.
[23] La Mothe le Vayer, *De La vertu des payens*, 285쪽.

소개하는 석가모니의 철학을 논하고 있다. 석가철학에 대한 평가는 전반적으로 부정적이지만 나중의 예수회 신부들이 그렇듯이 그렇게 매도하는 내용은 아니다. 가령 이런 구절이 그렇다. "이들이 경배의 표현으로 많은 탑을 세우고 수많은 불상들에 대한 존경심을 드러내도 다른 사람들처럼 이 우상들에게 어떤 신성을 부여하지는 않으며, 이것들이 오직, 덕성이 있고 뛰어난 성품의 사람들을 대변해준다는 이유 때문에 공경한다."[24] 심지어 그는 "이들이 우상을 갖고 있어도 우상숭배자로 평가될 수는 없다"고도 말한다.[25] 17-18세기를 통틀어서 유럽에서 아마 이보다 더 우호적 불교소개는 없을 것이다.

이에 잇대서 르 베예는 이 점에서 공자를 따르는 유자들은 우상숭배의 위험으로부터 가장 멀리 탈피해 있다고 말한다. "중국의 선비들, 또는 공자학파를 따르는 사람들은 이러한 범죄로부터 더욱 멀리 떨어져 있다. 트리고 신부가 자세하게 말하고 있듯이, 중국 선비들은 어떠한 우상도 갖고 있지 않으며, 유일신에게만 성스러운 공경을 드리고, 이 땅에서 일어나는 모든 것과 관련해 신의 섭리를 경배한다. 그들이 보다 저급한 혼령들에 대해 일종의 제사를 지내도, 그들의 상상은 그들을 천사나 어떤 지성적 존재와 같은 것으로 표현한다."[26]

그러나 르 베예의 관심은 공자철학만이 아니라 심지어 불교철학에도 기독교와 합치되는 훌륭한 가르침들이 있음을 인정하는 데까지 이른다. "사카나 공자, 또는 우리가 견문기에서 알 수 있는 지혜롭고 덕성이 있는 다른 몇몇 사람들의 동양철학에서 누락되고 삭제된 사항들이 분명히 많을지라도, 동양철학은 매우 훌륭한 가르침들을 가지고 있고, 보리 신부의 말처럼, 이 가르침들의 대부분은 자연의 빛과 기독교의 진리들과 매우 일치한다."[27] 불교든 유교든 오류가 있음을 인정하지만, "우상숭배를 반대하고 훌륭한 도덕으로 가득 찬 그들의 사상은, 사람들이 그렇게도 많이 말하는

---

[24] La Mothe le Vayer, *De La vertu des payens*, 287쪽.
[25] La Mothe le Vayer, *De La vertu des payens*, 288쪽.
[26] La Mothe le Vayer, *De La vertu des payens*, 288쪽.
[27] La Mothe le Vayer, *De La vertu des payens*, 290쪽.

그리스·로마 사상보다 평가를 덜 받을 이유가 없다"는 것이다.[28]

1.2. 라 모트 르 베예와 베르니에의 공자 추앙

■ 라 모트 르 베예의 공자 추앙

기독교 성직자 라 모트 르 베예는 만약 유럽에서 이교도의 화형식이 다시 벌어진다면 이교도 소크라테스·플라톤과 공자를 '꺼지지 않는 불' 속에 던져 넣는 것을 거부하고 천국에 보내야 한다고 외칠[29] 정도로 공자를 숭배했다. 르 베예는 공자의 철학만이 아니라 그 삶 자체도 칭송한다.

> 마지막으로 나는, 트리고 신부 자신의 말을 쓰자면, 공자의 삶이 성스러움으로 가득했고 그에 대해 글을 쓴 모든 사람이 우리에게 아주 강력하게 추천하는 공자에 관한 모든 것을 말하고 있다. 그에 대해 쓴 모든 이는, 공자의 삶은 어떤 왕들도 공자의 한 문장이라도 잘못 말하면 양심의 가책을 느낄 정도로 자신의 이름을 경탄하게 만들었다고(…) 확신시켜주고 있다.[30]

따라서 그가 공자를 고대그리스의 위대한 철학자들인 피타고라스와 소크라테스의 반열로 올리는 것은 당연한 것이다.

> 따라서 내가 보기에, 우리가 이미 언급한 가장 위대한 철학자들과 함께 공자에 대한 기억을 공경하지 않거나, 참으로 공자보다 더 덕스러운 것으로 보이지 않는 소크라테스와 피

---

[28] La Mothe le Vayer, *De La vertu des payens*, 289-290쪽.

[29] Arnold H. Rowbotham, "La Mothe le Vayer's Vertu des payens and Eighteenth Century Cosmopolitaism", *Modern Language Notes*, LIII, No.1(January 1938), 10-14쪽. Appleton, A Cycle of Cathay, 39-40쪽에서 재인용.

[30] La Mothe le Vayer, *De La vertu des payens*, 288쪽.

타고라스에 의한 구원을 포기하지 않으면서 공자에 의한 구원은 단념한다면, 우리 모두는 아주 부당하고 동시에 아주 무모할 것이다.[31]

나아가 공자는 소크라테스나 피타고라스만큼 모든 사랑을 다 받아야 옳다고 말한다. "공자가 전능全能하고 전선全善한(toute bonne) '제1원인'의 단일성을 이들보다 덜 인정한 것이 아니기 때문"이다.[32]

마지막으로 르 베예는 기독교의 소위 황금률(① "무엇이든지 남에게 대접받고자 하는 대로 너희도 남을 대접하라"[마태복음 7장 12절, 누가복음 6장 31절], ② "너 자신이 싫어하는 것을 누구에게도 하지 말라"[외전 토비트서 4장 15절])의 두 번째 규범을 공자의 인仁의 소극적 개념 "자기가 하고 싶지 않은 것을 남에게 하지 말라(己所不欲 勿施於人)"와[33] 연결시켜 공자의 도덕철학과 기독교 규범의 합치성을 밝히고 있다.

> 두 번째 규범을 형성하는 이웃에 대한 자비와 관련하여, 공자로부터 유래한 모든 중국도덕 가운데서 '우리가 우리에게 하기를 원치 않는 것을 다른 사람에게 결코 하지 말라'는 가르침보다 더 분명한 것은 아무것도 없다고 마테오리치의 비망록은 확신시켜주고 있다.[34]

르 베예는 이로써 공자철학을 기독교 세계로 수용할 것을 촉구하고 있다. 그는 겉으로 중국 이교철학에 대한 유보와 거리낌을 표명하고 있다. 하지만 그의 내심은 기독교보다 공자철학 쪽으로 더 기울어졌을지 모른다. 이것은 그가 환희 속에서 "거룩한 공자님이시여, 우리를 위해 기도해주소서!(Sancte Confuci, ora pro nobis!)"라고 외치는 것을 참고 있는 것처럼 비칠 정도였다는 사실에서[35] 짐작할 수 있다. 이 말과 함께

---

[31] La Mothe le Vayer, *De La vertu des payens*, 290-291쪽.

[32] La Mothe le Vayer, *De La vertu des payens*, 291쪽.

[33] 『論語』 「顏淵」 (12-2).

[34] La Mothe le Vayer, *De La vertu des payens*, 291쪽.

[35] François Bernier, "Introduction à la lecture de Confucius, Extrait de diverses pièces envoyées pour

르 베예의 공자평가는 이후 거듭 인용되며 유럽사상계에 심대한 반향을 일으킨다. 르 베예와 같은 대철학자가 공자경전 번역서들이 본격적으로 출판되기 전에 트리고의 저작만을 읽고도 공자철학과 중국정치를 이렇게 높이 평가한 것은 아주 의미심장하다. 그가 『이교도들의 덕성에 관하여』에서[36] 처음으로 내놓은 이 공자찬양의 철학적·정치적 중요성은 모레리(Louis Moréri)가 1년 뒤에 출간한 『역사대사전(Le Grande Dictionnaire Historique)』(1643)에서 '중국문화의 권위자'로 라 모트 르 베예를 트리고·마르티니와 함께 인용하고 있는 점에서[37] 드러난다.

■ 프랑수아 베르니에의 공자 숭배 [38]

저명한 동양여행가이자 저술가인 프랑수아 베르니에(François Bernier, 1620-1688)는 르 베예의 저 책을 읽고 '공자철학 발견의 감격'을 이렇게 토로했다.

아! 공자가 인간의 내면(l'intérieur de l'homme)을 얼마나 잘 이해했는지, 그리고 군주의 행동과 국가의 통치에 대해 얼마나 위대한 안목을 가졌는지, 그분은 그들이 덕스러울 때만 행복하다고 여길 정도였습니다! 내가 아는 한, 지금까지 어떤 인간도 그토록 많은 지혜, 그토록 많은 현명, 그토록 많은 진실성, 그토록 많은 경애심, 그토록 많은 박애심을 가진 것으로 보이지 않았습니다. 덕성을 추구하지 않는, 또는 훌륭한 정부를 위해서든, 삶의 특별한 행동을 위해서든 그 어떤 현명한 가르침을 내포하지 않는 단 하나의 단락도, 단 하나의 단편도, 단 하나의 일화도, 단 하나의 요구도, 단 하나의 대답도 없었습니다. 나는 라 모트 르 베예 씨의 글을 읽고 그가 '거룩한 공자님이시여, 우리를 위해 기도해주소서!'라고 말하는 것을 자제하려고 애썼다는 것을 알게 되었다고 확신합니다. 그가 만약 그분의 저

étrennes par M. Bernier à Madame de la Sablières", *Journal des Sçavans*(7 juin 1688) [pages 25-40], 39쪽.

[36] François de La Mothe le Vayer, *De La vertu des payens*(Paris: Chez François Targa, 1642).
[37] Rowbotham, "The Impact of Confucianism on Seventeenth Century Europe", 231쪽.
[38] 베르니에 대한 논의는 『공자철학과 서구계몽주의의 기원(하)』의 논의(1155-1156쪽)를 늘린 것이다.

작을 보았더라면 무슨 말을 못했겠습니까? 또는 그분이 기독교인이었다면 우리는 무슨 말을 못하겠습니까?[39]

르 베예가 "거룩한 공자님이시여, 우리를 위해 기도해주소서!"라고 말할 뻔했다는 베르니에의 이 말은 빈말이 아닐 것이다.

르 베예는 1640년대에 유럽의 이교도 화형식이 벌어진다면 공자를 '꺼지지 않는 불' 속에 던져 넣는 것을 거부하고 천국에 보내야 한다고 외칠 정도로 공자를 추앙했다. 여기서 한 걸음 더 나아가 그의 '공자숭배'는 베르니에의 보고에 의하면 유럽의 기독교인들의 구원을 "거룩한 공자님"의 기도에 맡길 수준으로까지 한껏 고양되고 있다.

아깝게도 48세에 요절한 베르니에는 그 자신이 공자열광자가 되었다. 그는 주지하다시피 인도사회의 특징을 부정적으로 평가했는데, 이 평가는 특히 마르크스가 '아시아적 생산양식'이라는 개념을 발전시킬 때 이 평가를 긍정적으로 받아들였기 때문에 유명해졌다. 마르크스는 인도와 중국을 구별하지 않고 '아시아적 생산양식' 개념을 적용했다. 그러나 베르니에 자신은 인도와 중국을 본질적으로 완전히 다르게 이해했다. 그는 효도 및 치자와 신민 간의 상호존중에 기초한 중국의 정치질서를 덕치의 모델로 찬양하고 권장했다. 중국제국의 영구성과 유구성을 언급하면서 그는 1688년 공자의 정치적 전통의 합리성이 중국인에게 덕성, 지혜, 현명, 신뢰, 진실성, 인애, 점잖음, 정직성, 예의바름, 장중함, 겸손함, 천도에 대한 순응에서 모든 다른 민족들을 능가할 능력을 주었다고 언명했다.[40]

---

[39] François Bernier, "Introduction à la lecture de Confucius, Extrait de diverses pièces envoyées pour étrennes par M. Bernier à Madame de la Sablières", *Journal des Sçavans*(7 juin 1688) [pages 25-40], 38-39쪽.

[40] Gregory Blue, "China and Western Social Thought in the Modern Period", 63-641쪽. Timothy Brook and Gregory Blue, *China and Historical Capitalism. Genealogies of Sinological Knowledge*(Cambridge: Cambridge University Press, 1999).

제2절
무차별적 관용론과 무신론적 공자해석

피에르 벨

　18세기 계몽철학자들에게 기독교 신학자들이나 보수적 철학자들, 그리고 보수반동적 정부대변자들과 싸우는 데 필요한 철학적·사상적 무기를 제공한 '계몽의 무기고'와 같은 철학은 피에르 벨(Pierre Bayle, 1647-1706)의 회의주의 철학이었다. 그리하여 18세기 후반의 계몽운동을 볼테르와 프랑수와 케네가 담당했다면, 17세기 말과 18세기 전반의 계몽운동은 1706년에 서거한 벨이 담당했다고 해도 과언이 아니다.

　실제로 계몽철학자들과 계몽주의 저술가들은 18세기 내내 피에르 벨의 논변을 '계몽의 무진장한 무기고'로 활용함으로써 사상세계에 기념비적 변화를 일으켰다. 벨은 미개한 신학자들과 형이상학자들에 대항해 투입될 무수한 '비판적 실탄'을 제공함으로써 18세기 계몽주의의 전위 역할을 했다. 벨은 앙시앵레짐의 이데올로기를 분쇄할 '비종교적·경험과학적 사조의 선각자'였다.[41]

　그런데 피에르 벨의 무신론적 회의주의 철학은 극동의 유교제국諸國과의 긴밀한

---

41) Richard H. Popkin, "Introduction", xix. Pierre Bayle, *Historical and Critical Dictionary*(Indianapolis·Cambridge: Hackett Publishing Company, 1991).

사상적 연관 속에서 발전했다. 그는 공자철학과 불교에 나름대로 정통했고, 중국과 일본의 정치·종교문화에 대한 정보에 민감했다. 그리고 그는 예수회신부들의 공자 경전 번역계획에 대해서도 잘 알고 있었다.[42]

2.1. 피에르 벨의 무신론적 중국관과 무차별적 관용론

피에르 벨은 많은 중국관련 서적들과 공자경전번역서들을 읽었는데, 쿠플레의 『중국철학자 공자』(1687)도 직접 읽었다. 그는 특히 이 책의 경우에 그 번역·출판계획 단계부터 사전에 잘 알았다.

■ 무신론자들의 '무제한적 관용과 덕성의 나라' 중국

벨은 자신이 발간하는 『식자공화국의 새소식(Nouvelles de la Replique des Lettres)』의 1686년 4월호에서 그에게 보내진 한 서한을 소개하며 쿠플레 등의 공자경전 번역계획을 이렇게 알리고 있기 때문이다.

> 쿠플레 신부가 로마로 다시 돌아 왔고, 또한 그가 어린 중국인 예수회 회원을 자신을 대하듯이 대해주었다는, 그리고 그가 그들이 공자의 전 저작을 번역하기를 바란다는 취지의 또 다른 편지.[43]

2년 뒤 벨은 『식자공화국의 새소식』 1688년 3월호에서 "『중국철학자 공자의 도덕』을 읽는 데서 많은 기쁨을 느끼지 않을 독자는 거의 없을 것이다"라고 말함으로써 자신이 이미 『중국철학자 공자의 도덕』을 독파했음을 밝히고 쿠플레의 이 책을 홍보하

---

[42] 이하 벨에 대한 논의는 『공자철학과 서구 계몽주의의 기원』의 논의를 손질한 것이다.
[43] Pierre Bayle, *Nouvelles de la Replique des Lettres*(Avril 1686), 537쪽. *Oeuvres diverses de Mr. Pierre Bayle*, Vol. 1(La Haye: Chez P. Husseon et al., 1727).

고 있다.[44] 따라서 이 홍보는 그 자신도 "많은 기쁨을 느끼며" 이 경전번역서를 읽었다는 것을 알려 해준다.

벨은 중국이 종교적 관용을 일반적으로 보장하고 심지어 자신들은 종교적 불관용을 견지하면서 중국의 종교적 관용을 이용해 먹기만 하는 위선적 기독교인들에게도 종교의 자유를 '무제한적으로' 보장하고 있다는 것을 잘 알고 있었다. 그는 다시 『식자공화국의 새소식』의 1685년 2월호에서 페어비스트(Ferdinand Verbiest) 신부의 서신(1683)을 인용해 이렇게 쓰고 있다.

나는 우리를 아주 야만적이고 흉포한 것으로 취급하는 그 왕들의 나라 안에서 지배적인 관용의 정신(l'esprit tolérance)에 대해 기독교인들이 조금도 성찰을 하지 않는 이유에 대해 정력을 소비하지 않으련다. 보라, 예수회의 종교가 잘못된 것이고 그들과 그들의 교도들이(처음에) 고백하는 것과 정반대라고, 이 종교가(결국) 선교사들로 하여금 참도록 하지 않고 매우 인간적으로 대하지 않도록 할 것이라고 아주 확신하는 중국의 황제를![45]

이 글에서 벨은 중국의 종교적 관용과 기독교선교사들의 위선을 동시에 지적하고 있다. 전 세계에서 기독교 선교사들은 처음에 관용적 외양 아래 이교도들을 견뎌가며 세력을 불린 뒤 자기들의 세력이 강해지면 궁극적으로 불관용의 마각을 드러내며 종교탄압을 가해 왔다. 그들은 중국에서도 그럴 심산이었고, 중국에서는 이곳의 무제한적 관용의 정치문화를 이용해 더 쉽사리 이런 위선적 종교정책을 쓸 수 있었다. 벨은 가톨릭의 불관용적 절대성 요구를 '개명된 반대사례'로서의 '중국의 관용'과 대비시키고 있는 것이다.[46]

벨의 이런 대비 속에서 프랑스와 유럽의 중국 논쟁은 새로운 음색을 띠게 된다. 지

---

[44] Arnold H. Rowbotham, "The Impact of Confucianism on Seventeenth Century Europe", *The Far Eastern Quarterly*, Vol. 4, No. 3(May, 1945), 227쪽에서 재인용.

[45] Pierre Bayle, *Nouvelles de la Replique des Lettres*(12. Février 1685), 232쪽. 괄호는 인용자.

[46] Willy R. Berger, *China-Bild und China-Mode im Europa der Aufklärung*(Köln: Böhlau Verlag, 1990), 60쪽.

금까지 대개 '지식인들끼리의 엔터테인먼트'로 기여하던 것이 놀라운 자명성을 갖고 직접 정치적 시대사와 연결된 것이다. 나아가 중국은 이제 단순히 놀랄만한 물질적·정신적 문화를 가졌으나 안타깝게도 아직 이교적 상태에 있기 때문에 개종되어야 할 나라가 아니라, 오히려 이 이교문화 때문에 유럽인들에게 덕성의 모델로 이바지할 수 있는 나라가 되었다. 종교적 관용이란 불관용 종교를 빼고 모든 것을 관용하기 때문에 세계에서 가장 불관용적인 종교인 기독교는 당연히 중국으로부터 추방되어야 하는 판국이었다.[47] 불관용 종교까지 관용하는 공자의 '무제한적 관용' 이념을 잠시 접어둔다면 이 말은 틀린 말이 아니었다.

진리와 이성, 정의와 건전한 상식, 관용과 자연적 도덕이 깃들어야 할 피에르 벨의 '이념의 공화국'은 분명 '실체화된 중국적 이상국가'로부터 이런저런 '확증적 윤곽'을 넘겨받았다. 벨이 당대 프랑스의 종교정치적 상황에 따라 사상투쟁의 무기로 '중국철학자(Chinois Philosophe) 공자'의 도식을 이용하게 됨으로써 '극동'의 지리적 공간은 벨의 저작 안에서 수년 동안 아무런 역할을 못했다. '중국철학자 공자'가 '극동'보다 더 중요해졌기 때문이다. '극동'이 다시 중요해진 것은 이 세계 안에서 유신론에 관해 보편타당한 합의가 있는지 여부를 둘러싼 신학적 문제가 시대의 의제가 된 1690년대 말부터다. 공자철학과 종교적 관용이 지배하는 극동제국諸國에서는 무신론이 일반적이었기 때문이다. 그러나 벨은 관용의 이념처럼 그의 이 두 번째 중심주제인 무신론 문제도 일단 중국철학자로서의 공자의 인물과 결부시켰다.[48]

벨은 중국을 건전한 도덕체계가 일반적 무신론과 결합된 국가로 이해한다. 그는 중국 황제가 기독교를 믿는 외국사절들을 공식적으로 접견한다는 사실과, 제국 안에서의 다양한 종교들의 공존에 대한 보고를 근거로 중국에 종교가 부재하다는 결론을 내렸다. 무신론자들의 국가 중국과 중국정치에 대한 벨의 찬양은 루이 14세의 낭트칙령 폐기에 대한 그의 분노 때문에도 더욱 고조되었다.[49]

---

[47] Berger, *China-Bild und China-Mode im Europa der Aufklärung*, 60쪽.
[48] Berger, *China-Bild und China-Mode im Europa der Aufklärung*, 60-61쪽.

그리하여 벨은 중국과 공자철학을 원용해 무신론사회의 존속가능성을 논증하고 이심전심으로 암암리에 공자의 무제한적 관용사상을 끌어와 "무차별적 관용론"을 전개했다. 공자는 철두철미한 무신론자가 아니었지만 귀신과 천명에 대한 논의를 가급적 삼갈 정도로 신에 대한 불가지론자였고 동시에 내세나 사후세계보다 이승과 현세를 중시하는 현세론자였다. 암암리에 벨은 서구사회가 공자의 가르침을 숭상하는 극동처럼 종교적 관심에서 '미적지근'해져야만 종교적 관용과 진정한 도덕이 가능하고 종교적 관심이 이렇게 '미적지근'해지려면 서구도 극동처럼 대체로 무신론화·세속화되어야 한다는 필연적 연관관계를 간파하고, 철학적 은어와 글의 행간을 통해 이 깨달음을 은연히 설파하고자 했다.

■ 극동사회의 종교적 본질: 유신론과 무신론의 초월

공자의 현세주의적 가르침에 따라 극동제국의 사회문화는 엄격히 말하면 '무신론문화'가 아니라, 기본적으로 '탈脫무신론적이고 초超유신론적(post-atheist and trans-theist) 문화'였다. 이 특이한 세속적·현세적 극동문화는 소프트한 유신론과 소프트한 무신론을 유연하게 넘나드는 문화다. 공자와 극동아시아인에게 '신'은 평소에 중시되지 않기에 대개 변두리로 밀려나 있었고 지금도 그렇다. 이런 까닭에 공자철학과 극동사회는 평소에 보면 무신론적이지만, 어쩌다 제사를 지내거나 점을 칠 때 보면 '잠시' 유신론적이기도 했다.

따라서 이를 두고 서구인들 사이에 격론이 반복되었다. 가령 나바레테·벨·로크 등은 중국사회를 무신론사회로 본 반면, 대부분의 예수회 소속 신부들과 볼테르는 중국을 유신론사회로 보았다. 벨은 도덕철학자 공자와 예의바른 극동제국을 '무신론과 도덕 간의 원칙적 합치'에 관한 자신의 테제를 입증해주는 환호할만한 증거로 활용했다.[50]

[49)] Bayle, *Nouvelles de la Républiques des Lettres*(1685). Weststeijn, "Spinoza sinicus: An Asian Paragraph in the History of the Radical Enlightenment", 550쪽에서 재인용.

따라서 종교적 관점에서 극동사회를 정확하게 밝혀둘 필요가 있다. 중국에는 계시종교도 없었지만, 자연종교나 자연신학도 없었다. 『주역』과 역학易學을 서양의 자연종교와 자연신학에 대한 등가물로 보더라도 『주역』에서 핵심적 역할을 하는 것은 인지人智가 아니라, 이성적 오만을 포기하고 신에게 물어 얻는 신탁으로서의 '신지神智'다. 크리스티안 볼프도 인정하듯이, 중국에는 '이성의 힘'으로 '신의 속성과 섭리의 지배'를 인식하는 유럽적 의미의 자연종교와 자연신학이 존재한 적이 없었던 것이다.[51] 중국과 극동의 유교문명권에는 다만 상례喪禮·제례祭禮를 챙기거나 역괘易卦를 뽑을 때만 마음속에 잠깐 천신의 관념을 떠올릴 뿐이고 평소 때는 이마저도 다시 잊어버리고 산다는 의미에서의 '평상적 무신론'과 '간헐적 유신론'의 유연한 교대적 활용만이 존재했다. 따라서 기독교와 유학 사이에는 아무런 공통된 접점이나 등가성의 공통척도도 없었다.

로마시대 이래 갈수록 유럽제국은 질투어린 유일신을 섬기는 강성剛性종교 기독교의 독단적 신 관념에 깊이 매몰되어갔다. 기독교의 유일신이 십계명의 제1계명으로 "너희는 내 앞에 어떤 다른 신들도 모시지 말라(Thou shalt have none other gods before me)"로 명하고(출애굽기 20: 3), "너희들의 주 하느님인 나는 질투어린 신이니라(I the Lord thy God am a jealous God)"고 서천명하고 있으므로(출애굽기 20: 5), 유럽인들은 독실해지면 독실해질수록 더 불관용적이 되어갔던 것이다. 반면, 극동의 유교제국은 "귀신을 공경해서 멀리한(敬鬼神而遠之)" 하夏나라(기원전 2070-1600년)와 주周나라의 전통(기원전 1122 - 256)에 따라, 그리고 "백성들의 뜻(민심)을 알려고 힘쓰면서 귀신

---

[50] Berger, *China-Bild und China-Mode im Europa der Aufklärung*, 61쪽.

[51] 볼프는 말한다: "옛 중국인은 세계 창조주를 인식하지 못했기 때문에 어떤 자연종교도 없었다. 그리고 신적 계시의 증거는 그들에게 더더욱 알려진 적이 없었다. 이런 까닭에 중국인은 덕행을 위해 본성의 힘만을, 그것도 어떤 종교로부터도 자유로운 그런 본성의 힘만을 활용할 수 있었을 뿐이다." Christian Wolf, *Oratio de Sinarum philosophea pratica* [1721·1726] - *Rede über die praktische Philosophie der Chinesen*. Lateinisch-Deutsch. Übersetzt, eingeleitet und herausgegeben von Michael Albrecht(Hamburg: Felix Meiner Verlag, 1985), 27쪽. 그리고 47쪽도 보라.

을 공경해 멀리한다면 이를 지知라고 일컬을 수 있다(子曰 務民之義 敬鬼神而遠之 可謂知矣)"는 공자의 가르침에52) 따라 백성의 일과 관련된 '인지人智의 테두리' 안에 들어 있는 통상적 인간사人間事를 행하는 경우라면 지혜롭게 귀신을 경원敬遠하는 가운데 독단적 신 관념으로부터 탈피해 이미 충분히 탈脫종교화·탈귀신화·세속화되어 있었다. 오늘날도 마찬가지지만 당시 중국인들과 극동아시아인들은 귀신과 관련된 제사의 일과, 천명과 관련된 점서占筮 행위를 수행할 때만 신을 가까이했다.

그러므로 일요일이면 예배당에 모여 몇 시간 동안 기도하고 찬송하고 밥 먹을 때도 기도하고 잠잘 때 도기도하는 식으로 자나 깨나 늘 신을 모시고 사는 사람, 또는 하루에 여섯 번 신을 경배하는 의식을 치르고 종교적으로 음식을 가리는 사람은 극동사람들에게 한심한 '무당'으로 비쳐졌다. 당시 중국인과 동아시아인들의 눈에는 선교사들이 바로 그런 '무당'이었던 것이다. 다만 차이가 있다면 '코쟁이 무당'이었을 따름이다. 한 마디로, 중국은 '평상적 무신론'과 '간헐적 유신론'을 때맞춰 교대로 겸용하는 자유로운 상태, 즉 무신론과 유신론의 차이와 대립을 초월한 상태에 있었다. 환언하면, 중국인들은 무신론자도, 유신론자도 아닌, 그러나 동시에 무신론자이기도 하고 유신론자이기도 한 경지에 있었다는 말이다.

그러나 극동의 유교국가 사람들은 '인지人智(human wisdom)'를 넘어가는 개인·가정·국가·천하 '대사大事'의 미래적 추이 문제의 경우에 '인모人謀'와 '귀모鬼謀'가 무관한 것이라고 생각하거나 귀모가 인간사에 아무런 영향을 끼치지 않는다고까지는 생각지 않았고, 대사의 경우에 그 성공은 늘 인모와 귀모의 합작으로 이루어진다고 여겼다. 따라서 극동제국의 이 신관神觀은 인간의 삶에 아무런 영향을 끼치지 않는다고 생각해 신들을 폴리스에서 추방하고 "고대세계들의 중간지대" 또는 "세계의 기공들" 속에서 "연명하도록 함"으로써 신들을 몽땅 '종교적 실업자'로 만들었던 에피쿠로스의 귀신무용론과도53) 다른 것이다.

---

52) 『論語』「雍也」(6-22). [務: 찾아 얻을 무].

53) Karl Marx, *Das Kapital I. Marx Engels Werke(MEW)*. Bd. 23(Berlin: Dietz, 1979), 93쪽; Karl Marx, *Theorien über den Mehrwert*(Vierter Band des Kapital), Erster Teil des Bd. 26(Berlin: Dietz,

한국인·중국인과 기타 유교문명권 사람들의 이런 초超종교적 경지는 오늘날의 충분히 세속화된 서양인들이라면 이제야 이해할 수 있겠지만, '예수 귀신'에 단단히 씐 당시 서양인들에게는 결코 이해될 수 없었다. 따라서 제례논쟁의 현상적 원인은 몰락하는 포르투갈의 후원을 받던 예수회와 부상하는 스페인의 후원을 받던 도미니크·프란체스코회가 중국선교 독점권을 두고 벌인 헤게모니 다툼에 있었지만, 그 근본적 원인은 수천 년 전부터 충분히 세속화되어 철학화哲學化된 중국사상과, 아직도 기독신학의 신 관념에 절어있던 유럽사상 간의 격차, 또는 '종교의 자유'와 '종교로부터의 자유'가 폭넓게 허용된 중국과 종교의 자유가 없던 유럽 간의 문명격차에서 유래했다.

당시 유럽의 종교상황은 18세기 중반의 프랑스에서조차 『맹인서간』(1749)의 무신론적 경향을 들어 저자인 데니 디드로(Denis Diderot)를 3개월 금고형에 처했고, 18세기 후반 영국에서조차도 데이비드 흄을 무신론자로 몰아 처벌하려는 계획이 성공회 강단에서 여러 차례 기도되고 있었다. 그리고 유럽 전역에서 중세 이래 도합 100만 명에 가까운 사람들이 '마녀'로 낙인찍어 화형火刑당했고, 18세기말까지도, 북미 뉴잉글랜드에서는 19세기 초까지도 마녀사냥을 계속하고 있었다. 당시 유럽은 이럴 정도로 종교적으로 억압적이었던 것이다. 19세기 중반 쇼펜하우어는 "종교재판이 최근의 마침내 인증된 소식에 의하면(기타 스페인지역에도 이러한 종교적 살해무덤들이 아직 많이 있지만) 마드리드에서만 300년간 30만 명을 신앙문제로 화형대에서 고통스럽게 죽였다"고 말하고 있다.[54] 말하자면, 중국과 서양의 이런 커다란 격차를 느끼면서 마테오리치는 더욱 철저히 철학화·세속화된 성리학을 외면하고 고대 유학경전에서라도 천주교와 유사한 의미를 찾아보려고 노력한 반면, 도미니크파 신부들은 성리학의 '리理'만이 아니라 고대경전의 '상제上帝'도 '천주', 즉 기독교적 하느님과 다르다고 지적

1979), 37쪽. 여기서 마르크스는 에피쿠로스적 '신'의 처지를, 고대세계들 간의 중간지대에 존재했던 원시적 상업민족들의 처지나 국가간섭 없는 자유무역을 주창한 중농주의자들의 '최소국가'의 처지와 비유했다.

[54] Schopenhauer, *Die Welt als Wille und Vorstellung I*, §65(493쪽), 각주1.

하고 유교 일반을 무신론으로 비판했다. 로마교황청은 1711년 도미니크·프란체스코파의 이 주장에 따라 유교를 무신론으로 선고하고, 동시에 일관성 없이 어리석게도 중국의 제례를 잡신을 믿는 '미신'이라고 주장했던 것이다.

그러나 유럽인들이 공자철학과 극동문화의 영향 속에서 대오각성해 오늘날에야 누리는 세속화된 생활 단계에 이미 도달해 있던 대부분의 극동 유학자들에게 이들의 논쟁은 종교의 자유를 유린하는 '몽매한 무당들'의 피 튀기는 '닭싸움'으로 비쳐졌다. 따라서 '공자철학과 중국인들에게 유신론적'이라고 주장한 예수회 신부들을 편든 라이프니츠나 볼테르의 변호도 여전히 '무당' 수준을 벗어나지 못한 것이었다.

서구인들이 잘 인정하지 않으려는 사실이지만, 그들의 이러한 '종교적 몽매'를 개명시킨 서구문화의 세속화는 동아시아 철학과 문화의 결정적 도움을 받은 18세기 계몽주의의 치열한 사상투쟁을 거쳐서야 비로소 점진적으로 달성되었다. 따라서 제이콥슨(Nolan P. Jacobson)은 갈파한다. "동쪽으로부터의 이 인정되지 않는 도움 없이 서구가 지중해 주변에 그 원류를 두고 있는 문명 속에서 지금 저 커다란 모험의 지배적 면모인 삶의 세속화와 탈脫신성화에 성공했을 것인지를 의심해볼 가치가 있다. 서구 문명의 가치들은 동쪽의 조용한 침투가 있기까지 신적으로 제도화된 교회와 초자연적으로 계시된 성경책의 권위주의에 의해 뒤덮여 있었기 때문이다." 적어도 지금쯤은 "아시아가 18세기 사유 속에서, 특히 근대생활의 세속화에서 가장 큰 미래적 역할을 맡은 저 사유(계몽주의 사조 - 인용자) 속에서 지배적인 역할을 수행했음"을 인정해야 할 것이다.[55] 그런데 극동사회를 무신론사회로 보고 이 극동의 종교적 관용을 이용해 유럽의 몽매를 깨치게 하고 유럽을 세속화하는 투쟁을 개시한 철학자가 바로 피에르 벨이었던 것이다.

'종교적' 관용은 신의 유무有無 또는 신의 인정과 부정을 '생사의 문제'로 보지 않고 '새털처럼' 가볍게 여기는 사회에서 훨씬 더 용이하고 더 폭넓을 것이다. 이런 까닭에

---

[55] Nolan P. Jacobson, "The Possibility of Oriental Influences in the Philosophy of David Hume", *Philosophy East and West*(vol. 19, Issue 1, Jan. 1969), 36쪽.

'무제한의 종교적 관용'은 '평상적 무신론'과 '간헐적 유신론'의 유연한 교대를 특징으로 하는 극동사회에 고유한 문화적 DNA가 될 수 있었던 것이다.

■ 공자의 무제한적 관용론

불관용은 종교적·사상적 '이단異端'을 공격하는 것이고, 관용은 이 '이단'을 자유방임하는 것이다. 불관용적 이단의 관용까지 포함하는 '이단에 대한 관용'은 이단이라는 것이 정의하기가 불가능하고, 또 보는 관점에 따라 지극히 상대적일뿐더러 언제나 '누가 이단을 정의하는가'라는 권위주의문제가 따라다니기 때문이다. 극동사회에서 종교적 관용, 나아가 정치적·사상적 관용의 문제는 소위 '이단' 문제를 대하는 공맹의 기본철학에 의해 직접 정초된 사상이었다.

잠시 '이단'에 대한 공맹의 입장을 돌아보자. 공자는 "이단을 공격하는 것은 재해災害다(攻乎異端 斯害也已)"라고 하고,[56] 또 "천하가 같은 것으로 귀결되면서도 길을 달리하고, 하나로 합치되면서도 생각을 백 가지로 하는데, 천하가 무엇을 근심하고 무엇을 걱정하랴?(子曰[…]天下同歸而殊塗 一致而百慮, 天下何思何慮)"라고[57] 하여 아무리 이견과 '이단'이 많아도 다 하나('잘 살자'는 하나의 뜻)로 통하니 걱정할 필요 없다는 '무제한적 관용론'을 피력했다.

그리고 맹자도 국민을 도탄에 빠뜨리는 이단에 한해 '부득이'하게 비판을 하지 않을 수 없는 경우에도 금도襟度를 지켜야 한다고 가르쳤다. 가령 양묵楊墨의 사상이 백성을 도탄에 빠뜨리자 맹자는 어쩔 수 없이 양묵을 비판했는데, 그는 이것을 '호변好辯'(비판하기 좋아해서 현학적으로 입을 놀리는 논변)이 아니라 '부득이한' 논변이었다고 한다. "어찌 호변했겠느냐? 나는 부득이했다(予豈好辯哉? 予不得已也)."[58] 맹자는 이 '부득이한' 비판도 금도가 있어야 한다고 금을 그었다. "묵적墨翟에서 달아나면 양주楊朱에

---

56) 『論語』「爲政」(2-16).
57) 『易經』「繫辭下傳(5)」.
58) 『孟子』「滕文公下」(6-9).

게로 돌아가고, 양주에게서 달아나면 유가로 돌아온다. 돌아오면 받을 따름이다. 그런데 오늘날 양주·묵적과 논변하는 자들은 돼지를 내쫓아 이윽고 제 우리에 몰아넣고 따라가 묶듯이 한다."59) 양주·묵적 추종자들에 대한 '박해와 탄압'을 비판한 것이다.

중국의 종교적 관용에 대해서는 앞서 상론했으므로 여기서는 조선의 종교적·정치적 관용 정책을 다시 보자. 가령 조선국왕 정조는 공자의 "공호이단攻乎異端 사해야이 斯害也已(이단을 공격하는 것은 재해일 따름이다)" 명제를 근거로 18세기 후반 천주교 박해를 가로막았다. "'공호이단攻乎異端 사해야이斯害也已'에서 성인의 숨은 뜻을 볼 수 있다. 중국은 이적을 섬기지 않으니, 비록 오랑캐로 하여금 관내로 들어오지 못하게는 하더라도 진시황이나 한무제처럼 오랑캐를 모질게 다그쳐 전쟁을 벌여 나라를 병들게 하는 것(窮兵病國)도 당치 않은 것이다.(…) 이단은 오랑캐와 같은 것이니, 어찌 이단도 궁치窮治할 수 있겠는가?"60) 정조는 여기서 범조우·정이천·주희 등의 소인유학적 경전변조를 일거에 물리치고, 공자의 본뜻을 재생시키고 있다.

또한 정조는 공자의 '공호이단 사해야이' 명제를 '천주교' 문제에 구체적으로 적용해 이렇게 말하기도 한다. "어찌 성인이 '이단을 공격하면 재해일 따름이다(攻乎異端 斯害也已)'고 말하지 않았으랴! '공攻'이란 말은 전치專治를 일컫는 것인데, (오랑캐들이나 하는) 전치를 일삼는 것은 도리어 '중국은 오랑캐를 섬기지 않는다'는 뜻에 어긋남이 있는 것이다."61) 정조는 여기서 '공攻'을 '전치專治'로 풀이하는 주희의 주석을 받아들이되 이 '전치'를 '전공하는 것(전심으로 갈고닦는 것)'이 아니라 '궁치窮治하는(끝까지 다그쳐 모질게 다스리는)' 오랑캐 짓으로 이해함으로써 '공호이단攻乎異端'을 '오랑캐나 하는 짓'으로 본 것이다. 따라서 이단을 '공격'해 '궁치'하는 짓을 저지르는 것은 오랑캐를 추종하고 섬기는 꼴이다. 그러므로 '공호이단攻乎異端'은 '중국은 오랑캐를 섬기

---

59) 『孟子』「盡心下」(14-26): "孟子曰 逃墨必歸於楊 逃楊必歸於儒. 歸 斯受之而已矣. 今之與楊墨辯者 如追放豚 旣入其苙 又從而招之."
60) 『正祖實錄』, 정조15(1791)년 10월 25일조.
61) 『正祖實錄』, 정조15(1791)년 10월 23일: "聖人豈不言 '攻乎異端 斯害也已' 乎! 攻之爲言 專治之謂也, 以專治爲事 反有違於中國不事夷狄之意."

지 않는다'는 원칙에 반한다는 말이다. 이런 해석으로써 정조는 "공호이단 사해야이"를 "이단을 전심으로 갈고닦는 것(즉, 이단학설을 전공하는 것)은 해로울 뿐이다"로 해독한 정이천·주희·정약용의 이단탄압적 경전변조를 모두 다 물리친 것이다.

모든 면에서 정조를 숭모했던 조선국왕 고종도 '공호이단 사해야이'에 대한 정조의 이 관용론적 해석을 계승해 독립협회의 반민족적 발호가 극에 달했을 때 독립협회의 정치사상을 서구 공화주의로 규탄하며 윤치호의 '효수'를 주장하는 성리학자 이문화 등의 상소에 대해 "그대들의 말은 거의 이단을 정벌하는 것과 거의 가깝지 않은가?(爾等之言 不幾近於伐異乎)"라고 비답한다.[62] 정조와 고종으로 대표되는 조선국왕들도 중국의 황제들처럼 공자철학에 충실하게 '무제한적 관용'의 정신을 대변했고, 그리하여 이단의 사상과 종교에 대해 성리학유생들과 달리 늘 관대했던 것이다.

■ 기독교적 불관용에 대한 벨의 비판과 무신론적 불교이해

벨은 공자경전 번역의 부적절성과 한문에 대한 무지 때문에 공자의 무제한적 관용철학을 정밀하게 이해하지 못했을지라도 자신의 광범한 중국지식을 통해 중국과 동아시아의 오래된 '종교적 관용과 종교의 자유(임의의 종교를 선택해 믿을 자유와 아무 종교도 믿지 않을 자유, 즉 종교로부터의 자유)'를 잘 알고 있었다. 그는 적어도 중국에서의 유·불·선 종교의 공존공영을 이미 알고 있었고, 동아시아 수준의 철저한 종교적 관용 정신에 근접하는 '무차별적 종교적 관용'을 변호했기 때문이다.

벨은 1686년 『'그들을 들어오도록 강요하라'는 예수의 말씀에 대한 철학적 주석(*Commentaire philosophique sur ces paroles de Jesus-Christ, Constrain-les d'entrer*)』이라는 종교적 관용에 관한 책을 간행했다. 그는 이 책에서 루이 14세의 낭트칙령 철폐 조치와 신교 탄압을 맹렬히 비판하고, 가톨릭교도, 이슬람교도, 유대교도, 심지어 예수 신성설神性說을 부정하고 단지 예수의 덕행을 따르는 것만으로 구원을 얻을 수 있다고 믿는 소시니언 교파(*Socinians*) 등을 포함한 모든 종파들에 대한 '무차별적 관용'을

---

62) 『高宗實錄』, 고종35(1898)년 12월 11일.

거침없이 주장했다. 벨의 이 책은 벨을 모방해 2년 뒤에 집필된 로크의 저 『관용론』(1688)보다 더 광범하고 더 완전한 종교적 관용을 요구한 것이다.63)

나아가 벨은 그의 유명한 『역사·비판 사전』의 몇몇 항목에서 동아시아의 사상과 철학을 다루고 있다.64) 우리가 오늘날, 이 책에서 전개된 유학과 불교에 대한 그의 논의를 자세히 분석해 보면, 17세기 말의 시대상황을 감안할 때 그의 이해가 아주 선구적이었음을 알 수 있다. 그는 일본과 중국의 여러 종파들의 신학에 대해 잘 알고 있었다. 그는 중국의 불교에 대해 다음과 같이 상세하게 소개하고 있다.

불교는 서기 65년 중국인들 사이에 왕의 인가를 통해 도입되었다. 불교의 창시자는 처음에 사(Xe) 또는 샤카(Xe Kia)로 불리었으나 30세가 되었을 때 부처(Foe), 말하자면 "사람이 아닌 존재"로 불린, 인 판 밤(In Fan Vam) 왕의 아들이었다. 예수회 신부들이 파리에서 출간한 공자 서적의 앞에 붙인 서설은 이 창시자를 상세하게 논하고 있다. 거기서 우리는 다음과 같은 것을 알게 된다. "그는 19살이 되었을 때 사막으로 인퇴해 4인의 고행자들로부터 철학을 배우기 위해 이들 아래 들어가, 30살이 될 때까지 이들의 훈육 아래 남아 있었다. 동트기 전 어느 날 아침에 일어나 샛별을 관조하다가 그것을 단순히 본 것이 그에게 한꺼번에 제1원리의 완전한 지식을 주어 신적 영감 또는 긍지와 광희狂喜로 가득 찼을 때, 그는 사람들을 가르치기 시작했고 그 자신을 신으로 재현시再現示했고, 8만 명의 제자를 모았다.(…) 죽음이 가까워진 79살의 나이에 그는 자신의 제자들에게 그가 세상에 설교한 40년 동안 그들에게 진리를 말하지 않았다고 토로했다. 그리고 그는 그가 진리를 비유의 베일과 언어의 형상 아래 은닉했지만, 이제는 그것을 말할 때가 되었다고 했다. '그것은 모든 사물의 원리인 무無와 공空 외에는 구할 것도, 희망을 걸 것도 없다는 것이다'라고 그는 말했다." 여기에 우리 자유사상가들과 아주 다른 한 인간이 있다. 우리의 자유사상가들은 생을 마감할 즈음에만 종교와 투쟁하는 것을 그친다. 이들은 세상을 떠날 시간이 닥쳤다고 생각할 때 자유분방한 사상을 포기한다. 그러나 부처는 이 임종상태에 이르렀을 때 그의 무신론을 비로소 선언했다.65)

---

63) Popkin, "Introduction", xiii.
64) 이하 내용은 필자의 『공자와 세계(2)』(2011)의 해당 부분을 업그레이드한 것이다.

석가모니 부처의 이 설법은 "제자들이 교설을 두 부분으로 분할시키는 근거"가 되었다. 한 부분은 "공개적으로 사람들에게 설교되고 가르쳐지는 외경外經"이다. 다른 한 부분은 "평민들에게는 조심스럽게 숨겨두었다가 비법을 전수받는 자들에게만 알려주는 밀경密經"이다.[66] '밀경'은 『금강반야바라밀다심경金剛般若波羅蜜多心經』, 즉 『금강경』을 가리킨다.

승려들에 의하면 '외경'은 "아치가 건설될 때 뒷받침을 받다가 건물이 완성되면 제거되는 뼈대와 같은 것일 뿐"이다. '외경'은 "①금과 은, 정의와 불의 사이에는 실재적 차이가 있다는 가르침", "②이승에서 하는 것에 대해 벌을 내리고 상을 주는 저승이 있다는 가르침", "③행복은 32개의 상相과 80개의 자질을 통해 획득할 수 있다는 가르침", "④부처(또는 샤카)는 신이고 인류의 구원자라는 가르침, 부처는 인류가 처한 무질서에 대해 동정해 인류에 대한 사랑에서 태어났다는 가르침, 부처는 인류의 죄를 사해 주고 이 사함에 의해 인류는 사후의 구원을 얻고 다른 세상에서 더 행복하게 태어난다는 가르침" 등으로 구성된다. 여기에 "오계五戒와 6개의 자비행慈悲行"이 추가되고, 이 의무들을 어기는 자들에게 질책이 예고된다.[67]

한편, "평민들이 지옥의 공포와 이런 유의 다른 이야기들에 의해 그 자리에 붙박이기 때문에 평민들에게 결코 드러내지 않는 내경"은 "견고하고 참된 교설"이다. 이것은 "일정한 공空과 진무眞無를 삼라만상의 원리(원인)와 목적으로 수립하는 것"이다. 불교철학자들은 "우리의 첫 부모가 이 공으로부터 왔고 사후에 그곳으로 돌아간다"고 말한다. 그리고 "죽음에 의해 이 원리 속으로 되돌아 들어가는 것은 만인에게 동일하고" 따라서 "우리, 모든 요소들, 모든 생물들은 이 공의 부분들을 이룬다". 그러므로 "흙사 눈, 우박, 비나 얼음의 형태를 취할지라도 늘 본질적으로 물인 물처럼 모양과 질 또는 내부배열에 의해 개별적 존재자들과 구별되는 하나의 유일한 실체만이 존

---

[65] Bayle, *Historical and Critical Dictionary*, 288-290쪽(Remark B to the entry "Spinoza").

[66] Bayle, *Historical and Critical Dictionary*, 290쪽(Remark B to the entry "Spinoza").

[67] Bayle, *Historical and Critical Dictionary*, 290쪽(Remark B to the entry "Spinoza").

재한다".68)

벨은 '진공'과 '진무眞無'에 대한 불교철학자들의 이 주장들을 이렇게 비판한다.

식물·동물·인간이 실제로 동일한 것이라고 주장하는 것과, 모든 개별적 존재자들이 자기들의 원리와 구별되지 않는다는 주장에 저 주장을 근거 지우는 것이 괴기스럽다면, 이 원리가 아무런 사유도, 아무런 힘도, 아무런 덕성도 없다고 단언하는 것은 훨씬 더 괴기스럽다." 그럼에도 불구하고 이것은 이 불교철학자들이 말하는 것이다. 그들은 이 원리의 최고 완벽화를 부동不動과 절대정지에 있게 만든다. 스피노자는 이렇게까지 황당하지 않았다. 그가 인정하는 유일한 실체는 언제나 행동하고 언제나 생각한다. 스피노자는 그의 가장 일반적인 추상에 의해서도 이 실체로부터 행동과 사유를 박탈할 수 없었다. 그의 이론의 기초 때문에 그는 그렇게 할 수 없었던 것이다.69)

이어서 벨은 "중국인들에 의해 가르쳐지고 실천되는 적멸주의寂滅主義(quietism)"도 설명한다.

지나치는 김에 부처의 추종자들이 적멸주의를 가르쳤다는 것을 주목하라. 왜냐하면 그들은 참된 행복을 구하는 모든 이들이 지성을 전혀 사용하지 않고 완전한 무감無感에 의해 제1원리를 완전히 닮고 행복에 참여하는 참된 수단인 제1원리의 정지와 부동 속으로 침잠하는 심오한 명상 속으로 빨려 들어가는 데 자신을 허용해야 한다고 말하기 때문이다. 그들은 또한 누군가가 이 적멸 상태에 도달한 후에 대외적으로 일상적 삶의 행로를 따르고 남들에게 평범하게 받아들여지는 교설을 가르쳐야 한다고도 주장한다. 열락적 부동의 명상적 원리(contemplative institute of beatific inaction)를 실천하는 것이 필요한 것은 오로지 다른 사람이 없는 데서이고 자신의 내면적 용도를 위해서다.(…) 이 제1원리의 명상에 가장 열심히 달라붙는 이들은 무위교無爲敎(Vu Guei Kiao), 즉 게으른 자들 또는 무위자無爲者들의 종파라고 불리는 새로운 종파를 형성했다. 가장 엄격한 준수에 관계하는 승려들이

---

68) Bayle, *Historical and Critical Dictionary*, 290-291쪽(Remark B to the entry "Spinoza").
69) Bayle, *Historical and Critical Dictionary*, 291쪽(Remark B to the entry "Spinoza").

새로운 사회나 새로운 종파를 형성하는 것은 이리해서다. 가장 위대한 군주와 가장 유명한 인물들도 이 적멸주의에 매혹되고 전심으로 전념하는 데 자신을 허용해서 무감無感이 완벽화와 행복에 이르는 길이고 나무 그루터기나 돌의 본성에 많이 접근하면 접근할수록 어느 날 되돌아가는 제1원리와 같이 된다고 믿었다. 몇 시간 동안 어떤 신체적 움직임도 없는 상태를 유지하는 것으로는 충분치 않다. 영혼이 부동이고 사람이 모든 감각을 잃는 것이 필요하기도 하다.[70]

벨은 불교의 교리를 이렇게 소개한 뒤 이어서 공자의 제자가 불교를 비판하는 것도 소개한다.

공자의 한 추종자는 이 불교 종파의 부적절성을 반박하고, '무로부터는 아무것도 생겨나지 않는다'는 아리스토텔레스의 격률을 아주 풍족하게 증명했다. 하지만 불교 종파는 계속 성장했고, 이 헛된 명상에 달라붙은 사람들이 오늘날도 많다. 우리가 적멸주의자들의 황당한 짓들을 알지 못했다면, 우리는 이 사변적 중국인들에 대해 우리에게 얘기해 주는 필자들이 실제 벌어지고 있는 일을 제대로 이해하지 못해 제대로 보고하지 않았다고 생각했을 것이다.[71]

중국 관련 서적들이 불교에 대해 기술한 내용들은 다 사실이라는 말이다. "기독교인들 사이에서 통용되는 것"에 사로잡혀, "불교(Foe Kiao) 종파 '무위교'의 광기狂氣를 못 미더워하는 것은 잘못"이라는 것이다.[72]

이어서 벨은 자기 언어로 불교를 이해하려고 시도한다. "나는 이 사람들이 '공허空虛(Cum hiu)'라는 말로써 의미하는 것이 정확하게 표현되지 않았거나 그들의 관념들이 자가당착적이라고 생각하고 싶다. 이 중국어 단어가 '공空과 무無'(vacuum et inane)를 뜻한다고 주장되고, 이 불교 종파는 '무로부터는 아무것도 생겨나지 않는다'는 공

---

[70] Bayle, *Historical and Critical Dictionary*, 291-292쪽(Remark B to the entry "Spinoza").
[71] Bayle, *Historical and Critical Dictionary*, 292쪽(Remark B to the entry "Spinoza").
[72] Bayle, *Historical and Critical Dictionary*, 292쪽(Remark B to the entry "Spinoza").

리에 의해 공격받았다. 그러므로 그들이 '무가 삼라만상의 원리'라고 가르쳤다는 주장은 틀림없는 사실이다. 나는 그들이 '무'라는 단어를 엄격한 의미로 이해했는지를 확신할 수 없고, 나는 그들이 이 단어를 사람들이 '빈 금고에는 아무것도 없다'고 말할 때 이 단어를 이해하듯이 이해했다고 생각한다. 우리는 그들이 그것을 액체('순수', '투명', '오묘'가 그들이 쓰는 어휘들이다)로 여긴다고 상정하는 속성들을 제1원리에 귀속시키는 것을 보아왔다. 그러므로 그들이 제1원리로부터 물질의 거칠고 감각적인 측면만을 박탈했다는 것은 개연성이 있다."[73] 이어서 벨은 공자 제자의 불교 비판을 다시 비판적으로 조감하고 불교의 '공허' 또는 '무' 개념을 '공간' 개념으로 해석하고 저 공자 제자의 '운동' 개념과 이 공간적 '공허' 개념을 종합한다.

이런 기초 위에서 공자 제자는 논점무지의 오류(ignoratio elenchi)로 불리는 궤변을 농하는 죄를 범했을지 모르겠다. 왜냐하면 그는 실존이 없는 것을 '무(nihil)'로 이해했을 것이고, 그의 적수들은 같은 단어로 감각적 물질의 어떤 속성도 없는 것을 의미했을지 모르겠기 때문이다. 나는 불교도들이 '공空'이라는 이 단어로써 현대 사상가들이 '공간'이라는 단어로 의미하는 것과 아주 유사한 것을 뜻했다고 생각한다. 데카르트주의자나 아리스토텔레스주의자가 되고 싶지 않아서 '공간은 물체들과 다르고, 분할할 수 없고 만질 수 없고 침투할 수 없고 움직일 수 없는 공간의 무한한 연장延長이 실재적인 어떤 것이다'라고 주장하는 현대 사상가들을 나는 말하고 있다. 공자의 제자는 이러한 것이 명상적 중국인들(불자들)이 주장하듯이 활동성을 결여하고 있다면 제1원리일 수 없다고 쉽게 입증했을 수 있었을지도 모르겠다. 실재하는 연장이 움직이지 않는다면 어떤 개별적 존재자의 산출에도 이바지할 수 없다. 어떤 운동자도 존재하지 않는다고 가정한다면, 무한한 연장이 있든, 무가 있든 우주의 산출도 마찬가지로 불가능할 것이다.[74]

벨은 불교의 '공'을 '공간'으로 이해해주더라도 이것이 부동의 것이라면 다시 유자儒者의 비판이 옳은 것이 된다고 비판하고 있다. 이에 바로 잇대서 벨은 "스피노자는 이

---

[73] Bayle, *Historical and Critical Dictionary*, 292쪽(Remark B to the entry "Spinoza").
[74] Bayle, *Historical and Critical Dictionary*, 292-3쪽(Remark B to the entry "Spinoza").

명제를 부정하지 않을 것이다"라고 말한다. 그런데 "스피노자는 제1원리의 부동不動을 주장하지 않았기 때문에 그러한 난관에 빠지지 않았다. 그가 제1원리에 일반적으로 귀속시킨 추상적 연장은 정확하게 말해서 오로지 공간 관념일 뿐이다. 그러나 그는 공간 관념에 운동을 부가附加한다. 그러므로 물질의 다양성이 생겨날 수 있는 것이다."75) 이렇게 하여 벨은 자신의 중재에 의해 불교의 정적靜的 '공空'과 유교의 '활동성'을 통합하는 의미맥락 속에 스피노자 철학을 배치시키고 긍정적으로 평가한 것이다.

벨은 중국의 전통적 기론氣論에 대해서도 상론하고 있다. "우주 안에 서로 구별되는 거대한 수의 기氣들이 존재하고 이 중 각 기는 저절로 존재하고 하나의 내면적이고 본질적인 원리에 의해 행동하며 어떤 기는 다른 기보다 더 많은 권능을 가진다"는 가설은 "중국인들 사이에 아주 일반적으로 퍼져 있는 무신론의 본질"이다. 그런데 "중국인들이 참된 관념들을 조금씩 조금씩 모호하게 만들었다고 생각되곤 하는데", "어떻게 해서" 이런 "생각"이 일어났는가 하는 의문을 푸는 열쇠가 바로 "여기에", 즉 기론에 들어있다는 것이다.76) 앞서 스피노자와 관련해 상론했듯이 벨은 프랑스 국왕의 동방 특사 라 루베르(La Loubere)의 『태국여행기(Relation de Siam)』에서 길게 인용해 이것을 설명하고 있다.77) 라 루베르는 천신天神을 인간보다 비할 데 없이 위대하고 위력적이지만 완전무결한 존재자로 보지 않는 중국의 전통적 기론을 비교적 잘 요약하고 있다.

말이 나온 김에 공자의 천관天觀을 잠시 살펴보자. 공자도 서양인들처럼 하늘을 절대자로 보지 않고 하늘의 한계를 지적한다.

어찌 적중할 수만 있겠는가? 어찌 사물이 완전할 수만 있겠는가? 하늘은 오히려 불완전하다. 그러므로 세상은 집을 지으면서 기왓장 세 장을 붙이지 않고 늘어놓아 하늘에 응한다.

---

75) Bayle, *Historical and Critical Dictionary*, 293쪽(Remark B to the entry "Spinoza").
76) Bayle, *Historical and Critical Dictionary*, 323쪽(Remark X to the entry "Spinoza").
77) Bayle, *Historical and Critical Dictionary*, 323-234쪽(Remark X to the entry "Spinoza").

그러므로 천하에는 등급이 있고, 사물은 불완전한 채로 생겨나는 것이다.[78]

공자에게도 하늘은 인간보다 무한히 위대하지만 절대적 완전성을 지닌 존재는 아니었던 것이다. 라 루베르는 공자와 극동인들이 지닌 이 천신관을 잘 포착했고, 벨도 기독교의 절대적 천관天觀과 다른, 극동 특유의 위대하지만 비非절대적인 천신관을 정확히 간취한 것이다.

동서양의 이 상이한 천신관은 종교적 하느님과의 관계에서 인간의 지위를 정의하는 데에 큰 영향을 미친다. 서양에서 하느님은 절대적이고 인간은 이 절대적 하느님의 종, 노예다. 따라서 인간은 절대적 하늘에 도전할 수 없고 절대적으로 순종해야 한다. 따라서 백성들은 왕권신수설에 입각해 지상에서 하늘을 대신하는 왕에게도 절대적으로 복종해야 한다. 일체의 반정이나 혁명, 군주처형 등은 용납되지 않는다. 반면, 극동의 하느님은 위대하지만 비절대적이고, 인간은 이 비절대적 하늘의 결함을 메우고 하늘을 돕는 보완자다. 따라서 극동의 인간은 하늘이 결함을 보일 때는 하늘의 이 결함을 제거하는 식으로 하늘의 운행에 참여해야 한다. 따라서 천명을 받아 지상에서 하늘을 대신하는 임금도 위대하지만 결함과 실책이 없을 수 없다. 그러므로 백성들은 군주가 과오를 일삼으면 '하늘같은' 군주를 갈아치우고 죽이는 반정과 혁명이 당연한 것이다. 극동의 반정과 혁명의 이론은 극동 특유의 '위대하지만 때로 과오를 저지르는' 천신관에 근거를 둔 것이다.

벨은 중국의 기론 일반을 그리스의 원자론과 동일시하면서 기론과 원자론을 기독교의 창조론의 관점에서 동시에 비판한다.

나는 서로 독립된, 그리고 힘에서 불평등한 여러 영원한 기氣들을 상정하는 것이 부조리하다는 것을 인정하지만, 이런 가정은 데모크리토스, 에피쿠로스, 그리고 기타 여러 위대한 철학자들에게도 참된 것으로 보였다. 이들은 창조되지 않고 자율운동을 하는 상이한 크기

---

[78] 司馬遷, 『史記列傳』「龜策列傳」. 사마천(정범진 외 역), 『사기열전(하)』(서울: 까치, 1995·2007), 「귀책열전」, 808쪽: "何可而適乎? 物安可全乎? 天尙不全 故世爲屋 不成三瓦而陳之 以應之天. 天下有階 物不全乃生也."

와 모양을 한 무한수의 미립자들을 인정했다. 이 견해는 동부지중해 연안국들(*Levant*)에서 아직도 아주 일반적이다. 물질이 영원하다고 주장하는 사람들은 무한수의 원자들이 존재한다고 주장하는 것만큼이나 합리적이지 않다. 왜냐하면 상호 독립적으로 존재하는, 공히 영원한 존재자들이 있을 수 있다면 수천 억 개의 존재자들이 무한대로 존재할 수 있기 때문이다. 그들은 심지어 물질이 아무리 작을지라도 구별되는 부분들을 포함하기 때문에 심지어 무한수의 원자들이 실제로 존재한다고 말해야 할 것이다. 모든 고대 사상가들이 "무無로부터는 무가 생긴다"는 공리에서 결코 벗어나지 않았기 때문에 물질의 창조(*creation of material*)를 몰랐다는 것을 주의 깊게 주목하라. 그러므로 그들은 서로 독립적으로 실존하는 무한수의 영원히 공존하는 실체들을 시인하는 것이 부조리하다는 것을 몰랐다.[79]

물론 벨은 "그들은 서로 독립적으로 실존하는 무한수의 영원히 공존하는 실체들(*coeternal substances*)을 시인하는 것이 부조리하다는 것을 알지 못했다"고 기독교적 창조론의 관점에서 중국인의 기론과 데모크리토스와 에피쿠로스의 원자론의 무신론 등에 비판적이지만, 그 장점을 인정한다.

그런데 이 가설은 아무리 부조리할지라도 스피노자의 가설을 파괴하는 끔찍한 난관에 빠지지는 않는다. 전자는 어떤 사물에 대해 더 강한 능동적 원리를 부여하고 다른 사물에 대해서는 더 약한 능동적 원리를 부여하는 식으로 각 사물들에게 능동적 원리를 부여함으로써 많은 현상들을 설명할 것이다. 또는 이 사물들이 힘의 측면에서 똑같다면, 승리하는 사물들은 더 많은 수의 동맹을 형성했다고 말하지 않을 수 없을 것이다. 나는 무로부터 산출되지 않은 인간의 영혼이 저절로 그리고 홀로 실존하고 행동한다고 말한 소시니언(*Socinian*)이 실제로 존재한 적이 있었는지 모르겠다.[80]

이 마지막 말 때문에, 그가 기독교의 창조설을 표방하면서 극동의 기론과 데모크리토

---

[79] Bayle, *Historical and Critical Dictionary*, 323-324쪽(Remark X to the entry "Spinoza").
[80] Bayle, *Historical and Critical Dictionary*, 324-325쪽(Remark X to the entry "Spinoza").

스·에피쿠로스의 원자론을 비판하는 것은 무신론의 비난을 피하려고 채택한 전술적 언사로 느껴진다. 그가 말미에 '소시니언'을 슬쩍 언급함으로써 기독교 사조 안에서도 중국의 기론이나 고대그리스의 원자론과 유사한 '창조되지 않은 독립적 영혼'의 신학이 존재했음을 은근히 암시하고 있기 때문이다.

'소시니언'은 예수신성설神性說, 삼위일체설, 창조설과 원죄설, 전통적 구원론 등을 다 부정하고 단지 예수의 덕행을 따르는 것만으로 구원을 얻을 수 있다고 주장한 소시누스(Laelius Socinus, ?-1562)의 신학을 지지하는 사람을 가리킨다. 따라서 이 마지막 말 때문에, 그가 기독교의 창조설을 표방하면서 기론과 원자론을 비판하는 것은 그의 진심이 아니라, 무신론의 비난을 피하려는 전술인 것처럼 느껴진다. 그가 말미에 '소시니언'을 슬쩍 언급함으로써 기독교 사조 안에서도 중국의 기론 및 그리스의 원자론과 유사한 '창조되지 않은 독립적 영혼'을 말하는 신학이 존재했었음을 은근히 암시하고 있기 때문이다. 게다가 벨은 "스피노자가 중국인들 사이에서 아주 많이 유행하는 이론(기론)을 해명하는 데 자신의 온 힘을 쏟았더라면, 그는 더욱 더 난공불락의 존재가 되었을 것이다"라고 말하고 있다.[81] 이것은 스피노자가 중국의 기론을 완전히 받아들이지 않고 불완전하게 받아들였기 때문에 얼마간 약점을 안게 되었다는 말이다. 이런 논의로써 벨은 스피노자철학의 중국적 기원을 명확히 하고 있다. 그리고 이 논의에서 벨은 중국철학에 대한 그 자신의 이해와 관심 수준을 잘 보여주고 있다. 그리고 그에게 중국에서 황제의 공인 하에 유교·불교 등 다양한 종교와 사상이 다종교적·다문화적으로 경쟁하면서 평화롭게 공존하고 있었다는 종교적 관용에 대한 인지는 이미 전제된 것으로 보인다.

■ 데카르트주의자들의 공자 비판과 벨의 반격

유럽의 보수적 데카르트주의자들은 공자를 기론氣論 때문에 무신론자로 공격했다. 공자의 철학은 17세기 중후반에 급진적 계몽주의의 '선각자들'에 의해 중국을 수

---

[81] Bayle, *Historical and Critical Dictionary*, 301쪽(Remark X to the entry "Spinoza").

천 년 동안 적극적, 긍정적으로 꼴 지은, 그리고 온 인류에게 잠재적으로 모델이 되는 도덕·정치체계로 간주되었다. 하지만 이러한 관점은 도덕·사회이론·계시종교, 그리고 교육에 대한 그 명백하고 우려스러운 종교적·정치적 함의 때문에 기독교적 계몽주의자들과 온건한 계몽주의자들에게 고도로 문제 있는 것으로 받아들여졌다. 중국철학에 관한 서양의 논쟁이 보시어스·생테브레몽·템플로까지 거슬러 올라가지만, 논쟁은 쿠플레 등 4명의 예수회 선교사가 공자철학을 유신론으로 입증하고 마테오리치의 '적응주의적' 선교 노선의 정당성을 입증하기 위해 펴낸 『중국철학자 공자』(1687)의 공간을 기점으로 격화되었다.[82] 급진적 계몽주의자, 예수회파, 기독교 교단 간의 사상적 삼파전이 마침내 『중국철학자 공자』의 공간과 함께 대폭발을 일으킨 것이다.

1687년부터 유럽의 철학자들은 중국 사상의 신뢰할 만한 번역물들과 다양한 중국 기행문들을 손에 넣고 지금까지 그들이 거의 아무것도 몰랐던 위대하고 유구한 사상전통의 존재에 포함된 무거운 함의를 캐내는 데 모두 다 눈코 뜰 새 없었다. 하지만 그들은 자기들의 사상적 전통 안에서 이 이교적異敎的 공자철학을 어떻게 범주화할지를 두고 천양지차의 이견을 보이고 있었다.

대표적 예수회 신부 쿠플레는 거의 모든 주석가들이 현저하게 덕스럽고 지혜롭다고 인정한 고전적 공자제자들을 '무신론자'로 모는 것이 심각한 결과를 가져올 것이라고 경고했다. 왜냐하면 이것은 '덕스러운 무신론자들'이 존재한다는 것, 덕성과 경건성이 별개라는 것, 신의 부정이 도덕적 패륜과 다르다는 것을 분명 함의하는 것이기 때문이다. 따라서 모든 주석가들은 무신론의 혐의를 공자철학이 아니라 주희의 성리학에 한정시켰다. 이 입장은 광범하게 읽힌 예수회 선교사 루이 르콩트의 『중국의 현상태에 관한 신비망록』에서도 다시 강조되었다.[83]

---

[82] Jonathan I. Israel, *Enlightenment Contested - Philosophy, Modernity, and the Emancipation of Man 1670-1752* (Oxford: Oxford University Press, 2006), 642쪽.

[83] Le Compte, *Memoirs and Observations made in a Late Journey through the Empire of China*, 337~340쪽.

예수교의 이런 유신론적 공자 해석에 대해 데카르트주의적 얀센주의자 아르놀(Antoine Arnauld)이 제일 먼저 나서서 모든 번역서를 참조하면 공자는 결코 물질과 구별되는 "영적 실체"를 인정한 것으로 볼 수 없고,[84] 신과 천사, 그리고 우리의 영혼에 대한 아무런 구체적 관념도 가지고 있지 않다고 확언했다.[85] 나중에 수년 동안 자기의 철학체계에 대한 예수회의 공격에 시달리던 네오스콜라적 데카르트주의자 니콜라 말브랑쉬(Nicholas Malebranche) 신부도 『신의 존재와 본성에 관한 기독교 철학자와 중국철학자의 대화(Entretien d'un philosophe chrétien et d'un philosophe chinois sur l'existence et la nature de Dieu)』(1708)에서 유사한 방식으로 예수회의 공자 이해를 탄핵했다.[86]

이런 와중에 피에르 벨은 "악마들은 무신론보다 우상숭배를 더 좋아하고",[87] "무신론은 우상숭배보다 더 큰 악이 아니며" "우상숭배가 적어도 무신론만큼 역겹다"는 말을 던지고[88] "만약 프랑스의 궁정이 무신론적이었더라면, 결코 이러한 행위(위그노 학살)를 계속하지 않았을 것이다".[89] 이어서 그는 중국사회 같은 '무신론사회가 더

---

[84] Antoine Arnauld, *Morale practique des Jésuites* [1691], 304쪽. Arnauld, Oevres, vol. 34(Paris: 1780). Israel, *Enlightenment Contested*, 643쪽에서 재인용.

[85] Israel, *Enlightenment Contested*, 643쪽.

[86] Israel, *Enlightenment Contested*, 649-651쪽. 『신의 존재와 본성에 관한 기독교 철학자와 중국철학자의 대화』(1708)에 대해서는 뒤에 자세히 분석한다.

[87] Pierre Bayle, *Pensées diverses sur la comète* [1682·1683·1704]. 영역본: *Various Thoughts on the Occasion of a Comet*, translated by Robert C. Barlett(Albany: State University of New York Press, 2000), §113(143쪽).

[88] Bayle, *Various Thoughts on the Occasion of a Comet* [1682·1683·1704: 영역본 2000], §114(144쪽).

[89] Bayle, *Various Thoughts on the Occasion of a Comet* [1682·1683·1704: 영역본 2000], §155(193-194쪽). 또 다음도 참조하라: "결과적으로, 프랑스의 국왕과 다른 모든 신민들이 무종교자들이었다면, 그들은 그리하여 나머지 신민들에게 국가에 대한 사랑을 가진 것으로 보이고 국법에 완전히 순종하는 것으로 보이게 된다면 위그노들이 종교를 가졌다는 것에 조금도 신경 쓰지 않았을 것이다." Pierre Bayle, *Réponse aux Questions d'une Provincial* [1707], Troisiéme Partie, 954쪽. *Oeuvres Diverrses de Mr. Pierre Bayle*, Vol. 3(La Haye: Par La Compagnie des Libraires, 1737).

도덕적일 수 있다'는 논변을 제기했다. 무신론에 기초한 관용론에 대한 벨의 이 급진적 논변은 즉각 서양 사상계를 신학과 철학의 대결구도로 재편하고 계몽주의 사조 안에서 급진적 계몽주의자들의 위상을 주류의 지위로 강화시켜주고, 유럽사회를 탈脫주술화·세속화시키는 데 결정적 역할을 한다. '로테르담의 철학자' 피에르 벨은 고전적 중국사상가들이 우주 안에서 우리가 보는 아름다움·중도·질서가 지성의 관점을 갖지 않는 자연본성의 작품이라고 생각하는 사람들, 따라서 자연(본성)만을 인정하는 무신론자들이면서 동시에 인간의 행복과 사회적 안정성을 좌우하는 도덕 분야에서 그들의 성취가 현격히 뛰어나다고 믿는다는, 고의적으로 난해하고 당황스럽게 만드는 이중 논변을 개진한 것이다.[90]

■ 벨의 무신론적 공자이해

벨은 상술했듯이 스피노자 체계를 중국철학의 영향을 받은 것으로 규정하는 한편, 이 점에서 공자주의적 중국철학을 역으로 스피노자주의적 일원론으로 분류한다. 그러나 그의 공자 이해와 중국철학 이해는 『역사·비판 사전』(1697·1702) 단계에서 불충분한 점이 많았다. 그는 중국철학자들이 기氣의 항구적 존재도, 영혼의 불멸성도 믿지 않는다고 말한다.

내가 인용한 보고서(『태국왕국론』)의 저자(라 루베르)는 인도사람들이 이제 고대 중국인들처럼 선한 기와 악한 기가 도처에 존재하고 도처에서 이 기들은 신의 전능한 힘을 말하자면 부여한다고 믿는다고 덧붙인다. 이것의 의미는 그들이 최고신이 아니라 무한수의 신령들, 일부는 선하고 다른 일부는 악한 신령들을 인정한다는 것이다. 그러므로 그들은 무신론자이자 마법사들일 수 있다. 저 나라(중국) 유생들의 관념은 유럽인들의 관념과 더 유사하다. 왜냐하면 한편으로 그들이 무신론자라면 다른 한편으로 기들의 존재와 영혼의 불멸성을 부정하기 때문이다. 중국에 관한 여러 보고들은 그 나라에서 가장 유력한 사람들인 학자들이 장례식을 아무런 기도와 혼합하지 않고 단지 시민적 의무로만 간주하고, 이

---

[90] Israel, *Enlightenment Contested*, 644쪽.

날 아무런 종교의미를 갖지 않으며 신의 존재나 영혼의 불멸성을 믿지 않는다는 것, 그리고 공자에게 봉헌된 사당에서 공자에 대해 외적 숭배를 표할지라도 그들은 통킹의 학자들이 공자가 그들에게 부여하기를 바라는 배움을 공자에게 달라고 빌지 않는다고 우리에게 말해준다. 그들의 외적 공자숭배는 그러므로 그들과 관련해서 하나의 단순한 무언극이다. 그들은 정치(policy)로서 그것을 준봉한다.[91]

벨은 중국과 한국의 유생들이 성리학자든 아니든 벨은 영혼의 영속성(보통사람의 영혼은 3-4대 자식들대까지 존속)과 불멸성(최영·이순신·세종 등과 같은 위인이나 각 씨족의 시조始祖의 영혼은 영구적으로 불멸)을 믿고 제사를 지낸다는 사실을 모르고 있다. 그리고 벨은 "다음 글을 읽어라, 거기서 당신은 그들이 최고지성만이 아니라 지성을 부여받은 열등한 존재들도 부정한다는 것을 알게 될 것이다"라고 하면서 출처 제시 없이 다음 인용문을 덧붙인다.

조금씩 조금씩 유생들, 즉 문예에서 모종의 학위를 딴 이들, 그리고 통치에 관여하는 유일한 사람들은 전적으로 무신앙적이 되지만 선조와 선배들의 스타일을 전혀 바꾸지 않고 하늘의 영혼과 다른 모든 영혼들을 지식이 박탈된, 내가 알지 못할 그 어떤 에테르적 실체로 바꾸었고, 단지 그들의 견해에 의하면 가장 힘 있고 가장 지혜롭고 가장 정의로운 존재자가 행하는 모든 것을 다 행하는 맹목적 운명만을 수립했다.[92]

그러나 주지하다시피 이기설理氣說을 신봉한 교조적 성리학자들도 조상제사에 있어서의 4대봉사론四代奉祀論, 영웅의 경우에는 무한無限봉사론에서 알 수 있듯이 기氣의 실존과 영혼의 '일정한' 불멸성을 믿었다. 유교에서 제사를 지내는 것은 영혼불멸을 믿는다는 것을 보여주는 증거다. 후앙 멘도자는 1585년에 이미 중국인들이 "영혼이

---

[91] *The Dictionary Historical ad Critical of Mr. Peter Bayle*, Vol. 4, 939쪽('Ruggerie' 항목); Bayle, *Dictionnaire historique et critique*, Vol. 12, 670쪽.

[92] *The Dictionary Historical ad Critical of Mr. Peter Bayle*, Vol. 4, 939쪽; Bayle, *Dictionnaire historique et critique*, Vol. 12, 670쪽.

불멸하고 저승을 가진다는 것을 확실한 것으로 여긴다"는 사실을 정확하게 파악하고, "중국인들이 영혼이 그의 첫 발단을 하늘로부터 갖고, 하늘이 그것에 영원한 본질을 주었기 때문에 결코 종말을 갖지 않는다는 것을 진리로 말하고 확언한다"고 말한다.[93]

마테오리치와 트리고도 성리학자들의 신관神觀에 대해 정확한 보고를 했었다.

그들(성리학유생들)은 우상숭배를 믿지 않는다. 사실, 그들은 아무런 우상이 없다. 하지만 그들은 지상의 만물을 보존하고 다스리는 하나의 신을 믿는다. 그들은 다른 신들도 인정하지만, 이 다른 신들은 더 적은, 제한된 지배력을 가지고 단지 더 많은 영예만을 받는다.[94]

이것은 성리학적 이기일원론자들의 신관과 정확하게 일치하는 것이다. 다만 이 유신론과 서양 유신론의 차이가 있다면, 유생들의 유신론이 무신론과 교대될 정도로 약하고 희미하고 간헐적인 반면, 서양의 유신론은 독단적일 정도로 강하다는 것뿐이다.

그럼에도 벨은 유신론·무신론 문제에서 데카르트주의적 얀세니스트 아르놀을 추종해서 공자를 무신론자로 간주한 것으로 보인다.

그(아르놀)는 예수회 신부들에게 이렇게 말을 걸었다. "중국의 가장 유능한 선교사들은, 이 중 상당수는 당신들의 예수회 소속이지만, 거기의 유생들은 대부분 무신론자이고, 시늉과 위선으로만 우상숭배자(불교도)들이라고 주장한다. 키케로와 세네카에서 읽을 수 있듯이 평민들이 찬미하는 것과 동일한 우상들을 이것을 하나도 믿지 않을지라도 찬미한

---

[93] Juan Gonzáles de Mendoza, *Historia de las cosas mas notables, ritos y costumbres del gran Reyno de la China*(1-2권, Madrid & Bercelona, 1586; Medina del Campo, 1595; Antwerp, 1596). 영역본: Juan Gonzalez de Mendoza, *The History of the Great and Mighty Kingdom of China and The Situation Thereof*, the First and the Second Part, with an Introduction by R. H. Major(London: Printed for the Hakluyt Society, 1853), 53쪽.

[94] Nicolas Trigault, *De Christiana expeditione apud Sinas*(Augsburg, 1615), Chap V. 영역본: Luis J. Gallagher, *China in the Sixteenth Century: The Journals of Matthew Ricci*(New York: Random House, 1942·1953), 94.

많은 이교철학자들처럼 말이다. 동일한 선교사들은 이 유생들이 어떤 것도 영적이라고 생각하지 않고 당신들의 마테오리치가 참된 신으로 간주한 상제上帝(the King above)도 물질적 하늘 외에 아무것도 아니라고 우리들에게 알려준다. 그리고 그들이 땅·강·산의 신령들이라고 부르는 것은 저런 자연적 물체들의 활동적 힘들 외에 아무것도 아니라는 것이다. 당신들의 저자들 중 어떤 이들은 그들은 공자의 위대한 발견들을 상실함으로써 몇 세기 전에 이 무신론 속에 빠져들었다고 말한다. 그러나 이 문제를 더 큰 주의력으로 연구한 다른 이들은 당신들의 롱고바르디 신부처럼 이 철학자가 도덕과 정치에 관해 많은 훌륭한 것들을 말했지만, 참된 신과 이 신의 계율에 관해서는 여타 사람들만큼이나 장님이었다고 주장한다.[95)]

벨은 이 무렵 아르놀 등의 견해에 기울어져 공자도 후세의 성리학자들과 마찬가지로 '참된 신'을 전혀 몰랐던 무신론자였다는 입장을 취한 것으로 보인다. 그는 "이 문제를 더 큰 주의력으로 연구한 다른 이들"의(공자가 "참된 신과 이 신의 계율에 관해 여타 사람들만큼이나 장님이었다"는) 주장을 믿었던 것으로 보이기 때문이다.

하지만 "마테오리치가 참된 신으로 간주한 상제도 물질적 하늘 외에 아무것도 아니다"는 주장은 중국인들이 자연적·물질적 하늘(the sky)인 '창천蒼天'(푸른 하늘)과 상제의 종교적 하늘(the heaven)인 '황천皇天'을 구별한다는 사실을 모르는 무식한 말이다. 마테오리치는 정확하게 이렇게 보고했었다. "중국인들의 역사가 바로 시작되는 시초부터 그들의 저작들 속에서는 그들이 '상제(the King of Heaven)'라고 부르는, 또는 하늘과 땅에 대한 그의 지배를 가리키는 다른 이름에 의해 호칭되는 하나의 최고존재자를 인정하고 숭배했다고 기록되어 있다. 고대중국인들은 하늘과 땅을 정기화精氣化된(animated) 것들이라고 생각했고, 그들의 공통된 영혼을 최고의 신으로 숭배한 것으로 보일 것이다. 이 신령에 종속된 것으로서 그들은 산과 바다, 그리고 땅의 네 구석의 다양한 신령들도 숭배했다. 그들은 이성의 빛이 천天(heaven)으로부터 왔다고, 그리고 이성의 명령들이 모든 인간행동 속에서 경청되어야 한다고 가르쳤다."[96)] 아

---

95) *The Dictionary Historical ad Critical of Mr. Peter Bayle*, Vol. 4, 81쪽('Madonat' 항목).

르놀은 마테오리치의 보고를 깊이 이해하지 못했거나 거짓으로 여긴 것이다.

그러나 벨은 조금 뒤에 나온 『다양한 생각들의 속편(*Continuation des Pensées diverse*)』(1705)에서 "나는 당신들에게 도덕의 탁월한 가르침을 남긴 공자가 무신론자라고 말하지 않겠다"고 함으로써 공자에 대한 판단을 전략적으로 유보한다. 하지만 그는 중국의 승려집단도 "중국의 주요 우상"인 "부처(Le Dieu Fo)"의 "마지막 말씀에 기초한 별개의 무신론 종파"라고 주장하고, "우리들은 중국 철학자들(성리학자들)의 자연학(*la physique des Philosophes Chinois*)이 무신론의 체계라는 것을 알

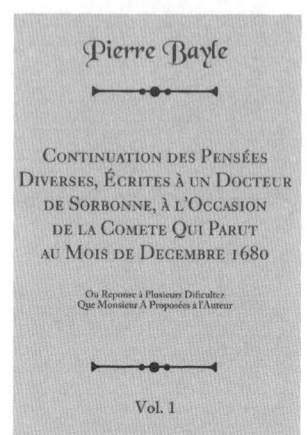

『다양한 생각들의 속편(*Continuation des Pensées diverse*)』 표지

았다"고 말한다. 게다가 그는 이렇게 덧붙인다. "그들이 도덕 관점에서 단연 가장 합당한 것으로 보인다. 주요 준칙이 이렇다. 그 현자(공자)가 제시한 목적은 오로지 공공선일 뿐이다."[97) 그리고 그는 "선비학파의 중국 이교도들은 적어도 수천 년 이래 이 학파의 주창자들이자 저명한 스승 공자의 제자들로 공언되었고 일반적으로 가식과 허울뿐인 종교와 결부된 순수한 무신론을 고백한다"고 말한다.[98) 벨은 이처럼 공맹철학이 미주 인디언의 무신론과 같은 그런 '소극적 무신론'이 아니라, "철학적으로 정교하게 세련된 적극적 무신론"이라고 공언한다. 이로써 그는 공자를 유신론·무신론 논쟁의 피안에 두었지만, '가식과 허울뿐인' 공자제자들, 즉 세계에서 가장 방대한 중국을 다스리고 있던 성리학자들을 모조리 무신론자로 규정했다. 이것은 당시로서 실로 '방약무인한' 논변이었다.[99)

---

96) Gallagher, *China in the Sixteenth Century: The Journals of Matthew Ricci*, 93쪽.

97) Pierre Bayle, *Continuation des Pensées diverse*, Vol.1 in 2 volumes(Rotterdam: Reiner Leers, 1705), 728-729쪽.

98) Bayle, *Réponse aux Questions d'une Provincial* [1707], Troisiéme Partie, 927쪽.

99) Israel, *Enlightenment Contested*, 644쪽.

벨은 가장 도전적이고 도발적인 후기 저작들에서 고의로 중국 유자儒者를 스피노자주의자와 등치시키고, 이 스피노자주의자들과 중국 유자가 다른 민족들의 가장 경건한 사람들만큼 세속적 도덕성과 인간사회의 온갖 선덕들에 대해 잘 알고 있다고 천명한다. 중국에 관한 그의 견해의 도발적 충격과 판을 흔드는 교란효과는 중국이 스피노자주의적 정서의 유일한 진원지가 아니라, "스피노자의 무신론이 아시아에서 널리 퍼져 있는 여러 종파들의 교리(le dogme de plusieurs sectes repandues dans l'Asie)이고, 동양에서 가장 현명하고 가장 독창적인 민족인 중국인들 가운데, 대부분의 유자 또는 철학자들의 종파인 무신론 종파가 존재한다"는 주장에[100] 의해 더욱 고조되었다.

벨은 1705년의 『다양한 생각들의 속편』에서 고전적 중국철학의 네 가지 상이한 학파를 구별하고 있지만, 그들이 모두 '실재'를 비교적 적은 변화를 주어 단일한 규칙조합에 의해 다스려지는 단일한 통합적 일관구조로, 즉 일원론적 단일실체 독트린의 이런저런 변형태로 간주한다고 주장한다.[101] 이것은 『역사·비판 사전』에서부터 유래하는 벨의 기본 관점이다. 상론했듯이 여기서 그는 스피노자가 강력한 독창적 종합자이지만, 그의 독트린의 기초는 고대와 현대의 철학만이 아니라 동양의 다양한 다른 철학교리들을 수용한 것이라고 갈파한 바 있다.[102] 벨은 고전적 중국철학, 특히 공자철학을, 자연 속에서 정동靜動(음양) 원리의 추동력인 '자연' 자체를 제외하고 아무것도 인정치 않는 스피노자주의적 체계, 즉 도덕적 준칙의 파악 측면에서 아주 방대하고 거대한 무신론적 스피노자주의 체계로 묘사한다. 이 정동·음양 원리는 우주의 다른 부분들에서 질서를 산출하고 주목할 만한 모든 변화를 야기하는 제일요인이다.[103] 따라서, 벨에 의하면, 고대중국은 무신론이 전적으로 찬미할 만한 도덕질서와

---

[100] Bayle, *Continuation des Pensées diverse*, vol.1 [1705], 68~69쪽. 다음도 참조: Bayle, *Historical and Critical Dictionary*, Article "Spinoza".

[101] Bayle, *Continuation des Pensées diversese*, vol.2 [1705], 537~540쪽.

[102] Bayle, *Historical and Critical Dictionary*, Article "Spinoza".

[103] Bayle, *Continuation des Pensées diversese*, vol.2 [1705], 728~730쪽.

기독교인들의 도덕질서보다 더 우월한 실천적 도덕질서를 고취한다는 것을 증명하는 무신론사회였다. 고전적 중국도덕철학은 무신론적이고 고도의 찬미를 받을 만하다는, 그리고 이 무신론 철학이 중국인들 사이에 일반적으로 퍼져 있었다는 그의 주장은[104] 분명히 사회 안에서 도덕이 해체되는 원인이 무신앙, 무종교가 아니라는, 그리고 종교가 우리의 사악한 감정을 억제하는 브레이크 노릇을 할 능력이 없다는, 1683년의 『혜성에 관한 다양한 생각』 초판에서 처음 정식화된 테제를[105] 더욱 강력하게 뒷받침하려고 기안된 것이다.

벨이 『역사적·비판적 사전』에서 독자의 감성을 고려해 중국의 무신론 사상이 아주 버겁고 아주 모순에 가득 찬 체계라는 데 동조하는 체하지만, 나중에 『다양한 생각들의 속편』에서는 이런 의체擬態를 벗어던져 버린다. 그의 마지막 저작들에서 벨은 그가 그리스철학체계들 중에서 가장 일관된 체계라고 내심으로 판단하는 철학인 스트라톤주의(원자론적 유물론=기론)와[106] 단연코 대오를 같이 하는 이 포괄적 공자·스피노자 체계의 합리적 일관성을 집중 조명하는 데 초점을 맞춘다.

벨은 기독교 선교사들이 중국에서 공자주의를 논박하면서 직면한 문제가 기본적으로 유럽철학자들이 스트라톤주의를 논박하면서 직면하는 문제와 동일한 것이라고 결론짓는다. 벨은 스트라톤주의나 공자주의를 어떻게 반박할지 모르겠다고 자인하는 반면, 데카르트주의를 엄격한 이원론으로, 그리고 운동이 물질 안에 내재할 가능성에 대한 부정으로 해석한다. 그리고 데카르트의 "이런 도그마는 중국인을 아연실색케 할 것이다"라고 강조한다.[107] 결론적으로 그는 데카르트주의를 공자주의에

---

[104] Pierre Bayle, Écrits sur Spinoza, edited by F. Charles-Dabert & P.-F. Moreau(Paris: Berg international, 1983), 90쪽. Israel, *Enlightenment Contested*, 646쪽에서 재인용. 또 다음도 보라. Bayle, *Historical and Critical Dictionary*, 323~324쪽(Remark X to the entry "Spinoza").

[105] Bayle, *Various Thoughts on the Occasion of a Comet* [1682·1683·1704: 영역본 2000], §122~128(가슴), §129~132(정신).

[106] 스트라톤(BC. 269년경)은 아리스토텔레스 철학을 데모크리토스의 원자론 철학(동양적 기론의 그리스버전)으로 개조해 소요학파를 이끌었던 유물론자다.

[107] Bayle, *Continuation des Pensées diverses*, vol.2 [1705], 553~554쪽.

비해 열등한 것으로 간주하는 듯한 논변을 개진한 것이다.108)

합리주의자 벨이 보기에 공자주의는 초월적 '신국神國'에 기초하기보다 자연 또는 자연본성에 기초한 '순수한 존재의 구조', 즉 자연을 존재하는 것의 전체 및 그 자체의 법칙과 원칙의 배타적 원천으로 동일시하는 구조를 가졌다. 이 급진적 철학체계는 『역사적·비판적 사전』의 발간 3년 뒤 앤터니 콜린스(Anthony Collins, 1676~1729)에 의해 받아들여졌다.109) 콜린스도 중국의 유자들을 스트라톤이나 크세노폰, 또는 스피노자와 등치시켰다.110) 서양에서 공자와 스피노자 간의 논리적 일관성을 주장하는 것보다 차라리 '공자와 스피노자의 무신론'의 '도덕적 완전성'을 찬양하는 것이 의심할 바 없이 더 쉬운 한편, 벨과 콜린스가 중국·한국·일본의 공자철학이 유럽철학보다 도덕적으로 더 우월하고 더 일관성이 있다는 것을 둘 다 효과적으로 주장하고 있었다는 것은 "명백해 보인다".111)

2.2. '종교적으로 미적지근한' 유럽적 관용사회의 비전

■ 종교적으로 '미적지근한' 무신론사회의 개념

벨에 의해 강력해진 '급진적 계몽주의'는 광범하게 설파되고 확산되어 18세기 초에 점차 다수파, 아니 계몽주의의 주류로 부상하기 시작했다. 이것은 전적으로 벨의 '도덕적 무신론사회'와 '무차별적 관용(indifferent toleration)'의 급진적 논리의 위력 때문이었다. 벨은 도덕적 무신론사회의 가능성과 도덕적 무신론사회로서의 중국사

---

108) Israel, *Enlightenment Contested*, 646쪽.
109) Israel, *Enlightenment Contested*, 646쪽.
110) Anthony Collins, *An Answer to Mr. Clark's Third Defence of his Letter to Mr. Dodwell*(London: Printed for A. Baldwin in Warwick-Lane, 1708), 89쪽. Israel, *Enlightenment Contested*, 646~647쪽에서 재인용.
111) Israel, *Enlightenment Contested*, 647쪽.

회를 논증하면서 동시에 공자의 무제한적 관용론과 본질적으로 동일한, 모든 종교에 대한 '무차별적 관용론'을 수립하고 유럽도 유일신·유일종교만을 믿을 정도로 종교적으로 강성剛性이지도, 경건하거나 독실하지도 않은 무신론 사회, 즉 종교적 신심이 "미적지근한(tiède)" 무신론사회로 변하기를 바랐다.

벨은 동아시아사회 같은 '무신론자들의 사회'의 가능성에 관해 분석적으로 상론한다. 그에 의하면 인간의 행동을 좌우하는 주요감정은 나에 대한 타인의 공감적 호평에 대한 열망이다. 벨은 이것에 의해 사회가 신이나 종교 없이 자율적으로 규제될 수 있다고 생각하게 이른다. '무신론자들의 사회'의 도덕에 대한 벨의 묘사는 건강한 정치생활을 위해 요구되는 도덕성이 신에 대한 믿음 없이, 그러므로 섭리나 영혼불멸에 대한 믿음 없이도 가능하다는 것을 입증하기 위해 의도된 것이다. 환언하면 그것은 인간의 감성과 이성만으로 구상되고 촉진되는 도덕성의 개요를 보여주려고 한 것이다. 이러한 도덕성은 바로 정치 목적의 재정식화와 범죄나 죄악에 대한 정제된 이해를 요구한다.[112]

벨에 의하면, 일단 인간본성의 기초는 자부심·긍지, 또는 자기애(*amour-propre*), 즉 "우리의 본성과 불가분적인 감정"이다.[113] 이런 인간이해는 다분히 에피쿠리언적이다. 그래서 각자는 본성상 먼저 자기의 안녕에 관심을 가진다. 만인을 고통이나 해악을 피하고 쾌락이나 좋은 것을 찾도록 강요하는 것은 이 자기관심(*self-concern*)이다. 고통의 두려움은 크고, 감정들 중 가장 격렬한 감정인 죽음의 두려움은 훨씬 더 크다. 따라서 벨은 "무신론자들의 사회"도 "범죄를 가혹하게 벌하면" 얼마든지 도덕적으로 유지될 수 있다고 주장한다.[114] 벨은 인간의 감각과 감정들 중에 고도로 진화된 도덕감각이나 도덕감정이 인간 개개인에게 본유한다는 사실을 전혀 깨닫지 못하고 단순히 쾌락과 고통의 감정에만 기초한 에피쿠리언적·이기주의적 쾌락설에만 근거해

---

[112] Robert C. Bartlett, "Introduction", xxxiv쪽. Pierre Bayle, *Various Thoughts on the Occasion of a Comet*(Albany: State University of New York Press, 2000).

[113] Bayle, *Various Thoughts on the Occasion of a Comet* [1682·1683·1704: 영역본 2000], §171.

[114] Bayle, *Various Thoughts on the Occasion of a Comet* [1682·1683·1704: 영역본 2000], §172.

서 도덕적 무신론사회의 존속가능성을 논증하고 있다. 만약 그가 공맹과 같이 인간의 도덕감각·도덕감정의 본유성을 알았더라면, 아니 자기와 절친한 섀프츠베리의 도덕감각론을 수용했더라면 그는 무신론자들의 사회가 범죄를 그리 "가혹하게 벌하지" 않더라도 윤리적으로 잘 돌아갈 것이라는 것을 깨달았을 것이다.

벨은 우리가 피하는 악보다 우리가 끌리는 선에 훨씬 더 큰 강세를 두면서, 제대로 공감감정으로 논점을 돌린다. "우리가 뭐라고 하든, 인간은 고통을 싫어하기보다 더 많이 희열을 좋아하고, 인간은 해악보다 좋은 것에 더 민감하다는 것은 확실하다." 진정, "희열은 모든 인간사의 신경이다."[115] 그러나 오늘날 과학적으로 분명히 밝혀진 바에 따르면 실은 인간은 '희열'보다 '고통'에 더 민감하다. 여기서 벨은 오류를 범하고 있다. 그리고 희열 또는 쾌락이 육체와 대부분 연결되어 있을지라도, 우리가 가질 수 있는 최대의 쾌락은 사실상 다른 사람들이 우리에 대해 가지는 의견에 의해 매개되거나 결정되는 의견으로서의, 우리에 대해 우리가 지니는 좋은 의견이다. 벨은 우리가 가장 열망하는 것은 타인들의 내면적 호평이라고 말한다.

사회 안에서 배신자와 사기꾼으로 받아들여질 것이라는 두려움은 돈에 대한 그의 애착을 극복할 것이다. 아주 적은 증인들 앞에서 자신들에게 가해진, 이웃사람들의 눈앞에서 치욕을 당할 것을 두려워하지 않는다면 용서해줄 수 있는 무례를 복수하기 위해 수천 가지 불편이나 위험을 감수하는 사람들이 있는 것처럼, 나는 같은 식으로 자신의 욕심의 반대에도 불구하고 무신론자가 기탁금을 부당하게 간직하고 있는 것으로 확신할 수 없을지라도, 그의 충성이 그에게 전체 도시의 칭찬을 벌어줄 것이고 그의 불충이 어느 날 그를 비난에 처하게 할 수 있다는 것, 하다못해 예의바른 사람으로 받아들여지는 것을 가로막을 미심쩍은 어떤 것으로 의심받는 것에 처할 것임을 목도할 때 기탁금을 돌려 줄 것이다. 왜냐하면 우리가 무엇보다도 열망하는 것은 다른 사람들의 내면적 호평이기 때문이다. 이 호평을 표시하는 손짓들이나 언표들은 우리가 이 손짓이나 언표가 타인의 마음속에서 벌어지는 것에 대한 표시라고 상상하는 한에서만 우리를 기쁘게 한다. 경외감 속에서 우리에

---

[115] Bayle, *Various Thoughts on the Occasion of a Comet* [1682·1683·1704: 영역본 2000], §167.

게 다가와 추켜세우는 언표들을 명확하게 발언할 수 있는 기계(machine)가 있다고 하더라도 이 기계는 우리 자신에 대한 호평을 우리에게 느끼게 하지 못할 것이다. 왜냐하면 이 언표들이 우리의 공로에 대한 타인의 좋은 의견의 표시가 아니라는 것을 우리가 알기 때문이다. 이것은 내가 말하는 사람(무신론자 - 인용자)이 오직 기탁금의 신성한 법률을 위반한 것으로 의심받는다고 믿을 경우에만 그의 탐욕을 자긍심에 희생시킬 수 있는 이유다.[116]

도덕감각이나 도덕감정의 관념이 전무한 벨은 영예를 좋아하고 치욕을 두려워하는 것을 '수오지심' 또는 '염치'라는 도덕감정으로 포착하지 못하고, "도덕"을 "영리하게 추구되는 이기심", 즉 '개명된 이기심(enlightened self-interest)'로 오해한다.[117] 하지만 이 오해에 대한 비판은 여기서 제쳐두자.

벨은 치욕에 대한 인간의 두려움과 본성적 명예욕을 활용한 엄한 인간적 법률이 도덕을 만든다고 생각한다. 그리하여 "죽음에 의해 사랑을 처벌하는 법률은 연모하는 가슴을 투덜대게까지 만드는 법률이 아니고, 두려워하는 것은 풍문의 처벌이다."[118] 결국, 많은 사람들은 영예를 위해 죽음의 공포까지도 극복한다. 무신론자들의 사회는, 인간적 법이 해악에 대한 우리의 본성적 두려움과 - 훨씬 더 중요한 것인 바 - 타인들의 눈 속에서의 영예나 명성의 본성적 매력을 둘 다 활용한다면, 원칙적으로 가능하다. 무신론자들의 사회에 대한 벨의 묘사는 태반이 우리의 본성의 다르지만 연결된 이 두 가지 성향을 철저히 활용하는 새로운, 보다 합리적인 입법의 개요이고, 무신론자들의 사회의 가능성은 "본성적 성향에 굴복할 때 치욕에 노정시키는 엄격한 영예법률"을 신에 대한 믿음에 호소하지 않고 유지할 가능성에 의해[119] 그 여부가 결정된다.

벨은 '무신론자들의 사회'와 관련해 중대한 물음을 던진다. 유럽의 기독교 사회가

---

116) 참조: Bayle, *Various Thoughts on the Occasion of a Comet* [1682·1683·1704: 영역본 2000], §179.

117) Bartlett, "Introduction", xxxvi쪽.

118) Bayle, *Various Thoughts on the Occasion of a Comet* [1682·1683·1704: 영역본 2000], §164.

119) Bayle, *Various Thoughts on the Occasion of a Comet* [1682·1683·1704: 영역본 2000], §162.

무신론 사회로 점진적으로 진화할 수 있을까? 이 물음에 대한 답변을 먼저 말하자면, 벨은 유럽이 '완전히' 무신론적으로 변하기를 바라지 않았고, 그렇게 되기도 불가능하다고 생각했지만, 극동아시아 사회처럼 종교와 종교적 신심이 '미적지근해져' 종교문제가 주변화되기를, 그리하여 종교적 긴장이 결정적으로 완화되고 사회가 적당히 탈주술화·세속화되고 결국 모든 종교·종파들과 무신론자들이 종교적으로 해방되어 무제한적으로 서로를 관용하기를 기대했고, 또 충분히 그럴 수 있다고 생각했다. 한마디로, 벨은 영국의 존 트렝커드와 토마스 고든, 그리고 매슈 틴들보다 훨씬 앞서 유럽사회가 점진적으로 '극동아시아화·중국화'되어야 하고, 또 그럴 수 있다고 생각한 것이다. 그 동력은 종교의 점진적 무용지물화, 세속적 행동의 격상, 자연과학적 세계관의 확산 등이다. 벨은 무신론적 정치의 가능성에 대한 그의 평가가 악명이 높을지라도 이러한 무신론적 사회가 생겨나기를, 적어도 겉으로 보면, 기대하지 않았던 것으로 보인다.[120] 그에게 무신론은 아주 적은 소수인의 악덕이다. 여성들만큼이나 남성들은, 평민들만큼이나 귀족들은 신적 예언에 대한 믿음에 깊은 애착을 가지기 때문이다.[121] 그는 이것을 기성종단이 들으라는 듯이 여러 차례 강조하고 있다.[122] 벨은 "전 국민이 한 신에 대한 믿음과 한 종교의 관행으로부터 반대의 믿음과 관행으로 넘어가는 것은 도덕적으로 그리고 물리적으로 불가능하다"고 말한다.[123] 그러나 벨은 "열정의 과잉"에 의해 종교의 헌신자들이 "용광로로부터 여전히 뜨겁게" 만들어

---

[120] Bartlett, "Introduction", xl. "이러한 무신론적 사회가 생겨나기를 기대하지 않았던 것으로 보인다"는 Bartlett의 판단은 겉으로만 본 것이다. 벨은 마음속으로 중국 같은 완화된 무신론사회, 또는 미적지근한 유신론 사회를 꿈꾸었을 것이다. 왜냐하면 『철학적 주석』에서 벨은 자신의 관심을 끈 중국을 '무신론사회'로 여겼고, '신앙강제'에 관한 성경해석을 둘러싼 기성종단과 자신 간의 신학적 논란을 해결해줄 현명하고 중립적인 판관으로 '중국철학자들'을 여러 차례 호출하기 때문이다.

[121] Bartlett, "Introduction", xl.

[122] 참조: Bayle, *Various Thoughts on the Occasion of a Comet* [1682·1683·1704: 영역본 2000], §21, §81, §151, §154.

[123] 참조: Bayle, *Various Thoughts on the Occasion of a Comet* [1682·1683·1704: 영역본 2000], §104. 또 §121도 보라.

지는 측면도 있기에,[124] 법조인과 의사들이 재판과 질병의 존재를 자신들의 이익을 위해 활용하듯이 교황·성직자·점쟁이들도 자신들의 "이익"을 위해 "사람들에게 그들의 종교 안에서 미적지근해질(tiède) 시간을 허용하지 않도록 주의조치를 취한다"는 것이다.[125]

■ 무차별적 관용과 유럽의 세속적 근대사회 비전

오래된 종교는 그것이 젊었을 때보다 '덜' 강렬하게 준수될 것이다. 이것은 의식과 요구가 단순하면 더욱 더 '미적지근하게' 준수될 것이다. 반대로 종교의 요구가 더 "사치스러우면 사치스러울수록" 종교에 더 애착을 갖게 된다.[126] 그리하여 여러 가지 이교적 의식儀式들이 기독교 안으로 받아들여진 것이다.

고대 교회에서 옛 사도들이 가르쳤던 지나친 소박성은 인간들의 열정의 열꽃이 약간 줄어든 시대에 부적절하다는 것, 그리하여 예배에 다양한 의식들의 사용을 반입하는 것이 기독교적 현명에 속한다는 것을 지각했을 때, 사람들은 일반적으로 그 의식이 성스러운 것들에 대한 존경을 백성들 안에서 고취하기에 적절하다고 여겨졌기 때문에든, 이것이 어떤 방식으로 지각되지 않을 변화를 통해 불신자들을 압도해 사람들을 예수 그리스도에게로 끌어당길 수단이라고 믿어졌기 때문에든, 특히 이교도들 사이에서 가장 큰 유행을 누렸었던 의식들에 관심을 집중하기에 이르렀다는 것은 사실이기조차 하다.[127]

---

[124] Bayle, *Various Thoughts on the Occasion of a Comet* [1682·1683·1704: 영역본 2000], §257.
[125] Bayle, *Various Thoughts on the Occasion of a Comet* [1682·1683·1704: 영역본 2000], §109(마지막 문장).
[126] Bayle, *Various Thoughts on the Occasion of a Comet* [1682·1683·1704: 영역본 2000], §184(189-90쪽).
[127] Bayle, *Various Thoughts on the Occasion of a Comet* [1682·1683·1704: 영역본 2000], §85.

이것은 역으로 어떤 종교든 점진적이라면 커다란 변화가 만들어질 수 있다는 것을 시사한다.[128] 아버지는 그가 승계받은 것과 정확히 동일한 신앙심을 그의 자녀들에게 물려준 것으로 잘못 믿을 수 있다. "왜냐하면 이 일에서의 변화들은 감지될 수 없는 발걸음에 의해 수행될 수밖에 없고, 한 사람의 인생 동안에 거의 주목되지 않기 때문이다". 하지만 이 "감지될 수 없는 발걸음은 여러 세기가 지난 끝에 사태를 아주 동떨어진 곳으로 끌고 간다".[129] 이렇게 '감지될 수 없을' 정도로 점진적 변화들을 거쳐 기독교로부터 무신론으로 이동하거나 미적지근해지는 것이 가능할 수 있는가?

벨은 지금까지 종교를 지탱해온 세 가지 힘을 열거한다. 첫째, 단순한 자연과정은 인간들을 어떤 더 높은 권력에 대한 두려운 경외감 속에 붙들어두기에 충분한 "기형괴물, 유성, 성난 폭풍, 홍수, 죽음, 끔찍한 기근"을 산출한다.[130] 둘째, "민간의 일과 종교의 일을 다루는 치자들의 정치"는 "신에 대한 공포라는 제어장치를 통해 사람들을 종속상태에 붙들어두기 위해" 늘 인간들의 '자연의 무지'를 이용해 먹어왔다. 왜냐하면 정치적으로 "종교가 사회의 결속요소 중의 하나"이고, "신민들은 신의 성직자들이 간섭할 수 있을 때보다 더 잘 신민들을 복종상태에서 붙들려 있은 적이 없었다"는 것은 "모든 시대"에 인정되어 왔기 때문이다.[131] 셋째, 그리고 마지막으로, 성직자들은 호구지책과 사회적 지위를 위해 인민의 계속적 헌신에 매달린다. "재판과 게으름이 법조인과 의사의 이익인 것과 꼭 마찬가지로,(불가사의한 일들에 대한) 이러한 뉴스들이 영구히 공표되는 것은 교황, 성직자, 점쟁이들의 이익이다."[132] 따라서 성직과 주권적 권위는 종종, 아니 거의 언제나 통합되었다.[133]

그렇다면 이 세 가지 요소가 사라진다면, 종교는 약화되고 신앙심은 저절로 '미적

---

[128] 참조: Bartlett, "Introduction" to Bayle's Various Thoughts on the Occasion of a Comet, xl쪽.
[129] Bayle, *Various Thoughts on the Occasion of a Comet* [1682·1683·1704: 영역본 2000], §112.
[130] Bayle, *Various Thoughts on the Occasion of a Comet* [1682·1683·1704: 영역본 2000], §107.
[131] Bayle, *Various Thoughts on the Occasion of a Comet* [1682·1683·1704: 영역본 2000], §108.
[132] Bayle, *Various Thoughts on the Occasion of a Comet* [1682·1683·1704: 영역본 2000], §109.
[133] Bayle, *Various Thoughts on the Occasion of a Comet* [1682·1683·1704: 영역본 2000], §111.

지근해질' 것이다. 따라서 종교를 무너뜨리는 벨의 암묵적 비책은 인간의 두려움에 찬 경신성輕信性(fearful credulity)의 주된 원인인 기이한 자연현상을 과학적 '설명'에 의해 없애버리는 자연과학의 확산, 그리하여 종교가 영혼의 위안 요소로서나 사회의 결속요소로서 무용지물이라는 인식, 그리고 사회 자체가 우리의 영혼의 궁극적 운명과 우리의 교리적 믿음의 건전성에 대해서보다 우리의 신체적 안전과 시민적·세속적 행위들에 대해 더 관심을 가져야 한다는 인정, 그리고 마지막으로 "세속적 권위"가 "성직적 권위"와 분리되는 '정교분리', 즉 무제한적 종교자유와 관용 등이다. 『혜성에 관한 다양한 생각들』(1682)은 이 목적을 촉진시킬 수 있는 모든 논리적 무기를 다 제공하고 있다.134)

첫 번째 '논리적 무기'는 그가 새로운 성서해석을 통해 "신은 곧 자연이고, 자연은 곧 신이다"라는 명제를 천명함으로써 스피노자의 자연관이나 동아시아의 기론氣論과 같은 자연철학적 자연관을 피력한다는 것이다. 두 번째 '논리적 무기'는 관념과 지식에 대한 행동의 우위성에 대한 반복된 논변과, 공감적 규범력에 의한 행위통제로 종교의 사회적 개입과 정치적 이용의 기회를 결정적으로 축소시키는 논변이다.

벨은 첫 번째 '논리적 무기'에 대해 상론한다. 신의 "일반적 섭리"와 "성경의 신" 사이에 근본적 긴장이 있다는 것은,135) 벨이 특히 민감한 문제를 다루는 그의 '고시告示'에서 우리의 관심을 끄는 항목으로부터 명백하다. 벨은 예수탄생 이전에 신이 "모든 민족들이 제 길을 가도록 놓아두었지만", "우리의 마음을 음식과 환희로 채워주는, 하늘로부터의 비와 열매 맺는 계절"의 형태로 "자신을 증거 없이 놓아두지 않았다"는 바울과 바르나부스(Barnabus)의 논평을136) 활용하고 있다. 벨의 신학적 논변의

---

134) 참조: Bartlett, "Introduction", xl-xli쪽.
135) Bayle, *Various Thoughts on the Occasion of a Comet* [1682·1683·1704: 영역본 2000], §234.
136) Bayle, *Various Thoughts on the Occasion of a Comet* [1682·1683·1704: 영역본 2000], §60과 §218 및 §234에서의 사도행전 14장에 대한 언급. 사도행전 14장 16-17절에서 바울과 바르나부스는 그리스의 라코니아인들에게 말한다. "신은 지난 시기에 모든 민족들로 하여금 제 길을 가게 놔두었으나, 그럼에도 자기를 증거하지 않은 것이 아니라 여러분에게 하늘로부터 비를 내리시고 철 따라 열매 맺게 하여 먹을 것과 기쁨으로 여러분의 마음을 채워주었다."

결론적 핵심은 '신은 비인격적 자연 외에 다른 것이 아니다', 즉 '자연이 곧 신이다 (Natura sive Deus)'는 말로 정리될 수 있다. 이 자연은 일정한 아낌없는 하사품을 제공하면서도 "모든 민족들이 제 길을 가도록 놓아둔다". 사도들에게 신의 치세의 세속적 표명이었던 것이 벨에게는 우리가 기대해야 하는 유일한 것이다. 신을 자연과 등치시킴으로써 벨은 '성경의 신'을 자연세계 속으로 소멸시키고 있다. 이 자연세계는 원칙적으로 물리학자들과 철학자들의 과학적 분석대상으로 격하되는 것이다. 기적적 간섭과 특별한 섭리에 대한 부정과 합치되게 벨은 이제 방향을 돌려, 자연이 제공하지 않고 제공할 수 없는 직접적 지배를 보완·벌충하는 데 쓸 수 있는 유일한 수단으로서의 '현명한 세속적 정치'를 거론한다.[137]

벨이 말하는 두 번째 '논리적 무기'는 인간의 행동을 부드럽게, 그러나 확실하게 통제하는 공감적 규범력과 예법에 의해 종교적 규제력을 대체하고 주변화시키는 것이다. 벨은 올바른 '인식'과 '신앙'에 대한 올바른 '행위'의 우월성을 강조함으로써 모든 종교, 모든 기독교 종파들, 그리고 무신론자에 대한 무차별적 관용을 주장하고, 동아시아에서와 같이 무제한적 종교자유와 관용이 달성되기를 기대한다. 벨이 그의 신학적 논변의 출발점부터 정치적 효용의 척도를 염두에 두고 있다는 것은 고찰에서 명백하다. 그는 거기에서 무신론이 "인간사회의 파멸이었을 것이다"는 비난에 답하는 과업을 스스로에게 설정하고 있기 때문이다. 더구나 벨은 일관되게 '교리'에 대해 '행위'를, 따라서 '인식'이나 '신앙'에 대해 '행위'를 강조한다.[138] 가령 벨은 예정설豫定說의 문제,[139] "축복받은 동정녀가(…) 세계의 여왕인지", 그리고 예수 그리스도의 신적 본성이 그의 인간적 본성과 분리될 수 있는지 하는 문제는 모두 실천적 중요성이 없는 문제들이라고[140] 공개 논변하는 것으로 나아가려고 한다. 왜냐하면 "이와 관련

---

137) 참조: Bartlett, "Introduction", xxxix쪽.
138) 참조: Bartlett, "Introduction", xxxv쪽.
139) Bayle, *Various Thoughts on the Occasion of a Comet* [1682·1683·1704: 영역본 2000], §176, §199.
140) 참조: Bayle, *Various Thoughts on the Occasion of a Comet* [1682·1683·1704: 영역본 2000],

된 오류들은 모두 비자발적이고,(…) 우리는 자유도, 악의도 없이 이 덧없고 희미한 판단들을 형성하기 때문이다."[141] 벨은 그의 이 논변의 요지는 다른 것, 즉 훨씬 더 나쁜 것, 아니 무엇보다도 '행위'와 관련된 가령 프랑스 위그노의 박해가 있다는 것으로 입증된다. 섭리의 부정이 거친 오류일지라도 이른바 '참된 교리'를 지키려고 사람을 박해하고 죽이는 것은 "섭리를 부정하는 것보다 더 거친 오류"이자 더 극악한 죄악이다.[142]

그러므로 벨은 종교적 교리를 지키려고 이런 죄악을 저지르기보다 교리의 진위를 떠나 모든 종파를 무차별적으로 자유롭게 하는 것이 최선이라고 논변한다.

랍비는 '유대인들이 일상적 삶 속에서 매일 어떤 기독교인들을 기만하리라는 맹세를 하고 유대인들이 이것을 선행이라고 주장한다'고 말하고 또 쓰는 사람들은 유대인들을 더 밉살스럽게 만들기 위해 유대인들을 중상하고 있는 것이라고 우리들에게 확언한다. 이 랍비의 불평이 잘못된 것이라면, 유대인들은 에피쿠로스의(신·인神·사무관론의) 오류보다 더 나쁜 원칙을 가지고 있는 것이다. 그러나 랍비가 옳다면, 유대인중상자들은 에피쿠로스라는 철학자의 원칙보다 더 혐오할만한 원칙을 따르는 것이다. 왜냐하면 아무것도 공통된 공평성 개념을 범함으로써 우리가 신을 기쁘게 할 수 있다고 믿는 것보다 더 이단적인 것은 없기 때문이다. 그리하여 나는 우리가 치자들에게 위그노들의 결백함을 탄압함으로써 신에게 기분 좋은 서비스를 하는 것이라고 설득하기에 충분히 눈먼 프랑스 선교사들이 많다는 것에 아무리 놀라도 지나칠 수 없다. 어떤 사원의 철거, 어떤 목사들의 망명, 또는 어떤 성직자들의 개종이 이것으로부터 나온다면, 그리고 이 불행한 준칙을 확신하기에 충분히 자의적인 치자들이 아주 많다면, 참된 종파를 편들어 그토록 불경한 열정을 갖느니 기독교의 모든 종파에 대해 무차별적(indifferent)인 것이 천 배 더 나을 것이다.[143]

---

§199, §200.

[141] 참조: Bayle, *Various Thoughts on the Occasion of a Comet* [1682·1683·1704: 영역본 2000], §200.

[142] Bayle, *Various Thoughts on the Occasion of a Comet* [1682·1683·1704: 영역본 2000], §197(242쪽).

[143] Bayle, *Various Thoughts on the Occasion of a Comet* [1682·1683·1704: 영역본 2000],

바로 여기에서 벨은 논리적 귀결로서 슬그머니, 그러나 분명하게 바로 '무차별적 관용론'을 설파하고 있다. 기독교의 저 '모든 종파'에는 '공통된 공평성 개념을 범하지' 않는 유대교도 들어 있고, 로크가 빼놓은 가톨릭도 들어 있다. 그리고 벨이 풍파를 피해 명시하지는 않았지만, 벨은 신앙·종교문제가 '미적지근해진' 미래의 유럽사회에서는 모든 세계종교와 이교들이 무신론자들과 더불어 무차별적으로 종교적·사상적 자유를 누릴 것이라고 기대했다.

벨은 "무신론자들의 사회가 겸양(decency)과 영예에 관한 법률들을 독자적으로 만들 것인가?"라는 물음에 긍정으로 답한다. 그는 근본적으로 묻는다. 사회가 종교적 신앙보다 호평하는 영예나 영광의 성격은 어떤 것인가? 그것은 도덕적 상벌이다. 예양만으로도 천하를 다스릴 수 있다고 확신한 공자처럼, 벨은 앞서 시사했듯이 "무신론자들의 사회는 만약 범죄를 가혹하게 벌하고 일정한 일들에 대해 영예와 오명의 딱지를 붙여준다면 다른 사회가 그러는 만큼이나 시민적·도덕적 행위들을 완수할 것이라는 사실이 얼마나 명백한 것인지를(…) 알게 될" 것이라고 장담한다. 왜냐하면 "인간 행위들의 참된 추동력은 종교와 다르다"는 것이 다 알려졌으므로, 행위의 참된 동기들, 즉 "가령 상벌, 영광과 치욕, 기질과 교육"이 무신론자들 사이에서도 실존할 온갖 이유가 있는 것이다.[144] 그리고 '예의바름'의 느낌은 신에 대한 믿음이 아니라 현세적 영예와 칭찬에 좌우된다. 예양과 겸양의 관념이 신에 대한 믿음에 달려있지 않다는 것을 증명하기 위해 벨은 기독교도들 사이에도 - 결코 신앙에 의해 비준되지 않은, 따라서 그 원천이 신앙과 다른 어떤 것이지 않을 수 없는 - 세속적인 영예가 통용되고 있다는 것을 보여준다.[145]

벨은 무신론을 위해 순교한 이탈리아의 무신론적 자유사상가 바니니(Lucilio Vanini)의 '바보' 같은 행동을 다루면서 "무신론이 그 순교자를 가지고 있다는 사실은 무신론

---

§197(243쪽).

[144] Bayle, *Various Thoughts on the Occasion of a Comet* [1682·1683·1704: 영역본 2000], §172(212쪽).

[145] Bartlett, "Introduction", xxxvi쪽.

이 영예와 예의의 품위의 관념을 배제하지 않는다는 것의 증거다"라고 갈파한다.[146] 또한 벨은 "우리는 기독교도들 사이에 존재하는 온갖 겸양 관념들을 죽 훑어본다면, 종교로부터 취해진 것은 거의 단 두 개도 찾지 못할 것이다"라고 선언한다.[147]

"누군가 무신론자는 자신의 영혼이 육체와 더불어 죽을 것이라고 확신하기에 타인들의 마음에 그토록 많은 위력을 미치는 그의 명성을 불멸화하려는 욕망의 결과로서 칭송될 가치가 있는 것은 아무것도 할 수 없다고 아마 상상할 것이다. 그러나 후세에 의해 칭송받기 위해 위대한 일들을 이룩한 사람들이 사후에 그들에 대해 얘기되는 것을 다음 세상에서 알 희망에 우쭐해하지 않은 것이 확실하기 때문이 이것은 아주 잘못된 생각이다."[148] 그리고 오늘날도 "자신들에 대해 역사 속에서 얘기되도록 만들기 위해 그렇게 많은 위험과 그렇게 많은 힘의 소진에 자신의 몸을 던지는 용감한 사람들, 이들이 그들을 영예롭게 하기 위해 세워질, 그리고 아주 먼 후세들에게 그들이 완수했을 모든 위대하고 숭고한 일들을 가르쳐줄 기념비들이 그들에게 그 어떤 기쁨의 감흥이라도 줄 것이라고 상상하는가?(…) 그러므로 영광의 욕망을 일으키는 것은 영혼의 불멸성에 대한 믿음이 아닌 것이다. 당연한 귀결로서 무신론자들은 영원한 명성을 아주 바랄 수 있다. 영광의 욕망 속에서 보다 알찬 것은 의심할 바 없이 우리가 우리 자신을 위해 우리가 한 일에 대한 찬미로 가득 찬 긴 대오의 세계들을 그리며 이승에서 우리의 마음속에 굴리고 굴리는 저 기분 좋은 상상들이 아닌가?"[149] 그리고 이 쾌락은 적어도 신도에게 가용한 만큼이나 무신론자에게도 가용한 것이다.[150] 이

---

[146] Bayle, *Various Thoughts on the Occasion of a Comet* [1682·1683·1704: 영역본 2000], §182(227-228쪽).

[147] Bayle, *Various Thoughts on the Occasion of a Comet* [1682·1683·1704: 영역본 2000], §172(212쪽).

[148] Bayle, *Various Thoughts on the Occasion of a Comet* [1682·1683·1704: 영역본 2000], §173(213쪽).

[149] Bayle, *Various Thoughts on the Occasion of a Comet* [1682·1683·1704: 영역본 2000], §173.

[150] 참조: Bayle, *Various Thoughts on the Occasion of a Comet* [1682·1683·1704: 영역본 2000], §179.

벨의 말을 나중에라도 칸트가 읽었더라면, 칸트는 인간들의 궁극적 도덕생활을 신국의 '실천이성적 요청'과 신에 의한 사후의 상벌로 확보하는 그따위 어리석은 『실천이성비판』 같은 것은 쓰지 못했을 것이다.

나아가 벨은 영예심과 치욕감(수오지심, 이것은 벨이 알고 있는 유일한 도덕감정이다)이 인간본성의 순수한 작품이라는 논변을 전개한다. 무신론자들이 영예심에 의해 더욱 북돋워질 일들의 성격을 명확하게 하기 위해 벨은 '몰염치' 또는 '파렴치'의 주제를 논한다.

> 선한 믿음 속에서 행동하기 위해서는, (여성의) 순결이 선하다는 이 관념이 복음이나 모세보다 더 오래되었다고 고백하는 것이 필수적이다. 그것은 세계만큼 오래된 특정한 인상이다.(…) 그러므로 인간들 간에 순수하게 본성의 작용인, 즉 일반적 섭리인 영예의 관념이 존재한다고 인정하자. 무엇보다도 우리의 용감한 인간들이 그토록 탐내는 영예, 신의 법에 대립되는 그런 영예도 인정하자. 그리고 이에 따라, 복음의 지식이 인간본성과 대립하지 않는 무신론자들 사이에서도 인간본성이 기독교도들 사이에서 행하는 바로 그것을 행한다는 것을 우리가 어떻게 의심할 수 있는가?[151]

벨의 이 말에 의하면, 기독교적 복음의 대립과 방해가 없으므로 무신론자들에게 본성은 더욱 순수하게 가식 없이 작용한다. 벨은 나중에 이 테제를 더 잘 다듬는다. "구별되는 것을 좋아하는 것이 인간에게 자연스러운 만큼 사물들이 치른 값에 비례해 사물들을 평가하는 것도 자연스러운 것인 것처럼, 자연본성은 홀로 여성이 자신의 별애別愛(favor)를 허비하지 않는 것이 영예롭다는 것을 같은 마을의 주민들에게 곧 가르쳤을 것이고, 이것은 자연스럽게 그리고 부지불식간에 사물들을 이것들이 거의 모든 나라에서 보이는 상태로 이끄는 것이다."[152] 이리하여 순수하게 자연본성의 작용으로서

---

[151] Bayle, *Various Thoughts on the Occasion of a Comet* [1682·1683·1704: 영역본 2000], §172(213쪽).

[152] Bayle, *Various Thoughts on the Occasion of a Comet* [1682·1683·1704: 영역본 2000], §180(225쪽).

사람들 간에 영예의 관념이 존재하는 것이다. 인간본성의 명령에 대한 기독교의 혼돈된, 그리고 혼돈스럽게 만드는 방해로부터 벗어나 자유롭게 무신론자들은 '몰염치한', '파렴치한' 행동에 더욱 큰 치욕의 딱지를 붙일 것이다. 왜냐하면 이렇게 하는 것은 적시된 이유에서 자연본성 자체에 의해 비준되기 때문이다.

그래도 파렴치는 덜 심각한 범죄다. 살인이 아마 최고의 범죄일 것이다. 그런데 살인에 대한 공포와 거부감은 영혼불멸을 믿는 유신론사회에서보다 영혼불멸을 부정하는 무신론사회에서 더 강렬하게 느껴질 것이다.[153] 따라서 무신론사회에서 살인은 영혼불멸을 믿는 유신론사회에서보다 더 적게 일어날 것이다.

벨이 바라고 그린 유럽사회의 궁극적 모습은 어떤 것이었을까? 그는 동아시아에서처럼 종교적 열정이 '미적지근해져' 종교문제가 주변화될수록, 종교적 관용이 커진다는 것을 잘 알고 있었다. 벨이 가령 가톨릭 프랑스가 '완전히' 무신론적으로 되는 날을 마음속에 그렸다는 것은 그럴듯하지 않지만, 그는 교리를 능가하는 세속적 '행위'의 중요성이 확립되면, 인간들이 그들의 종교에 대한 관심에서 훨씬 더 '미적지근해질' 것이라는 것, 그리고 이것은 무신론을 포함한 종교적 견해들에 대해 이전보다 훨씬 더 큰 관용을 허용할 것이라는 것은 생각했던 것 같다. 벨은 그가 무신론자들로 분류한 사두개교도들(Sadducees)의 신앙과 같은 어떤 것을 수용가능한 정통의 잔재로서 마음속에 품고 있었던 것으로 보인다.[154] 왜냐하면 사두개교도들은 신을 믿고 이승의 선을 신으로부터 기대하되, 영혼불멸, 따라서 천당과 지옥, 영원한 상벌의 전망을 부정했기 때문이다.[155] 벨의 관점에서는 사두개교도들의 신앙이 엄격한 의미의 무신론에 대한 수락할만한 대안이다. 벨은 예수의 견해를 바탕으로, 구약성서 전체를 믿었던 '바리새인'과, '모세5경' 외에는 믿지 않았던 '사두개교도'를 비교하면서 예수 그리스도의 의견에 호소함으로써 사두개교도들을 방어하고 있지만,[156] 그가

---

153) Bartlett, "Introduction", xxxvii쪽.
154) Bartlett, "Introduction", xli쪽.
155) Bayle, *Various Thoughts on the Occasion of a Comet*, §174.
156) Bayle, *Various Thoughts on the Occasion of a Comet*, §185.

대변하는 '아주 제한된 믿음에 대한 그의 선호'는 정치적 믿음과 종교적 믿음의 연관을 단절시켜 관용을 촉진하려는 기도에 뿌리를 박고 있다.[157]

혜성이 불운을 예언한다는, 유럽에서 18세기까지 계속된 믿음을 벨이 문제 삼은 것은 사실상 기적의 가능성에 대한 믿음을 공격해 종교 자체를 문제 삼기 위한 에움길이었다. 벨에 의하면, 우리가 신의 완벽성에 대해 가진 우리의 견해와 양립할 수 없는 귀결을 낳는 어떤 기적이든 사실상 기적일 수 없다. 그리고 기적은 명시적 계시에 의해 증명되는 경우에만 기적인 것으로 알려질 수 있는 반면, 계시 자체는 진짜 계시로 알려지기 위해 어떤 기적을 요구한다. '기적과 계시'는 성경의 신에 대한 믿음을 확립할 좋은 이유라기보다 오히려 이 '신에 대한 믿음'을 전제한다. 계시적 예언은 기적을 보증하기 위해 필요하고, 기적은 예언을 보증하기 위해 필요하다. 그렇다면 이 순환논법 속에서 예언과 기적은 둘 다 본질적으로 불가지不可知의 것이고, 우리는 참된 신의 가장 확실한 표명인 자연법칙을 알게 되는 유일하게 신뢰할만한 수단인 우리의 감성과 이성에로 되던져지고 만다. 자연법칙으로 세계를 지배하는 신은 모든 개개 구성원들의 행복이 아니라 기껏해야 인류 전체의 행복을 돌보는 일반적 섭리를 세계에 발휘한다. 그러므로 세계 안에서 우리 자신의 길을 만드는 것, 자연의 다스림의 참된 성격을 처음으로 고려하고 이에 보답하려고 애쓰는 새로운, 보다 합리적인 정치를 창조하는 것은 우리가 할 일이다.

이 명백히 엄혹한 가르침은 사실상 희망의 원인이다. 왜냐하면 종교는 악에 대한 제어장치로서 늘 부적절했고, 덕성으로 가게 하는 소몰이 막대기로서도 불필요했기 때문이다. 이 말은 '무신론자들의 사회'가 원칙적으로 가능할 만큼 참된 것이다. 벨에 의하면, 전적으로 인간적 방법에 의해 우리의 자연적 공포와 긍지를 조작하는 것으로 예의바른 인간들을 창조하기에 충분하고, 이러한 무신론 사회는 게다가 이승에서 말할 수 없는 잔학행위를 범하도록 우리를 이끄는 '저승에 대한 관심'으로부터 자유롭다.

---

[157] 참조: Bartlett, "Introduction", xli쪽.

벨의 전략적 목표는 저승에 대한 관심 대신에 독자들에게 그가 묘사하는 세계관을 받아들이도록 하는 강력한 도덕적 또는 정치적 인센티브를 제공해 유럽의 일상적 생활문화를 탈주술화·세속화하는 것이다. 왜냐하면 기적을 부정하는 벨의 논변의 궁극목적은 종교에 대한 관심을 격하시킴으로써 얻어지는 이익의 제시이기 때문이다. 한편으로 종교의 명의로 저질러진 잔학행위들에 관한 그의 명세서와, 다른 한편으로 '예의바른 무신론자들의 사회'의 가능성에 관한 그의 묘사는 다 삶의 보존과 타인의 호평으로부터 나오는 만족감의 획득을 위해 종교를 격하할 것을 수락하도록 자신의 청중을 유도하는 것을 의도하고 있다.

벨에 의하면, 세계는 신이 결코 침범한 적이 없는 자연법칙에 의해 세계를 다스리는 신에게 "종속된 작은 것"에 불과하다.[158] 이 말로 벨은 자신의 섭리로써 모든 개개인들을 만지는 '성경의 신'을 배격하고 있는 것이다. 그래도 벨이 자신의 저작 속에서 거듭거듭 '기독교에 신앙고백을 했다'는 알리바이는 그가 무신론자라는 혐의를 벗겨주지 못한다. 왜냐하면 벨은 대부분의 무신론자들이 언제나 지배적인 종교에 적응하려고 한다고 스스로 주장함으로써[159] 자기가 애써 만든 알리바이들을 면피용 '겉치레'로 전락시켜버리고 있기 때문이다.

■ 벨의 마음속에 감춰진 무신론적 극동사회

벨은 『역사·비판 사전』의 '밀턴' 항목에서 로크의 관용론과 같이 관용대상에서 천주교를 배제하는 밀턴의 제한적 관용론을 직접 중국의 무제한적 관용에 대비시키며 비판한다.

밀턴 독트린의 이 표본에 의해 어떤 사람도 그보다 관용에 더 열성적이지 않았다는 것이

---

[158] Bayle, *Various Thoughts on the Occasion of a Comet* [1682·1683·1704: 영역본 2000], §231.
[159] 참조: Bayle, *Various Thoughts on the Occasion of a Comet* [1682·1683·1704: 영역본 2000], §183.

명백해 보인다. 왜냐하면 천주교를 관용으로부터 배제하지 않고 결과적으로 그보다 훨씬 더 적게 관용을 제한하는 사람들은 우리가 생각하기에 그의 가장 충직한 추종자들이 아니기 때문이다. 후자들은 관용에 대한 지나친 애호 때문에 종파들의 박해를 관용하는 것을 조금도 찬성하지 않는다. 그리고 천주교가 먼 옛날부터 가장 많이 박해하고 어디에서든 다른 기독교인들의 몸과 영혼을 부단하게 고문하는 종파이기에 관용에 대한 가장 열성적인 대변자는 대개 천주교의 배제를 기획한다. 그들은 일관성 있게 추론하는 체하는데, 그들은 중국황제의 칙령이 어떻게 이 황제가 찬양받는 그 높은 지혜와 부합될 수 있는지를 이해하지 못한다. 나는 그 황제가 기독교들에게 부여한 '관용을 위한 칙령'을 말하고 있다. 한 예수회 신부(샤를르 르 고비앙 - 인용자)가 우리에게 이에 관한 훌륭한 역사를 제공했다. 그들은 지혜로운 군주라면 개종자를 만드는 교황의 선교사들의 방법과 그 전임자들이 이 방법을 활용한 방법을 알기 전에 교황의 선교사들과 그들의 새로운 개종자들에게 양심의 자유를 허용하지 않았어야 한다고 생각한다. 훌륭한 정치인이 그러듯이 그 황제가 만약 그들을 조사했다면 그는 그들에게 부여한 것을 결코 허용하지 않았을 것이다. 왜냐하면 황제는 그들이 예수 그리스도가 '들어오게 강요하기'를 위해, 즉 복음에 대한 개종자가 되는 것을 거부하는 모든 사람들을 추방하고 투옥하고 고문하고 죽이고 무력으로 탄압하고 그것의 진전을 막는 군주들을 강제로 퇴위시키기 위해 임명한 사람들인 체한다는 것을 알았을 것이기 때문이다. 우리는 용납할 수 없는 무분별로부터 어떻게 자신을 순화할 수 있을지 알지 못한다. 중국의 황제는 이것을 알았어도 이 칙령을 발령했기 때문이다.[160]

중국 정부는 홍건적·황건적처럼 혹세무민의 반란을 일으키지 않고 중국의 관용정책을 악용해서 자기의 불관용을 강요하지 않는 한, 불관용 종교인 이슬람·가톨릭을 포함한 모든 종교를 무제한적으로 관용해 왔다. 불관용 종교도 그 불관용 노선을 잠재시키고 실제로 집행하지 않는 한 아직 위험하지도 않고 아직 무신론적 중국정부의 무제한적 관용정책을 위협하지도 않기 때문이다.

고비앙 신부는 관용과 선교자유를 허용한 1692년 강희제의 기독교관용 칙령의 성

---

[160] Bayle, *The Dictionary Historical ad Critical of Mr. Peter Bayle*, Vol. 4, 223쪽('Milton' 항목).

립 전말을 자세히 다룬 『중국황제의 칙령의 역사(*Histoire de l'édit de l'empereur de la Chine*)』(1698)를 출판했는데, 이 책에 묘사된 강희제의 관용조치는 프랑스신교도(위그노)의 종교적·시민적 자유를 전면적으로 박탈하고 이들에 대한 본격적 탄압을 개시한 루이 14세의 1685년 낭트칙령 폐지조치와 커다란 대비를 일으키면서 유럽에서 많은 지식인들에게, 특히 신교도들에게 "충격"을 주었다.161) 고비앙의 이 책은 피에르 벨 등에게 중국과 중국인들의 종교관에 대한 정보의 중요한 출처 노릇을 했다.

그러나 벨은 중국인들의 '무제한적 관용'의 의미를 깊이 이해한 것으로 보이지 않는다. 하지만 그는 강희제를 이은 옹정제가 중국의 무제한적·무신론적 관용정책을 오용하는 반反적응주의적 가톨릭 선교사들의 작란으로 인해 이 선교사들을 추방하게 되는 사태를 미리 정확하게 예견하고 있다.

『중국황제의 칙령의 역사(*Histoire de l'édit de l'empereur de la Chine*)』 표지

그러므로 우리는 중국 황제(강희제)의 명예를 위해 그가 그것(불관용 종파 가톨릭에 대한 포교자유칙령의 후과 - 인용자)을 전혀 몰랐다고 생각해야 한다. 그리고 바로 이 일 때문에 그는 자신이 응당 알았어야 할 것에 대해 충분히 정보를 구하지 않았다고 비난받아야 할 것이다. 모든 개연성에서 그는 자신의 부주의를 후회할 이유를 가질 만큼 충분히 오래 살지 않을 것이다. 그러나 우리는 그의 후대 황제들이 그에 대한 기억을 저주하지 않으리라고 대답하지 못한다. 왜냐하면 그들은 어쩌면 우리가 생각하는 것보다 더 빠른 시점에 새로운 종교의 추종자들에 의해 야기된 난동들과 싸우고 자기 목을 구하기 위해 그들의 목을 잘라야 하는 것을 느낄 수 있을 것이기 때문이다. 어쩌면 그들은 일본의 황제들이 이전에

---

161) David E. Mungello, *Leibniz and Confucianism: The Search for Accord* (Honolulu: The University Press of Hawaii, 1977), 12쪽.

했던 것과 동일한 기민한 게임을 하도록 강제될지도 모른다.162)

시마바라의 반란에 대한 일본정부의 유혈진압과 같은 참극을 예고하는 마지막 말은 지나친 예견이고 빗나간 예견이다. 중국에서 가톨릭선교 문제로 인한 그런 유혈참극은 없었기 때문이다. 하지만 벨의 저 논의로부터 알 수 있는 것은 무신론적 중국정부의 무제한적 관용정책 덕택에 중국사회 안에 수많은 종교들이 평화롭게 관용적으로 공존하고 있다는 사실에 정통하고 있었다는 사실이다. 따라서 벨의 마음 깊은 곳에는, 유럽을 종교적 신앙이 '미적지근한' 사회로 만들어 동아시아 같이 무신론적으로 세속화된 일상적 생활문화와 간헐적 유신론의 주변화된 종교행위가 융화된, 즉 유·무신론에 초연하게 인간의 본성적 영예심·치욕감(수오지심)과 품위 있는 겸양의 예치禮治로 자율 조절되는 '무차별적 관용과 종교자유의 사회'로 바꿔 놓고 "우리가 우리 자신을 위해 우리가 한 일에 대한 찬미로 가득 찬 긴 대오의 세계들을 그리며 이승에서 우리의 마음속에서 굴리고 굴리는 저 기분 좋은 상상"을 즐기는 극동지향의 꿈이 들어있었다.

이런 까닭에 벨은 마음속에 분명한 '영예욕'을 명백하게 지니고 있어 무신론을 위해 순교도 불사하고 무신론 종파의 수뇌부에 있고 싶어 하는 "완고한" 무신론자들을 '바보'로 조롱한다. 또 벨이 완전한 무신론자라면, 그가 의무감에서, 심지어 이웃을 지옥의 공포로부터 해방시킬 의무감에서 행동한다는 것은 더 일관성이 없는 소리다.163) 벨은 마음속 깊은 곳에 동아시아 지향의 저 꿈과 영예심을 품고 있었던 것이다.

『혜성에 관한 다양한 생각』을 쓴 피에르 벨은 동아시아를 전혀 몰랐던 '세당의 아카데미(Academy in Sedan)'의 '애송이 철학자' 시절의 벨이164) 아니라, 동아시아를 너

---

162) Bayle, *The Dictionary Historical ad Critical of Mr. Peter Bayle*, Vol. 4, 223-224쪽('Milton' 항목).
163) 참조: Bayle, *Various Thoughts on the Occasion of a Comet* [1682·1683·1704: 영역본 2000], §182.
164) 참조: Bartlett, "Introduction", xliii쪽.

무나도 잘 알아서 유럽의 급진적 변혁을 재촉하다가 교수직에 쫓겨난 52세 장년의 '로테르담의 철학자' 벨이었다. 정치적 맥락에서 벨은 "인민은 가장 깊은 고요 뒤에 가공스러운 소동을 일으키며 벌떡 일어나는 바다와 같은 것이다. 세계의 절반을 고무해 행운을 그 사람 쪽으로 가져오게 하는 데 필요한 사람은 종종 오직 단 한 사람뿐이다"고 말한다.[165] 벨은 『혜성에 관한 다양한 생각들』의 끝 부분에 52세 때(1699) 추가한 한 소절에서 현재의 사물 상태에 대해 너무 확신하지 않아야 한다고 경고하면서, "다음 20년 이내에 프랑스의 재앙이 되도록 예정된 어떤 젊은 대가가 바로 이 순간에 여전히 대학의 먼지 속에 파묻혀 있지 않다고 우리가 어떻게 알겠는가?"라는, 동아시아를 향한 미지의 변화를 예고하는 의미심장한 수사적 물음으로[166] 끝맺음으로써 이 책을 '종교적 긴장'을 최고조로 끌어올리고 종파 간에 서로 으르렁대던 당대의 '신들린' 유럽에 '진정 불길한 것'으로 보이게 만들고 있다. 벨이 자신을 그 "젊은 대가"로 이해했다는 것은 가능하다.

그런데 『혜성에 관한 다양한 생각들』에서 벨은 무신론자를 정당화하고 또 기독교도보다 덜 죄짓는 자로 입증하는 이 위태로운 논변과정에서 우리가 알만한 이유로 공자나 중국, 또는 동아시아 제국의 어느 나라도 거론하지 않았다. 만약 거론했더라면, 무신론적 이교를 도입한다는 치명적 비방과 종교재판에 시달렸을 것이고 그랬다면 교수직에서의 해임 정도로 그치는 것이 아니라, 1619년 혀가 잘린 채 처형된 바니니처럼 일급 국사범으로 몰려 목숨도 내놓아야 했을지 모른다. 그러나 그는 무신론을 위해 순교할 '바보' 무신론자가 아니었다. 그래서 무신론자와 가톨릭교도까지 포괄하는 무차별적 관용과 종교자유를 주장하는 이 책에서 그는 일체의 극동아시아를 예시하거나나 중국의 종교정책적 선진성을 본보기로 인용하는 것을 포기한 것이다.

---

[165] 참조: Bayle, *Various Thoughts on the Occasion of a Comet* [1682·1683·1704: 영역본 2000], §257.

[166] 참조: Bayle, *Various Thoughts on the Occasion of a Comet* [1682·1683·1704: 영역본 2000], §261.

■ 강제개종 활동에 대한 반대

그러나 강제개종 사업에 반대하는 벨의 논변에서는 중국을 사례로 활용한 예시적 수사들이 주로 쓰인다. 『"사람들을 강제로 데려와 내 집을 채우라"는 누가복음 14장 23절의 이 말씀에 대한 철학적 주석』(1686)에서 주관적으로 위험하다고 판단되는 종교나 교리, 나아가 사상을 막거나, 자기의 종교나 사상을 전파시키는 데 필요하다면 폭력을 쓸 수 있다는 당대 신·구 기독교종단의 공통된 일반교리와 투쟁할 때, 그는 중국과 일본의 비유를 풍요롭게 공개적으로 활용했다. 이 종교폭력을 당하는 주요 대상국들이 유럽만이 아니라 극동제국이기도 했기 때문이다.[167]

『철학적 주석』에서 벨은 광범한 역사적 자료에 의거해서 공세적 포교와 강제개종 사업에 대한 성경적 명령처럼 보이는 말씀, 즉 "사람들을 강제로 데려와 내 집을 채우라"는 누가복음 14장 23절의 이 말씀의 자구적字句的 해석에 반대한다. 중국의 사례는 중국 종교 자체를 다루는 것이 아니라 기독교선교사들을 중국으로부터 추방하는 중국황제를 정당할 수 있는 더 높은 법률을 다루는 장절에서 등장한다. 벨은 황제와 교황특사단 간의 가설적 만남을 설정한다. 이 교황특사단은 중국에 복음을 전하러 파견된 선교사들로서 "그들에게 제기된 물음에 솔직하게 대답하기에 충분히 정직한" 기독교인들로 상정된다. 중국황제의 내각대학사들은 그들의 여행의 목적에 관해 질문한 뒤에 그들이 그들의 설교를 1백 번 듣고도 그들의 신앙으로 개종하기를 거부하는 중국인들을 어떻게 다루라고 훈련을 받았는지를 선교사들에게 묻는다. 신중함보다 솔직성을 부여받은 선교사들은 그들의 성서에 공인된 대인적 설복방법을 서슴없이 기술한다.

---

[167] Pierre Bayle, *A Philosophical Commentary on These Words of the Gospel, Luke 14.23, "Compel Them to Come In, That My House May Be Full"* [1686·1687·1688](Indianapolis: Liberty Fund, 2005), 50쪽. 기독교적 강제포교 원칙을 근본적으로 비판하는 이 방대한 저서에 대한 상세한 분석은 참조: 황태연, 「공자의 공감적 무위·현세주의와 서구 관용사상의 동아시아적 기원(하)」, 『정신문화연구』 2013 가을호 제36권 제3호(통권 132호), 52-71쪽.

그러나 중국 내각이 선교사들에게 다음과 같은 어려운 질문을 제기할 만큼 충분히 지혜롭다고 가정하자. "백 번 넘게 당신들의 설교를 듣고도 당신들이 말하는 것을 한마디도 믿는 데 이를 수 없는 사람들에게는 어떤 조처를 취할 것인가?" 그리고 앞서 가정한대로 수도승들은 "인간으로 만들어진 우리의 신으로부터 그 고집스러운 자들, 즉 우리의 교리를 들은 뒤에도 세례를 거부하는 사람들을 강요하라는 명을 받았다고 답변하기에 충분히 정직하다. 그리고 이 명의 필연적 귀결로서 "우리가 권력을 우리 손안에 쥐고 있을 때는 언제든, 그리고 더 큰 악이 생겨나지 않아야 할 때, 우리는 양심상 우상숭배적인 중국인들을 투옥하고 그들을 거지로 만들고 곤봉으로 두들겨 패서 우리의 교회 안으로 몰아넣고, 다른 사람들에 대한 본보기로 몇 사람을 목매달아 죽이고, 그들의 어린이들을 빼앗아 군인들의 재량에 내던지고, 그들, 그들의 아내, 그리고 그들의 재산도 마찬가지로 처리해야 한다. 당신이 우리가 양심상 이 모든 것을 하지 않을 수 없다는 것을 의심한다면, 보라, 여기에 복음이 있고, 여기에 "그들을 강제해 들어오게 하라"는 뚜렷하고 명백한 지침이 있다. 즉, 당신이 사람들의 고집스러운 반대를 극복하기에 가장 적합하다도 생각하는 무슨 폭력이든 사용하지 않을 수 없다.168)

벨은 이러한 도발에 대한 중국 치자의 적절한 대응이 무엇인지를 묻는다. 놀랄 것 없이 황제의 각료들은 황제에게 제국으로부터 즉각 이 "공공의 페스트"를 영원히 제거하라고 조언하고 재판에서 기독교적 불관용의 통렬한 비판을 말할 것이다.169) 중국의 관점에서 이러한 비판을 내놓는 것은 벨이 과도한 복음주의적 열성에 대한 적절한 반응으로 간주하는 분노와 부조리의 감각을 제고하는 데 이바지한다. 그러나 그의 수사학적 전략은 이런 감정적 충격을 넘어서 중국의 입장을 이 전략의 논박적 타격력을 상당히 강화하는 암묵적 정통성의 이미지와 연결시킨다. 벨의 이국적 관찰자는 결국 보통 중국인들이 아니라 자신의 제국 안에 들어온 이국적 존재자들에 의해 자신의 권위를 심각하게 훼손당한 적법한 황제다. 이 황제가 개종을 거부한다면 이 선교사들과 그들의 개종자들은 "황제에게 그들이 할 수 있는 모든 나쁜 짓을 다하고 그의 왕관을

---

168) Bayle, *A Philosophical Commentary*, 95쪽.
169) Bayle, *A Philosophical Commentary*, 95쪽.

빼앗거나 교회의 충실한 아들이 될 다른 왕을 뽑기 위해 서양으로부터 십자군을 불러들일 것"이다. 그리고 중국의 법전은 "종교의 이익을 돌볼 때 강탈, 살인, 반란을 다 합법화하는" "기독교법률"로 대체될 것이다.[170] 그러나 황제는 그가 "영원히 그릇된 종교 속에서 남아 있다"는 것을 뜻할지라도 이러한 법률을 배격할 완전한 정당성이 있다. "자구적 의미로부터 자연스럽게 생겨나는" 귀결은 "그것이 그릇되고 불경하고 혐오스러운 것임을 보여준다".[171]

그러나 벨이 궁극적으로 중국적 입장으로 귀속시키는 타당성과 황제의 정당성은 단순한 자기보존의 법칙보다 더 높은 법칙으로부터 생겨난다. 벨은 선교사들의 신앙을 중국인들이 배격하는 도덕적 필연성과 정치적 필연성을 입증하는 것을 즐기고 있다. 황제는 실제적 편의에 의해서만이 아니라 기독교인들처럼 "악덕과 선덕을 분리하는 경계를 파괴하고 가장 혐오스러운 행위들을 경건의 행위로 뒤바꾸는" 모든 자들을 왕국으로부터 추방할 "자연종교", "순수한 도덕관념", "영원하고 불변적인" 질서에 의해서도[172] 불러내진 것이다.

벨이 여기에서 구축하는, 도덕질서의 불변적·초월적 원천과 도덕적 경계의 무정부적 말살 간의 이분법은 중국의 종교철학사상의 유교 줄기와 불교 줄기를 구분하는 마테오리치의 패러다임을 닮았다. 그러나 마테오리치가 이 프레임워크 안에서의 유교에 부여하는 지위가 고전적 중국학문에 대한 그 자신의 개인적 참여를 반영하는 한편, 중국적 입장에 대한 벨의 찬양은 훨씬 덜 중국적이다. 중국법정은 벨의 삽화를 위한 유일무이한 적절한 세팅을 제공하지만, 그것의 높은 도덕적 차원은 중국법정의 관습과 신념의 올바름에 관한 어떤 특유한 주장이라기보다 대체로 벨 자신의 상대화하는 프레임워크의 소산이다. 기독교를 비판적으로 바라보기 위해서는 그것을 멀리로부터 바라봐야 하는데, 중국은 그 안에서 이러한 관점을 상상할 편리한 공간을 현시

---

170) Bayle, *A Philosophical Commentary*, 96쪽.
171) Bayle, *A Philosophical Commentary*, 97쪽.
172) Bayle, *A Philosophical Commentary*, 100쪽.

한다. 따라서 중국적 입장의 정통성은 중국의 내재적 본성으로부터 생겨나는 것이 아니라, 중국이 제공하는 비판적 거리로부터 생겨난다. 마테오리치에게 유교적 정통성은 교회독트린과의 본질적 양립가능성을 전제했었고, 중국 안에 교회를 확립할 선교적 목표에 봉사하는 것으로 의도되었다. 한 세기 뒤에도 이 패러다임은 동방을 바라보는 친숙한 렌즈로 남아있었지만, 이제는 교회를 공격하는 무기로 둔갑해 있었다. 이 패러다임이 중국에 귀속시키는 특유한 지위는 이제 본질적 유사성의 과감한 가정으로부터 생겨나는 것이 아니라 타협할 수 없는 차이들의 시인으로부터 생겨났다.[173] 벨의 『철학적 주석』이 출판된 지 6년 뒤(1705년) 강희제가 중국에서 마테오리치의 적응주의 선교원칙을 따르는 예수회신부들을 제외하고 모든 가톨릭선교사들을 추방하고 1723년에는 옹정제가 모든 선교사들을 추방하는 사건들이 실제로 일어났다. 선교사들은 강제개종 활동 속에서 가톨릭 종파의 교리만을 유일하게 옳다고 주장하고 전통적 조상신앙과 불교·도교를 배격함으로써 중국의 오랜 '종교적 관용' 이념을 유린하고 백성들 안에서 종교적 분규를 일으켰기 때문에 추방되었다. 중국의 종교적 관용을 이용해 전교傳教하면서도 이 관용을 짓밟는 기독교의 이 사악한 본질적 불관용 문제는 훗날 볼테르가 더 정확하게 짚어 비판한다.

요약하자면, 『역사·비판 사전』에서 벨이 주장한 '종교적 정의'의 공리는[174] 치자가 '종교 때문에 아무도 박해하지 않는' 것이고, 전통종파 지도자들이 '관용'의 개념이 '가장 가공스럽고 도그마 중의 가장 악마적인 도그마'라는 전통적 망상을 내던지는 것이고, 개혁종파 지도자들은 자신들의 의견을 진흥하기 위해 쓰는 '수단과 방법'의 관점에서 전통종파 못지않게 지혜롭고 분별 있는 것이다. 이 마지막 공리는 미래의 자유주의적·공산주의적 혁명가들에게 진보적 혁신과 변혁을 위해 어떤 주변적 목소리를 억압하는 것도 필시 불의이자 오류라는 것도 가르친 것이다.

---

[173] David Porter, *Ideographia. The Chinese Cipher in Early Modern Europe*(Stanford, CAL: Stanford University Press, 2001), 127쪽.

[174] Pierre Bayle, *Political Writings. Extracts from Pierre Bayle, Historical and Critical Dictionary*(Cambridge: Cambridge University Press, 2000), 176-177쪽('Mâcon' 항목).

결론적으로, 벨의 일차적 요청은 '종교의 자유'와 '종교로부터의 자유'의 실현, 환언하면, '종교적 해방'과 '종교로부터의 해방'이었다. 인간해방 기획으로서의 계몽기획은 일차적으로 인간의 정신적 해방, 즉 독실하고 경건한 종교적 광신과 망집, 미혹과 미신, 종교적 독재와 박해, 신들림(*enthusiasm*)과 귀신들림(*hauntedness*)으로부터의 인간정신의 해방을 모든 정치적·사회적·경제적 해방의 전제로 요청한다. 이 인간정신의 해방은 곧 기독교 성직자들의 1000년 지속된 주술로 '마법에 걸린 유럽(*enchanted Europe*)', '귀신들린 유럽(*haunted Europe*)'을 중국처럼 유교화·탈脫주술화·인간화·무신론화함으로써 '종교적으로 미적지근하고 문화적으로 명징한 세속적 사회'로 만드는 것이다. 벨은 유럽에서 상식이 지배하는 길이 있다는 것을 보여줌으로써 그가 '새로운 심장'을 줄 수 있는 북미 같은 신세계에서 흥기하는 반체제인사들의 세대를 위한 포럼으로 간주되어야 할 것이다. 물론 벨이 종교적 자유방임의 저 유럽적 '무위천하'의 구상 때문에 개인적으로 당한 박해는 호된 것이었지만, 미래의 18세기는 벨의 시대였다. 벨은 "미래의 시민권은 받아들인 신앙에 대한 대안을 제안하든, 정통을 포교하든, 모든 종파들의 똑같은 자유에 기초해야 한다"고 생각했다. 목표는 "종교에 관한 어떤 법률도 만들지 않고 사상의 다양성이 만개하는 새로운 사회"다.[175]

■ 벨의 무차별적 관용론의 국제적 영향과 파장

'무신론적 정부의 종교적 무위이치無爲而治'의 관용이라는 아롱진 혁신적 향내가 짙은 이러한 벨의 사상은 이미 동시대인들에게 충격적 각성을 가져다주었다. 벨은 그의 사상을 통해 영국인 섀프츠베리와 "절친한 관계"를 맺고, 나아가 섀프츠베리의 스승 존 로크, 그리고 존 톨란드, 앤써니 콜린스 등과도 "절친한 관계"를 맺었고, 프랑스인 데메소(Pierre Desmaiseaux)와도 "절친한 관계"를 맺었다. 앞서 시사했듯이 로크는

---

[175] Sally L. Jenkinson, "Introduction: a defence of justice and freedom", xli쪽. Pierre Bayle, *Political Writings* (Cambridge: Cambridge University Press, 2000).

벨의 영향으로 『관용에 관한 서한』을 썼다. 로크의 제자인 섀프츠베리는 네덜란드 망명시절에 벨과 같은 저택의 위아래에 살면서 긴밀한 친교를 맺고 영국으로 돌아가 벨의 강력한 대변인이 되었다. 나중에 벨과 섀프츠베리의 우정은 계몽주의 초기 수십 년 동안 강력한 영향력을 휘두른 영국 사상가들과 정치가들의 네트워크로 통하는 가교가 되었다.[176] 그리고 "진정 휘그당 세력가들과 귀족들"은 벨과 연결되는 "영예를 얻기 위해" 섀프츠베리에게 "줄을 섰다."[177] 영국에서 벨의 모든 저작은 늘 베스트셀러였다. 섀프츠베리는 벨의 사상을 영국에서 백성의 계몽에 투입했다. 또한 버나드 맨드빌(Bernard Mandeville)조차도 벨의 사상에 알랑댔고, 『종교, 교회, 그리고 행복에 대한 자유로운 생각(Free Thoughts on Religion, the Church, and Happiness)』(1720)에서는 "책에 조예가 있는 사람들은 내가 벨 씨를 그에 대한 언급 없이 많이 활용하고 있다는 것을 금방 간취할 것이다"는 말과 함께 약 70회에 걸쳐 벨을 까놓고 '표절'할 정도였다.[178] 영국 지식인들이 이 정도였기 때문에 프랑스 지식인들이 18세기 내내 벨을 음으로, 양으로 '계몽주의의 무기'로 써먹은 것은 말할 필요가 없는 것이다.

한편, 벨의 무신론과 '무신론자들의 사회'의 가능성에 대한 논변은 신들린 유럽사회를 개화하는 데 19세기까지도 엄청난 영향을 미쳤다. 가령 칼 마르크스와 프리드리히 엥겔스도 벨의 간접적 제자라고 할 수 있다. 이들이 배후로 삼은 루트비히 포이에르바흐는 『기독교의 본질』(1841)을 내기 직전 『피에르 벨(Pierre Bayle)』(1838)을 저술한 바 있다. 물론 칼 마르크스의 제자들로 자임하며 폭력으로 무신론을 강제하고 유신론자들을 순교시킨, '공격과 방어의 전선을 바꾼 바니니'처럼 '바보' 같은 20세기 폭군들인 공산주의자들은 애당초 공자와 거리가 먼 사람들이었지만, "자기들의 혁

---

[176] Justin Champion, "Bayle in the English Enlightenment", 180-181쪽. Wiep van Bunge and Hans Bots(ed.), *Pierre Bayle(1647-1706), 'le philosophe de Rotterdam': Philosophy, Religion and Reception*, Selected Papers of the Tercentenary Conference held at Rotterdam, 7-8 December 2006(Leiden·Boston: Brill, 2008).

[177] Champion, "Bayle in the English Enlightenment", 193쪽.

[178] 참조: Wiep van Bunge, "The Presence of Bayle in the Dutch Republic", 230쪽. Wiep van Bunge and Hans Bots(ed.), *Pierre Bayle(1647-1706), 'le philosophe de Rotterdam'*.

신의 귀결과, 자기들이 혁신을 일으키는 데 쓰는 수단을 고려해야 한다'는 벨의 핵심명제들 중의 하나를 어겼기 때문에 결코 벨의 제자일 수 없을 것이다.

벨은 공자철학과 극동아시아 종교문화를 몰래 자기의 사상 속으로 밀수입해 '서양의 철학적·신학적 문법'에 따라 재가공해 사용했다. 그는 적어도 로크 식의 '무신론진압' 원칙의 서슬이 시퍼렇던 당시의 종교적 긴장상황에서 공자와 동아시아의 무신론적 이교사회를 '유토피아'로 내세워 무신론을 정당화하다가 순교하는 '바보'가 될 수 없었던 것이다. 이런 까닭에 대부분의 크고 작은 벨 전문가들은 '벨과 공자의 연관'을 알지 못한다.[179] 그러나 볼테르는 18세기 중반 유럽의 공자·중국열풍 속에서 공자·극동·중국·일본 등을 유토피아로 전면에 내걸고 공공연하게 공자를 찬양하며 종교의 자유와 관용을 외친다.

볼테르는 동아시아문화의 '일상적 무신론과 간헐적 유신론의 융화' 상태 속에서 무신론적 측면만을 보고 동아시아를 무신론사회로 해석한 벨과 정반대로, 이 융화상태에서 유신론적 측면만을 부각시켜 동아시아를 유신론사회로 간주했다. 따라서 중국사회, 중국정부, 중국철학이 근본적으로 '무신론적'이고 스피노자적이라는 벨의 견해는 볼테르의 중국관과 정면충돌하면서 볼테르를 분노로 몰아넣었다.[180] 볼테르는 '무신론자들의 사회도 실존할 수 있다(une societé d'athées peut subsister)'는 벨의 테제를 경멸했다.[181] 그럼에도 볼테르는 "벨이 스피노자의 단일 실체론과 형이상학

---

[179] 2006년 네덜란드에서 개최된 '피에르 벨 학술대회'에서 발표된 15편의 논문 중에서 단 한 편의 논문도 '공자와 벨', 또는 '동아시아와 벨'의 관계를 다루지 않았다. 참조: Wiep van Bunge and Hans Bots(ed.), *Pierre Bayle(1647-1706), 'le philosophe de Rotterdam': Philosophy, Religion and Reception*. Selected Papers of the Tercentenary Conference held at Rotterdam, 7-8 December 2006(Leiden·Boston: Brill, 2008). 이들 중 조나던 이스라엘만이 벨을 볼테르와 비교하면서 "중국의 사회, 정부, 철학이 근본적으로 '무신론적'이고 스피노자적이다는 벨의 견해"라는 단 한 마디의 짧은 언급을 하고 있을 뿐이다. Jonathan Israel, "Bayle's Double Image during the Enlightenment", 137쪽. Wiep van Bunge and Bots(ed.), *Pierre Bayle(1647-1706)*.

[180] 참조: Voltaire, *Essai sur les moeurs et l'espirit des nations*. The English translation: Ancient and Modern History, Vol. I in 7 Vols., 33-34쪽. *The Works of Voltaire*, in forty three volumes, Vol. XXIV(Akron[Ohio]: The Werner Company, 1906).

일반을 공격한 것"을 벨의 업적으로 치켜세웠고, 『리스본 재앙에 대한 시(*Poème sur le désastre de Lisbonne*)』(1756)의 서언에서 벨을 "글짓기를 하지 않은 가장 위대한 변증법적 논변가(*le plus grand dialecticien qui ait jamais écrit*)"로 극찬했다. '무신론자들의 사회'의 실험적 사변에 대한 볼테르의 경멸도, 뒤에서 그의 공자숭배와 관련해 살펴볼 것이지만, 그가 기독교에 특징적인 '계시'나 '예언'을 멀리하는 공자의 비종교적 면모 때문에 더욱 공자를 숭배한 것을 감안하면, 단순한 경쟁심의 표출로 보인다. 볼테르는 경쟁심으로 인한 극심한 애증에도 불구하고 부지불식간에 여러 가지 측면에서 경쟁대상의 사상을 계승했다. 이 점에서 교회제도를 부정하는 유럽의 '신앙주의적 유신론'과 동아시아의 '일상적 무신론'의 아롱진 이중 베일에 감춰진 까닭에 행간을 읽어야만 알 수 있는 아이러니컬한 표현과 암호 같은 어귀들 속에 숨겨진[182] 피에르 벨의 '무차별적' 관용론이 백일하에 드러난 모습이 바로 가히 볼테르의 보편적 '관용론'이라고 해도 무방할 것이다.

이런 까닭에 볼테르는 벨의 '도덕적 무신론자들의 사회'의 가능성 테제에 대해 광분하던 신학자들과 몽매주의자들(반反계몽주의자들)의 비판으로부터 벨을 보호했다. 『역사철학』(1765)에서 볼테르는 이렇게 말한다.

이 거친 비방자들을 얼굴이 붉어지게 만들기 위해 우리는 여기서 벨에 반대해 무신론자들의 사회가 불가능하다고 주장한 동일한 자들이 동시에 세계에서 가장 유구한 정부가 무신론자들로 구성되었다고 단언했다고 논평해야 할 것이다! 사람들은 이 어리석은 자가당착적 언사에 대해 자기 자신을 아무리 많이 부끄러워해도 지나치지 않을 것이다.[183]

---

[181] Israel, "Bayle's Double Image during the Enlightenment", 137쪽.

[182] Anthony McKenna, "Pierre Bayle in the Twentieth Century", 253쪽. Wiep van Bunge and Hans Bots(ed.), *Pierre Bayle(1647-1706), 'le philosophe de Rotterdam': Philosophy, Religion and Reception*. Selected Papers of the Tercentenary Conference held at Rotterdam, 7-8 December 2006(Leiden·Boston: Brill, 2008).

[183] Voltaire, *The Philosophy of History* [1765](London: Thomas North, 1829), 113쪽.

중국을 '유신론사회'로 보는 가톨릭교도 볼테르는 벨의 '무신론사회' 테제를 불가능하다고 비판하면서 중국을 무신론자사회로 비방하는 교황과 가톨릭 신학자들을 비판하고 중국을 '무신론사회'로 보는 개신교도 벨의 편을 들고 있다. 실로 묘한 논법이다.

2.3. 벨의 중국 동경과 계몽군주론

과거를 역사적으로 되돌아보면, 무차별적 관용에 대한 피에르 벨의 주장과 '덕스러운 무신론사회'에 대한 그의 옹호와 방어는 근대 자유주의적 세속주의를 선구적으로 표현한 것으로 나타난다. 샐리 젠킨슨(Sally L. Jenkinson)은 벨의 정치사상이 자유를 존재하고 번창하게 하기 위해 질서의 필요성을 인정할지라도 자유를, 특히 사상의 자유를 옹호했다고 주장한다. 벨의 사상을 이해하기 위해서는 이 사상을 맥락 속에 놓고 봐야 할 것이다. "벨의 경우에 이것은 그가 어떻게 중세의 사상·제도를 대체한 초기근대의 그것들을 비판했는지 하는 것이다. 벨은 '군주들의 유럽'을 지지하는 사람이지만, 관용과 다양성의 옹호 문제에서는 후세가 그 사상을 더 잘 알고 있는 로크와 같은 동시대인들보다 더 나아갔다. 벨은 이전 가톨릭에 대한 포스트-종교개혁적 대안을 지지할지라도 공식종교를 견지하기 위해 주권자를 이용하는 독트린 부분에 반대했다. 왜냐하면 종교전쟁 시기에 뒤이은 시대는 이 제도와 단절하지 않고 있었기 때문이다."[184]

벨은 사상의 자유를 옹호하면서 동시에 귀족적 중간권력의 방해를 받지 않는 절대군주정을 지향했다. 이런 까닭에 그의 절대주의는 핵심적 부분에서 완화될 수밖에 없었다. 결국, 그의 절대주의는 18세기 계몽철학자들에 의해 연호되는 '계몽군주정'과 유사한 형태를 취하게 된다. 이 점에서 중국은 벨에게 계몽군주정의 모범사례로 보

---

[184] Jenkinson, "Introduction: a defence of justice and freedom", xxxi쪽.

였다.185)

■ 보댕의 주권론에 대한 제한군주론적 해석과 호평

벨은 '종교의 자유'와 '종교로부터의 자유'의 실현, 환언하면, '종교적 해방'과 '종교로부터의 해방'이라는 일차적 요청과 결부된 이차적 요청이 있었다. 그 이차적 요청은 모든 시민들에게 정치적·사상적 자유공간을 열어주는 '계몽절대군주정'의 확립이었다. 벨은 '자유'를 절대적으로 옹호하면서 동시에 '절대군주정'을 지향했다. 이런 까닭에 그의 절대군주정은 핵심적 부분에서 제한되고 완화될 수밖에 없었다. 결국, 그의 절대군주정은 훗날 18세기에 계몽철학자들에 의해 연호되는 '계몽절대군주정(계몽군주정)'과 유사한 형태를 취하게 된다. 이 점에서 중국은 벨에게 계몽군주정의 모범사례로 보였다.186) 『식자공화국의 새소식(*Nouvelles de la République des Lettres*)』에서 벨은 '공공법(*Droit public*)'과 '정치법(*Droit politique*)'의 구분에 관한 울리히 후버(Ulrich Huber)의 『시민법 3책의 울리히 후버리(*Ulrich Huberi de Jure civitiatis libri tres*)』(1684)에 주석을 가하고 있다. '공공법'은 상이한 국가질서들의 정통적 권력과 정의의 준수를 규정하는 반면, '정치적 권리'는 공공복지를 증진하고, 정의에 근거하는 것이 아니라 유용성에 근거한다. 따라서 주권자들은 '공공법'에 입각해 행동해야 하는 한편, '정치법'을 집행해야 하는 경우도 있다. 필요하다면 '정치법'이 집행될 수 있도록 주권자의 권력에 대한 아무런 견제도 없어야 하지만, 주권자들은 가급적 많이 '공공법'을 지킬 도덕적 의무가 있다. 벨은 후버의 구분에 의거해 과도한 주권적 권력과, 인민의 가상적 주권에 대한 이 주권적 권력의 복종 간의 중간 위치를 찾았다. 후버는 "백성 전체는 임금보다 우월하다"는 독트린과 "백성이 주권을 한 사람 또는 여러 사람에게 이양한 뒤에는 더 이상의 아무런 권력도 없다"는 홉스의 견해를 둘 다

---

185) Kow, *China in Early Enlightenment Political Thought*, 67쪽.
186) Simon Kow. China in Early Enlightenment Political Thought(Oxford[Oxon]: Routledge, 2017), 67쪽.

논박했다. 오직 "제한된 권력"만을 부여받은 치자는 "정통적으로 신민들의 반대 없이 일정기간 동안 절대적 지배권을 향유한 뒤 이 지배권을 정통적으로 행사할 수 있는" 반면, 원래 "절대적 지배권을 그들의 군주에게" 비준해준 사람들은 "군주의 반대 없이 일정기간 동안 절대적 지배권을 제한한 뒤 이 지배권을 정통적으로 일정한 한계 안에 제한할 수 있다".[187] 주권에 대한 후버의 이 규범적 평가는 벨의 머릿속에 사회계약의 관념이 없기 때문에 벨의 역사적 구미에 맞았던 것으로 보인다.

벨은 『역사·철학사전』에서 절대군주주권론자 장 보댕(Jean Bodin, 1530-1596)을 비판하면서도 중시하고 호평했다. 그러나 당대 역사가들은 종교 문제에 있어서의 보댕의 불편부당성을 '절대주의'에 대한 옹호로 잘못 해석하고 있었다. 이에 맞서 벨은 맥락 속에서 읽으면 보댕은 절대주의자가 아니라, 어두운 시대에 명석함으로 공공복리에 이바지하고 주권이론을 통해 교황의 영향에

장 보댕

대해 제한을 가하려고 애쓴 '정치가'였다고 설명했다. 제3신분의 대표자로서 보댕은 종교적 박해에 비용을 대기 위해 국왕직할지를 매각하는 것에 반대했었고, 애당초 개신교에 대한 법적 관용을 변호하기도 했었다는 것이다. 벨은 후세사람들이 보댕을 타협을 통해 결백한 사람들을 보호하고 유혈과 전쟁을 미연에 방지하려고 한 '지성적 행동가'로 인정한다면 보다 공정할 것이라고 주장한다.[188]

또한 벨은 보댕이 무제한적 군주정과 공화정에 대해 비판적이었다고 강조했다. 보댕은 절대군주정의 정통성을 곧추 세웠고, 절대군주에 대해 폭력과 사법적 수단을 사용하는 것에 반대했다. 그러나 벨은 보댕의 이 견해에 대해서는 이의를 제기한다.

---

187) *Oeuvres diverses de Pierre Bayle*, Vol.1, 127-128쪽. Simon Kow, *China in Early Enlightenment Political Thought*(Oxford: Routledge, 2017), 68쪽에서 재인용.
188) Bayle, *Political Writings*, 17쪽. 'Bodin' 항목에 대한 편집자 Jenkinson의 주석.

보댕은 군주의 지배권이 무제한적이라고 주장하는 사람들에 대해 아주 직설적으로 반박하면서도, 공화제적 정서를 가진 자들의 비위를 맞추지 않는 데 주목하라. 이것은 다른 이유들 가운데서도 그가 첫째, 유럽에 약간의 절대군주들이 존재하기 때문이고, 둘째, 군주가 열거될 수 있는 온갖 망나니짓, 불경, 잔학행위를 저질렀다고 할지라도 폭력이나 법적 수단에 의해 이러한 군주의 영예나 생명을 해치는 역모를 꾸미는 것은 특별한 한 신민에게도 부적절하고 전반적으로 모두에게도 부적절하다고 주장했기 때문이라고 나는 믿는다. 그러나 이 견해는 그가 주장한 독트린, 즉 군주의 권력은 일정한 한계가 있다는 독트린 및 (…) 군주는 법률에 입각해 다스려야 한다는 독트린과 잘 부합되지 않는 것으로 보인다.[189]

벨은 보댕이 절대군주정과 공공법적 의무를 둘 다 아주 어렵게 주장했다고 인정했다. 벨은 절대적 지배권의 잠재적 남용을 공공질서를 확보하는 데 지불되는 대가로 간주하지 않았다.[190] 이런 까닭에 벨은 보댕을 다른 맥락에서 분석해서 보댕에 대한 일반적 독해와 달리 해석했다. 보댕은 앙리 3세(5-8차 종교내전 기간의 프랑스국왕)의 아첨꾼들이 "백성들의 희생과 피해를 초래할" 조처들을 권하는 것을 알았을 때 첫 번째 견해("유럽에 약간의 절대군주들이 존재하기 때문"에 "군주의 지배권이 무제한적이라고 주장하는 사람들에 대해 아주 직설적으로 반박하는 의견")을 주장한 반면, 그는 "프랑스가 당파로 홍수가 나는 것"을 보았을 때, 즉 "가장 본질적이고 기본적인 통치법률들도 약화시킨 일군의 성명과 다른 문서들"이 "내전들에 의해 갈기갈기 찢어지는 것을 보았을" 때, 두 번째 견해(군주가 어떤 짓을 저지르든 "폭력이나 법적 수단에 의해 이러한 군주의 영예나 생명을 해치는 역모를 꾸미는 것은 부적절하기" 때문에 "공화제적 정서를 가진 자들의 비위를 맞추지 않는" 입장)를 주장했다는 것이다. "정파들은 마치 이미 민주국가 치하에 살고 있는 것처럼, 그리고 왕좌를 다 양여하는 음모를 꾸미면서 그 권력을 실제로 축소하려고 모색하는 것처럼 백성의 권력에 관해 그렇게 자유롭게 쓰고 말했기 때문이다. 그들은 심지

---

[189] Bayle, *Political Writings*, 20쪽('Bodin' 항목).
[190] 그러나 코우는 벨을 이와 반대로 이해한다. 다음을 보라: Kow, *China in Early Enlightenment Political Thought*, 67쪽.

어 참주정을 구실로 왕의 생명을 빼앗는 것을 모의한 암살자들을 승인하기도 했다. 이것은 가장 무시무시한 파멸만이 뒤따를 것이다. 이것이 바로 보댕이 이러한 방종을 반대함으로써 극단적으로 공공복리에 관심을 가진 모양새를 보인 이유다."191) 그리고 벨은 보댕 자신의 해명을 제시한다. "나(보댕)는 왕의 부와 영예를 공공복리보다 덜 중요하다고 생각했다. 동시에 저술과 대담에서 나는 참주정의 구실 아래 자기들의 군왕을 전복하려고 시도하는 자들, 또는 왕을 인민투표로 설립하는 헌법안을 반포하려고 노력하는 자들, 또는 정통적 군주의 손아귀로부터 주권을 비틀어 뺏기 위해 폭력을 사용하려고 모색하는 자들을 비난했다(Epistula ad Vodum Fabrum)." 따라서 벨이 보댕을 아쉬워한 것은 그가 비일관적이기 때문이 아니라 "앙리 3세 사후 보댕이 가톨릭동맹에 가담해 그의 원칙들을 철회했기" 때문이다. 하지만 벨은 그의 이런 죄악이 "그의 값진 언행들이 선하다는 것을 방해하지 않는다"는 구실로 여전히 그를 옹호했다.192)

루이 14세 치세의 가톨릭교적 불관용에 대한 그의 불구대천의 적개심에도 불구하고 벨은 모든 다른 영역에서 프랑스군주의 절대권력을 옹호했지만, 치자의 종교적 관용과 신민들의 양심 문제에서는 왕권의 제한을 주장했다. 그러므로 그는 루이 14세의 낭트칙령의 철폐와 성 바르톨로뮤 데이의 대학살을 두고두고 성토했다.193) 벨은 『역사·철학사전』의 '루이 13세' 항목에서 보댕의 절대주의를 17세기 프랑스에 적용하고 있다. "군왕의 지배권은 루이 13세 치하에서 이전의 프랑스에서보다 더 강력하게 느껴지도록 만들어졌다." 특히 지방의 상고법원들(parlements, 상고법원마다 십수 명의 판사들이 있었음)에194) 대해서 그랬다. 벨의 의하면, 마키 드 루브와(Marquis de Louvois)는

---

191) Bayle, *Political Writings*, 27쪽.
192) Bayle, *Political Writings*, 28쪽.
193) 코우는 여기서도 벨을 반대로 이해한다. Kow, *China in Early Enlightenment Political Thought*, 69쪽.
194) '파를레망들(parlements)은 파리 귀족들의 파를레망과 오랜 지방들의 파를레망들이 있었다. 파를레망의 구성원은 세습귀족과, 의석을 돈 주고 산 부유한 시민들이었다. 이 구성원들은 행정관과 민사재판관으로 복무했다. 루앙(Rouen)·프로방스와 같은 지방들의 파를레망들은 수세기

프랑스 군주정의 숭배에 대한 조롱에 맞서 "프랑스에서 내전을 피하는 유일하고 참된 길은 활기로 뒷받침되고 자신을 무섭게 보이는 데 필요한 모든 물리력으로 무장한 주권자의 절대적 권력이다"라고 주장했다. 드 루브와는 "주권자와 공화국의 제한된 지배권은 당쟁, 폭동, 내전에 무너지기 더 쉽다"고 생각했을 수 있다.[195] 전거는 영국이나 네덜란드일 것이다. 이 나라들은 벨이 보기에 본질적으로 정치체제 그 자체 때문에 존속하는 것이 아니라 그들의 복지에 유리한 특별한 상황 때문에 존속하는 것이다. 그러나 프랑스에서라면 약한 정부는 대소 봉건지주들을 작은 참주들로 만들고 "폭동과 봉기"를 유발할 것이다.[196] 벨은 "음모와 봉기", 그리고 프랑스의 적들, 특히 스페인과 반역활동을 할 성향이 있는 귀족들을 단속하는 데 절대군주가 필요한 주요 사례들을 일일이 끌어대고 있다. 벨은 그런 정도의 군주적 지배권이 "자의적 권력을 거의 완벽 수준으로" 끌어올린 리셸리외 주교와 관계된 약한 군주 아래서 발생했다는 것에 대해 놀라움을 표하고 있다.[197] 벨은 1740년대의 몽테스키외 귀족과 정반대로 전제적 권력을 휘두르기 때문에 리셸리외를 탓하는 것이 아니라, 무능한 왕이 국익을 위해 그의 재상에게 의존하는 필요성을 인정했다. 그의 동시대인들처럼 벨은 특히 프랑스에서 효과적으로 안정과 공공질서를 확보할 국가를 찾았다. 그는 정치적 당파들에 의한 착취, 잔학행위, 폭정이 가장 절대적인 군주권력에 기인하는 부정적 요소들을 현격하게 능가한다고 생각했다.

홉스의 극단주의를 비판할 때조차도 벨은 홉스의 정치사상의 많은 측면들에 대해 기본적 동의를 보여주었다. 『역사·철학사전』의 '홉스' 항목에서 벨은 "군주정에 관

이래 존속해 왔고, 스스로 합법적 지방정부로 자임했다. 파를레망은 중앙집권화를 추진하는 국왕의 왕권에 줄곧 저항했다.

[195] *Oeuvres diverses de Pierre Bayle*, Vol.9, 440-442쪽. Kow, *China in Early Enlightenment Political Thought*, 69쪽에서 재인용.

[196] *Oeuvres diverses de Pierre Bayle*, Vol.9, 442쪽. Kow, *China in Early Enlightenment Political Thought*, 69쪽에서 재인용.

[197] *Oeuvres diverses de Pierre Bayle*, Vol.9, 446, 461쪽. Kow, *China in Early Enlightenment Political Thought*, 69쪽에서 재인용.

해서든 공화정에 관해서든 독약을 머금고 있는" 저작들이 "또한 해독제도 품고 있다"고 논평한다.[198] 환언하면, 자유와 시민적 덕성을 떠받치는 공화주의 저작들의 고찰은 또한 고대 그리스공화국들 안에서 만연했던 소요와 당파싸움, 음모의 사례들도 포함해야 한다. 반대로 특정한 군주들의 행동은 분명히 고대인들에게 아무튼 군주정을 피하고 공화제적 지배의 불편을 기꺼이 감수하게 하는 동기를 부여했다. 홉스는 내전을 부추기는 고국의 의회파에 대한 반감에서 "주제들을 다른 극단으로 가져갔다". 왜냐하면 "그는 왕의 지배권에 제한이 없어야 한다고, 특히 종교의 외적 측면이 내전의 가장 독소적 원인이기에 군왕의 의지에 좌우되어야 한다고 가르쳤기 때문이다." "나아가 벨은 데카르트가 '모든 인간은 사악하다'는 홉스의 가정에 올바로 이의를 제기했다고 생각한다." 벨이 보기에 "인간의 역사가 거의 도처에서 마음의 부패의 각인을 남기는 부정으로 가득 찼다"는 것이 의심할 바 없이 사실인 한편, "아주 수많은 사람들은(…) 많은 사례에서 치욕의 두려움이나 칭찬에 대한 희구심리에서 불건전한 성향을 억제할 수 있다".[199]

따라서 벨은 절대주의와 관련해 언뜻 보면 홉스와 비슷해 보이지만, 실은 본질적으로 달랐다. 벨이 진짜 다급하게 필요하다고 여긴 것은 절대군주정 자체가 아니라, 더 적은 지배기구, 당파, 특히 모든 유형의 도적, 무법, 분파주의, 귀족의 영향력, 그리고 교회권력에 대한 세속적 국가 - 어떤 헌정체제를 취하든 - 의 우월권과 단일한 주권일 뿐만 아니라, 개인적 양심의 보호다. 개인적 양심에 대한 그의 강력한 강조 면에서 그는 홉스와 결별한다. 벨은 홉스와 달리 무신론자를 옹호하고 무신론사회의 생존가능성을 입증했다. 그리고 이 입증을 위해 영예심과 수치심의 동기를 활용했다. 벨의 사상 안에서의 일반화는 인간의 본성이 전세계적으로 동일한 한에서 만국에 적용할 수 있지만 '자연법'의 수준으로 체계화되어 있지 않고 미래의 경험적 지평을 향해 열려 있다. 그 결과, 벨은 아시아 국가들을 절대주의적 관점에서 고찰하지만, 이 국가들

---

[198] Bayle, *Political Writings*, 81쪽.
[199] Bayle, *Political Writings*, 81-86쪽.

과 관련된 특수한 조건들을 평가한다. 그는 가령 오스만제국을 동양전제정의 예로서가 아니라 절대적 군주정의 취약성과 한계에 대한 증거로 기술한다.

『역사·철학사전』의 '오스만' 항목에서 벨은 "터키인들보다 자기들 군주들에 관해, 그리고 그들에게 바쳐져야 하는 복종에 관해 더 우호적으로 얘기하는 국민은 세계에 없다"고 말한다. "터키인들은 서양에서 벌어지는 주권의 기원에 관한 굉장한 정치적 쟁론에 관해 전혀 모른다. 그들은 백성과 임금 간의 원천계약에 관해 말하지 않는다." 그들이 보기에 "최선의 통치형태는 군주의 전제권력이다". 그럼에도 불구하고 역사는 이 치자를 퇴위시키기 위해 음모와 반란, 그리고 사법적 절차가 만연하게 되면, "오스만 황제보다 더 취약한 지배권을 가진 군주가 없다"는 것을 보여준다. 이러한 혼란은 대부분 교회권력의 불가피한 남용 탓이다. "신의 법이 어떤 군주를 정통적이라고 승인하는 것을 허락지 않는다고 회교법률전문가(*mufti*)가 선언하면, 이것은 교황이 기독교 군주를 파문하는 경우와 맞먹거나 이보다 더한 것이다."[200] 여기서 교훈은 기독교 국가든, 이슬람 국가든 세속적 인간사에 대한 성직자들의 간섭에 고초를 겪는다는 것이다.

벨은 『한 지방사람의 질문에 대한 응답』(1707)에서 그럼에도 불구하고 절대군주정은 프랑스인들에게도 적합하다고 말한다. 오스만터키의 전제정은 홉스의 절대군주정 원칙과 그대로 부합된다. "터키인들에게 비非절대적 통치보다 절대적 지배권이 더 적합하고, 그들이 전제정 치하에서도 불행하게 느끼지 않는다면 그들이 그것에 익숙해졌기 때문이다." 그러나 이것은 멍에에 만족하는 노예적 백성의 경우가 아니다. 절대적 지배권은 오스만 황제가 국법에 속박당하지 않을 것을 요한다. 하지만 "절대군주는 국법을 냉엄하게 집행해 그도 국법에 복종해야 한다.(…) 하느님 자신도 그의 절대적 지배권을 조금도 한정함이 없이 그 법에 구속된다." 그리하여 벨은 절대정부가 온갖 법률 적용에 면제된다고 가정하는 사람들을 논박한다. 전제정은 아시아에서

---

[200] Pierre Bayle, *The Dictionary Historical and Critical of Mr. Peter Bayle*, Vol. 4(London: Printed for D. Midwinter etal., 1734), 425-426쪽; Bayle, *Dictionnaire historique et critique*, Vol. 11, 273쪽.

든, 유럽에서든 백성들에 대한 법치('법의 지배')를 반드시 배제하는 것이 아니기[201] 때문이다. 벨은 그가 '절대군주정'과 동일시하는 이 '전제정' 개념에서 아리스토텔레스를 따르고 있고, 훗날의 몽테스키외를 미리 분쇄하고 있다.

절대군주는 합리적으로 그리고 국법에 합치되게 다스려야 하고, 역으로 이것은 장관들에게 권력남용을 견제할 책무를 부과한다. 그의 동료 위그노 난민들이 견지하는 독트린에 대한 비판서인 『프랑스로의 임박한 귀환에 관해 난민에게 주는 중요한 충고(Avis aux refugiez sur leur prochain retour en France)』에서 벨은 백성이 아니라 임금만이 혼자 법을 바꾸고 적용하고 해석할 권리가 있다는 절대주의 독트린을 곧추 견지한다. 백성이 이 권리들 중 어떤 것을 가졌다고 주장하는 것은 무정부상태를 용납한다는 것이다.[202] 나아가 그는 귀족·성직자들의 파를레망(상고법원)을 마뜩치 않게 생각한다. "영국인들은 의회의 빈번한 소집이 국익에 필요하다고 말할 이유가 있지만, 프랑스는 파를레망에 대해 같은 말을 할 수 없다. 파를레망은 앙리 2세의 아들들이 다스리던 치세에서 종종 소집되었고, 프랑스는 그때보다 더 혼란하고 더 괴로운 적이 없었다. 이 파를레망의 소집에 의해 치유책을 만들기는커녕 불평불만이 이것에 의해 더 악화되었다."[203] 『역사·비판 사전』의 16세기 프랑스 재상 '미셸 드 로스피탈(Michel de l'Hospital)' 항목에서는 지방 곳곳의 파를레망에 의해 초래된 재앙을 중앙의 유능한 장관들의 혜택과 대비시키고 있다. 궁궐의 부정한 칙령을 배격할 이러한 파를레망 사법관들의 권리가 "군주의 자의적 권력"에 대한 본질적 제어장치라고 생각되지만, 샤를 11세와 앙리 3세의 역사는 "이 파를레망 지배권의 행사가 1562년과 1594년 사이의 왕국 불화의 주된 원인이었다"는 것을 보여준다.[204] 이 재앙과 기타 재앙은 이러한

---

201) Bayle, *Réponse aux Questions d'une Provincial*, Troisiéme Partie, 621-623쪽("Du Despotisme").
202) *Oeuvres diverses de Pierre Bayle*, Vol.2, 597쪽. Kow, *China in Early Enlightenment Political Thought*, 72쪽에서 재인용.
203) *The Dictionary Historical and Critical of Mr. Peter Bayle*, Vol. 4, 139쪽('Marillac' 항목); Bayle, *Dictionnaire historique et critique de Pierre Bayle*, vol. 10, 289쪽.
204) Bayle, *Political Writings*, 111쪽.

권리의 남용이었을 뿐만이 아니다. "정확히 말하면, 국가가 군주국이면서 군주국이 아니라는 모순을 내포하는 이 방벽이나 장벽은(…) 그것이 이익보다 폐해를 훨씬 더 많이 가하는 한에서 건전한 치유책으로 제시될 수 없다."205) 파를레망의 지배권은 군주정의 기초를 허물었다.

반대로 드 로스피탈은 훌륭한 법률들을 확립하는 데 있어 이상적 재상이었다. 그는 치자나 신민들에게 아부하지 않고 "군왕의 권위와 지배권"을 곧추 세우면서 "군주가 정의와 이성에 복종하는 것을 감독하는 것을 자기의 일"로 삼았다. "그는 그가 할 수 있는 한에서 부정한 칙령에 반대했지만, 그 칙령에 그가 도장을 찍어야 한다면 그것이 그의 조언에 반한 것이라는 점을 알게 만들었다".206) 그는 국가에 손해를 입히며 칙령을 배격하기보다 차라리 정의와 이성의 토대 위에서 반대를 제기했다. 그는 장관의 의무를 명확히 했다. "국가의 장관은, 무엇보다도 한 군주의 재상은 자기 의무를 적절하게 이행하기를 바란다면 두 가지를 해야 한다. 첫 번째 것은 모든 신민들에게 순응과 복종을 진지하게 권고하는 것이다.(…) 그가 해야 하는 두 번째 일은 군주의 군왕적 지배권이 정의에 대한 절대적 복종으로부터 결코 그를 면해주지 않는다는 것, 그리고 이 지배권이 이성이나 공정성이나 그의 약속을 저버릴 권리도, 특권도 부여하지 않는다는 것을 능동적으로, 부단하게 대변하는 것이다. 드 로스피탈은 이 모든 의무에서 면밀하게 처신했다."207) 벨은 군주의 절대권력을 부정하지 않으면서 훌륭한 통치를 확보하는 것을 돕는 것을 장관들의 중요한 역할로 보았다. 왕권에 대한 제도적 견제장치로 생겨나는 악폐가 주어진 한에서 프랑스와 같은 나라에서 정의롭고 공정한 정치질서에 대한 최선의 보장자는 합리적 장관들의 자유로운 조언을 유념하는 지혜로운 군주다. 벨은 철인치자의 이념을 배격했지만, 역사는 현명하고 합리적이고 철학적인 재상들의 사례들을 제공해준 것이다.208)

---

205) Bayle, *Political Writings*, 112쪽.
206) Bayle, *Political Writings*, 96쪽.
207) Bayle, *Political Writings*, 113-114쪽.
208) Kow, *China in Early Enlightenment Political Thought*, 73쪽.

벨은 훗날 중국의 헌정체제를 아시아 전제정의 한 유형으로 비하한 몽테스키외와 정반대로 중국이 암묵적으로 고수하는 형태의 군주정을 전반적으로 옹호했다. 벨이 중국정부의 정치적 성격을 면밀하게 정사하지는 않았을지라도 중국적 관용과 무신론에 대한 그의 고찰은 중국의 통치형태가 그의 합리적·법치적 절대주의 이상과 합치된다고 생각했다는 것을 보여준다. 가톨릭 선교사들의 중국 주재에서 황제가 종교문제에 대한 절대적 주권을 가지고 있다는 것을 알 수 있지만, 황제가 그의 제국 전역에 관용의 정책을 지혜롭게 포고했다는 것도 알 수 있다. 이 바탕 위에서 황제는 『"사람들을 강제로 데려와 내 집을 채우라"는 누가복음 14장 23절의 이 말씀에 대한 철학적 주석』(1686)에서 묘사된 상상적 만남 속에서도 종교적 불관용과 다툼의 전사들인 그 가톨릭선교사들을 아주 책임 있게, 그러나 그의 내각과 상의한 뒤 추방한다. 가톨릭 선교사들이 그들의 종교를 믿지 않는 중국내각의 각료들을 어떻게 취급할지 하는 핵심문제를 제기하는 사람들도, 또 이 외국인들의 입국을 허용해서 결국 그의 제국의 약화를 초래하는 황제에게 조언하는 사람들도 다 내각에 속한다. 황제는 그의 내각각료들이 조언한 내용의 진실성을 인정하고 국가의 안녕에 대한 합리적 고려에 기초해 합당하게 행동한다. 더구나 『철학적 주석』의 다른 곳에서는 유럽의 선교사들 간의 논쟁에서 이런 경우에 양립할 수 없는 신앙들 간의 갈등을 해결하지 못할지라도 이성의 목소리로 행동하는 사람들은 내각각료들이었다. 다른 저작들에서 벨은 학자들과 철학자들로서 중국정부를 관리해온 중국 관원들에 대한 예수회의 평가를 전적으로 인정했다. 이 유자儒者들의 신앙이 무엇이든, 유자들은 모범적 합리성을 반영한 무신론적 독트린들을 갖춘 지혜로운 철학적 자문·보좌관들로서 소개되었다. 중국은 지혜로운 황제 아래 철학자들에 의해 다스려지는 덕스러운 무신론사회의 완벽한 본보기, 즉 정치에 적용된 철학적 이성의 바로 그 모델로 보였다. 나아가 중국은 벨의 시대에 유럽을 뒤덮은 당파적 갈등, 음모, 종교적 투쟁이 부재한 것으로 보였다. 이것은 '정의와 이성에 의해 지도되는 절대군주정', 즉 18세기 중반에 '계몽군주정'이라고 불리는 통치형태에 대한 벨의 선호를 옳은 것으로 확증해주었다.[209]

게다가 중국의 정치생활은 벨이 평생 동안 열렬하게 헌신한 '식자공화국'의 이상에 접근했다. 벨은 『역사·비판사전』의 에피쿠리어인 '카티우스(Catius)' 항목에서 식자공화국을 사회 속의 홉스주의적인, 그러나 비폭력적인 자연상태에 빗댄다. "이 공화국(식자공화국)은 극단적으로 자유로운 상태다. 진리와 이성의 제국은 오직 그 안에서만 인정된다. 그리고 진리와 이성의 가호 아래 결백한 전쟁이 누구에 대해서든 수행된다. 친구들은 거기에서 철기시대처럼 그들의 친구들에 대해 수비를 서야 하고, 아버지들은 그들의 자식들에 대해, 장인들은 그들의 사위들에 대해 수비를 서야 한다.(…) 만인은 거기서 주권자이고 동시에 만인의 관할권 아래 처한다. 사회의 법률들은, 오류와 무지에 관한 한, 자연상태의 독립성에 대해 어떤 편견도 가하지 않았다. 이 점에서 모든 개별 인간들은 검의 권리가 있고 통치하는 자들의 허가를 구하지 않고 이 검을 사용해도 된다."[210] 식자공화국 안에서 식자들은, 정치적 절대주의와 완전히 양립할 수 있는 문예와 정신에 관한 한, '자연적 자유'를 무제한으로 향유해야 한다는 말이다. 이것은 홉스를 완전히 전복하는 것이라기보다 비판정신을 정치에 대한 전면적 복종으로부터 해방하는 것이다.[211] 이런 식으로 벨은 사회 내 그 자신의 위치의 관점에서, 즉 프랑스인이나 망명상태의 위그노로서가 아니라 이런 식자공화국의 한 시민으로서 중국제국으로부터 영감과 감화를 받았을 수 있다. 벨의 구상 속에서 식자공화국은 지식이 본질적으로 권력과 연계된, '이상적으로 중국의 만다린들에게도 개방된 유럽의 지식인 공동체'였다.[212]

벨의 식자공화국 개념이 중국 만다린세계(manrarinate)와 닮은 것은 그의 정치관이 중국과 합치되는 것을 보여준다. 그의 정치관은 바로 이성과 덕성을 체현한 절대정부 아래에서의 '사상의 자유'였다. 유럽과 중국 간의 지식·문화 교환의 관념을 아주 자세히 설명한 그의 친구 라이프니츠와 달리 중국에 대한 벨의 고찰들은 비교적 단편적인

---

209) Kow, *China in Early Enlightenment Political Thought*, 73-74쪽.
210) Bayle, *The Dictionary Historical ad Critical of Mr. Peter Bayle*, Vol. 2, 389쪽.
211) Kow, *China in Early Enlightenment Political Thought*, 74쪽.
212) Kow, *China in Early Enlightenment Political Thought*, 74쪽.

것이었다. 그럼에도 불구하고 중국제국은 관용과 무신론에 관한 그의 저작들 안에서 그가 전반적으로 신봉한 '합리적' 절대주의(계몽절대주의)의 본보기로 나타난다. 라이프니츠가 자기 철학의 관점에서 예수회의 적응주의를 수정해서 기독교로의 개종에 의해 개선될 수 있는 중국을 유럽의 윤리적·정치적 이상으로 본 반면, 벨은 중국애호 성향에서 더 급진적이고 더 조심스러웠다. 벨은 철학적 관찰자로서 중국을 관용과 합리적 무신론의 긍정적 본보기로 이바지할 수 있을 것으로 여겼지만, 이 동일한 관찰자는 이 방대하고 복잡한 사회에 대한 유럽의 지식에 한계가 있음을 고려해야 했다. 반대로 라이프니츠는 중국의 사상과 문화를 자기 철학의 렌즈를 통해 해석할 자신의 능력을 과신했다. 물론 중국 이해에서 라이프니츠의 이런 방법과 태도는 벨보다 훨씬 더 많은 왜곡을 낳았다.[213] 벨은 중국에 대한 보다 겸손한 접근을 통해 중국제국의 내각제적 제한군주정에서 식자들의 지식·사상·종교의 자유(자연상태적 식자공화국)와 군주의 절대권력이 양립하는 18세기 '계몽군주정'의 단초를 선취해낸 것이다.

---

[213] 참조: Kow, *China in Early Enlightenment Political Thought*, 74쪽.

제3절
유럽중심주의적 위정척사파의 저항

17세기 말과 18세기 초 중국문화와 공자철학의 압도적 성행은 르네상스와 헬레니즘의 여진이 남아 있던 유럽중심주의적·반反계몽적 수구파들의 반발을 초래하기도 한다. 이런 수구적 반발은 프랑스에서 세 가지 철학적 흐름으로 전개되었다.

첫째, 여전히 탈희랍화를 거부하고 고대그리스·로마철학으로 회귀하려는 소위 '신고전주의자'들은 중국문화와 공자철학에 대해 상당한 헬레니즘적 거부감을 보였다. 이런 유형의 반계몽적·헬레니즘적 수구파의 대표적 인물은 프랑수아 페넬롱(François Fénelon, 1651-1715) 대주교였다.[214]

둘째, 데카르트주의적 얀센니스트나 아우구스티누스의 교부철학을 데카르트주의적으로 되살린 신新교부철학자는 공자철학을 거부하거나 비판했다. 이런 유형의 반계몽적 수구파의 대표적 철학자는 데카르트주의적 얀센주의자 앙투안느 아르놀(Antoine Arnauld, 1612-1694)과 데카르트주의적 아우구스티누스주의자 니콜라 말브랑쉬(Nicholas Malebranche, 1638~1715) 신부였다.

셋째, 특이한 철학자들은 영국의 권력분립적 자유와 의회제도가 까마득한 고대 게르만의 숲속에서 맺어진 '원천계약(original contract)'으로부터 유래했다고 보는 영국 속류휘그당의 비과학적 이데올로기인 '고대헌법'론을 신봉했다. 이런 유럽중심주

---

[214] 페넬롱의 풀네임은 Francois de Salignac de la Mothe-Fénelon이다.

의자들은 중국정부를 전제정으로 비판하며 중국문명을 거부했다. 명예혁명은 '원천계약'의 게르만 고대헌법의 승리로 오인되었지만, 소위 이 '고대헌법론'은 훗날 존 로크, 데이비드 흄 등 '과학적 휘그들'에 의해 '역사날조'의 산물로 폭로되어 분쇄되었다.[215] 특히 흄은 국가발생의 시초에 존재했다는 소위 '원천계약'의 존재를 1748년 별도의 논의로 부정했다.[216] 흄의 이런 비판에도 불구하고 몽테스키외는 게르만 숲 속에서 맺어졌다는 원천계약의 이 고대헌법 신화를 '사실史實'로 착각했다.[217] 그리고 1750년대 영국에서도 고대헌법론은 여러 사람들에 의해 계속 주장되었다.[218] 하지만 18세기 중반 케어류(T. Carew)는 고대헌법론을 다시 부정하고, 평민대표까지 참여하는 영국의회가 에드워드 1세의 1295년 소집령에 의해 탄생했음을 명확하게 밝히고 있다.[219] 그럼에도 불구하고 저 고대헌법론적 착각은 심지어 오늘날도 일부 학자들 사이에서도 그치지 않고 있다.[220] 이런 영국 속류휘그가 퍼트린 신화적 고대헌법론의 입장에서 중국을 전제주의로 비난하며 공자철학과 극동의 정치문화를 싸잡

---

[215] 참조: John G. A. Pocock, *The Ancient Constitution and the Feudal Law. A Study of English Historical Thought in the Seventeenth Century*(Cambridge·New York: Cambridge University Press, 1957, 1987), 17-18쪽, 27쪽, 229-231쪽, 235-236쪽, 375-376쪽.

[216] David Hume, "Of the Original Contract"(1748). David Hume, *Political Essays*(Cambridge: Cambridge University Press, 2006).

[217] Montesquieu, *The Spirit of the Laws* [1748](Cambridge·New York: Cambridge University Press, 2008), 165-168쪽.

[218] 참조: T. Cunningham(ed.), *An Historical Account of Rights of Election of the Several Counties, Cities and Boroughs* [extracted from Thomas Carew's book of the same title](London: Printed for G. Robinson, 1783), Preface', v-vi쪽.

[219] Cunningham(ed.), *An Historical Account of Rights of Election* ···, 'Preface', xxiii쪽.

[220] David Gress, *From Plato to Nato. The Idea of the West and its Opponents*(New York·London: The Free Press, 1998), 1쪽 및 129-305쪽. 그레스는 심지어 "고대헌법이 실존한 적이 없다는 것, 영국의 근대적 자유가 게르만 과거로부터 살아남은 유산이 아니라 백성의 면전에서 자라났다는 것은 정치적으로 중요치 않다"고 하면서(184쪽), '속류휘그'의 고대헌법론 이데올로기에 빠진 중국적대자 몽테스키외와, 이 이데올로기를 비판한 공자숭배자 흄을 한패의 고대헌법론자로 묶어 이 두 철학자를 중국예찬자인 볼테르·루소와 대립시키는 '게르만 모델(*Germanic model*)'의 반(反)과학적 서구상을 그려놓고 있다(172-174, 183-185쪽).

아 배격한 대표적 학자는 몽테스키외였다.

여기서는 프랑스의 '중국적 근대화'에 대한 수구적 반발의 세 가지 철학적 흐름을 대표하는 페넬롱, 말브랑쉬, 몽테스키외를 상론한다. 이들은 공자와 중국에 대해 가혹한 비판을 가하며 '프랑스와 유럽의 중국화'에 강력히 반발했다. 이들은 영국의 박스터·버클리·워턴 신부, 앤슨 제독과 다이엘 디포와 더불어 - 한국 근대사에서 서구인들을 '양이洋夷'로 몰아붙이며 '서구화'에 반대하던 위정척사파처럼 - 극동사람들을 '동이東夷'로 폄하하며 극서(Far West)의 '극동화(Far-Easternization)'를 거부한 소위 '프랑스의 위정척사파'였다.

본론에서 이 프랑스 위정척사파들의 주장을 상세하게 분석하고, 공자철학과 중국문화와 관련된 오류와 무지, 그리고 무고를 밝혀 보일 것이다. 물론 공자예찬자와 중국열광자들도 공자와 중국에 대해 무지와 오류가 없지 않은데, 이들의 결함들도 빠짐없이 밝혀 보일 것이다.

3.1. 페넬롱의 헬레니즘적 반反공자주의

프랑수아 페넬롱

프랑수아 페넬롱은 프랑스 가톨릭 대주교다. 그는 1689년부터 1697년까지 프랑스 왕세자의 장자(부르군디 공작)의 왕사로 근무했다. 이 기간 동안 페넬롱은 7세의 부르군디 공작을 위해 『텔레마크』, 『우화』 등을 지었고, 궁정정치에서 큰 영향력을 행사했다. 그러나 궁정의 정치판도가 바뀌면서 그는 왕사직에서 면직되고 말았다. 그는 이 기간 동안 시도한 여러 정치활동에 실패한 뒤 늙어가던 중 유럽의 정치적 병폐를 치유하는 데 절망해서 고대그리스에서 힘을 얻어

오기 위해 늘그막에 다시 그리스사상 속으로 깊이 파고들었다. 전성기의 그리스가 그의 모델이었다. 이미 그는 젊은 시절 자신의 사상과 함께 '소크라테스의 나라'에 살았었고, 나중에는 이 나라가 그의 '제2의 고국'이 되었다.[221]

그러나 17세기 말과 18세기 초는 극동에 대한 열광이 점차 폭발적이 되어가고 있었고, 이 열광이 이미 고대 그리스철학과 헬레니즘을 음지로 내몰기 시작했다. 그리하여 페넬롱은 반反공자 입장을 취하지 않을 수 없었다. 그는 1700년 『죽은 자들의 대화(*Dialogues des Morts*)』를 써 출판했는데 이 책에서 10여 쪽에 달하는 가장 긴 대화인 제7 대화를 '소크라테스와 공자의 입씨름'으로 채웠다.[222] 그리

『죽은 자들의 대화 (*Dialogues des Morts*)』 표지

고 이 제7 대화 「공자와 소크라테스(Confucius et Socrate)」의 부제를 '중국인들의 그토록 찬양되는 탁월성에 관하여(Sur la prééminence tant vante des Chinois)'라고 달았다. 이 부제를 보면, 중국과 공자에 대한 유럽인들의 열광이 1700년 무렵 유럽을 얼마나 뜨겁게 달구고 있었는지를 알 수 있다.

■ 「공자와 소크라테스의 대화」

제7 대화의 내용은 아돌프 라이히바인 같은 전문연구자도 부정확하게 요약하는 경우가 있으므로[223] 전문을 다 소개하기로 한다.[224]

---

[221] Adolf Reichwein, *China und Europa im Achtzehnten Jahrhundert*(Berlin: Oesterheld Co. Verlag, 1922), 107쪽.

[222] François Fénelon, *Dialogues des Morts* [1683년 집필, 1700년 익명으로 Köln에서 출간]. Mediterranee.net[검색일: 2017년 5월 16일]. 이 책의 영역판은 제7 "공자와 소크라테스"를 빼고 영역했다. 참조: Archbishop of Cambray(F. Fénelon), *Dialogues of the Dead*(London: Printed for D. Browne, 1760[4. ed.]). 영국에서 1750-1760대는 공자열광이 절정을 달했을 때였기 때문에 공자를 조롱하는 제7 대화는 판매를 방해할 것을 우려한 때문이었던 것으로 보인다.

[223] Reichwein, *China und Europa*, 107-108쪽. 라이히바인의 요약문은 이렇게 뒤틀려 있다. 우선

대화 7. 공자와 소크라테스
중국인들의 그토록 찬양되는 탁월성에 관하여

공자: 제가 듣기로는 당신네 유럽 사람들이 우리 동양에 자주 오고 그들이 저를 중국의 소크라테스라고 부르는데, 이 이름이 영광스럽습니다.

소크라테스: 이 나라에서나 저 나라에서나 한물간 찬사들은 제쳐 둡시다. 그런데 우리들을 이같이 비슷하게 보는 근거는 무엇일까요?

공자: 우리가 거의 동시기에 살았고 우리 둘 모두 가난하고 보잘 것 없었고 사람들에게 덕성을 갖게 하려는 열정에 가득 찼었다, 그런 것 아닐까요?

소크라테스: 저는, 덕성을 심고 악과 싸우고 사람들을 가르치려고 어디든지 가려는 뛰어

페넬롱은 소크라테스로 하여금 입을 떼자마자 사람들이 공자를 "중국의 소크라테스"로 부르는 것을 완전히 부당한 짓으로 여긴다는 말을 뱉음으로써 그와 공자 사이를 갈라놓고 대화를 시작하게 한다. 소크라테스는 공자처럼 "모든 백성에게 철학을 가르치는 것"을 "결코 생각한 적이 없기" 때문이라고 말한다. 페넬롱에 의하면, 소크라테스는 이런 만민평등교육이 불가능하다고 여겼기 때문에 공중에게 그의 사상을 글로 써 주려고 시도하지도 않았다. 그의 한 가지 희망은 살아있는 말로 자신의 독트린을 전수할 소수의 지지자들을 얻는 것이었다. 소크라테스는 말한다. "나는 글 쓰는 것을 고의로 삼갔다. 나는 말도 이미 너무 많이 했다." 이 말에 공자는 처음부터 수세에 몰린다. 소크라테스는 오로지 공포와 희망이 백성들을 선행하도록 자극할 수 있다면서, 백성을 덕스럽게 만들려는 공자의 희망은 "게으른 희망"이라고 공박한다. 소크라테스는 중국 백성의 다수가 정말로 덕스러운 적이 있었는지를 의심한다. 중국의 명예를 구하기 위해 공자는 중국 자체의 유명한 업적들을 증거로 제시한다. 그러나 여기서는 소크라테스도 자신의 논박을 준비한다. 인쇄술의 발명은 분명 자랑할 만한 서비스가 아니다. 인류를 파괴하는 데 쓰이는 화약의 발명은 더욱 그렇다. 중국의 수학은 방법론이 결여되어 있다. 그리고 도자기의 경우는 "당신 백성들의 명예라기보다 당신 땅의 명예로 돌려야 한다". 중국 건축은 균형미가 없고, 회화는 구성미가 없으며, 칠기의 발명은 자연환경의 산물일 뿐이라는 것이다. 공자는 기가 죽어 중국의 위대한 고대는 그래도 칭찬할 만하지 않은가 하고 묻는다. 그러나 소크라테스는 중국인들의 원래 고향이 극동이 아니라 서쪽 아시아의 한 지역이고, 그들의 참된 기원을 덮기 위해 중국 역사가들이 진실과 우화를 뒤섞었다는 의견을 피력한다. 또 수세에 몰린 공자는 요임금에게 먼저 물어 보는 것이 좋겠다고 말한다. 이에 소크라테스는 초기 그리스의 지식을 얻기 위해 자신은 케크롭스 같은 고대 왕에게도, 호머의 영웅들에게도 의존하지 않고, 오로지 그 자신에게만 의존할 것이라고 대꾸한다.

224) 17세기 프랑스어로 쓰인 이 난해한 원문의 번역은 강원대 정치외교학과 나정원 교수의 국역원고 파일에 거의 전적으로 의존했다. 그는 고맙게도 필자에게 기꺼이 이 파일을 전송해 주었다.

난 제자들을 당신처럼 만들지 못했습니다.

공자: 당신께서는 세상을 많이 밝힌 철학자들의 학교를 만들었습니다.

소크라테스: 저의 사상이 백성을 철학자로 결코 만들지 못했고, 저는 그것을 감히 바라지도 않았습니다. 저는 백성들의 모든 잘못들을 조잡하고 치졸하고 비열한 것으로 내버려두었습니다. 그저 저는, 교양을 갖고서 훌륭한 도덕의 원칙을 찾으려고 했던 제자 몇 명을 가르쳤을 뿐입니다. 저는 무얼 글로 쓰려는 걸 결코 원하지 않았고, 가르치는 데는 말이 더 좋다는 걸 알게 되었습니다. 어떤 책은 읽는 사람 개개인의 예상치 못한 다양한 어려움에 답을 주지 못하는 죽은 책이 되고, 어떤 책은 잘 사용할 능력이 없는 사람의 손에 들어가기도 하며, 어떤 책은 저자의 뜻과는 반대되는 여러 의미들을 가질 가능성이 있습니다. 저는 몇몇 사람들을 뽑아서 말로 저의 생각을 잘 이해시키는 걸 더 좋아했습니다.

공자: 그 방법은 좋습니다. 그 방법은 아주 간단하고, 아주 확고하며, 쓸데없는 말들이 전혀 없는 생각들을 보여줍니다. 그렇게 해서 제자들 사이에서 다양한 의견이 나오는 것을 막을 수 있었나요? 저는 여러 가지로 미묘하게 다르게 생각하는 것을 피하기 위해 사회에서 덕성을 실천하는데 적합한 격언들을 만들었습니다.

소크라테스: 저는, 오직 참된 격언들을 증명할 수 있는 근본적 원칙들로 거슬러 올라가거나, 사람들의 모든 편견들을 부수어야만, 사람들이 참된 격언들을 만들 수 있다고 믿었습니다.

공자: 하지만 결국, 당신의 그 근본적 원칙들을 가지고 당신 제자들이 의견을 달리해서 싸우는 것을 피할 수 있었나요?

소크라테스: 그렇지 않았습니다. 저의 주요 제자인 플라톤과 크세노폰은 전혀 다른 시각을 가졌습니다. 플라톤 아카데미에서 배운 사람들은 서로 분열되었으며, 이 경험으로 해서 저는 사람들에 대한 희망을 버리게 되었습니다. 한 사람은 다른 사람들에 대해 아무 것도 못합니다. 오만과 열정에 사로잡히면 사람들은 무능력하게 되어 자신들을 위해 아무 것도 못합니다. 하물며 다른 사람들을 위해서도 서로 아무 것도 못합니다. 사례를 들거나 많은 능력을 발휘해서 이유를 넌지시 설명하면, 다른 사람들보다 천성이 나은 아주 몇 사람들에게만 조금 영향을 미칠 수 있을 뿐입니다. 제가 사람 자체에 대해 실망하는 한, 어떤 나라의 전반

공자: 저는 글을 썼고, 우리 제국의 모든 지방이 훌륭한 도덕을 갖게 하는 임무를 주어 저의 제자들을 보냈습니다.

소크라테스: 당신께서는 짧고 간단한 것들을 쓰셨더군요. 다른 사람이 당신 이름으로 낸 것들도 실은 당신 것입니다. 이것들은 아마도 당신과의 대화에서 사람들이 모은 격언들인데, 마치 플라톤이 자신의 대화편에서 제 대화를 전해주는 것과 같습니다. 이런 식으로 사람들이 짧게 정리된 격언들은 제가 당신 대화에는 없었을 것이라고 여기는 어떤 무미건조함이 있습니다. 한편 당신은 가는 곳마다 왕궁이나 상당히 위엄 있는 곳에 머물렀습니다. 그래서 장인의 아들인 저에게는 허락되지 않은 많은 일을 당신은 할 수 있었습니다. 저는 글을 쓰지는 않았고 그저 너무 말을 많이 했을 뿐입니다. 더구나 포부를 만족시킬만한 어떤 일도 우리나라에서 맡지 못했습니다. 일을 맡지 못해 어떤 좋은 일도 사람들을 위해 할 수 없었습니다.

공자: 저는 중국인들 가운데 가장 행복했으며, 중국인들에게 지혜로운 법률, 그리고 아주 충분히 문명화된 법률을 남겨주었습니다.

소크라테스: 제가 우리 유럽 사람들이 쓴 견문기들을 본 바에 따르면, 중국은 훌륭한 법률과 뛰어난 문명을 가지고 있었음이 실제로 틀림없습니다. 중국 사람들은 어느 누구보다도 훌륭했던 것 같습니다. 훌륭한 모습의 정부, 흔들리지 않는 모습의 정부를 가지고 있는 국민은 덜 문명화 된 다른 국민들보다 매우 뛰어날 수 있다는 점을 저는 부인하고 싶지 않습니다. 예를 들어 현명한 입법자들과, 나라의 이익만을 꿈 꾼 사심이 없는 다수의 시민을 갖고 있었던 우리 그리스 국민들은, 우리가 야만인들이라고 불렀던 국민들보다 훨씬 더 예의 바르고 덕성이 있었습니다. 우리 보다 앞서 국민들을 예의 바르게 만든 현명한 사람들을 가지고 있었던 이집트 국민들로부터 우리는 훌륭한 법률들을 받았습니다. 그리스의 다른 나라들 가운데, 우리나라가 예술·과학·무기 면에서 뛰어났으며, 보다 더 오랫동안 순수하고 엄격한 규율을 보여준 국민은 스파르타 국민이었습니다. 따라서 저는, 다른 사람들보다 뛰어나고 덕성에 가득 찬 도덕을 유지한 입법자들의 지배를 받는 국민은 이와 동일한 문화를 갖지 않았던 다른 국민보다 더 문명화될 수 있다고 믿습니다. 잘 이끌어진 국민은 명예에 보다 예민하고, 실패에 보다 단호하며, 쾌락에 덜 예민하고, 검소하게 지내는 데 더 익숙하며, 시민들 사이의 횡령과 사기를 막는 데 더 정의롭습니다. 스파르타 사람들은 이

렇게 규율이 잡혀 있었으며, 중국인들도 몇 세기 이전에 그렇게 될 수 있었습니다. 하지만 저는, 한 나라의 국민 모두가 진정한 지혜의 원칙들로 거슬러 올라갈 수는 없다고 계속 믿고 있습니다. 유용하고 칭찬받을 만한 여러 규칙들은 지혜의 원칙들에 따라 지킬 수도 있지만, 오히려 교육의 권위, 법률의 준수, 조국에 대한 열정, 귀감이 되는 경쟁심, 도덕의 힘, 흔히 불명예에 대한 두려움 자체와 보상받으려는 희망 등에 의해 가능하다고 생각합니다. 하지만 철학자가 되는 것, 솔직한 설득이나 미와 선에 대한 진정하고도 자유로운 사랑에 의해 미와 선 그 자체를 따르는 일은 전체 국민들에게 결코 퍼질 수 없습니다. 이런 일은 하늘이 다른 사람들과 떼어 놓기를 원했던 몇몇 선택된 영혼들에 제한되어 있습니다. 일반 국민들은 자신들의 신뢰를 얻은 사람들의 권위를 따라서 습관과 생각을 통해 덕을 발휘할 수 있을 뿐입니다. 다시 한 번 더 말씀드리면, 이런 것이 당신의 옛날 중국 사람들의 덕성이었다고 저는 믿습니다. 이런 사람들은 정의의 원칙을 세우는데 필요한 일들에서 정의로우며, 보다 더 중요하지만 자신들이 판단해보지 않았던 일에서는 그렇지 않습니다. 동료시민에 대해서는 정의롭지만 자신의 노예에게 잔인하고, 조국에 대해 열정적이지만 땅 전체는 다양한 모든 민족들이 단 하나의 가족처럼 살아야만 하는 단 하나의 공통된 조국이라는 생각을 하지 않는 이웃나라의 부정의에 대해서는 자신 있게 대합니다. 어떤 민족의 관습이나 편견에 바탕을 둔 이러한 덕성들은, 그 전체에 걸쳐 정의와 미덕에 대한 진정한 이상을 제공해주는 근본적 원칙들로 거슬러 올라가지 않으면, 언제나 망가지게 됩니다. 어떤 감정이나 행동에서 아주 덕성 있게 보이는 이 똑같은 민족들도 기만·불의·불결로 가득 찬 종교를 가지고 있었지만, 이들의 법률은 정의롭고 준엄했습니다. 이 얼마나 이상한 혼합이며 대조입니까? 이와 같은 것이 그렇게도 칭찬받는 민족들에 대한 최선의 내용이며, 가장 좋은 모습으로 지켜온 인간적 모습입니다.

공자: 아마도 중국인들이 당신네 유럽인들보다는 더 행복했던 것 같습니다. 왜냐하면 중국에서 덕성은 중요했기 때문입니다.

소크라테스: 사람들이 그렇다고 말합니다. 하지만, 의심할 여지없이 그렇다는 것을 확신하기 위해 유럽인들은 중국인들이 자기 역사를 아는 것처럼 중국 역사를 자세히 알아야 합니다. 교류가 아주 자유롭고 활발해졌다고 해도, 당신네 역사를 적은 모든 옛

날 기록들을 엄격하게 비판적으로 검토해, 확실한 사실들로부터 전설과 의심스러운 사실들을 분리하고 구체적 고대 관습의 강점과 약점을 보게 될 때 비로소, 다른 모든 나라에서와 마찬가지로 당신네 나라에서도 많은 사람들은 허약하고 경박하고 부패했으며, 모든 나라와 모든 시대에서 사람은 사람일 뿐이라는 사실을 알게 될 것입니다.

공자: 하지만 당신은 왜 우리 역사가들과 우리 역사를 유럽에 전해주는 유럽인들을 믿지 않습니까?

소크라테스: 당신네 역사가들은 우리에게 알려져 있지 않습니다. 당신네 역사에 대해서 우리는 전달자들이 거의 무비판적으로 전해주는 요약본 조각들만을 갖고 있습니다. 수많은 검토자들을 통해 사실들이 아주 명백해지기 위해서는, 당신네 언어를 깊이 알아야 하고 모든 책을 읽어야 하며 특히 원본들을 보고 수많은 지식인들이 이 연구에 깊이 참여하는 때를 기다려야 합니다. 그때가 되면, 당신네 나라는 나에게, 아름답고 먼 나라, 그렇지만 매우 의심스럽고 애매한 나라로 보일 겁니다.

공자: 핀토(F. M. Pinto)[225]가 많이 과장했기 때문에 당신은 아무 것도 믿고 싶지 않으시죠? 당신은 중국이 넓고 강력하고 인구가 너무 많고 문명이 발달한 제국이지만, 예술은 꽃피지 못했고, 학문은 깊게 발달하지 못했고 준법이 부러워할만한 정도는 아니라고 의심하는군요.

소크라테스: 이러한 모든 것들에 대해 당신은 무엇으로 저를 믿게 하려고 합니까?

---

[225] Fernand Mendez Pinto(Fernão Mendes Pinto: 1509~1583)는 1555년에 출판된 서한(1554년 12월 5일자 편지)과 1614년의 유고집 『페르남 멘데즈 핀토의 편력(*Peregrinação de Fernão Mendes Pintoo*)』을 통해 마카오 등 중국 소식을 전한 포르투갈 출신 탐험가이자 작가다. Fernão Mendes Pinto, *Peregrinação de Fernão Mendes Pinto*(Lisbon: Pedro Crasbeeck, 1614). 이 책은 1653년 영어로 발췌·번역되어 출판되었다. *The Voyages and Adventures of Ferdinand Mendez Pinto, A Portugal: During his Travels*, translated by Henry Cogan(London: Printed by J. Macock, 1653). 'Cogan 영역본'은 1891년 다시 더 축약되어 발간되었다. *The Voyages and Adventures of Ferdinand Mendez Pinto, The Portuguese*, by a introduction by Arminius Vambery(London: T. Fisher Unwin, New York: Macmillan & Co. 1891). 이 책의 정확한 영어 완역본은 레베카 카츠에 의해 1989년에야 이루어졌다. Fernão Mendes Pinto, The Travels of Mendes Pinto, edited and translated by Rebecca D. Catz(Chicago: The University of Chicago Press, 1989). 참조: 황태연, 『공자철학과 서구 계몽주의의 기원』(파주: 청계, 2019), 628-642쪽.

공자: 바로 유럽 전달자들입니다.

소크라테스: 그러니까 제가 이 전달자들을 믿어야 한다고요?

공자: 왜 못 믿습니까?

소크라테스: 그리고 이들이 잘한 것뿐만 아니라 못한 것도 믿어야 한다고요? 대답해보세요, 제발.

공자: 그러시기를 바랍니다.

소크라테스: 전달자들에 의하면, 이 지구의 모든 사람 가운데 가장 허영심 많고, 미신을 제일 많이 믿고, 가장 탐욕스럽고, 가장 정의롭지 못하고, 거짓말을 제일 잘하는 사람들이 바로 중국인입니다.

공자: 허풍쟁이와 거짓말쟁이는 어디에나 있습니다.

소크라테스: 그것을 인정합니다. 그러나 중국에서 모든 국민들이 전혀 불명예라고 생각하지 않는 원칙들은 거짓말하기와 거짓말을 통해 자신을 뽐내는 일입니다. 이런 사람들에게 진리는 멀어지고 밝히기 힘든데, 무엇을 바랄 수 있습니까? 이들은 역사 내내 과시하기를 좋아했습니다. 자기 눈으로 확인할 수 있고 외국인들에게 강요하려고 설득할 수 있는 드러난 사항들에 대해서조차 허영을 부리고 과장하는 사람들이 어떻게 그렇지 않을 수 있습니까? 제가 소문으로 들어서 갖고 있는 중국인의 모습은 이집트인의 모습과 매우 비슷합니다. 이집트인은 아름답고 부유한 나라에 가면 조용하고 평화로운 사람들이지만, 지구의 다른 모든 나라 사람들을 속이는 허풍쟁이들, 특별한 과거문명에 취해있는 사람들, 그리고 그들의 문명이 지속된 여러 세기 동안의 영광을 자랑하는 사람들입니다. 예의 바르기는 하지만, 가장 엄청나고 우스운 미신을 믿는 사람입니다. 자신들의 법률이 좋은지는 감히 검토해보지도 않은 채 그것을 지키려고 모든 지혜를 쏟아 붓는 사람들입니다. 자신들의 옛날 관습에서 정의감, 진정성이나 내부의 다른 덕목들을 찾아내려고 하지 않고, 겉모양을 위해서 옛날 관습들을 지키려는 근엄하고 신비스럽고 부자연스럽고 완고한 사람들입니다. 매우 피상적인 여러 가지 사항들을 아주 신비롭게 여기며, 간단한 설명 만해도 그 가치를 매우 감소시킨다고 믿는 사람들입니다. 우리가 이 사람들을 알기 시작했을 때, 이 사람들의 예술은 보잘 것 없었고 탄탄한 학문은 거의 없었습니다.

공자: 우리는 인쇄술·화약·기하학·미술·건축술·도예, 그리고 마지막으로 당신네 서양인

들 보다 훨씬 뛰어난, 읽고 쓰는 법을 갖고 있지 않습니까? 우리 역사의 고대 문명에서 천체관측은 일반적입니다. 당신네 서양인들은 우리 계산에 오류가 많다고 하지만, 천체관측으로 보면 계산은 의심할 바 없으며, 천체의 회전운동들과 정확하게 일치합니다.

소크라테스: 당신께서 한꺼번에 제시하신 여러 사항들은 중국이 가장 자랑할 만한 모든 것들을 모은 겁니다. 하나하나 자세히 검토해보기로 합시다.

공자: 기꺼이, 그러시죠.

소크라테스: 인쇄술은 문인들에게 일반적인 것이어서 크게 자랑할 만 것이 못됩니다. 아마도 기술이 뛰어나지 않은 장인이 그런 발명을 한 것 같습니다. 원판만을 사용하기 때문에 당신네 나라에서 인쇄술은 완벽하지 않습니다. 서양 사람들은 목판과 함께 상형문자를 사용하지 않고, 글자를 조합하기 때문에 너무도 짧은 시간 안에 마음에 들게 활용합니다. 더군다나 이렇게 활용하기 때문에 학문을 쉽게 할 수 있게 되지요. 제가 살아 있을 당시 아테네 사람들은 인쇄술을 가지고 있지 않았어도 조형예술과 고등학문을 꽃 피웠습니다. 반대로 중국인들보다 더 좋은 인쇄술을 가지고 있었던 다른 지역의 서양인들은 거칠고 무식하고 야만적이었습니다. 화약은 인류를 파괴하는 해로운 발명입니다. 화약은 모든 사람에게 손해를 끼치고 어느 누구에게도 진정으로 도움을 주지 않습니다. 어떤 사람들은 다른 사람들이 자신들에게 한 것을 스스로 바로 흉내 냅니다. 중국보다 화기가 보다 더 완벽했던 다른 서양 사람들도 화약과 같은 무기에 대해서는 아무것도 어떻게 하지 못하고, 공격하는 사람들의 무기에 맞추어 방어수단을 조정했습니다. 결국 모든 것은 균형 맞추는 정도에 그치게 되었는데, 각자는 망루, 간단한 성벽, 작은 창, 긴 창, 칼, 활, 큰 방패, 파성추(破城槌) 등으로 무장하는 정도 이상 나아가지 못하고 말았습니다. 서로 화기를 포기하기로 합의하게 되면, 불필요하고 불편한 수많은 것들, 즉 전쟁을 일으키는 쪽에서 더 갖게 되는 용맹·훈련·감시·공병工兵 등을 서로 처분할 수 있을 겁니다. 그래서 화약은 결코 평가 받을 수 없는 발명입니다.

공자: 당신께서는 우리의 수학자들도 무시하십니까?

소크라테스: 믿게 하려고 우리 전달자들이 전해준 사실들을 저에게 보여주지 않았습니까?

공자: 맞습니다. 그 전달자들은 우리 수학자들이 능력이 있다고 인정하고 있습니다.

소크라테스: 전달자들은, 중국 수학자들이 어느 정도 발전을 이루었고 여러 가지 연산도 잘 할 줄 안다고 말하고 있습니다만, 덧붙이기를, 중국 수학자들에게는 방법론이 없고 이들이 어떤 것들은 증명하지 못하고 계산이 다르기도 하며, 아직 전혀 알아내지 못한 매우 중요한 것들도 여러 가지가 있다고 합니다. 이것이 제가 들은 것입니다. 별들의 이해에 몰두하고 이 분야를 주로 하는 이 수학자들은 중국을 여행한 서양 사람들보다 이 분야에서 매우 열등하며, 겉으로 보기에는 서양의 더 완벽한 천문학자들은 아닙니다. 이런 모든 것은, 중국 민족이 다른 모든 민족들보다 우수하다는 놀라운 생각과 일치하지 않습니다. 당신네 도자기에 대해서는 아무 말도 할 게 없습니다. 도자기는 중국 사람보다는 중국 땅 덕택입니다. 사람 덕택이라고 해도 그건 최소한, 천박한 장인들 덕택에 불과합니다. 당신네 건축에는 적절한 균형이 없습니다. 중국에서 모든 것은 낮고 납작합니다. 모든 것이 혼란스럽고, 고상하지도 자연스럽지도 않은 조그만 장식들을 달고 있습니다. 당신네 회화에는 제가 알지 못하는 생명력과 우아함이 있습니다만, 밑그림의 정확함도, 배열도, 인물들의 고상함도, 표현의 진실함도 없습니다. 자연스러운 경치도, 역사도, 합리적이고 변함없는 생각들도 볼 수 없습니다. 단지 물감과 유약의 아름다움에 현혹될 뿐입니다.

공자: 이 유약 자체는 서양 어디서도 흉내 낼 수 없는 훌륭한 것입니다.

소크라테스: 맞습니다. 그러나 그 유약은 자연 덕택에 자기 나라에서 만드는 비법을 알고 있는 가장 야만적인 사람들도 가지고 있으며, 산업이 가장 발달한 나라 사람들은 만들 줄 모르는 겁니다.

공자: 문자 얘기를 해봅시다.

소크라테스: 중국말과는 다른 말을 하는 모든 사람들과 교류를 하는 데 당신네 문자는 커다란 장점을 갖고 있는 점을 인정합니다. 우리의 낱말처럼 당신네 각각의 문자는 각각의 대상을 나타내고, 중국어를 모르고도 외국인이 글씨를 읽을 수 있으며, 외국인의 말을 중국 사람이 전혀 모른다 해도 외국 사람은 글자를 이용해서 중국 사람에게 대답을 할 수 있습니다. 이런 글자들은 어디서나 사용한다면 인간 모두에게 공용어가 될 수 있고, 이 세상 한 쪽 끝에서 다른 쪽 끝까지 교류를 위한 편리함은 무한할 것입니다. 모든 민족들이 자기 자녀들에게 이 글자들을 가르치는 데 합의한다면, 말

이 다양해서 여행을 못하는 일은 더 이상 없을 것이고 전 세계적으로 사회적 유대가 생길 겁니다. 하지만, 중국한자의 전세계적 사용은 어느 것보다도 실현 가능하지 않습니다. 왜냐하면 인류의 말을 보면 대상을 나타내기 위해 수많은 낱말이 있으며, 중국의 지식인들도 글자 쓰기를 배우는 데 아주 많은 시간을 보내기 때문입니다. 어느 민족이 이 고통스러운 공부를 기꺼이 하겠습니까? 어떤 까다로운 학문도 중국어보다 더 빨리 배울 수 있습니다. 읽거나 쓸 줄 모르는 사람은 실제로 무얼 압니까? 많은 민족들이 자기 자녀들에게 이 문자를 가르치는 데 동의하는 것을 기대할 수 있을까요? 이 중국문자가 한 나라에 갇히게 되면, 이 문자는 매우 불편한 것에 지나지 않게 됩니다. 그렇게 되면 다른 사람들이 알지 못하는 중국말을 그 사람들에게 듣게 할 수 있는 장점은 더 이상 없게 되고, 중국 사람들은 문자 쓰기를 배우기 위해 인생의 제일 좋은 시간을 비참하게 보내야 하는 극단적인 단점을 갖게 됩니다. 고통스럽고 이득도 없는 중국문자를 허황되게 선망하는 일과 이 무미건조한 공부에 모든 젊음을 소모하는 일, 이 두 가지 불행에 갇혀있으면, 중국은 보다 더 탄탄한 지식을 위한 어떤 발전도 이룰 수 없게 됩니다.

공자: 그래도 당신께서는 우리 고대 문명을 솔직히 믿지 않으십니까?

소크라테스: 전혀 그렇지 않습니다. 중국의 천문관찰이 틀림없이 올바르다고 서양 천문학자들을 납득시키려는 이유들 자체가 중국 천문학자들의 취약함을 보여주며, 중국 고대문명에 대한 당신의 허황된 환상을 정당화하기 위해 당신은 중국 천문학자들을 그럴듯하게 보여주는 겁니다. 우리 서양 천문학자들이 납득하는 똑같은 기준들을 가지고 중국 천문학자들은 이런 저런 시간에 이런 저런 별들이 나타날 것이라고 예측을 하고, 사실들을 보여주기 위해 이 기준들을 가지고 예측된 관찰들을 틀림없이 할 겁니다. 천문학을 잘 알지 못하면서 자기들 고대 문명의 영광을 아주 자만하고 집착하는 민족들 역시 자신들의 환상을 반드시 치장하는데, 오직 우연하게만 이 환상은 도움을 조금 받을 수 있습니다. 결국 서양의 가장 뛰어난 천문학자들은 모든 천문 관찰에서 원래 뛰어났음이 틀림없습니다. 이집트 사람들은 훌륭한 천문 관찰자들이었고 동시에 몇 천 년을 거슬러 올라가는 자신들의 이야기를 사랑한 사람들이었습니다. 그러나 이 사람들은 이 두 가지 열정을 서로 맞추기 위해 노력했음은 의심하지 말아야 합니다.

공자: 그러면 우리 제국에 대한 당신의 결론은 무엇입니까? 중국은 학문들이 발달한 당신네들과 어떤 교류도 없었다, 무례한 민족들로 사방이 둘러 싸여 있었다, 그러나 당신들은 이전의 여러 세기 전부터 동양의 다른 민족들이 가지지 못했던 법률, 문명, 예술들을 확실히 가지고 있었다는 겁니까? 우리 민족의 기원은 모릅니다. 그 기원은 가장 거슬러 올라가도 암흑 속에 숨겨져 있습니다. 당신이 잘 보시다시피, 저에게는 이것 이외에 어떤 집착이나 과장도 없습니다. 이런 민족의 기원에 대해 당신은 솔직히 어떻게 생각하십니까?

소크라테스: 땅 위에 사람들이 살기 시작하는 하는 데 일어나거나 일어 날 수 없는 여러 일들 가운데, 어떤 일이 벌어졌는지 정확하게 판단하기는 힘듭니다. 하지만 제게 아주 자연스럽게 보이는 일은 다음과 같습니다. 우리 역사에서 가장 오래되고, 가장 강력하고, 가장 문명화된 사람들은 아시아인들과 이집트인들이며, 식민지의 시작도 이 사람들을 통해서입니다. 이집트인들은 그리스에 식민지를 세우고 그리스 관습들을 형성시켰습니다. 페니키아와 프리기아 사람들 같은 일부 아시아인들은 지중해 연안의 모든 곳에서 같은 일을 했습니다. 티그리스와 유프라테스 강변에 있었던 이 왕국들의 다른 아시아인들은 사람들을 살게 하려고 인도까지 진출할 수 있었습니다. 사람들이 늘어나면서 하천과 산악지대를 지났을 것이고, 모르는 사이에 중국까지 자신들의 식민지를 넓혔을 것이며, 거의 전체가 연결되어 있는 이 넓은 대륙에서 이 사람들은 활동을 멈추지 않았을 겁니다. 하지만 오늘날 타타르(Tartane – Tatare의 오기)라고 부르는 북쪽 끝을 통해 사람들이 중국으로 진출했다고 보지 않습니다. 왜냐하면, 중국인들은 북쪽의 야만 지역에서 성장한 폭력적이고 사나운 민족들과는 반대로 가장 훌륭한 문명을 가진 이래 부드럽고 평화롭고 문명화되었으며, 지혜를 탐구했던 사람들로 보이기 때문입니다. 대항해가 당시에는 활용되지 않았고 불가능했기 때문에 바다를 통해 사람들이 중국에 왔다고 보지도 않습니다. 더욱이, 중국인의 도덕, 예술, 학문과 종교는, 바빌론사람이나 우리 역사 속에 흩어져 있는 다른 사람들의 그것들과 매우 일치합니다. 따라서 저는, 당신들의 문명 이전 몇 세기 전에 이 아시아인들이 중국까지 침투해서 중국제국을 세웠다고 믿고 싶습니다. 중국에는 능력 있는 국왕들과 덕성을 갖춘 입법자들이 있고, 중국은 예술과 도덕에서 가장 평가를 받으며, 중국 역사가들은 민족의 자부심을 부추기고 뛰어난 업적

들을 과장하고 사실과 전설을 혼동하기도 하며 다른 모든 민족들보다 중국민족이 더 우수하다는 것을 보여주기 위해 민족의 기원을 후손들에게 드러내기를 원했습니다.

공자: 당신네 그리스 사람들은 그렇게 하지 않았나요?

소크라테스: 더 나쁩니다. 그리스 사람들은 당신네 전설과 매우 비슷한 전설 시대를 갖고 있습니다. 공통된 계산에 따르면, 저는 당신이 죽은 후 300년 정도를 살았습니다. 한편 저의 시대를 넘어 보다 확실하게 시대를 올라가고 싶을 경우, 우리에게는 헤로도투스 이외의 어떤 역사가도 없습니다. 헤로도토스는 제가 죽기 60여 년 전의 페르시아 전쟁 직후만을 기록했고, 그 이후에 대해서는 어떤 것도 남기지 않았으며, 페르시아 전쟁 훨씬 이전의 모든 것에 대해서 당대의 저술가들에 의거한 구체적인 시기를 전혀 적지 않고 있습니다. 저 이전에 600년 정도 밖에 되지 않은 트로이 전쟁의 시대도 여전히 전설 시대로 알려지고 있습니다. 중국 역사가들이 당신 이전의 아주 많은 세기의 역사를 잘 보여주지 못한다고 놀라야 하는지 판단해보세요.

공자: 하지만 당신은 왜 중국 사람들이 바빌론으로부터 왔다고 생각하려는지요?

소크라테스: 그건 이렇습니다. 중국까지 이어지는 이런저런 지역에 흩어져 살았고, 그리고 아마도 인도 정복의 시대에 오늘날 중국제국을 구성하는 지역에 까지 정복자들을 데리고 온 북쪽 아시아인들로부터 중국인이 유래된 것은 매우 그럴듯해 보입니다. 중국의 고대문명은 대단하기 때문에, 중국의 식민지 지역은 니네베나 바빌론사람들과 같이 오래된 민족들 누군가에 의해서 이루어졌다고 보아야 합니다. 중국민족도 강력하고 사치를 좋아하기 때문에 이런 성질을 갖는 어떤 민족들로부터 중국민족이 유래되었다고 보아야 합니다. 이 영역에서 당신은 중국의 유일한 분이며, 비슷한 사람을 갖지 않은 이웃민족은 중국민족에게 도덕을 전해줄 수 없습니다. 중국 사람들은 고대 바빌론사람들과 마찬가지로 천문학, 점성술, 미신, 예언 기술, 덜 균형 잡혔지만 호화로운 건축, 감미롭고 사치스러운 삶, 대도시들, 군주가 절대적 권위를 갖는 제국, 매우 칭송을 받는 법률들, 아주 많은 사원들, 온갖 형상의 많은 신들을 가지고 있습니다. 이건 모두 추측에 불과하지만 사실일 수도 있을 겁니다.

공자: 당신네의 아르고스, 아테네의 왕들과 이 작은 도금양桃金孃(myrte) 나무숲을 산책한다고 하는 요堯임금에게 그런 것에 대한 새 소식을 물어보고 싶습니다.

소크라테스: 저는 우리 고대 문명에 대해서는 케크롭스(Cécrops; 그리스신화 속의 아티카 최초의 왕)도, 이나쿠스(Inachus; 그리스신화의 아르고스의 왕)도, 펠롭스(Pélops; 제우스의 손자)도, 하물며 호메로스의 영웅들 어느 누구도 믿지 않습니다.[226]

■ 대화에 대한 분석

대화는 처음에 난형난제, 장군 멍군의 이야기로 예의바르게 시작하지만, 페넬롱의 대역인 소크라테스가 일방적으로 많은 말을 쏟아 부으며 중국문화에 대해 비방을 퍼붓는 것으로 일관하고 있다. 또한 공자에게 발언권을 거의 주지 않으면서도 진짜 공자라면 결코 하지 않았을 교만한 말도 그의 입에 밀어 넣고 있다. 가령 "저는 글을 썼다", "저는 중국인들 가운데 가장 행복했다"는 등이 그런 말들이다. 공자가 직접 저술한 책은 『춘추』 외에 전무하고, 모든 경전이 그가 편찬한 것들(서경·시경)이거나 훗날 제자들이 그의 대화록과 어록을 수집해 편찬한 것들(논어·예기·대대례·역경십익 등) 뿐이다. 그럼에도 페넬롱은 공자가 소크라테스와 정반대로 대화에 의해 설파하기보다 책을 써서 설파했다고 잘못 알고 있다.

이것 외에도 페넬롱의 무지에서 나온 터무니없는 비방도 계속 이어진다. 그는 한국·중국 등 극동제국의 인쇄술이 목제 또는 금속으로 된 글자 타이프들, 즉 '활자들'을 매번 새로 조립하는 '활판인쇄술'인 줄도, 또 이것이 서양으로 전해져 서양인들이 활판인쇄를 배운 줄도 모르고 활자와 활판인쇄술을 서양 고유의 기술로 잘못 알고 그야말로 '무식한' 교만을 떨고 있다. 이것은 중국에서 아랍을 거쳐 서양으로 건너간 수학과 천문학에 대해서도 마찬가지다. 또한 극동의 도자기공예술에 대해서는 다시 '무식하게' 극동의 도자기 굽는 방법의 하이테크놀로지를 언급치 않고 중국 땅(고령토)의 양질良質 덕택으로 돌리고 있다. 다니엘 디포가 중국 도자공예를 무시하면서 도자기의 품질을 중국의 좋은 토질 덕택으로 돌린 것은 페넬롱의 이 '망발'을 본뜬 것으로 보인다. 그런데 독일 아우구스트 강건왕의 후원과 명령에 따라 조한 뷔팅어는

---

[226] Fénelon, *Dialogues des Morts*, Dialogue 7. Mediterranee.net[검색일: 2017년 5월 16일].

1708-1709년 드레스덴에서 독일 고령토로 품질 면에서 중국도자기와 맞먹는 '고온소성 도자기'를 재발명했고, 이 도예기술은 18세기 초반에 전 유럽으로 확산되었다. 그리고 페넬롱은 중국인들이 화약을 전쟁무기, 불꽃놀이, 발파용 등 다양한 목적에 쓴 반면, 서양인들은 중국에서 들여온 화약을 전쟁무기로만 썼음에도 적반하장격으로 중국의 화약 발명을 "인류를 파괴하는 해로운 발명"으로 몰아붙이고 있다.

페넬롱은 바로크 예술의 고착된 미감에 빠져 중국의 건축·회화·예술도 자의적 방식으로 비방하고 있다. 특히 중국회화에 대한 페넬롱의 비판은 중국회화에 대한 트리고·니우호프·잔트라르트·르콩트 등의 흔한 바로크적 비판에 의거하고 있다. 바로크 예술에 젖은 사람들은 르네상스 이래 경쟁하던 두 회화기법, 명암법과 윤곽법 중 명암법만을 원근법과 함께 과도히 중시한다. 그러나 페넬롱과 루이 14세의 시대가 끝나자마자 17세기 초의 유럽화가들은 윤곽법을 계승하는 가운데 중국회화를 패치워크해 새로운 로코코회화를 창출하고 바로크회화를 몰아내게 된다.

로코코양식이 바로크와 싸우고 있을 무렵 고딕도 바로크양식과 싸우고 있었다. 고딕양식은 무겁고 우중충하고 규칙적인 바로크양식을 분쇄했다. 따라서 고딕은 중국예술의 회화적 미감을 발견하고 이를 바탕으로 바로크양식을 공격하는 로코코양식의 자연스러운 미감적·정서적 동맹자가 되었다. 반면, "고딕 성당을 경멸하는 예술비평"의 바로크적 미감은 "보다 더 이국적인 중국 전통 안에서 아름다움을 볼 것이라고 기대할 수 없었다". 루이 르콩트는 트리고·니우호프·잔트라르트 등과 마찬가지 그런 바로크 미감의 소유자였다. "중국예술에 대한 싹쓸이 비난은 우리가 1685년 프랑스를 떠났던 예수회 선교사 루이 르콩트의 편지들 안에서 발견하는 것이다."[227] 그가 프랑스를 떠난 1685년은 바로크양식의 소멸과 로코코양식의 승리를 알리는 태양왕의 루이 14세의 서거(1715) 30년 전의 일이었다. 따라서 바로크주의자 르콩트는 로코코와 미감적으로 통하는 중국예술을 이해할 수 없었다. 르콩트는 그의 찬탄을 불러일

---

[227] Geoffrey F. Hudson, *Europe and China: A Survey of their Relations from the Earliest Time to 1800*(Boston: Beacon Press, 1931·1961), 278쪽.

으키는 것들이 중국에 많이 있었을지라도 예술의 영역에서는 우호적으로 평가할 수 없었다. 그는 『중국의 현재상태에 대한 신비망록』(1696)에서 - 훗날 1747년 아티레 신부가 찬미해 마지않는 - 북경의 원명원에 대해서 이렇게 평한다.

> 당신이 황제의 숙소에 이르면 위풍당당한 석주들에 의해 지탱되는 포르티코(현관지붕)들, 당신이 내부 홀까지 오르는 하얀 대리석 계단, 금박 지붕들, 조각품, 니스, 이것을 꾸미고 있는 금박과 그림, 대리석이나 도자기로 만들어진 바닥, 그러나 굉장한 수의, 건물을 구성하는 상이한 건축물 조각들이 관찰자의 눈을 부시게 하고 참으로 위대하게 보이고, 그토록 위대한 군주의 장엄이 된다. 그러나 그래도 중국인들이 온갖 예술에 대해 가지고 있는 불완전한 개념은 그들이 범하는 용서할 수 없는 결함들에 의해 삐져나오고 만다. 거실들은 잘못 디자인되고, 장식물들은 불규칙적이며, 거기에 우리 궁궐의 아름다움과 편리함의 본질을 구성하는 그 제일성齊一性을 결하고 있다. 한 마디로, 말하자면 전반적으로 황궁을 외국인들에게 아주 불쾌하게 느껴지게 만들고 참된 건축에 대해 조금도 알지 못하는 사람의 감정도 해칠 수밖에 없는 추악함(deformity)이 있다.228)

또 『중국의 현재상태에 대한 신비망록』의 다른 곳에서 르콩트는 이렇게 쓰고 있다. "그들의 주택은 단정하고 수수하지만, 아름답지 않다. 그들의 정원에 대해서는 훨씬 더 게으르다.(…) 중국인들은 자기들의 정원을 가지런히 하는 데 그리 전념하지 않으면서도 정원을 진품 장식들로 꾸미고, 정원을 대단히 즐기며, 정원에 상당한 대가를 지불한다. 그들은 그 안에 작은 동굴을 만들고, 예쁘고 작은 인공 언덕들을 세우며, 자연을 모방하는 것 외에 다른 디자인도 없이 바위 전체를 조각내 운반하고 하나둘 올려 쌓는다."229)

회화에 대해서도 르콩트는 악평을 가한다. "니스칠된(옻칠된) 장롱과 도자기 그릇

---

228) Le Compte, *Memoirs and Observations made in a Late Journey through the Empire of China*, 59쪽.

229) Le Compte, *Memoirs and Observations made in a Late Journey through the Empire of China*, 157, 159쪽.

외에 중국인들은 마찬가지로 그들의 거실을 그림으로 꾸민다. 그들은 이 예술에서 뛰어나지 않다. 왜냐하면 그들은 부지런히 그림에 전념할지라도 원근법을 알려고 하지 않기 때문이다."230) 르콩트는 중국인들이 원근법을 모른다고 생각한 것 같다.

그러나 바로크적 미감을 가진 서양인들은 17세기에 극동의 회화를 처음 보았을 때 극동의 화가들이 원근법을 뒤로하고 여백의 공간을 중시해서 그림의 주요부분으로 편입시키는 고도의 동양적 회화기법을 전혀 이해하지 못했다. 중국의 회화 속에서는 "사물들의 물체만이 아니라 인간적 형상도 무한한 공간에 굴복해 있고 유럽과 달리 지배적 주체로 자신을 주장하지 못한다. 물상이 공간 - 또는 공간으로 여겨지는 여백면 - 아래로 굴복하는 것은 중국 회화를 특이한 방식으로 꽃병이나 가구의 장식 요소로 서비스하는 데에 적합하게 만들어주었다. 이러한 '삼감' 속에 있을 수 있는 지혜에 대해 유럽인들은 거의 감도 잡지 못했던 것이다." 또한 그들은 "중국인이 자기의 물상物像을 회화기법으로 변용變容하려고 애쓰는 것이 아니라 자신을 둘러싼 사물들에 대해 자신의 존재의 표현을 부여하려고 한다는 것을 이해하지 못했다".231) 페넬롱은 바로 중국 회화에 대해 이런 문외한이었던 것이다.

청대 추일계鄒一桂(1686-1772)는 역으로 청대에 소개된 서양화를 비판한다. "우리의 학생들은 이런(서양화)기법의 어떤 작은 부분을 활용할 수 있을 것이다. 그러나 이 기법은 개인적 터치를 완전히 결하고 있다. 이 작품들은 그리기의 기량과 작업의 성실성을 증명할 수 있을지라도 참된 그림으로 간주될 수 없다."232) 서양화에 대한 동양화가의 비판도 이렇게 동양화에 대한 르콩트와 페넬롱의 비판에 못지않게 가혹하다. 그러나 추일계의 이 혹평은 르콩트의 그것보다 정당성이 더 있다. 왜냐하면 누구도 평범한 화가를 넘어선 것으로 보이지 않은 선교사 화가들의 작품은 2-3류 작품인 반면, 르콩트는 북경 체류 기간 동안 중국화가들의 걸작들을 보았음이 틀림없기 때문이

---

230) Le Compte, *Memoirs and Observations made in a Late Journey through the Empire of China*, 156쪽.

231) Börsch-Supan, "Die Chinamode in der Malerrei des 17. und 18. Jahrhunderts", 61쪽.

232) Hudson, *Europe and China*, 279쪽에서 인용.

다.233)

서양인들은 17세기 내내 중국예술을 악평했다. 반면, 18세기에는 중국예술을 무조건 아름답게 여겼다. 그러나 다시 19세기에 서양인들은 중국예술에 반감을 표했다. "르콩트와 페넬롱의 협애하고 공식에 묶인 태도는 다시 동방예술에 대한 19세기 유럽인들의 정상적 견해가 된다. 그러나 중국예술에 대한 17세기의 불감증과 19세기의 불감증 사이에는 유럽인들에 의한 중국적 형상들의 가장 생생한 감상과 향유가 끼어 있었다. 왜냐하면 르콩트에게 단순히 무질서와 추악함으로 보인 불규칙성과 비대칭성의 특질들은 바로 로코코양식 자체의 특질이었고, 르콩트는 의심할 바 없이 (19세기) 메소니에(Ernst Meissonier, 1815-1891)의 예술을 본다면 그가 북경의 황궁을 보고 고통을 느낀 것만큼 고통을 느꼈을 것이기 때문이다."234) 그리고 르콩트에게 "단순히 무질서와 추악함으로 보인 불규칙성과 비대칭성의 특질들"은 주지하다시피 영국에서 윌리엄 템플에 의해 '사라와지'로 개념화되고, 18세기에 '중영中英가든'을 휩쓸게 되고, 이 '무질서의 질서', '불균형의 균형'의 미감은 정원과 건축분야를 넘어 문예분야로 넘어가면서 영국 낭만주의를 낳는다.235)

그러나 르콩트와 페넬롱보다 1세기 전 중국에 관해 글을 썼던 후앙 멘도자는 중국 건축물과 장식의 특질에 대한 예리한 감식鑑識을 보여주었다. 무어적 유산에 의해 아주 깊게 영향 받은 16세기 스페인의 미감은 아시아의 예술에 공감적이었다.236) 그리고 예수회 신부 아티레 탁발승은 상술했듯이 1747년 북경의 원명원에 대한 묘사에서 두 평가 사이의 시간 속에서 미감의 변동에 전형적인 평가를 내린다. "황궁에 있는 모든 것은 디자인과 시공의 관점에서 멋지고 참으로 아름답다.(…) 중국인들이 건물들에 부여하는 엄청난 다양성과 다중성 면에서 나는 그들의 재능의 다산성을 찬미한

---

233) Hudson, *Europe and China*, 279-280쪽.

234) Hudson, *Europe and China*, 280쪽.

235) 사라와지, 중영가든, 영국낭만주의의 기원에 대한 본격적 논의는 참조: 황태연, 『17-18세기 영국의 공자숭배와 모럴리스트들』(서울: 넥센미디어, 2020), 168-333쪽.

236) Hudson, *Europe and China*, 278쪽.

다. 정말로 나는 그들과 비교해서 우리는 빈약하고 불임이라고 생각하고 싶다."237)
이 감상은 르콩트의 그것과 완전히 반대된다.

또한 『공자철학과 서구 계몽주의의 기원』에서 상론했듯이 페넬롱과 동시대에 살았던 아이작 보시어스(Isaac Vosius)는 그와 반대로 서양 바로크회화의 과장된 명암법과 원근법을 비판하고 중국회화를 극찬했다. 보시어스는 『다양한 관찰의 책』(1685)의 제13절 「중국도시들의 크기(De Magnis Sinarum Urbibus)」(Cap. XIII)에 바로 이어지는 제14절 「중국의 예술과 과학에 관하여」(Cap. XIV)에서 먼저 중국의 시각예술을 상세히 고찰하고, 자신의 유토피아적 관점에서 중국건축의 훌륭함은 사적 용도가 공적 용도로 지워졌기 때문에 그만큼 더 굉장한 것이라는 결론을 내린다. 그는 조각예술에서 중국이 탁월한 것에 대해서도 논한다. 이것은 "많은 사람들이 경악 없이는 찬미하지 않은 기량을 뽐내는 거대한 조각상들에 의해 증명된다". 이것은 렘브란트의 제자인 판 혹스트라텐(Samuel Van Hoogstraten, 1627-1678)의 보고를 반영한 평가일 것이다. 판 혹스트라텐은 "2마일을 떨어져서도 눈과 귀, 콧구멍, 입을 볼 수 있을 정도로 경악스럽게 거대한 사람"의 형상을 한 중경의 한 산과, "콧구멍에서 나온 두 분수 중 하나는 찬물을, 다른 하나는 뜨거운 물이 흘러나오는" 사람의 코를 표현한 운남성의 한 야산을 묘사한 적이 있다.238) 회화예술은 보시어스에게 보다 세부적으로 들어갈 기회를 준다. 그는 "중국인들의 회화에 대한 잘못된 판단"을 가진 사람들에 대항해 "이 예술에서 중국인들이 유럽인들과 맞먹는다"는 것을 입증하려고 애쓴다.239) 보시어스는 유럽의 그림을 어두운 그림자에 의존해 있기 때문에 비판하고, 중국 그림을 맑고 밝은 솜씨 때문에 칭찬한다.

---

237) Hudson, *Europe and China*, 280쪽에서 인용.

238) Samuel Van Hoogstraten, *Inleyding tot de hooge schoole der schilderkonst*(Rotterdam: 1678), 323-343쪽. Thijs Weststeijn, "Vossius' Chinese Utopia", 214쪽에서 재인용. Eric Jorink and Dirk van Miert, *Isaac Vossius between Science and Scholarship*(Leiden: Brill. 2012).

239) Vossius, *Variarum observationum libr*, "De artibus et scientiis Sinarum", 79쪽. Weststeijn, "Vossius' Chinese Utopia", 214쪽에서 재인용.

중국 그림이 그림자를 그리지 않는다고 말하는 사람들은 그들이 칭찬했어야 할 것을 비판하고 있다.(…) 그림이 좋으면 좋을수록 그림자를 더 작게 가지는 것이다. 그리고 이 점에서 중국인은 두터운 그림자들을 보탬으로써 두드러지는 부분들을 표현하는 우리 지역 출신 화가들보다 훨씬 우월하다. 유럽 화가들은 이 문제에서 자연에도 복종하지 않고, 광학의 법칙에도 복종하지 않는다. 왜냐하면 이 법칙은 어떤 물체든 산만한 빛 속에 놓여 어떤 그림자도 눈을 잡지 못할 때, 손에 잡힐 듯 가장 가까이 있어 가장 많이 두드러지는 면들은 오히려 맑고 밝은 선으로 보여야 하지만, 더 멀리 떨어져 물러나 있는 면들은 덜 선명하게 보여야 한다는 것을 말해주기 때문이다. 누군가 이 회화법칙에 복종할 때, 그의 예술은 자연을 닮을 것이고, 더 두드러진 부분들이 현격한 그림자 없이도 앞으로 전진해 나오는 것처럼 보일 것이다.[240]

보시어스는 중국인들이 그림자를 그리지 않는다고 칭찬하고 있다. 궁극적으로 그는 유럽 예술에서 명암대비법(chiaroscuro)을 사용하는 것을 불인정한다. 그리고 그는 공간을 자연 안에서 발견되지 않는 과장된 인위적 명암대비로써가 아니라 단지 미묘하게 희미해지는 윤곽으로만 구성해야 한다고 주장한다.[241] 중국예술에 대한 보시어스의 판단은 렘브란트의 예술에 대한 전문감정가들의 상투적 언사를 뒤집어 놓은 것이다. 보시어스에 의하면, 중국 화가들은 명암대조법에서 결한 것을 선線의 명료성에서 다시 얻는다.[242] 중국예술에 대한 보시어스의 견해는 르네상스 예술이론의 전통 속에서 재래식 논변들을 발굴하는 것이면서 동시에 중국문명과의 직접적 접촉경험이 제공한 새로운 논변이기도 했다. 중국예술품은 네덜란드에 일종의 문화충격을 일으키면서 대규모로 수입되고 있었기 때문이다. 「중국의 예술과 과학에 관하여」에서 전개된 중국예술론은 유럽인에 의해 쓰인 중국예술에 대한 최초의 변호였다. 그리고 그의 중국예술론은 서양의 미학보다 아시아 미학을 더 좋아하게 되는 근세초 유럽

---

240) Vossius, *Variarum observationum libr*, "De artibus et scientiis Sinarum", 79쪽. Weststeijn, "Vossius' Chinese Utopia", 214쪽에서 재인용.
241) Weststeijn, "Vossius' Chinese Utopia", 214-215쪽.
242) Weststeijn, "Vossius' Chinese Utopia", 217쪽.

인들의 변화되는 미감을 선취한 점에서 유일무이한 것이었다.243)

페넬롱과 루이 14세가 동시에 죽은 1715년 직후부터 밀물처럼 밀고 들어온, 바로크에서 로코코로의 미감 변화는 바로 중국회화에 대한 찬미와 심취 속에서 일어난 것이다. 유파 간 미감의 현격한 차이와 시대적 변화를 감안할 때, 우리는 페넬롱의 바로크적 중국예술 비판을 귀담아 들을 필요가 없을 정도로 아주 자의적인 것으로 평가해도 될 것 같다.

나아가 위정척사파 페넬롱은 동서간의 문물교류에 대해서도 무지하다. 그는 중국에서 건너간 문물 중에서 유럽인들의 '지리상의 발견'을 가능케 한 중국의 위대한 발명품인 '나침반'을 빼먹고 있다. 그러나 상론했듯이 베이컨은 일찍이 『신기관』(1620)에서 그 중국적 기원을 몰랐을지라도 인쇄술·화약·나침반 등 세 가지 물건의 가장 명백하게 나타나는 발견의 힘과 권능과 중요한 귀결이 전 지구에 걸쳐 문예·전쟁술·항해의 면모와 상황을 전변轉變시켜 유럽에 "셀 수 없이 많은 변화들"을 가져온 것으로 찬미했다. 나아가 페넬롱과 동시대에 살았던 윌리엄 템플은 나침반과 화약이 중국에서 온 것인 줄 알고 이것들을 인류의 "가장 위대한 현대적 발명품"으로 평했다. 페넬롱은 중국의 이 위대한 발명들을 폄하할 뿐만 아니라 유럽에 의한 '지구상의 발견'을 가능케 한 '나침반'을 빼먹고 있는 것이다.

또 페넬롱은 중국건축물을 "적절한 균형이 없고" 또 "중국에서 모든 것은 낮고 납작하다"고 비판하고 있는데, 이것도 도시 뭘 모르고 하는 소리다. 1317년 이탈리아를 출발해 중국에 입국해서 여러 지방을 돌아보고 항주를 방문한 적이 있는 오데리코 데 포르데노네(Odreico de Pordenone, 1286-1331) 프란체스코회 탁발승은 1330년에 "내가 내 평생 그렇게 큰 도시를 본 적이 없는" 항주에서 "나는 10층 또는 12층 높이의 고층 주택들을 많이 보았다(many houses of tenne or twelve stories high, one above another)"고 기록하고 있다.244) 또한 16세기 중반 중국에서 6년간 포로생활을 한 포르투갈 사

---

243) Weststeijn, "Vossius' Chinese Utopia", 221-222쪽. 보시어스에 대한 상세한 논의는 참조: 황태연, 『공자철학과 서구 계몽주의의 기원(하)』, 1247-1261쪽; 황태연, 『17-18세기 영국의 공자숭배와 모럴리스트들(하)』(서울: 넥센미디어, 2020), 779-797쪽.

람이 목도한 한 평범한 지방도시의 지방정부 청사의 기둥들은 높이가 60피트(18.28m)보다 조금 높거나 조금 낮았다.245)

그리고 17세기 당시 중국·조선·일본 등 극동제국에는 40-154m 높이의 균형 잡힌 고탑高塔(파고다)들이 무수히 많았고, 지금도 많이 남아있다. 불타 없어진 한국 경주의 황룡사 9층 목탑의 높이는 80m(아파트 30층 높이)였다. 그리고 상론했듯이 오늘날도 사방 40마일의 전경을 지배하고 있는, 중국 탑을 복제해 건축된 영국 런던 큐 가든(Kew Garden)의 50m 높이 9층 파고다는 1760년 당시 그 높이로 유명했다. 저 무식한 페넬롱에게 평균 6-9m 높이의 만리장성과 그 18-20m(아파트 7-8층) 높이의 무수한 성루, 그리고 웅장한 자금성까지 말해서 뭐하랴!

게다가 페넬롱은 근거도 없이 중국인들을 "이 지구의 모든 사람 가운데 가장 허영심 많고 미신을 제일 많이 믿고 가장 탐욕스럽고 가장 정의롭지 못하고 거짓말을 제일 잘하는 사람들"로 비방하며 중국인들에 대해 도덕적 '인격살인'을 저지르고 있다. 하지만 이 비방은 실은 허영심 많고 허풍스럽고 멋있는 거짓말을 밥 먹듯이 하는 소양인少陽人들이 중국보다 훨씬 더 많은 프랑스 동포들에게 훨씬 더 적합할 것이다. 중국은 전체 인구의 50%가 소양인이지만 프랑스는 인구의 70-75% 이상이 소양인이다. 페넬롱은 공자가 "허풍쟁이와 거짓말쟁이는 어디에나 있다"고 대꾸하도록 해놓고도 막무가내로 유사한 비방으로 중국인들을 몰아붙이고 있다. 우선 중국이 지구상에서 "미신을 제일 많이 믿는" 나라라는 페넬롱의 비난부터가 프랑스인다운 거짓말인 것이다. 훗날 볼테르는 유럽인들이 중국인들 못지않게 미신적이라고 유럽인들의 '중국미신 비판'을 되레 반反비판한다. "저 미신은 한때 모든 인류에게 공통된 것이었다. 우리들 자신도 이것으로부터 치유된 지 오래되지 않았다. 인간 정신에 오류는 흔히 있는 것이다."246) 볼테르는 중국의 미신이 인류에게 공통적일 뿐만 아니라 관용의 측

---

244) R. H. Major, "Introduction", xxxiv쪽. Juan Gonzalez de Mendoza, *The History of the Great and Mighty Kingdom of China and The Situation Thereof* [1585)], with an Introduction by R. H. Major(London: Printed for the Hakluyt Society, 1853).

245) Major, "Introduction", x-xl쪽.

면이 있는 반면, 유럽의 미신은 치명적 측면이 있음도 지적한다. 일단 중국의 미신은 관용의 측면이 있다. "우리는 여기서 중국 유생들이 유일신의 숭배자들임에도 백성들을 승려들의 미신에 방기한 것을 관찰하지 않을 수 없다. 그들은 도교종파, 불교종파 및 기타 종파들을 관용했다. 치자들은 그들이 더 거친 유형의 음식과 영양분에 익숙해져 있는 것과 동일한 식으로 백성들이 국가와 다른 종교를 가질 수 있다고 생각했다. 그러므로 그들은 승려들을 관용하고 그들을 보호했다."247) 따라서 이를 비난하는 것은 부끄럽고 무식한 짓이다.

그것들(미신적 제례, 그릇된 신탁의 남발, 가짜 기적 - 인용자)을 관용하는 그리스·로마의 모든 치자들은 눈먼 기만자이고 또 기만당한 자들이었다.(그러나) 이것은 중국에 대중을 속이는 승려가 있고, 그러므로 지혜롭고 훌륭한 공자는 볼품없는 협잡꾼이었다고 말하는 것과 동일한 짓일 것이다. 우리 시대와 같이 개명된 시대에 우리는 우리가 비방할 것이 아니라 모방해야 하는 지혜로운 사람들을 헐뜯는 무식자들의 빈번한 열변에 얼굴이 붉어져야 할 것이다.248)

그리고 볼테르는 어리석은 백성들이란 보통 어느 나라에서나 미신적이고 약하다고 말하면서, 필자가 가장 하고 싶은 말, 즉 기독교 자체, 또는 기독교의 각종 종파의 독실한 종교성과 광신이 다 '거대한 미신'이라는 단정을 천명한다.

평범한 백성은 모든 나라에서 취약하고 미신적이고 어리석지 않은가? 드 로피탈(Michel de l'Hopital) 재상의 나라, 샤롱의 나라, 몽테뉴와 라 모트 르 베예의 나라, 데카르트·벨·퐁테넬·몽테스키외의 나라에는 광신자들이 있지 않았던가? 베이컨 대법관, 불멸의 천

---

246) Voltaire, *Ancient and Modern History(Essai sur les moeurs et l'esprit des nations* [1756]), Vol. I in seven volumes, 29쪽. *The Works of Voltaire*, in forty three volumes, Vol. XXIV(Akron[Ohio]: The Werner Company, 1906).

247) Voltaire, *The Philosophy of History* [1765](London: Thomas North, 1829), 113쪽.

248) Voltaire, *The Philosophy of History*, 155쪽.

재들인 뉴턴과 로크, 그리고 수많은 다른 위인들을 낳는 영예와 행복을 가진 나라에서는 감리교도·모라비아교도·천년왕국신봉자들, 그리고 온갖 광신도들이 있지 않았던가?[249]

필자처럼 기독교 전체를 '큰 미신'으로 보는 볼테르의 이 일련의 말을 들어보면 페넬롱의 '중국인 미신' 비난은 일고의 가치도 없는 비방이라고 할 수 있다.

페넬롱은 이 말 저 말을 생각 없이 늘어놓다가 앞뒤가 맞지 않는 소리도 한다. 앞에서 "이집트 국민들로부터 우리는 훌륭한 법률들을 받았다"는 이유에서 고대그리스인들을 찬양하고서 나서는, "중국인의 모습은 이집트인의 모습과 매우 비슷하다"고 비난하고 있기 때문이한다.

그리고 페넬롱은 중국인들이 바빌론에 살던 노아의 자손들이고 중국의 상형문자가 바벨탑 이전에 아담이 쓰던 보편언어라고 논증하는 당시 일부 서양학자들의 엉터리 추정에 따라 그릇되게도 중국인들이 바빌론에서 이주했고 한자가 '보편언어'라고 추정하면서도 한문이 "문자 쓰기를 배우기 위해 인생의 제일 좋은 시간을 비참하게 보내야 하는 극단적 단점"이 있다고 말한다. 그러나 이 뒷말도 그릇된 말이다. 한자는 글자 하나가 한 단어라는 것은 사실이지만 이 단어를 읽고 쓰는 것이 반드시 영어나 불어의 스펠링과 음운을 외우는 것보다 더 오래 걸리지 않는다. 비록 알파벳을 익히는 것이 한자의 부수를 익히는 만큼 쉽더라도 영문의 모든 단어의 스펠링과 발음을 다 익히는 것도 한자의 모든 단어를 다 읽히는 것만큼 평생을 요하기 때문이다. 그 어떤 '양놈'이 도대체 40여 만자에 달하는 영어와 불어의 모든 단어의 의미와 그 스펠링과 음운을 정확히 다 안단 말인가?(이것은 볼테르의 한자비판과 관련해 다시 재론한다.)

페넬롱은 당시 수구세력인 만큼 예수회를 종파적 이유에서 탄압하는 편에 섰었다. 따라서 그는 예수회 선교사들이 전하는 중국문물에 대한 보고들도 모두 불신하고 있다. 그러나 로마가톨릭을 배격하는 당시 영국에서는 로마교황에 의해 탄압받는 예수회 신부들의 중국 소개서를 같은 종파적 이유에서 제일 신뢰했다.

---

[249] Voltaire, *The Philosophy of History*, 156쪽.

이 '대화'에서 공자는 진리의 대변자가 아니다. 이 대화에서 소크라테스는 페넬롱의 확성기로서 일방적으로 승리한다. 따라서 '대화'라고 할 것도 없다. 역할이 너무 불평등하게 분배되어 있기 때문이다. 소크라테스는 긴 숨으로 열변을 토하고, 애당초 패배하게 되어 있는 공자는 차라리 소박한 이견과 대꾸로 만족하지 않을 수 없는 형국이다.[250]

■ 『텔레마크』와 페넬롱의 정치적 몰락

당대의 중국전례논쟁에서 페넬롱의 위치를 정의하는 것은 일견 쉬워 보이지만, 그럼에도 자세히 보면 사태는 아주 꼬인 것으로 드러난다. 페넬롱은 예수회 신부들의 친구였고 예수회 신부들이 로마 종교재판소에서 겪는 어려움을 알고 있었다. 그는 예수회 신부들의 편을 들었지만, 그가 아무런 판단을 내리지 않은 제례문제에서가 아니라 선교방법의 인정에서 편을 들었다. 그럼에도 그는 예수회의 중국 찬양에 찬동하지 않고, 바로 유교 도덕을 높이 평가하는 경우에 동조를 거부했다.[251] 그러나 페넬롱은 초문명적 해석의 근본문제를 들어 전례논쟁에 대한 최종적 평결을 삼가고 꺼리는 교황을 편들었다. 그는 교황의 신중함을 옹호하는 편에서 전례문제가 "순수한 사실문제"이지만 여기에는 해석의 문제가 따르기 때문에 판단하기 어렵다고 말한다. "어떤 이는 어떤 중국어 단어가 물질적 하늘을 뜻한다고 한다. 다른 이들은 그것이 하느님을 뜻한다고도 한다. 어떤 이는 사원이 있고, 제단이 있고, 희생이 있다고 한다. 다른 이들은 그런 것이 없다고 하고 중국인들이 마음에 그것은 아무것도 아니고, 이득에 대한 어떤 기대로 없이 단순한 사람들에 부여된 방, 탁자, 영예라고 대꾸한다." 그리고 두 문화가 너무 멀리 떨어져 있어 판단하기 어렵다고 지적한다. "믿음의 상징이 그자체로서 자의적이고 애매모호하고 각 나라 안에서 변동에 처해 있다는 것은 명백하다. 이렇게 서로 이격된 예의범절과 편견을 가진 나라들 간에는 이 상징들이 애매모호해

---

[250] Berger, *China-Bild und China-Mode im Europa der Aufklärung*, 97쪽.
[251] Berger, *China-Bild und China-Mode im Europa der Aufklärung*, 97쪽.

질 이유가 얼마나 더 많은가?"²⁵²⁾ 페넬롱은 외국문화에서 사용된 기호들의 정확한 의미들을 고정시키기가 어렵다는 점이 이 기호들에 대해 성급한 판단을 내리는 것을 삼가게 하는 강력한 이유이라고 느끼고 교황이 심사숙고하라는 조언을 받아들인 것은 잘한 일이라고 말했다. 페넬롱은 어떤 단일한 관점에서 충분히 근거 있는 결론을 도출하는 것이 불가능하다고 생각하고 논쟁에서 어느 한 편을 드는 것을 거부했다.²⁵³⁾ 그는 공자철학과 중국문화·예술에 대한 평가에서도 최소한 이렇게 신중했어야 했으나, 그는 그렇지 않고 '전투적' 유럽중심주의자처럼 굴었다.

페넬롱은 예수회와의 친분과 근접성 외에 그의 정치적 비전 때문에도 예수회의 중국 찬양에 가담했어야 했지만, 그러기에는 그가 너무 헬레니즘적이었다. 하지만 그는 그가 쓴 유토피아 소설 『텔레마크』의 이상국가를 중국적·유교적 내용으로 채울 수밖에 없었다. 그도 당시에 좋거나 훌륭한 것을 모두 다 유교적·중국적인 것으로만 생각하는 공자열광 풍조에 부지불식간에 순응할 수밖에 없었기 때문이다. 지혜로운 통치, 평화애호, 일반적 덕성을 가진 중국정부는 페넬롱이 그의 유사類似역사적 유토피아 소설 『텔레마크』에서 그토록 불타는 수사적 색조로 묘사한 크레타나 살렌테의 모델국가의 실제적 구현이었다. 기행·사절보고서들의 동판에 묘사된 중국풍경, 계단식 농경지가 산정상까지 뻗치고 단 한 평방 미터도 갈지 않고 놓아두지 않는, 백화제방하는 농경 속에 사는 부유한 나라에 대한, 도처에서 읽을 수 있는 열정적 묘사는 가장 정확하게도 텔레마크의 조언자 이도메네(Idoménée)의 전원적 꿈이었다. 이도메네의 이 꿈은 정확히 예수회 선교사들이 묘사한 중국의 풍경을 그대로 옮겨 놓은 것이다.²⁵⁴⁾ 말하자면 예수회의 중국적 이상국가가 페넬롱에게 군주비판을 위한 환영할

---

252) David Porter, *Ideographia. The Chinese Cipher in Early Modern Europe*(Stanford, CAL: Stanford University Press, 2001), 122-123쪽에서 재인용.

253) Porter, *Ideographia*, 122-123쪽.

254) 17세기 이래 선교사들이 중국에서 써 보낸 수많은 편지와 그곳에서 또는 귀국해서 집필한 수많은 저서들을 수집·망라해 쓴 『중국통사』에서 뒤알드는 "성(省)들을 분리시키는 계곡들과 들판들은 그 많은 곳에서 아주 비옥하고 잘 경작되어 있고, 고운 벼로 뒤덮이지 않은 경지는 1인치도 없다"고 말한다. Du Halde, *The General History of China* II, 111쪽. 그리고 중국의 다랑이논밭

대상, 그가 『텔레마크』의 유토피아적 대항설계에서 더 나은 정치체제의 거울을 대립시키는 루이 14세의 혐오하는 레짐에 대한 비판을 위한 대상이었던 것이다. "그러나 「공자와 소크라테스」에서는 이에 관해 일언반구도 하지 않는다.255) 페넬롱은 중국도덕을 경험도덕에 불과하다는 이유에서 거부했지만, 『텔레마크』에서 그가 주장하는 정치적 이상의 원칙들은 "종종 예수회가 주장한 중국정치와 비슷한" 것들이었던 것이다.256) 17세기 말 또는 18세기 초 프랑스와 유럽에서 중국의 '계몽적 모델' 역할은 페넬롱의 무의식을 점령할 정도로 강렬하고 일반적이었던 것이다.

따라서 페넬롱이 「공자와 소크라테스」에서 꾸며대는 공자 비방은 인간의 성선性善에 대한 당대 유럽사상계의 무한한 신뢰 및 행복하고 만족한 백성의 모델로서의 중국백성과 공자철학에 대한 서구인들의 보편적 찬양과 배치되는 것이었다."

페넬롱이 여기서 꾸며대는 공자 비방은 인간의 성선性善에 대한 당대 유럽사상계의 무한한 신뢰 및 행복하고 만족한 백성의 모델로서의 중국백성과 공자철학에 대한 서구인들의 보편적 찬양과 배치되는 것이었다. 그러나 이것은 로코코 예술에서만이 아니라 당시의 사상조류 속에서도 헬레니즘 철학과 문화가 중국철학에 밀려 숨어들었지만, 그래도 지하에서는 "고대그리스로부터 유래하는 한 저류(*ein Unterstrom von antiker Herkunft*)"로서 멈추지 않고 흐르고 있었음을 증명한다.257) 따라서 시기질투에서 빚어지는 페넬롱의 노골적 무고 수준의 저 헬레니즘적 공자 비판과 중국 비방도 긴 그림자를 남긴다. 뒤에서 상론하겠지만, 그것은 몽테스키외에게서 다른 형태로

에 대해 이렇게 묘사한다. "어떤 곳에서는 밑자락으로부터 정상까지 계단으로 나뉜 언덕과 산들로 에워싸인 2-3리그의 들판을 바라보는 것은 기분좋은 풍경이다. 이 다랑이(계단)들은 차곡차곡 쌓여 올라가서 때로 20-30개의 다랑이를 이루고 각 다랑이가 3-4 피트 높이에 달한다.(…) 산들이 암석이 많으면 중국인들은 돌들을 분해해 다랑이를 지탱할 담장을 만들고 그 다음 좋은 흙을 평평하게 하고 거기에 곡식을 파종한다."(110-111쪽).

255) Berger, *China-Bild und China-Mode im Europa der Aufklärung*, 98쪽.
256) Virgil Pinot, *La Chine et l formation de l'esprit philosophique en France 1640-1740*(Paris: Libraire orientalists Paul Geuthner, 1932); 국역본: 비르질 피노(나정원 역), 『공자와 프랑스 계몽주의(하)』(서울: 앰-에드, 2019), 2장 3절(개혁주의자들), 3.1.
257) Reichwein, *China und Europe*, 108쪽.

다시 모습을 드러낸다.

"페넬롱이 그리스 문화와 철학에 대한 동경 속에서 1694-1696년 사이에 집필해서 1700년에 출판한 모험·여행·교양소설 『텔레마크』, 즉 『율리시스의 아들 텔레마크의 모험(Les Aventures de Télémaque, fils d'Ulysse)』은 그가 교육을 맡은 왕세자의 장자(부르군디 공작)를 위해 쓴 책이었다." 독일어로는 1700년 『이타카의 왕자이자 율리시스의 아들인 텔레마크의 생각할 만한 인생서술 아래 국가·예술·도덕론으로 가는 우아한 길을 매개로 어떻게 지휘하는지를 들려주는 국가소설』이라는 길고 긴 제목으로 번역되었다.258)

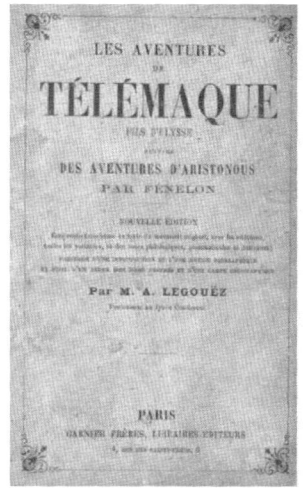

『율리시스의 아들 텔레마크의 모험(Les Aventures de Télémaque, fils d'Ulysse)』 표지

『텔레마크』에서 페넬롱은 율리시스의 아들인 젊은 텔레마크와 그의 스승 멘토 이도메네(이 속에 페넬롱의 메가폰으로서 미네르바, 일명 아테네가 감춰져 있다)를 대부분 아첨꾼들과 그릇된 충고자들에 둘러싸인 지배자 탓에 1690년대 전쟁에 휘말리고 가난해지는 프랑스와 유사한 문제들을 겪는 다양한 고대국가들을 여행시킨다. 그러나 그는 하나의 사례로 이 문제들이 어떻게 멘토의 조언 덕택에 이웃국가와의 평화조정을 통해, 그리고 성장을 자극하는 개혁을 통해, 특히 농업의 장려와 사치품생산의 추방을 통해 해결되는지를 보여준다.

1698년부터 복사되어 궁정 안에서 돌아다닌 『텔레마크』는 즉각 루이 14세의 점차 뚜렷해지는 권위적 통치방식 및 그의 침략적이고 전쟁적 대외정책과, 사치품의 생산과 수출을 뒷받침하는, 수출에 치우친 중상주의적 경제정책에 대한 거의 암호화되지

---

258) François Fénelon, *Staats-Roman, welcher unter der denkwürdigen Lebens-Beschreibung Telemachi Königl. Printzens aus Ithaca, und Sohns des Ulysses vorstellet, wie die Königl. und Fürstlichen Printzen vermittelst eines anmuthigen Weges zur Staats-Kunst und Sitten-Lehre anzuführen*(Breslau: Chr. Bauch, 1700).

않은 비판으로 해석되었다. 한때 그의 후원자였지만 이제 궁정에서 페넬롱의 최대 적수가 된 보쉬에(Bossuet) 주교는 외견상 신학적으로 동기 지어진, 정관주의(Quietismus)에 관한 논쟁 속으로 그를 끌어들여 점차 유사 국적國賊으로 지목된(그리고 1698년 체포된) 신비주의적 귀용(Guyon) 부인을 위해 페넬롱이 써주었었던 방어논설을 교황에 의해 탄핵되게 하려고 시도한 뒤 우월권을 획득했다.

그리하여 1699년 초 페넬롱은 궁정 교직을 잃었고, 4월 『텔레마크』가 익명으로 그의 허가 없이 인쇄되었을 때 그는 궁정에서 추방되었다. 공자를 비판하고 고대그리스 문화를 내세우던 철학자가 바로 시대착오적으로 섣불리 태양왕 루이 14세를 건드리는 그리스 관련 소설 때문에 몰락의 길을 겪게 된 것이다. 17세기말은 아직 전쟁과 중상주의를 국익으로 삼아야 하는 시대였다. 그래서 『텔레마크』에서 표방된 정책노선을 '시대착오적'이라고 말한 것이다. 아무튼 페넬롱의 반反공자주의 저항시도는 이후 더욱 거세지는 공자열풍에 떠밀려나감으로써 전혀 "소용없었다".[259]

3.2. 말브랑쉬의 신新교부철학적 중국성리학 비판

■ 말브랑쉬의 배경과 그의 신학적 철학의 요지

니콜라 말브랑쉬(Nicholas Malebranche, 1638~1715)는 1638년 8월 파리에서 루이 13세의 서기인 동명의 아버지 니콜라 말브랑쉬의 막내아들로 태어났다. 그는 소르본 대학에서 신학을 공부한 뒤 스콜라철학을 거부하고 1660년 오라토리오 가톨릭수도회(Oratory of Jesus)에 들어가 아우구스티누스 교부철학의 공부에 전념했고, 1664년 성직자 자격을 얻었다. 이때부터 데카르트를 읽고 매료되었다. 신플라톤주의적·네오스콜라철학적 데카르트철학이 아리스토텔레스주의적 스콜라철학(토미즘) 없이도 자연세계를 볼 수 있게 했기 때문이다. 그는 데카르트철학을 연구하는 데 10년을 보

---

[259] Lovejoy, "The Chinese Origin of a Romanticism", 107쪽.

냈다.[260]

말브랑쉬는 1675년 최초의 철학서로 『진리의 탐구에 관하여, 또는 인간정신의 본성의 논고(De la recherche de la vérité, Où l'on traite de la nature de l'esprit de l'homme)』의 1권을 공간했다. 이 저작에서 그는 '우리가 지각하는 데 사용하는 관념들이 신 안에 존재한다'는 주장을 논증했다. 그런데 이 책은 2권이 출간되기도 전에 시몽 푸셰(Simon Foucher) 신부로부터 비판을[261] 받았다. 푸셰는 당대의 반反독단론적·급진적 계몽철학자로서 훗날 (1688년) 인토르케타·쿠플레 등의 공자경전 번역서 『중국철학자 공자』(1687)를 『중국철학자 공자의 도덕(La Morale de Confucius, philosophe de la Chine)』(1688)이라는 제명으로[262] 드라브륀·쿠생과 공동으로 불역해 출판하고, 같은 해에 단독으로 『중국의 철학자 공자의 도덕에 관한 서한(Lettre sur La Morale de Confucius, philosophe de la Chine)』을 출판한 사람이다. 『중국철학자 공자의 도덕』(1688)의 서문에서 푸셰는 공자를 이렇게 극찬했다. "이 철학자(공자)의 도덕은 무한히 숭

니콜라 말브랑쉬

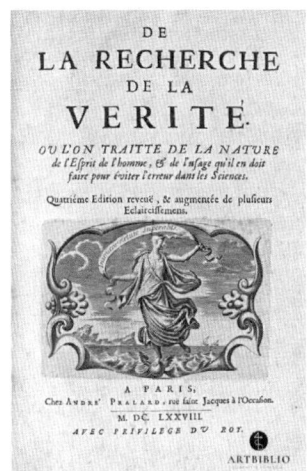

『진리의 탐구에 관하여, 또는 인간정신의 본성의 논고(De la recherche de la vérité, Où l'on traite de la nature de l'esprit de l'homme)』 표지

---

260) Dominick A. Iorio, "Introduction", 1쪽. Dominick A. Iorio(trans.), *Nicolas Malebranche: Dialogue between a Christian Philosopher and a Chinese Philosopher on the Existence and Nature of God*(Washington, D.C., University Press of America, 1980), [1-41쪽].

261) Anonim(Simon Foucher), *Critique de la recherche de la verité*(Paris: Chez Martin Coustelier, 1675).

262) Jean de Labrune, Louis Cousin & Simon Foucher(trans.), *La morale de Confucius, philosophe de la Chine*(Amsterdam: Chez Pierre Savouret, dans le Kalver-straat, 1688).

고하지만, 동시에 간단하고, 깨치기 쉽고, 자연적 이성의 가장 순수한 원천으로부터 도출된 것이다. 확언컨대, 신적 계시의 빛을 결한 그런 이성이 이처럼 잘 전개되어 나타난 적도, 이토록 강력하게 나타난 적도 없었다."263) 푸셰는 실로 말브랑쉬를 비판하지 않을 수 없는 당대 가장 급진적인 자유사상가였다.

말브랑쉬는 제2권 서문에서 푸셰의 비판에 응수한다. 그는 모든 특별한 종류들의 물체들이 다 용해들 들어갈 수 있는 단일한 원형적 연장으로서의 하나의 '인지가능한 연장(intelligible extension)'의 이론을 전개해서, 인과관계에 대한 기회원인론적 해명(occasionalist account)과, 신은 대부분 '일반의지(general volition)'로 작용하고 기적 같은 특수한 경우에만 드물게 '특수의지(particular volitions)'로 작용한다는 주장에 이전보다 더 큰 강세를 주었다. 그는 이 주장을 '은총'의 문제에까지 연장·적용해『자연과 은총에 관한 논고(Traité de la nature et de la grâce)』(1680)를 썼다. 신이 그의 행동을 규제하는 법칙의 일반성은 자연세계에서의 신의 활동에만 연장되는 것이 아니라 인간들에 대한 신의 선물에도 적용된다는 것이다. 그러나 이 책은 그의 동료인 앙투안느 아르놀로부터 호된 비판을 받는다. 이후 말브랑쉬의 저작은 아르놀과의 논쟁으로 채워진다. 논쟁은

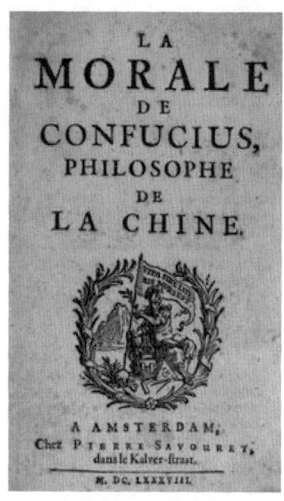

『중국철학자 공자의 도덕
(La Morale de Confucius, philosophe de la Chine)』표지

갈수록 격화되어 아르놀과 그 추종자들은 1690년 말브랑쉬의『자연과 은총에 관한 논고』를 금서목록에 넣기 위해 로마가톨릭교회에 대해 공작했다. 그리하여 이 책에

---

263) de Labrune, Cousin & Foucher(trans.), *La morale de Confucius, philosophe de la Chine*, "avertissement", 2쪽: "On peut dire que la Moral de ce Philosophe est infiniment sublime, mais qu'elle est, en meme temps, simple sensible, & puisée dans les plus pures sources de la raison naturalle. Assurent la raison destituée des lumieres de la révélation divine, n'a paru si développée, ni avec tant de force."

이어 『진리의 탐구에 관하여』도 금서목록에 올랐다. 아이러니컬한 것은 예수회 신부들을 "예수회 공자주의자들(Jesuit Confucianistes)"로 조롱한 아르놀의 일련의 저작들도 동시에 금서목록에 들어갔다는 사실이다.

말브랑쉬는 스피노자 철학에 동조적인 도르튀 드 마이랑(Dortus de Mairan)과도 치열한 논전을 벌였다. 드 마이랑은 말브랑쉬의 신학적 철학 속에서 스피노자적 요소도 있다고 느꼈지만, 말브랑쉬는 이런 해석에 격렬히 저항했다. 그는 언필칭 스피노자 철학에 대한 맹렬한 비판자였기 때문이다. 그러나 그가 1708년 『신의 존재와 본성에 관한 기독교철학자와 중국철학자의 대화(Entretien d'un philosophe chrétien et d'un philosophe chinois sur l'existence et la nature de Dieu)』를 냈을 때도 이를 비판하는 예수회 신부들은 그에게서 스피노자주의적 냄새를 맡고 맹공을 퍼부었다.

말브랑쉬는 지식의 문제에서 아우구스티누스를 따랐지만, 정신과 육체의 관계 문제에서는 데카르트의 이원론을 추종하고 진리 관념에서도 데카르트의 진리기준 '명백하고 판명함'을 따랐다. 말하자면 말브랑쉬는 데카르트에게서 강한 영향을 받은 것이다. 그러나 그는 데카르트를 무비판적으로 받아들이지 않았다. 그는 우리가 만물을 신 안에서(만) 본다고 주장했다. 그리고 그는 정신과 육체의 평행이원론과 기회원인론을 주장해 정신과 육체의 상호작용을 설명했다. 하지만 인식론적 설명의 선차성을 신으로 돌리는 것은 그를 난관에 빠뜨렸다. 신이 관념들을 우리의 정신 속으로 집어넣는다는 의미에서 우리가 만물을 신 안에서 본다면, 우리는 외부세계에 대한 아무런

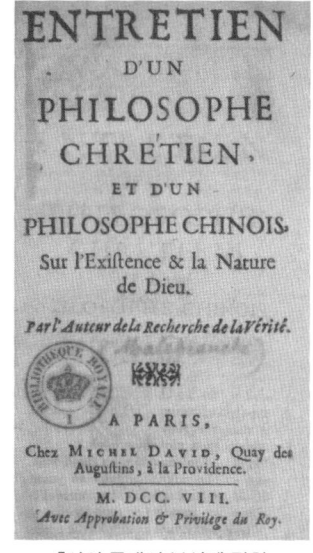

『신의 존재와 본성에 관한 기독교철학자와 중국철학자의 대화(Entretien d'un philosophe chrétien et d'un philosophe chinois sur l'existence et la nature de Dieu)』 표지

직접적 지식을 얻을 수 없다. 말브랑쉬는 기氣(힘)의 개념도, 심상(인상)의 개념도 없이

신이 준 사유적 '관념'으로만 작업하기 때문에 사물의 저항적 힘이나 무게를 '근감각筋感覺'으로 직접 느끼는 엄연한 사실을 전혀 생각할 수도 없었다. 우리는 물리적 사물 인식의 진리성 여부를 가르는 기준인 "명백하고 판명한 관념(idées claire et distincte)"에 호소할 수 있지만, 우리의 관념들을 책임지는 것은 신이다. 또 그의 말대로 만물이 신의 직접통제 하에 있다면 인간의 자유는 어찌 되는가? 우리가 선택할 자유가 있지만 오로지 한정된 선과의 관계에서만 그럴 뿐이라는 말브랑쉬의 견해는 설득력이 없다. 보편적 선으로서의 신에 대한 반대와 저항의 가능성을 부정하기 때문이다. 신이 그의 정신 속의 영원한 원형적 진리와 동일화되지 않는 한에서 말브랑쉬는 범신론자가 아니다. 그러나 이것은 신의 자유를 신의 가정된 불변성과 화해시켜야 하는 불가능한 문제를 낳는다. 신은 말브랑쉬의 철학에서 중심적이다. 하지만, '신 안에서 만물을 봄' 테제는 경험적·합리적 증명에 의해 뒷받침될 필요가 있다. 불행히도 그는 존재론적 논증의 데카르트적 버전만을 제공할 뿐이다. 이것은 한 실체의 현실성은 단순한 추상적 개념으로부터 도출될 수 없다는 표준적 반박에 노정되어 있다. 그리하여 훗날 쇼펜하우어는 '말브랑쉬가 모르는 것을 모르는 것(신)으로 설명했다'고 풍자했다.

악의 문제를 다루는 말브랑쉬의 변신론辯神論도 궤변이다. 말브랑쉬는 신이 보다 완벽한 세계를 창조할 권능을 가졌다는 것을 인정할지라도 이 세계가 신적 방식의 더 큰 복잡성을 필연적으로 낳았다고 주장한다. 그리하여 신은 저 특수한 결과들을 원하기 때문이 아니라 역사役事의 내재적 완벽성과 그 법칙의 단순성·일반성 간의 최선의 균형을 얻음으로써 그의 지혜를 가장 잘 반영하는 세계를 원하기 때문에 단순한 법칙으로부터 생겨나는 자연적 악惡을 산출한다는 것이다.

기회원인론은 그야말로 '알지 못하는 것을 알지 못하는 것(신)으로 설명하는 것'이다. 기회원인론은 신과 다른 완전한 의미에서의 어떤 효과적 원인들도 존재하지 않는다는 견해다. 피조된 사물들은 잘해야 신의 활동을 위한 '기회들'이다. 육체와 정신은 그들 자신에 대해서도, 서로에 대해서도 작용하지 않는다. 신만이 자연과 정신의 모든 현상을 일으킨다. 피조물들 안에서 일어나는 변화들은 신이 세계를 창조하면서 말브랑쉬가 '질서'라고 부른 것을 지키기 때문에 규칙성을 보일 것이다. 신은 스스로를 구속해서 세계가 가급적 선하다는, 그리하여 법칙들은 단순하고 수가 적다는 신의 일반의지와 합치되게 선택된 자연의 법칙들에 입각해 작용한다. 특히 우리가 육체와 정신의 상호작용이라고 부르는 것을 지배하는 법칙이 있을 것이고, 그리하여 육체 안에서의 유사한 운동이 정신 속에서의 유사한 관념들을 "기회로 야기할" 것이다. 이 관계는 인과관계의 국면이다. 그러나 실은 정신 속의 관념도, 육체 속의 움직임도 신에 의해 야기되는 것이라는 말이다.

말브랑쉬 신부는 그야말로 아우구스티누스의 교부철학을 데카르트주의적으로 되살린 '신新교부철학자'였다. 그의 저 모든 설명들은 그도 인정한 바대로 유한한 인간이 잘 알 수 없는 무한한 신(하느님)으로 귀일하기 때문에 '모르는 것을 모르는 것으로 설명한다'는 비판을 면할 수 없다. 따라서 수십 년 동안 말브랑쉬를 잘 알고 지내던 라이프니츠는 그의 '신 안에서 만물을 봄' 테제를 배격하고 그의 기회원인론과 전통적 인과적 상호작용론에 대한 대안으로 공자철학적 예정조화론을 제시했다. 그리고 흄에 의하면, 상이한 물체들 간에 인과적 '연결(*connections*)'이 존재한다는 믿음은 '연접'(*conjunctions*)해서 일어나는 사건들에 대한 반복적 경험을 통해 '연접'을 '연결'로 과장·위조하는 정신의 '습관적 믿음'에 의해 생겨나는 것일 뿐이다. 따라서 흄은 진정한 인과적 '연결'이 실제로 존재한다고 여기는 믿음의 황당함을 입증하기 위해 말브랑쉬의 '무지에 의한 무지의 설명'으로서의 황당한 기회원인론을 오히려 반증反證근거로 역이용했다.

■ 『기독교철학자와 중국철학자의 대화』(1708)의 집필 배경

1708년의 『신의 존재와 본성에 관한 기독교철학자와 중국철학자의 대화』는 마테오리치 이래의 중국주재 예수회 선교사의 적응주의 노선을 분쇄하려는 아르튀 드 리온느(Artus de Lionne, 1655-1713) 신부의 부탁으로 중국철학의 무신론적 성격을 입증하고 이 중국철학자들을 유신론으로 개종시킬 목적으로 위탁받은 청부집필로 탄생했

다.

로살리(Rosalie)의 주교 드 리온느는 프랑스의 '외방선교회(Société des Missions étrangères)' 소속 신부로서 태국에 파견된 적이 있고 1689년 이래는 중국의 광동성에 주재하기도 했다. 후에 그는 복건성에 주재하는 '외방선교회' 소속 선교사 샤를르 마이그로(Charles Maigrot, ?-1730) 신부에 가담했다. '외방선교회' 소속 신부들은 모두 기독교제국주의의 맥락에서 중국의 정신세계를 가톨릭으로 정복할 심산에서 예수회 선교사들의 적응주의 노선에 저항했다. '적응주의 선교론'은 마테오리치가 중국에서 기독교선교를 위해 현지문화를 이해할 목적에서 공자경전을 깊이 연구하고 표방한 선교방법론이었다. 예수회 선교사들은 이 선교론을 따라 상당한 성과를 올렸다. '적응주의' 선교론은 공자경전의 유신론적 철학(上帝論)이 본래의 유교철학이고 또 그 내용이 기독교신학과 유사하다고 판단하고 중국주재 선교사들이 공자철학을 학습하고 이것을 가교로 중국인들에게 접근해 선교활동을 전개하는 전교傳敎방법론이었다. 말하자면, '적응주의'는 유신론적 공자유학을 무신론적으로 이해된 성리학과 엄격히 구분하고 기독교와 유사한 내용(사랑≒인仁, '내가 원치 않는 것은 남에게 하지 말라'는 황금률, '원수를 곧음으로 갚아라'≒'원수를 사랑하라' 등)을 많이 가진 본래의 공자철학을 바탕으로 중국인들에게 다가가 기독교적 가르침을 공자의 가르침과 유사한 기독교적 가르침부터 설파하는 방법론이었으므로 의당 공자철학을 강조하고 성리학에 대해 비판적이었다. 따라서 공자를 유신론자로 보고 명·청대의 성리학자들('신新유학자들')을 무신론자로 보는 비판적 유교이해는 적응주의 선교론의 일부였다. 마테오리치는 적응주의적 관점에서 공자와 조상에 대한 중국인들의 제사관행을 시민적, 즉 시민종교적 행사로 보고 이교적 행위로 보지 않았다.

그러나 프랑스 '외방선교회' 소속 선교사들은 중국 주재 프란체스코파·도미니크파 선교사들과 손잡고 바로 이 적응주의 노선을 '이단'으로 공격했다. 마이그로는 중국제례를 시민적 기념행사로 보는 예수회 신부들의 노선에 절대적 반대 입장에 서 있었다. 드 리온느가 마이그로를 지원하자 마이그로는 더욱 선명하게 예수회에 대해 전선을 그었다.

이러던 중에 1693년 마이그로가 마침내 복건성의 천주교 대목代牧(vicar-apostolic)에 임명되었다. 그는 교황대리 대목에 임명되자마자 복건성 교구내의 중국인 개종자들에게 공자를 모시는 석전제釋奠祭나 집안의 조상신 제사에 참여하지 말라는 교령을 발령하고, '천天'과 '상제上帝'라는 말을 하느님의 등가어로 사용하는 것도, '경천敬天'이라는 단어를 교회 안의 명판에 쓰는 것도 금지하고, '천주天主'만을 사용하도록 허용했다. 드 리온느는 이 조치를 강력하게 지지했다.[264] 강희제가 천주교선교사들에게 선교활동 관용 칙령을 내린 지 1년밖에 되지 않은 시점에서 마이그로는 이렇게 일련의 과격한 반反적응주의적 조치를 시행한 것이다. 이 때문에 강희제의 관용조치도 위태로워질 위기가 초래되었다.

그렇지 않아도 유럽과 중국에서는 가톨릭 성직자·철학자들이 예수회파와 반反예수회파(프란체스코파·도미니크파·외방선교회파 등)로 나뉘어 중국 제례祭禮의 성격을 둘러싼 논쟁이 벌어지고 있었다. 프랑스에서 앙투안느 아르놀은 마이그로의 이 조치가 있기 전인 1669년부터 이미 『예수회 회원들의 실천도덕(La Morale pratique des Jésuites)』을 여러 권 공간해서 예수회 선교사들의 적응주의 선교방법을 비판했다. 그리고 마아그로 사건이 난 시점(1693년)부터 1717년까지 『예수회 회원들의 실천도덕』을 연작(도합 7권)으로[265] 속간했다. 이에 맞서 루이 14세의 고해신부(예수회) 미셸 르 텔리에(Michel le Tellier)는 1687년 반박서 『새 기독교교도들과 중국·일본·인도 선교사들의 변호(Défense des nouveaux chrétiens et des missionnaires de la China, du Japon et des Indes)』(1687)를[266] 써서 적응주의 노선을 방어했다. 이 책은 아주 널리 읽혔다. 이

---

[264] David E. Munzello, "Malebranche and Chinese Philosophy", *Journal of the History of Ideas*, Vol. 41, No. 4(Oct.-Dec., 1980), 553쪽.

[265] Anonyme(Antoine Arnauld), *La Morale pratique des Jésuites*, 7 Vols.(Colone, Chez Gervius Quentel, 1669-1717).

[266] Anonyme(Michel le Tellier), *Défense des nouveaux chrétiens et des missionnaires de la China, du Japon et des Inde*(Paris, Chez Estienne Michallet, 1687).

런 와중에 1693년 마이그로의 이 과격한 조치로 인해 벌이진 중국내의 갈등이 알려지자 중국과 유럽에서 제례祭禮의 성격을 둘러싼 논쟁이 본격화되기 시작했다. 도미니크파 신부들은 르 텔리에의 책에 바로 맞서 『중국의 도미니크파 선교사들의 변론 또는 예수회 르 텔러 신부의 책에 대한 대답(Apologie des dominicains missionnaires de la Chine ou Réponse au Livre du Pere Le Teller Juiite)』(1700)으로[267] 응수했다. 이 책의 부제에는 '중국인들이 공자와 고인故人에게 바치는 의례에 관하여(Sur le honneurrs que les Chinois rendent à Confucius & aux Morts)'라는 부제가 붙어 있다. 외방선교회는 1700년 로마교황청에 이에 대한 심판을 해달라는 요구를 신청하고 또 별도로 르콩트와 르 고비앙의 저작을 조사하는 위원회를 소집했다. 조사의 핵심대상이 된 문제는 중국이 참된 신앙의 지식을 보유했었던 정도에 관한 것이었다. 그러나 분위기는 너무 정치화되고 쟁론화되어 진정한 토론이 불가능해졌다. 조사위원회는 양측이 더욱 엄격한 적대적 견해로 무장하는 것으로 끝났다.

그러나 상황은 예수회에 불리하게 돌아가고 있었다. 1700년 10월 로마교황청의 배후조정 하에서 소르본 신학대학은 예수회 신부 르콩트의 저서 『중국의 현재 상태에 대한 신비망록』(1696)에 대해 '분서처분'을 내렸다. 이후 르콩트의 이 저서는 "반동적 신학자들과 예수회 신부들의 인본주의적 자유주의 간의 투쟁에 뿌리를 박은 광포한 다툼의 대상이 되었다".[268] 상론했듯이 소르본 신부들이 특히 탄핵한 르콩트의 주장은 ①중국이 인간의 필요에 알맞은 도덕체계를 가지고 있다는 주장, ②이 도덕체계가 그 유구성과 성공의 비중에 의해 인간의 도덕적 열망의 최고산물로서의 그리스도적 계시와 어깨를 나란히 한다는 주장이었다.[269] 이어서 1704년 교황 클레멘스 11세가 주도한 로마 종교재판소는 르콩트의 이 저작에 대한 분서처분의 연장전으로 중국제

---

[267] Un Religieux Docteur & Professeur en Theologie de l'Ordre de S. Domonique, *Apologie des dominicains missionnaires de la Chine ou Réponse au Livre du Pere Le Teller Juiite*(Cologne: Chez Approbation & Premission des Superieurs, 1700).

[268] Rowbotham, "The Impact of Confucianism on Seventeenth Century Europe", 232쪽.

[269] Rowbotham, "The Impact of Confucianism on Seventeenth Century Europe", 232쪽.

례에 대한 심리審理를 계속해 공자철학을 무신론으로, 중국사회를 무신론사회로 판정하고 중국의 제례를 이교적 종교행위로 단죄했다. 그리고 클레멘스 11세는 신부와 천주교도의 제례 참가를 이단으로 금하는 두 교령을 내렸다. 이로써 일단 마테오리치의 적응주의를 따르는 예수회 소속 신부들과 선교사들은 완패하고 말았다.[270] 훗날 볼테르는 중국을 무신론사회로 규정하면서 동시에 공자와 조상에 대한 제사를 다른 신에 대한 유신론적 예배행위로 몰아붙인 로마종교재판소와 클레멘스 11세의 어리석은 판결을 조롱했다.

교황의 두 교령 중 하나는 1704년 로마종교재판소가 발하고 1704년 11월 20일 클레멘스 11세가 확인한 교령을 말한다. 이 교령은 '상제'와 '천天'의 사용을 금하고 기독교인들이 조상신과 공자에 대한 제사에서 어떤 역할도 하지 못하도록 금지했다. 더구나 이 교령은 신위神位 또는 고인의 신령의 자리로 여겨지는 '신주'를 금하고 오직 사자死者의 이름만 쓴 위패만을 허용했다. 어리석은 클레멘스 11세는 1704년 프란체스코·도미니크파 등의 오만한 반反적응주의적 선교정책을 채택하자마자 샤를르 드 투르농(Charles de Tournon, 1668-1710)과 교황대리 마이그로를 교황특사로 중국에 파견해 강희제에게 종교재판소의 판결과 교령을 전하게 했다. 드 리온도 이들을 따라갔다. 이들은 1706년 중국 천자를 알현하고 교황청의 강경한 반反적응주의적 입장을 천자 면전에서 천명했다.

그러고 나자 선교환경이 즉각 악화되었다. 1706년 12월 강희제는 마이그로와 다른 선교사들을 제국으로부터 추방하고 투르농의 특사단과 연계된 몇몇 중국인들을 처벌하라는 칙령을 내리고, 동시에 모든 선교사들 하여금 중국정부의 선교활동 허가를 얻도록 하고 이 허가를 마테오리치의 관례를 지킨다는 약속을 조건으로만 발행하라고 명했다. 이에 대항해 투르농은 동년 12월 남경에서 두 번째 교령을 발령했다. 투르농의 이 '남경교령'은 위반자들을 파문한다는 협박을 덧붙여 1704년 교령의 적응주

---

[270] 황태연, 「공자의 공감적 무위·현세주의와 서구 관용사상의 동아시아적 기원」(上), 109쪽. 『정신문화연구』, 2013 여름호(제36권 제2호 통권 131호).

의 비판을 재확인했다. 라이프니츠는 1710년 투르농의 '주의의 결여'와 '강희제에 대한 존경의 결여'를 맹박했고, 투르농이 공식적으로 발령한 두 교령도 맹박했다.[271]

마이그로는 1706년 6월 투르농을 수행하고 황제를 알현했을 때 가진 인터뷰로 인해 특별한 악명을 얻었다. 이 면담에서 마이그로가 마치 "희생양의 원치 않는 역할"을 맡아 수행하듯이 언행을 했다. 황제는 그에게 그가 기독교교리와 배치되는 경전 구절들을 다 적어서 그에게 해명하라고 명했고, 마이그로는 함정임을 알았지만 피할 길이 없어 유자들의 저작들로부터 50개의 인용문 리스트를 주석과 함께 준비했고, 이것을 제출하면서 동시에 순수한 종교문제에서 황제의 권리를 인정치 않는다고 선언했다. 그러자 예수회는 예수회 신부 보브와이예르(Beauvoilluers)를 뽑아 마이그로의 제안과 반박에 답하게 했고, 보브와이예르는 인용된 구절들이 기독교와 배치되지 않는다는 것을 입증했다. 황제 면전에서 기독교신앙의 대표자가 그의 종교 교리를 설파하는 공개논쟁이 극동의 기독교 역사에서 여러 번 개최되었지만, 이것은 아마 가톨릭이 가톨릭과 싸운 최초의 경우일 것이다. 이 논쟁에서 마이그로가 중국어와 중국역사에 대해 무지하고 심지어 가톨릭선교사들의 중국선교활동의 역사에 대해서도 무지하다는 것이 폭로되었다. 이로 인해 강희제는 마이그로에 대해 강한 반감을 가지게 되었다.[272] 강희제의 강경조치가 마이그로에 대한 답이었다.

드 리온느가 마이그로의 이런 반反적응주의적 방법과 태도를 강력하게 지지했기 때문에 드 리온느의 중국철학 해석은 조금도 신뢰받을 수 없는 상황이었다. 그는 복건성을 떠나 스촨(四川)성으로 들어가 대목이 되었을 때 이미 제례논쟁에 깊이 빠져들어 있었다. 그는 1693년 11월 14일 『파리의 해외선교세미나 책임자 샤르몽 씨에게 보내는 드 리온느 신부의 서한(Lettre de M. l'Abbé de Lionne à M. Charmot, Directeur du Séminare des Missions Etrangères de Paris)』이라는 광동 발 공개서한으로 논쟁에 가담

---

[271] 참조: "Leibniz an Des Bosses"(18. Dezember 1710). Mungello, *Leibniz and Confucianism*, 118쪽에서 재인용.

[272] Arnold H. Rowbotham, *Missionary and Mandarin: The Jesuits at the Court of China*(Berkeley and Los Angeles: University of California Press, 1942), 155-158쪽.

했고, 1700년 로마에서 이 서한을 공간했다. 이 책은 르 텔리에의 저작에 대한 반박으로 집필되어 그 논조가 극단적으로 당파적이었다. 또 드 리온느는 1701년 『드 리온느 마담에게 보내는 서한, 그녀의 아들 로살리 주교에 대한 예수회원들의 비방문에 관하여(*Lettre à Madame de Lionne, sur la libelle des Jesuites contre l'Evêque de Rosalie, son Fils*)』와 『기술(*Observatione in quaestita Sinarum imperatori a patribus S.J. prositas*)』을 1704년 로마에서 연달아 공간했다. 이런 출판활동으로 그는 유럽에서 상당한 명성을 얻었다. 그러나 그도 북경에서 투르농이 강희제를 알현한 뒤 1707년 마카오로 추방되었고, 13년 만에 중국에서 파리로 돌아왔다.

드 리온느는 자기의 중국지식을 당시 절정에 달한 중국전례논쟁에서의 외방선교회의 주의주장을 수립하는 데 적용했다. 그리고 예수회의 적응주의와 공자해석에 반대하는 주의주장을 지지할 만한 유명한 문사들을 설득하러 다니는 데 자신의 말년을 소비했다. 이 문사들의 리스트에서 말브랑쉬는 특히 제1순위에 있었다. 우선 드 리온느는 말브랑쉬의 철학을 중국에서 기독교를 가르치는 데 써먹었고, 자신의 감사하는 마음을 그의 스승에게 개인적으로 표현하는 데 열성이었다. 그는 말브랑쉬를 전례논쟁에서 무기가 될 수 있는 한 편의 저작을 쓰도록 설득하려는 목표도 있었다.[273] 결국은 드 리온느는 설득에 성공했고, 그 결과로 1708년 『신의 존재와 본성에 관한 기독교철학자와 중국철학자의 대화』가[274] 나오게 된 것이다.

말브랑쉬는 동시대인 라이프니츠와 달리 중국이나 공자철학에 아무런 특별한 관심을 갖지 않은 고루하고 편협한 유럽중심주의자(*insular Eurocentrist*), 즉 유럽의 위정척사파였다. 그간 스피노자주의와 자신의 기회원인론과 '신 안에서 만물을 봄' 테제에 대한 반대논변들과만 투쟁해온 60대의 말브랑쉬는 중국철학에 대한 드 리온느의 설명을 피동적으로 청취했을 것으로 보인다. 드 리온느는 『기독교철학자와 중국철

---

[273] Munzello, "Malebranche and Chinese Philosophy", 554쪽.

[274] L'Auteur de *la Recherche de la Vérité*(Nicolas Malebranche), *Entretien d'un philosophe chrétien et d'un philosophe chinois sur l'existence et la nature de Dieu*(Paris: Chez Michel David, 1708).

학자의 대화』 집필의 주동자였을 뿐만 아니라, 말브랑쉬의 중국철학 지식의 제1차 자료원이었다.[275]

말브랑쉬는 중국철학에 완전히 문외한이었다. 그럼에도 불구하고 말브랑쉬가 드 리온느의 청탁에 응한 것에서 그가 이 책을 "마지못해" 쓴 것이[276] 아니라 능동적으로 응한 것이고 또 중국철학을 무신론으로 간주하고 예수회의 적응주의 노선에 그만큼 분명하게 반대했다는 것을 알 수 있다. 그러나 그가 드 리온느로부터 전해들은 중국철학은 유교·불교·도교·이슬람교철학으로 펼쳐지는 전 스펙트럼의 중국철학도 아니고, 가장 널리 퍼져 있던 경전유학을 중시하는 한학파漢學派유학·성리학·양명학·고증학 등 유교의 여러 학파들의 전 스펙트럼도 아니고, 이 중 성리학의 주리론主理論, 이기일원론·이원론理氣一元論·二元論, 주기론主氣論, 주돈이의 기氣일원론도 아니고 이 다양한 성리학 스펙트럼 중 일개 학파에 불과한 '주리론적 성리학'이었다. 그런데 청대 중국에서 주희의 주리론적 성리학은 한학파漢學派유학·성리학·양명학·고증학과 주기론·기일원론의 도전과 경쟁 속에서 사양길에 들어서고 있었다. 그리고 마테오 리치(1615)·세메도(1643)·니우호프(1665) 등도 천·지·인·별·산·강의 신령과 사방의 신령·영혼으로서의 전통철학적 '기氣(soul)'의 일원론만을 소개하고 '주리론'이나 '이기이원론'을 전하지 않았다.

그런데 여기서 반反예수회파에게 닥치는 진짜 문제는 말브랑쉬가 성리학을 무신론으로 비판하는 것으로써는 드 리온느가 의도하는 예수회파의 적응주의론을 타격하는 효과가 전무하다는 것이다. 그리고 석전제를 지내고 제사를 받드는 성리학자들이 과연 그토록 무신론자들인지도 불명확한 문제였다. 그런데 인토르케타가 쓰고 쿠플레가 압축적으로 정리한 『중국철학자 공자』의 「예비논의」는 이미 성리학을 이렇게 혹독하게 비판하고 있기 때문이다.

---

[275] Munzello, "Malebranche and Chinese Philosophy", 554쪽.
[276] Munzello, "Malebranche and Chinese Philosophy", 555쪽.

이 저작(성리대전 - 인용자)의 42명의 집필자들은 앞서 방금 언급된 저 두 명의 해석자들(정자와 주희)의 발걸음을 그대로 추종하고 있고 고대의 견지에서 언급할 만한 아무것도 지니고 있지 않다. 그들은 겨우 약 300년 전에 살았기 때문이다. 그래서 나는 그들이 단지 저 두 해석자를 추종하고 미화하기만 했다고 생각한다. 그들은 조상들의 고대적 기록 안에서 발견되는 독트린으로부터 출발하는 것으로 보이고 싶어 할지라도 거의 이 독트린의 목을 비틂으로써 그것을 그들 자신의 사고방식으로 끌고 가기 때문에 그것으로부터 진짜 멀리 이탈하고 우리가 명명한 저 현대적 해석자들에 대해 명백하게 충성을 서약한 것으로 보인다.277)

인토르케타와 쿠플레는 공자 독트린의 "목"을 "비틂"으로써 이 독트린으로부터 "진짜 멀리 이탈한" 성리학을 "새로운 기만적 철학"이라고278) 바꿔 부른다. 그리고 인토르케타와 쿠플레는 성리학자들이 조상에 대한 제사와 공자에 대한 석전대제를 지내기 때문인지 성리학을 바로 '완전한 무신론'으로 몰지 못하고 "유물론적·소극적 무신론"의 "혐의"만을 둔다.279) 즉, 예수회의 적응주의 선교론은 중국철학 일반을 성리학과 구분하고 고전적 공자철학을 유신론으로 해석한 반면, 성리학도 단지 "유물론적·소극적 무신론"으로 '의심'하기만 하는 입장을 표명했다.280)

그러므로 말브랑쉬가 중국철학 일반을 무신론으로 간주하고 이런 만큼 분명하게 예수회의 적응주의 노선에 반대한 점에서, 『기독교철학자와 중국철학자의 대화』는 단지 스피노자에 대한 우회적 비판서에 불과한 것이281) 아니라, "실재하는 중국철학

---

277) Thierry Meynard(ed. & trans.), *Confucius Sinarum Philosophus*(1687), 'Prelimianry Discussion', 132쪽. Thierry Meynard(ed. & trans.), *Confucius Sinarum Philosophus*(1687), *The Fist Translation of the Confucian Classics*(Roma: Institutum Historicum Soietatis Iesu, 2011).

278) Meynard(ed. & trans.), *Confucius Sinarum Philosophus*(1687), 'Prelimianry Discussion', 132쪽.

279) Meynard(ed. & trans.), *Confucius Sinarum Philosophus*(1687), 'The Second Part of the Prelimianry Discussion', 163쪽.

280) 성리학에 대한 『중국철학자 공자』의 번역자들의 입장에 대한 상세한 논의는 참조: Knud Lundbaek, "The Inage of Neo-Confucianism in *Confucius Sinarum Philosophus*", *Journal of the History of Ideas*, Vol.44, No.1(Jan.-Mar., 1983), 19-30쪽.

자들의 실제적 견해"를 다룰 "명시적 의도를 가진 대화"도[282] 아니었다. 따라서 이 책은 "유럽 독자들이 그 시대의 가장 중요한 철학적 문제에 관해 유럽의 상대자와 깊은 논쟁에 개입한 한 중국사상가를 만나는" 책이거나 "중국철학과의 진정한 만남"의 장소가[283] 결코 아니었다. 우선 철저히 현세주의적인 중국철학자들에게 신神 문제, 즉 유신론·무신론 문제는 공자가 "아직 사람을 잘 섬기지 못하는데 어찌 귀신을 잘 섬기겠느냐?(未能事人 焉能事鬼)"라고 갈파한 이래 전혀 중요한 문제가 아니었다. 신神의 유무는 중국에서 일상적·철학적 삶의 가장자리로 밀려나 있는 사소한 변두리 문제에 불과했고, 중국철학자가 이 '대화'를 썼다면 그가 속한 종파와 학파에 따라 수천가지로 다양한 대답이 나왔을 것이고, 무엇보다도 결코 『기독교철학자와 중국철학자의 대화』에서 그러듯이 서양철학자의 주장에 양보를 거듭하며 밀리기만 하지 않았을 것이다. 『기독교철학자와 중국철학자의 대화』는 엄격하게 말하자면 중국철학의 무수한 학파들 중 한 학파, 주리론적 성리학의 입장을 중국철학 전체의 입장으로 부당하게 일반화해 무신론으로 폭로하고 스피노자주의로 낙인찍음으로써 유럽에서 반反중국적 정서를 조성해 당시 확산일로에 있던 공자철학의 영향력을 약화시키고, 주리론적 성리학의 논리를 수정해 기독교 논리에 굴복시킴으로써 공자주의를 포함한 중국철학 전체를 기독교로 정복하는 것을 목표로 하는, 결국 반反예수회파와 어리석은 교황의 반反적응주의를 편들려는 73쪽의 음흉한 종교적 정치팸플릿이었다.

이런 까닭에 『기독교철학자와 중국철학자의 대화』(이하 『대화』로 약기)가 1708년 2월 출간되자마자 예수회 측에서는 곧 반박했다. 예수회신부들이 주관하는 『과학과 예술의 역사에 기여하는 트레보의 연구논집(*Mémoires de Trévoux pour servir a l'histoire des sciences et des baux-arts*)』(『트레보지[*Journal de Trévoux*]』로 약기)의 1708년 7월호에 저 정치팸플릿에 대한 비판적 논평이 게재된 것이다. 논평은 무기명이었지

---

[281] Jonathan I. Israel, *Enlightenment Contested*(Oxford: Oxford University Press, 2006), 650쪽.

[282] Gregory M. Reihman, "Malebranche and Chinese Philosophy: A Reconsideration", *British Journal for the History of Philosophy*, Vol. 21, No. 2(2003), 268쪽.

[283] Reihman, "Malebranche and Chinese Philosophy: A Reconsideration", 278, 279쪽.

만, 필자는 예수회 소속 신학교수 루이 마르케(Luis Marquet)로 알려졌다. 마르케는 중국철학을 아주 적게 취급하고 말브랑쉬를 무신론과 스피노자주의로 몰았다. 이에 기분이 크게 상한 왕년의 '스피노자주의 킬러' 말브랑쉬는 1708년 8월 바로 독자를 위한 조언(Avis au Lecteur) 형식으로 쓴 『'기독교철학자와 중국철학자의 대화'에 관한 조언(Avis touchant l'Entretien d'un philosophe chrétien avec un philosophe chinois)』(이하 『독자를 위한 조언』으로 약기)으로[284] 논점마다 응수하며 절제된 톤을 유지했던 『대화』에 비해 흐트러진 감정적 논조로 강력 반박했다. 그러자 『트레보 지』 1708년 12월 호에 재再반박문이 즉각 나왔는데, 이 재반박문은 이전의 논평보다 말브랑쉬에 대해 덜 비판적이고, 말브랑쉬를 무신론과 스피노자주의로 몬 마르케의 논평도 문제 삼았다. 그러나 말브랑쉬의 교부철학은 스피노자의 윤리학처럼 신학을 철학과 융해하려는 시도였기 때문에 그런 비난의 단초적 유인들이 없지 않았다.[285] 또한 그는 자신의 고루하고 편협한 유럽중심주의의 입장에서 중국에 대한 어떤 큰 관심 때문이 아니라 중국철학 안에서 스피노자주의적 적성敵性의 징후들을 보았기 때문에 『대화』를 쓰기로 작정했을 수 있다.[286] 세기전환기 프랑스 내부의 종교·철학논쟁은 이렇게 서로를 스피노자주의로 모는 이현령비현령의 형이상학적 공리공담과 진흙탕싸움에 깊이 빠져 들어 있었다.

■ 『대화』의 내용

『대화』의 내용에 접근하기 위해서는 먼저 『독자를 위한 조언』을 참조하는 것이 좋다. 말브랑쉬는 『독자를 위한 조언』에서 주리론적 성리학의 '이학理學'을 중국철학 '일반'으로 착각하고 그 요지를 다음과 같이 요약한다.

---

[284] P. Malebranche, *Avis touchant l'Entretien d'un philosophe chrétien avec un philosophe chinois*(Paris: Chez Michel David, 1708).

[285] Munzello, "Malebranche and Chinese Philosophy", 572쪽. 예수회신부 Jean Hardouin과 René Tournemine도 말브랑쉬를 스피노주의적 무신론자로 비판했다(564쪽).

[286] Munzello, "Malebranche and Chinese Philosophy", 561쪽.

중국 유학자들(*Les Chinois lettrez*)은(…)
1. 두 종류의 존재밖에 존재하지 않는다고 생각한다. 즉, 주권적 이성, 질서, 지혜, 정의를 뜻하는 리(*Ly*)와 물질을 안다.
2. 리와 물질은 영원한 존재들이다.
3. 리는 조금도 그 자체로서, 그리고 물질과 독립적으로 존재하지 않는다. 아마도 중국유학자들은 그것을 형상으로, 또는 물질 속에 퍼진 질質로 간주하는 것 같다.
4. 리는 주권적 지혜와 지성이더라도 지혜롭지도 지성적이지도 않다.
5. 리는 조금도 자유롭지 않고, 리는 자기가 하는 것을 전혀 알지도, 의욕하지도 않은 채 그것의 본성의 필연성에 의해서만 작용한다.
6. 리는 지성적이고 지혜롭고 바르게 만들고 물질의 부분들을 지성·지혜·정의를 받아들이도록 만든다. 내가 말하는 유학자들에 의하면, 인간의 정신은 정화된 물질일 뿐이다. 또는 정신은 리에 의해, 그리고 지성화되거나 생각할 수 있게 만들어진 것에 의해 형성되게 되어 있는 물질(*[matiere] disposée à être informée par le Ly & par là renduë intelligente ou capable de penser*)일 뿐이기 때문이다. 아마 그것 때문에 그들(중국유학자들)은 리가 모든 인간들을 계몽시키는 빛이라는 데 동의하고, 또 그것 때문에 이 빛 안에서 우리가 만물을 보는 것(*que c'est en lui que nous voyons toutes choses*)이다.287)

이것은 주리론적 성리학의 약술로서 『중국철학자 공자』의 「예비논의」에서 쿠플레가 개진한 성리학 소개보다 진일보한 것이다. 리와 구분되는 상관자로서의 '물질(*matiere*)' 및 리와 물질의 상관관계가 취급되고 있기 때문이다. 하지만 벌써 오류들이 여기저기 눈에 띈다. 여기서 '물질'은 '기氣'를 옮긴 것 같은데, 엄밀히 말하면 이것 자체가 오류다. '물질'과 '정신'은 '기'의 특수한 경우, 즉 "기가 쏧어서(정제精製되어) 된 것(精氣爲物)"이기288) 때문이다. 말하자면, 기가 곧 물질이 아니라, 기가 쏧어서(정제되

---

287) P. Malebranche, *Avis touchant l'Entretien d'un philosophe chrétien avec un philosophe chinois*(Paris: Chez Michel David, 1708), 4쪽. 영역판: Dominick A. Iorio(trans.), *Advice to the Reader*, 46쪽. Dominick A. Iorio(trans.), *Nicolas Malebranche: Dialogue between a Christian Philosopher and a Chinese Philosopher on the Existence and Nature of God*(Washington, D.C., University Press of America, 1980), [45-63쪽].

어서) 깨끗하게 굳어진 것만이 물질인 것이다. 따라서 첫 번째 규정의 '리와 물질'은 '리와 기'로 대체되어야 한다.

그리고 세 번째 항목의 "리는 조금도 그 자체로서, 그리고 물질과 독립적으로 존재하지 않는다"는 명제는 한 측면만을 묘사하는 것으로서 리와 기가 분리될 수 없다는 오해와 기가 대등하다는 오해를 동시에 초래할 수 있다. 그러나 주리론적 성리학에서 리와 기는 서로 떨어질 수 없으나(不相離) 서로 섞일 수도 없다(不相雜). 그리고 무엇보다 리는 기를 주재한다(主理論). 그러나 주기론 또는 기일원론의 관점에서 보면 '기'와 '리'는 분리될 수 있고, 리가 기를 주재하는 것이 아니라, 거꾸로 기가 리를 주재한다.

또 세 번째 항목에서 리를 '형상'이나 '질'로 보는 것도 그릇된 것이다. 리는 기(물질)의 운동의 마땅함(象其物宜)[289] 또는 "일음일양一陰一陽"으로서의 기의 중도적 운동규칙이고, 다른 표현으로 '도道'다.[290] '도'는 형이상자形而上者이고 하늘에서 만드는 심상心象이다. "심상은 하늘에서 만든다(在天成象)". 반면, '형상'이나 '질' 또는 '형질은 형이하자形而下者로서의 '기器'이고',[291] 즉 공자의 용어로 '물형物形'이다. "물형은 땅에서 만든다(在地成形)".[292] 형이하자로서의 기氣와 '형·질'은 지기地氣의 소산인 반면, 형이상자로서의 리·도는 천기天氣의 소산이다. 따라서 '리'를 '형상形相'이나 '질'로 보는 것은 아리스토텔레스주의로서 성리학이나 공자철학과 천리 밖에 있는 사고방식이다.

또한 저 여섯 가지 항목을 모든 "중국철학자(Les Chinois lettrez)"의 사고 틀로 보는 것도 앞서 시사했듯이 천부당만부당한 '일반화'다. 저 여섯 항목으로 얼추 표현된 사상체계는 단지 성리학파 안의 한 사조인 주리론의 사고방식일 뿐이다.[293] 이것은 말브

---

[288] 『易經』「繫辭上傳」(4).
[289] 『易經』「繫辭上傳」(8): "성인은 천하의 도리를 보는 것이 있으니 그것을 형용으로 흉내 내고 그 물질의 마땅함을 상징한다(聖人有以見天下之賾 而擬諸其形容 象其物宜)."
[290] 『易經』「繫辭上傳」(5): "一陰一陽之謂道."
[291] 『易經』「繫辭上傳」(12): "形而上者謂之道 形而下者謂之器"
[292] 『禮記』「樂記 第十九」(6); 『易經』「繫辭上傳」(1).
[293] Munzello, "Malebranche and Chinese Philosophy", 556쪽.

랑쉬가 중국철학으로서는 주리론밖에 몰랐기 때문에 주리론과 중국철학을 동일시한 단순한 실수가[294] 아니라, 중국철학이 아직 무엇인지 모르는 프랑스사상계에 대고 중국철학 중에서 가장 취약한 철학인 주리론적 성리학을 욕보임으로써 중국철학 전체를 욕보이려는 '트릭'일 것이다. 말브랑쉬가 중국철학으로서는 주리론밖에 몰랐기 때문에 주리론과 중국철학을 동일시한 것이라고 생각하는 것은 당대 프랑스의 천재로 통하던 말브랑스의 이지력과 독서능력을 너무 무시하는 것일 것이다. 말브랑스는 『독자를 위한 조언』의 부록에서 '중국인들의 무신론에 관한 여러 예수회 신부들의 증언들'이라는 제하에 마테오리치·롱고바르디·마르티니·세메도·고비엥·르콩트와 이들이 지은 책들을 일괄 열거하고 간략하게 설명하고 있다.[295] 그런데 마테오리치는 이미 1615년 『중국인들 사이에서의 기독교 선교』에서 중국에서 유교와 경쟁하는 불교와 도교를 논했고, 르콩트는 1696년 『중국의 현재상태에 대한 신新비망록』에서 중국의 여러 종교를 소개하고 유교를 유신론적 고대유학(공자철학)과 무신론적 현대유학(성리학)으로 구분해 논했고, 고비엥(Charle le Gobien)도 1698년 『기독교에 우호적인 중국황제의 칙령의 역사』의 서문에서 같은 취지의 기술을 남겼다. 그러니까 말브랑쉬는 이런 것들을 다 알고 있었다는 말이다. 그리고 말브랑쉬는 『독자를 위한 조언』의 부록에서(고대에는 중국인들이 유신론적으로 살았으나) "시대가 흐름에 따라 중국인들이 대부분 아주 깊은 무신론 속에 살고 있다"고 말하는 롱고바르디의 말을 쪽수까지 밝히며 인용하고 있다.[296] 그리고 르콩트는 일반대중은 무신론자들이 아니라 다신론적 '미신'이나 점성술적 '미신'을 많이 믿는다고 말한다. 따라서 청대 중국백성도 그 대중적 차원에서 비록 미신적이더라도 여전히 유신론적이었던 것이다. 따라서 말브랑쉬가 중국 일반대중의 이런 미신적 유신론과 중국 전역의 일반적 유생대중

---

[294] Munzello, "Malebranche and Chinese Philosophy", 556쪽.

[295] Malebranche, *Avis touchant l'Entretien d'un philosophe chrétien avec un philosophe chinois*, 37-40쪽.

[296] Malebranche, *Avis touchant l'Entretien d'un philosophe chrétien avec un philosophe chinois*, 38쪽.

사이에서 끈질기게 전수되어온 공자원전의 유학을 무시하고 중앙의 부귀한 소수 유학자들의 주리론적 성리학을 중국철학의 전부인 것으로 '일반화'한 것은 중국에 아직 무지한 유럽인들을 속이려는 '트릭'으로밖에 볼 수 없는 것이다. 게다가 주리론적 성리학자들조차도 적어도 제사를 사대봉사四代奉祀까지 엄수할 만큼 - 가령 제사를 지내는 몇 시간 동안 - 정기적·간헐적으로 진지하게 유신론적이었다. 그러나 말브랑쉬가 이런 사실까지 제대로 알기를 여기서 기대할 수는 없겠다.

그리고 미리 밝혀두어야 하는 것은 '리'로서의 하늘은 중국철학에서 하늘의 세 가지 표명 중의 하나에 불과한 것이다. 주희는 천天이 "때로는 창공蒼空(푸른 하늘)을 가리키고, 때로는 주재主宰를 가리키고, 때로는 '리理'만을 가리킨다"고 말한다. 또 그는 "하늘은 리이지만, 푸른 하늘도 하늘이고, 주재도 하늘이다"라고 천명한다.[297] 자연적 '창공'으로서의 푸른 하늘은 보통 '창천蒼天'이라고 불리고, '주재'로서의 하늘은 보통 '황천皇天'이라고 불리고, '리'로서의 하늘은 정호程顥가 말한 "하늘은 리다(天者理也)"에서, 또는 주희의 "천즉리天卽理"에서 나온 것이다. 따라서 '리'로서의 하늘은 성리학 이전에 없던 관념이다.

말브랑쉬가 정리한 네 번째 항목의 지각능력 없는 '리'는 '황천'이 아니라 '리로서의 하늘'만을 말하고 있다. 그러므로 비인격적 '리'가 인격적 신성神性이 없음을 밝혀내는 것은 중국에 신성한 인격적 주재자 개념 자체가 없음을 논증하는 것과 별개의 것이다. 물론 극동제국諸國은 기독교의 야훼처럼 그렇게 많은 계시 말씀을 쏟아놓고, 그렇게 많은 저주와 천벌을 내리고, 그렇게 많은 실책을 저지르고도 이를 '섭리'라고 정당화하고, 자기 앞에서 다른 신을 말하는 것을 가혹하게 처벌하는, 그토록 '뻔뻔스럽고 시기심 많은' 신성하고 절대적인 주재자로서의 '강한 인격신'을 애당초 모른다. 그리고 만약 누가 이것을 주입하려고 한다면 대개 이를 거부할 것이다. 하지만 극동 백성들은 절대성이나 시기심이 없을지라도 만물을 만들고 천도와 지도를 운행시키고 적어도 말없이 상벌을 내리고 실책을 정당화하지 않고 성인聖人의 도움(可與祐神)

---

[297] 『朱子全書』, 49:25a; 37: 17a. Munzello, "Malebranche and Chinese Philosophy", 558쪽에서 재인용.

을298) 받아 실책을 만회하는 위력적이지만 겸손한 조물주요 주재자로서의 '약한 인격신', 즉 신성한 '황천상제'의 존재를 인정한다. 그렇기 때문에 극동에서는 정부와 백성들이 수천 년 이래 여러 가지 형태의 제천의식祭天儀式을 엄수해왔던 것이다. 따라서 비록 성리학의 '리' 개념이 지혜롭지 않고 지성적이지 않고 자유롭지 않고 필연성에 묶여 움직일 정도로 비인격적이더라도, 하늘의 다른 측면인 황천 개념이 살아 있는 한에서 약한 천신天神관념은 그대로 온전할 수 있는 것이다. 다만 이 천신관념을 얼마나 강하게 갖느냐, 또는 갖지 않느냐 하는 것은 극동에서 그리 심각하거나 중요한 문제가 아니라서 각자의 자유에 맡겨질 따름이다.

한편, 말브랑쉬의 『대화』는 제목대로 '대화'이기는 하되, 말브랑쉬가 마음대로 주재하는, 따라서 중국철학자들의 입장이 충분히 전개되지 않은 말브랑쉬의 일방적 대화, 차라리 그의 '독백'이다. 이것은 중국철학자의 발언 분량이 『대화』의 전 대화의 4분의 1밖에 되지 않는 것에서 바로 알 수 있다.

『대화』는 중국인의 이런 말로 시작한다. "당신이 그렇게 원로遠路를 와서 우리에게 천명하는 천주天主(Seigneur du ciel)는 무엇인가? 우리는 그것을 전혀 알지 못한다. 우리는 증거가 우리를 믿지 않을 수 없도록 하는 것을 믿기를 원한다. 봐라, 우리는 물질(matiere)과 리(Ly)만을 인정하기 때문이다. 리는 물질 속에 영원히 존재하며 물질을 형성하고 우리가 보는 훌륭한 질서로 배치하고, 또 우리 모두를 구성하는 이 정화되고 조직된 물질 부분(cette portion de matiere épurée & organisée)을 계몽하기도 하는 이 주권적 진리, 지혜, 정의다. 인간들이 모든 사회의 연대고리인 영원한 진리와 법칙을 보아 아는 것은 필연적으로 모든 인간들을, 많든 적든 이 사람, 저 사람들을 통합시키는 이 주권적 진리 속에서이기 때문이다."299) '

---

298) 『易經』 「繫辭上傳」(9).

299) Malebranche, *Entretien d'un philosophe chrétien et d'un philosophe chinois*, 1-2쪽. 영역본: Dominick A. Iorio(trans.), *Nicolas Malebranche: Dialogue between a Christian Philosopher and a Chinese Philosopher on the Existence and Nature of God*(Washington, D.C., University Press of America, 1980), 65쪽.

'천주가 무엇이냐'는 성리학자의 이 물음에 대해 기독교철학자는 "우리가 당신에게 천명하는 신은 당신과 모든 인간들 안에 새겨져 있는 관념의 그것 자체(celui-là même dont l'idée est gravée en vous & dans tous les hommes)다"라고[300] 데카르트 식으로 답한다. 그러나 말브랑쉬 자신이 신의 관념을 모르는 무신론적 중국대중의 존재를 말하고 있듯이 신 관념이 "모든 인간 안에 새겨져 있다"는 그의 신神관념본유론은 바로 빈말이 되고 만다. 따라서 로크는 상론했듯이 극동의 무신론 대중을 사례로 들어 신 관념의 본유성(innateness)을 부정했었다. 그럼에도 불구하고 말브랑쉬는 이어서 말한다. "그러나 모든 인간이 그 관념이 무엇인지 이해하지 못하고 그것을 이상하게 망가뜨리기 때문에 이것에 관심을 집중할 필요가 있다. 그것은 신이 우리들 안에서 자신의 관념을 새롭게 하기 위해 자신의 예언자를 통해 우리에게 '그는 존재하는 그것이다(il est celui qui est)'라고 천명한 이유다. 말하자면, 그는 모든 존재자들(les êtres) 속에 존재하는 실재성이나 완벽성의 모든 것을 그의 본질 속에 포함하는 큰 존재자(l'Être), 그 완전한 의미에서의, 큰 존재자라는 말에서의(en un mot l'Être) 무한한 존재자다."[301]

말브랑쉬는 여기서 자연신학과 계시신학을 구분하고 있다. '만인 안에 새겨진 관념'이란 우리의 피조된 자연본성들을 통해 획득되는 신의 지식을 가리킨다. 이성은 만인에게 신적 존재자의 그 어떤 관념을 형성하는 것을 허용한다. 그리고 이것이 자연신학의 기초다. 하지만 기독교적 관점에서 이성은 신적 계시의 모종의 형태가 필수적일 정도로 초자연적 진리를 확립하기에는 불충분하다. 그러므로 자연신학은 계시신학에 의해 보완되어야 한다. 그리고 말브랑쉬가 "자신의 예언자를 통해 우리들 안에서 자신의 관념을 새롭게 하는 신"을 말하는 대목은 계시신학을 시사하는 것이다. 지루하더라도 이 '개똥신학'을 더 들어보자.

나아가 기독교철학자는 중국인들이 천주를 위대하고 강력한 황제로, 즉 고유한 의

---

[300] Malebranche, *Entretien d'un philosophe chrétien et d'un philosophe chinois*, 2쪽.
[301] Malebranche, *Entretien d'un philosophe chrétien et d'un philosophe chinois*, 2쪽.

미에서 아주 강력한 황제로 오해한다고 지적한다.

> 우리가 천주를 우리가 찬양하는 신이라고 부를 때, 당신들은 우리가 위대하고 강력한 황제로만 간주한다고 상상한다. 당신들의 리, 당신들의 주권적 정의(심판자)는 저 강력한 황제의 관념보다 우리의 신의 관념에 무한히 더 다가온다. 우리의 교리에 관해 진실을 깨치라. 나는 당신에게 반복한다. 우리의 신은 '존재하는 그것(celui qui est)'이다, 그는 무한히 완전한 존재자다, 그는 큰 존재자(l'Être)다. 당신들이 우리의 신으로 간주하는 천주(ce Roi du ciel)는 일종의 작은 존재자(l'être), 특수한 존재자, 유한한 존재자일 뿐이다. 우리의 신은 아무런 한정이나 제한이 없는 존재자다. 그는 모든 유한한 정신으로 이해할 수 없는 방식으로 모든 완벽자들, 즉 모든 존재자들과 모든 피조물들과 모든 가능한 것들 속에서 진짜 실재성이 있는 모든 것들을 그 자신 안에 포함하고 있다. 우리의 신은 물질 속에서 실재성이나 완벽성이 있는 것과 같은 것을 자신 안에 포함한다. 그러나 그의 불완벽성, 제한, 그의 무無(neant)는 없다. 존재자 속에는 무가 전혀 없고 모든 종류의 무한자 속에는 제한이 전혀 없기 때문이다.[302]

말브랑쉬는 '무한한' 존재자의 의미에서 강력하고 주권적인 정의로서의 중국의 '리' 개념이 '천주'보다 기독교적 '신' 개념에 훨씬 더 가깝다고 말하고 있다.

중국철학자는 무한자로서의 이 신의 관념이 가장 탁월하다는 것을 시인하지만 무한성이 존재함을 부정한다고 덧붙인다.

> 나는 당신이 내게 우리의 신에 대해 준 관념이 모든 것들 중 가장 탁월하다는 점을 시인한다. 온갖 방식으로 무한한 것보다 더 위대한 것은 있지 않기 때문이다. 그러나 우리는 그 무한자가 실존함을 부정한다. 그것은 가공架空이고, 실재성 없는 상상이다.[303]

말브랑쉬가 배역한 중국철학자가 아니라 진짜 중국철학자라면 '무한자'를 '절대적

---

[302] Malebranche, *Entretien d'un philosophe chrétien et d'un philosophe chinois*, 2-3쪽.
[303] Malebranche, *Entretien d'un philosophe chrétien et d'un philosophe chinois*, 4쪽.

무한자'와 '상대적 무한자'로 나누고 '절대적 무한자'의 가공성架空性과 함께 누군가 인간(가령 임금)을 이 '절대적 무한자'인 신의 모상模像(보댕의 'the image of God', 홉스의 'the mortal God')으로 간주하는 경우(왕권신수설)의 정치적 위험성을 지적할 것이다. 하늘은 인간에 비해 무한히 위력적인 권능을 가지고 있다. 이런 의미에서 하늘은 무한자, 전지전능자다. 그러나 하늘도 때로 실책을 범하기 때문에 '절대적' 전지전능자 또는 '절대적' 무한자, 즉 '절대자'는 아니다. 따라서 극동의 철학은 앞서 잠시 시사했듯이 인간들 중 뛰어난 성인聖人이 신을 돕는 우신론祐神論 또는 천인상조론天人相助論을 말하고 "물성物性을 다할 수 있으면 천지화육을 돕고, 천지화육을 도울 수 있으면 천지와 더불어 참여할 수 있다"는 천지화육찬참론天地化育贊參論을304) 말하는 것이다. 이것은 응당 천지의 결함과 한계에 대한 인정認定과 하늘의 실책에 대한 인간의 원망怨望·탄핵·교정·보완을 전제한다.

이 논리의 반복으로서 극동에서는 임금을 '하늘의 아들(天子)'로 관념하더라도 임금이 상대적 무한자에 지나지 않는 하늘처럼 실수와 결함이 있을 수 있기 때문에 신하들은 임금의 정사에 찬참贊參할 수 있고 임금에게 간쟁諫爭하고 여의치 않으면 임금을 갈아치우는 반정과 혁명도 할 수 있는 것이다. 그러나 신을 절대적 무한자로 관념하고 다시 임금을 이 절대자 '신'의 모상으로 관념하는 유럽적 왕권신수설의 세계에서는 반정과 혁명은 논리상 '절대' 있을 수 없다. 신도, 그 모상도 '절대로' 실책을 범하지 않는 '절대자'이기 때문이다. 만약 실제로 임금을 죽이거나 갈아치우는 일이 벌어진다면 그것은 '시군弑君'이나 '대역大逆' 행위다. 이런 까닭에 유럽에서는 근대적 '혁명' 개념이 자생自生할 수 없어 17-18세기에야 극동으로부터 수입할 수밖에 없었다. 이 혁명개념이 수입된 뒤에야 로크의 저항권(혁명권) 이론이 나왔고, 이로써 드디어 정치철학적으로 혁명의 길이 백성의 권리와 의무로서 타개되어 근대적 시민혁명의 시대가 열렸던 것이다.

절대적 무한자의 존재를 부정하는 중국철학자의 대답에 대해 말브랑쉬는 일단

---

304) 『中庸』(二十二章): "能盡物之性 則可以贊天地之化育 可以贊天地之化育 則可以與天地參矣."

'직접적 지각(직관)'의 개념으로 절대적 무한자로서의 신의 실존을 증명한다.

사람들이 당신에게 그런 주권적 진리가 우리의 정신이 가공적으로 만들어낸 것에 지나지 않는다고 말한다면, 그 실존을 증명하는 것은 어떻게 되는가? 확실히 그것의 실존에 대한 증명은 무한히 완전한 존재자를 증명한 논리의 연장일 뿐이다. 당신은 이것을 곧 볼 것이다. 그래도 여기에 신의 실존에 대한 아주 간단하고 아주 자연스러운 증명, 내가 당신에게 주는 모든 증명 중 가장 간단한 증명이 있다. 무를 생각하는 것과 조금도 생각하지 않는 것, 무를 지각하는 것과 아무것도 지각하지 않는 것은 같은 것이다. 그러므로 정신이 즉물적·직접적으로(*immédiatement & directement*) 지각하는 것은 그 어떤 것이거나, 그것은 실존한다. 나는 '즉물적·직접적'을 말하고 있으니 주의하라. 왜냐하면 나는 가령 우리가 잠잘 때, 그리고 많은 경우에 깨어있을 때도 전혀 존재하지 않는 것들에 대해 생각한다는 것을 잘 알고 있기 때문이다. 그러나 그것은 그때 전혀 우리 정신의 즉물적·직접적 대상인 그것이 아니다. 우리 정신의 즉각적 대상은 우리의 공상 속에서도 아주 실재적이다. 왜냐하면 그 대상이 전혀 존재하지 않는다면 우리의 공상 속에서 아무런 차이도 존재하지 않기 때문이다. 무無들 사이에는 차이가 전혀 없는 까닭이다. 그리하여 또 한 번 말하면 정신이 직접적으로 지각하는 것은 실재적으로 존재한다. 그런데 나는 무한자를 생각하며, 나는 무한자를 즉각적으로, 그리고 직접 지각한다. 그러므로 무한자는 존재한다. 그것이 지각에 전혀 존재하지 않는다면, 나는 아무것도 지각하지 않고, 따라서 나는 전혀 지각하지 않는다. 그렇기 때문에 내가 지각함과 동시에 전혀 지각하지 않는 것은 명백한 모순이다.[305]

무한자를 '즉물적·직접적'으로 지각한다는 말, 즉 무한자를 직관한다는 말을 '우리 극동사람들'은 이해할 수 없다. 이성적 '생각'과 감성적 '지각'을 혼동하지 않는 한, 무한자를 '생각할' 수는 있으나 '지각할' 수 없다고 말하는 것이 옳다. 무한자를 감각적으로 지각한다면, 즉 '직관'한다면 그것은 환영(헛것)을 보는 것일 것이다. 너무 멀거나 너무 큰 것은 우리 시각에 들어오지 않기 때문이다. 그러나 환각장애자는 헛것을 즉각적·직접적으로 직관한다. 그리고 환각장애자만이 그럴 수 있다. 따라서 지금

---

[305] Malebranche, *Entretien d'un philosophe chrétien et d'un philosophe chinois*, 5-6쪽.

까지 말브랑쉬는 저렇게 길게 쏟아놓은 말로 실은 신을 '헛것'으로 증명한 꼴이다. 따라서 진짜 중국철학자라면 이 신의 증명법을 전면적으로 거부할 것이다. 그러나 말브랑쉬가 배역한 가짜 중국철학자는 이 증명법을 수긍한다. "나는 당신이 대상에 대해 생각할 때 당신의 정신의 직접적 그 대상이 무한자라면 그것이 실존하는 것이 필연적으로 틀림없다는 것을 인정한다."[306] 하지만 말브랑쉬는 데카르트의 그릇된 '관념' 개념을 전개할 기회를 만들기 위해 이 가짜 중국철학자로 하여금 대상에 대해 생각할 때 정신의 직접적 대상이 무한자라는 것을 부정하도록 만든다.

> 그러나 그렇다면 당신 정신의 직접적 대상은 당신 자신의 정신 외에 다른 것이 아니다. 내 말은 당신이 '정신'이라고 부르는 이 조직되고 정화된 물질 부분이 당신에게 무한자를 표현해 주고 있는 것을 제외하고는 당신이 이 무한자를 지각하고 있지 않다는 뜻이다. 그렇기 때문에 무한자가 우리의 이해처럼 절대적으로, 그리고 우리의 바깥에 실존한다는 것은 전혀 도출되지 않는다.[307]

스스로 설정한 이 난관에서 말브랑쉬는 기독교철학자를 시켜 중국철학자의 '리' 개념으로 말을 돌린다. "우리들은 당신이 당신의 제1원리로 받아들이는 리, 즉 주권적 진리에 대해서도 역력하게 동일한 답변을 할 수 있을 것이다." 그리고는 바로 이어서 이렇게 말한다.

> 그러나 이것은 당신에게 간접적으로만 답변하는 것일 게다.(…) 당신이 정신이라고 부르는 '조직되고 정화된 물질 부분'은 진짜 유한한 것이다. 그러므로 직접 보는 것에서(*en la voyant immédiatment*) 무한자를 볼 수 없다. 확실히, 두 개의 실재만 존재하는 곳에서 우리는 네 개 실재를 지각할 능력이 없다. 우리가 지각하지만 그럼에도 전혀 존재하지 않는 두 실재가 있기 때문이다. 존재하지 않는 것은 지각될 수 없다. 무無를 지각하는 것과 전혀 지

---

[306] Malebranche, *Entretien d'un philosophe chrétien et d'un philosophe chinois*, 6쪽.
[307] Malebranche, *Entretien d'un philosophe chrétien et d'un philosophe chinois*, 6쪽.

각하지 않는 것은 같은 것이다. 그러므로 유한한 물질 부분 속에서 또는 유한한 정신 속에서는 우리가 무한자를 보기에 충분한 실재를 발견할 수 없다는 것은 명백하다. 이것에 유의하라. 당신이 하늘에 대해 가진 관념은 아주 방대하다. 그러나 공간의 관념이 공간을 무한히 뛰어넘는다는 것을 당신 자신 속에서 느끼지 않는가? 그 관념은 그 공간을 주파走破하려는 당신 정신의 온갖 노력에도 불구하고 공간이 한계가 없기 때문에 그것을 다 주파할 수 없다는 것을 당신에게 선언하지 않는가? 그러나 당신의 정신, 당신 자신의 실체가 당신 자신 안에서 '연장에서 무한한 것', 일종의 무한자, 하나의 특수한 무한자를 찾아내기에 충분한 실재성을 포함하고 있지 않다면, 당신이 어떻게 그 안에서 온갖 존재자에게서 무한자를, 존재자의 완전한 의미에서의 무한자, 한 마디로 무한히 완전한 큰 존재자(*l'Etre infiniment parfait*)를 볼 수 있나? 나는 당신에게 묻는다. 당신의 마음에 들 정도로 정화된 물질이 어떻게 정화된 물질이 아닌 것을 표현할 수 있는가? 또는 특수한 기관器官들과 변동 중의 주체들이 어떻게 영원한 불변적 진리와 법칙과 만인에게 공통된 법칙들을 보거나 그 자신에게 표현할 수 있는가? 내게 당신의 의견은 지탱될 수 없는 역설로 보이기 때문에 묻는 것이다.308)

결론은 인간정신이 비록 작아도 무한자를 담을 수 있다는 주장이다. 이에 대해 말브랑쉬는 중국철학자로 하여금 다시 양보해 이 주장을 인정하도록 만들고 '어리석은' 이의를 제기하게 한다.

당신의 논증은 타당한 것으로 보인다. 그러나 당신의 논증은 확고(확실)하지 않다. 왜냐하면 당신의 논증은 경험에 반하기 때문이다. 우리는 작은 그림(*tableau*)이 우리에게 너른 들녘, 크고 장엄한 궁전을 재현해 줄 수 있음을 알지 못한다. 그러므로 재현된 것이 그 자체로서 그것이 재현하는 모든 실재를 포함하는 것은 필연적이지 않다.309)

말브랑쉬는 이렇게 어리석은 이의를 제기하게 해놓고 기독교철학자로 하여금 이를

---

308) Malebranche, *Entretien d'un philosophe chrétien et d'un philosophe chinois*, 6-8쪽.
309) Malebranche, *Entretien d'un philosophe chrétien et d'un philosophe chinois*, 8쪽.

쉽사리 논파하게 한다.

작은 그림은 우리에게 너른 들녘을 재현해 줄 수 있다. 어떤 궁궐의 단순한 언술과 묘사는 우리에게 궁궐을 재현해 줄 수 있다. 그러나 궁궐이나 들녘을 보는 것은 정신의 직접적 대상(l'objet immédiat de l'éesprit)인 그 그림이나 언술이 아니다. 우리가 바라보는 물적 궁궐 자체는 그것을 보는 정신의 직접적 대상이 아니다. 직접적 대상은 궁궐의 관념이다. 이 관념이 그것의 직접적 대상인 정신에 실제로 접하거나 영향을 미치는 것이다. 오직 그림이 우리의 눈으로 들어와 시신경을 흥분시키고 이것을 통해(들녘 자체가 하는 식으로) 뇌를 흥분시키고 그곳(뇌)에서 유일하게 영혼과 육체의 통일의 자연법칙에 따라 대상을 참으로 재현하는, 유일하게 정신의 직접적 대상인 관념을 일으키는 빛을 반영하기 때문에만 그림이 들녘을 재현한다는 것은 확실하다. 왜냐하면 당신은 우리들이 물적 대상 자체(les objets materiels en eus-mêmes)를 보지 못한다는 것을 알아야 하기 때문이다. 우리는 물적 대상들을 즉물적·직접적으로 보지 못한다. 우리는 전혀 실존하지 않는 것도 종종 보기 때문이다. 이것은 우리가 수백 가지 방법으로 증명할 수 있는 하나의 진리다.[310]

여기서 말브랑쉬는 '인상印象'(impression)과 '관념'(idée)을 구별하지 못한 데카르트의 그릇된 관념 개념을 그대로 반복하고 있다. 데이비드 흄은 인상과 관념을 두 가지 별개의 현상으로 준별하고 인상을 지각 자체로서 '느낌(feeling)'의 기능에 귀속시킨 반면, 관념은 '생각(thinking)'의 기능에 귀속시켰다.[311] 공자는 흄보다 수천 년 전에 이미 유사하게 '입상立象'과 '의념意念'을 준별했다. 흄의 인상과 유사한 '입상'은 하늘에서 만든 심상心象(在天成象)이 격물치지格物致知(지각)를 통해 일으켜지는 것인 반면, 관념과 유사한 '의념'은 입상에 대한 뇌의 성실한 사고작용('誠意')에 의해 뇌에서 만들어내기 때문이다.[312] 따라서 우리가 인상을 생각으로 가공해 만들어낸 제2차 산물인

---

[310] Malebranche, *Entretien d'un philosophe chrétien et d'un philosophe chinois*, 8-10쪽.
[311] David Hume, *A Treatise of Human Nature*(Oxford: Oxford University Press, 2007), 7쪽.
[312] '의념'은 '성의(誠意)'나 '입상진의(立象盡意)'의 '의(意)'를 말한다. 『禮記』「第十九 樂記」; 『易經』「繫辭上傳」(1): "하늘에서는 심상을 만들고 땅에서는 물형을 만들어, 변화가 보이는 것이다(在天成象

제3절 유럽중심주의적 위정척사파의 저항 ••• 161

'관념'(의념)을 통해서는 대상을 직관하지(직접 지각하지) 못하는 반면, 지각으로 일으켜지는 인상을 통해서는 언제든 대상을 직관하고 근감각筋感覺(kinaesthesia; muscle sense)의 지각을 통해서는 대상의 기氣(힘)까지도 직감한다. 나중에 칸트도 앵무새처럼 반복하는, '물자체는 지각할 수 없다'는 말브랑쉬의 오판은 관념과 인상의 개념적 미분화에 더해 근감각을 잊고 오감적 지각들에 갇힌 채 사고할 때 일어나기 쉽다. 그러므로 우리 정신의 직접적 대상은 실물이 아니라 관념이라는 말브랑쉬의 데카르트주의적 주장은 그릇된 것이다. 우리 정신의 '생각' 작용이 아니라 '느낌' 작용은 실물 대상을 언제든 직접 지각할 수 있고 또 근감각은 물자체까지도 얼마간 느낄 수 있기 때문이다.

그러나 다시 말브랑쉬는 가짜 중국철학자로 하여금 자신의 엉터리 논변을 받아들이게 하고 리 개념으로 관심을 돌리게 한다.

> 나는 그것을 시인한다. 그러나 그들은 당신에게 우리가 만물을 보는 것은 리 속에서라고 말한다. 리는 우리의 빛이기 때문이다. 그것은 주권적 진리이기도 하고, 질서와 규칙이기도 하다. 그것에서 나는 하늘을 보고, 그것에서 나는 내가 보는 하늘 위에 있는 그 무한한 공간을 지각한다.[313]

그리고 말브랑쉬는 '리'를 가지고 얼마간 논의를 전개해 성리학적 리 개념을 기독교적 신 개념과 가깝게 수정할 것을 강권한다.

> 리에서는 어떤가? 그 원리를 표현하라. 무無(le néant)를 지각하는 것과 전혀 지각하지 않는 것은 동일한 것이다. 그러므로 우리는 10개밖에 없는 곳에서 100개의 실물을 지각할

在地成形 變化見矣". 그리고 '격물치지(格物致知)'와 '성의(誠意)'는 참조: 『大學』(經文首章). '입상진의(立象盡意)'는 참조: 『易經』 『繫辭上傳』(12). 공자의 입상과 의념의 구분, 흄의 인상과 관념의 구분에 관한 본격 논의는 참조: 황태연, 『공자의 인식론과 역학: 지물(知物)과 지천(知天)의 지식철학』(파주: 청계, 2018), 102-108쪽.

[313] Malebranche, *Entretien d'un philosophe chrétien et d'un philosophe chinois*, 10쪽.

수 없다. 왜냐하면 존재하지 않고 지각될 수 없는 90개가 있기 때문이다. 그러므로 리가 탁절하게(eminemment) 만물을 포함하지 않는다면, 즉 리가 우리가 찬미하는 신神인 '무한히 완전한 큰 존재자(l'Etre infiniment parfait)'가 아니라면 리 안에서는 만물을 지각할 수 없다. 리 안에서 우리는 하늘을 보고 우리가 지울 수 없다고 강하게 느끼는 무한한 공간을 볼 수 있다. 왜냐하면 정말로 리는 자기 안에 모든 실재를 다 담고 있기 때문이다. 그러나 유한한 것은 결코 무한자를 담고 있지 않다. 우리가 무한자를 지각한다는 유일한 사실로부터만 무한자가 존재한다는 것이 필연적인 것이다. 이 모든 것은 '무無(le neant)는 직접적으로 지각될 수 없다', 그리고 '무를 지각하는 것과 아무것도 지각하지 않는 것이 동일한 것이다'는 아주 명백하고 아주 단순한 그 원리에 기초해 있다.314)

"리가 탁절하게(eminemment) 만물을 포함한다"는 것에서 '탁절하게'라는 표현은 데카르트가 『방법서설』에서 인간에 대해 신의 초월적 지위를 표현할 때 쓴 말이다. 아무튼 말브랑쉬는 '리로서의 하늘'을 '주재자(상제)로서의 하늘'로 바꿀 것을 권하는 꼴이다. 즉, 말브랑쉬는 감히 주리론적 성리학을 기독교리와 유사한 방향으로 수정하여 '기독교화'하려고 하고 있다. 그러나 이것은 성리학을 파괴하지 않는 한 불가능한 것이다. 하늘의 리 기능은 주재자 기능과 용도가 다르기 때문이다. 리는 철학을 위해 있는 개념인 반면, 상제(주재자)는 극동사람들의 '시민종교'를 위해 있는 개념이다.

말브랑쉬는 가짜 중국철학자로 하여금 다시 말브랑쉬의 저 논변을 받아들이도록 한다. 그러나 그는 중국철학자로 하여금 확신이 서지 않는다고 말하게 함으로써 자신의 말을 더 쏟아놓을 기회를 만든다.

당신에게 나는 무한한 존재자의 실존에 대한 당신의 증명에 반박할 여지가 없다고 선의에서 고백한다. 그렇지만 나는 전혀 확신하지 못하겠다. 나는 무한자를 생각할 때마다 아무것도 전혀 생각하지 않는 것처럼 보인다.315)

---

314) Malebranche, *Entretien d'un philosophe chrétien et d'un philosophe chinois*, 10-11쪽.
315) Malebranche, *Entretien d'un philosophe chrétien et d'un philosophe chinois*, 11쪽.

이에 말브랑쉬는 확신을 산출하기 위해 다시 한 번 자신의 그릇된 논변을 전개한다.

그렇다면 아예 무無를 생각하는 것은 어떤가? 당신이 연장, 즉 물질의 1피트를 생각할 때마다 당신은 어떤 사물을 생각하게 된다. 당신이 그것의 100피트나 1000 피트를 느낄 때, 확실히 당신이 지각하는 것은 100배 또는 1000 배 더 많은 실재성이 있다. 다시 무한자에까지 증가시켜라, 그러면 당신은 어려움 없이 '무한자를 생각하는 것은 무를 생각하는 것과 무한히 멀다'는 것을 이해하게 될 것이다. 왜냐하면 당신이 생각하는 것은 당신이 생각한 모든 것들보다 더 크기 때문이다. 그러나 그것이 사실임에 주목하라(voici ce que c'est). 당신은 무한자의 지각을 접하는데, 당신이 접하는 무한자의 이 지각은 아주 가벼워서 당신은 당신이 아주 가볍게 접하는 것을 무無로 여기는 것이다. 내가 명확히 하겠다. 가시가 당신을 찌를 때 가시의 관념은 당신의 영혼 속에 우리가 아픔이라고 부르는 감각적 지각을 산출한다. 당신이 당신의 거실의 연장을 바라볼 때 그것의 관념은 우리의 영혼 속에 우리가 색깔이라고 부르는 덜 생생한 지각을 산출한다. 그러나 당신이 공중을 바라볼 때 그 공간 또는 오히려 이 공간의 관념이 우리 안에서 산출하는 지각은 전혀 또는 거의 생생함이 없다. 마침내 당신이 눈을 감을 때, 우리가 그때 품는 광대한 공간의 관념은 순수한 지적 지각에 의거하지 않는다면 당신을 접하지 않는다. 그러나 실례합니다만, 관념이 당신에게서 산출하는 지각의 생생함에 의해 관념의 실재성을 판단하다니 참으로 유감이다. 그렇다면, 그 실재성은 우주 전체 또는 우주의 관념 속에서 있는 것보다 우리를 찌른 가시의 뾰족한 끝에, 우리를 불태우는 석탄 속에, 아니 우리들의 관념들 속에 더 많이 있다고 믿어야 할 거고, 확실하게 관념의 실재성을 우리가 보고 관념들이 포함하고 있다고 여기는 것에 의해 판단해야 한다. 어린이들은 공기에 대한 지각을 감지할 수 없기 때문에 공기가 존재하지 않는다고 믿는다. 그러나 철학자들은 1입방피트의 공기 속에도 납 1입방피트의 납 속에 들어 있는 만큼 많은 물질이 존재한다는 것을 잘 안다. 반대로 관념들은 더 큰 만큼 더 적은 힘으로 우리를 터치하지 않을 수 없는 것으로 보인다. 하늘이 우리에게 실재와 비교해 아주 작게 보인다면, 어쩌면 우리가 가진 지각능력은 하늘의 전체적 웅대성에 대한 생생한 감각적 지각을 담기에 너무 작다. 우리의 지각이 생생할수록 우리의 정신이 지각을 더 많이 나누고 우리가 지닌 지각능력 또는 생각능력, 즉 분명히 아주 협소한 경계를 가진 능력을 꽉 채운다는 것은 확실하기 때문이다. 그런데 연장적 무한자의 관념은 하늘의 관념보다 더 많은 실재성을 내포한다. 그리고 온갖 존재자들에서의 무한자의 관념은 존재자(l'Etre)라는 이 말에 조응하는 관념들, 즉 무한히 완전한 존재자는 비록 이 관념이 우리를 감동시키는 바의 지각이 전체 지각 중 더 가볍더라도 한층 무한히 더 많은 것을 내포한다. 무한자의 이 관념이 가벼울수록 더 광대하고, 그것이 무한하기 때문에 무한히 가볍다.316)

말브랑쉬는 사물의 실재성이 사물의 지각의 강도와 정비례한다는 대중적 믿음을 부정함으로써 응수하며, 관념이 클수록 그것의 지각은 덜 격심해야 한다는 반대의 주장을 펴고 있다. 이 잣대를 적용해 그는 무한히 완전한 존재자의 지각을 무한히 가벼운 빛의 지각으로 비유하는 것 같다. 그러나 지각의 생생함의 비유를 동원한 말브랑쉬의 논증은 이 비유가 무한자의 부재에 대한 반증反證으로 뒤집힐까봐 이를 막기 위해 궤변으로 꼬이고 또 꼬이고 있다. 왜냐하면 '상상'을 두고 하는 말이면 모르겠으나 '지각'을 두고 100배, 1000배 늘려 무한자에까지 늘린다고 말하는 것은 어불성설이고, 공중의 지각이 생생하지 않다는 것도 그릇된 것이기(공중은 '창공'을 말하고, '창공'은 푸르디푸르고, 밤에 보면 검디검기 때문이다. 천자문의 첫 구절 "천지현황天地玄黃"을 상기하라!) 때문이다. 또 공중을 올려다보는 것은 창공 전체를 보는 것이 아니라 지평선 안쪽의 하늘만 보는 것이고, 또 눈을 감을 때 남는 것은 창공의 '관념'이 아니라 창공의 '기억'이기 때문이다.('기억'은 아직 완전한 관념이 아니라, 생생한 인상의 잔영이다.) 또한 그는 감각적 '지각'(느낌)과 '사고'(생각)을 혼동하고 있다. "순수하게 지적인 지각", "우리의 지각이 생생할수록 우리의 정신이 지각을 더 많이 나누고 우리가 지닌 지각능력 또는 생각능력, 즉 분명히 아주 협소한 경계를 가진 능력을 꽉 채운다"는 등의 표현들에서 이것은 분명하다.

   무한자의 관념을 생생한 인상 없는 순수한 사변적 관념으로만 이해해야 한다는 말브랑쉬의 주장은 근거 없다. 이 주장의 핵심요지는 무한자의 관념이 실재에 조응하는 것이 아니라는 말이다. 따라서 이것은 오히려 '무한자는 실재하지 않는다', '무한자

---

316) Malebranche, *Entretien d'un philosophe chrétien et d'un philosophe chinois*, 11-14쪽.

는 실존하지 않는다'는 말로 뒤집히고 만다. 무한자가 우리가 생각할 수 있는 모종의 실재성이 있다면, 이 무한자란 경험의 한계와 관련해 우리가 편의적으로 설정한 일종의 '개념적 약속'일 뿐이다. 즉, 무한자의 개념은 '온갖' 수단(전자망원경, 탐지견, 전자현미경, 전자계산기, 우주선 등 온갖 관찰·탐지·계산수단)을 동원한 인간의 경험적 지각·수행능력의 한계를 초월해 발산되는 연장이나 관념 속의 수數를 수학적·기하학적(측량술적) 의미에서 '무한자'(수학적 무한대, 무한소수, 무한광년, 소실점 등)로 설정한 것에 지나지 않는다. "우리가 가진 지각능력은 하늘의 전체적 웅대성을 담기에 너무 작다"는 말브랑쉬의 말 속에도 지각한계를 초월하는 현상을 무한자로 '설정'하는 사고의 맹아가 보인다.

 그러고도 기독교철학자 말브랑쉬는 무한자 관념의 '실재성' 또는 '실효성'을 증명하기 위해 가짜 중국철학자의 발언기회를 극소화하고 자기 말만 '무한히' 이어간다.

 우리가 그 모든 것, 즉 관념들의 실재성과 실효성을 더 잘 이해하기 위해 우리가 두 진리에 관해 성찰을 많이 하는 것이 좋다. 첫 번째 진리는 우리가 눈 자체로 대상들을 보지 않는다는 것, 그리고 우리가 마찬가지로 대상 고유의 물체(*corps*)를 물자체物自體로서(*en lui-même*)가 아니라 그 관념에 의해서 감지한다는 것이다. 두 번째 진리는 하나의 동일한 관념이 우리를 건드려 다른 모든 지각들을 일으킬 수 있다는 것이다. 우리가 눈 자체로 대상들을 보지 않는다는 증거는 명백하다. 왜냐하면 우리가 잠잘 때나 뇌가 병으로 너무 격앙되어 있을 때처럼 바깥에 실존하지 않는 것을 흔히 보기 때문이다. 대상이 존재하지 않고 무無는 볼 수 없기에 우리가 보는 것은 그러므로 확실히 대상이 아니다. 왜냐하면 '무를 보는 것'과 '보지 않는 것'은 같은 것이기 때문이다. 그러므로 우리가 대상을 보는 것은 우리의 정신에 대한 관념의 작용에 의해서다. 우리가 우리 자신의 육체를 느끼는 것도 관념의 작용에 의해서다. 왜냐하면 팔이 잘린 사람들이 손이 그들을 아프게 한 뒤에도 오랫동안 많이 느끼는 일천 가지의 경험이 있기 때문이다. 그때 그들을 터치하고 그들에게 고통의 느낌을 주는 손은 더 이상 이미 잘린 손이 아니다. 그러므로 그것은 손의 관념(*l'idée de la main*)에 지나지 않을, 따라서 우리 손에 상처를 입을 때 갖는 뇌의 진동과 유사한 그런 진동에 지나지 않을 수 있다. 실제로 우리의 몸을 구성하고 있는 물질이 우리의 정신에 작용을 가할 수 없기 때문에, 물질보다 우월한 것, 물질을 창조한 것(celui qui lui est superior, & qui l'a crée), 육체의 관념이 연장을 표현하는 한에서 이 관념에 의해, 즉 육체의 본질 자체에 의해 정신에 작용을 가할 수 있는 것만 존재한다. 이것에 대해서는 적당한 때에 설명할 것이다.[317]

이차적 '관념'과 구별되는 일차적·직접적 '인상(입상)'을 모르는 말브랑쉬는 잘린 팔을 아직도 몸에 붙어있는 것으로 느끼는 뇌의 그릇된 작용, 즉 작화作話(confabulation) 작용을 오용해 보고 느끼는 감각적 지각의 기능을 무용지물로 무력화시키고, '관념'을 절대화하고 있다. 그러나 관념은 사유작용에 의해 '인상'에서 복제된 이차적 가공물이라서 실재성과 불일치할 수 있고 사유작용에 의해 자유자재로 조작될 수 있는 것이다. 즉, '관념'은 대상과 이격되어 멀어져 갈수록 사유작용이 지어낸 '허구' 또는 '가공'일 위험이 아주 크다.

그럼에도 말브랑쉬는 자신의 논변을 지루하게, 장황하게 계속 전개해 나간다.

하나의 같은 관념이 다른 모든 지각들로 우리의 영혼을 터치할 수 있다는 것은 한층 더 확실하다. 당신의 손이 아주 뜨거운 물속에 있다면, 그리고 동시에 당신이 생각하는 것보다 더한 통풍을 가졌다면, 같은 손의 관념은 고통·열기·안색 등 세 가지 다른 감각으로 당신을 건들 것이다. 따라서 누군가 눈을 감고 연장에 대해 생각할 때 그가 가진 관념이 들녘 한복판에서 눈을 뜰 때 갖는 관념과 다르다고 판단하지 말아야 한다. 그것은 우리를 다른 지각들로 건드는 동일한 연장 관념일 뿐이다. 당신의 눈이 감겨있을 때 당신은 아주 약한 지각 또는 순수한 지성작용, 그리고 언제나 연장의 다양한 관념적 부분들의 동일한 지각밖에 가지고 있지 않다. 그러나 눈이 떠 있을 때, 당신은 물체의 실존과 다양성을 판단하면서 당신이 마음에 품는 다양한 색깔들인 다양한 감각적 지각들을 갖는다. 왜냐하면 당신에 대한 신의 작용은 감각적이지 않기 때문에 당신은 당신이 눈 자체로 전혀 지각하지 못하는 대상들에다 대상들의 관념들을 당신에게 표현하는 모든 실재를 귀속시킨다. 그런데 이 모든 것은 영혼과 육체의 통합의 일반법칙에 따라 이루어진다. 그러나 이 모든 것의 세부사

---

[317] Malebranche, *Entretien d'un philosophe chrétien et d'un philosophe chinois*, 14-15쪽.

항을 당신에게 설명하기 위해서는 주제에서 벗어난 아주 긴 이야기를 해야 한다. 당신이 더 많이 성찰할수록 내가 말하게 되는 것이 그만큼 더 밝힐 수 있는 우리의 주제로 돌아오자. 당신은 무한자에 대해 생각함에도 불구하고 그것이 無에 대해 생각하는 것이 아니라고, 아무것도 지각하지 않는 것이 아니라고 믿는가?[318]

말브랑쉬는 가짜 중국 철학자에게 이렇게 묻고 긍정의 대답을 요구한다. 그러자 이 중국철학자는 이 요구에 호응해서 "나는 내가 무한자에 대해 생각할 때 무에 대해 생각하는 것과 아주 멀리 떨어져 있다고 아주 확신한다"고 말해주고 다시 이의를 단다. "그러나 그러면 나는 그러한 존재자에 대해서, 즉 특수한, 확정된 존재자에 대해서 전혀 생각하지 않는다. 그런데 당신이 찬미하는 신은 그러한 존재자, 특수한 존재자가 아닌가?"[319] 이에 대해 기독교철학자는 "우리가 찬미하는 신은 그 본질이 유한하다(bornée)는 그런 의미에서의 그런 존재자가 전혀 아니다"고 즉답한다. 그리고 이어서 신神에 대해 장황하게 설명한다. "그러나 자기 본질의 단순성 속에 신은 신의 본질의 무한히 불완전한 모방들로서의 분담들(나는 '부분'을 말하는 것이 아니다), 무한히 제한된 것들일 뿐인 모든 존재자들 속의 실재성과 완벽성으로 존재하는 모든 것(*tout de qu'il y a de réalité ou de perfectiond dans tous les êtres*)을 포함하는 유일한 존재자라는 의미에서의 그런 존재자다. 왜냐하면 이것이 하나이면서 모든 것인 무한한 존재자(*l'Etre infini d'être une, & en une sens toutes choses*)의 속성이기 때문이다. 말하자면 그것은 다양한 존재자들에 의한 양상의 무한성을 모방하거나 불완전하게 분담할 수 있는 부분들, 실재태들, 완벽태들의 구성도 전혀 없이 무한히 단순한 속성이다. 이것은 모든 유한한 정신이 명확하게 이해할 수 없는 것이다. 그러나 이것은 정신이 비록 유한해도 무한히 완전한 존재자의 이념으로부터 명확하게 연역적으로 추리할 수 있는 것이다. 당신 자신은 당신의 리理, 당신의 주권적 지혜, 질서, 진리가 여러 가지 상이한 실재태들로, 리가 당신에게 밝혀주는 모든 상이한 관념들로 구성된 것이라고 생각

---

[318] Malebranche, *Entretien d'un philosophe chrétien et d'un philosophe chinois*, 15-17쪽.
[319] Malebranche, *Entretien d'un philosophe chrétien et d'un philosophe chinois*, 17쪽.

한다. 왜냐하면 나는 당신의 박사들이 대부분 당신이 보는 모든 것을 리 속에서 본다고 생각한다는 말을 들었기 때문이다."320)

말브랑쉬는 이에 대해 처음으로 중국철학자에게 좀 더 길게 말한 기회를 준다.

> 우리는 리(le Ly) 속에서 우리가 이해할 수 없는 많은 것들을, 무엇보다 리의 단순성(simplicité)과 수다성數多性(multiplicjté)의 결합을 발견한다. 그러나 우리는 우리를 밝게 해주고 모든 것을 규제하는 하나의 지혜, 하나의 주권적 질서가 있다고 확신한다. 당신은 당신의 신에다 이런 지혜를 놓는 것으로 보이고, 우리는 이 지혜가 기氣(matiere) 속에 존재한다고 생각한다. 이 지혜는 확실히 기 속에 존재한다. 그러나 현재까지 우리는 당신이 말하는 신의 실존을 확신하지 않는다. 당신이 신의 실존에 대해 나에게 주게 된 증명이 내가 무슨 대답을 해야 할지 모를 정도로 아주 간단하다는 것은 사실이다. 그러나 이 증명은 아주 추상적이라서 나를 완전히 확신시키지 못한다. 더 정밀한 증명은 없는가?321)

"우리는 리(le Ly) 속에서(…) 무엇보다 리의 단순성과 수다성의 결합을 발견한다"는 구절은 말브랑쉬의 중국철학 이해가 "아주 뒤섞인 정확성"을 지녔다는 것을 보여준다. 주지하다시피 주희는 '리일분수론理一分殊論'('리理는 하나이나 나뉘어 달라진다'는 이론)을 논변했다. 중국철학자가 더 정밀한 증명을 요구하자 말브랑쉬는 올바른 이성적 추론을 대안으로 제시한다.

> 나는 얼마든지 당신에게(증명을) 제공하겠다. 신이 창조한 세계, 사람들이 창조주의 인식에까지 올라갈 수 없는 세계 안에서 가시적인 것은 아무것도 없기 때문에 정확하게 추론하기만 한다면 얼마든지 그러겠다. 그리고 당신은 유의하시라, 당신이 나를 뒤따라서 그것을 판명하게 이해하지 않는다고 내게 반박하지 않는다는 이 조건을 엄수하기만 한다면 나는 신의 실존을 확실하게 당신에게 확신시켜 주겠다. 당신이 들녘 한가운데서 눈을 뜰 때 눈을 뜨는 순간 당신은 각각 웅장함, 모양, 움직임이나 정지, 가까움과 멂에 따른 아주 큰

---

320) Malebranche, *Entretien d'un philosophe chrétien et d'un philosophe chinois*, 17-18쪽.
321) Malebranche, *Entretien d'un philosophe chrétien et d'un philosophe chinois*, 18-19쪽.

수의 대상들을 발견하고, 다른 모든 색깔의 지각에 의해 이 모든 대상들을 식별한다. 우리가 그토록 많은 대상들에 대해 갖는 아주 즉각적인 이 지각의 원인이 무엇인지 찾아보자. 당신이 지금 원인을 육체의 기관器官과 구분하거나 리理나, 우리가 찬미하는, 그리고 대상을 우리의 육체에 압인押印할(impressions) 때 우리가 우리에게서 끊임없이 작용한다고 믿는 신神과 구분한다면, 이 원인은 이 동일한 대상들, 그리고 인상을 받아들이는 우리의 육체의 기관이나 우리의 영혼밖에 존재할 수 없다. 1. 나는 대상들이 우리의 눈쪽으로 빛을 반사하는 것 이상의 것을 하지 않는다는 사실을 당신이 인정한다고 생각한다. 2. 당신이 눈이 어떻게 만들어져 있는지를 안다고 내가 가정하기 때문에 나는 눈이 각 대상들에서 반사된 광선들을 죄다 시신경에 모으거나 눈의 수정체의 초점을 찾는 것에 지나지 않는다고 당신이 다시 인정한다고 생각한다. 그런데 광선들의 이 재결합은 뇌 부위의 신경이나 관련 신경에 의해(…) 저 신경섬유를 진동시킨다. 그렇지만 여기까지 감각도 없고 대상들의 어떤 지각도 없다.[322]

이보다 앞선 인용문에서 말브랑쉬는 리의 이 단순한 측면과 다양한 측면을 올바로 언급하고 있다. 우주 안에서 모든 주어진 사물은 그 자신의 리를, 즉 그것의 특수하고 다양한 측면을 가지고 있다. 그러나 리의 이 모든 특수한 측면들은 리의 단순한 측면을 표현하는 최고의 절대적 리를 창출하는 것과 긴밀한 관계가 있다. 이것은 주리론적 성리학의 한 중요한 요소의 특징을 기본적으로 정확하게 규정한 것이다. 하지만 말브랑쉬가 증명의 간단함을 언급할 때 그는 중국철학 속으로 데카르트의 '진리의 기준'인 '명백하고 판명한(claire et distinct) 관념'이라는 서양철학적 가정을 투입하고 있는데, 이것은 어떤 식으로든 정당화될 수 없다.[323] 위에서 기독교철학자는 "당신이 그것을 판명하게(distinctement) 이해하지 않는다고 내게 반박하지 않는다는 이 조건"을 운위하고 있고, 또 조금 뒤에는 중국철학자가 "나는 명백하게(clairement) 이해할 수 없다고 고백한다"고 말하거나,[324] "당신이 내가 그것에 생각하는 것을 판명하게 이해

---

[322] Malebranche, *Entretien d'un philosophe chrétien et d'un philosophe chinois*, 19-20쪽.
[323] Munzello, "Malebranche and Chinese Philosophy", 569쪽.
[324] Malebranche, *Entretien d'un philosophe chrétien et d'un philosophe chinois*, 23-24쪽.

하게 만들기 위하여(…)"라고325) 운운하고 있기 때문이다. 이것은 부지불식간에 데카르트적 진리기준을 보편화하려는 말브랑쉬의 경향을 보여주는 사례들이다. 이 경향은 그의 논변을 약화시킬 뿐만 아니라, 중국철학에 대한 그의 불완전한 이해를 보여주는 것이다.326) 데카르트의 진리기준을 보편화하려는 경향은 이런 사례들로 그치는 것이 아니라 지각과 관련해서도 지속된다. 기독교철학자가 인간의 지각이 신이 기하학과 광학을 포함한 일반법칙을 수립한 것에 달려있는 것으로 주장하는 경우다.327)

다시 본래 논의로 돌아오자. 기독교철학자가 "광선들의 이 재결합은 뇌 부위의 신경이나 관련 신경에 의해(…) 저 신경섬유를 진동시키지만 여기까지 감각도 없고 대상들의 어떤 지각도 없다"고 말했을 때, 중국철학자는 이를 유물론적으로 반박한다. "그것은 우리의 박사들이 당신에게 부정하는 것이다. 우리들이 정신 또는 영혼이라고 부르는 것은 그들에 의하면 조직되고 정화된 기氣에 지나지 않는다. 뇌 섬유의 진동, 즉 그 작은 육체들 또는 활기의 움직임과의 접합들은 우리의 지각, 우리의 판단, 우리의 추론과 동일한 것들이다. 한 마디로 우리의 다양한 생각과 동일한 것이다."328) 이 올바른 성리학적 이견에 대해 말브랑쉬(기독교철학자)는 마치 신경질을 내듯이 반박한다. "나는 갑자기 멈췄다. 그러나 그것은 당신이 규정된 조건을 어기는 것이다. 당신은 내게 당신이 전혀 이해하지 못하는 것을 반박하고 있다. 왜냐하면 나는 모든 반대되는 것을 명백히 이해하기 때문이다. 나는 연장 또는 물질의 관념에 의해 연장이 모양·운동, 거리·항구성·계기繼起의 관계, 그리고 이보다 훨씬 더 많이 할 수 있다는 것을 명백히 이해한다. 그리고 나는 내가 명백히 이해하는 것밖에 말하지 않는다."329) 이런 식으로 설전이 벌어지기도 하지만 중국철학자는 연신 양보를 한다.

---

325) Malebranche, *Entretien d'un philosophe chrétien et d'un philosophe chinois*, 29쪽.
326) Munzello, "Malebranche and Chinese Philosophy", 569쪽.
327) Malebranche, *Entretien d'un philosophe chrétien et d'un philosophe chinois*, 29, 32-34쪽.
328) Malebranche, *Entretien d'un philosophe chrétien et d'un philosophe chinois*, 20-21쪽.
329) Malebranche, *Entretien d'un philosophe chrétien et d'un philosophe chinois*, 21쪽.

지금까지 신의 실존에 대한 말브랑쉬의 증명 논변을 결론적으로 약술하자면 무한한 존재자의 관념은 그 자신의 실존을 포함한다는 것이다. 말브랑쉬의 논변 속에서 단순한 유한자의 관념은 그 자신의 실존을 내포하지 않는다. 유한한 것들은 그것들을 표현할 관념들을 가지고 있기 때문이다. 즉, 유한자는 그 관념과 분리되어 있기 때문이다. 그러나 무한성은 무한성의 관념과 분리될 수 없다. 우리는 존재자의 관념에 대한 지각 없이 존재자를 지각할 수 없다. 무한자에 대한 우리의 지각은 우리의 정신이 유한하기 때문에 제한되지만, 무한성으로 지각되는 것은 무한하다. 무한자의 관념은 신의 관념과 등가적인 '무한히 완전한 존재자'의 관념이다. 그래서 신은 「출애굽기」(3장4절)에서 모세의 물음에 "나는 나인 것이다(*I am that I am*)"라는 말, 즉 제한되지 않은 또는 무한한 존재자라는 말로써 답했을 때 그 자신을 그렇게 정의했다. 기독교 철학자는 중국철학자에게 그가 무한성의 관념을 가질 수 있다면 그는 신의 관념을 가진 것이고 이 관념의 단순한 가능성이 이 관념의 실존을 보증한다고 말하고 있다. 이런 관점에서 우리는 무를 생각하는 것과 생각하지 않는 것은 실제로 같은 것이고, 반대로 우리가 무한성을 생각할 때 우리는 실제로 어떤 것(*something*)을 생각하고 있다는, 『대화』 안에서 반복되는 주제를 해석해야 한다는 말이다.330)

말브랑쉬는 절대적 무한자의 존재를 부정하는 중국철학자의 대답에 대해 이렇게 답한 것이다. 이것은 안셀름(Anselm of Canterbury, 1033-1109)에 의한 소위 '신의 존재론적 증명법'을 차용한 데카르트의 진부한 논변이었다. 신의 존재론적 증명의 데카르트 버전은, '무한히 완전한 존재자'로서의 신의 관념에 입각할 때, 이런 신이 실존하지 않는다면 그것은 신의 무한한 완전성에 배치되는 것이므로 '무한히 완전한 존재자'로서의 신은 실존할 수밖에 없다는 논변이다. 그러나 이 논변은 부당전제의 오류를 범하는 엉터리 논변이다. 신의 비非실존이 신의 무한한 완전성에 반反하는 것이라면 그 무한한 완전성이 이미 실존을 내포하고 있다는 말이다. 따라서 신의 실존을 그 무한한 완전성의 본성으로부터 도출하는 것은 그 무한한 완전성의 본성에 부당하게도

---

330) Munzello, "Malebranche and Chinese Philosophy", 567쪽.

미리 전제된 실존을 도출하는 것이다. 이것이 부당전제의 오류인 것이다. 이런 부당전제의 오류는 데카르트의 다른 명제 "나는 생각한다, 고로 나는 존재한다"에도 들어있다. "나는 생각한다"는 문장에는 이미 "나"가 주어로 들어 있기 때문이다. 말브랑쉬는 데카르트의 철학에서 이런 오류들을 간파하지 못했고, 또 인상과 관념을 데카르트와 마찬가지로 구분하지 못하는 철학적 미개성을 보여주고 있다. 이것은 공자의 '입상과 의념의 구분'에 비하면 2000여년이나 후진 것이다.

지금까지 말브랑쉬의 철학적 논변의 이런 반동성과 후진성, 그리고 편향성을 생생하게 보여주기 위해 『대화』의 첫 21쪽을 빠짐없이 살펴보았다. 이제 그 문제점을 충분히 알게 되었으므로 다음부터는 문젤로의 분석에 의거해 주제별로 약술하고자 한다.

■ 리理와 기氣 개념의 재再정의를 통한 '신의 본성'의 정의

이후의 대화도 말브랑쉬가 기독교적 논변과 유럽중심주의에 사로잡혀 편향되고 반反예수회 선교사들의 정신을 통해 여과된 성리학의 왜곡버전을 보여준다. 말브랑쉬는 신의 본성을 정의하기 위해 '리'와 '기'를 쓰기도 한다. 『대화』의 두 번째 부분은 신의 본성을 정의하려고 한다. 그것은 기독교철학자가 리를 주권적 진리로서의 리의 본성으로부터 모든 실재나 완벽함을 자신 안에 포함하는 신으로서의 '무한히 완전한 존재자(l'Etre infiniment parfait)' 속으로 확장하려는 시도로부터 시작해서 중국철학자의 리 개념을 수정한다. "당신은 리가 주권적 진리라고 말한다. 나도 그것을 말하지만, 이것이 그것을 들은 대로다. 신, 무한히 완전한 존재자는 - 내가 당신에게 이미 신에게 무능한 것은 존재하지 않기 때문에 신이 나에게서 그의 실효적 실재태들에 의해 감동케 할 수 있다고 증명하고 설명한 바대로 - 그 자신 안에 실재성과 완벽성의 존재하는 모든 것을 포함한다."331) 간단히, 리는 기독교적 신의 등가물이 된다. 하지만 이 확장적 해석에 장애물이 있다. 말브랑쉬의 철학에서 진리는 우리의 관념과 진리 간의 상응성으로 구성된다. 인간은 독력으로 이러한 상응성의 이해에 도달하지만, 그의 개

---

331) Malebranche, *Entretien d'un philosophe chrétien et d'un philosophe chinois*, 36-37쪽.

명明 또는 계몽의 원천으로서 신을 필요로 한다. 우리는 간접적으로 이 진리에 상응하는 관념들에 의해 신 안에서 영원한 진리를 본다.[332] 말브랑쉬는 리가 무한히 완벽해서 그것이 그 본질의 단순성 속에 그것이 창조한 만물의 관념들을 포함하기 때문에만 주권적 진리, 지상至上의 진리일 수 있다고 결론짓는다. 여기서 벌써 그는 슬그머니 성리학적 리 개념을 창조주적 리로, '상제上帝'로 수정해 변질시키고 있다. 말브랑쉬는 자신의 신 개념을 중국적 리에다 투영하고 있다. 중국의 리는 리를 물질과 연결시키는 말브랑쉬의 기준을 만족시키지 못하기 때문이다.[333]

플라톤으로까지 거슬러 올라가는 물질관에 따라 기독교철학자는 물질을 "실체들 중 가장 낮고 가장 멸시할만한(plus derniere & plus méprisable) 실체"로 언급하고 "리의 표면"에 있는 것이라고 설명한다.[334] 다시 밝히는 바, 중국의 '기'는 물질이 아니라 힘(force, énergie)이다. 말브랑쉬의 신 개념을 만족시키기 위해 리는 무한히 완벽한 존재자의 실체와 보다 배타적으로 연결되어야 한다. 중국철학자는 리가 '기의 정돈'의 개념뿐만 아니라, 물질을 질서 잡는 주권적 지혜도 내포한다고 말한다.[335] 기독교철학자는 리가 물질을 정돈하고 규제하는 주권적 지혜인 한에서 기독교적 신과 합치된다고 인정한다. 그러나 중국철학자는 리가 물질(氣) 없이 홀로 실존할 수 없고 또 리가 의식적으로 지성적이지 않다고 주장한다. 이때 기독교철학자는 그렇다면 리가 신의 등가물로서 결함이 있다고 논변한다.[336]

말브랑쉬는 리의 이 결함에 대한 해석을 롱고바르디로부터 빌렸음을 밝히지 않고 있을지라도 롱고바르디의 논고를 차용하고 있는 것이 틀림없다. 롱고바르디는 리가 말브랑쉬의 '물질'과 등가적인 기氣('근원적 공기') 없이 실존할 수 없다고, 그리고 리는 의식적 의미에서 지성적이지 않다고 진술하고 있기 때문이다. 롱고바르디는 말

---

[332] Malebranche, *Entretien d'un philosophe chrétien et d'un philosophe chinois*, 37-38쪽.
[333] Munzello, "Malebranche and Chinese Philosophy", 570쪽.
[334] Malebranche, *Entretien d'un philosophe chrétien et d'un philosophe chinois*, 39쪽.
[335] Malebranche, *Entretien d'un philosophe chrétien et d'un philosophe chinois*, 39쪽.
[336] Malebranche, *Entretien d'un philosophe chrétien et d'un philosophe chinois*, 39-40쪽.

브랑쉬가 인용하는 리의 이 두 결함에 대해 이렇게 지적한다.

> 그 다음 그들(신유학자들)은 리가 홀로 존재할 수 없고 근원적 공기(氣)를 필요로 한다고 말한다.(…) 둘째, 리는 그 자체로서 고찰할 때 비활력적이고 무생명적이고, 무결정적이고 무지성적이다. 셋째, 리는 공기(氣) 없이, 공기로부터 제멋대로 방사되는 속성들 없이 아무것도 만들지 못한다. 넷째, 리는 모든 창조와 모든 부패의 원인, 우연적 형식들이 사물들의 존재에 주고 이것을 저것과 구별하는 다양한 속성들을 취하고 버리는 원인이다. 다섯째, 세상의 만물은 필연적으로 물질적이고 또 그것들 속에는 참으로 정신적인 어떤 것도 전혀 존재하지 않는다. 우리는 이것을 『성리대전』의 26권과 34권에서 볼 수 있다.[337]

말브랑쉬는 기의 정돈이 변화하고 소멸할 수 있는 반면, 리 자체는 영원하고 불변적이라고 주장함으로써 기 없이 존재할 수 없는 리의 결함을 해결한다. 그리하여 중국철학자도 리가 실제 홀로 실존할 수 있다고 결론짓는다.[338] 두 번째 결함은 해결하기에 더 어렵다는 것이 입증된다. 리가 지혜와 정의를 추상적 질로서 표명하는지, 아니면 리가 의식적으로 지혜롭고 정의로운지에 관한 흥미로운 논쟁이 이어진다. 기독교 철학자는 리가 양자를 표명해야 한다고 주장하는 반면, 중국철학자는 신적 힘들을 의인화하는 경향을 별로 환영하지 않아서 리는 지혜와 정의이지만 지혜롭거나 정의롭지 않다고 주장한다. 달리 말하면 중국철학자는 형식과 질이 주체와 다르다고 주장한다.[339]

이 논쟁은 신 개념의 능력에 관한 기독교와 성리학 간의 차이를 더 벌렸다. 기독교 철학자는 무한히 완벽한 존재자로서의 신이 자기의지로 행동하고 그 자신으로부터만 결론을 끌어낸다고, 즉 신의 권능은 무제한적이라고 강조한다. 반면, 중국철학자는 리의 권능에 일정한 제한을 두고 싶어 한다.[340] 훗날 라이프니츠는 말브랑쉬와 달

---

[337] Longobardi, *Traite sur quelques points de la religion des Chinois* (in Dutens' Edition, 133, §14: 19). Munzello, "Malebranche and Chinese Philosophy", 570쪽에서 재인용.

[338] Malebranche, *Entretien d'un philosophe chrétien et d'un philosophe chinois*, 40-41쪽.

[339] Malebranche, *Entretien d'un philosophe chrétien et d'un philosophe chinois*, 41-43쪽.

리 리의 권능의 제한에 관한 중국철학적 논변과, 세상에 능동적으로 개입하는 신의 권능의 제한에 관한 자신의 단자론적 논변 간에 유사성이 있다고 생각했다.[341]

■ '리理'를 신과 등치시키려는 말브랑쉬의 기도

중국철학자는 기독교철학자의 우김질에 다시 양보한다. 지혜와 정의인 신이 또한 지혜롭고 정의롭다고 말하는 것은 모순적이지 않다는 것이다. 하지만 그는 이 동일한 속성들을 리에다 적용하지 않고 기독교적 신을 중국적 리와 떼어놓는 거리를 논증한다. 『대화』의 나머지는 신과 리를 더 가깝게 만들려는 시도다. 기독교철학자는 유한한 물질적 공간과 무한한 공간을 구별한다. 리는 신과 등가적이기 위해 무한한 공간을 포함해야 할 것이다. 더 특징적으로 리는 무한히 완벽한 것으로서의 우리 이해의 모든 대상들을 포함하고 그 본질의 완벽한 단순성과 모든 유한한 존재자들의 실재성 간의 상응성을 견지해야 할 것이다. 말브랑쉬는 중국철학자가 이것을 시인했다고 함의한다.[342]

기독교철학자는 리가 인혜로운 본성을 가졌더라도 맹목적 충동으로 행동한다면 어떻게 우주를 지도하고 질서 잡을 수 있는지 묻는다. 중국철학자는 말하자면 리의 인혜로운 본성이 세상에서 무질서와 추악성을 허용하지 않기 때문에 리가 지성이거나 의식적이라는 것은 생각할 수 없다고 대꾸한다. 그의 견해에서 세계 안에서의 모순들의 존재는 리가 지혜롭지도 지성적이지도 않다는 것을 확인해준다.(진짜 중국철학자라면 '모순'이 아니라, 인간과 사물의 태생적 불완전성[태생적 정신질환자, 태생적 불구자, 유전질환 등]과 정치사회적 난세를 거론할 것이다.) 이에 대해 기독교철학자는 인간의 정신이 유한하기 때문에 인간이 신 또는 리의 무한한 요소를 파악하지 못한다고 대답한다.

---

[340] Malebranche, *Entretien d'un philosophe chrétien et d'un philosophe chinois*, 44-45쪽.

[341] Gottfried W. Leibniz, "Discourse on the Natural Theology of the Chinese"(1716), Chapter 4-5. Gottfried Wilhelm Leibniz, *Writings on China*, translated by Daniel J. Cook and Henry Rosemont, Jr.(Chicago·LaSalle: Open Court Publishing Company, 1994).

[342] Malebranche, *Entretien d'un philosophe chrétien et d'un philosophe chinois*, 43-44쪽.

그는 우주 안의 외양적 모순의 존재로부터 신이나 리가 전지적全智的이지 않다는 결론을 끌어내는 것은 그릇된 것이라고 생각한다.[343] 인간의 유한한 정신이 인간으로 하여금 신의 계획을 볼 수 없게 만들지라도 신은 단순성과 풍부성의 이중 기준에 기초한 법칙들을 일관되게 따른다. 이 법칙들은 세계 안에서 단순성과 풍부성을 극대화하려고 모색한다는 것이다.[344] 여기서 말브랑쉬는 다른 인간들이 그 정신의 유한성으로 인해 알 수 없는 것을 알아낼 수 있는 유일한 신적 예외인간 또는 '초인'처럼 굴고 있다.

기독교철학자 말브랑쉬는 신이 '사랑의 신'임에도 불구하고 왜 악이 일어나는 것을 허용하는가라는 물음에 대해 신의 법칙이 단순성과 일반성을 극대화할지라도 일정한 악을 허용하지만, "신이 자신의 법칙의 확립에 의해 인간들에게 전달한 권능을 인간들이 범죄적으로 악용하면" 이 악용은 신이 "그의 복수의 날"에, 즉 최후의 심판일에 "처벌할 것을 예정하고 있다(*il réserve au jour de ses vengeances à punir l'abus criminal que*)"고 대답한다.[345] 그러나 이런 악에도 불구하고 신이 만든 이 세계는 단순성과 지혜의 방도로 만들 수 있는 가장 나은 세계다. "당신은 세계가 신이 만들 수 있는 가장 우수한 작품이 아니라 신이 쓰는 방법만큼 단순하고 지혜로운 방법으로 만들 수 있는 가장 우수한 작품이라고 상상하라."[346] 말브랑쉬의 이 논변과 라이프니츠의 '이 세계가 모든 가능한 세계 중의 최선의 세계'라는 예정조화설 간의 유사성은 "현저하다".[347] 그러나 뒤에 라이프니츠의 예정조화설과 관련해 논하듯이, 그렇다고 라이프니츠가 말브랑쉬로부터 예정조화설을 '표절'했을 것이라는 추정은 금물이다. 라이프니츠는 『대화』가 출간되기 20년 전에 이미 예정조화설을 완성했기 때문이다. 라이프니츠의 이 예정조화설은 공자의 성선설性善說과 무위이성無爲而成하는 천지지도

---

[343] Malebranche, *Entretien d'un philosophe chrétien et d'un philosophe chinois*, 56-57쪽.
[344] Malebranche, *Entretien d'un philosophe chrétien et d'un philosophe chinois*, 59-60쪽.
[345] Malebranche, *Entretien d'un philosophe chrétien et d'un philosophe chinois*, 61쪽.
[346] Malebranche, *Entretien d'un philosophe chrétien et d'un philosophe chinois*, 61-62쪽.
[347] Munzello, "Malebranche and Chinese Philosophy", 572쪽.

天地之道의 개념에 의해 영향받은 것으로서 중국적 유래를 가졌다. 게다가 루터교도 라이프니츠는 종교적으로 세계를 전면적으로 부정하는 금욕적 프로테스탄트 교리에 반해서 현존하는 세계는 "신이 쓰는 방법만큼 단순하고 지혜로운 방법으로 만들 수 있는 가장 우수한 작품"이 아니라 "신이 만들 수 있는 가장 우수한 작품"이라고 생각했다.

유럽중심주의적 선입견이 『대화』 전체를 관통해서 지속될지라도 말브랑쉬는 적어도 중국철학자를 단칼에 무신론자로 고발하는 노골적 비판 없이 『대화』를 마감하고 있다. 이것은 말브랑쉬가 결코 '도덕군자'이기 때문이 아니라 그가 당대 유럽인들의 공자찬미와 중국열기에 의해 위축되어 있었기 때문이다. 그가 『대화』를 쓴 1708년은 공자숭배와 중국열광이 페넬롱이 『죽은 자들의 대화』을 집필할 때(1683년)보다 더 뜨겁게 달아오르는 시점이었다. 이런 까닭에 말브랑쉬는 페넬롱보다 심적으로 더욱 위축될 수밖에 없었던 것이다.

말브랑쉬는 오히려 중국철학자로 하여금 리 개념을 재정의해 그의 신 개념과 더 부합되게 만들려고, 즉 리 개념을 기독교화하려는 동방선교의 목적에 기독교철학적으로 충실을 기하고 있다. 중국철학은 이 기독교적·의인적擬人的 신 개념을 받아들여 리 개념을 기독교화한다면 무신론을 탈피할 수 있다. 중국철학자가 철학적으로 이 합치를 확립하지 못한다면 중국철학을 스피노자주의적 무신론으로 몰려는 말브랑쉬의 비판적 의도는 『대화』의 절제된 언어 속에 이미 "함축된" 것이다.[348] 중국철학을 무신론·스피노자주의로 노골적 비난하는 언동은 『독자를 위한 조언』에서 나타난다.

■ 『독자를 위한 조언』의 내용

1708년 7월 『트레보 지』에 『대화』를 오히려 스피노자주의적 무신론으로 모는 격렬한 비판적 논평이 실린 뒤, 말브랑쉬는 이 '황당한' 비난에 대해 자신을 방어해야 할 절박성을 느꼈다. 이 비난은 일평생 스피노자주의 세력들과 전투를 벌여온 말브랑쉬

---

[348] Munzello, "Malebranche and Chinese Philosophy", 572쪽.

의 감수성을 자극했고, 이로 인해 같은 해 8월에 나온 『독자를 위한 조언』의 어조는 『대화』보다 덜 절제되어 있다. 또 『독자를 위한 조언』에 표현된 속마음은 그만큼 더 솔직하다. 말브랑쉬는 필경 철학을 종교와 융합하는 그의 철학적 경향이 그런 비난을 받을 모종의 근거를 제공해왔었기 때문에 스피노자주의 비난에 극도로 민감했을 것이다.349)

『독자를 위한 조언』의 서두에서 말브랑쉬는 여전히 그의 자료원에 대해 침묵한다. 드 리온느가 중국철학의 유일한 번역자로 언급되지만, 그도 "아주 존경할만하고 신뢰할만한 분(une personne très-respectable & digne de foi)"이라고 익명으로 언급되고 있다.350) 그리고 말브랑쉬는 한 예수회 선교사가 자기의 의견을 중국인들이 아주 인정한다고 확언해주고 자기의 저서를 중국으로 보내달라고 했으며, 『대화』의 출간은 주변사람들에 의해 추진되었다고 말한다.

> 나는(드 리온느에 대한) 내 순응의 정당함을 증명하기 위해 내가 말하는 사람이 중국인들이 내 의견을 강력하게 인정한다고 내게 확신시켜주었고 또 우리의 프랑스신부들에게 보낸 한 예수회 신부의 편지에서 이 말의 의미를 읽었다고 부언附言해도 되는지 모르겠다. "철학에 정통한 우리의 학자들이 아니라 수학에 정통한 학자들과 말브랑쉬 신부의 저서들을 여기 우리에게 보내라." 게다가 『대화』가 출판된 것은 내가 말한 사람의 명령에 의한 것도 아니고 나의 노력에 의한 것도 아니다.351)

여기서 등장하는 "예수회 신부"는 요하킴 부베(Joachim Bouvet, 1653-1730)로 알려져 있다. 말브랑쉬는 자기의 논변을 지지하는 이 예수회 선교사를 들이댐으로써 자신의 주장의 신빙성을 한껏 높이려고 하고 있다.

---

349) Munzello, "Malebranche and Chinese Philosophy", 572쪽.
350) Malebranche, *Avis touchant l'Entretien d'un philosophe chrétien avec 'un philosophe chinois*, 1쪽.
351) Malebranche, *Avis touchant l'Entretien d'un philosophe chrétien avec un philosophe chinois*, 1-2쪽.

이제 반론의 내용으로 들어가 보자. 1708년 7월 『트레보 지』의 논평자는 말브랑쉬를 이렇게 비판했다.

> 『진리의 탐구에 관하여』와 이 『대화』의 저자는 중국철학자의 설명에다 무례하게 무신론을 갖다 붙인다. 그리고 그는 기독교철학자의 이름으로 그의 특이한 논증에 의해 설득을 기도한다. 아마 모든 중국철학자와 모든 기독교철학자들이 쌍방이 모두 말하는 것에 동의하지 않을 것이다. 이것 자체는 그 국민의 철학에 정통할 정도로 무신론과 아주 거리가 먼 중국황제에게도 확실하다.352)

말브랑쉬는 『트레보 지』 논평자의 이 비판을 읽고 어처구니없다는 듯이 이렇게 반박한다.

> "중국철학자의 설명에다 무례하게 무신론을 갖다 붙인다"는 저 언사는 내가 옳지 않다고 인정하게 만든다. 따라서 무신론에 빠진 단 한 명의 중국인이 없어 신빙성 훼손 없이(신에 대한) 불경건不敬虔(무신앙)을 논박하기 위해 대화상대자 역을 내게 맡게 할 수 있는 단 한 명의 중국인이 없으니까, 논평자의 까다로운 요구를 만족시키기 위해서는 중국인을 일본인이나 태국인, 차라리 프랑스인으로 바꾸기만 하면 된다. 왜냐하면 불경한 스피노자의 체계가 여기서 큰 재앙을 일으키는 것이 알맞기 때문이다. 그리고 내보기에는 스피노자의 불경건과 우리 중국철학자의 불경건 간에는 많은 관계가 있는 것으로 보인다.('중국철학자'를 '스피노자'로) 이름을 바꾸더라도 내 글의 본질은 전혀 바뀌지 않을 것이다. 나는 사람들이 내가 논박하기를 원한 오류에 대항해 내가 제시하는 증명들만을 나의 계산에 넣기를 논평자에게 바란다.353)

말브랑쉬는 자기에 대한 비판을 어처구니없어 하면서 이를 비아냥거림으로 맞받아

---

352) Malebranche, *Avis touchant l'Entretien d'un philosophe chrétien avec un philosophe chinois*, 5-6쪽.

353) Malebranche, *Avis touchant l'Entretien d'un philosophe chrétien avec un philosophe chinois*, 6쪽.

치고 『대화』에서 꽁꽁 숨긴 그의 본심을 논평자의 비판에 대한 격앙된 반박 속에서 그대로 노출하고 있다. 말브랑쉬가 "특히 스피노자의 불경건한 체계가 비밀스러운 재앙을 일으키는 때에 설명 속에서 나쁜 의미를 띠는 어휘를 피해야 하는데"354) 중국철학의 스피노자주의적 해석을 피하려는 노력을 다하지 않았다는 비난에 대해 말브랑쉬는 아예 무신론적 스피노자 체계와 중국철학 사이에 충분한 유사성이 있다고 대꾸하고 있다. 그는 중국철학에 대해 스피노자주의적 무신론으로 고발하는 종교철학적 탄핵을 제기하고 싶은 속마음을 『대화』 전체를 관통해서 숨겼으나 이제 털어놓고 있다. 이로써 그는 편파적인 기독교적 본심을 노골화한 것이다. 그는 단지 그가 기독교적 유럽문화가 보편적 타당성을 가졌다는 이유로 중국문화를 분명하게 격하시키고 있다. 그런데 스피노자를 알지 못하는 극동철학자들을 향해 스피노자주의적 무신론자라는 비난을 가한다면, 실은 이것이야 말로 어처구니없는 언동일 것이다. 그러나 18세기 중반의 계몽철학자들은 말브랑쉬 식의 이 기독교적 편견에 강력히 도전한다.355)

말브랑쉬의 기독교적 편견은 다음과 같은 조건부 논변에서 명확하게 드러난다.

게다가 나는 무신론에 의해 참된 신의 실존, 모든 방식으로 무한히 완전한 큰 존재자의 실존에 대한 인정을 거부한다는 소리가 들리지 않는다면 중국인들의 설명에 무신론을 갖다 붙이지 않는다.356)

'무한히 완전한 큰 존재자'라는 기독교적 신의 실존에 대한 인정을 거부한다면, 중국인들도 무신론자로 몰겠다는 말이다. 그러나 거의 모든 중국인과 극동인들은 이런

---

354) Malebranche, *Avis touchant l'Entretien d'un philosophe chrétien avec un philosophe chinois*, 9쪽.
355) Munzello, "Malebranche and Chinese Philosophy", 573-574쪽.
356) Malebranche, *Avis touchant l'Entretien d'un philosophe chrétien avec un philosophe chinois*, 7쪽.

'절대자'로서의 신을 단연 거부한다. 그렇더라도 극동인들은 완전한, 극렬한 무신론자가 아니다. 극동인은 적어도 루소가 말하는 '시민종교적' 신, 가령 "하느님이 보호하사 우리나라 만세"라는 애국가 가사 속의 '하느님', 즉 유성有性 신 개념을 믿는 것을 거부하지 않기 때문이다. 말브랑쉬는 '천주'가 기독교적 신과 등가적이지 않을지라도 '천주'나 '천天'은 "이미 그것을 인식하는 사람들의 관점에서 참된 신의 개념을 정신 속에서 되살릴 수 있기 때문에 신을 말하는 데 이바지할 수 있는 술어들이라고 실토한다".357) 하지만 '이미 신을 인식한 사람들'은 이미 오직 기독교인들만을 뜻하고 중국을 배제하는 것으로 보인다. 총괄하면, 『독자를 위한 조언』에서 중국철학에 대한 말브랑쉬의 태도는 『대화』에서보다 훨씬 엄격하고 유럽중심적이 된 것으로 보인다. 이 관점에서 보면, 말브랑쉬도 중국전례논쟁의 희생물이 된 것이다.358)

말브랑쉬는 "그 국민의 철학이 무신론을 비판하고 창조주 신의 실존과 하늘과 땅의 왕의 실존을 가르친다"는 논평자의 주장을359) 배격함으로써 『독자를 위한 조언』를 끝마친다. 말브랑쉬는 이 주장을 의심하고 그가 스피노자주의에 대한 유럽 기독교 사상가들의 투쟁에 사로잡혀 있음을 표명한다. "나는 강하게 의심하지만(…) 그것은 나와 무관한 사실, 내가 전혀 간여하지 못하는 사실이다. 중국철학은 무신론을 비난한다. 유럽철학은 무신론을 더 이상 비난하지 않는가? 그리고 유럽철학은 어떤 스피노자주의자들이 있다고 생각하는 것을 막고, 저 불경건한 생소한 역설들과 싸우기 위해 기독교인과 스피노자주의자 간에 그 어떤 대화를 갖는 것을 막는가?"360) 여기서 우리는 그가 자꾸 논제를 스피노자주의와의 투쟁으로 돌리는 한에서 그의 정신이 유럽의 지평을 뛰어넘지 못하고 있음을 확인한다.361)

---

357) Malebranche, *Avis touchant l'Entretien d'un philosophe chrétien avec un philosophe chinois*, 10쪽.

358) Munzello, "Malebranche and Chinese Philosophy", 574쪽.

359) Malebranche, *Avis touchant l'Entretien d'un philosophe chrétien avec un philosophe chinois*, 35쪽.

360) Malebranche, *Avis touchant l'Entretien d'un philosophe chrétien avec un philosophe chinois*, 35쪽.

말브랑쉬의 중국철학 비판은 격한 전례논쟁을 배경으로 원고상태에서부터 반反예수회 진영 안에서 일정한 인기를 누렸지만,362) 동시대의 철학자들과 이후의 철학자들에 대해 일반적 영향력을 발휘하지 못하고 거센 공자열풍과 중국열광에 밀려 곧장 묻히고 말았다. 오늘날 학자들은 그의 중국철학 비판을 롱고바르디의 논고나 '중국인들의 자연신학'에 관한 라이프니츠의 논의보다 열등한 것으로 평가한다. 그리고 라이프니츠는 「중국인들의 자연신학에 관한 논고」(1716)에서 절대적인(무한히 완전한) 신에 대한 말브랑쉬의 논변을 근본적으로 비판한다. 라이프니츠는 공자와 극동 철학자들처럼 신이 절대적이라고 생각지 않았기 때문이다. 신도 자기가 수립한 법칙과 사랑·정의 등 도덕성을 어길 수 없는 것이다. 이런 의미에서 신은 절대적이지 않다. 말브랑쉬는 이 점을 전혀 고려치 않았다. 이런 까닭에 말브랑쉬가 선천적 장애인·유전질환자·양성애자와 선천적 성불능자·선천적 변태·성소수자 등을 만들어내는 불완전하고 비절대적인 신으로서의 극동의 제한적 신 개념까지 이해하는 것은 애당초 불가능했던 것이다.

끝으로, 말브랑쉬의 성리학 비판을 쿠플레의 성리학 비판과 비교하면, 말브랑쉬의 『대화』는 위정척사적 성격이 강하게 부각된다. 쿠플레는 『중국철학자 공자』「예비논의」에서 말브랑쉬와 달리 성리학을 중국철학 사조 안에서 유물론적·소극적 무신론 기조의 한 철학 갈래에 지나지 않은 것으로 위치 지었고, 공자철학을 내걸고 공자경전과 완전히 배치되는 신新철학을 추구하는 성리학자들의 '양두구육' 논변을 지적하며 성리학을 유물론적·소극적 무신론에서 아예 공식적·적극적 무신론으로 전락할 수 있는 위험을 안은 철학으로 진단했다. 이것이 쿠플레가 성리학을 비판한 이유였다. 그러나 말브랑쉬는 성리학을 중국철학의 '전부'로 보고 스피노자주의로 몰아 비판하고 공자경전 자체를 거들떠보지도 않았다. 그가 공자철학을 전혀 모르는 '편협한 유럽중심주의자'였기 때문이다. 그런데 잘 알지 못하는 것에 대해서는 침묵하

---

361) Munzello, "Malebranche and Chinese Philosophy", 574쪽.
362) Iorio, "Introduction", 3쪽.

는 것이 철학자의 도리다. 그러나 그는 알지 못하는 것을 놓고 '아는 체'하는 것을 넘어 '비판'까지 가했다. 공자철학을 찬양하고 성리학을 공자철학과 분리시켜 비판한 쿠플레에 비하면, 이런 식의 논변은 실로 부도덕하기까지 한 '위정척사론'으로 느껴진다. '위정척사'는 자기 것을 '정正'으로 보위하고 외부로부터 들어오는 모든 것을 잘 알지도 못하면서 무조건 '사邪'로 배척하는 폐쇄적 '자문화自文化중심주의'인데, 말브랑쉬의 입장이 바로 전형적 자문화중심주의이기 때문이다.

3.3. 몽테스키외의 유럽중심주의와 중국 비방

'샤를-루이 드 세콩다, 바롱 드 라 브레드 에 드 몽테스키외(Charles- Louis de Secondat, baron de La Brede et de Montesquieu)'라는 긴 풀네임을 가진 프랑스 대귀족 몽테스키외 남작(1689-1755)은 중국과 동양제국諸國을 모조리 '공포'에 기초한 '전제국가'로 비판하는 '동양 비방의 대가'였다.363) 몽테스키외가 태어난 1689년은 피에르 벨과 라이프니츠가 그들의 수많은 주요저작들을 출판한

몽테스키외

해였다. 그리고 몽테스키외가 태어나기 10년 전인 1679년은 영국국왕 찰스2세와 윌리엄 템플이 영국 추밀원을 중국식 내각제로 개편한 해였다. 따라서 그가 『법의 정신』을 출간할 즈음(1748)은 영국의 내각제가 정상제도로 뿌리내리게 되는 월폴내각 시대를 지나 명실상부한 근대적 정부제도로 공고화되는 시기였다.

몽테스키외는 영국의 이 권력분립이 내각제와 함께 중국에서 왔다는 사실을 까맣

---

363) 이하 몽테스키외에 대한 기술은 필자의 『공자와 세계(2)』(2011)의 해당부분을 대폭 보완·수정해 새로 쓴 것이다.

게 모르고 영국의 이 중국식 내각제적 권력분립 체제를 '게르만의 숲'에서 유래한 것으로 찬양하는 어중이 학자였지만, 이후 세계에서는 사상초유의 권력분립 이론가로 알려졌다. 또 이런 허명虛名을 얻은 몽테스키외는 군주의 군림권(천하영유권)과 신료의 의정·통치권의 분리에 기초한 군신 간 권력분립, 군신 간의 인사권 분립, 언론 삼사三司제도 등으로 특징지어진 극동 유교국가의 독특한 '견제·균형'의 권력분립 체제, 언론·학문·사상·종교의 자유와 종교적 관용 등으로 특징지어지는 자유와 탈신분제적 평등을 전혀 포착하지 못한 채 중국비방에 '심혈'을 쏟았다. 그는 동양에 대한 무지·억측·무고 수준에서 그야말로 중국의 정치문화와 정치체제를 중상하는 것으로 일관했다. 따라서 프랑스와 유럽에서의 중국문화와 공자철학의 계몽적 보급과 혁명적 활용은 필연적으로 볼테르·케네·다르장송·유스티 등 기라성 같은 계몽철학자들이 나서서 이 '걸출한' 동양비방자가 퍼트린 근거 없는 악담을 걷어내는 과정을 거치게 된다.

몽테스키외의 '중국 비방'을 분석해 보면, 중국의 내각제(중국의 내각제적 제한군주정)도 모르고 이것이 영국으로 전파된 역사적 서천西遷과정도 모른 채 영국의 권력분립적 제한군주제의 우월성이라는 유럽중심주의적 편견에서 그는 앤슨(George B. Anson) 제독이나 네덜란드 상인들이 중국정부의 통상허가나 입국허가를 받는 데 실패한 뒤 퍼트린 중국 악담이나, 중국관련 서적들이 지나치듯 묘사한 중국사회의 부정적 측면만을 골라 최대로 활용하고 중국에서 벌어진 선교 관련 사건들을 교묘하게 종교탄압으로 왜곡하고 있는 것을 알 수 있다. 포르투갈 상인들은 이미 중국으로부터 마카오를 조차해 중국연안 상업에 종사하고 있었다. 1624년 이래 중국과 서방 간의 무역을 독점하려고 부심하던 네덜란드 상인들은 이런 포르투갈 상인들을 시기해 마지않았다. 그러나 네덜란드 상인들의 무역독점 기도는 1685년 중국 정부가 최종적으로 그들의 과도한 요구를 물리침으로써 실패로 돌아갔다. 이들은 이때부터 중국인들을 '타고난 룸펜과 사기꾼'으로 묘사하는 소문과 책자들을 쏟아냈다. 영국의 노예무역상 디포, 중국개항 원정에 실패한 앤슨 등 기타 유럽 상인과 특사들도 네덜란드 상인들의 이 중국 비방에 가담했다. 몽테스키외는 유럽중심주의적 편견에서 이 유럽 상인들의 부정적 중국관을 '사실'로 적극 받아들였다.364)

유럽 상인들의 이 중국 비방은 상술했듯이 중국인을 '온화하고 인간적이고 상냥하다'고 찬양하면서도 동시에 '사납고 보복적이고 교활하고 부정직하다'고 폄하하는 '찬양과 비판의 이상한 혼합물'인 뒤알드의 양가적兩價的 중국학 전문서 『중국통사』(1735)에도 영향을 미쳤다. 몽테스키외는 뒤알드의 이 저작에서 중국 비난 부분만을 활용하고 뒤알드와 예수회 선교사들의 중국 찬양을 조목조목 부정하는 관점을 취한다. 그러나 몽테스키외가 『법의 정신』에서 활용한 중국과 관련된 참고문헌의 범위와 수준은 협소하고 빈약했다. 참고문헌이라는 것이 고작 뒤알드의 책을 비롯한 두세 권의 보잘것없는 책들에 지나지 않았기 때문이다.

■ 몽테스키외의 중국비방에 대한 그간의 학술적 평가

몽테스키외의 중국전제론을 계승한 마르크스의 아시아적(노예제적) 생산양식론을 이런저런 말로 반복한 옛 소련과 중국의 마르크스-레닌주의자, 유럽의 무비판적 사회주의자, 비트포겔을 비롯한 트로츠키스트적 생산력주의자365) 등 '판박이 논자들'을 제외할 때, 몽테스키외의 헌정론과 권력분립론을 높이 치는 학자들을 포함한 모든 논자들은 그의 중국비방에 대해 여러 관점에서, 그러나 이구동성으로 근본적 '노(No)!'를 연발해 왔다.

몽테스키외의 중국비방에 대한 수많은 학자들의 이런저런 비판들을 일목요연하게 정리한 코우(Simon Kow)의 도움으로 그간의 몽테스키외 비판을 요약적으로 살펴보자. 코우는 먼저 이렇게 총평한다. "우리는 학자들 간의 합의가 결여된 사실로부터 그의 중국해석이 그의 전반적 정치사상의 감지되는 강점과 약점, 그리고(또는) 편향

---

364) 참조: Michael Albrecht, "Einleitung", XVII. Christian Wolff, *Rede über die praktische Philosophie der Chinesen* [1721·1726](Hamburg: Felix Meiner Verlag, 1985).
365) 트로츠키의 아시아사회론에 대한 비트포겔의 동조와 변호는 참조: Karl A. Wittfogel, "The Marxist View of Russian Society and Revolution", *World Politics*, Vol.12, No.4(Jul., 1960), 507쪽.

때문에 관심을 계속 끌고 있다는 것을 알 수 있다. 주석가들은 『법의 정신』의 분석이 지닌 강점에 대해, 특히 비유럽 국가들과 관련된 분석에 대해 깊이 분열되어 왔다."366) 그러나 지금은 극소수가 된 저 '판박이 논자들'을 제외할 때, 거의 모든 학자들은 몽테스키외의 중국해석을 비판한다.

햄프슨(Norman Hampson)은 몽테스키외를 18세기 프랑스의 살롱문화에 위치시키고 이것이 그의 사상들의 비체계적이지만 번쩍이는 품질을 말해준다고 설명했다. "(봉건적 법률들에 관한) 마지막 장절들을 빼면 『법의 정신』만큼 지혜롭고 심오한 저작은 본질적으로 논제를 꿰뚫는 통찰력들의 모음집이다."367) 1980년대의 이 관찰에 따르면, 중국에 대한 몽테스키외의 생각들은 비非화합적인 분석이다. 하지만 나중의 학자들은 이런 성격규정에 동의하지 않았다. 오히려 반대로 생각했다. 구민동(Min Dong Gu)은 몽테스키외의 중국평가의 왜곡을 중국애호론에서 중국혐오론으로 넘어가는 일반적 추이로 돌리는 것이 아니라, 중국의 복합적 문명을 몽테스키외의 소위 '거대한 사상체계' 속으로 구겨 넣으려고 애쓰는 데서 발생하는 그의 곤란으로 돌리는 선으로까지 나아갔다.368) 환언하면, 몽테스키외의 사상은 지나치게 체계적이고, 따라서 특히 중국과 관련해서는 사람의 키를 침대에 맞추기 위해 다리를 자르는 식으로 너무 획일적(procrustean)이라는 말이다. 이래서 몽테스키외의 자유주의와 입헌주의(constitutionalism)를 인정하는 학자들도 유럽 바깥 세계에 대한 그의 분석에서 '지나친 일반화'를 시인할 정도다. 일찍이 몽테스키외로부터 깊은 사상적 영향을 받은 『로마제국의 흥망사』의 저자 기번(Edward Gibbon, 1737-1794)은 몽테스키외가 보잘것없는 상인들과 여행가들의 기행문들을 너무 오남용한 것을 한탄했다.369) 한편, 새뮤얼 존슨

---

366) Kow, *China in Early Enlightenment Political Thought*, 136쪽.
367) Norman Hampson, "The Enlightenment in France", 44쪽. Roy S. Porter & Mikulas Teich(ed.), *The Enlightenment in National Context*(Cambridge: Cambridge University Press, 1981).
368) Min Dong Gu, "Sinologism, the Western World View, and the Chinese Perspective", 4쪽. *CLCWeb: Comparative Literature and Culture*, vol.15, No.2. Available from: <http://docs.lib.purdue.edu./clcweb/wol15/iss2/2>.
369) 다음을 보라: Robert Shackleton, *Montesquieu: A Critical Biography*(Oxford: Oxford University

의 전기를 쓴 보스웰은 이미 당대에 존슨의 싸늘한 견해를 보고한 적이 있다. "아니, 우리들에게 인도 이야기를 하지 말라. 그러면 내가 많은 점에서 진짜 천재이기도 한 몽테스키외를 떠올리게 된다. 몽테스키외는 이상한 견해를 입증하고 싶을 때면 언제나 일본, 또는 그가 전혀 모르는 다른 먼 나라의 관행을 예시한다. 가령 일부다처·일처다부제를 입증하기 위해 그는 남자 1명당 10명의 여자가 태어나는 타이완 섬에 대해 얘기한다. 그리고 그는 여자 1명당 10명의 남성이 태어나 서로 혼인을 하는 또 다른 섬을 추정하기만 하면 됐다."370) 존슨은 이미 당대에 몽테스키외의 - 오늘날 기준으로 보면 학자의 최대 결격사유에 해당하는 - 위험한 추정적·공상적 사고방식을 지적하고 있다.

뮤리엘 도드(Muriel Dodds)는 몽테스키외의 '데카르트적 방법'과 그의 '역사감각' 간의 내재적 갈등을 말한다. 그의 체계가 전제체제에 대한 어떤 정통성도 허용치 않으려고 하는 반면, 제諸국민의 일반적 정신과 관습·예의범절·풍토·토양과 같은 특수한 사회국면들에 대한 그의 경험적 관찰들은 중국과 같이 그가 '전제적'이라고 추정하는 국가들의 긍정적 측면을 시사한다는 것이다.371) 그러나 할 걸음 더 나아가 볼필하크-오제(Catherine Volpilhac-Auger)가 도드의 이 분석을, 특히 전제정에 관한 한, "어떤 사정에서도 받아들일 수 없을" 정도로 "피상적인 것", "잘해야 근사치적인 것"으로 비판하고 몽테스키외가 1730년대에 이미 주도면밀한 '연구방법'을 개발했다고 열심히 변호할지라도,372) 방법론을 따질 것 없이 몽테스키외의 분석이 가진 문제들은

Press, 1961), 234쪽.

370) James Boswell, *Life of Johnson* [1791], Vol. I in two volumes(Boston: By Carter, Hendee and Co., 1831), 391쪽.

371) Muriel Dodds, *Les récrit de voyage, source de 'Esprit des Lois de Montesquieu* [1929](Geneve: Slatkine Reprints, 1980), 153-155쪽. Kow, *China in Early Enlightenment Political Thought*, 136쪽에서 재인용.

372) Catherine Volpilhac-Auger, "On the Proper Use of the Stick: *The Spirit of the Laws and the Chinese Empire*", 82쪽. Rebecca E. Kingston, *Montesquieu and His Legacy*(Albany: SUNY Press, 2009).

그에게 동조적인 관찰자들에 의해서도 많이 지적되어 왔다. 가령 근대 사회학과 인류학에 대한 몽테스키외의 기여를 인정하는 랜 히르슐(Ran Hirschl)은 비교사회과학적 관점에서 "거친 분류법", 그의 공식에 따른 "비교사례들의 편향된 선택", 서술적 요소들과 규범적 요소들의 혼합 때문에 그를 맹비난한다. "비유럽사회에 대한 그의 분석이 마구잡이이고 배타적으로 이차자료, 일차 기행문 문헌, 예수회 프로파간다, 프랑스와 네덜란드 상인들의 편향된 보고에 의존하는" 만큼, "그의 정보수집 방법은 '안락의자' 헌정체제민속학으로 보면 가장 잘 묘사된 것이다".373) 쉬클라(Judith N. Shklar, 1928-1992)는 몽테스키외 이론의 지나치게 제일齊一한 성격과 풍토론적·심리학적 이론에 대한 그의 지나친 종속성을 비판했다. 이런 방법론적 오류 때문에 몽테스키외는 동질적 '일반정신'의 관점에서 사회들을 기술하게 되었는데, 이것은 '입법자와 철학자는 어떤 식으로든 그들 자신의 정치체제를 객관적 관점에서 고찰해야 한다'는 자신의 지론과 충돌한다는 것이다.374) 심지어 영국의 내각제적 제한군주정을 중국에서 온 것이 아니라 '게르만의 숲'에서 온 것으로 오해하고 데이비드 흄의 정치이론을 '표절'하기에 급급한 몽테스키외의 정치문화이론을 '설명력'과 '놀라운 독창성'이 있다고 과장하고 찬양하는 코트니(Cecil P. Courtney)조차도 그가 환경적 요인들을 거칠게 다루었다는 것을 시인할 정도다.375) 유사하게 토도로브(Tzvetan Todorov)도 인간적 다양성의 평가와 나란히 그의 휴머니즘을 찬양할지라도 "인디언과 아프리카인, 중국인과 일본인의 순수하게 인습적이고 궁극적으로 비하적인 묘사"에 실망하고 있다. 그리고 몽테스키외는 노예제를 비판하면서도 이민족들에 대한 이런 '비하' 의식 속에서 노예를 이민족으로 간주하는 까닭에 "노예제를 철폐하는 투쟁에서, 부드럽게 말

---

373) Ran Hirschl, "Montesquieu and the Renaissance of Comparative Public Law", 200-203쪽. Rebecca E. Kingston, *Montesquieu and His Legacy*(Albany: SUNY Press, 2009).

374) Judith N. Shklar, *Montesquieu*(Oxford: Oxford University Press, 1987), 106쪽.

375) Cecil P. Courtney, "Montesquieu and the Problem of 'la diversité'", 81쪽. Giles Barber and Cecil P. Courtney(ed.), *Enlightenment Essays in Memory of Robert Shackleton*(Oxford: The Voltaire Foundation, 1988).

하면, 열의의 부족", 즉 "행동에서의 비일관성"을 지적한다.376) 몽테스키외의 분석을 일반적으로 건강하다고 호평하며 그에게 동조하는 주석가들도 이렇게 모두 다 그의 분석을 심각한 결함을 안고 있다고 비판한다.

물론 몽테스키외의 제譜문제와 오리엔탈리즘에 매우 비판적인 이론가들은 일제히 혹평을 가한다. 가령 비큐 파레크(Bhikhu Parekh)는 몽테스키외가 인간생활의 무한한 다양성에 유례없이 개방적일지라도 그의 다원주의는 유럽중심주의적 편향에 의해 절름발이가 되었다고 비판한다.377) 그리고 루비에(Joan-Pau Rubiés)는 꼭 찔러서 "아마 몽테스키외가 유럽의 어떤 제국주의적 기도를 정당화하려고 애썼다는 의미에서가 아니라(그는 명백히 아니었다) 경험사실을 무시하고서라도 수사적 목표에 기여하는 지적 이미지를 창출하려는 그의 기꺼운 의도에서, 그를 가장 오리엔탈리즘적 태도로 몰고 간 각 정치체제의 단순한 원칙에 도달하는 것은 분명 그의 바람이었다"고 논변한다.378)

코우에 의하면, 몽테스키외가 '제국주의적으로 왜곡된 동양관'을 뜻하는 사이드(Edward W. Said)의 '오리엔탈리즘' 의미에서 오리엔탈리스트가 아니라고 해도 이것은 아시아 평가에 대한 그의 심각한 왜곡을 전혀 완화시켜주는 것이 아니다. 문화적 다양성에 대한 그의 놀라운 관심이 일단 전제되면, 자가당착으로 느껴지는 그의 문제는 비유럽세계에 관한 그의 결론들이 어떻게 그리도 제일齊一하게 부정적인지 하는 것이다. 우리는 제국주의를 이론적으로 정당화하려는 사악한 또는 무의식적인 동기들을 그에게 돌리지 않고도 그의 논증이 어떻게 이런 명백한 자가당착에 빠져드는지를 간파해낼 수 있다.379)

---

376) Tzvetan Todorov, *On the Human Diversity: Nationalism, Racism, and Exoticism in French Thought*(Cambledge, MA: Harvard University Press, 1993), 395-396쪽.

377) Bhikhu Parekh, "Vico and Montesquieu: Limits o Pluralist Imagination", 71-72쪽. *Canadian Journal of Philosophy*, Vol.29(1999), Issue sup1: Vol.25: Civilization and Oppression.

378) Joan-Pau Rubiés, "Oriental Despotism and European Orientalism: Botero to Montesquieu", *Journal of Early Modern History*, Vol. 9 (2005, nos. 1-2), 168쪽.

379) Kow, *China in Early Enlightenment Political Thought*, 138쪽.

그런데 여러 학자들의 이 다양한 비판적 평가에도 불구하고 『법의 정신』의 풍토론이나 중국론이 일관성을 읽고 오락가락하는 점과 그 이유를 전혀 포착하지 못하고 있다. 몽테스키외는 데이비드 흄을 존경했고 오랜 세월 서신 교환을 했으며, 이런 인연에서 영국으로부터 삼권분립론을 도출하고 자유와 안보를 동시에 확보하는 방안으로 '작은 공화국들의 연방'의 이론을 흄으로부터 표절했다. 흄은 국민성의 형성에서 풍토의 영향을 근본적으로 부정하고 민족 안에서 공감적 소통을 근본적으로 중시하고, 또한 중국에 대한 예리한 분석과 적절한 평가를 마쳤다. 흄은 이런 국민성이론과 중국관을 바탕으로 『법의 정신』에 대한 비판을 가한 장문의 독서노트("성찰 리스트")를 몽테스키외에게 넘겨주었다. 몽테스키외는 이에 따라 『법의 정신』의 초판본을 황급히 수정해 개정판을 준비했다. 이 개정판은 몽테스키외가 남긴 수정메모를 바탕으로 그의 아들의 지휘 아래 준비되어 1755년에 나왔다. 이에 따라 『법의 정신』의 개정판은 몽테스키외의 원래 논지와 개정된 논지가 뒤섞이면서 풍토론이 일관성을 잃고 망가지고, 중국논평도 앞뒤가 맞지 않는 기술들로 인해 다 망가지고 말았다. 그간 몽테스키외 평가자들 중 어느 누구도 이 바닥에까지 이르는 비판적 분석에 도달하지 못했던 것이다.

몽테스키외는 그가 주장한 중국 예의범절과 풍습의 불변성 테제에 따르면 선교사들의 포교활동은 실패하게 되어 있다고 내내 믿으면서도 선교사 협회를 그토록 집요하게 찾고 그토록 열심히 그들의 저작들을 읽은 사람은 몽테스키외 외에 거의 없었다.[380] 그는 이런 분열된 정신에서 뒤알드의 책을 주의 깊게 읽었다. 그는 뒤알드를 읽으면서 학문적 공평성을 결했다. 그는 예수회 신부들의 호의적 보고를 불신한 반면, 상인들의 비판적 보고를 신뢰했다. 이 때문에 그의 중국 평가는 부정적이고 경향적으로 자가당착적일 수밖에 없었다. 이와 대조적으로 피에르 벨은 예수회신부들의 적응주의 선교론을 몽테스키외만큼 적대하고 이들의 우호적 중국평가를 그만큼 불신했을지라도 이들의 자료에 의거해서 중국을 비非적응주의적인 관점에서 긍정적

---

[380] Shackleton, *Montesquieu*, 340쪽.

으로 묘사했다. 몽테스키외가 벨과 180도 다른 방식으로 중국을 해석하게 된 것은 "전제정에 대한 그의 근본적 적대감"과, 중국의 정부형태를 비롯한 "다른 모든 정체"에 대한 "유럽 입헌주의 체제의 우월성"에 관한 그의 "가설" 탓으로 돌릴 수 있다.381)

그러나 중국의 정치체제보다 우월하다는 이 '유럽 입헌주의 체제'는 어느 나라 정부형태를 두고 하는 말인가? 그것은 몽테스키외가 찬양해 마지않은 영국의 의원내각제적 정부형태가 아닌가? 그런데 영국의 의회제도는 중세 삼부회에서 발전되어 나온 영국 고유의 제도지만, 상론했듯이 영국의 내각제적 제한군주정은 명대 중국의 내각제적 제한군주정을 본뜬 것이었다. 몽테스키외는 중국에서 온 영국의 내각제 정부형태와 의회를 속류휘그들이 '게르만의 숲'에서 체결되었다고 망상하는 소위 '원천계약'으로부터 유래했다고 잘못 말한다.

> 타키투스의 찬탄할 만한 저작 『게르만의 풍속에 관하여』를 읽고 싶다면, 영국인들이 그들의 정치적 통치 사상을 게르만들로부터 가져왔다는 것을 알 것이다. 이 훌륭한 체제는 그 숲에서 발견된다.382)

또 몽테스키외는 이 말을 이렇게 부연한다.

> 로마제국을 정복한 게르만 민족들은 알려져 있듯이 아주 자유로웠다. 이 주제에 관해서는 타키투스의 『게르만의 풍속에 관하여』를 읽기만 하면 된다. 정복자들은 나라를 관통해 퍼져나갔다. 그들은 산간벽지에 살았고, 도시에 거의 살지 않았다. 그들이 게르만 땅에 있을 때는 전 민족이 집회할 수 있었다. 그들은 정복 기간 동안 흩어져 있었을 때는 더 이상 집회할 수 없었다. 그럼에도 불구하고 이 민족은 정복 이전에 그랬던 것처럼 그 업무에 관해 숙의해야 했다. 이제 이 민족은 대의자代議者들을 통해 그렇게 했다. 여기에 우리들 사이에 현존하는 고딕정부의 기원이 있다. 그것은 처음에 귀족정과 군주정의 혼합체였다. 이

---

381) Kow, *China in Early Enlightenment Political Thought*, 140쪽.
382) Montesquieu, *The Spirit of the Laws*, Bk.11, Ch.7, 165-166쪽.

혼합정부의 결함은 평범한 백성들이 노예라는 점이었다. 그것은 개선될 역량을 자기 안에 가진 훌륭한 정부였다. 노예해방 영장을 부여하는 것은 관습이 되었고, 곧 백성의 공민적 자유, 귀족과 성직자의 대권, 왕들의 왕권은 전대미문의 '협주協奏' 속에, 내가 믿는 바, 하나의 정부 속에, 즉 이 정부가 계속 존재한 기간 동안에 나타났던 유럽 각지의 정부만큼 잘 중도적으로 조절된 하나의 정부 속에 들어 있었다. 그리고 정복하는 백성의 정부의 타락이 인간이 고안할 수 있었던 정부들 중 가장 훌륭한 유형의 정부를 형성했다는 것은 특기할 만하다.[383]

몽테스키외는 게르만 숲의 인민집회가 로마정복(476) 후에 대의자집회(의회)로 '변화·타락하면서' 우연찮게 인류의 가장 훌륭한 정부형태인 "고딕정부"로서의 '귀족정적 군주정', 즉 '혼합군주정'이 발생했다는 것이다. 영국은 이 정부를 대표한다는 것이다. 이것은 몽테스키외가 쓴 '순전한 게르만 고딕신화'다.

로크·흄 등 '과학적' 휘그철학자들은 이미 이런 귀족적 의회와 결부된 귀족적 군주정의 게르만적 기원을 부정했다.[384] 특히 흄은 국가발생의 시초에 존재했다는 소위 '원천계약'의 존재를 1748년 별도의 논고로 전면 부정했다.[385] 토리철학자들도 이 게르만 기원 신화를 부정하기는 마찬가지다. 17세기에 왕권신수론자들은 영국에 정착한 '의회'라는 명칭을 프랑스에서 온 것으로 거꾸로 주장했다. 이런 사실 앞에서 몽테스키외의 저 '신화'는 완전히 '코미디'로 전락하고 만다. 가령 영국의 대표적 왕권신수론자 로버트 필머(Robert Filmer, 1588-1653)는 1640-50년대에 이렇게 증언한다.

의회의 명칭은(…) 그리 고대적이지 않고 프랑스로부터 가지고 들어왔을지라도 우리의

---

[383] Montesquieu, *The Spirit of the Laws*, Bk.11, Ch.8, 167-168쪽.
[384] 참조: John G. A. Pocock, *The Ancient Constitution and the Feudal Law. A Study of English Historical Thought in the Seventeenth Century*(Cambridge·New York: Cambridge University Press, 1957, 1987), 17-18쪽, 27쪽, 229-231쪽, 235-236쪽, 375-376쪽.
[385] David Hume, "Of the Original Contract"(1748). David Hume, *Political Essays*(Cambridge: Cambridge University Press, 2006).

선조들, 즉 앵글로색슨들은 그들이 '지자들의 집회(the Assembly of the Wise)'라고 부른 회합을 가졌다. 라틴어로는 Conventum Magnatum, 또는, Præsentia Regis, Procerumq, Prelaterumq, collectorum라고 칭했다. 귀족들의 회의, 또는 국왕, 고위성직자, 귀족들의 집회적 임석을 말한다. 또는 일반적으로, Magnum Concilium, 또는 Commune Concilium이라고 했다. 그리고 옛날 우리의 많은 왕들은 중요한 국사를 자문하기 위해 이러한 대집회를 활용했다. 일반적 의미에서 이런 회합들은 모두 다 '의회'라고 칭술해도 된다.386)

필머는 '지자들의 집회'가 왕이나 귀족이 생기기 전 고대의 '게르만 숲속'에서 온 것이 아니라, 국왕이 자문을 받기 위해 소집한 국왕 친림하의 고위성직자들과 귀족들의 회합에서 유래했다고 말하고 '의회'라는 명칭은 프랑스에서 들여왔다고 언명하고 있다. 여러 가지 라틴어 명칭으로 불린 국왕 친림하의 고위성직자·귀족들의 회합의 인적 구성을 보면 이 회합이 왕도 귀족도 성직자도 없던 '게르만 숲' 시대(고대)의 회합이 아니라, 왕·귀족·성직자가 정치신분으로 기(旣)확립된 중세의 회합이라는 것을 보여준다. 이 시기문제와 관련해 필머는 더욱 명확하게 밝힌다.

노르만 정복 시기(1066) 무렵까지 영국왕국 전체의 일반신분들이 회합한 어떤 의회도 존재할 수 없었다. 왜냐하면 우리가 배울 수 있는 바, 그때까지 영국이 완전히 하나의 왕국으로 통합된 것이 아니라 여러 왕국으로 분열되고 여러 법률에 의해 다스려졌기 때문이다.387)

앵글로색슨 백성이 '지자들의 회합'을 하기 시작한 것은 노르만 정복 이후의 일이라는 말이다. 그리고 필머는 왕위에 대한 정통성이 부족한 헨리 1세(재위 1100-1135)가 평

---

386) Sir Robert Filmer, *Patriarcha; or the Natural Power of Kings*(London, Printed for Ric. Chiswell, Matthew Gillyflower and William Henchman, 1680), 116쪽.
387) Filmer, Patriarcha, 118쪽: 평민대표들인 주(州)선출 하원의원(knights of shire)과 자치시선출 하원의원(burgesses)의 선거에는 백성 전원이 아니라, 오직 군현의 자유보유농과 도시와 자치시의 자유인들만이 참여할 권리가 있었다. 다만 웨스트민스터 도시에서만 모든 주택보유자들이 자유인이나 자유보유자가 아니더라도 시(市)하원의원 선거에 참여할 투표권이 있었다.(123쪽).

민과 귀족들에게 아부하기 위해 평민대표까지 참여시킨 의회를 사상초유로 소집했고, 존 왕(재위 1199-1216)은 이런 형태의 의회를 재확인하고 확립했다고 주장했다.388) 그러나 18세기 중반 고대헌법론을 다시 부정한 케어류(Thomas Carew)는 평민대표까지 참여하는 최초의 영국의회가 에드워드 1세의 1295년 의회소집령에 의해 탄생했다고 함으로써389) 그 시기를 좀 늦춰 잡았다. 그러나 이런 시차는 여기서 중요치 않다. 여기서 중요한 것은 '지자들의 회의'든, 국왕이 소집한 '의회'든, 이런 회의체들의 발생이 '게르만의 숲'의 회합이나 로마정복 후의 대의적 회의체와 완전히 무관한 일들이라는 사실이다.

그럼에도 불구하고 몽테스키외는 저 게르만 고대헌법론의 이데올로기에 대한 '무식한' 확신에 빠져 영국 찰스 2세가 중국의 명대 내각제를 도입함으로써 영국 정부체제가 의원내각제적 제한군주정으로 갈 수 있는 물꼬를 튼 사실을 완전히 몰각하고 영국의 내각제적 제한군주정을 권력분립체제로 칭송하는 반면, 영국과 본질적으로 유사한 중국의 법치주의적·내각제적 제한군주정을 '전제정'으로 위조하려고 기를 쓴다. 뒤에 상론하듯이 그가 말하는 '전제정'은 전제군주가 귀족집단의 견제를 받지 않고 혼자 법률 없이 자의와 변덕에 의해 만사를 좌지우지하는 폭력적 공포체제다.

몽테스키외의 정체가 다 드러난 이 단계에서 새삼 물을 필요도 없는 것이지만 수사적 차원에서 묻는다면, 몽테스키외가 아시아에 대한 일부 유럽인들의 부정적 평가에 배타적으로 초점을 맞추고 유럽인들의 우호적 동양관만을 골라 비판하기로 결심한 이유는 무엇인가? 몇몇 학자들은 이 이유를 변호하려고 한다. 몽테스키외의 『법의 정신』에 놓인 프랑스적 정치맥락이 바로 그가 실존하지도 않는, 아니 신기루 같은 아시아 전제정을 맹비난한 이유라는 것이다. 햄프슨은 계몽철학자들이 살았던 시대의 프랑스가 계몽되지도, 완전히 전제적이지도 않았다고 말하면서, 몽테스키외는 리셸리외와 루이 14세 치세 뒤끝의 프랑스 레짐을 전제주의로 미끄러져 들어가는 것으로 걱

---

388) Filmer, *Patriarcha*, 120-122쪽.

389) Cunningham(ed.), *An Historical Account of Rights of Election* …, 'Preface', xxiii쪽.

정했고, 이런 근심걱정이 『법의 정신』 안에 명백히 현재한다고 변호한다.[390] 루이 14세와 그의 계승자들에 대한 몽테스키외의 반대는 프랑스 헌정체제의 부패·타락에 집중되었다는 것이다. 따라서 아시아 전제정의 악몽을 불러내는 것은 몽테스키외에게 18세기 프랑스 절대주의에 대한 가장 효과적인 논박이었다는 것이다.[391] 이런 관점에서 크라우제(Sharon Krause)도 몽테스키외의 아시아 전제정론이 절대주의를 맹비판하고 정치적 자유를 위한 권력분립의 관점에서 정치적 절제를 지지하는 『법의 정신』의 중심 주제를 조명해준다고 주장한다.[392] 크라우제는 몽테스키외를 오리엔탈리즘의 비난으로부터 구해내려고 한다. 몽테스키외의 전제정론은 "동방의 유행하는 낭만화에 대항하는, 더 일반적으로는 절대주의의 낭만화에 대항하는 정신을 깨게 하는 과학적 논변"이라는 것이다. 더구나 몽테스키외는 동양전제주의로 향하는 프랑스 절대주의의 경향을 입증함으로써 사실 전제주의가 아시아에서만 발생할 수 있다는 생각을 깨부수었다는 것이다.[393]

몽테스키외가 영국의 헌정체제에서 잘못 감지한 정치적 자유를 위한 권력분립이 모든 레짐에 적합하지 않을지라도, 지배의 헌정제도적 완화는 유럽적 절제의 표식이라는 투다. 루이 14세는 아시아적 의미에서의 전제주가 아니지만, 그의 유산은 프랑스를 퇴락의 길로 밀어 넣는 것이었다. 프랑스는 부패하더라도 터키가 되지 않겠지만, 많은 점에서 동양적 전제정을 닮을 수 있다는 것이다. 아시아 전제정은 군주정의 총체적 타락을 예시하는 반면교사라는 것이다.

그러나 몽테스키외가 전제국가를 종종 이슬람궁전에 빗대는 『법의 정신』의 '전제정 절'에서 유럽적 오리엔탈리즘 환상들에 대한 자신의 지론을 재진술한 것은 독자의 머리를 쳐서 "정신을 깨게" 하거나 "과학적인" 것으로 깨우치는 것이 아니다.[394] 도

---

[390] Hampson, "The Enlightenment in France", 45-46쪽.

[391] Kow, *China in Early Enlightenment Political Thought*, 147쪽.

[392] Sharon Krause, "Despotism in *The Spirit of the Laws*", 231-234쪽. D. W. Carrithers, M. A. Mosher & P. A. Rahe(ed.), *Montesquieu's Science of Politics*(Lanham, MD: Rowman & Littlefield, 2001).

[393] Krause, "Despotism in *The Spirit of the Laws*", 251-253쪽.

비(Madeleine Dobie)는 몽테스키외의 '전제정'을 '과학적'이기는커녕 "과학적 연구에서의 허구적 계기로 배격해도 된다"고 결론짓는다. "전제정을 문화적 관행에 묶어 매는 인과적 연결은 이론적 일관성의 외양을 갖춰주지만 실제로는 전제정의 지위에 관한 의심을 야기하는 반복된 혼란의 장소"이고, "사실, 이 의심은 전제정의 원리인 공포의 타락을 논하는 8책과 10책만큼 이른 시점에 생겨나고 있기" 때문이다.[395]

코우에 의하면, 더구나 유럽의 절대주의가 전제주의로 타락할 수 있다는 몽테스키외의 우려라는 것은 이 타락위험을 부정하는 그의 다른 언술들에 의해 허구화된다. 따라서 유럽제국이 동양전제정으로 추락할 수 있다는 것은 그의 사고 속에서 작동하는 아시아 비하를 거의 조금도 완화시켜주지 않는다.[396] 몽테스키외는 중세를 이렇게 말한다. "그 시대에 유럽이 처한 상태에서 사람들은 특히 칼 대제 치세에 하나의 방대한 단일제국을 형성했을 때 유럽이 재확립될 수 있었다고 믿지 않았을 것이다. 그 시대의 정부성격은 유럽을 무수히 많은 작은 주권국가들로 분할했다. 그리고 영주가 그의 마을이나 읍에 살았고 거대하지도 부유하지도 강력하지도 않았고(내가 뭐라고 말해야 하나?) 주민의 수에 의해서만 안전하게 지켜지는 만큼, 각 영주는 비상한 주의력으로 자기의 작은 나라를 번창하게 만들려고 애썼다."[397] 그래서 봉건주의는 최악의 순간에도 동양을 특징짓는다는 극단적 예종상태에 도달하는 레짐을 낳지 않았다. 본래적 봉건주의 시대 동안 관습은 종종 지방영주의 전제주의를 억제했고, 앙시앵레짐 동안에는 관습이 군왕의 전제주의를 억제했다는 것이다.[398] "서구 절대주의를 위해 제시될 수 있는 유일한 변명"은 그래도 "동양의 절대주의보다 덜 야비하다는 것"

---

[394] Kow, *China in Early Enlightenment Political Thought*, 147쪽.

[395] Madeleine Dobie, "Montesquieu's Political Fictions: Oriental Despotism and the Representation of the Feminine", 1339쪽. *Studies on Voltaire and the Eighteenth Century*, Vol.348(Institut et musée, 1996).

[396] Kow, *China in Early Enlightenment Political Thought*, 147쪽.

[397] Montesquieu, The Spirit of the Laws, Bk.23, Ch.24, 452쪽.

[398] Mark Hulliung, *Montesquieu and the Old Regime*(Berkeley: University of California Press, 1976), 106쪽.

이었다.[399)] 중세 유럽과 근세초 유럽의 최악의 과도한 지배형태도 동양전제정의 악덕과 동등하지 않았다는 말이다. 유럽은 동양전제정 수준으로 절대 타락할 수 없다! 그렇다면 몽테스키외가 유럽이 전제정으로 타락할 것을 걱정해서 존재하지도 않은 동양전제정이라는 가공적 반면교사로 내세웠다는 변호론도 완전히 빈말이 되고 만다.

햄프슨·크라우제 등의 변호론을 코우와 다른, 아니 코우보다 더 근본적인 관점에서 뜯어보면, 이들의 변호론은 아예 전혀 타당성이 없는 것으로 드러난다. 유럽의 사상풍조는 1715년 루이 14세가 사망한 이후 바로크가 끝나고 시누아즈리와 로코코 예술사조로 일변했고 공자철학이 대유행하기 시작했다. 그리고 루이 14세 사후, 유럽은 일정하게 사상적·예술적으로 해방되었고, 각국의 국왕들도 공자철학과 중국 정치문화의 영향으로 전통적·군국적 절대군주가 아니라 스스로를 '국민의 제일공복'으로 여기는 계몽군주로 변해가고 있었다. 따라서 이런 시기에, 그것도 계몽군주정이 정점에 달한 1748년도에 몽테스키외가 '유럽 군주정의 전제주의적 타락'을 걱정한 것이라면 그것은 심각한 시대착오이고 반反현실적 사고일 것이다. 그리고 몽테스키외가 '정치적 자유'를 위해 권력분립을 추구하는 가운데 존재하지도 않는 아시아전제정을 유럽인들에게 '이상적 반면교사'로 활용했다는 말도 전혀 가당치 않다. 몽테스키외는 백성들의 '정치적 자유'를 추구한 것이 아니라, 뒤에 입증하는 바와 같이 사라지는 귀족신분의 정치적 특권들을 반동복고적으로 회복하려고 '정치적 자유'나 '권력분립'을 입에 담았을 뿐이다. 그가 말하는 '정치적 자유'란 '백성'의 정치적 자유가 아니라 '귀족'의 정치적 자유이고, 그의 권력분립론은 백성의 민주적 참정이 아니라, 귀족의 정치적 컴백을 노린 것이었기 때문이다.

따라서 몽테스키외가 동양을 전제정으로 비난한 이유는 결코 동양전제정을 유럽의 절대주의를 경고하는 반면교사로 이용할 목적이나, 유럽 백성들의 정치적 자유를 옹호할 목적이 아니었다. 그는 프랑스의 제국주의에 반대했으므로 오리엔탈리스트

[399)] Hulliung, *Montesquieu and the Old Regime*, 38쪽.

는 아닐지라도 기이한 유럽중심주의자였다. 그는 유럽기독교의 종교이데올로기적 관점에서 번영하는 아시아 이교도들의 영향력의 서천西遷과 사상적 동세서점東勢西漸을 배척하려고 기를 쓰는 기독교주의적·유럽중심주의적 위정척사파였다. 몽테스키외가 "정말로 어떤 절제적 정부(귀족신분의 정치적 권력분점에 의해 견제되는 군주정 - 인용자)든 기독교와 더 좋은 동맹을 맺는다", 400) 또는 "절제적 정부가 기독교에 더 잘 맞고 전제정은 이슬람교에 더 잘 맞는다", 그리고 역으로 "에티오피아 제국의 크기와 그 풍토의 악독성에도 불구하고 기독교가 거기에 전제정이 확립되는 것을 막아주었다"고 거듭거듭 단언하는 것을 보면, 그의 강한 기독교도그마적 편향은 구제불능 수준에서 그의 '절제적 군주정' 개념과도 완전히 합체되어 있는 것이다. 따라서 몽테스키외가 페르시아·터키·이란만이 아니라 중국까지도 전제정으로 비난한 진짜 이유는 중국이 번영하는 비기독교적 이교도국가로서 경제적·문화적·예술적·사상적·종교적 영향을 유럽에 미치고 있었고 또 대부분의 유럽인들이 중국과 극동문화에 열광하는 마당에 무신론적 극동으로부터 유럽으로 파급되는 정치적·문화적·종교적 영향을 어떻게든 결사적으로 배척하려는 것이었다. 이것이 바로 '서양판 위정척사衛正斥邪'가 아니고 무엇이란 말인가?

번영하는 이교적·무신론적 중국제국의(세습귀족도 세습노비도 없는) 탈신분적 평등사회는 여러 가지 각도에서 기독교문명에 엄청난 위협이었고, 유럽의 교회성직자들에게도 엄청난 위협이었으며, 또 몽테스키외와 같은 유럽의 세습귀족에게도 엄청난 위협이었다. 유럽을 통째로 뒤흔들 이 위협이 몽테스키외가 기독교(正)를 지키고 극동의 이교(불교와 도교)·무신론·중국정치문화(邪)를 결사적으로 배척하는 '위정척사衛正斥邪'의 길로 떨쳐나선 진정한 이유이고, 이 '결사적 위정척사'가 그의 허무맹랑한 중국비방의 진정한 이유인 것이다. 지금까지 분석했듯이 서양학자들은 오늘날도 대부분 이것을 모르고 있는 것이다.

---

400) Montesquieu, *The Spirit of the Laws*, Bk.19, Ch.18, 165-168쪽.

■ 몽테스키외 정치철학의 복고반동성

몽테스키외가 중국을 비방하는 핵심내용은 중국의 헌정체제가 '전제주의(despotism)'와 '정치적 예종(political servitude)'에 기초하고 있다는 것이다. '전제주의'는 중국제국의 방대성에서 나오고 '정치적 예종'은 중국의 풍토(기후) 탓에 생긴 것인데 둘 다 '자유'를 부정한다는 것이다. 몽테스키외가 말하는 '전제주의'는 주인이 자기의 이익을 위해 신민을 노예처럼 다스린다는 아리스토텔레스의 '참주정'의 의미가 아니라, '공포에 기초한 체제'라는 의미로 정의된다. 이 공포는 방대한 국가의 존속을 위해 모든 권력을 황제 한 사람에게 집중시키는 것으로부터 생겨난다. 여기서 야기되는 전형적 현상이 권력분립 없는 황제 권력의 일원적 단일성과 집중성에서 초래되는 '자의성'과 '애매성', 법치주의의 불가능, 그리고 폭력·곤장·몽둥이·매질의 보편적 '공포'다.

몽테스키외의 『법의 정신』을 열자마자 누구나 이상한 정부형태 유형학을 보고 당혹한다. "세 종류의 정부가 존재한다. 공화정, 군주정, 전제정이 그것이다."[401] 아리스토텔레스와 폴뤼비우스 이래 군주정·귀족정·민주정과 그 부패·타락형(참주정[폭정]·과두정·폭민정[우민정치]) 등 6개 헌정 유형을 알고 있었던 학자들은 진정 아연실색할 수밖에 없을 것이다. 이것은 전통적 분류법으로부터 "현저한 이탈"이다.[402] 이런 까닭에 샤클리턴(Robert Shackleton)이 지적했듯이 "몽테스키외 이전에 어떤 주요 정치학자도 자신의 저작을 이런 분석 위에 세우지 않았다".[403] 몽테스키외의 전제정 정의를 읽으면 더욱 당황한다. "군주정(mornachical government)은 한사람이 혼자 다스리되, 고정되고 확립된 법률에 의해 다스리는 정부인 반면, 전제정(despotic government)에서는 한 사람이 혼자서 법도 없고 규칙도 없이 자신의 의지와 변덕에 의해 만사를 앞으로 끌고 간다."[404] 몽테스키외는 이 무식한 전제정 개념을 중국에 적용해 중국을

---

[401] Montesquieu, *The Spirit of the Laws*, Bk.2. Ch.1, 10쪽.

[402] David Young, "Montesquieu's View of Despotism and His Use of Travel Literature", *The Review of Politics*, Vol.40, No.3(July, 1978), 392쪽.

[403] Shackleton, *Montesquieu*, 266쪽.

'방대한 전제국가'로 폄하한다.

그러나 상론했듯이 명·청대 중국은 군주정이었을지라도 "고정되고 확립된 법률"에 의해 다스려지는 법치국가였을 뿐만 아니라, 군주가 혼자서 독임적(monocratic)으로 다스리는 것이 아니라 실권을 쥔 내각이 집체적(collegial)으로 결정하고 이에 대한 군주의 의례적 비준을 얻어 다스리는 법치주의적·내각제적 제한군주정이었다. 따라서 중국의 정부형태에 무지한 몽테스키외가 자신의 저런 전제정 개념을 중국에 적용하는 것은 애당초 가당치 않은 것이었다.

『법의 정신』의 내용 전반을 조감하면, 스스로 프랑스 대귀족인 몽테스키외는 루이 14세가 영주들의 군사·행정·사법권을 없애 귀족들의 지위를 격하시켜 중앙집권제를 추구하고 있을 때 이에 맞서 귀족신분의 옛 지위를 복고반동적으로 회복하고자 한 '복고주의적 귀족주의자'였음이 확연히 드러난다. 이런 목적에서 그는 귀족신분을 폐지한 평등국가 중국조차도 '무절제한 전제정'으로 사정없이 폄하했다. "절제적 정부(moderate government)를 만들기 위해서는 권력들을 결합하고 조절하고 완화하고 행동하도록 만들어야 한다. 즉, 한 권한에 안정장치를 주고 서로 저지하는 지위에 있도록 해야 한다."405) 권력들을 상호 저지하는 감정적 스프링은 영예심이다. "군주적·절제적 국가에서 권력은 그 스프링인 것에 의해 제한된다. 나는 명예 또는 영예(honor)를 의미하는데, 이 영예가 한 명의 군왕처럼 군주와 백성 위에 군림한다."406) 이 영예는 세습적 귀족신분에 의해 체현된다.

직접적·종속적·의존적 권력들은 군주정의 본성, 즉 한 사람이 혼자 기본법률에 의해 다스리는 정부의 본성을 구성한다.(…) 가장 자연스러운 직접적·종속적·의존적 권력은 귀족의 권력이다. 어떤 점에서 귀족은 군주정의 정수인데, 그것의 기본준칙은 "군주 없이 귀족 없고, 귀족 없이 군주 없다"는 것이다. 귀족이 없다면 우리는 1인의 전제주(despot)를 갖게

---

404) Montesquieu, *The Spirit of the Laws*, Bk.2. Ch.1, 10쪽.
405) Montesquieu, *The Spirit of the Laws*, Bk.4. Ch.14, 63쪽.
406) Montesquieu, *The Spirit of the Laws*, Bk.3. Ch.10, 30쪽.

된다.[407)]

군주 없는 '귀족정'이나, 군주도 귀족도 없는 '민주정'(인민국가)에 대한 몽테스키외의 혐오감은 지극하다.

몇몇 유럽국가에서 일부 사람들은 영주들의 모든 사법권을 철폐하는 것을 상상했었다. 그들은 그들이 영국의회가 한 것을 원하고 있었음을 알지 못했다. 당신이 어떤 군주국 안의 영주·성직자·귀족·도시들의 특권을 폐지하면 당신은 곧 인민국가(*popular state*), 아니면 전제국가를 맞을 것이다. 여러 세기 동안 유럽의 한 대단한 왕국(프랑스 - 인용자)의 사법재판소들은 항상 영주의 세습적 재판관할권과 성직적 재판관할권을 때려 부숴 왔다. 우리는 이러한 지혜로운 치자들을 비난하고 싶지 않지만, 헌정체제가 어느 정도까지 이런 식으로 바뀌어도 되는지는 공중에게 남겨줄 것이다.[408)]

몽테스키외는 귀족들의 "파를레망(상고법원)과 잔존하는 프랑스 지방영지들과 같은 '중간 권력체들(*intermediary powers*)'을 불구화하거나 제거하는 루이 14세의 정책에 깊은 혐오감을 느꼈다".[409)] 루이 14세(재위 1643-1715)는 귀족들을 베르사유 궁으로 불러들여 향락과 사치에 빠뜨려 지방 영지로 돌아가지 못하게 하면서 궁 안에 갇혀 살게 함으로써 프랑스 귀족층에 대한 지배권을 강화했다. 기꺼이 국왕에게 호종扈從을 바치려는 귀족들을 거주케 하기 위해 새 아파트먼트들이 건설되었다. 그러나 궁에 들어온 귀족들은 귀족에 합당한 스타일로 사는 데 필수적인 연금과 특권을 변함없이 국왕을 시중드는 경우에만 받을 수 있었다. 국왕을 중심으로 떠받드는 새로운 정교한 의전절차가 제정되었다. 루이 14세는 놀라운 기억력으로 어떤 귀족이 궁에 있는지, 부재한지를 체크하는가 하면 서신 검열도 시행했고, 이에 따라 총애와 지위를 분배했

---

407) Montesquieu, *The Spirit of the Laws*, Bk.2. Ch.4, 18쪽.
408) Montesquieu, *The Spirit of the Laws*, Bk.2. Ch.4, 18쪽.
409) Israel, *Enlightenment Contested*, 272쪽.

다. 그리고 유흥과 소일거리, 그리고 사치로 그들의 혼을 빼놓아 귀족들의 권력 거점인 지방 장원으로 내려가지 못하게 막아서 귀족권력을 약화시켰다. 대신, 돈을 내고 관직에 진출한 상인가문 출신 임명귀족들, 즉 소위 '법복귀족들'의 관료체제를 키웠다. 중국처럼 행정부의 관직을 채운 평민출신 법복관리들은 중국의 과거시험 등과자들이 아니라 모두 다 매관매직賣官賣職으로 등용한 자들이어서 세습귀족보다 더 쉽게 해고할 수 있었다. 따라서 루이 14세는 이 법복관리들을 고용하면 왕권이 보다 확실하게 강화될 것이라고 판단했다. 귀족에 대한 루이 14세의 승리로 프랑스의 국내갈등은 종식되었다. 이런 까닭에 몽테스키외는 루이 14세를 혐오했고, 중앙집권화 정책을 더욱 강화해 차근차근 지방행정을 접수해 나간 루이 15세(재위 1715-1774)의 정책에 대해서는 더 큰 혐오감을 가졌다. 프랑스의 중앙집권화 과정에서 루이 14세가 파견한 지방장관 또는 도지사(intendant)는 민사재판권과 일정한 범위의 행정권을 행사하던 지방 상고법원(파를레망)과 줄곧 갈등 속에 들어있었다.

귀족들이 법관으로 재판을 하는 상고법원은 앞서 예시했듯이 프랑스에서 '파를레망(parlement)'이라고 불렸다. 파를레망은 파리와 오랜 지방들에 설치되어 있었다. 파를레망의 법관들은 세습귀족과 법복귀족(의석을 돈 주고 산 부유한 시민들, 즉 대상공인들)으로 구성되었다. 이 법관들은 행정관과 민사재판관으로 복무했다. 루앙(Rouen)·프로방스와 같은 지방의 파를레망은 수세기 이래 존속해 왔고, 스스로 합법적 지방정부로 자임했다. 따라서 파를레망은 각지에서 중앙집권화를 추진하는 군주의 주권에 줄곧 저항했다. 가령 루이 15세가 1730-1740년대에 통치조직을 개편하고 지방에 국왕 직속의 '지방장관'을 임명·파견했을 때, 파를레망들의 권위와 위신은 추락했고, 파를레망 위원직의 시장가격은 급락했다. '지방장관' 임명과 파견, 그리고 그 권한의 확대는 행정적 중앙집권화를 달성하기 위해 쓰인 국왕의 주요수단이었다. 루이 15세가 1730-1740년대에 징세권을 부여받은 지방장관을 줄곧 임명하자, 프랑쉬-콩테·보르델래스·루앙 지방의 파를레망은 공공연하게 지방장관들의 명령을 따르기를 거부했다. 국왕이 파견한 지방장관들이 자기들의 권위를 주장하고 모든 계층들로부터 세금을 징수하려고 시도했을 때는 파를레망들이 아예 파업을 일으켜 민사재판을 중단했다. 1757년 보르도의 파를레망은 지방장관에 저항했고, 1760년에는 루앙 지방의 노르망디 파를레망이 왕에게 항의서한을 보냈다. 국왕의 배타적 조세권을 인정하지만 조세를 거두어들이는 징세권은 배타적으로 파를레망에 있다는 내용이었다. 이에 루이 15세는 이 항의를 깔아뭉개고 도발적 위원들을 그들의 장원 주거지에 가두었다. 파를레망은 국왕에 대한 복종을 선서한 뒤에도 매번 기회 닿는 대로 왕의 새로운 조세와 권위에 저항했다. 이 오랜 싸움에서 몽테스키외는 파를레망 편에 서 있었다. 그는 특히 세습귀족이 부재한 중국의 정치문화를 잘 알고 있던 루이 14세와 15세가 중국 선진사회의 통치제도를 귀감으로 프랑스귀족들의 전래된 권한을 제거하고 지주들에 대한 과세를 통해 그 토지도 반쯤 수탈해 나가자 이 중앙집권화를 '중국화'로 판단하고 아예 귀족 없는 '평민국가(백성의 나라)' 중국 자체를 '전제국가'로 몰아 프랑스귀족을 박멸하는 '중국화'로서의 중앙집권화 과정을 저지하려고 한 혐의가 매우 짙다. 루이 14세는 1687년 쿠플레의 공자경전 번역서 『중국철학자 공자』의 출판에 재정을 지원하고, 예수회 선교사들을 중국황제에게 추가로 파견한 중국애호가였고, 루이 15세는 1755년 중국황제의 춘경기春耕期 쟁기질 행사를 흉내 내어 장대한 쟁기질 의식을 거행할 정도로 중국애호가였다. 그리고 중앙집권화와 귀족권 박탈을 추진해온 두 프랑스 국왕의 측근들은 라 모트 르 베예·콜베르·라 세스·테브노·실루에트·마담 퐁파두르·케네·튀르고 등 중국애호가들과 중국친화적 예수회 신부들이 많이 포진해 있었다. '귀족 없는 중국'에 대한 지식과 관심이 고조될수록 '프랑스 귀족의 무력화' 조치가 더욱 가속화되고 정당화되는 필연적 연관관계 때문에 몽테스키외는 중국을 헐뜯고 중국제국을 '전제정'이라는 허구적 개념으로 흑칠할 수밖에 없었을 것이다.

   이 중국전제정 비방의 연장선상에서 몽테스키외는 위 인용문에서 보듯이 중간권력체들(지방영주·세습귀족·성직자·도시특권상인들)의 권력을 박탈하고 그 특권을 폐지하면 '인민국가'나 '전제국가'로 전락할 것이라고 협박하고 있다. 여기서 '인민국가'는 중국 같이 귀족 없는 '평민국가'나 민주정을 가리킨다. 몽테스키외는 백성의 자유를 위해 권력분립을 주장하거나 전제정을 비판한 것이 결단코 아닌 것이다. 봉건세력들의 파를레망을 중간권력체로 복고하려는 몽테스키외의 파를레망(항고재판권과 과세·징세권 등 일정한 행정권을 행사하던 귀족들의 상고법원)이 민주주의라면 그것은 봉건세력 주도의 귀족대의제'에 기초한 '봉건적 민주주의(feudal democracy)'였고, 보통·평등선거제에 의해 선출된 대표자들의 국민대의제에 기초한 백성자치의 '일반 민주주의(universal democracy)'와 상극적인 것이었다.

한국적 맥락에서 이해하기 위해 몽테스키외의 이 정치철학을 동학농민군의 '존왕개벽' 철학과 비교해보자. 전봉준은 몽테스키외와 반대로 '권귀權貴'(권력귀족), 즉 '중간권력체들'을 싹 쓸어버리고 대권을 국왕에게 돌려주고 국왕의 강화된 왕권으로 귀족신분 철폐, 봉건지주제 타파, 내각제 실시 등 근대화 개벽을 이루고자 했다. 그리하여 전봉준을 비롯한 동학지도자들은 애초부터 군주와 백성 사이에 끼어 백성을 착취·수탈하는 중간 권귀의 탐학 위험을 원천적으로 제거하기 위해 고부민란 직전 1893년 11월초의 「사발통문」의 행동강령 제4조에 "전주영全州營을 함락陷落ᄒᆞ고 경사京師(서울)로 직향直向ᄒᆞᆯ 사事"라고 합의한 데 더해 음력 1894년 3월 25일(양력 4월 30일) 백산에서 전봉준 동학농민군이 발표한 「사개명의四個名義」의 제4조에서는 "병력을 몰아 서울에 입경해 권귀를 진멸하고 기강을 크게 떨쳐 명분을 입정立定하고 이로써 성훈聖訓을 따르게 한다(驅兵入京 盡滅權貴 大振紀綱 立定名分 以從聖訓)"라고410) 선언했다. 동학농민군의 이 개벽철학과 몽테스키외의 중간권력 복고 논리는 상반된 것이다. 몽테스키외는 절대군주정의 중앙집권화 추세 속에서 빼앗긴 귀족들의 권력을 회복하기 위해 아시아 전제정, 특히 '중국전제정'이라는 '허구적' 개념을 만들어 유럽군주들과 프랑스국왕에 대한 협박 개념으로 활용했다.

몽테스키외에 의하면 유럽의 군주정은 당위로서 아시아 전제정과 달라야만 한다. 중간권력체들이 없으면 전제국가의 모든 지배권이 1인의 치자에게 집중된다. 그러나 이슬람국가의 예가 보여주듯이 전권全權은 게으른 전제주에 의해 그의 재상에게

---
410) 정교, 『대한계년사(2)』, 24쪽. 『大韓季年史(상)』, 74쪽.

이양된다. 군주정은 이와 반대로 권력이 분할된다.

전제적 정부에서 권력은 그것을 위임받은 사람의 손아귀로 완전히 이동한다. 터키 재상(vizir)은 전제주 자체이고, 개개 관리들은 재상이다. 군주제적 정부에서는 권력이 어떤 중간매개 없이 적용되지 않는다. 군주는 권력을 줌으로써 그것을 조절한다. 군주는 그의 지배권을 반드시 그가 더 큰 부분을 보유하고 일부를 주는 식으로 분배한다. 그리하여 군주제적 국가에서는 읍·시의 개별적 통치자들이 지방의 치자에게 아주 책임을 지지 않아서 군주에게는 훨씬 더 큰 책임을 지지 않고, 단위부대의 개인적 장교들은 장군에게 아주 종속적이지 않아서 군주에게는 훨씬 더 큰 종속성을 지니지 않는다. 가장 군주제적인 국가에서는 얼마간 광대한 지휘권을 쥔 자들이 어떤 부대의 민병대에도 배속되지 않은 결과, 그들의 지휘권이 그들을 임용하거나 임용하지 않는 군주의 특별한 의지로부터만 도출되는 만큼 그들이 어느 정도 고용되어 있고, 어느 정도 고용되어 있지 않는 상황이 지혜롭게 확립되어 왔다. 이것은 전제적 정부와 양립할 수 없다. 왜냐하면(군주제에서처럼) 어떤 식의 현직에도 임용되지 않은 사람들이 대권大權과 칭호를 가지고 있다면 국가 안에 그들 자체로서 고귀한 사람들이 존재하게 될 것이고, 이것은 이 전제적 정부의 본성과 배치되게 될 것이기 때문이다.[411]

전제정과 군주정의 권력에 대한 이 고찰은 입헌주의의 옹호일지라도 '허구적 아시아 전제정 개념'에 의거해 있다. 이를 통해 몽테스키외는 루이 14·15세의 중앙집권주의와 귀족권력박탈 정책에 대한 당시 보수정객들의 비판 논조를 그대로 추종하고 있다. "그는 프랑스 정치가들과 그들의 정책을 아시아 국가들을 묘사하는 것처럼 비판하려고 의도한 것이다."[412] 그러나 바로 이것이 그의 핵심논변을 "무효로 만들고" 있다.[413] 그의 왜곡된 묘사는 공자의 영향에 반발하던 위정척사파 페넬롱과 뒤크 드 생시몽(Duc de Sain-Simon)을 따른 것이다. 로제 보이쉬(Roger Boesche)는 갈파한다.

---

[411] Montesquieu, *The Spirit of the Laws*, Bk.5. Ch.16, 65-66쪽. 괄호는 인용자 삽입.
[412] Young, "Montesquieu's View of Despotism and His Use of Travel Literature", 404쪽.
[413] Young, "Montesquieu's View of Despotism and His Use of Travel Literature", 405쪽.

루이 14세의 전제권력을 불평하던 자들, 페넬롱과 뒤크 드 생시몽과 같은 필객들은 대체로 특권신분들의 이익을 옹호하고 있었다. 그들은 파를레망에 대한 군주의 침범에 항변하며 귀족의 전통적 특권을 옹호하고 중상주의와 새로운 상업이익에 의해 초래된 도덕적 부패를 불평했다. 이 필객들은 또한 아리스토텔레스와 그리스어를 둘 다 잘 알았고, 전제정이 아시아와 야만인들에게, 특히 중국과 터키에 적합한 정치체제라고 시사하는 데 만족하고 심지어 열성이었다. 프랑스 군주정이 전제정이 되고 있다고 경고함으로써 그들은 프랑스가 공언된 절대주의와 생각 없는 아시아적 예종의 획일성을 향해 행진하고 있다고 시사하고 있었다.[414]

프랑스 군주들은 귀족들을 영지에서 끌어내 베르사유로 데려옴으로써 중앙권력을 강화했다. 몽테스키외에게 이것은 치욕스러운 사태였다. 몽테스키외는 불평한다.

> 나는 베르사유를 증오한다. 왜냐하면 그곳에서 모든 사람들은 작아지기 때문이다.[415]

로제 보이쉬에 의하면, 몽테스키외는 귀족신분의 이러한 계급이익적 반발심 때문에 "종종 참주정(전제정)의 실재세계를 그리는 것으로부터 탈선해 가령 터키와 중국제국의 정교한 관료제를 무시하고" 말았다. 우리가 "관료제라는 단어를 고안하기 위해서는 토크빌을 기다려야" 할지라도 "우리는 몽테스키외가 왜 전제주를 정교한 행정적 상명하복체제를 통해 다스리는 것으로 그리지 않았는지를 물을 필요가 있다. 답은 관료제가 신민과 전제주 사이에 중간권력을 두는 것이어야 하고, 그러면 이러한 관료제적 구조물은 몽테스키외에게서 프랑스 군주정의 행정관들을 그토록 극적으로 비판하는 모델을 박탈해 가게 될 것이다."[416]

---

[414] Roger Boesche, "Fearing Monarchs and Merchant: Montesqieu's Two Theories of Despotism", *Western Political Quarterly*(Dec. 1, 1990; Vol. 43, No.4), 741-742쪽.

[415] Montesquieu, "Voyage de Gratz à La Haye", *Oeuveres Complétes*, 945쪽. Boesche, "Fearing Monarchs and Merchant: Montesqieu's Two Theories of Despotism", 748쪽에서 재인용.

[416] Boesche, "Fearing Monarchs and Merchant: Montesqieu's Two Theories of Despotism", 748쪽.

오직 유럽군주정만이 중간권력체를 가지고 있다는 몽테스키외의 새빨간 거짓말은 지식의 실력과 덕성을 갖춘 중국의 신사관원(만다린)을 떠올리면 완전히 붕괴된다. '중국의 철인치자'인 신사는 프랑스 귀족 못지않게 자립적인, 아니 이 귀족보다 더 자립적인 중간권력자이기 때문이다. 그러나 보이쉬의 말대로 몽테스키외는 중국의 신사관료층만을 무시한 것이 아니라, 황권으로부터 분립되어 황권을 견제한 중국의 내각제와 내각권도 철저히 무시했다.

여기서 귀족특권의 약화와 귀족신분의 지위하락 및 궁극적 철폐에 저항하는 몽테스키외의 '복고적 귀족주의자'로서의 마각이 드러나고 있다. 이 관점에서 그는 중국을 전제정으로 비난할 때 '절제적' 정부의 대표적 증거로 써먹는 영국의 의회까지 은근히 비난하고 있다. 몽테스키외는 강한 반혁명적 성향을 가지고 있었고, 이런 까닭에 에드먼드 버크는 프랑스혁명을 비판하면서 몽테스키외를 인용해 활용했던 것이다.

영주와 귀족의 특권이 없어지면 '인민국가'나 '전제국가'로 전락할 것이라는 말에서는 귀족 없는 평민군주정(송·명·청대 중국)이나(당시 중국이나 명예혁명 이후의 영국처럼 군주제적 외피가 있어도 되고 독립 후 미국처럼 없어도 되는) 귀족도 군주도 없는 민주공화정, 그리고 군주 없는 귀족공화국에 대한 그의 두려움과 혐오감이 느껴진다. 그러나 '귀족정과 민주정에서는 정치적 자유가 없다'는 괴기스러운 주장에서 그의 궤변은 절정에 달한다.

> 민주정과 귀족정은 그 본성상 자유국가가 아니다. 정치적 자유는 절제적 정부(귀족 있는 군주정 - 인용자)에서만 발견된다.[417]

이 정도의 논의를 통해서도 몽테스키외 정치철학의 복고반동적 괴기성과 시대착오성을 분명하게 간취할 수 있다. 이런 까닭에 조나단 이스레일(Jonathan I. Israel)이 몽테

---

[417] Montesquieu, *The Spirit of the Laws*, Bk.11. Ch.4, 155쪽.

스키외의 정치사상을 '양심의 자유'에 기초해 '개인적 자유'를 보호하려는 피에르 벨의 절대군주론과 선명히 대립되는, 보수주의·신분주의·전통주의로 편향된 '귀족이데올로기'로 낙인찍었던 것이다.[418]

■ 몽테스키외의 자의적 전제정론과 자가당착적 중국전제정론

이제 몽테스키외의 전제정 개념의 비과학성과 중국전제정론의 자가당착성을 들여다 볼 차례다. 전제주의 또는 전제정(*despotism*)의 어근인 전제주 'despot'는 그리스어 '데스포테스($\delta\varepsilon\sigma\pi o\tau\varepsilon\varsigma$)'에서 왔고, 이 '데스포테스'는 원래 가정에서 여성과 어린이, 노예를 다스리는 '집주인(가장)'을, 정치영역에서는 '주군' 또는 '권력자'를 뜻했다. 『정치학』에서 아리스토텔레스는 '데스포스테스'를 이런 이중적 의미로 사용한다.[419] 그리고 그는 노예주의 시각에서 아테네의 노예·여성·어린이 등(약 30만 아테네인구 중) 20여만 명의 비자유인들을 망각하고 '전제적 지배($\delta\varepsilon\sigma\pi o\tau\iota\kappa\dot{\eta}\nu\ \dot{\alpha}\rho\chi\dot{\eta}\nu$)'를 '보다 순종적인' 야만인들의 정치체제로 기술한다.

> 그것(종신적 군사수령 형태의 군왕제) 옆에 또 다른 종류의 군주제($\mu o\nu\alpha\rho\chi\iota\alpha$)가 있는데, 그 예는 일부 야만인들 사이에 존재하는 군왕제들($\beta\alpha\sigma\iota\lambda\varepsilon\hat{\iota}\alpha\iota$)이다. 이들은 모두 참주와 유사한 권력을 보유하지만, 법률에 입각해 다스리고 이는 세습적이다. 왜냐하면 야만인들은 그리스인들보다 더 순종적 성격을 가졌고 아시아인들이 유럽인들보다 더 순종적인 성격

---

418) Israel, *Enlightenment Contested*, 272, 280, 288-289쪽.
419) 다음 문장의 '데스포테스'는 가장의 뜻으로 쓰였다: "하나의 지배 형태로는 가장의 지배($\dot{\alpha}\rho\chi\dot{\eta}\ \delta\varepsilon\sigma\pi o\tau\iota\kappa\dot{\eta}$)가 있다. 이것은 가정의 필요한 노동과 관련된 지배력의 행사를 뜻한다. 가장은 이 노동을 어떻게 수행하는지가 아니라 실제로 어떻게 사용하는지를 알 필요가 있다. 이 손노동 임무에 실제로 봉사할 능력을 말하는 다른 역량은 정말로 노예의 자질이다." Aristotle, *Politics*, 1277a. *Aristotle*, XXI in twenty-three volumes. The Leob Classical Library(Cambridge[Massachusetts]·London: Harvard University Press·William Heinemann LTD, 1981). 그러나 기곤(O. Gigon)의 독역은 '가장의 지배'를 '전제적 지배(despotische Herrschaft)'로 오역하고 있다. Aristoteles, Politik, übersetzt von Olaf Gigon(München: Deutscher Taschenbuch Verkag, 1973·1986), 1285a(109쪽).

을 가졌기에 어떤 분노도 없이 전제적 지배($\delta\varepsilon\sigma\pi o\tau\iota\kappa\dot{\eta}\nu\ \dot{\alpha}\rho\chi\dot{\eta}\nu$)를 견딘다. 그러므로 이 군왕제는 참주정적이지만 안전하다. 왜냐하면 이 군왕제는 세습적이고 법치적이기 때문이다. 이런 까닭에 이 군왕제의 경호대도 폭군적 유형이 아니라 왕도적 유형이다. 왜냐하면 여기서는 시민들이 왕을 자기들의 무기로 경호하는 반면, 폭군들의 경우에는 외국인 경호대를 둔다. 전제적 군왕은 법에 입각해 자발적 신민들을 다스리는 반면, 참주들은 비자발적 신민들을 다스리기 때문이다. 이로 인해 저 군왕들은 자기의 경호대를 시민들 가운데서 취하지만, 참주는 시민들에 대해 수비하기 위해 경호대를 둔다. 그러므로 이것들이 군주정($\mu o\nu\alpha\rho\chi\iota\alpha$)의 두 종류다.[420]

순종적 야만인들의 '전제적 지배'는 참주정(폭정)과 유사하되 그럼에도 법치적 지배체제로서 또 다른 유형의 '군주정'이다. 그런데 코우는 아리스토텔레스의 '전제적 지배' 아래의 신민들을 "시민이 아니라 노예나 하인과 등가적인" 존재로 이해하고, 보댕은 유럽의 절대군주정을 동양의 전제정과 예리하게 대립시켰다고 말한다.[421] 그러나 위 인용문에서 아리스토텔레스는 전제정 치하의 '자발적 신민'은 폭정(참주정) 치하의 '비자발적 신민'과 구별해서 '시민'이라고 부르고, 아시아의 전제정과 그리스의 군주정이 둘 다 군주정의 일종이라고 말하고 있다. 그리고 보댕은 유럽의 절대군주정을 동양의 전제정과 '예리하게' 구별한 것이 아니라, '왕도적·정통적 군주정(monarchie royale, ou legitime)', '가부장적(전제적) 군주정(monarchie seigneuriale)'과 '참주적 군주정'을 구분했다.[422] 왜냐하면 - 그의 개념 정의를 따를 때 - '전제적 군주정'은 나름대로 정의로운 군주정으로서 "군주가 정의로운 전쟁에서의 정복의 권리에 의해 신민의 재산과 인신의 주인(seigneur)인" 군주정이다. 이와 대조적으로 '참주적 군주정'은 "자연법이 무시되고 자유로운 신민들이 마치 노예인 것처럼 억압받고 그들의 재산이 마치 참주에게 속한 것인 양 취급되는" 군주정이다.[423] 따라서 보댕은 '정

---

[420] Aristotle(Aristoteles), *Politics(Politik)*, 1285a.

[421] Kow, *China in Early Enlightenment Political Thought*, 146쪽.

[422] Jean Bodin, *The Six Books of the Commonwealth* [1576], abridged and translated by M. J. Tooley(Oxford: Basil Blackwell, 1955), Book II, "Chapter II. Concerning Despotic Monarchy".

의의 전쟁'의 승리를 통한 정복과 직결된 '전제적 군주정'; 범주를 결코 몽테스키외처럼 남용하지 않았다. 보댕은 '왕도적 군주정'과 '가부장적(전제적) 군주정'을 둘 다 '군주정'으로 보고 양자를 대비시켰을 뿐만 아니라, 몽테스키외와 달리 전제정과 참주정을 혼동하지 않고 준별했다. 물론 보댕의 구분은 아리스토텔레스와 피에르 벨의 관점에서 보면 무의미한 억지 구별이다.

아리스토텔레스는 보통 고대그리스의 참주정, 심지어 고대그리스에 자주 출몰한 선출직 참주 "아이쉼네타스(αἰσυμνήτας)"도 '선출'이라는 사실만 빼면 그 권력의 크기 면에서 아시아의 법치적 전제정과 동일한 것이라고 말한다.[424] 즉, 그는 시민들에게 순종을 강요하는 법치적 전제정이 권력의 크기 면에서 그리스에 출몰한 '참주정(폭정)'과 유사하다고 보았다. 그럼에도 그는 전제정이 어디까지나 법치적이고 따라서 백성들의 생활이 안전한 면에서 참주정과 본질적으로 다른 '군주정의 아시아적 이형異形'으로 규정한 것이다.

그러나 몽테스키외는 여느 부주의한 아리스토텔레스 독자와 마찬가지로 아리스토텔레스가 심혈을 기울여 명확히 달리 정의한 '전제정'을 '참주정'과 혼동하고 있다. 이 혼동이 부분적으로 아리스토텔레스의 혼동된 개념사용 탓이기도 하지만[425] 무엇보다도 몽테스키외의 부주의한 독해 탓이 더 크다고 할 것이다.

---

[423] Bodin, *The Six Books of the Commonwealth* [1576], Book II, "Chapter II. Concerning Despotic Monarchy".

[424] Aristotle(Aristotels), *Politics(Politik)*, 1285a.

[425] 그러나 부주의한 아리스토텔레스 독자들이 '전제정'과 '참주정'을 혼동하는 것은 부분적으로 아리스토텔레스의 혼동된 개념사용 탓이기도 하다. 가령: "한편의 사람들은 자신의 이웃들을 지배하는 것이 전제정적으로 벌어지면 최대의 불의의 하나라고(…) 생각한다." 그리고 "다른 사람들은 전제정적이고 참주정적인 헌정형태를 유일하게 행동한 형태로 여긴다." Aristoteles, Politik, 1324a35-36. 이 두 경우의 "전제정"은 "참주정"과 동의로 쓰인 것이다. 특히 다음의 용례에서 더욱 분명하다: "한 부류의 주장은 자유인의 삶이 전제정적 삶보다 더 좋다는 점에 있다. 이것은 옳은 말이다.(…) 그러나 모든 종류의 지배가 다 전제정이라고 생각하는 것은 옳지 않다. 왜냐면 본성상 자유로운 자들 자체가 본성상 노예적인 자들과 다르듯이, 자유인들에 대한 지배는 노예들에 대한 지배와 다르기 때문이다." Aristoteles, *Politik*, 1325a22-30.

– 권귀權貴약화·왕권강화를 위한 피에르 벨의 전제주의론

1640-50년대에 프랑스에서 'despotisme'이라는 단어는 루이 13세와 14세의 왕권강화(중앙집권화) 정책에 대해 파를레망 귀족들이 벌인 최후의 저항인 프롱드의 난(1648-1653)을 지원하는 봉건적 팸플릿작성자들이 추기경 쥘르 드 마자랭(Cardinal Jules R. de Mazarin, 1602-1661) 재상(집권 1642-1653)을 공격하기 위해 동원한 단어다. 1690년대 복고반동적 팸플릿작성자들은 왕권의 확장에 저항하기 위해 이 단어를 monarchie despotique, pouvoir despotique, puissance despotique, gouvernement despotique 등 여러 형태로 전용해 쓰기 시작했다. 몽테스키외는 60여년 뒤에 이 반동복고적 팸플릿작성자들의 이 비非학술적 전제정 개념을 계승해서 루이 14세와 15세의 중앙집권화 정책을 음해·비방하기 위해 재투입하고, 왕권을 무력화시키는 권력귀족이 없거나 세습귀족이 없는 동양에까지 일반화적으로 적용한 것이었다.

그런데 저명한 정치철학자로서 '전제정(despotism)'이라는 단어를 처음(1704) 쓴 저명한 정치철학자는 피에르 벨이었다.[426] 그러나 벨의 전제정 개념은 전혀 비방적인 것이 아니라 긍정적·옹호적인 것이었다. 그는 무위도식하는 지방 권귀權貴들의 약화를 통한 왕권강화(중앙집권화)를 옹호하기 위해 '전제주의'라는 단어를 투입하기 시작한 군소이론가들을 편들었다. 따라서 그의 전제정 개념은 몽테스키외의 전제정 개념과 완전히 상반된 의미를 가졌다. 벨은 '전제정'을 홉스의 절대주의와 동일시하고 오토만 제국에 적용했지만, 이 절대주의 정부를 오토만에만이 아니라 프랑스나 폴란드에도 적합한 것으로 간주했고 또 전제정을 '법치주의'와도 양립할 수 있는 것으로 보았다.

벨은 『한 지방사람의 질문에 대한 응답』(1707)에서 절대군주정이 오스만터키사람들에게만이 아니라 프랑스인들에게도 적합하다고 말한다. 프랑스에서 "절대정부를 지지하는 사람들"은 "오직 다른 악에 의해서만 악에서 벗어날 수 있는 비참한 유형의 인간조건을 보여주고", 또 "자신들의 주권자에게 자기 멋대로 복종하지 않았던 하위

---

[426] Boesche, "Fearing Monarchs and Merchants: Montesquieu's Two Theories of Despotism", 741쪽.

권력들의 지나치게 비대한 권위 때문에 프랑스가 처하게 되었던 불행의 근원을 지적하고", 나아가 "사람들이 이성의 허약함과 우리 인식의 불확실성을 알거나, 피론이즘으로 기우는 성향을 만족시키려고 어떤 모순에서 벗어나기"를 원한다. 벨은 이런 관점에서 "사람들은 덜 절대적인 정부 밑에서보다 전제정부 밑에서 더 행복하게 산다"는 정치적 판단을 지지했다. 그는 "최고권력은 부드럽고 다루기 쉬운 순종적 백성들을 향하기를 원하지만 또한 자신의 의무에서 벗어나고 무례하게 행동하는 하위 권력들에 대해서는 확고하고 확실하고 단호하기도 해야 한다"고 생각했다. 그러나 유럽에서 "정반대의 모습을 보이고 있다"는 것이다. "나라의 혼란과 백성들의 불행이 여기로부터 온다". 유럽에서는 "어떤 지역이나 지방의 수장이 종종 주권자의 명령들에 제멋대로 복종하지 않으면서도 백성들은 작은 잘못이라도 엄하게 처벌한다". 그리하여 "귀족들의 불복종은 하위직의 불복종의 경우보다 더 두려운 것이 아니게 되어 버렸다"는 것이다. 백성들은 전제권력 밑에 사는 것을 프랑스의 작은 주인들인 대영주들 밑에 사는 것보다 더 행복하게 느낀다. "높게 솟은 나무들" 위에 벼락이 우연히 떨어진다면 "두려움을 느끼라고 부추기는 분별없는 사람들(대귀족들)이 조금 있지만" "나머지 만인은 어떤 피해를 받을 위험도 없이 평화롭게 산다"는 말이다. 벨은 유럽제국이 "완전한 제국의 상태에서 사는 것도 아니고 완전한 자연상태 속에 맡겨진 것도 아니기 때문"에 현재의 "모든 불행과 우스운 모습이 생겨났다"고 본다. 반면, 동양의 "절대적 제국"에서 사람들은 자연적 자유를 누리거나 아니면 적어도 "절제된 주권을 가진 유럽 나라들에서보다 덜 불행하게 살고 있다"는 것이다. "모든 신민이 '국왕의 노예'라는 명칭을 매우 영예롭게 여기면서 어떤 복종의 의무도 절대 피하지 않고 자신들 나름의 일을 하면서 이들은 왕관과 국왕의 지배를 언제나 경외하는" 오스만터키 등의 동양적 전제정은 홉스의 절대군주정 원칙과 그대로 부합된다. "비非절대적 정부보다 절대적 지배권이 터키인들에게 적합하고, 그들이 선제성 치하에서도 불행하게 느끼지 않는다면 그들이 그것에 익숙해졌기 때문이다." 그러나 이것은 멍에에 만족하는 노예적 백성의 경우가 아니다. 이런 노예상태는 단지 반란을 막기 위해서만이 아니라, 제국의 영토가 아주 방대해서 "일 처리들을 지연시키는 절차의 형식에 매이지 않고 즉각적 전쟁수행을 위해서도" 필요한 것이다. "실제로 여러 개의 머리와 여러 개의 손이 필요할 때 모든 일은 천천히 진행되고 개입방법에 대한 합의에 도달하기 위해서, 더 어려운 집행의 끝에 이르기까지의 토의를 위해서 더 많은 시간을 낭비하기" 때문이다. 터키 사람들이 자신들의 술탄에게 바치는 절대복종을 국가의 원칙보다 종교의 원칙으로 여기는데, "그리스도인들은 터키사람들로부터 이 교훈을 배워야 한다"는 것이다. 이 원칙은 특히 영국인이 배워야 하는바, "영국에는 군주에 대한 이러한 복종과 존경이 없고, 군주는 모든 교권과 속권을 다 박탈당하고 더럽고 불경건한 손들에 의해 붙잡히고 더럽혀져 있기 때문이다". 법률 위에 있는 오스만의 절대적 황제가 국법에 속박당하지 않을 것을 필요하지만, 상론했듯이 "절대군주는 국법을 냉엄하게 집행해 그도 이 국법에 복종해야" 한다. "하느님 자신도 그의 절대적 지배권을 조금도 한정함이 없이 그 법에 구속되기" 때문이다. "군주는 규칙 없이 살기보다는 강제력을 가지고 간여하고 자신의 최고권위를 위함으로써 자신의 이익과 안전을 보장받는다. 이처럼 대군주도 법률에 복종하게 되며, 이러한 복종이 자신의 절대권위를 전혀 제한하지 않는다." 이 지적으로써 벨은 "절대통치가 어떠한 법적 간섭도 받지 않는다고 가정하는 사람들"을 "논박"한다.[427)]

전제정은 아시아에서든, 유럽에서든 이와 같이 백성들에 대한 법치(법의 지배)를 포함할 수밖에 없는 것이다. 벨은 오스만제국의 헌정체제만이 아니라, 중국의 헌정체제를 아시아 전제정의 한 유형으로 비하한 몽테스키외와 정반대로 중국이 고수하는 형태의 군주정도 전반적으로 옹호했다. 벨은 왕권강화에 저항하는 당대의 반동복고적 팸플릿작성자들을 논박함으로써 후세의 몽테스키외와 같은 봉건적 반동복고론자들까지도 미리 분쇄하고 있다.

벨이 홉스의 '절대군주정'과 동일시한 전제정 개념은 아리스토텔레스와 연장선

[427)] Bayle, *Réponse aux Questions d'une Provincial, Troisiéme Partie*, 621-623쪽("Du Despotisme").

상에 있는 것이다. 벨은 유럽 어법에서 전제정과 동양 간의 점증하는 연관성을 활용하는 한편, 전제정을 유럽과 아시아 양쪽의 절대주의와 우호적으로 동화시킴으로써 '동양적 전제주의'의 나쁜 이미지를 철저히 제거했다. 그러면서 벨은 유럽국가들이 오토만 전제정을 도입해야 한다고 주장했다. 물론 벨은 오토만 터키의 술탄체제가 법치적이라는 것을 잘 알고 있었을 뿐만 아니라 이슬람성직자들의 개입 때문에 그렇게 절대적이지 않은 '제한군주정'이라는 것도 잘 알고 있었다. 벨은 『역사·비판사건』의 '오스만' 항목에서 오토만터키의 제한적 군주권에 대해 이렇게 갈파한다. 관련 구절을 길게 제시해 보자.

무스타파는 유약한 군주였다. 재상과 기타 총신들은 그의 유약성을 숨겼다. 그들은 그 유약성을 신성함, 신의 의지에 대한 헌신, 체념이라고 불렀다. 그들은 그에게 그의 하늘을 향해 치켜뜰 것을 의무화했다.(그러나) 회교법률전문가(*mufti*)는 이 올가미에 걸려들지 않았다. 그는 코란이 바보에 대한 복종을 금지했고 이러한 군주의 치세에는 모든 기도가 무용하고 모든 결혼이 무효라고 공개 천명되도록 만들었다. 그러므로 무스타파를 퇴위시키는 것이 필요하게 되었다. 오스만의 형제인 아무라트가 그의 방에서 등극했다.(…) 터키인들보다 자기들의 군주들에 대해, 그리고 그들에 대한 복종에 대해 더 이롭게 말하는 국민이 이 세상에 없다. 그들은 주권의 기원에 관한 서양 정객들의 시끄러운 논쟁에 대해 극히 낯선 사람들이다. 그들은 왕과 백성 간의 어떤 원천 계약에 대해 한 마디도 말하지 않고 통치권이 인민으로부터 나오는 것인지, 또는 그것이 얼마나 멀리 전달될 수 있는 것인지를 물은 적이 없다. 그들의 준칙에 의하면 최선의 정부형태는 한 군주의 전제적 권력이다. 술탄에 대한 복종 속에서 죽는 것은 그들이 천국의 최고 단계로 등극하는 발걸음이다. 이 모든 것으로부터 본다면 누가 이 대군주의 권좌가 부동의 기초 위에 고정되어 있다고 믿지 않을 것인가? 하지만 우리가 역사를 뒤져보면 우리는 오토만 황제들의 지배권보다 더 위태로운 지배권을 가진 군주도 없다는 것을 발견할 것이다. 그들의 신민들은 황제들에게 반기를 드는 것, 그들을 권좌에서 몰아내는 것, 그들의 반란의 종결 전에 교살하는 것으로 만족하지 않는다. 그들은 다른 수단들도 사용한다. 그들은 아주 자주 합법적 과정에 의해 그들을 퇴위시킨다. 그들은 평온하고 엄중하게 그들의 운명을 토의하고 투표에 붙이고 영원한 금고에 처한다.(…) 이 경우에 코란이 이전에 로마에서 시빌(Sibyls) 무녀들의 예언이 참조되었듯이 참조된다. 그리고 그들이 자기 종교의 수뇌를 그들의 이익에 개입시킨다면, 그들은 성공을 확신할 수 있다. 회교법전문가가 신의 법이 병들고 불행하고 감옥에 있는 군주에게 충성을 표하는 것을 허용하지 않는다고 선언하면 그것은 교황이 기독교 군주를 파문하는 것만큼, 또는 그 이상의 효과를 갖는다.[428]

동방의 소위 '전제정'은 이렇게 제한적이었다. 그럼에도 불구하고 몽테스키외는 일단 '동양적 전제정'을 막강한 초법적 절대권력으로 둔갑시켜 놓은 다음 유럽국가들의 왕권강화(중앙집권화) 노선을 전제주의로의 타락 현상으로 흑칠하면서 '전제정' 개념을 왕권에 대한 반동복고적 저항코드로 '악용'했다.

이 점에서 반동복고를 위한 몽테스키외의 봉건적 전제정 비방은 귀족의 진멸·제거와 주권강화의 근대화를 위한 벨의 반反봉건적 전제정 옹호와 역사적으로 상반되는 것이었다. 아이러니컬한 것은 벨보다 40여년 뒤에 태어난 몽테스키외가 생뚱맞게 벨과 정반대로 반동복고적이었다는 것이다.

– 몽테스키와 전제정 개념의 반동복고성과 자의성

몽테스키외는 루이 14·15세 치세의 프랑스 절대주의를 비방하기 위해 동양의 취약한 제한적 전제정을 '절대권력'으로 왜곡·과장해 흑칠한 다음, 이 흑칠된 전제정 개념을 프랑스에 반동복고 전략으로 투입한 것이다. 프랑스의 반反귀족적 절대주의는 아시아의 전제적 정부의 지나친 통치형태들과 여전히 달랐을지 모르지만 아시아 전제정에 가까이 접근한 군주정의 부패한 형태라는 것이다. 몽테스키외의 이러한 수사법은 사이드의 의미에서 '오리엔탈리즘적'이지 않을지라도 그의 입헌주의 테제에 봉사하는 가운데 아시아의 비하를 위해 복무하고 있을 뿐만 아니라,[429] 유럽에서 왕

---

[428] Bayle, *The Dictionary Historical and Critical of Mr. Peter Bayle*, Vol. 4, 425-426쪽; Bayle, *Dictionnaire historique et critique*, Vol. 11, 273쪽.

[429] Kow, *China in Early Enlightenment Political Thought*, 145쪽.

권강화의 시대적 대의에 대항해 '귀족의 자유'를 옹호하고 복고하려는 역사적 반동 기도에 복무하고 있는 것이다.

따라서 몽테스키외가 "전제정"을 "한 사람이 혼자서 법도 없고 규칙도 없이 자신의 의지와 변덕에 의해 만사를 앞으로 끌고 가는" 정부, 즉 왕이 홀로 만기를 총람하는 정부로 정의한 것은[430] 아리스토텔레스에도 근거가 없고 보댕에도, 피에르 벨에도 근거가 없는 '자의적' 관념이다. 그리고 그의 전제정 정의는 17-18세기 '전제정'이라는 단어의 일상적 용법과도 부합되지 않은 것이었다. 이 시대에 '전제정'은 벨의 경우에 보듯이 '군주정' 또는 '절대군주정'과 동의어로 사용되었기 때문이다. 이런 까닭에 케네도 『법의 정신』의 공간 20년 뒤(1767년)에 낸 『중국의 계몽전제정(Le Despotisme de la Chine)』에서 '전제정'을 '군주정'과 동의로 정의하고, 황제도 법에 복종해야 하는 '중국의 법치적 전제정'은 특별히 유럽제국이 본받아야 할 '계몽군주정'의 의미로 쓰고 있다.[431]

몽테스키외가 프롱드의 난을 지원하고 마자랭 재상을 공격하는 프랑스의 반동복고적 정치팸플릿으로부터 따온 전제정 개념은 서양철학사의 정통적 계보로부터 나온 것이 아니고, 이탈리아 신부학자 지오반니 보테로(Giovanni Botero, 1544-1617)의 용례로 거슬러 올라가는 것으로 보인다. 보테로는 마키아벨리의 정치독트린에 대한 유력한 비판자였고 열렬한 중국예찬자였다. 그런데, 루비에의 추적연구에 의하면, 보테로는 『보편기술(Relationi Universali)』(1591-1596)에서 "전제적 통치(governo despotico)" 개념을 터키·모스크바공국·기독교에티오피아·페르시아(사파비드 페르시아 제외)·무굴제국·비자야나가라(Vijayanagara)제국(남인도 데칸고원 제국)·태국·중국에 무차별적으로 적용했다.[432] 따라서 보테로의 전제정 개념이 부정적 의미로 사용되었는지 모

---

430) Montesquieu, *The Spirit of the Laws*, Bk.2. Ch.1, 10쪽.
431) François Quesnay, *Le Despotisme de la Chine*(1767), 영역본: *Despotism in China*, in: Lewis Adams Maverick, *China - A Model for Europe*, Vol. II(San Antonio in Texas: Paul Anderson Company, 1946), 141쪽.
432) Rubiés, "Oriental Despotism and European Orientalism: Botero to Montesquieu", 124-125쪽.

호하다. 루비에는 몽테스키외가 아시아 제국諸國을 이렇게 전제국가로 일괄 특징짓는 보테로의 이 '싹쓸이' 분류법을 그대로 계승했다고 본다.

그런데 루비에가 분석한 '국가이성'의 이론가 지오반니 보테로(Giovanni Botero, 1543-1617)는 기본적으로 중국예찬자다. 하지만 『보편기술』에서 만은 중국을 여러 번 전제정과의 연관에서 언급하고 중국 조세·재정체계가 황제 단독으로 설계되고 시행된다고 언명했다. 전 중국에서 "국왕 외에 다른 군주가 존재하지 않는다. 중국인들은 백성, 후작, 군주가 무엇인지를 모르고 또한 세금이나 부세를 바칠 다른 어떤 사람도 존재하지 않는다."[433] 보테로는 영주·귀족·성직자라는 중간수탈계층이 없는 중국 조세체계의 단순화 또는 단일화를 지적하고, 동시에 이 때문에 중국에 귀족이 존재하지 않는다는 이유에서 중국을 '전제적'이라고 기술한다. 따라서 그의 이 '전제적'이 부정적 의미인지 모호하다. 중국 조세체계의 단일화에 대한 보테로의 비판은 자신의 열광적

지오반니 보테로

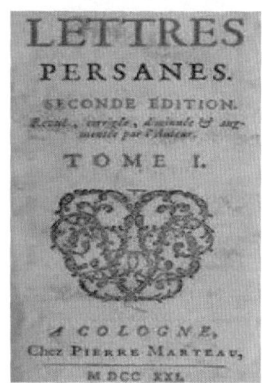

『페르시아인의 편지』
(*Lettres Persanes*) 표지

중국예찬과 모순된다. 그는 중국제국의 행정이 주로 평화유지와 국가보존에 노력을 경주한다고 말하고 그 결과로서 "정치·사법·산업이 중국에서 수천 년 동안 번창했다"고 갈파하는가 하면, "고대든 현대든 어떤 지배나 통치"든 중국보다 "더 잘 규제되지 않았다"고 천명하고 있기 때문이다.[434] 중간수탈계층이 없는 중국 조세체계의 단

---

[433] Stefan G. Jacobsen, "Physiocracy and the Chinese Model", 14쪽. Ying Ma and Hans-Michael Trautwein(ed.), *Thoughts on Economic Development in China*(Abingdon: Routledge, 2013).

[434] Giovani Botero, *Relatione Universali*(Vicenza: 1595), 194, 195쪽. Stefan G. Jacobsen, "Limits to Despotism: Idealizations of Chinese Governance and Legitimations of Absolutist Europe", *Journal*

일화에 관한 한, 푸펜도르프와 보방(Sébatian Le Prestre de Vauvan)은 보테로와 정반대로 오히려 귀족의 조세권이 철폐된 중국을 모델로 삼는 '단일화된' 조세·재정체계의 도입을 주장했다.[435] 따라서 보테로의 애매한 전제정 개념을 몽테스키외가 그대로 수용한 것으로 보기도 어렵다.

몽테스키외는 『법의 정신』(1748)보다 27년 앞서 나온 『페르시아인의 편지(Lettres Persanes)』(1721)에서 이미 공화정에 대한 아시아인들의 무지에 대해 언급하며 아시아 전역을 '전제정'으로 '도배'한다. '자유'를 가장 빈번히 요구하고 '전제주의'를 가장 빈번히 비난하는 『페르시아인의 편지』에서 페르시아인은 이렇게 말한다.

내가 유럽에 처음 도착했을 때 나의 호기심을 가장 많이 일으킨 주제들 중 하나는 공화국의 역사와 기원이었다. 당신이 알다시피 대부분의 아시아인들은 이 유형의 정부 개념에 대해 조금도 알지 못하고 그들의 상상력은 전제정 외에 다른 정부형태가 지구상에 존재할 수 있다는 것을 파악할 수 없다.(…) 자유에 대한 사랑과 왕들에 대한 혐오가 그리스를 수 세기 동안 독립으로 지키고 공화정을 멀리 널리 퍼트렸다.(…) 이것은 모두 유럽에서 일어나고 있었다. 왜냐하면 아시아와 아프리카는 언제나 전제정에 의해 억압되었기 때문이다. 유일한 예외는 내가 앞서 언급한 소아시아의 도시들과 아프리카의 카르타고 공화국이었다.(…) 자유는 유럽 백성들의 정신을 위해 만들어지고 예종은 아시아 백성들의 정신을 위해 만들어진 것처럼 보인다.[436]

---

of Early Modern History, 17(2013), 355-356쪽에서 재인용.

[435] 참조: Samuel von Pufendorf, *Of the Law of Nature and Nations* [*De jure naturae et gentium*, 1672](London: Printed for J. Walthoe et al., The Fourth Edition 1729), 830쪽. 보방에 대해서는 참조: Jacobsen, "Physiocracy and the Chinese Model", 14쪽.

[436] Montesquieu, Persian Letters [1721], trans. by M. Mauldon(Oxford: Oxford University Press, 2008), Letter 125. '아시아인들이 공화정을 모른다'는 말은 몽테스키외가 열독하고 집중적으로 인용하는 샤르뎅이라는 상인의 글에 나오는 기술을 거의 그대로 옮겨 놓은 것이나. 샤르뎅은 말한다. "공화정은 페르시아에서, 그리고 거기서부터 세계의 끝까지 알려져 있지 않다.(…) 아시아인들은 여러 동등한 사람들에 의한 주권적 권력의 다스림을 아예 생각할 수 없다." Jean Chardin, *Voyage de Monsieur de Chevalier Chardin en Perse et autres lieux de l'Orient*(Amsterdam: 1711), I, 256. Young, "Montesquieu's View of Despotism and His Use of Travel Literature", 396쪽에

몽테스키외는 왕위민여론王位民與論 또는 왕권민수론王權民授論이[437] 기초한 공화정이었던 고대중국의 요·순 치세와, 이 치세를 이상적 정치로 동경하고 추구한 공자철학에 대해 조금도 알지 못하고 공자의 무위·자치론과 중국의 내각제적 제한군정에 대해 털끝만큼도 아는 것이 없는 주제에 아시아에 대해 무식한 말을 함부로 늘어놓고 있다.

그러나 공맹철학에 관한 지식·정보는 당시 서양제국, 특히 프랑스에서 넘쳐 났다. 그런데도 몽테스키외는 공맹철학에 설파하는 요순정치와 민심즉천심 정치를 알지 못했다. 공자는 『예기』에서 요순시대의 대동사회와 관련해 "대도가 행해짐에 천하는 공기公器가 되고(공기로서의 천하는) 현자와 능력자를 선출해 쓴다(大道之行也 天下爲公 選賢與能)"고 말했다.[438] 이것은 일찍이 "When the Great Principle(*of the Great Similarity*) prevails, the whole world becomes a republic; they elect men of talents, virtues and ability(대동의 원리가 지배할 때는 천하가 공화국이다. 그들은 재능과 덕성과 능력을 가진 사람들을 선발한다)"로 번역되었다.[439] "만인은 공자가 군주정과 효도를 좋아한다고 알고 있다. 하지만 군주정과 효도는 소강小康에서만 좋은 것이다. 대동大同에서 천하는 오직 사회조직일 뿐이고, 개인은 독립적 단위다."[440] 이 시대에는 요순 같은 임금을 포함한 현자와 능력자를 선출하지만, 임금의 지위는 천하의 민심에 좌우되는 것이고, 이 민선民選 군주는 민선된 까닭에 왕위를 아들에게 세습시킬 수 없는 국가원수였을 뿐이다. 이것이 바로 극동아시아 유형의 '공기公器'로서의 공화정이다. 이것이 "대도가 행해짐에 천하가 공기公器가 된다(天下爲公)"는 공자의 대동사회론적 핵심명제에 내포된 진의이고, 이 핵심명제에서의 이 '공기'라는 말은 영어 'republic(공화정)'의 어

서 재인용.
[437] 요·순·하우 간의 왕위선양을 '왕권민여제'로 해석한 사람은 맹자다. 『孟子』「萬章上」(9-5).
[438] 『禮記』「禮運」.
[439] 진환장의 영역이다. Chen Huan-Chang(陳煥章), *The Economic Principles of Confucius and His School*, 18쪽.
[440] Chen Huan-Chang(陳煥章), *The Economic Principles of Confucius and His School*, 19쪽.

원인 라틴어 'res publica(공적인 것)'와 내용적으로 통하는 말이다.

또한 중국 내각제의 실존과 중국 군주정의 내각제적 제한성에 대한 마테오리치의 정밀한 분석과 기술들은 1615년에 출판된 트리고의 『중국인들 사이에서의 기독교선교』에 몽땅 실려 나와 17세기 초이래 이미 서양에 파다하게 알려져 있었다. 물론 앞서 소개한 다른 수많은 보고서들도 중국의 내각제적 제한군주정을 리얼하게 전하고 있었다. 이런 상황에서 몽테스키외가 저런 말을 늘어놓고 있는 것은 단순히 '비양심'이 아니라 '학자적 자격을 결한 것'으로 느껴진다. 또한 몽테스키외는 그리스인이나 유럽인들이 사랑한다는 그 '자유'라는 것이 한낱 '노예주로서의 자유시민'이나 왕후장상과 귀족들의 자유에 지나지 않음에도 불구하고 자유가 "유럽의 백성들"의 정신을 위해 만들어진 것이라고 기만하면서 오히려 그의 전제정 개념 자체의 전제성과 자의성을 분명히 하고 있다. 노예대중과 일반백성(농노·예농·평민·하인)의 예종상태를 숨기고 고대그리스와 유럽의 자유를 자랑하며 존재하지도 않는 아시아 전제정을 비방하는 이런 (자기)기만적·자의적·전제적 언설은 훗날 비트포겔에게서도 반복된다.

아시아 전제정의 '유령'은 몽테스키외의 전 저작에서 걸쳐 출몰한다.[441] 그리하여 데이비드 영(David Young)은 - 아마 아리스토텔레스의 『정치학』의 영역문을 희랍어 원문과 대조하지 않아 - 아리스토텔레스의 전제정 개념을 몽테스키외의 전제정 개념에 접근시킬 정도로 완전히 그릇되게 이해하면서도[442] 몽테스키외를 맹비판한다.

하지만 우리는 몽테스키외의 전제정 그림이 이란이나 터키 역사의 가장 나쁜 순간들의 캐리커처처럼 보이고, 근동 출신 또는 심지어 이 지역을 잘 아는 아무나 몽테스키외의 주석들을 즐기는 것과 동시에 동일한 강도로 분노할 것 같다는 것을 인정하지 않을 수 없다. (…) 몽테스키외는 잘못된 자료에 의존해서 동양국가들의 본성에 대한 그릇된, 또는 적어

---

[441] Kow, *China in Early Enlightenment Political Thought*, 146쪽.
[442] 영은 가령 아리스토텔레스가 Politics에서 '가장의 지배(authority of a master)'를 논하는 맥락(1277a)을 '전제적 지배(despotic rule)'의 논의로 오해해서 아리스토텔레스가 정의한 국가 차원의 법치적 '전제정'을 법치 없는 '가장지배체제'로 만들어 놓고 있다. Young, "Montesquieu's View of Despotism and His Use of Travel Literature", 393쪽.

도 과장된 결론에 도달한 것인가? 어느 정도로 이것은 사실이었다.(…) 하지만 이것이 이야기의 전부가 아니다. 몽테스키외가 그의 전제정 스케치의 사실관계를 상세히 구성할 수 있었다면, 그는 그의 동양국가관을 수정했을 수 있을 여행기 문헌을 대량으로 간과했다. 우리는 이것의 여러 사례를 인용할 수 있다. 첫째,(…) 몽테스키외는 전제국가에는 군주의 변덕 외에 아무런 법도 없다고, 그리고 종교 외에 이 변덕에 대한 아무런 견제장치도 없다고 주장했다. 하지만 여행가들은 코란, 그것의 가르침의 해석, 이런 원칙들에 관해 판결한 이전의 판례들이 "법률가들"의 지침이고, 터키와 페르시아의 재판관이었다고 확언하는 데 이구동성이다. 환언하면, 종교법과 시민법은 하나로 동일하고, 이슬람 땅의 치자들은 어떤 의미에서 성직자였다. 종교가 변덕스러운 권력을 제한하지만 법은 없다고 말하는 것은 터키나 페르시아 맥락에서 무의미할 것이다.[443]

데이비드 영은 두 번째 비판 논점으로 몽테스키외의 또 다른 문제를 지적한다.

다시, 몽테스키외는 근동에 귀족이 없다고 선언했고, 여행가들은 군주에게 견제장치로 작용할 수 있는, 권력에 대한 규정적 권리를 가진 어떤 계급도 없다고 진정으로 확언했다. 하지만 여러 여행가들은 이 견해를 제한했다. 타르베르니에(Jean-Baptiste Tarvernier)는 이란의 많은 정부관직은 법적이지 않을지라도 사실상 세습적이 되는 경향이 있다고 주장했다.(…) 투르네포르(Éloge de M. Tournefort)는 마찬가지로 오토만 터키의 군인들과 '법률가들'은 특별법정에 의해서만 심리될 수 있다고 지적했다. 이것은 술탄의 권력에 대한 한계를 표현했다.[444]

술탄의 신료들도 명예가 존중되고 술탄에 의해 침해되지 않을 세습적 지위가 보장되었던 것이다. 이것은 중국의 '신사'의 독립적 지위는 더욱 그랬다.

마지막으로, 몽테스키외는 전제국가에서의 처벌은 잔인하고 이러한 체제에서는 인신이

---

[443] Young, "Montesquieu's View of Despotism and His Use of Travel Literature", 401쪽.
[444] Young, "Montesquieu's View of Despotism and His Use of Travel Literature", 402쪽.

나 재산의 어떤 안전보장이 없다고 선언했다. 그는 이 견해를 뒷받침하는 증거들을 발견할 수 있었지만, 일부 여행가들은 그의 말을 부정했다. 샤르뎅과 타베르니에는 샤가 그의 궁인들과 관리들에게 사악하고 변덕스러울지 모른다고 확인하지만 이 상인들은 이러한 사람들이 피소될 수 있는 특별한 정치범죄와 정규적인 민·형사 범죄를 구별한다. 전자의 경우에 치자는 즉결심판과 잔학한 응징을 범죄자들에 대한 필수적 무기로 간주한다. 그러나 후자의 경우에는 정규적 코란법이 지배한다. 볼테르는 유럽역사가 정치범죄의 고립된 사례들에서 자의적이고 잔인한 소추의 수많은 사례들을 범했지만, 이것이 유럽 제국諸國이 몽테스키외의 의미에서 전제정이라고 결론지을 가벼운 이유도 분명 제공하지 않을 것이라고 지적했다.445)

여기에 데이비드 영은 상인 샤르뎅의 이런 말도 덧붙였다. "보통 페르시아인들은 전형적 프랑스인들보다 가혹한 처벌과 변덕스러운 재판을 두려워할 더 많은 이유가 없었다. 그는 더 적은 이유가 있을 것이다. '페르시아에서도 세계의 어떤 다른 나라에서나 마찬가지다. 높은 사람들의 상황은 가장 취약하고, 그들의 운명은 가장 불확실하고, 종종 최악이다. 다른 한편으로, 평민들의 상황은 여러 기독교국가들에서보다 훨씬 더 안전하고 훨씬 부드럽다.' 그렇다면 몽테스키외는 그의 자료들을 오독했거나, 차라리 선택적으로 읽은 것이다."446) 영이 몽테스키외가 인용한 여행자들의 같은 보고들을 활용해 제기하는 반박을 보면, 몽테스키외가 상인들의 보고도 지극히 편파적으로 이용했다는 것을 알 수 있는데다가 유럽제국과 근동제국이 본질적으로 다를 것이 없었다는 것을 알 수 있다. 나아가 몽테스키외가 여행자들의 보고조차도 편파적으로 오용한 대목에서는 그의 '학자적 양심과 자격'을 자꾸 문제 삼지 않을 수 없다. 결론적으로 말하면, 황제 외에 어떤 세습신분도 인정치 않고 모든 관리를 능력본위의 과거시험으로 뽑고 엄격한 법제로 평가하고 관리하는 내각제적 제한군주정의 명·청대 중국은 유럽과 근동지역의 모든 국가들을 능가하는 나라였다.

---

445) Young, "Montesquieu's View of Despotism and His Use of Travel Literature", 402쪽.
446) Young, "Montesquieu's View of Despotism and His Use of Travel Literature", 402-403쪽.

― 중국전제정론의 자가당착성

이제 몽테스키외의 전제정 논변을 더 따라가 보자. 전제주의의 발생원인과 관련된 몽테스키외의 근본 명제는 "대제국은 일인一人 통치자의 손에 든 전제적 권위를 전제한다"는 것이다.447) 반면, "군주국은 중간 크기이어야 한다. 그것이 작다면 그것은 공화국으로 변하고 만다."448) 따라서 영토가 방대한 중국제국은 러시아제국처럼 볼 것도 없이 전제체제다. 이것은 '민주공화정은 오직 방대한 영토를 가진 대국에서만 존속가능성이 있다'는 흄의 테제와 정확히 정반대다.

몽테스키외는 저런 엉성한 선험적 관점에서 억지 논리를 만들어 선교사들의 중국예찬을 분쇄하려고 시도한다.

> 선교사들은 중국의 방대한 제국을 공포·영예·덕성을 결합한 경탄할 만한 정부로 묘사한다. 그렇다면 내가 세 가지 정부의 원리들을 수립한 것은 공허한 구별을 만든 셈이다. 나는 매질 없이는 아무것도 하지 않도록 만들어진 사람들 사이에서 어떻게 영예를 말할 수 있는지 모르겠다. 더구나 우리 상인들은 선교사들이 말하는 것과 같은 종류의 덕성 관념을 우리에게 주기는커녕 만다린들의 강도행각에 대해 자문해 줄 수 있다. 나는 위대한 인물 앤슨 경(Sir Anson)도 증인으로 부를 수 있다. 게다가 황제를 불쾌하게 만든 개종한 왕자들에 대해 황제가 취한 재판 과정들에 관한 파렌닌(Parennin)의 서한들은, 일관되게 추구된 폭군적 계획을 우리에게 보여주고, 예사로, 즉 냉혈한 식으로 저질러지는 인간 본성의 모욕을 보여준다. 우리는 중국 정부에 관한 드 마리앙(de Marian) 씨와 방금 말한 파렌닌 신부의 편지들도 가지고 있다. 아주 지각 있는 몇 개의 질문과 답변 후에 경이로운 오로라는 사라진다. 선교사들이 질서의 외양에 의해 기만당했을 수 있지 않을까? 그들을 통치하는, 그리고 인도 왕의 조정에서 그렇게 발견하고 싶어 하는 단 한 사람의 의지의 저 지속적 발휘에 의해 그들이 충격을 받았을 수 있지 않을까? 선교사들이 커다란 변화를 만들기 위해 그곳에 가는 만큼, 백성들이 만사를 다 겪도록 백성들을 설득하는 것보다 왕이라면 뭐든 할 수 있다고 왕을 설득하는 것이 더 쉬울 것이다.449)

---

447) Montesquieu, *The Spirit of the Laws*, Bk.8, Ch.19, 126쪽.

448) Montesquieu, *The Spirit of the Laws*, Bk.8, Ch.17, 125쪽.

몽테스키외는 매질, 탐관오리, 기독교로 개종한 왕자에 대한 종교적 탄압을 들고, 황제에 대한 예찬은 황제 한 사람에게 의지해야 했던 선교사들의 처지와 이로 인한 편향에서 나온 것으로 평가절하하고 있다. 여기서 그는 중국의 장단점을 공평하게 열거한 뒤알드의 저 책에서 단점 부분만을 인용하고 있다. 그리고 북경의 청나라 조정에 외교사절로 파견되었으나 실패하고 기분이 상해서 중국 땅에 발도 붙이지 못한 채 중국을 비방하기만 한 조지 앤슨의[450] 책 『1740-1744년의 세계일주 항해』를[451] 인용하고 있다. 그러나 앤슨은 중국의 현지 문물에 감명 받은 나머지 영국으로 귀국 후 자신의 중국비방과 정반대로 자신의 친형 토마스 앤슨으로 하여금 스태포드셔의 셔그버러 공원에 멋들어진 중국식 건물을 짓게 했다.[452] 몽테스키외는 이 사실에 대해서 꿈도 꾸지 못했을 것이다. 기타 참고문헌은 스웨덴 외교관이자 탐험가 라우렌트 랑에(Laurent Lange)의 「중국궁정에서의 협상에 관한 랑에 씨의 보고(Journal du Sieur Lange continuant ses négotiontions à la cour de la Chine)」(1731)와 중국 정부에 관한 드 마리앙과 도미니크 파레닌 신부의 편지다. 무명인사 드 마리앙은 몽테스키외도 각주를 달지 않았고, 다른 방식으로도 파악되지 않는 인물이다. 랑에의 글은 베르나르(Bernard Jean-Frederic)가 편찬한 『북방항해기(Recueil de voyages au Nord)』(전8권, 암스테르담: 1725-1732)에 실렸었다. 랑에의 글과 파레닌 신부의 편지는 몽테스키외가 반反중국적으로 왜곡시키는 것이다. 그런데 몽테스키외는 뒤알드로부터 "곤장이 중국을 지배한다"는 말도 인용하고, "그 나라 법에 의해 외국식의 귀신 숭배가 제국 안에서 성립될 수 없다고 언제나 주장하는 만다린들을 침묵시키기 위해 강희제의 권위를 선교사들이 어떻게 이용하는지"를 보고하는 뒤알드의 설명도 들이댄다.[453]

---

[449] Montesquieu, *The Spirit of the Laws*, 126-127쪽.
[450] Reichwein, *China and Europe*, 95쪽 각주, 96쪽 각주 참조.
[451] George Baron Anson, *A Voyage Round the World in the Years 1740 to 1744*(London, 1748, trans. Geneva 1750; Oxford: Oxford University Press, 1974).
[452] 참조: 황태연, 『공자철학과 서구 계몽주의의 기원』, 940쪽.
[453] Montesquieu, *The Spirit of the Laws*, 127쪽 각주 30), 33).

그러나 곤장과 관련된 뒤알드의 묘사는 몽테스키외에 의해 중국 정치 전체의 본질로 일반화되어 왜곡되고 있다. 뒤알드는 자유형(금고·징역형)이 없고 벌금형과 태형만을 인정해온 중국형벌제도를 설명하고 있을 뿐이다.

처벌의 시간이 만료되었을 때 형조의 관리들은 죄인을 만다린에게로 다시 데려오는데, 그러면 만다린은 그에게 그의 행동을 고치라고 훈계한 다음 그의 목에 칼을 벗겨주고 그와 작별하기 위해 20대의 몽둥이질(*coups de bâton*)을 명한다. 왜냐하면 중국정부는 몽둥이의 사용에 의해 유지된다고 얘기되는 만큼, 벌금형이 아니라면 태형(*bastonnade*)에 앞서지도 뒤서지도 않는 어떤 처벌도 가하지 않는 것은 중국 사법의 보통 관습이기 때문이다.454)

마지막 문장은 중국에 금고·징역형 등 자유형이 없이 벌금형과 태형밖에 없으므로 당연히 '벌금형'이 아니라면 '태형'을 집행한다는 말이다. 그리고 "중국정부는 몽둥이의 사용에 의해 유지된다"는 말은 형정刑政에 한정된 말로서 중국에서 형벌은 벌금형 외에 태형밖에 없다는 말일 뿐이다. 뒤알드의 중국관은 이보다 훨씬 더 분화되어 있다.455) 그러나 몽테스키외는 뒤알드의 이 말을 중국정치의 본질로 과장·왜곡시키고 있다.

몽테스키외는 왜곡과 자가당착적 규정들을 통해 중국이 영국과 반대로 '정치적 자유'가 아니라 단순히 '평온'을 추구하는 나라로 속단한다.

모든 국가들이 자기 자신을 유지하는 것인 동일한 목적 일반을 지닐지라도 각국은 제각기 특유한 목적을 가지고 있다. 확장은 로마의 목적이고, 전쟁은 스파르타의 목적이고, 종교는 유대율법의 목적이고, 상업은 마르세유의 목적이고, 공적 평온은 중국의 법률의 목적이고,(…) 군주의 희열은 전제국가의 목적이다. 군주의 영광과 군주국가의 영광은 군주국

---

454) P. Du Halde. *The General History of China* [Paris: 1735], Vol. 2 of four Vols.(London: Printed by and for John Watts, 1736), 229쪽.
455) 참조: Osterhammel, *China und Weltgesellschaft*, 458쪽 각주58.

의 목적이다.(…) 또한 정치적 자유를 그 직접적 목적으로 삼는 헌정체제를 가진 나라는 세계에서 단 한나라(영국)가 있다. 우리는 이 나라가 정치적 자유의 기초를 수립하는 원칙들을 정사하려고 한다.[456]

앞서 몽테스키외는 "전제적 정부의 원리가 공포인 반면, 그 목적은 평온이다"라고 말해놓고는[457] 여기서는 다시 전제국가의 목적은 "군주의 희열"이라고 모순된 말을 하고 있다. 그리고 중국을 전제국가로 규정하면서 그 국가목적이 '군주의 희열'이 아니라 '평온'이라고 말하는 것도 자가당착적이다. 그리고 '평온'을 중국 '특유'의 국가목적이라고 해놓고 다시 각주에서 일관성 없이 평온을 "바깥에 아무런 적을 가지고 있지 않거나 장벽에 의해 적이 저지된다고 믿는 나라의 자연적 목적"이라고[458] 일반화한다. 그리고 그가 중국 특유의 국가목적이라고 내세운 '평온'을 폄하한다. "이것(평온)은 평화가 아니다. 그것은 적이 정복하려고 벼르고 있는 도읍들의 정적靜寂이다."[459] 이에 반해 영국은 '정치적 자유'를 추구한다는 것이다.

그러나 영국의 권력분립과 영국인들의 정치적 자유는 내각제를 통해 보장된 것이고, 앞서 상론했듯이 이 내각제는 중국에서 왔다. 그러나 당시 영국은 이런 긍정적 측면에서만이 아니라 부정적 측면에서도 중국과 공통된 요소가 있었다. "영국의 정부는 몽테스키외가 그토록 혹독하게 경멸한 동양국가들과 빗댈 수 있는 전제정은 아니지만, 전제정과 부정할 수 없는 친족관계가 있다. 영국정부는 '군주의 희열'이 아니라 '정치적 자유'를 목적으로 삼지만, 이 정치적 자유를 '시민의 안전에 대한 시민의 의견'의 관점에서 이해한다. 중국의 '전제국가'가 '공적 평온'을 그 목적으로 삼고 다른 전제정들이 '평온'을 '목적'이 아니라 '목표(but)'로 추구하는 곳에서 영국정부는 개인적 시민의 '마음의 평온'을 추구한다. 우리가 영국 헌정체제를 오직 '본성'과 '구조'

---

[456] Montesquieu, *The Spirit of the Laws*, Bk.11, Ch.5, 156쪽.
[457] Montesquieu, *The Spirit of the Laws*, Bk.5, Ch.14, 60쪽.
[458] Montesquieu, *The Spirit of the Laws*, Bk.11, Ch.5, 156쪽 각주4.
[459] Montesquieu, *The Spirit of the Laws*, Bk.5, Ch.14, 60쪽.

의 관점에서 정밀하게 살펴본다면, 그것의 삼분된 권력들은 '정지나 무無행위의 조건을 만든다'고 결론지어야 할 것이다. 그러나 물론 영국정부가 쉰다면 그것은 아주 드문 일이다."460) 그리고 "'일정한 목적'이 없는 불안은 영국인의 정상적 심리상태"이고, 따라서 개개 시민은 "초조해 하고 걱정한다".461) 이 때문에 영국정부의 목적이 개인적 시민의 '마음의 평온'일 수밖에 없는 것이다. 그런데 몽테스키외 자신이 "한 시민에게서의 정치적 자유란 각자가 자기의 안전에 대해 갖는 의견에서 생겨나는 정신의 평온이고, 그가 이 자유를 갖기 위해 정부는 이 시민이 저 시민을 두려워할 수 없게 하는 정부이어야 한다"고 말한다.462) 그리고 그는 다른 곳에서 이렇게 말한다. "중국 입법자들의 주요 목적은 그들의 백성들이 평온 속에서 살게 하는 것이었다. 그들은 사람들이 서로에 대해 많은 존경심을 갖기를 원했다.(…) 그들은 모든 시민들이 어느 점에서 또 다른 시민에 의존해 있기를 원했다. 그러므로 그들은 예의바름의 규칙들을 아주 많은 백성들에게 확대했다."463) 그렇다면 중국정부와 영국정부가 정치적 목적 면에서 뭐가 그리 다른가? 몽테스키외는 여기저기서 영국과 중국에 대해 유사한 말들을 늘어놓으면서도 중국과 영국 정치 간의 본질적 유사성을 전혀 깨닫지 못했던 것이다.

몽테스키외는 유사한 왜곡 해석을 통해 중국의 법치도 부정한다. "어떤 이들은 전제주의와 나란히 법의 지배를 확립하기를 원했지만, 전제주의와 연결된 것은 그 무엇이든 더 이상 힘을 갖지 못한다. 이 전제주의는 불운에 사로잡혀 헛되이 스스로를 제어하기를 원해 왔던 것이다. 그것은 사슬로 스스로를 무장하고 훨씬 더 가공스럽게 변해 간다. 그러므로 중국은 공포를 원리로 삼는 전제국가다. 제국이 그렇게 넓지 않

---

460) Paul A. Rahe, "Forms of Government: Structure, Principle, Object, and Aim", 84쪽. David W. Carritthers, Michael A. Mosher, and Paul A. Rahe(ed.), *Montesquieu's Science of Politics*(Oxford: Rowman & Littlefireld Publishers, Inc., 2001).

461) Rahe, "Forms of Government: Structure, Principle, Object, and Aim", 86쪽.

462) Montesquieu, *The Spirit of the Laws*, Bk.11, Ch.6, 157쪽.

463) Montesquieu, *The Spirit of the Laws*, Bk.19, Ch.16, 317쪽.

았던 첫 왕조들의 통치는 아마도 저 전제적 정신으로부터 조금 벗어나 있었을 것이다. 그러나 오늘날은 그렇지 않다."464) 따라서 중국은 전제정이다! 몽테스키외의 전제정 정의는 주지하다시피 "한 사람이 혼자서 법도 없고 규칙도 없이 자신의 의지와 변덕에 의해 만사를 앞으로 끌고 가는" 정부, 즉 왕이 홀로 만기를 총람하는 정부다.465)

그러나 몽테스키외는 자가당착적으로 중국에서 "악정惡政은 즉각 처벌받는다"는 것을 인정하고, 또 중국이 "그렇게 자주 격찬 받는 법률들을 산출한다"는 점도 인정한다.466) 그리고 그는 이어서 중국은 '선왕들에 의해 제정된 훌륭한 법률에 따라 통치되어 온 나라', 즉 '중국은 훌륭한 법치국가'라고도 말한다. "중국의 첫 입법자들은 어쩔 수 없이 아주 좋은 법률을 만들어야 했고, 이후 통치는 어쩔 수 없이 종종 이 법률을 따라야 했다."467) '아주 좋은 법률을 따르는 통치'는 '아주 좋은 법치'일 것이다. 그는 이것을 '예법(rites)준수'라는 말로 다시 확인한다. "중국의 입법자들은 종교, 법률, 미풍양속, 예의범절을 뒤섞었다. 모든 것이 미풍양속이고, 모든 것이 덕성이다. 이 네 가지 항목에 관한 방침은 우리가 '예법'이라고 부르는 것이다. 중국 통치가 승리한 것은 이 예법의 정확한 준수에 있다. 사람들은 예법을 배우는 데 젊은 시절을 다 보내고, 이 예법을 실천하는 데 그의 평생을 다 보낸다. 학자들은 예법을 가르쳤고, 고위관리들은 예법을 설교했다. 그리고 이 예법이 삶의 모든 소규모 활동을 망라하는 만큼, 중국은 예법을 정확하게 준수하도록 만드는 길이 발견될 때 잘 다스려졌다."468) 여기서 몽테스키외는 미풍양속·예의범절과 뒤섞인 법률인 '예법'에 대한 "정확한 준수"가 "중국통치의 승리"이고 중국의 훌륭한 통치("중국이 […] 잘 다스려짐")의 방도라고 언명하고 있다. 이것이 바로 '중국 특유의 법치'로서 '예치禮治'인 것이다. 또한 몽테스키외는 중국이 "무수히 많은 특수한 혁명들을 거쳤을" 뿐만 아니라 "22번의 보편적 혁

---

464) Montesquieu, *The Spirit of the Laws*, Bk.8, Ch.21, 128쪽.
465) Montesquieu, *The Spirit of the Laws*, Bk.2. Ch.1, 10쪽.
466) Montesquieu, *The Spirit of the Laws*, Bk.8, Ch.21, 128쪽.
467) Montesquieu, *The Spirit of the Laws*, 288쪽.
468) Montesquieu, *The Spirit of the Laws*, 318쪽.

명을 겪었다"라고 인정한다.469) 또한 몽테스키외는 황제의 자의적이고 변덕스러운 친정을 배제한 권력분립 법제가 중국역대 정부의 유구한 존속을 가능케 한 반면, 군신君臣 간의 권력분립 법제를 위배한 황제의 자의적이고 변덕스러운 전제적 '친정'은 왕조의 몰락을 야기했다고 말한다. 즉, 중국 역사에서 가장 단명했던 "진秦나라와 수나라를 멸망시킨 것은 군주들이 고대 군주들처럼 주권자가 할 만한 유일한 기능인 일반적 감독에 자신들을 국한하는 대신에 중간매개 없이 만사를 친정하고 싶어 했기 때문"이라는 것이다. 군주 1인이 질서를 바꿔 "자신의 권력을 과시하려고 생각할 때, 몇몇 사람들에게 당연히 주어져야 할 기능들을 제거해 자의적으로 다른 사람에게 줄 때" 군주정은 "멸망한다"는 것이다.470) 여기서 몽테스키외는 중국이 권력분립도 법치도 없는 황제 1인의 자의와 변덕이 지배하는 '공포의 전제정치'라는 자기의 기본테제와 모순되게도 황제의 자의적이고 변덕스러운 친정을 배제한 중국 고유의 권력분립적 법치주의를 인정하고 있다. 한마디로 종합하면, 몽테스키외의 중국비판이론인 '중국전제정론'은 치매환자가 앞서 한 말을 잊어버리고 뒤에 모순되는 다른 말로 앞 말을 뭉개듯이 이 말 저 말을 중구난방으로 내뱉으며 '법의 정신'을 유린하는 일종의 광언狂言이요, 명백한 정치철학적 설화舌禍다.

1742년 흄은 - 상론했듯이 - 중국정부가 "순수한 군주정"일지라도 "절대군주정이 아니다"라고 갈파했다. 중국에서는 "칼이 언제나 백성의 손에 들어 있고", 이것은 "군주에 대한 충분한 제약"으로 작용하고, 군주는 방대한 영토 안에서 반란들을 막기 위해 "지방정부의 만다린이나 태수들을 일반적 법률의 통제 아래 두지" 않을 수 없다. 따라서 흄은 방대한 영토를 가진 "이런 종류의 순수한 군주정"을 "왕권에 수반되는 평온과 인민결사체들의 절제적 중도와 자유(moderation and freedom)를 둘 다 가진 만큼 모든 정부 중에서 가장 좋은 정부"라고 선언한다.471) 우리가 흄의 이 균형 있는 중

---

469) Montesquieu, *The Spirit of the Laws*, Part I, Bk.7, Ch.7(103쪽).

470) Montesquieu, *The Spirit of the Laws*, 116쪽.

471) Hume, "Of the Rise and Progress of the Arts and Science" [1742], 66-67쪽.

국평가를 제쳐두고 봉건귀족이 없는 중국에 대해 '귀족의 자유'만을 읊조리는 '봉건적 민주주의자'(?!) 몽테스키외의 중국평가를 들어야 한단 말인가? 아마 몽테스키외는 『법의 정신』 초판본에 대한 흄의 반론에 밀려 이 책을 개작하다가 원래의 밑그림과 새 덧칠이 어긋난 망령든 개정판을 내놓고 말았던 것으로 보인다.

그리고 몽테스키외의 무지와 상반되게도 중국의 정치적 법치주의와 사법적 법치주의는 이미 16세기말의 중국기행문과 보고서들에서도 상세히 소개되었던 사실이다. 16세기에 유럽에서 많이 읽힌 중국 보고서는 후앙 멘도자의 『중국대제국의 주목할 만한 모든 것과 제례와 관습의 역사』(1585), 중국 죄수 출신 익명의 포르투갈인의 서신들, 갈레오테 페레이라의 중국 이야기다. 이 저자들이 16세기 중국(명나라)의 사법행정에 대해 쏟아놓은 찬사는 "믿기 힘들 정도로 놀라운" 것이지만 "중국의 잘못된 쪽"(포로로 갇힌 징역 상태)에 있었던 사람들로부터 나온 말들이기에 "가볍게 무시될 수 없다". 죄수 출신인 익명의 저자는 말한다. "관리들이 선언하는 선고는 왕국의 법과 부합된다. 그들은 당사자들이 말하는 것을 고려함이 없이 그들 자신이 수사한 사실의 진리에 따라 판결한다. 그리하여 그들은 6개월마다 이루어진다는(북경으로부터 내려와 순회하는 감찰관의) 방문이 두려워 사법사무에서 아주 올바르다." 페레이라는 훨씬 더 힘주어 말한다. "각 지방마다 '치자'라고 할 수 있는 수령들과, 말하자면 '방문자'인 감찰이 있다. 감찰의 직무는 순회하며 사법이 정확하게 행해지는지를 감시하는 것이다. 이런 수단에 의해 거기서는 사물들이 그토록 질서정연해져서, 중국은 전 세계에서 가장 잘 다스려지는 나라 중에 하나라고 마땅히 평가될 수 있다."[472]

---

[472] Galeote Pereira, *Certain Reports of China, learned through the Potugals there imprisoned, and chiefly by the relation of Galeote Pereira, a gentleman of good credit, that lay prisoner in that country many years*, 21-21쪽. Done out of Italian into English by R. W. Charles R. Boxer(ed), *South China in the sixteenth century: being the narratives of Galeote Pereira, Fr. Gaspar da Cruz, O.P. [and] Fr. Martín de Rada, O.E.S.A.(1550-1575)*, Issue 106 of Works issued by the Hakluyt Society(Printed for the Hakluyt Society, 1953·2017). 페레이라에 대한 상론은 참조; 황태연, 『공자철학과 서구 계몽주의의 기원』, 651-660쪽. 다음도 보라: *Hudson, Europe and China*, 243-244쪽.

후앙 멘도자도 중국의 법치주의에 대해 저 익명의 저자와 유사한 평가를 내린다.

왕은 모든 수령들에게 충분한 봉급을 준다. 왜냐하면 어떤 소송의뢰인으로부터 뇌물이나 어떤 다른 것을 받는 것은 중형으로 금지되어 있기 때문이다.(…) 이 재판관들은 왕의 권위에 의해 엄격한 책무를 부여받고 술을 마시지 말고 청문장이나 재판정 속으로 정진하듯 들어가고 또 술을 먹고 선고를 하지 말라는 명을 받는다. 그리고 이것을 어기는 자는 누구든 혹독한 벌을 받는다는 것은 그들 사이에서 관습이다.(…) 아주 중요한 문제나 중대한 인물과 관련된 문제에서 판사는 어떤 정보를 필기하는 일에서 공증인이나 대서인을 신뢰하는 것이 아니라, 자신의 손으로 어떤 증인의 진술을 받아쓰고 진술된 내용을 중시한다. 이 굉장한 근면성은 재판이 잘못되었다고 불평하는 사람이 거의 없는 이유이자, 위대하고 주목할 만한 덕성인 이유이다. 이 근면성은 모든 훌륭한 사법이 모방해야 하는 덕성이다. 많은 동일한 근면성을 활용하지 않는 경우에 생기는 폐를 피하는 것은 이 이교도들이 행하려고 아주 심혈을 기울이는 것이다. 이들은 바른 사법을 수행하는 것 외에 어떤 사람에 대한 존경이나 예외 없이 감내할 만한 가치가 있는 일정한 예방책들을 쓴다.473)

이와 같이 16세기의 이 포르투갈 작가들에게 공히 가장 인상적인 충격을 준 중국의 사법제도는 "사형이 선고된 모든 경우를 재심하는 제도"였다. 중국에서 포로생활을 한 익명적 작가는 "중국인들은 어느 누구에게도 사형에 처해지지 않게 하려고 갖은 수고를 아끼지 않는다"고 말한다.474) 이것은 몽테스키외의 중국혐오론에 감염된 오늘날의 평범한 유럽인들이 품은, "중국에서 인간의 생명은 유럽에서보다 더 싸다"는 "믿음"과 거의 합치되지 않는 것이다.475) 이 세 작가의 저서를 상기할 때, 몽테스키외

---

473) Mendoza, *The History of the Great and Mighty Kingdom of China and The Situation Thereof*, 107-110쪽.

474) R. H. Major, "Introduction", xlii-xliii쪽. Juan Gonzalez de Mendoza, *The History of the Great and Mighty Kingdom of China and The Situation Thereof* [1585], with an Introduction by R. H. Major(London: Printed for the Hakluyt Society, 1853). 포르투갈 무명씨에 대한 상론은 참조; 황태연, 『공자철학과 서구 계몽주의의 기원』, 642-651쪽.

475) Hudson, *Europe and China*, 244쪽.

는 이미 16세기에 간행된 이런 중국보고서들을 일부러 깡그리 무시하면서 중국비방에 열을 올리고 있다고밖에 말할 수 없다.

나아가 몽테스키외가 언급하는 '왕자들에 대한 종교 탄압'이라는 것도 순전히 거짓말이다. 훗날 볼테르는 파렌닌 신부의 서한을 자세히 검토하고 몽테스키외에 대항해 왕자들에 대한 종교 탄압은 없었다고 확인하고, 중국의 종교적 자유와 법치를 찬양하고, 유럽 경찰들의 곤봉을 예로 들며 매질을 유럽에도 존재하는 지엽적 현상으로, 탐관오리 문제를 각 왕조의 말기에 나타나는 일시적 현상으로 여겨 거론치 않는다.

나아가 우리는 여기서 유럽 정치체제의 더 잔악한 폭력성을 들이댐으로써 제 눈에 대들보를 보지 못하고 남의 눈에 티끌만 보는 몽테스키외의 지독한 정치적 위선을 폭로할 수도 있다. 유럽문명의 정신적 기반인 『성경』에는 모세와 유대인들이 남녀노소를 가리지 않고 모든 이민족을 학살한 잔악한 '인종청소'가 여러차례 기록되어 있다. 나중에 히틀러는 타종족에 대한 유대인의 이 인종청소를 바로 유대인 자신들에게 적용해 천인공노할 홀로코스트를 일으킨다.(그러나 극동아시아에는 이런 집단학살의 역사경험이 없다.) 또 유럽문명의 직접적 선조인 로마제국은 원형극장에 모여 사람을 살해하는 '검투극'을 즐겼으며, 스페인은 21세기 초까지도 소를 공개 살해하는 '투우'를 즐겼다.

또한 허드슨에 의하면, 잔학한 형벌, 고문, 참혹한 감옥, 만연된 장형杖刑(태형) 등, "이런 것들"은 "19세기까지 유럽에서도 흔해빠진 일"이었다. 따라서 중국의 장형 등과 같은 "이런 것들"은 16세기말 중국에 관해 보고한 멘도자나 다른 여행가들의 관심을 끌지 못했다.[476] 그러나 몽테스키외는 죄인을 곤장으로 치는 장형 또는 태형이 당시 유럽에는 없었던 형벌인 양 자기 자신과 독자를 기만하고 위선적으로 "매질이 중국을 지배한다"고 과장해 중국의 전반적 정치상황을 왜곡하고 있다.

푸코는 유럽에서도 흔해빠졌던 "이런 것들"의 중 하나인 '잔학한 형벌'을 자세히

---

476) Hudson, *Europe and China*, 244쪽.

기술하고 있다. 그는 『감시와 처벌』의 첫 페이지, 첫 구절에서 공식기록과 신문보도를 인용해 프랑스 사법부의 잔인한 공개처형 절차를 상세하게 묘사하고 있다. 프랑스 사법부는 몽테스키외가 죽은 지 2년 뒤인 1757년 3월 2일 다미앙(Robert-François Damiens)이라는 청년에게 몸을 네 토막으로 찢어 죽이는 끔찍한 형태의 사형을 선고했다. 판결문은 다음과 같이 매우 구체적이다.

그는 파리교회의 대문 앞에서 공개사죄를 해야 한다. 그를 속옷까지 발가벗기고 손에는 2파운드 무게의 불타는 밀랍 횃불을 들린 채 덮개수레에 태워서 그곳으로 가야 한다. 그레브(Grève) 광장에서 그곳에 세워진 구조물 위에 올린 덮개수레 안에서 그의 젖꼭지, 팔, 허벅지, 장딴지를 빨갛게 달아오른 집게로 집어야 한다. 그의 오른손은 부친 시해를 자행한 칼을 잡게 한 채 유황으로 태워야 한다. 그리고 집게로 집힌 곳에는 녹은 납, 끓는 기름, 불타는 역청 수지, 유황을 섞은 밀랍을 부어야 한다. 그 다음 그의 몸은 네 마리 말에 따로 끌어당겨져 찢기고, 그의 사지와 몸통은 불로 태워 재로 만들고, 그 재는 바람에 날려 버려야 한다.[477]

1757년 4월 1일자 『암스테르담신문(*Gazette d'Amsterdam*)』은 "결국 그를 네 토막 내 죽였다"고 보도함으로써 처형 사실을 확인했다. 그러나 처형 과정은 말들이 이런 일에 익숙지 않아 오래 걸렸다. 죄수는 악을 쓰고 신에게 용서를 빌며 살려 달라 소리치고, 신부는 그를 끊임없이 위로했다. 법원 서기는 고통스러워하는 죄수에게 여러 차례 다가가 자백할 것이 있는지를 물었다. 다미앙은 서서히 네 토막으로 찢겨 죽었다. 그 시체가 불타 재가 되는 데는 4시간이나 걸렸다.[478]

프랑스의 이 잔악한 사법체계는 나중에 단두대를 낳았고, 이것은 20세기까지도 잔존했다. 유럽의 이런 문명적 잔학성은 혁명·전쟁·제국주의 침략 속에서 서구·비서구를 가리지 않는 세계적 인간 대학살과 인종청소로 확대되었다. 인류 역사상 전례 없

---

[477] Foucault, *Überwachen und Strafen*, 9쪽.
[478] Foucault, *Überwachen und Strafen*, 9-12쪽.

는 짐승 이하의 이런 잔학행위들을 떠올릴 때 우리는 몽테스키외의 '중국 매질' 시비가 동양을 '동양오랑캐'로 배격하려는 유럽중심주의적 오만과 위선의 소산에 불과한 것이라고 판정하지 않을 수 없다.

이런 까닭에 케네는 중국의 형벌로서의 매질(곤장)에 대한 몽테스키외의 비난을 이렇게 비판한다. "(몽테스키외의 매질을 비판하며 묘사한- 인용자) 이 장면 속에서 비난은 부적절하다. 채찍과 중노동이 다른 왕국에서 동일한 목적에 기여하듯이, 중국에서 곤장은 범법자들에 대한 형벌이다. 형벌 없는 나라가 어디 있는가? 그러나 또 경쟁적 모방과 영예를 고취하는 수단들이 그렇게 많은 나라가 세계 어디에 있는가? 이 점에 대한 몽테스키외의 묵살은 중국인들을 폭군적 권위 아래 사는 예종적 인간들과 노예들로 표현하려는 그의 감정적 의도와 과장의 아주 명백한 증거다."[479] 케네는 몽테스키외의 위선과 유럽중심주의적 오만을 지적하고 있다.

이런 위선과 오만을 논외로 하더라도 몽테스키외의 논리는 지극히 모순되고 매우 자가당착적이다. 일단 몽테스키외가 자기의 기본 명제('대국적 전제권력의 필연성'과 '중국 전제주의')를 관철시키기 위해 화급하게 해결해야 한다고 생각한 것은 전제주의에도 불구하고 계속 늘어나는 중국의 인구였다. 전제체제라면 주민이 전제적 폭력과 공포정치에 생존의 불안을 느껴 출산을 꺼릴 것이고 그 결과 인구가 줄어야 할 것이다. 그런데도 중국은 역으로 인구가 계속 늘었다.

이 모순을 해소하기 위해 몽테스키외는 '중국의 풍토(기후)와 중국 여성의 다산성'이라는 해괴한 궤변을 짜낸다. 기후에 기인한 다산성이 폭정을 이긴다는 것이다.

> 특수한, 아마 유일무이한 사정이 중국 정부가 응당 그래야 하는 만큼 타락하지 않도록 만들 수 있다. 이 나라에서는 대개 자연적 측면, 즉 기후로부터 유래하는 원인들이 정신적

---

[479] François Quesnay, *Le Despotisme de la Chine*(Paris: 1767). Lewis A. Maverick의 영역본: *Despotism in China*, 239-240쪽. Lewis A. Maverick. *China - A Model for Europe*, Vol.II(San Antonio in Texas: Paul Anderson Company, 1946). 국역본: 프랑수아 케네(나정원 역), 『중국의 계몽군주정』(서울: 앰-애드, 2014), 159쪽.

원인들을 강제하고 모종의 방식으로 경이驚異를 행할 수 있었다. 중국의 기후는 경이롭게 인간의 재생산을 촉진시키는 그런 기후다. 거기 여성들은 지구상의 다른 곳에서 유례가 없을 정도로 커다란 다산성을 가지고 있다. 가장 잔악한 폭정도 확산의 진행을 막을 수 없다.(…) 폭정에도 불구하고 중국은 그 기후 때문에 언제나 인구가 늘어나고 폭정을 이긴다.[480]

몽테스키외의 이처럼 해괴한 논리는 나중에 더욱 궤변화된다. 따라서 차후에 이 문제를 다시 고찰할 필요가 있다.

일단 여기서 짚고 넘어가야 하는 중요한 문제는 "대제국은 일인 통치자의 손에 든 전제적 권위를 전제한다"는 몽테스키외의 '선험적' 근본 명제다. 이것은 역사상 명멸했던 옛 제국들을 보면서 갖게 된 편견일 것이다. 작은 국가는 왕도정치가 가능하지만 대제국에서는 전제정치만이 가능하다는 몽테스키외의 이 편견은 뒤집어 말해서 유럽의 중소왕국들은 자연스럽게 자유국가이거나 자유국가가 될 운명이라는 말이 된다.

그런데 몽테스키외는 '대국의 필연적 전제성' 명제를 오로지 중국과 동양국가에만 적용하는 이중 잣대를 휘두른다. 그는 다른 곳에서 흄이 중국에서 착안해 창안한 방대한 국가의 민주정체론을 모방해 국가의 '방대성'에도 불구하고, 아니 오히려 이 '방대성' 덕택에 연방제적 권력분립체제를 도입하면 '전제專制 없는 대국'이 가능하다고 말하고 있기 때문이다.

공화국이 작으면 외부 세력에 의해 섬멸되고 크면 내부의 악에 의해 섬멸된다. 이 이중적 결함은 민주정과 귀족정을 공히, 좋든 나쁘든 타락시킨다. 병폐는 사물 자체 속에 들어 있다. 이것을 치유할 형태가 없다. 그러므로 만약 인류가 군주제적 국가의 대외적 힘과 함께 공화국의 대내적 편익을 가진 헌정체제를 고안하지 못했다면, 1인 단독의 통치 아래 항구적으로 살아야 할 것이다. 나는 지금 연방공화국을 말하고 있다. 이 국가형태는 많은 소국

---

[480] Montesquieu, *The Spirit of the Laws*, 127-8쪽.

들이 스스로 형성하고 싶은 더 큰 국가의 시민이 되는 것에 동의하는 협정체제다. 이것은 (…) 일종의 '사회들의 사회(society of societies)'다. 이러한 연합은 그리스를 한동안 번영하게 만들었다. 로마인들은 이것을 사용함으로써 세계를 공략했고 이것의 사용만으로 세계가 로마인들부터 자신을 방어했다.(…) 대외적 힘에 저항할 수 있는 이런 종류의 공화국은 그 규모를 바탕으로 내적 타락 없이 지탱될 수 있다. 이 사회 형태는 온갖 결함을 막아준다. 권력찬탈을 원하는 한 구성국가는 모든 연방구성국가들로부터 동등한 신임을 얻을 수 없을 것이다. 이 찬탈자가 한 회원국 안에서 너무 강력하다면, 이것은 나머지 모든 회원국들에게 경보가 될 것이다. 이 회원국이 일부를 정복하려고 한다면, 아직 자유롭게 남아 있는 부분이 그가 찬탈한 회원국들과 독립적인 힘으로 저항할 수 있을 것이고 그 찬탈국이 완전히 자신의 기반을 확립하기 전에 그 회원국을 제압할 것이다. 반란선동이 연방의 한 회원국가에서 일어난다면, 다른 공화국들이 이것을 평정할 수 있다. 권력 남용이 어느 곳으로 기어들어 온다면, 이 남용은 건강한 나머지 회원국들에 의해 교정된다.[481]

몽테스키외를 "크게 찬미한" 루소도[482] 훗날 『사회계약론』(1762)에서 몽테스키외와 같은 의견을 표명했다.[483] 몽테스키외의 이 연방공화국론은 그의 독창적 아이디어가 아니라 흄에게서 배우고 표절한 것이다. 몽테스키외는 흄과 평생 서신을 주고받는 사이였다. 몽테스키외는 이 펜팔을 통해 흄의 정치철학에 가랑비에 옷 젖듯이 젖어들어 있었다. '안보를 위한 연방공화국론'이라는 몽테스키외의 이 소극적 이론은 자유와 평등을 위한 흄의 적극적 광역국가민주주의 연방공화국론을 희석시킨 것이다.

『17-18세기 영국의 공자숭배와 모럴리스트들』에서 상론하듯이[484] 데이비드 흄

---

481) Montesquieu, *The Spirit of the Laws*, 131-2쪽.

482) Hughes, "Introduction", 29쪽 각주.

483) "나는 도시국가 아주 작지 않으면 주권자가 우리 사이에서 권리의 행사를 보존할 수 없다고 생각한다. 그러나 국가가 아주 작다면, 정복당하지 않을까? 아니다. 나는 나중에 줄곧 하나의 거대 인민의 대외적 힘이 어떻게 소국의 편리한 정치체 및 훌륭한 질서와 결합될 수 있는지를 보여줄 것이다." 여기에 루소는 다음과 같은 각주를 달고 있다. "나는 대외관계를 다루면서 연방 또는 국가연합(confederations)의 주제에 이르렀을 때 이 저작의 속편으로 이것을 하려고 의도했었다." Jean-Jacques Rousseau, *The Social Contract* [1762], 268쪽 및 각주. Rousseau. The Social Contract and Discourses(London: Orion Group, 1993).

이 미국의 건국을 예감하고 미국에 방대한 민주공화국을 권하고 있는 「완벽한 공화국의 이념」(1752)은 『법의 정신』이 출간된 지 4년 뒤에 나왔지만, 이런 정치철학의 구상은 오래된 것이다. 이 사실은 중국 영토와 인구의 방대성에서 인민집회들의 '절제적 중도와 자유'를 도출하는 논문 「예술과 학문의 흥기와 진보에 관하여」가 이미 『법의 정신』이 출간되기 6년 전인 1742년에 발표된 것으로부터 간단히 추리할 수 있다. 몽테스키외는 흄과의 서신교환을 통해 그의 방대한 연방공화국 구상을 미리 알고 있었던 것이다. 주지하다시피 이 글에서 흄은 방대한 광역국가 중국의 분석을 통해 국가의 '방대성'으로부터 오히려 절대권력과 '다수의 횡포'에서 벗어날 수 있는 '절제적 중도와 자유의 여유공간'을 도출하고 대국이 더 용이하게 전제주의와 '다수의 횡포'로부터 해방된 민주국가가 될 수 있다고 주장했다. "작은 공화국이 대내적으로 세계에서 가장 행복한 국가일 것이다. 모든 일이 치자들의 눈 아래 들어오기 때문이다. 그러나 이 작은 공화국은 외부의 큰 힘에 의해 쉽게 정복될 수 있다."[485] 그러므로 흄은 상론했듯이 곧 독립할 미국을 위해 "큰 공화국과 작은 공화국 둘 다의 모든 이점을 지닌" 거대한 민주공화국 연방을 기안한다.[486]

흄의 민주적 연방공화국은 몽테스키외와 루소의 주장처럼 작은 공화국들의 거대한 연방체제가 단지 안보를 위해 결속해야 할 소극적 체제가 아니라, 자유와 민주주의의 지속가능성의 제고를 위해 능동적으로 선택해야 할 '적극적' 체제다. 거대한 민주공화국은 건국하기 어렵지만, 일단 건국에 성공하면, 나라가 광대해 전체 시민들이 '대중적 조류와 시류의 힘'에 '민감하지' 않기 때문에 대국을 휘어잡고 소수파의 자유를 유린할 '다수파'의 형성과 '다수의 횡포와 전제'가 불가능하고 이런 흉계를 꾸미기도 어려워서 거대한 연방공화국이 그 방대성 덕택에 오히려 민주주의에 유리

---

[484] 참조: 황태연, 『17-18세기 영국의 공자숭배와 모럴리스트들(하)』(서울: 넥센미디어, 2020), 1044-1049쪽.

[485] David Hume, "Idea of a Perfect Commonwealth"[1752], 230쪽. Hume, *Political Essays*(Cambridge: Cambridge University Press, 1994).

[486] Hume, "Idea of a Perfect Commonwealth", 232쪽.

하고 안정적이다. 몽테스키외는 자신의 '방대한 대국의 연방화' 이론에서 영토적 방대성에서 생겨나는 더 큰 '자유'의 가능성과 절대권력에 대한 혁명적 저항의 용이성을 시사하는 반면, 중국과 관련해서는 '대국의 필연적 전제성' 테제로써 저 '가능성'과 '용이성'을 둘 다 부정하는 이중 잣대를 쓰고 있다.

그러나 몽테스키외는 중국의 잦은 혁명과 이것을 두려워하는 황제들의 자기절제를 설명하면서 중국에 적용된 '대국의 필연적 전제성' 테제와 모순되게 슬그머니 또는 부지불식간에 저 '가능성'과 이 '용이성'을 써먹는다.

중국은 쌀을 경작하는 모든 나라들처럼 빈번한 기근에 빠진다. 굶주린 백성들은 흩어져 먹을 것을 찾는다. 도처에서 삼삼오오 노상강도들이 형성된다. 대부분은 즉각 소탕되지만, 먼 지방에서 한 집단이 성공을 맛본다. 그것은 유지되고 점점 더 강해져 군대로 발전하고 수도로 직행해 그 지도자가 황위에 오른다. 이처럼 본성적으로 중국에서 악정은 즉각 처벌받는다. 무질서는 불가사의하게 많은 백성들이 생계가 없을 때 갑작스럽게 발생한다. 다른 나라들의 경우 남용으로부터 회복되는 것이 그토록 어려운 이유는 결과가 쉽게 느껴지지 않기 때문이다. 군주는 중국에서만큼 신속하게, 그리고 현저하게 조심하는 자세를 갖추지 않는다. 우리의 군주들과 달리 중국의 군주는 그가 잘못 다스릴 경우 다음 생에서 덜 행복하고 덜 강력하고 덜 부유한 것이 아니라 그가 당장에 제국과 목숨을 잃는다는 사실을 안다. 중국의 인구는 아기들을 내다버릴지라도 계속 수적으로 증가하는 만큼, 토지를 그들이 먹고살 식량을 생산하도록 만들기 위해 지칠 줄 모르고 일할 필요가 있다. 이것은 정부의 커다란 주의를 요청한다. 노고가 헛되지 않을까 하는 두려움 없이 모든 사람이 일할 수 있도록 만드는 것은 늘 그들의 관심거리다. 그러므로 이것은 시민적 통치(civil government)라기보다 제가齊家(domestic government)다. 이것이 그렇게 자주 격찬받는 법률들을 산출하게 된 원인이다.[487]

여기서 몽테스키외는 일관성을 잃고 흄이 이미 주장했듯이 국가 영토의 방대성 때문에 수도에서 멀리 떨어진 수많은 지방들이 있는 중국에서 기근 시에 도처에서 삼삼오

---

[487] Montesquieu, *The Spirit of the Laws*, Bk.8, Ch.21, 128쪽.

오 형성된 '노상강도' 집단들 중 가장 먼 지방에서 일어난 집단이 살아남아 혁명에 성공하기 십상이고 이를 잘 알고 두려워하는 중국의 군주는 세계에서 가장 '신속하게, 그리고 현저하게 조심하는 자세를 갖춘다', 즉 전제정치를 하지 못하고 수령들을 법규를 따르도록 감독하는 법치주의를 강화한다고 말하고 있다. 이것은 정확히 흄의 "최선의 정부"로서의 중국정부의 법치 체제를 표절한 것이다. 흄은 1642년 「기술과 과학의 흥기와 진보에 관하여」에서 일찍이 이렇게 말한다.

> (…) 나는 중국정부가 순수한 군주정일지라도 이 정부는 정확히 말하면 절대군주정이 아니라고 답할 것이다.(…) 이 수단(만리장성과 백성의 수적 우위 – 인용자)에 의해 군사적 기율은 그들 사이에서 많이 소홀히 되고, 그들의 상비병력은 단순한 민병대, 그것도 그렇게 극단적으로 인구가 많은 여러 지방에서 일어나는 어떤 일반적 반란도 진압하기에 부적합한 최악의 종류의 민병대다. 그러므로 칼이 언제나 백성의 손에 들어 있다고 정확하게 말할 수 있다. 이런 상황은 군주에 대한 충분한 제약이고 이런 반란들을 막기 위해 지방정부의 만다린이나 태수들을 일반적 법률의 통제 아래 둘 의무를 군주에게 부과한다. 이 반란들에 대해 우리는 역사로부터 그것이 지방정부에서 그토록 빈번하게 있어왔고 또 위험했다고 배웠다. 아마 이런 종류의 순수한 군주정은 외적에 대해 방위에 적합해진다면 왕권에 수반되는 평온과 인민결사체들의 중도적 절제와 자유를 둘 다 가진 만큼 모든 정부 중에서 최선의 정부일 것이다.[488]

흄은 "칼이 언제나 백성의 손에 들어 있기" 때문에 군주가 이에 "충분한 제약"을 느끼고 "반란들을 막기 위해 지방정부의 만다린이나 태수들을 일반적 법률의 통제 아래 두는" 법치주의를 확립했다고 말한다. 이것이 바로 중국이 "모든 정부 중에서 최선의 정부"가 되는 이유인 것이다. 백성의 손에 들어있는 칼이 위정자들의 폭정을 막고 법치를 보장한다는 흄의 이 말은 훗날 미국의 수정헌법 2조의 민병대와 총기소유·휴대의 기본권으로 법제화된다.[489] 동시에 몽테스키외도 바로 이것을 표절했다. 그러나

---

[488] Hume, "Of the Rise and Progress of the Arts and Science" [1742], 66쪽 각주c.

그는 중국이 방대해서 황제의 전제권력을 타도할 민란세력을 힘으로 다 막을 수 없기 때문에 언제나 반反전제적 통치의 법률과 정치도덕이 작동할 수밖에 없다는 말을 위와 같이 자신의 전제주의 테제의 비일관성을 은폐하기 위해 알아들을 수 없게 중언부언해 놓았다. 그런데 전제적 통치가 엄청난 인구를 먹여 살리는 데 신경 쓰느라 '시민적 통치'로 올라서지 못하고 기껏 '양민養民'이나 '제가齊家' 차원의 통치로 전락해 그 전제적 성격을 탈각한다고 말하고 기어이 독자의 이해를 뒤틀어 놓고 있다. 잘 하는가 싶더니 갑자기 이 무슨 궤변이란 말인가!

코우는 말한다. "몽테스키외는 그의 아시아 전제정 테제에 대한 중국의 명백한 예외성 때문에 애를 먹고 있다. 당시 몽테스키외에 대한 비판자들은 라이프니츠를 따라 중국을 다른, 더 전제적인 아시아 국가들과 구별했고(볼테르, 케네), 더 드물게는 전제정을 아시아와 동일시하는 것을 회의한 벨의 입장을 채택했다(가령 앙케틸-뒤페롱 [Abraham H. Anquetil-Duperron]). 그러나 몽테스키외 자신은 황제가 절대적일지라도 법치를 준수하는 벨·볼테르·케네의 '합리적' 절대주의(또는 나중의 역사학의 명칭으로는 '계몽전제정') 개념을 더 닮은 양식으로 중국을 묘사한 선교사 보고들과 격투해야 했다."[490] 『법의 정신』의 주된 자료출처인 『중국통사』에서 뒤알드는 중국의 계몽군주정을 극구 찬양했는데, 몽테스키외는 이 자료를 왜곡 없이 활용할 수 없었다. 그리고 몽테스키외는 『진실 예찬(Eloge de la sincérité)』(1717)에서 귀국한 예수회 선교사들과 중국인 신부 황가략(Arcadio Huang)과의 면담 후에 중국을 "절제된 참주정(moderated tyranny)"으로 규정해야만 했다. 그리고 여기서 그는 "장구한 지속과, 내가 감히 말한다면, 제국의 불멸성을 군주와 근접한 사람들의 권리 덕택으로", 특히 군주의 비정규적 행동을 비판하는 관리들 덕택으로 "돌리는" 중국 역사가들의 견해를 전한다. "우리가 정당하게 '중국의 네로'라고 부를 수 있는" 황제는 22명의 만다린을 처형했지만, "이 담대한 영혼들의 꿋꿋함과 고문의 불능성에 경악했다".[491] 『신실 예찬』에서

---

[489] 참조: 황태연, 『공자와 미국의 건국: 유교적 민주공화국의 탄생』(서울: 넥센미디어, 2020), 제1장 2절, "2.1. 공자의 정치철학과 토마스 제퍼슨의 계몽철학".

[490] Kow, *China in Early Enlightenment Political Thought*, 154쪽.

몽테스키외는 이 역사기술을 한정하거나 반박하지 않고 폭정에 대한 덕성의 우월성에 대한 증거로서, 그리고 암묵적으로 '최악의 황제' 치하에서도 중국 절대권력의 경감에 대한 증거로서 제시했다. 여기서 몽테스키외는 철학자 관리들(신사들)이 치자의 무제한적 권력을 견제하는 중간권력체로 기능하고 있음을 암암리에, 또는 부지불식간에 수긍하고 있다.492) 나아가 『법의 정신』에서도 그 자신의 중국전제정론과 정면으로 모순되게도 '최선의 황제들'인 요순임금의 '무위이치無爲而治'를 언급하기도 한다. "군주의 지배권은 쉽게 그리고 소리 없이 작동해야 하는 커다란 원동력이다. 중국인들은 그들의 황제들 가운데 그들의 말로 하늘처럼, 즉 수범垂範에 의해 다스린 분을 찬양한다."493) 이 진술은 공자의 치자수범론이나 다름없고 수범적 다스림은 바로 덕치로서의 '무위이치'다. 몽테스키외는 이처럼 공자의 무위이치 이념을 알고 있었으나, 중국전제론으로 이를 덮어버린 것이다.

그런데 몽테스키외의 이른 저작에는 이와 정반대되는 '중국 헐뜯기'와 '생트집'도 많다. 그가 집필했거나 적어도 읽었을 글 「내가 황 씨와 가진 대담으로부터 내가 도출한 중국에 관한 약간의 논평(Quelques Remarques sur la Chine que j'ay tirées des conversations que j'ay eües avec M. Ouanges)」(1713)에서 중국 절대주의를 부정적으로 묘사하고 있다. 이 논평은 중국기술을 부베 신부와 라이프니츠의 환상적 과찬으로부터 이격시키고 복희 씨와 관련된 신비주의(hermeticism)에 관한 언급을 빼먹고 있다. 복희는 여기서 헤르메스 트리스메기스투스(Hermes Trismegistus; 희랍의 글과 마술의 신)와 동일시되는 것이 아니라 인간적 입법자로 묘사된다. 하지만 더욱 저주하듯이 몽테스키외는 예수회 선교사들의 찬양 대상인 유자와 과거시험의 묘사에 부정적 논평을 가하고 있다. "나는 중국황제에 관해 약간 알고 싶은 사람들은 중국정부를 향해 보통 품는 찬미의 편견

---

491) Montesquieu, *Eloge de la sincérité*, 143-144쪽. *Oeuvres Complétes de Montesquieu*, Vol.8 in 22 Vols. (Oxford·Paris: Voltaire Foundation & Société Montesquieu, 1998). Kow, *China in Early Enlightenment Political Thought*, 154쪽에서 재인용.

492) 참조: Kow, *China in Early Enlightenment Political Thought*, 154쪽.

493) Montesquieu, *The Spirit of the Laws*, Bk.12, Ch.25, 209쪽.

을 제거함으로써 시작해야 한다. 우리는 그것에 대한 이러한 높은 관념이 있다는 둥, 우리는 중국을 세계에서 가장 큰 제국으로 본다는 둥, 우리는 중국이 그토록 오랫동안 존속했기 때문에 지혜로 가득하다고 말해야 한다고 하는 둥 하는 찬미 말이다. 이 추리는 언제나 존속해왔던 것이 같은 제국이라면 옳을 것이지만, 우리는 그 반대를 확신하려면 중국의 연대기를 읽기만 하면 된다." 중국이 "무한한 분열을 겪었고" 가장 최근에는 만주족으로부터 침공을 당했다는 사실은 장구한 평화로운 왕국으로서의 중국의 명성이 거짓임을 증명한다는 것이다.[494] 이런 경고로써 몽테스키외는 훨씬 더 솔직히 까놓고 절제적 정부의 모습이 순전히 환상이라고 말하고 있다. 왜냐하면 황제는 절대적이고, 유생들의 수장으로서 교권敎權과 속권俗權을 한손에 틀어쥐고 있기 때문이다. "신민들의 안녕과 생명은 언제나 주권자의 손아귀에 있고, 한 참주의 가장 불규칙적인 변덕과 욕망에 노정되어 있다." 만다린들은 국가의 합리적 장관들도 아니고 황제에 대한 유력한 견제자도 아니다. 백성들은 "이들의 화와 폭정에 노정되어 있고" 군주에 호소할 길이 막혀 있다. 만다린들은 작은 참주들이다. 나아가 사법체계는 유혈낭자하고 불공정하다. 외적인 예의바름 아래 야만성이 숨겨져 있다. 만주족조차도 이전의 황제의 첩들을 노예로 파는 중국의 관습을 용납할 수 없는 것으로 느껴 이 관행을 폐지했다는 것이다.[495] 몽테스키외는 사실이 아닌 것을 진실로 믿고 고발하고 있고, 황제의 유교적 '천자天子' 지위를 '교권과 속권을 한손에 틀어쥔' 초월적·신권적 독재자로 왜곡시키고 있다. 중국에서 유교는 유럽에 존재하는 강한 조직적 종교가 아니라 교회조직도, 교권도 없는 '시민종교(civil religion)'의[496] 측면을 곁

---

[494] Montesquieu, "Quelques Remarques sur la Chine que j'ay tirées des conversations que j'ay eües avec M. Ouanges", 123쪽. *Oeuvres Complétes de Montesquieu*, Vol.16. Kow, *China in Early Enlightenment Political Thought*, 155쪽에서 재인용.

[495] Montesquieu, "Quelques Remarques sur la Chine que j'ay tirées des conversations que j'ay eües avec M. Ouanges", 124-126쪽. *Oeuvres Complétes de Montesquieu*, Vol.16. Kow, *China in Early Enlightenment Political Thought*, 155쪽에서 재인용.

[496] '시민종교'라는 말은 루소가 『사회계약론』에서 모든 근대사회의 도덕적·정신적 토대로 간주되는 것을 나타내기 위해 주조한 말이다. 루소는 시민종교를 "훌륭한 시민이나 충성스러운 신민

들인 철학이라는 사실에 대해 몽테스키외는 실로 무지막지하게 무식했다. 몽테스키외의 이 믿거나 말거나 식으로 가차 없는 비방은 그가 썼든 단순히 읽었든 나중에 『법의 정신』에서 중국의 신사 관리들을 황제의 전제적 장관 이상의 어떤 것으로 기각하는 것을 예고한 것이다.[497] 마크 헐령(Mark Hulliung)이 주석한 것처럼, "몽테스키외는 '계몽군주정'과 연결되는 전全 관념 덩어리를 내던져 버렸다. 동방군주국들은 합리화된 국가들이거나 효율적 관료제 기구들이 아니다. 국가는 비인격적 정부가 아니라 단 한 사람 속으로 흡수되었다."[498] 몽테스키외는 중국정부를 그의 이론체계의 기초를 붕괴시키는 직접적 도전으로 보았다. 이런 까닭에 그는 앞서 살펴보았듯이 중국에 관한 예수회 선교사들의 보고를 온갖 왜곡과 기망으로 짓뭉개기 위해 기를 썼던 것이다.

몽테스키외는 온갖 비일관성과 자가당착을 무릅쓰고 중국 전제주의를 증명하기 위해, 한 명의 상민常民의 처벌도 군주에게 보고해야 하는 동아시아와 중국에서 전혀 알려진 바 없는 그로테스크한 반역죄 조항과 - '볼테르' 절에서 다룰 『조씨고아』와 같은 소설이 아니면 믿어지지 않는 - 사건을 들고 그 '모호성'을 전제성의 증거로 든다.

이 되도록 만드는 것을 가능케 하는 사회성 정서"로 정의한다. 그리고 그는 "시민종교의 도그마들은 간단하고, 수가 적고, 정밀성으로 개진되고, 설명이나 주석이 없어야 한다"고 말하고, 이렇게 덧붙인다. "강력하고 지성적이고 인혜롭고 예지적이고 섭리적인 신(deity)의 존재, 사후세계, 정의로운 자의 행복, 사악한 자의 처벌, 사회적 계약과 법률의 신성함, 이것들이 긍정적 도그마다. 부정적 도그마에 관한 한 나는 이것을 단 하나로, 즉 불관용으로 제한한다. 이것은 우리가 배격해온 숭배의 일 측면이다.(…) 이제 더 이상 국교가 존재하지 않고 또 더 이상 존재할 수 없기에 우리는 남들의 도그마가 시민의 의무에 배치되는 것을 전혀 포함하지 않은 한에서 남들을 관용하는 모든 사람들을 관용해야 한다. 그러나 국가가 교회가 아니고 군주가 교황이 아니라면, 감히 '교회 밖에서는 어떤 구원도 없다'고 말하는 자는 누구든 국가에서 추방해야 한다." Rousseau, *The Social Contract*, 150-151쪽(Book IV, Chapter 8). 시민종교의 긍정적 도그마로 '신'과 '사후세계'를 운위하는 것은 기독교적 유신론자 루소의 종교적 편향성을 보여준다. 아무튼 루소는 시민종교로써 국가에 성스러운 권위를 제공함으로써 국가를 통합하는 것을 돕는 사회적 접합제를 의도했다.

[497] Kow, *China in Early Enlightenment Political Thought*, 155쪽.
[498] Hulliung, *Montesquieu and the Old Regime*, 41쪽.

중국의 법은 황제에 대한 존경심이 없는 자는 누구든 사형에 처한다고 규정하고 있다. 존경심의 결여가 무엇인지를 정의하지 않는 만큼, 어떤 것이든 원하는 사람의 목숨을 앗아가고 원하는 가문을 멸문滅門시킬 구실을 제공할 수 있다. 한번은 조정 관보의 작성을 맡은 두 관리가 나중에 거짓으로 드러난 사건을 관보에 잘못 실었다가 조정에 대한 존경심이 없다는 혐의를 받고 처형되었다. 또 한 왕자가 부주의로 황제의 붉은 물감으로 사인된 일기장 위에 쪽지를 놓았는데, 이것이 황제에 대한 존경심의 결여를 보여주는 것으로 판정되면서 그의 가족은 역사가 지금까지 전해 주는 가장 가공스러운 박해들 중 하나를 당했다. 대역죄의 모호성은 덕치를 전제주의로 타락시키기에 충분하다.[499]

이 글은 뒤알드의 저 책과, 두 명의 비시에르 신부가 1703년 이래 거듭 부풀려 출간한 『감화적이고 신기한 서간들』에 실린 파렌닌 신부의 북경발 서한(1727년 9월 26일자)을 인용하고 있다. 이것은 그 내용상 거론할 가치가 없는 무고다.

몽테스키외의 중국전제정론의 자가당착성은 『법의 정신』에 숨겨진 각주에서 절정에 달한다. 그는 "중국 필자들은 그들의 제국에서 형벌이 가혹해질수록 혁명이 가까워진다는 것을 부단히 진술해 왔다"고[500] 말하고, 공맹을 비롯한 '중국필자들'의 이 '부단한 진술'에다 "이 관점에서 보면 중국은 공화정 또는 군주정의 사례라는 것을 내가 나중에 입증해 보여줄 것이다"라고 주석을 달고 있다.[501] 물론 그는 『법의 정신』의 뒷부분 어디에서도 이런 '입증'을 하지 않고 이후에 나온 어떤 글에서도 이런 '입증'을 하지 않지만, 중국을 은근히 '공화정'이나 '군주정'으로 규정하는 그의 이 감춰진 관점은 그의 중국전제정론과 정면으로 충돌한다. 여기서 '군주정'은 그가 "한 사람이 혼자서 법도 없고 규칙도 없이 자신의 의지와 변덕에 의해 만사를 앞으로 끌고 가는 전제정"에 대립시켜 "단 한사람이 다스리되, 고정되고 확립된 법률에 의해 다스리는" 것으로 정의한 정부다.[502] 따라서 저 각주는 몽테스키외가 본의 아니게 중국이

---

[499] Montesquieu, *The Spirit of the Laws*, Bk.12, Ch.7, 194쪽.
[500] Montesquieu, *The Spirit of the Laws*, 82쪽.
[501] Montesquieu, *The Spirit of the Laws*, 82쪽. 각주25.
[502] Montesquieu, *The Spirit of the Laws*, Bk.2. Ch.1, 10쪽.

'전제정'이 아니라 '공화정'이나 '군주정'으로 보는 자신의 숨겨진 본심을 슬그머니 드러낸 것이다. 따라서 저 감춰진 각주 하나는 그의 중국전제정론을 완전히 붕괴시키기에 충분히 강력한 폭파력을 가진 지뢰다.

■ 풍토결정론적 중국전제정론과 그 이론적 파탄

몽테스키외는 중국의 '정치적 예종체제'를 다시 "정치적 예속도 시민적·가정적 예종에 못지않게 기후의 본성에 좌우된다"는 그 악명 높은 엉터리 기후론(풍토론)으로부터도 '논증'한다.

> 우리는 큰 열기가 사람들의 힘과 용기를 약화시키며, 사람들이 오래 열중하고 과감하게 행동할 수 있게 만드는 육체와 정신의 일정한 강력성이 추운 기후 속에 있다고 이미 말했다. 이 점은 각 나라의 국민들 사이에서 관찰할 수 있을 뿐만 아니라, 같은 나라의 여러 지방들 사이에서도 관찰할 수 있다. 중국 북부의 백성들은 남부의 백성들보다 더 용감하다. 코리아의 남부지방 사람들은 북부지방 사람만큼 용감하지 않다. 그러므로 뜨거운 기후대의 사람들은 비겁해서 언제나 노예로 전락하고, 추운 기후대의 사람들은 용기가 있어서 자유로운 상태를 유지한다는 사실에 놀라지 않아야 한다. 이것은 자연적 원인으로부터 생기는 결과다. 이것은 아메리카에서도 발견된다. 멕시코와 페루의 전제적 제국들은 적도에 가까웠고 거의 모든 자유로운 소수 민족들은 극지방에 가까웠는데, 지금도 그렇다.503)

여기서 중국·코리아와 관련된 이야기는 다 뒤알드로부터 인용한 것이다. 몽테스키외는 나아가 '아시아의 기후'를 전반적으로 설명하려고 시도한다.

> 북위 약 40도로부터 극지방에까지 이르고 모스크바 경계에서 동해(*Eastern Ocean*)에까지 뻗치는 방대한 대륙인 아시아의 북부는 아주 추운 기후대다. 이 엄청난 땅은 시베리아를 북쪽으로 하고 대大타타르 지역을 남쪽으로 하는 산맥의 사슬에 의해 서에서 동으로

---

503) Montesquieu, *The Spirit of the Laws*, 178쪽.

나뉜다. 시베리아의 기후는 아주 차서, 러시아인들이 이르티쉬(*Irtysh*)강을 따라 정착지들을 가지고 있을지라도 거기서는 아무것도 경작하지 못하고 있다. 이 지방에서는 소수의 작은 전나무와 관목 외에 아무것도 자라지 않는다. 이 지방의 원주민은 캐나다의 그런 종족들처럼 빈곤한 종족들로 분열되어 있다. 이 추위의 이유는 한편으로는 대지의 융기이고, 다른 한편으로는 남에서 북으로 갈수록 산들이 평평해져 북풍이 도처로 방해받지 않고 분다는 사실이다. 노바야 젬랴(*Novaya Zemlya*)를 살 수 없는 곳으로 만드는 이 바람이 시베리아로 불어 들어와서 그곳을 황무지로 만드는 것이다. 다른 한편, 유럽에서는 노르웨이와 라플랜드(*Lapland*)의 산들이 이 바람으로부터 북부 국가들을 경탄할 만하게 지켜주고 있다. 그리하여 위도 약 59도에 위치한 스톡홀름의 땅이 과일·곡식·식물들을 생산하고, 북위 61도에 위치한 아보(Abo) 주변에 금광과 비옥한 땅이 있는 것이다.[504]

이것은 랑의 여행기에서 인용한 것이다. 몽테스키외는 뒤알드를 인용하여 지리의 비교설명을 계속한다. 다음은 뒤알드의 보고다.

시베리아 남부인 대타타르 지역도 아주 춥다. 그 지방은 경작이 불가능하여 가축 떼를 위한 초원만이 넓게 펼쳐져 있다. 아이슬란드처럼 몇몇 관목들이 자라지만 나무들은 자라지 않는다. 기장이 자라기는 하지만 밀도 벼도 여물지 않는 몇몇 지방들은 중국과 몽골에 가까이 있다. 북위 43, 44, 45도 지역에 위치한 중국 타타르 지역에는 연중 7-8개월 동안 얼지 않는 지점이 거의 없다. 동해에 가까운 네다섯 개 도시와, 중국인들이 정치적 이유에서 중국 가까이에 건설한 몇몇 도시들을 제외하고는 도시가 없다. 대타타르의 나머지 지역에는 부하라와 투르키스탄, 호라즘에 위치한 소수의 도시만이 있다. 이 극단적 추위의 이유는 질산염과 초석으로 가득하고 모래가 많은 땅의 속성과 그 융기에 있다. 페르비스트(Verbiest) 신부는 카밤후람(*Kavamhuram*)의 원천 부근, 만리장성으로부터 북으로 80리그 떨어진 어떤 지점이 북경 근처 바다의 해안보다 3000피트가 더 높다는 것을 발견했다. 이 융기는 아시아의 거의 모든 강들이 내륙에 발원지를 가지고 있을지라도 물이 부족하고 오

---

[504] Montesquieu, *The Spirit of the Laws*, Bk.17, Ch.3, 279쪽. 이르티쉬강은 카자흐스탄에서 북쪽으로 흘러 서시베리아를 종단하다가 오브강의 좌안으로 유입하는 강이고, 아보는 핀란드 Turku의 스웨덴식 이름이다. 우리의 동해(East Sea)가 'Eastern Ocean'으로 표기된 점은 눈여겨볼 만하다.

로지 강과 호수 가까운 곳에만 거주할 수 있게 만든 원인이다.505)

이 빈약하고 그릇된 두 보고를 바탕으로 몽테스키외는 대단히 '과감한' 추론을 도출한다. "이 사실들은 아시아가 정확하게 온대지방이라 부를 만한 지역이 없고, 아주 추운 기후대에 위치한 지역들이 터키, 페르시아, 무굴제국, 중국, 코리아, 일본 등 아주 따뜻한 기후대에 있는 지역들과 바로 인접해 있다는 것을 뜻한다. 반면, 유럽에서는 이 안의 기후대가 - 스페인과 이탈리아의 기후대와 노르웨이와 스웨덴의 기후대 사이에 아무 관계가 없는 만큼 - 서로 아주 다를지라도 온대지방이 아주 넓다. 그러나 남에서 북으로 갈수록 각국의 위도에 근사치적으로 비례하여 더 추워지는 만큼, 각국이 인접국과 아주 똑같고 그들 사이에 주목할 만한 차이가 없고 이미 말한 것처럼 온대지방이 아주 넓게 발달하게 되는 것이다. 이런 까닭에 아시아에는 강하고 약한 나라들이 서로 얼굴을 맞대고 있고, 용감하고 호전적인 민족들이 상냥하고 게으르고 소심한 민족들과 직접 인접해 있다. 그러므로 하나는 피정복민이 되고 다른 하나는 정복자가 되지 않을 수 없다. 반면, 유럽에서는 강한 민족들이 서로 얼굴을 맞대고 있고 인접한 나라들이 거의 동일한 양의 용기를 갖고 있다. 이것이 아시아의 취약성과 유럽의 강력성, 유럽의 자유와 아시아의 예종체제의 주된 이유다. 내가 생각하는 한 이런 이유는 이전에 얘기된 적이 없다. 이것은 자유가 아시아에서 증가하지 않는 반면, 유럽에서 자유가 상황에 따라 증감하는 원인이다."506) 여기에 광대한 평원의 존재에 기인하는 아시아 나라의 방대한 규모와 유럽의 중간 규모를 대비시켜 자유와 예종을 논증하는 사이비과학적 논거를 하나 더한다.

아시아에서 우리는 언제나 거대한 제국을 보아왔다. 유럽에서는 거대한 제국들이 계속 존재할 수 있었던 적이 없다. 이것은 우리가 아는 아시아가 더 넓은 평원을 가졌기 때문이다. (…) 그러므로 권력은 아시아에서 언제나 전제적이어야 한다. 예종이 거기서 극단적이지

---

505) Montesquieu, *The Spirit of the Laws*, Bk.17, Ch.3, 279-280쪽.
506) Montesquieu, *The Spirit of the Laws*, Bk.17, Ch.3, 280쪽.

않다면 나라의 본성이 견딜 수 없는 분열이 즉각 있을 것이다. 유럽에서 자연적 분열은 법률의 통치가 국가의 유지와 비양립적이지 않은 많은 중간규모의 나라들을 형성했다. 다른 한편, 이 나라들은 이 법률의 통치에 아주 잘 맞아서 법률이 없다면 이 나라는 타락으로 떨어지고 모든 다른 나라들보다 열등해진다. 이것이 자유에 대한 재능을 형성한 것인데, 이것은 법률에 의거하지 않는, 그리고 상업에 유용한 것에 의하지 않는 다른 방식으로 각 부분을 복속하거나 낯선 힘 아래 두는 것을 아주 어렵게 만든다. 이와 대조적으로 아시아에서는 아시아를 떠난 적이 없는 예종의 정신이 지배하고, 이 나라의 모든 역사에서 자유로운 영혼을 표시하는 단 한 점의 특징을 찾는 것은 가능하지 않다. 우리는 거기에서 예종의 영웅주의 외에 어떤 것도 결코 보지 못할 것이다.[507]

몽테스키외는 이처럼 '온대지방 없는 아시아관'을 도출하고 여기에 나라의 크기 차이를 더해 여기로부터 유럽의 '자유'와 대비되는 아시아의 정치적 '예종'을 추론한다.

몽테스키외는 이 풍토·지리결정론으로써 인종차별론을 완성하지 않았을지라도 그의 분석의 함의는 인종주의 이론에 전락할 위험이 있다. 또한 이런 식으로 유럽적 전통의 유일무이성을 합리화하려는 그의 억지 기도는 '사이비과학'으로 귀착되었다.[508]

이런 사이비과학적 논리의 허점은 추운 아시아 북방에서 온 정복자들의 호방한 자유를 인정하지 않을 수 없다는 것이다. 몽테스키외는 이 허점을 지우기 위해 다시 '오염론'의 해괴한 궤변을 창안한다. 북방의 오랑캐들도 이 정복을 경로로 남방의 예종에 '오염'된다는 것이다. 반면, 바이킹과 노르만의 로마 침략은 이와 다르다고 미화한다.

북구 민족들은 자유인으로 정복했다. 아시아 북부 사람들은 노예로서 정복했고, 주인을 위해서만 승리했다. 아시아의 자연적 정복자들인 타타르민족은 자신들이 노예가 되었다는 말이다. 그들은 항상 아시아 남부를 정복하고 제국을 형성한다. 그러나 정복민족의 이 나라에 남은 부분은, 남쪽에서 전제적이므로 북쪽에서도 이렇게 전제적이고 싶어 하는,

---

[507] Montesquieu, *The Spirit of the Laws*, Bk.17, Ch.6, 283-284쪽.
[508] Kow, *China in Early Enlightenment Political Thought*, 176쪽.

즉 피정복민에 대한 자의적 권력을 정복자 신민들에게도 관철시키는 대군주에 종속된다.(…) 우리는 황제들이 중국인 식민들을 타타르 땅으로 보냈던 것을 중국 역사에서 볼 수 있다. 이 중국인들은 타타르인이 되어서 중국의 불구대천의 원수가 되었지만, 이것은 중국정부의 정신을 타타르 땅으로 가져가는 것을 막지 못했다. 종종 정복한 타타르의 일부 민족이 쫓겨나 노예근성의 기후대에서 얻은 예종의 정신을 갖고 사막으로 되돌아갔다. 이것이 타타르 또는 게테(Getae)족(스키타이문화를 가진 그리스 북쪽의 고대 민족-인용자)의 정신이 언제나 아시아제국들과 유사한 이유다. 아시아 지역의 백성들은 곤봉으로 다스려지고, 타타르 지역의 백성들은 채찍으로 다스려진다. 유럽의 정신은 언제나 이 관습에 배치된다. 아시아의 백성들이 처벌이라고 불렀던 것을 유럽의 백성들은 언제나 불쾌한 모욕이라고 불렀다. 타타르인들은 그리스를 파괴할 때 예종제도와 전제주의를 정복된 지역에서 확립했고, 고트족은 로마제국을 정복할 때 군주국과 자유를 도처에서 수립했다.509)

몽테스키외는 이처럼 로마의 도시와 문명을 다 파괴한 고트족과 반달족의 '반달리즘(vandalism)'을 모두 다 잊고, 서구 경찰들이 오늘날까지도 사용하고 있는 곤봉은 까맣게 잊은 채 '소가 웃을' 논리를 펴고 있다.

국민성과 관련된 몽테스키외의 기후(풍토)결정론은 실로 그의 중국론만이 아니라 『법의 정신』 자체를 가장 취약하게 만드는 논리다. 그러나 몽테스키외와 평생 서신을 주고받으며 권력분립론, 방대한 연방국가 민주주의론 등 많은 점에서 의견을 같이 했던 데이비드 흄은 『법의 정신』과 같은 해에 나온 「국민성에 관하여」(1748)라는 논고에서 자연·풍토결정론을 정면으로 부정한다. "자연환경적 원인들에 관해서 말하자면, 나는 이 원인들의 작용을 전부 의심하고 싶다. 또한 나는 사람의 기질이나 재능의 어떤 것이 공기·음식·기후의 탓이라고 생각지도 않는다. 고백하건데, 나는 반대의 의견이 정당하게 첫눈에 개연적인 것처럼 보인다."510) '정신적 원인'이 기후환경(풍토)과 무관하게 국민성을 결정짓는다는 말이다. 흄은 이 '정신적 원인들'을 "정신에 대해

---

509) Montesquieu, *The Spirit of the Laws*, Bk.17, Ch.5, 282-283쪽.
510) Hume, "Of National Characters"(1748), 80쪽. David Hume, *Political Essays*(Cambridge·New York: Cambridge University Press, 1994·2006).

동기나 이유로 작용을 가하기에 적합하고 특유한 세트의 행동양식을 우리의 습성으로 만들 모든 사정들"로 정의한다. 가령 "헌정체제의 본성, 정치사政治事의 혁명들, 국민이 처해 사는 풍요나 빈곤, 이웃국가들과 관련된 국민의 상황, 이와 유사한 사정들이 이런 정신적 유형의 원인들이다."[511] 흄은 이 '정신적 원인들'이 국민성의 형성에 결정적인 이유가 공감적·모방적 인간 본성에 기인하는 것으로 설명하면서 자연환경적 원인을 단호하게 부정한다.

인간 정신은 매우 모방적인 본성을 지녔다. 또한 일단의 사람들이 종종 서로 대화를 나누게 되면 반드시 상대로부터 유사한 행동양식을 받아들이고 서로에게 선덕과 악덕을 전달한다. 어울림과 사교에의 성향은 모든 이성적 피조물들에게서 강렬하게 나타난다. 우리에게 이 성향을 부여하는 동일한 자질은 우리를 서로의 정감 속으로 깊이 들어가도록 만들고 유사한 감정과 경향을 야기하여 말하자면 감염에 의해 클럽 전체나 동석집단의 모든 매듭을 관통하여 통용되도록 만든다. 수많은 사람들이 정치단체로 통합된 곳에서는 그들의 교제가 국방과 상업과 통치를 위해 더욱 빈번하게 이루어져 동일한 말이나 언어와 함께 행동양식에서 유사성을 얻고 각 개인에게 특유한 개인적 성격과 함께 공통된 성격 또는 국민성을 갖게 된다. 자연이 커다란 풍부성 속에서 온갖 기질과 지성을 산출할지라도, 여기로부터 자연이 언제나 이것들을 유사한 비율로 산출한다는 결론, 그리고 모든 사회에서 근면과 나태, 용기와 비겁, 인간애와 잔인성, 지혜와 어리석음의 요소들이 동일한 방식으로 혼합되어 있을 것이라는 결론은 나오지 않는다. 초창기 사회에서 이 자질들 중 어떤 자질이 나머지 자질보다 더 풍부하게 발견된다면 이 자질은 자연히 그 구성 비율이 우세할 것이고 국민성에 하나의 특색을 부여할 것이다.(…) 그러므로 아직 고착된 정신적 원인에 종속되지 않은 국민성의 경우에도 모든 국민성은 이와 같은 우연적 사건들로부터 생겨난다고 나는 주장하고, 또 자연환경적 원인들은 인간 정신에 대해 아무런 식별할 만한 작용을 가하지 않는다고 주장한다. 현상하지 않는 원인은 존재하지 않는 것으로 간주되어야 한다는 것은 모든 철학의 격률이다. 전 지구를 두루 둘러보거나 모든 역사적 연대기를 훑어본다면, 우리는 도처에서 행동양식의 공감 또는 전염의 징후를 발견할 것이지만, 공기

---

[511] Hume, "Of National Characters", 78쪽.

나 기후의 영향의 징후는 전혀 발견하지 못할 것이다."[512]

이어서 흄은 이런 결정적 사례로 중국을 들고 있다. "우리는, 아주 광대한 국가가 수많은 세기에 걸쳐 확립되어 온 곳에서는 이 국가가 제국 전체로 국민성을 퍼트리고 모든 부분마다에 유사한 행동양식을 전달한다고 말할 수 있다. 그러므로 중국인들은 저 방대한 영역의 상이한 부분들에서 공기와 기후가 아주 대단한 변화를 나타낼지라도 상상할 수 있는 최대의 제일성齊 性을 지닌다."[513] 우리는 흄의 이 탁월한 논고 「국민성에 관하여」만으로도 몽테스키외의 풍토결정론을 무력화시키기에 족하다.

그래서 그런지 몽테스키외는 흄의 「국민성에 관하여」를 읽고 태도를 정반대로 바꾸었다. 흄은 1748년 가을 제네바에서 익명으로 막 출간된 『법의 정신』을 "관심 있고 주의 깊게" 읽으며 나중에 몽테스키외에게 제시하게 되는 "성찰 리스트"를 만들었다.[514] 몽테스키외도 같은 해에 출판된 흄의 『도덕·정치 에세이집(Essays Moral and Political)』을 읽었고 거기에 실린 「국민성에 관하여」에 관심을 집중했다. 그는 다음해에 흄에게 보낸 서신에서 「국민성에 관하여」를 "당신이 자연적 요인들보다 정신적 요인들에다 훨씬 더 큰 영향을 인정하는 훌륭한 논문"이라고 부르고, "내가 판단할 수 있는 한 내게는 당신이 하기 어려움에도 사물의 뿌리에까지 파고들었고 당신의 집필방법이 대가의 필체를 입증했고 작품이 아주 새로운 아이디어와 성찰로 가득 채워진 것으로 보인다"고 말한다. 흄은 자연적 요인에 맞서 정신적 요인을 국민성의 주조에서 탁절한 것으로 견지하는 가운데 몽테스키외만이 아니라 보댕·히포크라테스·플라톤·아리스토텔레스도 부정한 것이다. 몽테스키외는 이때 흄에게 그가 지난 가을에 이미 읽은 『법의 정신』을 한 권 보냈다. 흄은 긴 감사의 편지와 함께 답례로 몽테스키외에게 "『법의 정신』에 대한 상세한 비평"을 보냈다. 몽테스키외는 흄의 논평을 "명지와 양식良識으로 가득한 것"으로 느꼈다.[515]

---

[512] Hume, "Of National Characters", 82-3쪽.

[513] Hume, "Of National Characters", 83쪽.

[514] Mossner, *The Life of David Hume*, 218쪽.

몽테스키외는 즉각 『법의 정신』을 개작하기 시작했고, 흄이 이 책의 앞 두 장의 영역본을 준비하던 1749년 최종 수정항목들을 보내왔다. 영역본은 1750년 4월 에든버러에서 출판되었다.516) 『법의 정신』의 불어원본 개정판은 몽테스키외가 남긴 수정메모를 바탕으로 그의 아들의 지휘 아래 준비되어 1755년에 나왔다.517)

몽테스키외는 우리가 읽는 개정판 『법의 정신』에서 "나쁜 입법자들은 기후의 악덕을 촉진한 자들이고 좋은 입법자들은 이에 맞선 자들이다"는 제목의 새로운 절을 설치하고 자신의 풍토결정론의 엉터리 논변을 수정하는 차원에서 중국의 철학·종교·법률을 비교우위로 평가함으로써 기후풍토론의 마수에서 중국을 구조한다.

샴(태국) 사람들은 극락이 기계에 활력을 불어넣거나 몸을 움직이게 하지 않아도 되는 상태에 있다고 믿는다. 과도한 열기가 기력을 약화시키고 압도하는 이런 나라에서는 '정靜'은 아주 값지고, '동動'은 아주 고통스러워서, 이러한 형이상학의 체계가 자연스러운 것으로 보인다. 인도의 입법자 부처는 사람들을 극단적으로 수동적인 상태에 들어가게 할 때의 자신의 감정들을 따랐다. 그러나 기후대의 게으름에서 태어난 그의 교설은 이것을 애호하여 1천 가지 병폐를 야기했다. 중국의 입법자들은 보다 지각이 있다. 그들은 사람들을 그들이 어느 날 처하게 될 평화스러운 상태의 견지에서 고찰한 것이 아니라 삶의 의무를 수행하게 만들어 주기에 적합한 행위의 관점에서 고찰한 만큼, 그들의 종교·철학·법률을 다 실천적인 것으로 만들었다. 자연적 원인들이 사람들을 '정靜'으로 향하게 하면 할수록, 정신적 원인들은 그만큼 더 사람들을 '정'으로부터 벗어나게 해야 한다.518)

여기서 '중국의 입법자들'은 공자와 유자儒者들을 가리킨다. 몽테스키외는 중국의 입법자들이 자연적 원인들이 인간에게 '정지'하도록 가하는 반反실천적 영향을 뛰어넘어 종교·철학·법률 등 정신적 원인들을 역동적·실천적으로 만들었다고 말하고 있다.

---

515) Mossner, *The Life of David Hume*, 229쪽.
516) Mossner, *The Life of David Hume*, 229, 230쪽.
517) Montesquieu, The Spirit of the Laws, xxx쪽.
518) Montesquieu, *The Spirit of the Laws*, Bk.14, Ch.5, 236쪽.

즉, 중국은 자연적 원인들의 영향을 정신적으로 '극복'했다는 말이다. 이 '기후·풍토의 극복'에 대한 그의 인정은 중국과 관련된 그의 풍토·기후결정론과 정면으로 모순되는 자가당착의 언설이다.

리히터(Melvin Richter)는 "나쁜 입법자들은 기후의 악덕을 촉진하고, 좋은 입법자들은 이에 맞선다"는 구절을 과도하게 해석해 몽테스키외가 물리적 원인보다 정신적 원인의 더 큰 영향을 강조했다고 주장할지라도,[519] 이런 과잉 해석은 기후와 평원의 대소로부터 아시아의 예종과 유럽의 '자유에의 재능'을 도출한 몽테스키외의 기후·풍토론 앞에서 무색케 되고 말 것이고, 또 몽테스키외가 흄의 영향으로 뒤늦게 수정한 사실마저도 완전히 몰각하는 졸렬한 해석으로 굴러 떨어지고 말 것이다.

몽테스키외의 풍토결정론은 흄의 논지를 갑작스럽게 받아들여 수정된 관계로 앞뒤가 모순되는 뒤죽박죽 논변이 되고 말았다. 이것은 중국정치에 대한 평가에서도 마찬가지였다. 이런 뒤죽박죽은 공자철학과 유교에 대한 평가에서도 가시화된다. 몽테스키외는 '중국비방'의 일반적 노선을 이탈해 '공자철학'을 상대적으로 긍정적인 철학으로 평가하고 있기 때문이다.[520] 몽테스키외는 중국비방의 기본논리와 모순되게 이렇게 말한다.

> 공자의 종교는 영혼의 불멸을 부인하고, 제논 학파는 그것을 믿지 않았다. 누가 그것을 말할 것인가? 이 두 학파는 이 나쁜 원리로부터 옳은 결과가 아니라 사회에 찬탄할만한 결과들을 도출했다. 도교와 불교는 영혼의 불멸을 믿지만, 이 성자 같은 도그마로부터 그들은 경악스러운 결론을 끌어냈다.[521]

불교가 영혼불멸을 믿는다는 몽테스키외의 말은 그릇된 것이다. 외경外經에서는 그

---

[519] Melvin Richter, "An Introduction to Montesquieu's 'An Essay on the Causes that May Affect Men's Mind and Characters'", *Political Theory*, Vol.4, No.2(May, 1976), 132-137쪽.

[520] 참조: Simon Kow, "Confucianism, Secularism, and Atheism in Bayle and Montesquieu", *The European Legacy*, Vol.16, No.1(2011).

[521] Montesquieu, *The Spirit of the Laws*, Bk.24, Ch.19(473쪽).

렇게 말하지만 내경內經(금강경)에서는 반대로 말하기 때문이다. 몽테스키외가 『법의 정신』에서 자주 인용하는 뒤알드의 『중국통사』에 이런 내용이 나온다. "부처가 죽을 때 그의 마지막 말은 무신론자들의 종파를 일으켰다".[522] 무신론자들은 결코 영혼불멸을 믿지 않는다.

몽테스키외는 이미 오래 전에 중국선비들이 "정확하게 말하면 무신론자들 또는 스피노자주의자들"이라는 판정을 내려 놓았었다.[523] 하지만 그들은 불교·도교와 달리 "사회에 찬탄할만한 결과들을 도출한다"고 상대적으로 긍정하고 있다. 그리고 몽테스키외는 뒤알드를 인용해 성리학자의 불교비판을 각주에 소개하고 있다.

한 중국철학자는 불교의 교리에 대항해 이와 같이 주장한다. "이 공교의 경전에서는 우리의 육체가 우리의 집이고 영혼은 이 집에 사는 불멸적 주인이라고 말한다. 그러나 우리 부모의 육체가 단지 주거지일 뿐이라면 우리가 진흙이나 오물 덩이에 대해 갖는 것과 동일한 경멸로 그것을 보는 것은 당연한 것이다. 이것은 자기의 부모를 사랑하는 덕을 뿌리 뽑으려고 의도되는 것인가? 이것은 또한 육체를 보살피는 것을 소홀히 하고 그것의 보존에 아주 필요한 연민과 애착을 그것에 대해 거부하는 것으로 통하기도 한다. 그리하여 부처의 제자들은 자기 자신을 수천 번이나 죽이는 것이다.[524]

몽테스키외는 그가 믿지 못하는 예수회 신부들처럼 다른 경우라면 이 성리학자를 무신론자로 비난하며 멀리했을 것이다. 그러나 불교를 비난하는 성리학자에 대해서는 그도 예수회 신부들과 마찬가지로 응원을 하고 있다. 공자의 도덕·정치철학은 몽테

---

[522] Du Halde, *The General History of China*, Vol. 3, 38쪽.
[523] Montesquieu, *Oeuvres Complètes*, ed. by D. Oster(Paris: Édition du Seuil, 1964), 368쪽. Kow, "Confucianism, Secularism, and Atheism in Bayle and Montesquieu", 48쪽에서 재인용.
[524] Montesquieu, *The Spirit of the Laws*, Bk.24, Ch.19(473쪽), 각주25. 뒤알드 인용출처는 다음과 같다. Jean-Baptiste Du Halde, *Description géographique, historique, chronologique, politique, et physique de l'empire de la Chine et de la Tartarie chinoise*, T. 3(Paris: A la Haye, chez Henri Scheurleer, 1735), "Dialogue, où un Philosophe Chinois moderne, nommé Tchin", 52쪽. 1736년 La Haye(헤이그) 신판은 61-62쪽. 영역본은 이 부분을 빼먹었다.

스키외도 외면하거나 무시하지 못할 만큼 유럽에서 열광적 지지를 받고 있었고, 공자에 대한 서양인들의 비판이나 비방은 기독교 신학자와 네오스콜라철학자 측에서 새어나오는 무신론 혐의 외에 어떤 형태로도 존재하지 않았던 것이다. 특히 흄의 공자예찬에 봉착해서는 어쩌란 말인가! 몽테스키외는 어쩔 수 없이 공자비방을 거두고 방향을 180도 되돌릴 수밖에 없었던 것이다.

말이 나온 김에 확인하자면, 자연과 기후가 어떻든 인간은 어디에서나 얼마간 '동動'하고 얼마간 '정靜'해야 한다. 또 인생은 언제나 활동기가 있고 휴지기가 있다. 이런 이유에서 인간이 기동起動해 활약할 때는 유교적인 반면, 심적 고요 속에서 정지해 쉬고 싶을 때는 불교적·도교적일 수 있는 것이다. 그래서 중국인과 동아시아인들은 대개 한 사람이 유·불·선을 동시에 다 믿거나 또는 인생의 시기마다 차례로 유교를 거쳐 최종적으로 불교와 선교로 넘어가는 경우가 많았다. 몽테스키외는 이런 사실을 전혀 몰랐다. 아무튼 그가 위 인용문에서 '불교 비방'을 위해 중국인의 철학사상만을 자신의 풍토·기후결정론의 마수에서 빼놓은 것에 대해서 우리는 조용한 '철학적 웃음'을525) 보내지 않을 수 없다. 그의 기후결정론에 따르면, 중국도 '아주 따뜻한 기후대'에 위치하기 때문에 '동'이 아니라 '정'의 철학·종교·법률을 가졌다고 우겨야 할 것이기 때문이다.

■ 중국인 비방: "지구상에서 가장 사악한 국민"

몽테스키외의 '중국비방'은 최종적으로 중국인에 대한 도덕적 인격살인으로 나타난다. 그는 뒤알드를 인용해 중국인을 다음과 같이 비방한다.

국민의 다양한 성격들은 미덕과 악덕의 혼합이다. 행운의 혼합은 큰 복리로 귀결되는 혼합이다.(…) 중국인의 성격을 형성하는 혼합은 스페인의 성격을 형성하는 혼합과 대조적

---

525) 칸트에 대한 '철학적(비)웃음'에 대해서는 참조: Michel Foucault, *Les mots et les choses*(Paris: Editions Gallimard, 1966). 독역본: Michel Foucault, *Die Ordnung der Dinge*(Frankfurt am Main: Suhrkamp, 1974), 412쪽.

이다. 그들 삶의 위태로움은 어떤 상업민족도 그들을 신뢰할 수 없을 정도로 엄청나게 활동적이고 지나치게 이윤욕이 강하게 만든다. 이 공인된 불성실은 중국인 대신 일본 상업을 지키게 만들었다. 어떤 유럽 무역상도 북부의 해안지방에서, 비록 그것이 쉬울지라도, 중국인의 명의로 상업을 기도하지 않았다.526)

불성실과 사기성으로 중국인을 매도하는 말은 이것으로 그치지 않는다. 몽테스키외는 네덜란드 상인들의 치졸한 소문을 '이론화'해 더욱 확신시키기 위해 중국인이 '세계에서 가장 사악한 국민'임을 다음과 같이 논증한다.

삶을 전적으로 예법으로 지도하는 중국인들이 지구상에서 가장 사악한 국민이라는 것은 이상한 일이다. 이것은 상업상 당연히 필요한 신의를 중국인에게 고취시킬 수 없었던 상업 분야에서 주로 나타난다. 물건을 사려는 사람은 상인들이 세 개의 저울, 즉 사기 위한 무거운 저울, 팔기 위한 가벼운 저울, 그들을 감시하는 사람들을 위한 정확한 저울을 가지고 있는 만큼 자신의 저울을 직접 가지고 가야 한다. 나는 이 모순을 이렇게 설명할 수 있다고 생각한다. 중국 입법자들은 두 가지 목적을 가지고 있었다. 그들은 백성이 순종적이고 평온하면서도 열심히 일하고 근면하기를 바랐다. 그런데 기후와 땅의 성질 때문에 그들의 삶은 위태로웠다. 그곳 사람들은 오직 근면하게 열심히 일해야만 삶을 유지할 수 있었다. (…) 궁핍과 기후의 속성은 모든 중국인들에게 생각할 수 없는 이윤욕을 부여했고, 법률은 그것을 억제하는 것을 꿈도 꾸지 않았다. 중국에서는 폭력에 의한 획득은 철저히 금지되었고, 인공기술이나 근면에 의한 획득은 무엇이든 허용되었다. 그러므로 중국의 도덕을 유럽의 도덕과 비교하지 말자. 중국에서 모든 사람은 자기 이익에 집중해야 했다.(…) 스파르타에서는 도둑질이 허용되었고, 중국에서는 속임수가 허용되었던 것이다.527)

몽테스키외는 '중국의 도덕을 유럽의 도덕과 비교하지 말자'고 하면서 실은 철저히 비교하며 중국인을 '사기꾼'으로 가차 없이 비하·경멸하고 있다.

---

526) Montesquieu, *The Spirit of the Laws*, 313쪽.
527) Montesquieu, *The Spirit of the Laws*, 321쪽.

그러나 뒤에서 상론하겠지만, 볼테르·케네·유스티는 몽테스키외의 말을 정면으로 반박한다. 볼테르는 네덜란드 상인들이 퍼트린 소문을 믿지 않았다. 이 소문들은 대체로 사실이 아니었고, 일부 사실이 들어 있더라도 그것은 광대한 중국 영토에서 한 점에 불과한 광동 인근 개항장에 사는 하층민들에 대한 얘기일 뿐이라고 생각했기 때문이다. 케네는 유럽에서 외국 상인들이 불량상품으로 시장을 더럽히는 사례를 지적하는 한편, 중국 상인들도 국내 상거래에서는 공자의 가르침대로 신의성실의 덕목을 엄수한다고 말하고 광동·하문·영파 등 세 군데 개항장에서만 이역만리에서 찾아와 곧 떠나갈 믿을 수 없는 서양 상인들을 재주껏 기만하는 것이라고 반박한다. 볼테르는 중국 상인들을 이 점에서 차라리 서양 상인들에 비해 '한 수 위'에 있는 상인들로 호평한다. 또 서양 상인들은 중국 내부에 들어가 본 적이 없어 국내시장에 대해서는 전혀 알지 못한 채 개항장 내의 '날림 시장'에서 겪은 좁은 경험을 과장하고 있다고 비판한다. 또한 볼테르는 몽테스키외의 말대로 중국인들이 그런 사기와 기만의 '자유'를 보편적으로 누리고 있다면, 이 보편적 '자유'의 향유는 그의 전제주의 명제와 배치되는 비일관성에 빠진다고 예리하게 지적한다.

그런데 볼테르 등의 이런 적극적 변호론에도 빠진 것이 있다. 그것은 중국에서 유럽 노예상인들이 저지르는 노예강탈행각과 이로 인한 유럽 상인들에 대한 중국인들의 체질화된 불신이다. 초기 중국-포르투갈 관계의 골칫거리도 중국 유아들을 약취해서 포르투갈의 다양한 식민지나 포르투갈 본국으로 끌고 가 노예로 팔아넘기는 포르투갈 노예무역상들의 노예약탈 행각이었다. 이 노예약탈 무역은 수백만 명의 아프리카 노예를 브라질에 공급하는 대서양 노예무역에 비하면 훨씬 적은 스케일이었을지라도 1521년 중국과 정식 외교통상관계를 체결할 임무를 띠고 파견된 포르투갈 국왕의 외교특사 토메 피레스(Tome Pires)의 對중국 접촉시도를 파탄시키기에 충분한 충격적 만행이었다. 광동의 중국인들은 "그들이 채무보증으로 주었던 많은 중국 어린이들"을 포르투갈 사람들이 "약취해 끌고 가 노예를 만드는" 만행을 발각했다.[528]

---

[528] Donald Ferguson(ed.) *Letters from Portuguese captives in Canton*, written in 1534 &

16-18세기까지 계속된 유럽상인들의 이런 악랄한 만행 때문에 나중에 도착한 선의의 유럽 상인들도 도매금으로 불신당하거나 범죄자 취급을 당할 수밖에 없었던 것이다. 외국 범죄자들의 지나친 접근과 교류 요구에 대해 비공非攻·평화주의적인 중국인들은 '폭력'과 '살인'보다 '속임수와 사기'로 대응할 수밖에 없었던 것이다.

■ 자기부정

중국인과 동아시아인에 관한 몽테스키외의 그 밖의 묘사는 그의 선험적 테제(중국전제정) 및 풍토결정론(정치적 예종체제)과 모조리 배치되거나 모순되는 것들이다. 중국제국이 진정 전제정과 정치적 예종 체제였다면, 중국역사 속에서 몽테스키외 자신이 확인한 "22번의 보편적 혁명"의 발발은 아예 불가능했을 것이다. 혁명부재 상황은 오히려 공맹철학의 서천西遷 이전 절대주의 유럽의 상황이었다. 공맹철학과 중문화가 16세기 중반부터 본격적으로 서천하면서 영국에서 발발한 청교도혁명과 크롬웰의 귀족공화국도 혁명적 백성을 대표한 '천리天吏'가 폭군을 "일개 필부(一夫)의 잔적지인殘賊之人"으로 선언하고 주살하는 것을 허용하는 유교적·근대적 혁명개념의 취약성으로 인해 도덕적으로 정당화되지 못하고 10년 만에 왕정복고 세력에게 정치적으로 무너져 좌초될 수밖에 없었다. 그러나 몽테스키외는 자기의 중국전제체제론에 배치되게 중국의 혁명에 대해 자주 언급한다.

중국 필자들은 그들의 제국에서 형벌이 가혹해질수록 혁명이 가까워진다는 것을 부단히 진술해 왔다. 도덕관이 상실될 정도로 형벌의 가혹성이 극단적으로 증가했기 때문에 이것은 사실이다.[529]

몽테스키외가 말하는 최초의 '중국 필자들'은 아마 공자와 맹자일 것이다. 여기에 몽

1536(Bombay: Educ. Steam Press, 1902), 14-15쪽.
[529] Montesquieu, *The Spirit of the Laws*, 82쪽.

테스키외는 자신의 중국전제주의 테제와 어긋나게 "이 관점에서 보면 중국은 공화정 또는 군주정의 사례라는 것을 내가 나중에 입증해 보여줄 것이다"라고 주석을 달고 있다.530)

몽테스키외에 의하면, 중국에서는 가혹한 형벌만이 아니라 치자들의 사치도 그 "치명적 결과"로서 혁명을 부른다.

중국에서 여성들은 아주 다산이고 인구가 아주 빨리 증식되어 농경지가 밀도 높게 경작되어도 주민들에게 충분한 식량을 공급하기에 부족하다. 결과적으로 사치는 그곳에서 매우 해로운 일이고 근로와 절약의 정신이 어떤 공화정에서처럼 필수적이다. 사람들은 필수적 기술을 습득해야 하고, 육욕에 빠지는 것을 피해야 한다. 이것은 중국 황제의 훌륭한 교시의 정신이다. 당나라 왕조의 한 황제는 말한다. "밭을 갈지 않는 남자가 있고 물레를 잣지 않는 여자가 있다면, 제국 안의 누군가가 추위에 떨거나 굶주림을 당할 것이다." 그리고 이 원칙에 근거해 무한히 많은 수의 사찰을 파괴하게 했다. 21번째 왕조의 제3대 황제는 광산에서 귀중한 보석이 발견되었지만 백성을 먹일 수도 입힐 수도 없는 것을 위해 노동력을 허비하고 싶지 않아서 광산을 그냥 묻어 버렸다. 키아이(Kia-y)는 말했다. "우리의 사치는 아주 커서 백성들이 내다 팔 소년 소녀들의 신발을 수놓는다." 한 사람의 옷을 만들기 위해 그렇게 많은 사람을 붙잡아 둔다면 다수의 백성들에게 옷이 부족한 사태를 막을 수 있겠는가? 1명이 경작한 땅의 소출을 10명의 사람이 먹는다면 다수의 백성들에게 식량이 부족한 사태를 막을 수 있겠는가?(…) 우리는 중국의 역사에서 22개의 왕조가 이어져 왔다는 것을 안다. 이것은 중국이 무한히 많은 수의 특수한 혁명을 거친 것이 아니라 22번의 보편적 혁명을 겪었다는 말이다. 처음의 세 왕조는 오랜 시간 지속되었다. 이 왕조들은 지혜롭게 통치되기도 하였거니와 제국의 크기도 후대보다 더 작았기 때문이다. 그러나 일반적으로 모든 왕조의 시작은 충분히 좋았다고 말할 수 있다. 진정으로 필요한 덕성, 보살핌, 조심스러움이 왕조의 초기에는 현존했고 말기에는 상실되어 갔다. 그렇게 유익한 덕성을 보존하고 그렇게 치명적인 육욕을 두려워하는 것은 전쟁의 고난을 딛고 등극한 황제들에게 당연한 일이었다.(…) 그러나 처음 서너 군주 이후에는 부패, 사치, 게으름, 쾌락이 그

---

530) Montesquieu, *The Spirit of the Laws*, 82쪽. 각주25.

계승자들을 정복한다. 황제들은 황궁 안에 몸을 가두고, 그들의 정신은 쇠약해져 가고, 생명은 짧고, 가족은 몰락한다. 훌륭한 인재들은 떨어져 나가고, 환관들은 신임을 얻고, 어린이들만 황위에 오른다. 황궁은 제국의 적이 된다. 거기에 사는 게으른 사람들은 대부분의 일하는 사람들을 황폐하게 만든다. 황제는 찬탈자에 의해 살해되거나 망가진다. 이 찬탈자는 또 하나의 황가를 건설하고, 서너 번째의 그 계승자들은 같은 황궁으로 들어가 다시 그 안에 자신을 가둔다.531)

이 설명은 전적으로 뒤알드의 보고에만 의존하고 있다. 그러나 몽테스키외는 이 보고들을 나쁜 방향으로 개작하고 있다. 몽테스키외는 '중국에서의 사치의 치명적 결과'의 원인, 즉 혁명의 원인을 여성의 다산성, 농지의 부족, 사치를 일반적으로 적대할 정도의 극심한 빈곤 등으로 설명하고 있지만, 왕조 초기 중국 황제들의 덕치주의만은 부정하지 못하고 있다.

그런데 몽테스키외는 혁명과 왕조 멸망의 또 다른 이유를 열거한다. 그것은 군신 간의 권력분립의 원칙을 위배한 황제의 전제적 '친정親政', 즉 '왕이 홀로 만기를 총람하는 정부'다.

> 어떤 중국 필자는 "진秦나라와 수나라를 멸망시킨 것은 군주들이 고대 군주들처럼 주권자가 할 만한 유일한 기능인 일반적 감독에 자신들을 국한하는 대신에 중간매개 없이 만사를 친정하고 싶어 했기 때문이다"라고 말했다. 여기서 중국 필자는 우리에게 거의 모든 군주정이 타락하는 원인을 제시해 주고 있다. 군주 한 명이 사물의 질서를 따르기보다는 이 질서를 바꿈으로써 그의 권력을 과시한다고 생각할 때, 군주가 몇몇 사람들에게 당연히 주어져야 할 기능들을 제거해 자의적으로 다른 사람에게 줄 때, 그리고 의지보다 공상에 반할 때, 군주정은 멸망한다.532)

여기서 몽테스키외는 권력분립도 법치도 없는 황제 1인의 '공포의 전제정치'라는 자

---

531) Montesquieu, *The Spirit of the Laws*, 102-3쪽.
532) Montesquieu, *The Spirit of the Laws*, 116쪽.

기의 기본 테제와 모순되게도 부지불식간에 중국 고유의 권력분립과 법치주의를 인정하고 있다. '주권자가 할 만한 유일한 기능인 일반적 감독에 자신을 국한하고' 유능한 사람을 뽑아 '이 사람들에게 당연한 기능'을 분담시킨 순임금 등 '고대 군주들'의 '무위이치'와 군자치국(신권정치)이라는 군신 간 권력분립의 원칙이 단명했던 진나라와 수나라를 제외한 중국 국가들에서 일반적으로 준수되었다는 사실을 몽테스키외도 인정하고 있다.

또한 그는 엉겁결에 중국 황제의 무위의 덕치에 관해서도 언급한다. "왕의 권위는 쉽게 그리고 소리 없이 이동하는 커다란 샘물이다. 중국인들은 하늘처럼, 즉 수범에 의해 다스린 황제들 중의 하나를 찬양한다."533) 또한 몽테스키외는 다시 뒤알드를 인용해 그의 말대로 전제군주라면 행할 수도, 지킬 수도 없는 중국 황가의 솔선수범을 '양속良俗'으로 찬양한다.

> 중국에 대한 보고들은 황제가 매년 농지의 경작을 개시하는 의식에 대해 말하고 있다. 이 근엄한 공적 행동으로 사람들은 땅을 갈도록 백성들을 일으켜 세우고 싶었던 것이다. 더구나 매년 황제는 자신의 직종에서 가장 뛰어난 농민에 관해 보고를 받고 8품의 만다린에 임명했다.534)

몽테스키외는 이어서 다시 뒤알드를 인용해 "제5대 왕조의 3대 황제 벤티(Ven-ti)는 손수 땅을 경작하고, 황후와 그 여성들은 궁전에서 비단을 만들었다"고 주석한다.535) 중국의 역사시대 제5대 왕조는 한나라이고, '벤티'는 한나라 3대 황제가 아니라 5대 황제 '문제文帝'를 지칭하는 것으로 보인다. 아무튼 몽테스키외는 이처럼 그의 핵심 명제들(중국의 계몽전제정과 예종체제)을 부지불식간에 다 파괴해 나간다.

한편, 몽테스키외는 공자철학과 중국사상을 거의 알지 못했던 것으로 보인다. 방

---

533) Montesquieu, *The Spirit of the Laws*, 209쪽.
534) Montesquieu, *The Spirit of the Laws*, 237쪽.
535) Montesquieu, *The Spirit of the Laws*, 237쪽 각주12).

대한 저작 『법의 정신』속의 그 많은 중국 논의에서 공자에 대한 언급은 미미하고 게다가 근거가 없는 것들이기 때문이다. 그는 랑에의 여행기를 인용해 "모하메드는 제자들에게 아내들을 안전하게 지킬 것을 권고했다"고 하면서, "공자도 이 교설을 설교했다"고 말한다.536) 그러나 공자의 어떤 어록을 이렇게 둔갑시켰는지 알 수 없다.

또한 앞서 보았듯이 몽테스키외는 공자가 진지하게 논란한 바 없는 영혼불멸을 공자가 부정했다고 무고한다. " 공자의 종교는 영혼의 불멸을 부정했다."537) 여기서 공자가 비교적 안전한 것은 몽테스키외의 평가가 도교와 불교를 비방하는 맥락에 있기 때문이다. 몽테스키외는 이처럼 도교와 불교를 비방하는 맥락에서만 공자와 중국체제의 비교우위성을 인정한다. 또 앞서 보았듯이 몽테스키외는 불교를 중상하기 위해 중국의 성리학자가 불교를 비판하는 논리를 뒤알드로부터 길게 인용한다.538) 몽테스키외는 성리학의 리理 개념이 불교에서 온 것인 줄 모르는 어떤 무식하고 교조적인 무명 성리학자의 극언을 인용함으로써 유교와 불교 간의 종교전쟁을 부추겼다. 이것이 공자철학과 성리학에 대한 논의의 전부다.

한편, 몽테스키외는 중국과 관련해 이것저것 아는 체하다가 부지불식간에 그의 핵심 도그마 중 하나인 풍토결정론을 부정하는 말도 쏟아 놓는다.

> 인간의 근면에 의해서만 살기 적합해지고 그것을 존속시키기 위해 동일한 근면을 필요로 하는 나라들은 절제적 통치(*moderate government*)를 요한다. 여기에는 세 가지 주요 사례가 있다. 중국의 강소江蘇와 절강浙江, 이집트, 홀란드다. 중국의 옛 황제들은 정복자가 아니었다. 그들이 나라를 넓히기 위해 해야 하는 첫 번째 일은 자신들의 지혜를 가장 많이 증명하는 것이었다. 제국 안에서 가장 훌륭한 지방들은 물속에서 솟아난 것으로 느껴졌는데, 그것은 인간들에 의해 만들어졌기 때문이다. 이 두 지역의 형언할 수 없는 비옥성은 유럽에 그 방대한 지역의 지복至福의 관념을 심어 주었다. 그러나 제국의 이 중요한 부분을

---

536) Montesquieu, The Spirit of the Laws, 273쪽 각주21).

537) Montesquieu, *The Spirit of the Laws*, 473쪽.

538) Montesquieu, *The Spirit of the Laws*, 473쪽, 각주 25).

파괴로부터 보호하기 위해 필요한 지속적 보살핌은 육욕적 인간들의 도덕보다 지혜로운 인간들의 도덕을, 전제자의 폭군적 권력보다 군주의 정통적 권력을 요구했다. 권력은 이집트의 지난 시대에 그랬던 것처럼 거기 서서 절제적이 되어야 한다. 권력은 그 관심이 이 나라에 부여되고 이 나라가 무관심과 변덕 속에 버려지지 않도록 자연이 그렇게 만들었던 홀란드에서처럼 절제적이어야 했다. 그리하여 천성적으로 예종적 순종에의 경향을 가진 중국의 기후에도 불구하고, 너무 큰 제국을 보살피는 공포에도 불구하고, 중국의 첫 입법자들은 어쩔 수 없이 아주 좋은 법률을 만들어야 했고, 이후 통치는 어쩔 수 없이 종종 이 법률을 따라야 했다.[539]

사실을 사실대로 기술하다 보니 그 내용이 자신의 도그마와 충돌하면서, 그의 설명은 중언부언으로 흐르고 있다. "천성적으로 예종적 순종에의 경향을 가진 중국의 기후에도 불구하고, 지나치게 큰 제국을 보살피는 공포에도 불구하고, 중국의 첫 입법자들은 어쩔 수 없이 아주 좋은 법률들을 만들어야 했고, 이후 통치는 어쩔 수 없이 종종 이 법률들을 따라야 했다"는 마지막 구절은 몽테스키외의 기후풍토결정론과 충돌하는 극악한 자기당착적 중언부언을 잘 보여주고 있다.

■ 중국의 규범혼합론과 중국선교 불가론

나아가 몽테스키외는 전제자 1인이 법도 규칙도 없이 자기의지와 변덕에 의해 중국을 다스린다는 '중국전제정론'에 배치되게 '예절이 중국을 다스린다'고 말한다.

기후, 종교, 법률, 통치준칙, 지난 일들의 사례(*examples of past things*), 양속 또는 도덕(*mores*), 예의범절(*manners*) 등 많은 것들이 인간들을 다스린다. 보편정신은 그 결과로 형성된다. 각 국민 안에서 이 원인들 중 한 원인이 더 강력하게 작용하는 정도만큼, 다른 원인들이 이 원인에 굴복한다. 자연과 기후는 거의 단독으로 야만인들을 다스린다. 예의범절은 중국인을 다스린다. 법률은 일본인들을 폭압한다. 예전 시대에 스파르타에서는 양속

---

[539] Montesquieu, *The Spirit of the Laws*, 288쪽.

이 강세를 보였다. 로마에서는 통치의 준칙들과 고대적 양속(도덕)에 강세를 두었다.540)

이것을 몽테스키외는 '중국인들끼리의 예절'이라는 제목 아래서 다음과 같이 다시 확인한다. "중국에서 예의범절은 파괴될 수 없다. 거기서 여성은 남성과 완전히 분리되어 있을 뿐만 아니라, 사람들은 학교에서 예의범절과 양속(도덕)을 가르친다. 우아하게 머리 숙여 절하는 법도를 보고 식자를 알아본다. 이런 것들이 근엄한 학자들에 의해 한번 주어지면 도덕(morality)의 원리로 고정되고 더 이상 변하지 않는다."541)

오늘날 법학자들은 '법은 도덕의 최대한이다'라고 말하기도 하고, '법은 도덕의 최소한이다'라고 말하기도 한다. 이것은 둘 다 법과 도덕이 불가분적 관계로 뒤엉켜 있을 뿐만 아니라, 어떤 사안에서는 최소의 공통성이 있고, 또 다른 사안에서는 최대의 공통성이 있다는 것을 전제로 하는 말이다. 그러나 몽테스키외는 이러한 '법의 정신'을 몰각한 채 종교·법률·미풍양속·예의범절을 억지로 명쾌하게 구별한다. 이런 구별을 혼동하는 것을 그는 후진 정치의 징표로 이해한다. 이것을 근거로 선교사들, 그리고 라이프니츠와 크리스티안 볼프가 찬양해 마지않았던 중국의 높은 예법문화를 '혼동'의 산물로 해석하면서도 - 자기가 좋아하는 고대 그리스의 법들도 이것들을 '혼동'했기 때문에 - 공정한 척 마지못해 찬양한다.

법률과 도덕의 차이는 법이 시민의 행동을 규제하는 반면, 도덕은 인간의 행위를 규제한다는 것이다. 도덕과 예절의 차이는 전자가 내면적인 행동에 신경을 쓴다면, 후자는 외면적인 행동에 더 신경을 쓴다는 것이다. 한 나라 안에서는 종종 이 일들이 서로 혼동된다. 뤼쿠르고스(스파르타의 고대 입법자 - 인용자)는 법률, 도덕, 예절에 대한 단일 법전을 만들었다. 중국의 입법자도 동일한 법전을 만들었다. 우리는 스파르타와 중국의 입법자들이 법률, 도덕, 예절을 혼동했다는 데 놀랄 필요가 없다. 이것은 도덕이 법률을 표현하고 예절이 도덕을 표현하기 때문이다. 중국 입법자의 주요 목적은 백성들을 평온 속에 살게 하는

---

540) Montesquieu, *The Spirit of the Laws*, 310쪽.
541) Montesquieu, *The Spirit of the Laws*, 315쪽.

것이다. 그들은 사람들이 서로에 대해 많은 존경을 갖도록 하고 싶었다. 그들은 각자가 매 순간마다 다른 사람들의 은덕을 입고 있다고 느끼도록 만들기를 원했다. 그들은 개개 시민들이 어떤 점에서 다른 시민에게 의존하기를 원했다. 그러므로 그들은 예의바름의 규칙들을 아주 많은 사람들에게 확대했다. 그리하여 중국인들 사이에서는 향촌사람들이 서로 간에 더 높은 지위의 사람들의 의전儀典 같은 의전을 준수하는 것을 본다. 이것은 신사다움(gentleness)을 고취하고 백성들 사이에 평화와 좋은 질서를 유지하고 사나운 정신에서 생겨나는 모든 악덕을 제거하는 아주 적절한 방법이다. 진정으로, 예의바름의 규칙들로부터 자신을 해방하지 않는 것이 자기의 잘못을 더 편안히 요리하려는 방법인가? 이 점에서 예의바름(civility)은 정중함(politeness)보다 선호할 만하다. 정중함은 다른 사람의 악덕에 아첨하고, 예의바름은 우리가 자신의 악덕을 보여주는 것을 막아 준다.[542]

그런데 한 걸음 더 나아가 중국의 입법자들은 종교, 법률, 미풍양속(도덕), 예의범절 가운데 두세 개를 선택해 뒤섞은 것이 아니라, 이 넷을 다 뒤섞었다는 것이다. 몽테스키외는 이 네 가지를 다 섞은 것을 '예법(rites)'으로, 이 '예법'을 중국의 통치에 특유한 속성으로 규정한다. 그런데 이 예가 '중국인들의 심장과 정신 속에 쉽게 새겨질 수 있는' 원인을 엉터리로 논증한다.

중국의 입법자들은 종교, 법률, 미풍양속, 예의범절을 뒤섞었다. 모든 것이 미풍양속이고, 모든 것이 덕성이다. 이 네 가지 항목에 관한 방침은 우리가 '예법'이라고 부르는 것이다. 중국 통치가 승리한 것은 이 예법의 정확한 준수에 있다. 사람들은 예법을 배우는 데 젊은 시절을 다 보내고, 이 예법을 실천하는 데 그의 평생을 다 보낸다. 학자들은 예법을 가르쳤고, 고위관리들은 예법을 설교했다. 그리고 이 예법이 삶의 모든 소규모 활동을 망라하는 만큼, 중국은 예법을 정확하게 준수하도록 만드는 길이 발견될 때 잘 다스려졌다. 다음의 두 가지가 이 예법을 중국인들의 심장과 정신 속에 쉽게 새길 수 있도록 만들었다. 하나는 그들의 정신을 인생의 대부분 동안 오로지 이 예에만 몰입하도록 만드는, 극단적으로 복잡한 글쓰기 방식이다. 사람들은 예법을 담은 서적들로부터 그리고 이 서적들을 위해 읽

---

[542] Montesquieu, *The Spirit of the Laws*, 317쪽.

기를 배워야 했기 때문이다. 다른 하나는 예법의 방침이 결코 정신적인 것이 아니라 단순히 통상적 실천의 준칙인 만큼, 지성적인 것보다도 예법의 방침으로 정신을 설득하고 각인하는 것이 더 쉽다는 것이다.543)

여기서 몽테스키외는 앞서 말한 중국 특유의 법치인 '예치禮治'를 설명하고 있다. 그런데 그는 '극단적으로 복잡한 글쓰기 방식'에 붙인 각주에서 이 글쓰기 방식을 "경쟁적 모방, 게으름으로부터의 비상, 지식에 대한 높은 존중을 확립한 것"으로 해석한다. 그러나 '예법'에 대한 중국인들의 내면화는 한문이 읽고 쓰기에 아주 복잡한 시절에야 비로소 이루어진 것이 아니라 한문이 수백 자도 되지 않고 또 아주 간단했던 고대에 이미 이루어졌다. 따라서 위 설명은 그야말로 '법의 정신'을 유린하는 엉터리 주장이다. 또한 '예법'이 정신적인 것, 지성적인 것이라기보다 '통상적 실천의 준칙'이라는 그의 말은 옳지만, '극단적으로 복잡한 글쓰기 방식'으로부터 '지식에 대한 높은 존중'이 생겨난다는 각주의 설명과 모순된다.

그리고 "중국의 입법자들은 종교, 법률, 도덕, 예절을 뒤섞었다"는 몽테스키외의 인식도 완전히 피상적이다. 중국정부에서 종교행사는 제사·제천의식·기념식 등의 시민종교 활동 외에 존재하지 않고, 또한 『강희회전』(1690), 『옹정회전』(1732) 등 중국 법전에 실린 '국법', 법전에 없는 '도덕', 사람들에게서 배워 서로 지키는 '예의범절'은 분명히 상호 구분된다. 오히려 '모든 존재자들 간의 관계들'로서의 몽테스키외의 '법(loi)' 개념이 인간이 만든 인위적 법률, 자연법(법률 자체를 제정하고 판단할 수 있게 만드는 원리들의 세트), 자연본성의 법칙(인간본능), 자연법칙을 '뒤섞어' 놓았다고544) 비난받아야 할 것이다.

한편, 몽테스키외는 중국을 정복한 역대 오랑캐 왕조들이 중국의 고대문화 속에 동화되어 사라져간 사실을 호도하기 위해 이것을 중국문화의 높은 수준이 아니라 종교·법률·미풍양속·예의범절의 저 '혼동'으로부터 논증한다.

---

543) Montesquieu, *The Spirit of the Laws*, 318쪽.
544) Todorov, *On the Human Diversity*, 370쪽.

이것의 결과는 정복이 중국으로 하여금 그 법을 잃게 만들지 않는다는 것이다. 예의범절·미풍양속·법률·종교가 거기에서 동일한 것일 뿐인 만큼, 사람들은 그 모든 것을 단번에 바꿀 수 없다. 정복자나 피정복자 중 하나가 변해야 하는 만큼, 중국에서는 언제나 정복자가 변하지 않을 수 없었다. 왜냐하면 정복자들의 미풍양속은 그들의 예의범절이 아니고, 또한 그들의 예의범절은 그들의 법률이 아니고, 또한 그들의 법률은 그들의 종교가 아닌 만큼, 피정복 백성들이 정복자에게 굽히는 것보다 정복자가 피정복 백성에게 굽히는 것이 더 쉬웠기 때문이다.545)

중국에서 "예의범절·미풍양속·법률·종교가 동일하다"는 말은 몽테스키외의 엄청난 무지를 드러내는 말이다. 중국의 국가영역과 만다린의 세계, 그리고 도교와 불교를 믿지 않는 대부분의 백성들의 세상에는 종교가 없다. 몽테스키외가 조상신숭배제사나 유학을 '종교'로 간주한다면, 그것은 교회조직으로 결속되고 조직적 종교권력(教權)을 행사하는 서양의 초월적 강성剛性 종교 유형이 아니라, 오늘날 현대국가의 공식 의례를 치르고 국기와 같은 국가상징물에 대해 존경을 표하고 성스러운 기념일에(기념비, 전장이나 국립묘지 같은) 성스러운 장소에서 제식祭式을 거행하는 것과 같은, 모든 근대사회의 도덕적·정신적 사회성 토대로서의 세속적·현세적 '시민종교(civil religion)'일 뿐이다. 중국문화의 예찬을 기피하려는 서양중심주의적 오만에서 야기된 몽테스키외의 어쭙잖은 '호도적糊塗的 중언부언'에 대해서는 다시 저 조용한 '철학적 웃음'을 보낼 뿐이다.

한편, 몽테스키외는 저 '혼동' 테제로부터 중국선교가 불가능하다는 '매우 슬픈' 결론을 도출하기도 한다.

기독교가 중국에 뿌리내리는 것도 거의 불가능하다. 처녀성 맹세, 교회 안에서의 여성 집회, 성직자와 이 여성들의 의사소통, 여성들의 성찬식 참석, 청각적 고해성사, 극단적 종부성사(unction), 독신여성의 결혼(수녀의 예수와의 결혼 - 인용자), 이 모든 것은 이 나라의 도

---

545) Montesquieu, *The Spirit of the Laws*, Bk.19, Ch.18, 319쪽.

덕과 예절을 전복하고, 종교와 동시에 법률과 충돌한다. 기독교는 자선의 수립, 공적 예배, 동일한 성찬에의 참여 등에 의해 모든 것을 통합하는 것으로 보이지만, 중국인의 예법은 모든 것이 분리되어 있도록 명하는 것으로 보인다. 그리고 이러한 분리가 일반적으로 전제주의 정신과 연결되는 만큼, 사람들은 이것 안에서 군주정이, 즉 진정 어떤 절제적 정부형태든 기독교와 더 잘 동맹하는 이유를 발견할 것이다.546)

여기서 몽테스키외는 유럽의 일반적 '군주정'과 중국의 '전제정'을 구분하고 중국제국을 '전제정'으로 비난하기도 하고 '공화정'이나 '군주정'으로 입증하려고도 하면서 참으로 어처구니없는 설명을 하고 있다. 동아시아에서 기독교의 선교 실패는 후에 상론하는 바와 같이 서양 선교사들이 자신의 오만한 종교적 시기질투심과 제국주의적 교리에 갇혀 다른 모든 종교들을 다 배격함으로써 종교의 자유와 종교적 관용의 극동아시아적 전통을 부정한 것에 기인한다. 또한 오늘날 한국에서 기독교가 이 정도로 번창한 것은 몽테스키외의 저 설명과 크게 어긋난다. 동시에 "군주정이, 즉 진정 어떤 절제적·중도적 정부형태든 기독교와 더 잘 동맹한다"는 그의 말은 앞서 기독교를 믿지 않는 중국의 강소와 절강, 그리고 이집트 지역의 '절제적 통치'를 논했던 자신의 말과547) 정면으로 배치된다. 게다가 "중국인의 예는 모든 것이 분리되어 있도록 명한다"는 말과 "이러한 분리가 일반적으로 전제주의 정신과 연결된다"는 말은 중국의 입법자들이 중국인들 "각자가 매 순간마다 다른 사람들의 은덕을 입고 있다고 느끼도록 만들고" 또 "개개 시민들이 어떤 점에서 다른 시민에게 의존하기"를 원해서 "예의바름의 규칙을 거대한 국민에게 확대했다"는 앞의 설명과 어긋난다.

그런데 몽테스키외는 '황공하게도' 중국인을 대신해 중국인의 종교·법률·미풍양속·예의범절이 결합한 이유까지도 논증하려고 나선다.

중국 입법자들은 제국의 평온을 통치의 주요 목표로 삼는다. 순종은 그들에게 이것을 유

---

546) Montesquieu, *The Spirit of the Laws*, Bk.19, Ch.18, 319쪽.
547) Montesquieu, *The Spirit of the Laws*, 288쪽.

지하는 가장 적합한 수단으로 비친다. 이 사상의 일부로서 그들은 부모에 대한 공경을 고취해야 한다고 믿고, 이것에 전력을 경주한다. 그들은 생전이나 사후에 아버지를 영예롭게 하기 위해 무한한 예법과 의전儀典을 수립한다. 산 아비를 영예롭게 만드는 데 전심전력함이 없이 죽은 아비에 그토록 많은 영예를 바치는 것은 불가능하다. 죽은 아비에 대한 의식은 종교와 더 관계되어 있고, 산 아비에 대한 의식은 법률, 미풍양속, 예의범절과 더 관련되어 있다. 그러나 이것은 단일한 법전의 부분들일 뿐이고 이 법전은 아주 멀리까지 영향을 미쳤다. 친친親親(부모친애)은 필연적으로 아비, 노인, 스승, 고위관리, 황제에 이르기까지 모든 것을 내포했다.(…) 이 제국은 제가齊家의 사상에 기초해서 형성되어 있다. 당신이 부친의 권위를 줄이면, 또는 심지어 부친의 권위에 대한 존경을 표현하는 의전을 폐지하면, 당신은 아버지로 간주되는 관리들의 권위를 약화시키게 된다. 관리들은 더 이상 자식으로 간주되는 백성들에 대한 보살핌에 관심을 갖지 않을 것이다. 군주와 백성 간의 사랑의 관계도 점차 상실될 것이다. 이 실천들 가운데 하나를 생략하라. 그러면 당신은 국가를 흔들 수 있을 것이다. 며느리가 시어머니에 대한 이러저러한 의무를 이행하기 위해 매일 아침 일어나는지는 그 자체로서 그다지 중요하지 않다. 그러나 이 외적 실천이 항상 사람들을, 모든 심장에 필연적으로 각인되는, 그리고 제국을 다스리는 정신을 형성하기 위해 모든 심장으로부터 생겨나는 감정으로 되돌려 놓는다면, 사람들은 일정한 특수 행위가 수행되는 것이 필수적이라는 사실을 알게 될 것이다.[548]

동아시아 식으로 쉽게 표현하자면, 수신·제가·치국·평천하의 분리된 단계들을 연관관계로 논하는 『대학』의 가르침과 '군사부일체' 관념 때문에 종교·법률·미풍양속(도덕)·예의범절이 한 법전에 통합되었다는 설명이다.

그런데 진정 종교·법률·도덕·예의범절은 분리되어 있지만, 그래도 그 사이에는 불가분적으로 서로 얽혀 상통하는 바가 있다. 이 엄연한 사실로부터 수신·제가·치국·평천하를 연관관계로 보는 가르침과 '군사부일체' 관념이 생겨난 것이 아닌가? 『니코마코스윤리학』에서 아리스토텔레스도 이런 상통성 때문에 군주정·귀족정·민주정의 국가헌정체제를 각각 부자관계(군주정), 부부관계(귀족정), 형제관계(민주정) 등 '제

---

[548] Montesquieu, *The Spirit of the Laws*, Bk.19, Ch.19, 320쪽.

가', 즉 '오이코스노미아(οἰκονομία)'에서 맺어지는 가족관계의 비유에 의해 설명한 바 있다. 몽테스키외는 여기서 본말 또는 선후를 혼동하고 있다. 좋은 아버지가 훌륭한 임금이 되고 효자가 충신이 될 수 있지만, 거꾸로는 아니기 때문이다.

마지막으로 몽테스키외는 당시 중국경제와 관련해서도 중국에 굴하지 않으려는 경쟁심에서 의미심장한 발언을 남겨 놓는다.

> 뒤알드 신부는 중국의 국내 상업이 전 유럽의 상업보다 크다고 말한다. 이것은 우리의 대외상업이 우리의 역내상업을 증가시키지 않는다면 그럴 것이다. 유럽은 프랑스·영국·홀란드가 유럽의 거의 모든 항해와 상업을 이끄는 만큼, 세계의 다른 세 부분(아시아·아프리카·아메리카 -인용자)의 상업과 항해를 이끌고 있다.[549]

현재는 중국의 국내무역이 유럽의 역내무역의 규모보다 크지만 프랑스·영국·네덜란드의 세계무역이 곧 유럽의 역내무역을 증가시켜 이 역내무역이 중국을 앞지를 것이라는 말이다. 몽테스키외의 이 통찰은 적중했다. 그러나 당시 중국의 국내상업이 유럽의 역내상업의 규모보다 크다는 그의 인정은 중국을 빈곤한 나라로 깔보는 그의 중국관과 상충된다. 몽테스키외에게도 영향을 미친 당시의 중상주의자들에 의하면, 상업의 발달은 곧 '번영'을 의미하기 때문이다.

'소가 뒷걸음치다가 쥐 잡는 격'의 저 마지막 통찰을 제외하면, 몽테스키외의 중국론은 어처구니없기도 하고 치매나 설화舌禍 수준의 광언이기도 하지만, 모조리 다 자가당착적이다. 또한 그에게도 마지못한 중국 예찬이 없지 않지만 그것은 흄에 의해 강요되어서 그런지 매우 짜고 곧 엉뚱한 궤변으로 직통한다.

몽테스키외의 중국은 그가 유럽서적들의 선택적 독서로부터 형성된 그의 두뇌의 정신적 난면경亂面鏡에 반사되어 나와 반동복고적 심리와 위정척사적 시기질투의 감정에 물든, 아주 복합적인 나라의 캐리커처다. 중국이 종교·법률·도덕·예절을 융해시

---

[549] Montesquieu, *The Spirit of the Laws*, Bk.21, Ch.21, 393쪽.

켰다는 몽테스키외의 주장은 전적으로 사실무근한 것이다. 그의 이 주장은 중국사회의 내적 작동과 예치(중국적 법치)를 이해할 수 없는 그의 무능력을 보여주는 것이다. 이 '무능력'은 중국의 사상과 사회의 거의 모든 측면에 대한 중구난방식 비방의 관점에서 표현되었다. 몽테스키외는 중국 사회와 정치의 어떤 긍정적 측면도 인정치 않는 자신의 설명의 진실성을 극도로 확신했다. 몽테스키외는 그의 그릇된 생각을 고칠 기회도, 마음도 없었다. 몽테스키외가 제국주의에 반대했을지라도 중국을 아시아 전제정으로 그리는 그의 묘사가 사이드가 말한 제국주의적 '오리엔탈리즘' 담론에 대체로 부합되는 한편, 중국은 제국주의적으로 정복되어야 할 미개사회가 아니라 위대한 선진적 문명국가로서 유럽제국에 대한 하나의 혁명적 경고였다. 몽테스키외의 중국혐오증은 그의 비非제국주의적 자세에도 불구하고 19세기 들어 중국을 거부할 수 없는 제국주의적 지배의 대상으로 보고 싶은 많은 사람들에게 전염되었다.550) 그러나 18세기 중반에 몽테스키외의 중국혐오증은 수많은 친중국 사상가들의 반비판에 의해 일단 분쇄되고 극복되었다. 1780년대까지 공자열풍과 중국마니아가 확대일로에 있어 곧 대세를 이루었기 때문이다.551)

몽테스키외는 당시 유럽 지성계에서 각광을 받기 시작한 중국에 대한 유럽중심주의적 시기질투심에서 페넬롱처럼 단순히 중국을 헐뜯을 목적에 충실하다가 불가피하게 『법의 정신』의 전편에 걸쳐 중국 논의에 많은 지면을 할애했다. '법의 정신'과 정면으로 배치되는 몽테스키외의 이 길고긴 중국 비방은 바로 중국에 대한 당시 유럽인들의 폭발적 열광을 반증하는 것이고, 일단 프랑스 안에서 볼테르, 케네, 그리고 수많은 중농주의자들과 중국 애호가들의 격렬한 역비판과 조롱을 자초하는 것이었다.

---

550) 참조: Kow, *China in Early Enlightenment Political Thought*, 194-195쪽.
551) 그러나 코우는 사태를 거꾸로 파악하고 있다. "주목할 만한 예외가 있었을지라도(볼테르와 케네는 가장 유명한 인사들이다) 그 뒤의 계몽사상가들은 크게 중국 전제정에 대한 몽테스키외의 비판을 따랐다." *Kow, China in Early Enlightenment Political Thought*, 200쪽. 그는 18세기의 공자주의 영향과 시누아즈리 등을 종합적으로 파악하는 데 실패하고 있다.
참조: Kow, *China in Early Enlightenment Political Thought*, 194-195쪽.

제4절
볼테르의 '중국이상국가론'과 혁명적 공자철학

볼테르

중국문화와 공자철학을 예찬하는 '철학적 시누아즈리'의 대부이자 18세기 유럽 계몽사상의 대표 인물인 볼테르(Voltaire, 1694-1778)는 본명이 프랑수아-마리 아루에(François-Marie Arouet)다. 몽테스키외와 볼테르의 중국관은 여러 모로 정면 대립된다.552) 볼테르는 프랑스의 중국열광만이 아니라 전 유럽의 중국열광도 고조시킨 중심인물이었다. 1722년부터 1778년까지 볼테르는 중국 주제들을 상세하게 다루는 8권의 저술을 포함해서 59권의 저작에 걸쳐 중국을 언급했다.553) 오목한 화경火鏡 속에서 열꽃의 초점이 모이듯이, 볼테르의 저작 속에는 중국의 영향과 자극들이 다른 저자들에게서 흩어져 나타나거나 단지 우연한 관심으로 인해 언급되는 모든 것이 다 모여서 공자 수용과 계몽주의의 목표설정이 상호 융합되어 불가분적 통일체가 되는 하나의 문화철학적 이데올로기를 형성하고 있다. 공자의 커다란 초상화가 흡사 유럽계몽주의의 창시자이자 '계몽주의 수호성인'인 것처럼

---
552) 이하 볼테르에 대한 기술은 필자의 『공자와 세계(2)』(2011)의 해당부분을 수정·보완·개작한 것이다.
553) Porter, *Ideographia*, 127쪽.

볼테르의 고향 페르네(Ferney)의 서재를 장식하고 있었다는 사실은554) 저런 맥락에서 볼 때 결코 우연한 일화가 아니다.

"서유럽에서 가장 널리 읽힌 저자 볼테르에게 중국과 그 철학은 영감의 지속적 원천이었다. 그리고 그가 영국을 많이 찬미했을지라도 중국을 그보다 더 많이 찬미한 것은 의심할 바 없는 사실이다."555) 볼테르는 예수회 신부들이 그에게 그렇게 부르도록 가르쳐 준 바대로 '학자들'의 종교인 유교에서 이성이 만인에게 충성을 바치라고 요구한 그 '자연종교'의 산 원형을 보았다. 풍자가로서, 상상력의 대가로서, 진지한 역사가로서, 그의 긴 일련의 희곡, 이야기, 시 속에서, 그의 철학사전 속에서, 그리고 세계의 제諸국민 사이의 풍습에 관한 최종 에세이에서 중국의 영향은 명백하게 가시적이었다. 그러나 인도주의적 증인으로서 귀족적 특권의 음흉한 남용에 저항하는 것에 관한 한, 그는 공자윤리학에서 그토록 형상화된 자비심과 측은지심의 본능을 전혀 보여주지 않고 음흉한 귀족적 특권들과 무자비하게, 그야말로 가차 없이 투쟁했다.556) 공자윤리학과 중국의 신사제도에서 배운 인간의 태생적 평등 이념이 더 중요했기 때문이다.

4.1. 중국의 경제·기술에 대한 볼테르의 정보 부족

몽테스키외의 관점에서 볼 때, 17·18세기 중국은 국내상업의 발달 외에 문화면에서나 정치면에서 본받을 것이 없는 가난한 전제국가였다. 그러나 볼테르는 1740-1750년대의 유럽이 과학·기술면에서 중국을 앞서지만, 문화·도덕·정치면에서는 중국이 유럽을 훨씬 앞서고 자연의 혜택으로 경제적 풍요를 누린다고 평가했다.

---

554) Berger, *China-Bild und China-Mode im Europa der Aufklärung*, 66쪽.
555) Hughes, "Introduction", 15쪽.
556) Hughes, "Introduction", 15-16쪽.

■ 중국의 과학기술에 대한 볼테르의 무지

여기서 우리는 중국의 경제와 과학기술에 대한 볼테르의 이해 수준을 낱낱이 짚어볼 필요가 있다. 일단 볼테르는 몽테스키외와 정반대로 중국이 풍요롭다고 판단했다.

자연의 혜택 받은 총아인 이 나라는 유럽으로 이식되어 온 모든 과일들과 우리가 즐기지 못하는 다른 많은 과일들을 보유하고 있다. 그들의 토지는 곡식, 벼, 각종 과일덩굴, 콩류, 그리고 모든 종류의 작물들로 뒤덮여 있다. 그러나 그들은 쌀로부터 추출되는 몇 종류의 주류로 만족하고 결코 포도주를 만들지 않았다. 비단을 생산하는 저 귀중한 곤충(insect)은 중국 토산품이다. 중국으로부터 이 벌레가 이 곤충을 감싸고 있는 솜털로 천을 만드는 기술과 함께 페르시아로 이식된 지가 얼마 되지 않는다. 이 천은 아주 진귀하여 유스티니아누스 황제(재위 527-565년) 시대에 유럽에서 무게로 쳐서 금값에 팔렸다. 중국인들은 까마득한 시대부터 물에 끓인 대나무 줄기 섬유를 재료로 빛나는 백색의 세련된 종이를 만들어 왔다. 우리는 그들이 도자기와, 유럽인들이 이렇게 성공적으로 모방하기 시작한 세련된 유약을 제조하기 시작한 시기도 알지 못한다. 그들은 완벽성에서 유럽의 유리 수준에 도달하지는 못했을지라도 2000년 전부터 유리 만드는 기술을 알고 있었다.[557]

여기서 이미 볼테르는 때가 1756년임에도 기술적 무지를 드러내고 있다. 그는 '누에(silkworm)'나 '누에고치(cocoon)'라는 이름도 모르고 그냥 '곤충'이라고 부르고 있으며, '양잠(sericulture)'이라는 말을 몰라 "이 곤충을 감싸고 있는 솜털로 천을 만드는 기술"이라고 하고, 종이의 주원료인 '닥나무'를 몰라 '대나무 줄기'라고 언급하고 있기 때문이다.

그러나 과학·기술의 비교에서는 더욱 많은 무지를 드러낸다. 그는 중국의 과학·기술 수준에 대해 라이프니츠나 아담 스미스만큼 전문적으로 알지 못했기 때문이다. 그는 뉴턴과 데카르트의 자연철학의 수준 차이를 분별할 만큼 높은 자연과학적 지식을

---

[557] Voltaire, *Ancient and Modern History(Essai sur les moeurs et l'esprit des nations* [1756]), Vol. I in seven volumes, 26쪽. The Works of Voltaire, in forty three volumes, Vol. XXIV(Akron[Ohio]: The Werner Company, 1906).

갖췄으나, 다음 글을 보면 실용적 과학·기술 문제에는 매우 어두웠음을 알 수 있다.

중국인들은 유리 제조법과 거의 동시에 인쇄술을 발명했다. 우리는 이 인쇄술이 15세기에 구텐베르크가 멘츠(Mentz)에서 처음 실용화한, 목판에 글자를 새기는 방법으로 알고 있다. 이 (목판인쇄) 방법은 중국에서 더 큰 완벽성에 도달했다. 그런데 중국인들은 움직일 수 있는 주물 금속 활자를 사용하는(유럽의) 방법이 그들의 방법보다 우월한데도 채택하지 않았다.558)

극동의 인쇄술에 대한 볼테르의 무지가 여기서 여지없이 노정되고 있다. 왜냐하면 『공자철학과 서구 계몽주의의 기원』에서 상론했듯이559) 중국과 동아시아 제국에서는 목활자를 이용한 활판인쇄를 까마득한 옛날부터 사용해 왔고, 금속활자도 고려에서 12세기경 이미 발명해 널리 사용했고 구텐베르크의 금속활자는 고려의 금속활자 기술을 모방해서 나온 것이기 때문이다. 그러나 주지하다시피 이미 1586년 멘도자는 구텐베르크가 중국에서 전해진 금속활자 정보를 입수해서 금속활자를 만들었다는 사실을 밝혔었다. 볼테르의 박식함도 여기서 결정적 한계를 보이고 있다.

볼테르는 심지어 중국인들이 발명한 화약무기와 항해용 나침반을 몰랐다고 말한다.

중국인들은 화학에서 얼마간의 진보를 이루었고, 훌륭한 자연철학자들이 되지 않은 채, 화약을 발명했다. 그러나 그들은 모든 다른 국가들을 능가하는 이 기술을 페스티벌의 불꽃놀이용으로밖에 사용하지 않았다. 최근 시기에 포르투갈 사람들이 그들에게 화포 사용법을 가르쳐 주었고, 예수회 신부들로부터 대포 제조법을 배웠다. 중국인들은 저런 파괴적 기구의 발명에 자기들의 재능을 발휘하지 않았는데 그럼에도 불구하고 그들도 끊임없이 전쟁을 해 온 만큼 찬양 받을 자격이 없다고 하겠다.560)

---

558) Voltaire, *Ancient and Modern History*(*Essai sur les moeurs et l'esprit des nations* [1756]), 26-27쪽. 멘츠(Mentz)는 마인츠(Mainz)의 오기로 보인다.
559) 황태연, 『공자철학과 서구 계몽주의의 기원』, 416-426쪽.

이 무지한 서술에 이어 볼테르는 중국의 천문학 수준도 혹평한다. "그들은 천문학에서 눈의 과학과 인내심의 결실 이상으로 나아가지 못했다. 그들은 하늘을 아주 열심히 관찰했고, 나타난 모든 현상을 기록했고, 후세에 전했다." 나침반에 대해서도 그는 니덤이 한탄해 마지않는 유럽인의 극악한 무지를 드러낸다. "그들이 나침반을 알았던 것은 사실이지만 바다에서 선박의 행로를 적절하게 설정하는 데 응용하지 않았다. 그들의 항해는 연안을 따라 이루어졌다. 그들은 부족한 것을 모두 채울 수 있는 나라를 가졌으므로 유럽인들처럼 지구 끝까지 배회할 이유가 없었던 것이다."[561]

이와 동일한 관점에서 볼테르는 『철학사전』(1764)에서 중국의 과학과 기술이 서양에 비해 300년 또는 200년 이상 뒤졌다고 말한다.

> 현재의 중국인들이 300년 전의 우리 모습, 즉 무지한 추론자들이라는 것은 충분히 알려져 있다. 가장 많이 배운 중국인도 아리스토텔레스를 보유했던 15세기 유럽의 식자와 유사하다.[562]

그러나 뒤에 가서는 말을 좀 바꿔 "과학의 관점에서 중국인들은 우리가 200년 전에 있었던 바로 그 지점에 와 있다"고 말한다.[563]

그리하여 볼테르는 『제국민의 도덕과 정신에 관한 평론』에서 중국의 기술과 학문의 수준에 대해 다음과 같이 총괄한다.

> 이 국민이 발명에서는 그렇게 행운아였지만 기하학의 기본 요소들을 넘어 침투하지 못했다는 것, 음악에서 심지어 반음을 모른다는 것, 그들의 천문학이 다른 모든 과학들과 마찬가지로 아주 구태의연하고 동시에 불완전하다는 것은 놀라운 일이다. 자연은 유럽인들과

---

[560] Voltaire, *Ancient and Modern History(Essai sur les moeurs et l'esprit des nations)*, 27-28쪽.
[561] Voltaire, *Ancient and Modern History(Essai sur les moeurs et l'esprit des nations)*, 28쪽.
[562] Voltaire, 'China', *Philosophical Dictionary* [1764], Part 2, 83쪽. Voltaire, *The Works of Voltaire*, Vol. IV(New York: The Craftsmen of The St. Hubert Guild, 1901).
[563] Voltaire, 'China', *Philosophical Dictionary*, Part 2, 94쪽.

아주 다른 이 인종에게 모든 것을 단번에 발견하기에 충분한 기관器官들을 부여한 것으로 보인다. 이 모든 것은 그들의 행복에 필요한 것 이상으로 더 진보하지 못했다. 다른 한편, 우리는 발견에서는 더디지만 모든 것을 빨리 완전하게 만든다.[564]

그러나 중국의 과학기술에 대한 볼테르의 이 모든 그릇된 기술은 모조리 그의 무지에서 야기된 것이다. 중국 과학기술에 관해 그 '진실'을 한 번 따져 보자.

■ 진실: 중국의 과학기술적 우위

후앙 곤잘레스 데 멘도자는 1588년에 영역출판된 『중국제국의 역사』(1585)에서 고프리 허드슨(Geoffrey F. Hudson)보다[565] 340여 년 전에 구텐베르크가 극동의 금속활자인쇄술을 배웠다고 말하고 있다. 그는 활판인쇄술의 발명이 중국에서 먼저 이루어진 것으로 추정하면서 중국인들이 활판인쇄술을 발명했고, 구텐베르크가 중국으로부터 이 금속활자인쇄술을 도입했다고 밝히고 있다.

여론에 의하면 유럽에서 인쇄술의 발명이 1458년에 시작된 것이 명백한 것으로 보이고, 이것은 존 쿠템베르고(John Cutembergo)라고 하는 토스카나 사람(독일인 구텐베르크를 오기한 것으로 보인다 - 인용자)에게로 돌려졌다. 그리고 사실로 얘기되는 것은 그들이 찍은 최초의 형판이 마군시아(Maguncia)에서 제작되었고, 여기로부터 콘라도(Conrado)라는 알마인 사람(Almaine)이 동일한 발명품을 이탈리아로 도입했다는 것이다. 그리고 인쇄된 최초의 책은 아우구스티누스가 쓴 『신국』이라는 제목의 책이었다. 이에 대해서는 많은 학자들이 동의한다. 그러나 중국인들은 인쇄술의 최초 시작이 그들의 나라에서 있었고, 발

---

564) Voltaire, *Ancient and Modern History(Essai sur les moeurs et l'esprit des nations)*, 28-29쪽.
565) 허드슨은 서양인으로서 제일 먼저 고려금속활자를 인정하고 이 금속활자가 육로로 구텐베르크에게로 전해진 것으로 추정하고 있다. Geoffrey F. Hudson, *Europe and China: A Survey of their Relations from the Earliest Time to 1800*(Boston: Beacon Press, 1931·1961), 167-168쪽. 이에 반해 필자는 이거시 해로로 전해졌을 것으로 추정한다. 황태연, 『공자철학과 서구 계몽주의의 기원』, 422-426쪽.

명가는 그들이 성인으로 존경하는 사람이라고 주장한다. 이것에 의하면, 중국인들이 이 것을 사용한 지 많은 해가 흐른 뒤에 러시아와 모스크바를 거쳐 알마인으로 들어왔다. 그리고 확신하는 것처럼 여기로부터 몇 권의 책들이 육지로 온 것이 명백하고, 거기(중국)로부터 이 왕국(스페인)으로 홍해를 통해 온 몇몇 상인들이, 그리고 아라비아로부터 펠릭스가 몇 권의 서적을 가지고 왔을 것이고, 역사책에서 창시자로 삼는 존 쿠텐베르고가 거기로부터 그의 첫 기반(his first foundation)을 얻은 것이 명백하다. 중국인들이 동일한 것에 대한 창시자 지위를 가지는 만큼 진리는 이 발명품이 중국인들로부터 우리에게 왔다는 것이 명백해 보인다. 신빙성을 더하자면, 알마인에서 그 발명이 시작되기 500년 전에 인쇄된 많은 책들이 오늘날도 중국인들 사이에서 발견된다. 그리고 나도 이 책을 한 권 가지고 있고, 인도에서만이 아니라 스페인과 이탈리아에서도 이 같은 다른 책들을 보았다.566)

멘도자는 허드슨의 고려금속활자 육로서천설陸路西遷說과567) 필자가 주장한 중국 천주泉州를 통한 해로서천海路西遷을568) 둘 다 인정하지만, 구텐베르크에게는 해로로 진해졌고, 따라서 구텐베르크가 고려금속활자를 모방했음이 명백하다고 언명함으로써 금속활자를 둘러싼 세계사적 논란을 일찍이 '진압'해 놓고 있다. 그간 서양학자들과 한국학자들은 멘도자의 이 기록을 몰랐고, 이로 인해 괜한 논란이 길어졌다. 중국을 그리도 좋아하는 볼테르도 160여 년 전에 출판된 멘도자의 명저 『중국제국의 역사』(1585)를 읽지 않은 것으로 보인다.

나침반에 관한 볼테르의 무지는 실로 극악하다. 왜냐하면 중국은 항해용 나침반을 최초로 발명했을 뿐만 아니라, 이 나침반을 이용해 서쪽으로 동남아와 인도양을 거쳐 아프리카 케냐까지 도달하고 다시 서쪽으로 항해하여 아메리카를 발견한 명나라 정화鄭和의 7차에 걸친 30년 대항해(1405-1433)를 이미 마쳤기 때문이다. 오늘날 누구도

---

566) Mendoza, *The History of the Great and Mighty Kingdom of China and The Situation Thereof*, 131-132쪽.
567) Geoffrey F. Hudson, *Europe and China: A Survey of their Relations from the Earliest Time to 1800*(Boston: Beacon Press, 1931·1961), 167-168쪽. 허드슨의 논의에 대한 필자의 논평은 참조: 황태연, 『공자철학과 서구 계몽주의의 기원』, 416-422쪽.
568) 황태연, 『공자철학과 서구 계몽주의의 기원』, 422-426쪽.

부정하지 않는 사실이지만, 고대 그리스인들은 자석의 방향지식 기능을 몰랐으나 중국인들은 기원후 1세기 이전부터 자석의 방향지시 기능을 알고 있었다.[569] 중국에서 자석은 처음에 본래 점술에 사용되었다가[570] 11-12세기에 들어 항해용 나침반으로 상용常用되었다. 이미 1000년경 중국인들은 나침반의 북쪽과 진북眞北 사이에 편차가 있다는 것도 알았다. 15세기 중국인들은 이 지식을 바탕으로 당시까지 알려진 지도 가운데 가장 정확한 지도를 제작할 수 있었다.[571]

1590년대에 동방에 진출한 포르투갈·스페인·이탈리아 유럽인들은 무지한 볼테르와 달리 이미 정화의 대원정을 알고 있었다. 발리냐노(Alessandro Valignano)와 산데(Duarte de Sande) 신부는 1590년 마카오에서 출판해서 유럽으로 보급한 『로마교황청 방문 일본사절단(De Missione Legatorum Iaponesium ad Romanum Curiam)』에서 이 사실을 두 번이나 언급하고 있다.

당신이 알겠지만 중국인들이 한 옛날에 인도에 왔고 많은 왕국을 자기들의 지배하에 복속시켰다는 끈질긴 소문이 존재하는데, 아직도 중국인들의 많은 흔적들이 남아 있다. 중국어로부터 온 많은 단어들이 보존되어 왔다.[572]

또 발리냐노와 산데는 같은 저작에서 이렇게 다시 이 사실을 확인한다.

---

[569] 王充, 『論衡』「是應」. 朱謙之, 『中國思想對於歐洲文化之影響』(上海: 商務引書館, 1940). 주겸지(전홍석 역), 『중국이 만든 유럽의 근대 - 근대유럽의 중국문화 열풍』(서울: 청계, 2003·2010), 25쪽에서 재인용.

[570] Nathan Sivin, "Science and Medicine in Chines History", 166쪽. Paul S. Ropp(ed.), *Heritage of China* (Berkeley·Los Angeles: University of California Press, 1990).

[571] John M. Hobson, *The Eastern Origins of Western Civilization*(Cambridge·New York: Cambridge University Press, 57쪽.

[572] Alessandro Valignano and Duarte de Sande, *Japanese Travellers in Sixteenth-Century Europe: A Dialogue Concerning the Mission of the Japanese Ambassador to the Roman Curia* [1590], edited and annotated with introduction by Derek Massarella, translated by J. F. Moran(London: Ashgate Publishing Ltd. for The Hakluyt Society, 2012), 65쪽.

(⋯) 중국인들은 자기들의 배를 몰고 인도까지 도달했고 인도의 일부 지역을 정복했지만, 정책의 변화가 있어, 제국의 힘을 너무 많은 지역으로 분산시켜 너무 얇게 확산되게 하는 것을 회피하기 위해 그들 자신의 국경 안에 머무르는 결정이 취해졌다.573)

이와 같이 중국이 15세기에 대항해를 마쳤다는 사실이 동방지역의 "끈질긴 소문"과 잔존하는 "흔적"을 통해 16세기말에 이미 유럽인들에게 알려져 있었는데도 볼테르는 독서범위의 협소성으로 인해 이 사실을 전혀 모르고 있다.

그리고 중국의 천문학에 대한 볼테르의 지식도 형편없이 극악하다. 왜냐하면 중국의 천문학은 유럽의 그것을 앞질렀을 뿐만 아니라, 유럽의 근현대천문학은 중국 천문학의 계승자에 지나지 않기 때문이다. 중국의 우주자기론은 길버트와 케플러에게로 전해져 근대적 자기이론(*modern theory of magnetism*)과 우주자기론(이격상태에서의 천체들의 자력적磁力的 인력작용의 이론)으로 정립되었고, 이어서 이들의 이 우주자기론은 뉴턴의 만유인력이론으로 변화발전했다. 중국의 천문기록과 천문기술은 오늘날도 현대천문학의 중요한 기초자료와 천문관찰기술로 쓰이고 있다. 가령 덴마크 천문학자 튀코 브라헤(Tycho Brahe, 1546-1601)는 중국인들로부터 망원경에 대한 '적도식 설치'(*equatorial mounting*)만이 아니라, 천체에서 별들의 위치를 측정하는 방법을 배웠다. 그리스인들이 쓰던 방법과 근본적으로 다른 이 중국 적도좌표 사용법은 오늘날도 전세계에서 천문학자들이 쓰고 있다.574) 그리고 신성新星과 초신성에 관한 중국의 고대·중세 천문관측기록은 근대 전파천문학을 탄생시켰다.575) 2000여 년 동안 축적된 중국의 천문관측기록은 특히 펄서(*pulsar*; 전파천체) 연구에 오늘날도 긴요하게 쓰이고 있다.576)

---

573) Valignano and Sande, *Japanese Travellers in Sixteenth-Century Europe*, 424쪽.

574) Michael Edwardes, *East-West Passage: The Travel of Ideas, Arts and Interventions between Asia and the Western World*(Cassell·London: The Camelot, 1971), 95쪽.

575) Joseph Needham, "Science and China's Influence on the World", 238-239쪽. Raymond Dawson(ed.), *The Legacy of China*(Oxford·London·New York: Oxford University Press, 1964·1971).

576) Edwardes, *East-West Passage*, 95쪽.

중국의 기술수준을 모르는 볼테르와 반대로 라이프니츠는 이미 1689년에 중국의 자연학(물리학, 화학, 생물학)이 유럽보다 우월하다고 말했다.577) 아담 스미스는 라이프니츠의 이 발언으로부터 약 90년이 흐른 시점인 1776년(볼테르 사망 2년 전) 출간된 『국부론』에서 아담 스미스는 당시 중국을 '세계에서 가장 잘사는 나라'로 규정하고 중국의 산업기술이 유럽에 비해 그렇게 뒤지지 않는다고 평가했다.578) 따라서 볼테르의 과학적·기술적 중국관은 전혀 근거 없는 것이다. 그러나 볼테르는 중국의 문화·도덕·정치와 공자의 정치철학을 정확히 이해했고 또 진심으로 그 숭고함에 탄복했다.

볼테르가 과학·기술면에서 유럽을 높게 평가하고 문화·도덕·정치면에서 중국을 높게 평가한 것은 자신의 중국관을 유럽인들에게 균형 있게 보이도록 하려는 설득전략에 따라 부득이한 측면이 없지 않은 것으로 보인다. 『제諸국민의 도덕과 정신, 그리고 샤를마뉴로부터 루이 13세까지의 역사적 주요 사실에 대한 평론(*Essai sur les moeurs et l'esprit des nations et sur les principaux faits de l'histoire, depuis Charlemagne jusqu'à Louis XIII*)』(1756)의 '중국의 종교' 절 서두에서 그는 다음과 같이 말하고 있다.

지난 세기 우리는 중국을 충분히 알지 못했다. 보시어스(Vossius)는 완전히 과장으로 찬미했고, 그의 적수이자 식자들의 적인 르노도(Renaudot)는 중국인들을 경멸하는 체하고 비방할 정도까지 반박을 밀어붙였다. 둘 다 지나침을 피할 수 없었다.579)

---

577) Gottfried W. Leibniz, "An Claudio Filippo Grimaldi"(19. Juli 1689), 84쪽. Georg(sic!) W. Leibniz, *Das Neueste von China(Novissima Sinica)* [1697](Köln: Köllen Druck & Verlag GmbH, 1979); "An Claudio Filippo Grimaldi"(21?. März 1692), 94-95쪽; "Leibniz an Gottlieb Spitzel"(2. Feb./8. März 1672), 82쪽. 다음도 참조: 황태연, 『공자철학과 서구 계몽주의의 기원』, 1445-1445쪽; 황태연, 『근대 독일과 스위스의 유교적 계몽주의』(서울: 넥센미디어, 2020), 72-73쪽(제1장 2절, 2.1. 중국 자연학(물리·화학)의 우월성).

578) 스미스는 "중국이 세계에서 가장 잘 산다"고 말한다. Adam Smith, *An Inquiry into the Nature and Causes of the Wealth of Nations* [1776, 이하: *Wealth of Nations*]. Volume I, textually edited by W. B. Todd(Glasgow·New York·Toronto: Oxford University Press, 1976), viii.24, 89쪽; I. xi.34, 208쪽; I. xi.n1, 255쪽; II. v.22, 367쪽. 또 스미스는 "제조기술과 산업에서 중국과 인도는 유럽의 어떤 지역에 비해서도 열등하지만 그렇게 많이 열등하지는 않은 것으로 보인다"고 언명한다. Smith, *Wealth of Nations*, I. xi. g28, 224쪽.

이 구절은 볼테르 자신의 중국해설이 중국을 중립적으로, 즉 균형 있고 공정하게 기술할 것이라는 취지를 담고 있다. 이러한 기계적 균형을 염두에 둔 나머지 볼테르는 중국의 과학과 산업기술을 일부러 지나치게 과소평가하게 된 것으로 보인다.

그런데한 볼테르는 『제국민의 도덕과 정신에 관한 평론』(1756)에서 중국인들이 얼마 전의 유럽인들처럼 매우 비과학적이고 미신적이라고 지적하지만, 그리 큰 허물로 몰지는 않는다. "천벌적 점성학의 황당한 말들을 언제나 하늘의 참된 이론과 결합시키는 저 국민들의 경신輕信은 그렇게 놀랍지 않다. 저 미신은 한때 모든 인류에게 공통된 것이었다. 우리들 자신도 이것으로부터 치유된 지 오래되지 않았다. 인간 정신에 오류는 흔히 있는 것이다."[580] 볼테르는 여기서 중국인의 미신을 관대하게 봐주고 있지만, 그래도 이 말에는 얼마 전 미신을 청산한 유럽인과 아직도 미신에 사로잡혀 있는 중국인 간의 격차를 인정하는 평가가 담겨 있다. 그러나 8년 뒤에 쓴 『철학사전』(1764)에서는 이 평가마저도 지운다. 그는 "중국인들이 천 가지 우스꽝스러운 편견으로 고생하고" 있고, "우리들처럼 부적과 천벌적 점성술을 믿는다"고 지적하면서[581] '우리들처럼'이라는 말을 덧붙임으로써 유럽인들도 여전히 미신적임을 지적하고 있

---

[579] Voltaire, *Essai sur les moeurs et l'esprit des nations et sur les principaux faits de l'histoire, depuis Charlemagne jusqu'à Louis XIII* [1756], Vol. I(Paris: Chez Lefevre, libaire, 1829), Tome XI, Chap. II. 보시어스는 『세계의 참된 유구성에 관하여(*On the True Antiquity of the World*)』(London, 1660)에서 중국 역사가 기원전 2900년까지 거슬러 올라간다고 주장함으로써 『성경』의 연대기에 도전했고, 1685년의 『다양한 관찰의 책(*Variarum observationum libr*)』의 「중국의 예술과 과학에 관하여(*De artibus et scientiis Sinarum*)」라는 절에서 중국을 '이상국가'로, 그리고 중국의 한자를 '아담의 언어'로 극찬하고 중국예술과 건축술을 찬양했다. 이에 대해서는 『공자철학과 서구 계몽주의의 기원』의 '보시어스' 절을 참조하라. 또 르노도(Eusèbe Renaudot, 1646-1720) 목사는 『동양제례수록(*Liturgium orientalium collction*)』(Paris, 1715-1716)을 써서 마테오리치의 중국 제례 해석을 부정하고, 보시어스의 저작들을 "그릇된 형이상학에 의해 망가진 방송자"의 저작으로 낙인찍었다. 그는 보시어스를 "바로 모든 종교의 전면적 전복"을 가져올 사상들을 날조해내기 위해 "중국인들에 대해 읽고 들은 모든 것을 입증할 증거들을 고대의 저술가들 안에서" 찾아낸다고 비난했다. 참조: Weststeijn, "Vossius' Chinese Utopia", 239쪽.

[580] Voltaire, *Ancient and Modern History*(*Essai sur les moeurs et l'esprit des nations*), 29쪽.

[581] Voltaire, 'China', *Philosophical Dictionary*, Part 2, 94쪽.

기 때문이다.

나아가 볼테르는 『역사철학』(1765)에서 중국의 미신을 중국정부의 종교관용 정책의 일환으로 옹호하고 유럽의 더 치명적인 미신을 지적한다. "우리는 여기서 중국의 유생들이 하나의 유일한 신의 숭배자들임에도 백성들을 승려들의 미신에 방기한 것을 관찰하지 않을 수 없다. 그들은 도교종파, 불교종파 및 기타 종파들을 관용했다. 치자들은 그들이 더 거친 유형의 음식과 영양분에 익숙해져 있는 것과 동일한 식으로 백성들이 국가와 다른 종교를 가질 수 있다고 생각했다. 그러므로 그들은 승려들을 관용하고 그들을 보호했다."582) 따라서 상론했듯이 이를 비난하는 것은 부끄럽고 무식한 짓이다. "그것들(미신적 제례, 그릇된 신탁의 남발, 가짜 기적 - 인용자)을 관용하는 그리스·로마의 모든 치자들은 눈먼 기만자이고 또 기만당한 자들이었다.(그러나) 이것은 중국에 대중을 속이는 승려가 있고, 그러므로 지혜롭고 훌륭한 공자는 볼품없는 협잡꾼이었다고 말하는 것과 동일한 짓일 것이다. 우리 시대와 같이 개명된 시대에 우리는 우리가 비방할 것이 아니라 모방해야 하는 지혜로운 사람들을 헐뜯는 무식자들의 빈번한 열변에 얼굴이 붉어져야 할 것이다."583) 그리고 어리석은 백성들은 보통 어느 나라에서나 미신적이고 허약하다.

평범한 백성은 모든 나라에서 취약하고 미신적이고 어리석지 않은가? 드 로피탈(Michel de l'Hopital) 재상의 나라, 샤롱의 나라, 몽테뉴와 라 모트 르 베예의 나라, 데카르트·벨·퐁프테넬·몽테스키외의 나라에도 광신자들이 있지 않았던가? 베이컨 대법관, 불멸의 천재들인 뉴턴과 로크, 그리고 수많은 다른 위인들을 낳는 영예와 행복을 가진 나라에서도 감리교도·모라비아교도·천년왕국신봉자들, 그리고 온갖 광신도들이 있지 않았던가?584)

---

582) Voltaire, *The Philosophy of History* [1765](London: Thomas North, 1829), 113쪽.
583) Voltaire, *The Philosophy of History*, 155쪽.
584) Voltaire, *The Philosophy of History*, 156쪽.

여기서 감리교도·모라비아·천년왕국신봉자 등의 청교도적 광신을 모두 주술적 미신과 동급으로 격하시키고 있다. 훗날 심지어 베버조차도 마녀재판을 "창궐"시켰던 뉴잉글랜드 청교도의 독실한 종교 활동을 "미신으로부터의 자유를 뜻하는 것이 아니라", 사회를 재再주술화하는 혹독한 '미신'이라고 실토했다.585) 계몽주의자로서의 볼테르의 양심은 나이가 들어갈수록 유럽중심주의적 위선을 완전히 벗어던지고 더 친親중국적이고 더 자기반성적으로 변해갔던 것이다.

한편, 볼테르는 중국의 학문과 기술이 그렇게 낙후된 원인을 나름대로 유추하면서 문화적 복고주의와 한문의 학습·사용의 어려움을 원인으로 제시한다.

> 그렇게 많은 기술과 학문이 왜 중국에서 중단 없이 그토록 오랫동안 개발되어 왔지만 그럼에도 이토록 적은 진보를 이루었는지를 우리가 묻는다면, 아마 우리는 그들의 향상을 늦춰 온 두 가지 원인을 발견할 것이다. 하나는 선조들로부터 전해져 온 모든 것에 대한 중국인들의 엄청난 존경이다. 이것은 유구한 것이면 어떤 것에든 완전성의 기운을 주입한다. 다른 이유는 모든 지식의 제일원리인 그들의 언어의 본성이다. 뻔하고 단순한 것이어야 하는, 글을 써서 아이디어들을 전달하는 일은 그들에게 지극히 어려운 업무가 된다. 모든 단어는 다른 한자로 표현된다. 가장 많은 수의 한자를 아는 사람은 가장 유식한 사람으로 간주된다. 중국인들 가운데 어떤 면학적 사람들은 쉽게 글을 쓰기를 다 배우기 전에 늙어버린다.586)

여기서 볼테르는 큰 실언을 하고 있다. 당시 중국의 학문과 기술이 유럽보다 우월하거나 비등했다는 라이프니츠와 아담 스미스의 평가를 염두에 두면, '존재하지도 않는 사실'의 원인을 찾고 있기 때문이다. 또한 특정 문명권의 학문과 기술의 낙후성이 '복고주의'와 '문자의 어려움'으로 얼마나 설명될 수 있는지도 의문이다. 또한 쿠플레의 말대로 5000자의 한자만 터득하면 자유로이 학술적 한문을 읽는 데도 지장이

---

585) Weber, *Die Wirtschatethik der Weltreligionen*, 513쪽.
586) Voltaire, *Ancient and Modern History(Essai sur les moeurs et l'esprit des nations)*, 29쪽.

없다. 한자漢字 1글자의 터득은 영어 1단어의 의미·스펠링·발음을 터득할 때 쏟는 정도의 노력밖에 들지 않는다. 글자마다 하나의 단어를 이루는 한자 1 글자를 아는 것이 영어 한 단어의 뜻과 철자를 숙지하는 것보다 어려운 일이 아니기 때문이다. 또 한문에서 '모든 단어가 다른 한자로 표기되는 것'은 영어에서 '모든 단어가 다른 철자로 표기되는 것'과 다를 것이 없다. 따라서 한문의 어려움은 학문과 기술의 낙후성을 설명해 줄 수 없다.

복고주의는 유럽을 포함한 모든 문명권의 전근대에 공통된 것이었고, 따라서 중국에만 특유한 사상이 아니다. 그럼에도 예외적으로 중국의 국가철학인 공맹철학은 복고주의와 복고적 반복사관을 극복할 수 있는 혁신적 진보사관과 혁명주의를 2000년 이상 가르쳤다. 『대학』의 '친민親民(＝新民)'과 '일일신우일신日日新又日新(나날이 혁신하고 또 날마다 혁신하자)' 사상, 그리고 맹자의 역성혁명론과 폭군방벌론이 그것이다.

'패치워크문명의 이론'에[587] 따르면, 모든 문명의 낙후성의 원인은 자문명적 자만과 폐쇄성으로 인한 문명패치워킹의 실패에서 찾아야 할 것이다. 중국은 공산주의적 진보사관으로 무장하고 한자를 간체자簡體字로 바꿨지만, 개혁개방 이전 40년 동안 후퇴를 거듭했다. 그러나 개혁개방 이후에는 놀라운 속도로 발전하고 있다. 16-18세기 유럽은 동양과 여타 세계에 많은 관심을 두고 세계 각지로 진출했고 세계 도처에서 문물을 받아들이는 개혁개방을 계속해 서구문명을 패치워크문명으로 만들었다. 반면, 중국은 16-18세기 동안 번영과 풍요에 겨워 19세기에도 전 세계에 대해서는 말할 것도 없고 서양에도 관심이 없었고 '서양인'을 '오랑캐'로 취급할 정도로 자만했다. 늦어도 18세기 초반까지 서양제국이 중국의 모든 수출가능한 우수제품에 대한 모조품을 생산하는 수입대체산업으로 산업입국에 성공해서 중국제품의 수입을 서서히 줄이자 16-18세기 동아시아 유교문명권의 대對서방 쇄국과 문화적 자만의 굳어진 관성은 서양의 수입대체산업과 수출격감에 대한 대응을 어렵고 더디게 만들었다. 이로 인해 18세기말부터 19세기말까지 약 100년 동안 지속된 장기불황을 피할 수 없었고

---

[587] 황태연, 『패치워크문명의 이론』(파주: 청계, 2016).

서세동점 사태에도 적시에 대응할 수 없었다.

그러나 19세기부터 20세기 초반까지 사활을 걸고 서양을 배우고 받아들인 동아시아는 20세기 후반부터 유럽연합(27개국)의 경제력을 추월하고 전 산업분야에 걸쳐 서양을 다시 앞지르는 기술과 제품 종목을 급속히 늘려가고 있다. 한마디로 '복고주의'와 '한자의 어려움'은 중국과 동아시아의 낙후성의 원인이 아닌 것이다.

4.2. 볼테르의 중국 예찬과 몽테스키외 비판

■ 볼테르의 수많은 공자 논의와 중국 논고들

'중국'은 볼테르의 전 저작을 삼투해 있고 또 휘감고 있다. 그의 『철학사전(Le Dictionnaire Philosophique)』의 600여 개 항목 중에서 약 100개 항목에 중국 개념이 명문으로 또는 파생된 형식으로 등장한다. 이 사전의 간명한 요약으로는 "중국에 관하여(de la Chine)"에서, 또는 에세이 식으로 헐렁하게 "중국인 문답(Catechisme chinois)"과 "사기(Fraude)" 항목에서 매번 공자의 제자가 끼어드는 동양 대화파트너들 간의 대화의 형식으로 신학적 문제와 도덕이 등장한다. 가톨릭의 사치허식에 대항해 성경적·고대적·중국적 소박함을 제기하고 무신론을 장려하는 철학논문을 문서로 남기고 죽은 카톨릭 성직자 『장 멜리에르의 유서(Testament de Jean Mesliers)』", 예수회 선교사들이 중국으로부터 추방된 것에 갈채를 보내는 『예수회 회원들의 중국으로부터의 추방이야기(Relation du banissement des Jésuites de la Chine)』, 『무식한 철학자(Philosophe ignorant)』, 『무신론에 관한 일차 설교(Première homélie. Sur l'atheisme)』, 『신과 인간(Dieu et les hommes)』, 『프로이센 왕의 부속사제에 의해 마침내 해명된 성경(La Bible enfin expliquée par les aumôniers de roi de Prusse)』, 『유신론자들의 신앙고백(Profession de des théistes)』에서, 그리고 『루이 14세의 세기(Siècle de Luis XIV)』, 『나의 아저씨의 변호(Défence de mon oncle)』, 『역사에 관한 단상(Fragments sur l'historie)』, 『인도에 대한 역사적 단상(Fragments historiques sur l'Inde)』, 『기독교의 제도적 확립의 역사(Historie de lètablissement du christianisme)』 등 다양한 역사저작에서도 중국은 무궁무진한 철학적 관심의 대상이었다. 심지어 『관용론』에서조차 장 칼라스의 죽음과 관련해 볼테르는 관용과 철학적 유유자적 위에 기초한 중국적 도덕이 얼마나 기독교의 광신적 불관용보다 우위에 있는지를 보여주는 종교논쟁을 삽입했다. 이것은 『바빌론의 왕녀』, 『포(Paw)씨로부터의 중국·인도·타타르 서한』, 『중국의 고아』 등 그의 중국관련 소설·문예비평·연극 등을 제외하고 하는 말이다.[588]

볼테르의 중국관련 서적에서 가장 중심적인 서적은 그래도 1756년의 『제민족의 도덕과 정신에 관한 평론』일 것이다. 중국 유교는 "먹이기 위해 주어지는 거친 자양분과 같은 평민들의 관행을 위해"[589] 미신과 우상숭배에 기초한 종교인 도교와 불교를 관용했다. 중국 만다린과 선비의 엘리트 신분은 백성의 통상적 자양분으로서의 이런 종교와 아무 관계가 없고, '계몽'을 그들의 깃발에 적었던 모든 덕자들의 중심인물인 볼테르의 『제민족의 도덕과 정신에 관한 평론』 속에서 실물보다 더 크게 이 탁월한 신사들, 즉 철학자관리哲學者官吏들의 국가를 창시한 공자가 소생한다. 유교적 중국은 이상사회의 유토피아적 모델이고, 공자는 중국에서 신비스럽게도 '유럽적 계몽'을 선취한 선각자다. 그리고 다시 볼테르 자신은 공자의 초상화 속에 자기 자신의 특징, 자기 자신의 자기이해를 슬그머니 그려 넣은 자다. 중국이해와 계몽홍보가 볼테르에게서 얼마나 많이 상호 융합되었는지가 『제민족의 도덕과 정신에 관한 평론』의 이 지점에서보다 더 분명해지는 곳은 그 어디에도 없다.[590]

18세기 중반부터 "중국 거울"이 탄력을 얻으며 유럽정신을 위한 결정적 전투를 수행하기 시작하면서 중국의 이미지는 합리적으로 조직된, 그리고 늘 그 신민들의 복지를 돌보는 '계몽군주정'의 모델로서 제시되기 시작했다. 가장 앞장선 정치적 중국예

---

[588] 참조: Berger, *China-Bild und China-Mode im Europa der Aufklärung*, 67쪽.

[589] Voltaire, *Essai sur les moeurs et l'espirit des nations* [1756](Paris: Garnier, 1963), Vol. 1, 223쪽.

[590] 참조: Berger, *China-Bild und China-Mode im Europa der Aufklärung*, 76-77쪽.

찬자 볼테르는 그 자신이 "유럽계몽주의의 주도적 만다린"이었다. 그의 『제민족의 도덕과 정신에 관한 평론』은 "중국논변"의 다양한 용도를 망라하고 있다. 그가 중국을 인간문명의 진보의 대장정을 위한 출발점으로 선택한 것은 세계와 보편사의 기독교적 시각을 분쇄하는 데 있어서 "중국논변"의 가치를 다시 한 번 증언하는 것이다. 『제민의 도덕과 정신에 관한 평론』의 마지막 장절은 다시 극동에 바쳐졌다. 이것은 중국모델의 보다 최근의 정치적 용도를 실증해주는 당대 중국의 최근사와 통치에 대한 보고를 담고 있다.[591] 볼테르는 중국의 통치에 관해 아주 열광해서 "인간정신은 더 나은 정부를 상상할 수 없다"고[592] 선언할 정도다.

그럼에도 볼테르는 중국의 과학과 기술을 잘 몰랐고 이 분야에 관심이 없었다. 그의 주요 관심은 중국으로부터 문화, 도덕, 정치철학을 배우는 데 있었다. 그는 『철학사전』에서 이렇게 말한다.

나쁜 자연학자이면서 동시에 탁월한 도덕론자인 것은 가능한 일이다. 중국인들이 완전성을 향해 이러한 전진을 이룩한 것은 사실 도덕, 정치경제학, 농업, 필수적 생활양식에서다. 나머지 모든 것은 우리가 그들에게 가르쳐 왔다. 그러나 저런 것들에서는 우리가 오히려 그들의 제자가 되어야 한다.[593]

여기서 볼테르는 라이프니츠처럼 극서의 선진적 과학기술과 극동의 선진적 정치·도덕·경제철학의 교환을 기획하고 있다.

■ 볼테르의 몽테스키외 비판

이런 관점에서 볼테르는 몽테스키외의 중국전제정론과 중국법치부재론에 맞서

---

[591] 참조: Berger, *China-Bild und China-Mode im Europa der Aufklärung*, 77쪽.

[592] Voltaire, *Essai sur les moeurs et l'esprit des nations et sur les principaux faits de l'histoire, depuis Charlemagne jusqu'à Louis XIII*, Vol. III: Tome XI, Chap. I, "De la Chine au XVIIe siècle et au commencement de XIIIe".

[593] Voltaire, 'China', *Philosophical Dictionary*, Part 2, 83쪽.

중국인의 높은 도덕성과 법치주의를 찬양한다.

> 중국인들이 가장 잘 알고 가장 많은 것을 개발하고 최대의 완전성으로 끌어올린 것은 도덕과 법학이다. 자식으로서의 효경孝敬은 중국적 통치의 기초다. 아버지의 권위는 불가침이다. 자식은 모든 친척과 친구들의 동의, 그리고 심지어 관리들의 동의 없이 아비에 대해 소송을 할 수 없다. 학식 있는 고위관리는 도시와 지방의 부모로 간주되고, 황제는 제국의 공통된 아버지로 간주된다. 그들의 심장에 뿌리내린 이 관념들은 말하자면 이 거대공동체 전체를 한 가족으로 구성해 주었다.[594]

여기서 볼테르는 플라톤의 영혼-국가 유추론과 차별되는 공맹의 가족-국가 유추론을 국가 전체를 '한 가족'으로 여기는 도덕과 법의 기초로 긍정하며 호평하고 있다.

볼테르는 일상적 교통예절에 이르기까지 중국의 예의범절을 자세하게 설명하고 찬양해 마지않으면서 유럽의 부도덕한 생활과 대비시킨다.

> 중국인 사이에 사교를 규율하고, 개별적 집안에서의 특별한 친구 사이를 제외하고는 생략되지 않는 끊임없는 의례는 전국에 걸쳐 겸양과 예절을 확립했다. 이것은 그들의 행동에 장중함과 친절함의 기풍을 부여한다. 이 자질은 최하층의 국민에게도 확산되어 있다. 선교사들은 보고하기를, 종종 공공도로에서, 우리나라에서 이토록 야만적인 소란과 폭력적인 다툼을 일으키는 당혹사건과 혼란의 와중에 중국 농민들이 재빨리 무릎을 꿇고 모두가 서로 마차에 가할 '정차'를 위한 양해를 서로 구하고 소음이나 난동 없이 헝클어진 전체를 푸는 것을 서로 돕는 것을 그들이 보았다고 했다.[595]

18세기 당시 중국의 유교적 예의범절은 볼테르의 눈에 문명선진국의 표징이었던 것이다.

이어서 볼테르는 범행을 처벌하는 데 그치지 않고 덕행을 적극 포상하기도 하는

---

[594] Voltaire, *Ancient and Modern History(Essai sur les moeurs et l'esprit des nations)*, 29-30쪽.
[595] Voltaire, *Ancient and Modern History(Essai sur les moeurs et l'esprit des nations)*, 30-31쪽.

중국 법치주의의 독특한 특징을 높이 평가한다.

> 다른 나라에서 법은 범행을 처벌한다. 중국에서 법은 더 많은 것을 한다. 이곳에서 법은 덕행을 포상한다. 인자하고 드문 행동에 대한 소문이 전 지방에 퍼지면, 관리는 이 소식을 황제에게 보고해야 하고, 황제는 영예의 표시를 받을 만한 사람에게 이 표시를 하사한다. 최고 존재자와 결합된 이런 유의 도덕, 이런 준법은 중국의 황제와 학자들이 천명하는 저 종교를 형성한다. 황제는 기억할 수 없는 때부터 최고 성직자였다. 황제는 하늘과 땅의 주재자인 천天에 제사지낸다. 황제는 철학자의 수장이고, 제국의 제1설교자다. 황제의 칙서는 일반적으로 도덕의 교시와 가르침이다.596)

오늘날도 극동제국에 '효부·효녀상', '효자상'으로 남아 있는 중국과 극동제국의 덕행포상제도는 - 『공자철학과 서구 계몽주의의 기원』에서 상론했듯이 - 후앙 멘도자와 몽테뉴에게도 놀라운 사실이었다. 이것은 18세기 중반에 여전히 볼테르에게도 중국 도덕의 놀라운 우월성을 상징하는 제도였던 것이다.

또한 볼테르는 몽테스키외가 네덜란드 상인들의 악선전을 증폭시켜 중국인의 속임수와 사기성을 비난한 것에 맞서 중국인의 속임수를 대수롭지 않은 국지적 현상으로 평가절하한다.597) 이어서 볼테르는 청대 중국의 법치주의를 상세히 입증함으로써 몽테스키외의 중국전제국가론을 정면으로 반박한다.

> 인간 정신은, 엄격한 시험을 거쳐 구성원들을 선발하는 상호종속된 거대한 관청체계에 의해 모든 일이 처결되는 정부보다 더 나은 정부를 분명 상상할 수 없을 것이다. 중국에서는 모든 일이 이 관청에 의해 다스려진다. 육부六府는 제국의 모든 관청의 정상에 위치한다. 첫 번째 관청은 지방의 모든 만다린을 감독한다. 두 번째 관청은 재정을 관장한다. 세 번째 관청은 ··· 예법·학문·예술의 행정을, 네 번째는 전쟁업무를, 다섯 번째는 범죄와 관련된 재판 업무를, 여섯 번째는 공공 공사의 감독을 관장한다. 이 모든 관청의 업무 결과는 최고

---

596) Voltaire, *Ancient and Modern History(Essai sur les moeurs et l'esprit des nations)*, 31쪽.
597) 다음도 참조: Voltaire, *Ancient and Modern History*, 30쪽.

관청으로 보고된다. 이 최고 관청들 아래 북경의 44개 관청이 속해 있다. 지방의 만다린도 제각기 관청에 의해 지원받는다. 이러한 행정체계 아래서는 황제가 자의적 권력을 행사하는 것이 불가능하다. 일반적 법률은 황제로부터 나오지만, 통치의 헌정제도에 의해 어떤 일도 법률에 훈련되고 투표에 의해 선발된 일정한 사람들에게 자문하지 않고는 이루어질 수 없다. 누군가 신 앞에 엎드리듯이 황제 앞에 엎드린다는 것, 황제에게 약간의 결례라도 범하면 법률에 따라 신성모독으로 처벌받는다는 것은 결코 전제적이고 자의적인 통치의 증거가 아니다. 전제적 통치는 군주가 법에 대한 침파 없이 그가 원한다는 이유만으로 시민들로부터 재산이나 생명을 박탈할 수 있는 통치일 것이다.(…) 오늘날 사람들의 생명, 명예, 복지가 법률에 의해 보호되는 나라가 있다면, 그것은 바로 중국제국이다.[598]

중국의 인간적 법치주의에 대한 볼테르의 찬양은 인명을 경시하는 전제체제라는 몽테스키외의 중국 비방에 맞서 일관되게 견지된다. 이런 관점에서 볼테르는 중국의 황제보다 더 전제적인 로마 추기경들이 유럽보다 더 법치주의적인 중국에 선교를 하는 것을 심지어 '실책'이라고까지 주장한다.

나는 중국에 가 본 적이 없으나 중국을 여행한 사람들을 20명 이상 만나 보았다. 그리고 나는 이 나라에 대해 언급한 모든 저작들을 다 읽어 봤다고 생각한다. 나는(…) 다양한 종파의 우리 선교사들이 보낸 만장일치의 보고서들로부터 중국이 자의적 의지에 의해서가 아니라 법률에 의해 다스려진다는 것을 알았다. 나는 북경에 42개 산하 관청에 대한 관할권을 가진 육부六府가 있다는 것을 안다. 나는 이 6개소의 최고 법정이 황제에게 간언을 하면 그것이 법률의 효력을 갖는다는 것을 안다. 나는 제국의 먼 변경에 사는 길거리 짐꾼이나 숯 굽는 사람이라도 황제에게 보고하는 북경의 최고 법정으로 재판 기록이 상신되지 않고는 처형당하는 일이 없다는 것을 안다. 이것이 자의적이고 폭군적인 통치인가? 황제는 로마에서 교황이 경배되는 것보다 더 경배된다. 그러나 존경받는다고 해서 법률 없이 군림해야 한단 말인가? 중국에서 법이 군림한다는 유력한 증거는 이 나라가 유럽 전체보다 더

---

[598] Voltaire, *Essai sur les moeurs et l'esprit des nations et sur les principaux faits de l'histoire, depuis Charlemagne jusqu'à Louis XIII*, Vol. III: Tome XI, Chap. I, "De la Chine au XVIIe siècle et au commencement de XIIIe".

많은 인구로 채워져 있다는 것이다. 우리는 중국으로 거룩한 종교를 이송시켰지만 그것은 실책이었다.(…) 로마의 추기경이 중국의 황제보다 더 전제적이라는 것은 절대적으로 확실하다. 왜냐하면 로마의 추기경은 불가류不可謬이고 중국 황제는 그렇지 않기 때문이다.599)

이와 같이 볼테르는 훨씬 더 많은 정보를 바탕으로 몽테스키외의 중국전제체제론을 정면으로 반박했다. 이것으로 그가 동아시아 정치체제를 속속들이 이해했다고 볼 수는 없겠으나, 적어도 당시로서는 절대주의 유럽보다 훨씬 더 자유로웠던 동아시아 정치체제의 정수에 육박해 들어간 것으로 보인다.

정리하면, 볼테르는 덕행의 포상, 백성의 복지와 재산의 보호를 보장하는 중국 법률의 효율성, 불관용과 미신으로부터 자유로운 중국의 인간적이고 단순한 종교를 찬양했다. 그는 문화적 상대주의를 가슴으로 신봉했다.600) 이런 관점에서 그는 자기 동포들의 유럽중심주의적 오만을 강력하게 규탄했다.

우리는 감히 우리가 야만 상태에서 출현하기 2000여 년 전에 가장 순수한 종교와 도덕을 천명하고 있었던, 그리고 만사가 바뀌는 우리의 경우와 달리 어떤 변동도 겪지 않은 도덕과 관습을 지닌 한 국민을 비웃고 있다.601)

---

599) Voltaire, "The A B C, or Dialogues between A B C - First Conversation. On Hobbes, Grotius and Montesquieu", 97-98쪽. Voltaire, *Political Writings*(Cambridge: Cambridge University Press, 1994·2003). 볼테르는 『제국민의 도덕과 정신에 대한 평론』에서 중국이 "유럽 전체보다 더 많은 인구로 채워져 있다는 사실을 통계수치로 제시하고 했다. 당시의 중국 인구는 약 1억 5000만 명(북경 400만 명), 유럽은 1억 명 남짓(프랑스 2000만, 독일 2200만, 헝가리 400만, 이탈리아 1000만, 영국 800만, 스페인+포르투갈 800만, 러시아 1000만 명 등)이었다. 참조: Voltaire, *Ancient and Modern History(Essai sur les moeurs et l'esprit des nations)*, 23쪽.
600) Paul Bailey, "Voltaire and Confucius: French Attitudes towards China in the Early Twentieth Century", *History of European Ideas*. Vol. 14, Issue 6(Nov. 1992), 820쪽.
601) Voltaire, *Essai sur les moeurs et l'esprit des nations et sur les principaux faits de l'histoire, depuis Charlemagne jusqu'à Louis XIII*, Vol. VIII, 212쪽.

확신에 찬 이 '유럽문명적 자기비판'은 정확하고 풍부한 중국 정보에 근거했다. 공자철학과 중국정치문화에 근거한 이 '자문명비판'은 그 자신과 서구철학자들이 개발하고 전개한 계몽철학의 '본질'을 이루는 것이다. 볼테르의 이러한 관점은 유럽 위정척사파들의 일방적 동양 비방과 차별되는 당대의 가톨릭 선교사들의 정확하고 양심적인 보고에 힘입은 바 크다.

볼테르와 함께 프랑스에는 '문화적 상대주의'가 만발했고, 이것은 프랑스의 문화적 개혁개방의 동력이 되었다. 프랑스의 이 특유한 문화적 개방성과 친중親中사조는 중국정체론과 '종이호랑이론'이 난무하던 19세기말까지도 간단없이 영향을 미친다. 19세기 중반 내내 중국을 여행한 레지-에바리스트 위크(Régis-Evariste Huc)라는 가톨릭 선교사의 중국관은 영국 개신교를 비롯한 개신교 선교사들의 부정적 중국관과 반대로 아직도 긍정적이고 따뜻했다. 페르 위크(Père Huc)에 의하면, 레지-에바리스트 위크는 중국 황제의 권력이 영향력 있는 선비계급과, 촌락민들이 자기 촌장을 선출하는 촌락 단위까지 내려가는 권한 위임 제도에 의해 완화된다고 논변하면서, 중국 황제의 권력이 절대적이기는 하지만 전제적이지는 않다고 주장했다. 그는 이것이 자유헌정을 가졌다고 주장하는 유럽 나라들의 백성들이 향유하는 자유보다 더 큰 자유를 허용한다고 설명했다. 게다가 중국에는 백화제방의 다양성과 차이들, 새로운 사상과 믿음에 대한 중국 백성들의 개방성, 그리고 유럽의 혁명가들이 부러워할 만큼 빈번한 혁명·정변·변란들이 있어 왔다는 것이다.602) 19세기 중반에도 중국의 이미지는 프랑스인들에게 이 정도의 호평과 공감을 얻고 있었기 때문에 18세기 중반 볼테르의 '혁명적 친중親中사상'은 이해할 만한 것이다.

볼테르는 유럽의 중국논쟁의 또 다른 핵심사항에서도 정공법을 택한다. 그는 『성경』의 연대기를 넘어가는 중국 역사의 유구성에 대한 부정과 중국무신론 주장을 정면으로 공박한다. 우선 그는 중국 고대사 문제와 관련해 『제국민의 도덕과 정신에 관

---

602) Père Évariste Huc, *L'Empire Chinois*(Paris: Par Pierre Palpant, 1854), 9-10, 12, 306-307쪽. 다음 글도 참조: Bailey, "Voltaire and Confucius", 820-821쪽.

한 평론』에서 이렇게 시작한다.

> 고대에도 중국제국은 특히 우리가 그 당시 중국에 조공을 바치던 지역들인 코리아와 통킹(베트남 최북단 - 인용자)을 고려하면 샤를마뉴의 제국보다 더 넓었다. 중국제국은 경도 30도 나비와 위도 24도 나비에 이르렀다. 이 제국의 몸통은 그 법률·관습·언어에 있어서, 그리고 심지어 복식에 있어서도 감지할 만한 변동을 겪지 않은 채 4000년 이상 존재해 왔다. 이 제국의 역사는 하늘의 관찰에 기초한 유일한 기록인 만큼 논란의 여지가 없고, 가장 확실한 연대기에 의해 기원전 2155년 전으로 계산된다.(…) 고빌(Gauvil) 신부는 공자의 책에 기록된 36회의 일식을 검토했는데, 두 개의 의심스러운 일식과 두 건의 잘못을 찾아냈을 뿐이다.603)

볼테르는 중국 고대사에 대한 유럽인들의 시비를 미리 차단하기 위해 이렇게 분명한 입장을 표명하고 중국 고대사에 대한 설명을 시작한다. 역사적 상상력을 발휘해 보면, 세계사를 『성경』의 연대기로부터 시작하는 것이 아니라 중국의 고대사로부터 시작하는 것 자체가 "볼테르의 독자들"에게 "얼마나 큰 충격"을 주었을지 능히 상상할 수 있을 것이다.604)

그런데 볼테르는 『철학사전』에서 중국 고대사의 유구성에 대한 유럽인들의 당혹과 논란을 비교적 상세히 기술하고 있다. "다른 곳에서 우리는 어떤 나라와, 가령 중국 같은 나라와 그 진실한 주장을 두고 논쟁하는 것이 얼마나 경솔하고 지각없는 행동인지를 자주 말했다. 중국제국의 유구성만큼 탄탄하게 증명된 유구성을 가진 유럽의 가문은 없다. 성 토마스나 성 보나벤투라의 글 안에서 언급되지 않았다는 핑계로(…) 독일의 군주들,(…) 프랑스인 탈레랑의 귀족성을 의심하는 어떤 마론파(동방 가톨릭교파 - 인용자) 식자를 상상해 보자. 우리는 그의 지각이나 진실성을 문제삼아야 할 것이다.

---

603) Voltaire, *Ancient and Modern History(Essai sur les moeurs et l'esprit des nations)*, 31쪽.
604) Jonathan Spence, "Western Perception of China from the Late Sixteenth Century to the Present", 4쪽. Paul S. Ropp(ed.). *Heritage of China*(Berkeley·Los Angeles: University of California Press, 1990).

우리 북부지방의 많은 식자들은 중국인들이 주장하는 유구성에 당혹감을 느낀다. 하지만 이것은 학문의 문제가 아니다. 복희가 기원전 약 2500년 이전에 중국에 법률을 준 최초의 군주 가운데 한 사람임을 인정하도록 모든 중국 선비들, 중국 관리들, 황제들을 그냥 내버려두는 문제다. 왕들이 있기 전에 백성들이 먼저 있어야 한다는 것을 인정하라. 수많은 백성들이 필연적인 생활양식을 깨닫고 공통의 치자를 선택하여 결속하려면 오랜 시간이 필요하다는 것을 인정하라. 그러나 당신이 이것을 인정하지 않는다고 해도, 이는 조금도 중요하지 않다. 당신이 동의하든 말든 우리는 2+2는 4라는 것을 언제나 믿을 것이다."[605] 이런 확신을 천명한 다음, 볼테르는 그간의 우스꽝스러운 주장들을 소개한다.

예전에 켈티카(갈리아지방, 프랑스의 다른 이름 - 인용자)라고 불린 서쪽지방 사람들은 특이하고 역설적인 것을 좋아한 나머지 중국인이 이집트인이거나 아마 페니키아의 식민지민일 것이라고 주장하기에 이르렀다. 그들은 천 가지 다른 일들이 증명된 것과 똑같은 방식으로, 그리스인들이 메네스라고 부른 이집트의 왕이 중국의 요임금이라는 것을(…) 증명하려고 시도하였다. 다음은 이 주제에 적용되는 추리의 표본이다. '이집트인들은 가끔 밤에 횃불을 켰다. 중국인들은 밤에 등불을 켠다. 그러므로 중국은 이집트의 식민지다.' 당시 중국에 25년째 주재하고 있었고 중국의 언어와 학문에 통달했던 예수회 회원 파렌닌은 우아하면서도 풍자적인 방식으로 이 모든 망상들을 반박했다.(…) 그는 말했다. "이집트인들은 중국을 자기 인구로 채우러 갈 때 아무튼 인도를 지나갔어야 한다." 그 당시 인도에 사람들이 살고 있었을까? 아니면 아무도 살고 있지 않았을까? 만약 사람들이 살고 있었다면 외국 군대가 그곳을 통과하도록 허가했을까? 만약 사람들이 살고 있지 않았다면 이집트인들이 인도에서 멈추지 않았을까? 인더스나 갠지스 강의 비옥한 연안에서 식민지들을 그토록 쉽게 건설할 수 있는데도 중국 땅에서 식민지를 세우기 위해 불모의 사막을 뚫고 계속 전진했을까? 한편, 영국에서 인쇄된 한 보편사의 편찬자들은 중국인에게서 그 유구성을 제거하려는 의도를 보여주었다. 세계에 중국을 알린 최초 인물들이 예수회 신부들이었기 때문이다. 이것은 의심할 바 없이 영국 전역에 '당신들은 거짓말쟁이다'라고 말

---

[605] Voltaire, 'China', 264쪽.

할 수 있는 아주 만족할 만한 이유가 되었다.[606]

마지막 말은 영국인들은 가톨릭을 불신하기 때문에 예수회 소속 가톨릭 신부들이 전한 내용도 쉽게 불신되었다는 뜻이다. 이처럼 유럽의 종교갈등도 이 우스꽝스러운 중국논쟁에 큰 편향을 가했다.

상술했듯이 볼테르는 공자가 편집한 『서경』과 공자가 집필한 『춘추』에 기록된 36회의 일식 중 32회가 과학적으로 검증된 사실을 들어 중국 고대사의 유구성을 부정하는 모든 주장들을 근거 있게 일축했다. 『철학사전』에서도 그는 중국의 유구성 논증에서 공자의 증언을 가장 중시한다. "내게는, 공자가 거짓에 아무런 관심이 없다는 것이 우리가 공자라고 부르는 '공부자(Confitzée)'가 준 증언에 관해 할 수 있는 가장 중요한 성찰로 보인다."[607] 그리고 자연스럽게 공자와 그의 철학에 대한 볼테르의 이해로 논의가 옮겨진다.

4.3. 볼테르의 근대기획: 유교적 인도주의와 관용 이념

■ 볼테르의 지극한 공자 숭배

『제국민의 도덕과 정신에 관한 평론』의 서론에서부터 볼테르는 공자를 다음과 같이 언급한다.

---

[606] Voltaire, 'China', 264쪽. 중국인을 이집트인의 후예로 본 학자는 17세기 말 피에르 다니엘 위에(Pierre Daniel Huet)이고, 이것을 18세기 후반에 다시 되살린 사람은 조셉 드 기녜(Joseph de Guignes)다. Pierre Daniel Huet, *Memoirs of the Dutch Trade in all the States, Kingdoms, and Empires of the World*(in Dutch and French, Amsterdam; English, London, 1699); Joseph de Guignes, *Mémoire dans lequel on preuve que les Chinois sont une colonie égyptienne*(Paris, 1759) 참조. Quesnay, *Despotism in China*, 153쪽에서 재인용.

[607] Voltaire, 'China', 264-5쪽.

우리가 '공자(Confucius)'라고 칭하는 중국인들의 공부자(Confitzée)는 새로운 견해도, 새로운 예(禮)도 상상해내지 않았다. 그는 계시도 예언도 하지 않았다. 그는 옛날의 법을 가르치는 현명한 판관이었다.608)

볼테르는 신이 보낸 '선지자'를 자임하고 계시와 예언을 쏟아낸 예수나 마호메트의 초월적·신비적 풍모나, 다이몬 신의 부정적 계시를 들먹이는 무당 같은 소크라테스의 풍모와 대비되는 공자의 세속적 풍모와 현세적 철학을 찬양하고 있다.

볼테르는 본론에서 공자를 생전에 3000제자가 아니라 '5000제자'를 얻은 성인으로 소개한다. "2300년 전에, 즉 피타고라스보다 조금 전에 살았던, 우리가 공자라고 부르는 공부자는 올바름에 본질을 두는 저 종교를 부흥시켰다. 그는 영광스러울 때나 영락했을 때나 가르치고 실천했다. 때로는 황제의 제후의 재상이 되기도 하고, 망명하기도 하고, 도피하기도 하고, 곤궁하기도 했다. 그는 생전에 5000명의 제자를 길렀다. 그리고 그의 서거 후에 황제들, 각로(閣老)들, 소위 만다린들, 선비들, 일반백성들을 제외한 모든 사람들이 그의 제자가 되었다." 이어서 그는 공자의 가르침을 요약해서 전하고, 사람들이 공자의 법을 따랐던 시대를 '지구상에 존재한 적이 없는 가장 행복한 시대'로 평하면서 공자를 극찬한다.

공자는 그의 책(『대학』 - 인용자)에서 치자가 되도록 정해진 사람은 누구나 "흐린 거울을 닦듯이 이성을 바로 닦아 하늘의 보증을 받고, 자기 자신을 새롭게 하고, 자기의 솔선수범으로써 백성들을 새롭게 해야 한다"는 가르침으로 시작한다. 모두가 이 목표를 지향한다. 그는 전혀 예언자가 아니고, 조금도 계시적인 것을 말하지 않는다.(…) 그는 현자로서만 글을 썼고, 중국인들도 현자로서만 그를 중시한다. 그의 도덕은 또한 순수하기도 하고 엄격하기도 하고, 동시에 에픽테토스의 그것보다 인간적이기도 하다. 공자는 남이 자기에게 하지 않기를 바라는 바로 그것을 남에게 하지 말라고 말하는 것이 아니라, "남이 너 자신

---

608) Voltaire, *Essai sur les moeurs et l'esprit des nations et sur les principaux faits de l'histoire, depuis Charlemagne jusqu'à Louis XIII*, [1756], Vol. I(Paris: Chez Lefevre, libaire, 1829), Introduction XVIII.

에게 해 주기를 바라는 바로 그것을 남에게 해 주어라"라고 말한다. 그는 가해의 용서, 은혜의 기억, 인애, 겸손을 권장한다. 그의 제자들은 동포임을 과시했다. 지구상에 존재한 적이 없는 가장 행복하고 가장 존경할 만한 시대가 바로 사람들이 그의 법을 따랐던 그때다.609)

볼테르는 여기서 문명권을 초월하는 공자의 보편주의적 '인仁' 또는 '사해형제주의(형제적 세계주의)'의 철학을 전달하고자 한다.

이 대목에서 공자의 원래 논의를 잠시 되돌아보자. 공자는 일단 '인仁'을 "사람사랑(愛人)"으로 정의한다.610) 공자는 다시 이 '인'을 소극적 차원과 적극적 차원으로 나누어 상론한다. '인'의 소극적 정의는 "자기가 하고 싶지 않는 것을 남에게 하지 않는 것(己所不欲 勿施於人)"이다.611) 나아가 '인'의 적극적 정의는 "자기가 서고 싶으면 남을 세워 주고 자기가 달하고 싶으면 남을 달하게 하는" '기욕립이립인己欲立而立人 기욕달이달인己欲達而達人'의 자세에서 "백성에게 널리 베풀어 대중을 구제할 수 있는 것(博施於民而能濟衆)"이다.612) 즉, 적극적 인은 '기욕립이립인 기욕달이달인'의 '백성사랑'이다. 이런 적극적 인을 '거룩함' 또는 '범애汎愛' 또는 '박애博愛'라고도 불렀다.613) 공자

---

609) Voltaire, *Essai sur les moeurs et l'esprit des nations*, Vol. l, 1: Tome XI, Chap II. 에픽테토스(Επικτητος, 55-135년)는 노예에서 철학자가 된 그리스 출신의 스토아학파다.
610) 『論語』「顏淵」(12-22): "樊遲問仁 子曰 愛人."
611) 『論語』「顏淵」(12-2): "중궁이 인에 대해 묻자 공자가 답하기를 '(…) 자기가 하고 싶지 않는 것을 남에게 하지 않는 것'이라고 했다(仲弓問仁 子曰 […] 己所不欲 勿施於人)." 또 「衛靈公」(15-24): "자공이 '종신토록 행할 수 있는 한 말씀이 있습니까?'라고 묻자 공자가 답하기를 '그것은 어짊이니라! 자기가 하고 싶지 않은 것을 남에게 하지 말라'고 했다(子貢問曰 有一言而可以終身行之者乎? 子曰 其恕乎! 己所不欲 勿施於人)." 또한 『中庸』제23장: "忠恕는 도와 거리가 멀지 않으니, 자기에게 하는 것을 원치 않으면 남에게도 역시 하지 말라(忠恕違道不遠 施諸己而不願 亦勿施於人)."
612) 『論語』「雍也」(6-30): "자공이 '백성에게 널리 베풀어 대중을 구제할 수 있음이 갖춰져 있다면 어떻겠습니까? 인이라고 이를 만합니까?'라고 묻자 공자가 대답하기를 '어찌 인일 뿐이겠느냐! 틀림없이 거룩한 것이다.(…) 인이란 자기가 서고 싶으면 남들을 세워 주고 자기가 달하고 싶으면 남들을 달하게 하는 것이다'라고 하였다(子貢曰 如有博施於民而能濟衆 何如 可謂仁乎? 子曰 何事於仁 必也聖乎 […] 夫仁者 己欲立而立人 己欲達而達人)."

의 이 '성인聖仁(거룩한 인)'은, 『성경』의 "네가 무엇이든 남들이 네게 해주기를 바라는 것을 너도 남들에게 주어라, 이것이 율법이요, 예언자들이기 때문이니라(Whatever you want men to do to you, you do also to them, for this is the Law and the Prophets)"(마태복음 7장 12절), 그리고 "네가 사람들이 네게 해주기를 바라는 대로 너도 그들에게 마찬가지로 해주어라(And just as you want men to do to you, you also do to them likewise)"(누가복음 6장 31절)는 기독교의 '사랑' 개념과 통하는 면이 있다. 그러나 여기서 상론할 수 없지만, 공자의 "기소불욕 물시어인"과 "기욕립이립인 기욕달이달인"은 어떤 이기적 이해타산도 배제하는 공감과 공감도덕적 덕목 '인'을 전제로 하는 도덕명제인 반면, 예수의 말들은 이렇게 행하면 남도 나에게 이같이 베풀 것이라는 상호이익, 따라서 궁극적으로 나의 이익, 즉 이기적 이해관계를 전제로 하는 소위 '황금율'의 율법이다. 따라서 공자의 도덕명제는 예수의 유사율법을 초월하는 명제다. 따라서 위 인용문에서 볼테르는 저 성경구절을 '남이 자기에게 하지 않기를 바라는 바로 그것을 남에게 하지 말라'로 옮기고 공자의 '기욕립이립인 기욕달이달인'을 '네가 남이 너 자신에게 해주기를 바라는 바로 그것을 남에게 해주어라'로 살짝 잘못 옮긴 다음, 이 양자를 대비시키면서 공자의 가르침이 기독교의 가르침과 상통함을 보여주고 있다. 다른 곳에서도 소극적 '인'과 적극적 인을 대비시켜 소개한다.

    공자는 "네가 남들이 네게 저지르기를 바라지 않을 것을 남들에게 하지 말라"고 말하지 않았다. 공자는 "남이 너에게 해 주었으면 하는 것을 하라, 모욕을 잊어버리고 오직 은덕(favours)만을 기억하라"고 말했다. 공자는 우애와 인간애를 의무로 만들었다. 나는 도덕의 정수를 담고 있고 이런 까닭에 예수회의 유명한 개연설과 대립되는 법칙을 조로아스터로부터 인용할 것이다. "네가 어떤 행동이 선한지 악한지를 확신하지 못하면, 그것을 하는 것을 삼가라." 어떤 도덕론자도, 어떤 철학자도, 어떤 입법자도 이 격률보다 더 좋은 것을

---

613) 『論語』「學而」(1-6): "다중을 범애하고 仁者와 친히 사귄다(汎愛衆而親仁)" 참조. 또 『孝經』「三才」제7장: "선왕들은 가르침이 백성을 교화할 수 있다고 보고 이 가르침을 앞세우고 이로써 박애하니 백성이 제 부모를 버리는 자가 없었다(先王見教之可以化民也 是故先之以博愛而民莫遺其親)" 참조.

말하지 않았고 또 말할 수도 없었다.(…) 신적 자연종교를 옹호해서, 또 궤변가들에 의한 종교의 혐오스러운 남용에 대항해서 글을 쓴 사람은 그 누구든 그 나라의 은인이다.[614]

그러나 '인'의 적극적 정의 "자기가 서고 싶으면 남을 세워 주고 자기가 달하고 싶으면 남을 달하게 하라(己欲立而立人 己欲達而達人)"는 공자의 명제는 내가 남에게 바라는 것을 남에게 해주는 대칭적 상호주의("남이 너에게 해 주었으면 하는 것을 하라")를 뜻하는 것이 아니다. 공자의 의미론적 강세는 "남이 너에게 해 주었으면 하는 것"을 남에게 해주는 데에 있는 것이 아니라, 내가 남에 대해 바라든 바라지 않든 이 '바람 여부'와 무관하게 "내가 하고 싶은 것을 - 공감에 의해 남도 하고 싶어 할 것임을 앎으로 - 남에게 먼저 해주라"는 데 있다. "남이 너에게 해 주었으면 하는 것"과 "내가 하고 싶은 것"은 엄연히 다른 것이다. 전자와 결합된 "해주라"는 명제는 소극적·상호주의적 베풂으로서 '상호적 기대'를 내포하지만, 후자와 결합된 "해주라"는 명제는 남의 욕구에 대한 공감적 지각에 기초한 - 아무런 '상호주의적 기대'도 없는 - 적극적·일방적 베풂을 뜻한다.

그러나 볼테르는 위 인용문에서 공자의 '적극적 인' 개념을 깊이 이해하지 못했으면서도 조로아스터교의 도덕격률을 예수회의 개연설(*Probabilism*)에[615] 대비시키는 것과 함께 공자의 적극적 '인' 개념을, '역지사지' 수준의 상호주의를 벗어나지 못한 「마태복음」·「누가복음」의 소극적 사랑 개념과 좀 더 노골적으로 대비시키면서 당시의 혐오스러운 기독교신학을 우회적으로 탄핵하고 있다. 그러나 여기에는 상론上論한 바와 같이 약간의 오해가 개재되어 있다.

---

[614] Voltaire, "The A B C, or Dialogues between A B C - Tenth Conversation. On Religion", 143-144쪽. '모욕을 잊어버리고 오직 은덕만을 기억하라'는 구절은 공자의 어떤 말을 옮긴 것인지 분명치 않다.

[615] '개연설'은 도미니크회의 바르톨로메브 메디나(Bartholomew Medina)가 1577년 수립한 도덕원칙이다. 그는 "어떤 한 의견이 개연적이라면 반대되는 의견이 더 개연적일지라도 원래의 그 의견을 따르는 것이 합법적이다"라고 정식화했다. 유력한 가톨릭 신학자들, 예수회와 도미니크회의 많은 신부들이 이 설을 지지했다.

한편, 볼테르는 공자를 충심으로 존경하고 개인적으로 공자를 지극히 숭배했다. 그는 기독교에 특징적인 '계시'나 '예언'을 멀리하는 공자의 비종교적·세속적 면모에 감화되었고, 그리하여 상술한 것처럼 공자의 사상이 지배하는 중국을 선교하는 것을 실책으로 혹평할 만큼 유럽의 문화적·사상적·정치적 개혁개방과 - 착취적인 수도원·교회 재산의 몰수와 전제적 성직 위계체제의 권력박탈을 가져오게 되는 - 반反기독교적 계몽과 시민혁명을 향해 앞으로 선구先驅해 나갔다.

이로 인해 볼테르는 프랑스 앙시앵레짐의 탄압 대상으로 지목되었고 그의 망명 기간은 더욱 길어졌으나, 고국과 유럽 전역에서 그의 명망과 인기는 하늘을 찌르게 된다. 그는 『철학사전』에서도 공자의 사상을 반기독교적 의미로 요약한다.

공자는 예언자인 척하지 않았다. 그는 어떤 계시도 주장하지 않았다. 그는 어떤 새 종교도 가르치지 않았다. 그는 어떤 기만도 쓰지 않았다. 그는 그가 모시고 살았던 황제에게 아부하지 않았고, 황제를 언급하지도 않았다. 간단히 말해서 그는 여성부대에 의해 추종되지 않았던 유일한 남성협회 창설자다.

볼테르는 여기서 기독교의 계시와 예언자 예수와 대립되는 공자의 면모와, 여성들이 주로 믿는 당시 기독교의 음습함에 대립되는 공자주의의 초연한 안빈낙도의 풍모를 전면에 내세우고 있다.

이어서 볼테르는 자신과 공자의 내면적 관계를 다음과 같이 토로한다.

나는 자신의 뒤안 서재에 공자의 초상화를 제외하고는 어떤 초상화도 걸지 않은 어떤 철학자를 알았다. 그 초상화 밑에는 이런 4행시가 쓰여 있었다.

유일한 이성의 구세주적 주석자(De la seule raison salutaire interprète),
세상을 현혹시키지 않은 채, 정신을 밝혀주는(Sans éblouir le monde, éclairant les esprits),

그는 현자로서만 말하고 결코 예언자로 말한 적이 없네.
그렇지만 사람들은 그를 믿었네, 그의 나라에서조차도.(Cependant on le crut, et même en son pays.)616)

나는 공자의 서적을 주의 깊게 읽었다. 나는 그 책들로부터 여러 구절들을 발췌했다. 나는 그의 책들 안에서 협잡 기미가 조금도 없는 가장 순수한 도덕을 보았다. 그는 기원전 600년경에 살았다. 그의 저작들은 그 나라의 가장 학식 있는 사람들에 의해 주석이 가해졌다. 그가 틀린 것으로 입증되었다면, 그가 그릇된 연대기를 소개했다면, 존재한 적이 없는 황제에 대하여 글을 썼다면, 저 유식한 나라 안에서 저 연대기를 개정한 누군가가 나타나지 않았을까? 단 한 명의 중국인만이 공자를 부정하는 것을 선택했고, 그는 보편적 저주를 맛보았다.617)

"자기 집 뒤안의 서재에 공자의 초상화를 제외하고는 어떤 초상화도 걸지 않은 어떤 철학자"는 볼테르 자신이다. 그런데 초상화 밑에 써두었다는 글은 그림(Fr. Grimm)이 보도한 내용과 상당히 다르다. 그림은 『문예서간』에서 이렇게 기록하고 있다.

우리는 페르네(Ferney)의 서재로 들어가면서 그의 초상화를 이 시詩와 함께 발견한다.

단순한 덕성의 구세주적 주석자(De la silple vertu salutaire interprète),
그대는 신만을 찬양했고 신의 법을 애호했네,
현자로서 말하고 결코 예언자로서 말한 적이 없는 그대,
그는 현자라도 당신처럼 생각하네.618)

---

616) Voltaire, "De la Chine". *Le Dictionnaire Philosophique* [1764-1769]. *Oeuvres de Voltaire*, Tome XXXII(Paris: Chez Lefèbre, Libraire, 1829). 영역본 『철학사전』이 완전히 오역되어 있어 시는 불어원본을 번역했음.
617) Voltaire, 'China', 265쪽.
618) *Correspondence littéraire, philosophique et critique de Grimm et de Diderot, depuis 1753 jusque'en 1790*, Tome VII(Paris: Chez Furne, Libraire, 1829), 266쪽 이하.

원작자의 기록을 믿어야 할 것이나 두 기록은 부분적으로만 공자의 모습에 접근한다. 볼테르의 기록에 나오는 "유일한 이성"은 공자와 무관한 것이고, 그림의 기록에서 "그대는 신만을 찬양했고 신의 법을 애호했네"라는 구절은 공자에게 생뚱맞다. 아무튼 "현자로서 말하고 결코 예언자로서 말한 적이 없다"는 구절은 상호 부합된다. 이 구절을 중심으로 볼테르가 생각한 공자의 이미지를 복원하면 족할 것이다.

그리고 공자를 부정한 '한 명의 중국인'은 진시황을 가리킨다. 여기 공개 저작에서 토로하고 있는 볼테르의 감동적 어조를 볼 때, 그는 유럽에 소개된 공자 번역서들을 섭렵하며 공자철학을 깊이 연구한 것으로 보인다. 또한 그는 그리스철학자들을 공자와 나란히 인용하지 않았고, 가령 에픽테토스를 공자보다 못한 것으로 평가절하했다. 볼테르의 이런 사상적 정화는 바로 '공자철학의 혁명적 투입'과 평행하는 것이다.

■ 볼테르의 유교적 인도주의와 관용 이념

볼테르는 "남이 네게 해 주었으면 하는 것을 하라, 모욕을 잊어버리고 오직 은덕만을 기억하라"는 공자의 격률을 '우애와 인간애'의 의무 원칙으로 해석함으로써, 보편적 인간애로서의 근대 인도주의를 공자철학적으로 정립하고 있다. 보편적 인류애의 원리를 말하는 '인도주의(humanitarianism)'는 르네상스의 소위 '인문주의(humanism)'와 구분되고 이것과 본질적으로 상이한 것이다. 르네상스시대에 유행한 '인문주의'는 신에 예속된 기독교적 인간을 '인격'으로 독립시키는 학술·문예사조를 가리키는 반면, '인도주의'는 초민족적·초인종적·초종족적인 사람사랑, 즉 세계주의적·보편적 인간애를 말하는 것이기 때문이다.

『제국민의 도덕과 정신에 대한 평론』에서 볼테르가 언명한 "공자의 제자들은 동포임을 과시했다"는 구절은 『논어』에서 "군자가 공경스럽고 과실이 없고 다른 사람에게 공손하고 예를 갖췄다면 사해가 다 형제다"라고 천명한[619] 자하의 '사해형제주의四海兄弟主義'를 말하고 있다. 볼테르의 인도주의는 '박시제중'의 '인仁'과 '사해형

---

[619] 『論語』「顔淵」(12-5), "子夏曰(…) 君子敬而無失 與人恭而有禮 四海之內 皆兄弟也."

제론'을 결합시킨 '적극적' 인도주의다. 이런 점에서 그의 적극적 인도주의는 "많은 점에서 결정적으로 공자주의, 즉 유교(Confucianism)의 풍미가 가미된" 인도주의인 것이다.[620]

볼테르는 공자의 보편적 '인仁'개념과 사해형제론 및 공자와 중국제국의 '관용' 사상으로부터 근대의 세계주의적 인도주의와 보편적 관용 이념을 기획한다. 일단 그는 「중국 질의응답(Catechism chinois)」(1764)에서 공자의 보편적 인간애(인도주의)를 상론한다. 이 책의 한 등장인물인 공자의 제자 쿠수(Cu-su)의 입을 통해 적敵에 대한 처우와 관련된 공자의 논변으로부터 인도주의를 도출한다. "당신(노나라의 왕자 - 인용자)은 당신의 적을 어떻게 대할 것인가? 공자님은 20개에 달하는 대목에서 적을 사랑하라고 가르친다고 생각한다. 이것은 당신에게 어려운 것으로 보이지 않는가?" 그러자 노나라 왕자 코우(Kou)는 "자기의 적을 사랑하라! 오, 박사님! 이렇게 흔한 일은 없습니다"라고 답한다.[621] 볼테르는 공자의 고국 노나라에서는 적도 인간이기 때문에 비록 적이더라도 인간으로 대하는 '적 사랑'이 결코 특별한 일이 아니었다고 생각한 것이다.

이 답변에 대해 쿠수는 "그렇지만 당신은 사랑이 무엇이라고 생각합니까?"라고 묻는다. 이에 대해 코우는 이렇게 적에 대한 인도주의적 조처를 구체적으로 설명한다.

사랑은 그것의 실제적 본질을 말합니다. 나는 비-브룽크(Vis-brunk)의 군주에 맞서 데콘(Decon) 군주의 휘하에서 자원병으로 복무했습니다. 그런데 부상당한 적이 우리의 수중에 떨어졌을 때 우리는 그가 우리의 형제인 것처럼 그를 많이 보살폈습니다. 우리는 종종 부상당한 적들과 우리의 침상을 나눠 썼고, 맨 바닥에 깔린 호랑이가죽 위에서 그들 옆에 누웠습니다. 우리는 그들을 친히 돌보고 간호했습니다. 이것이 우리의 적들을 사랑하는 것

---

[620] Allen G. Grapard, "Voltaire and East Asia - A Few reflection on the Nature of Humanism", *Cahiers d'Extrêm-Asie*, Vol. 1(1985), 67쪽.

[621] Voltaire, "Chinese Catechism", 52쪽. *The Philosophical Dictionary for the Pocket*(London: Printed for Thomas Brown, 1765).

이 아닌가요? 당신은 한 남자가 그의 아내를 사랑하듯이 그들을 사랑하게 하려는 것은 아닐 것입니다.622)

그러나 공자 제자 쿠수가 이에 지극히 만족하면서 "모든 나라들이 당신의 말을 들을 수 있기를 바란다"고 말한다. 공자 제자 쿠수와 노나라 왕자 코우 간의 유교적 담화를 바탕으로 볼테르는 근대적 인도주의를 도출하고 있다. 좀 뒤에 쿠수는 "공자님의 모든 문장은 인류의 행복을 담고 있다"고 말한다. 그러면서 그는 "친절은 친절로 보답하고 결코 당한 피해에 대서는 보복하지 말라"는 공자의 가르침을 제시한다. 이어서 그는 "서양 사람들은 무슨 준칙, 무슨 법을 이 고상한 도덕과 경쟁시킬 수 있습니까? 그 다음 공자가 얼마나 많은 곳에서, 그리고 얼마나 강력하게 겸양을 권려합니까? 이 우호적 덕성이 사람들 사이에 지배한다면 모든 싸움과 다툼의 총체적 종언이 있을 것이다"고 확언한다.623)

"친절은 친절로 보답하고 결코 당한 것에 보복하지 말라"는 명제는 아마 "원수怨讎는(보복이 아니라) 곧음으로 갚고 덕은 덕으로 갚는다(以直報怨 以德報德)"는624) 공자의 명제를 부적절하게 옮긴 것일 것이다. 영국의 매슈 틴들(Matthew Tindal, 1657-1733)도 『창세기만큼 오래된 기독교』(1730)에서 유사한 번역을 제시하고 있다. "죄인을 용서하는 독트린은 기독교인들이 그것을 더 철저한 방식으로 가르쳤을지라도 기독교인들에게 특유한 것이 아니다. 공자도 이 독트린을 '은덕(*Benefits*)에 대해서는 은덕의 보상에 의해 사의를 표하지만, 위법적 피해(*injuries*)에 대해서는 보복하지 말라(*Acknowledge thy Benefits by the return of benefits, but never revenge injuries*)'고 표명하고 있다."625) 이것을 보면 "이직보원以直報怨"을 "위법적 피해"에 대해서는 복수하지 말라"로 옮기

---

622) Voltaire, "Chinese Catechism", 52쪽.

623) Voltaire, "Chinese Catechism", 54-55쪽.

624) 『論語』「憲問」(14-34).

625) Matthew Tindal, *Christianity as Old as the Creation, or the Gospel, a Republication of the Religion of Nature*, Vol.1(London: 1730), 309쪽.

는 것이 당시의 공식적 번역 버전이었던 것으로 보인다.

여기서 "이직보원"의 '원수怨讐'는 내게 큰 해를 끼쳐 원한이 맺힌 범법자나 적敵을 뜻한다. "원수를 곧음으로 갚는다"는 말은 원수를 벌하되 그도 우리와 같은 '사람'이므로 사적 복수심에 치우쳐 '인간애'에 어긋나지 말고 법에 정해진 대로 올곧게 징벌하는 것으로 그친다는 말이다.

공자의 이 명제에 대해서는 영국 철학자들 사이에서 진지한 논의가 있었다. 이것은 '원수를 사랑하라'는 예수의 말이 징벌하지 말라는 뜻으로까지 오해될 정도로 지나친 '남언濫言'이지만 예수의 이 계율명제의 속뜻은 공자의 "이직보원以直報怨"과 대략 같은 것이다. 그러나 틴들은 예수의 '남언'을 문제 삼아 이렇게 부연한다. "나는 공자의 준칙과 예수 그리스도의 준칙이 다르다고 생각하지는 않지만 공자의 명백하고 간단한 준칙들이 그때 당시의 어법에 맞춰진 예수의 보다 모호한 준칙들을 해명하는 데 더 도움을 줄 것이라고 생각한다."626) 틴들은 예수의 저 '남언'보다 공자의 간단명료한 '정언正言'이 더 낫다고 느낀 것이다. 그리고 피에르 위에(Pierre Daniel Huet, 1630-1721)의627) "중국인들과 그 이웃들 사이에는 거의 한 가족인 것과 같은 영구협정이 존재한다"는 말을628) 제시한다.

따라서 공자의 보편적 인仁 또는 인간애의 이념은 1730년대에 이미 이신론자들을 통해 영국에 정착했고, 이제 1760년대에는 볼테르를 통해 유럽대륙에 정착하기 시작한 것이다. 이렇게 하여 공자에 매료된 영국 이신론자들과 볼테르는 공자의 "사람사랑(愛人)"으로서의 보편적 인仁의 이념을 근대적 인도주의로 기획했던 것이다. 볼테르가 노魯나라 왕자 코우의 입을 통해 "인류애는 나의 덕목이어야 한다(The love of mankind shall be my virtue)"고 천명한 것은629) 보편적 인도주의의 근대기획을 선언한

---

626) Tindal, *Christianity as Old as the Creation*, 310쪽.
627) 피에르 위에(라틴명 Petrus Daniel Huetius)는 『데카르트철학에 반대하여(*Censura Philosophiae Cartesianae*)』, 『고대인들의 상업과 항해의 역사(*Histoire du Commerce et de la Navigaion des Anciens*)』 등을 쓴 프랑스 성직자이자 학자였다.
628) Tindal, *Christianity as Old as the Creation*, 366쪽.

것이다. 근대적 인도주의는 '뭇사람에 대한 사랑'을 뜻하는 인仁의 이념처럼 '보편적' 인류애를 본질로 한다. 노나라 왕자 코우는 열변을 토한다. "태양의 빛은 모든 민족을 비추고, 빛 또는 신은 이 지구의 작은 하찮은 종족 안에서만 빛나지 않는다. 신은 모든 민족의 만인에게 말하고 있고, 만인은 세계의 이 끝에서 저 끝으로 박애의 유대(*the bonds of charity*)로 함께 연결되어야 한다."630) 이것이 볼테르가 유교적 인간애로부터 수립해낸 '세계주의적 인도주의' 기획이다.

볼테르는 종교적 관용이 지배하는 중국과 극동제국의 모델로부터 근대적 관용의 이념을 기획한 피에르 벨을 계승해 모든 종교와 미신에게도 적용되는 '보편적 관용' 이념을 정립한다. 당시 동아시아문명과 유럽문명 간의 종교적 관용의 수준차이에 대해 볼테르는 종교의 자유와 관용을 외치는 자신의 책 『관용론』에서 제대로 지적한다. 관용은 인류의 정신사에서 대단히 중요한 주제다. 볼테르가 논한 중국의 종교적 자유를 잠깐 상론해 보자. 볼테르는 말한다.

4000년 이상 중국의 통치자들은 한 신의 단순한 경배를 공언하는 오직 하나의 종교를 채택해왔다. 다른 한편으로 그들은 백성들이 부처의 미신도 관용하고, 현명한 법적 장치를 통해 줄곧 억제하지 않더라면 자칫 위험할 수 있을 불교승려도 용인한다. 중국 역사상 가장 지혜롭고 너그러운 통치자인 옹정제가 예수회 신부들을 추방했던 것은 사실이지만, 그것은 이 황제가 불관용적이었기 때문이 아니라, 오히려 예수회 신부들이 불관용적이었기 때문이다. (비시에르 신부의) 『신기한 서한들(*Lettres curieuses*)』이라는 책에서 예수회 선교사들은 이 훌륭한 군주가 자신들에게 했던 말을 이렇게 옮기고 있다. "여일인余一人 (천자가 자기를 가리키는 말)은 당신네 종교가 다른 사람들의 종교를 인정하지 않는다는 사실을 알고 있소. 당신네들이 마닐라와 일본에서 어떤 짓을 했는지도 아오. 당신들은 선제先帝를 기만했소. 여일인까지 속일 수 있으리라고 기대하지 마시오." 황제가 선교사들에게 했던 말을 처음부터 끝까지 읽어 보면 그가 참으로 현명하고 관대한 사람이라는 사실을 깨닫게 될 것이다.631)

---

629) Voltaire, "Chinese Catechism", 54-55쪽.

630) Voltaire, "Chinese Catechism", 56쪽.

그러면서 볼테르는 이렇게 반문한다. "궁정에 온도계와 통풍기를 도입한다는 구실로 한 왕자를 꾀어내 달아난 적이 있는 유럽 의사들을 과연 옹정제가가 용인할 수 있겠는가? 그리고 이 황제가 만일 우리 유럽의 역사를 읽을 기회가 있어 가톨릭동맹의 화약음모사건이 있던 시대에 대해 알게 된다면 뭐라고 평할 것인가?"632) 그러나 예수회를 제외한 모든 가톨릭 선교사들은 중국의 종교적 관용을 이용해 기독교를 전파한 다음, 중국에서 종교적 관용을 철폐하는 방향으로 움직였다. 가령 17세기말 중국에 주재하던 프란체스코파 선교사 나바레테는 "중국인들이 기독교세계에서 무슨 짓이 저질러졌었는지를 알았더라면 그들 가운데 우리의 얼굴에 침 뱉지 않을 사람이 한 사람도 없을 것이기 때문에 중국인들이 그것을 알지 못한 것은 신의 섭리다"라고 위선적 주접을 떨었다.633)

그러나 옹정제와 중국 관리들은 기독교인들이 유럽에서 유혈낭자한 종교전쟁의 살벌함을 바로 중국에 와서도 멈추지 않는 이 기독교 교파들의 종파싸움으로부터 잘 알게 되었고 곧 가톨릭선교사들을 매우 위험시했던 것이다. 볼테르는 이에 대해 이렇게 말한다.

옹정제는 세계 각처에서 자국으로 파견되어 온 예수회, 도미니크회, 프란체스코회, 그리고 무소속 신부들이 저들끼리 벌이는 치욕적인 싸움에 질릴 지경이었다. 이 성직자들은 진리를 설파하러 와서 서로를 힐뜯는 일에 열중했다. 황제가 취한 조치는 이들 외국에서 온 훼방꾼들을 돌려보낸 것뿐이었다. 그 추방의 방식도 얼마나 온화했던가! 황제는 외국 선교사들이 편안히 귀국할 수 있도록 그리고 도중에 성난 백성들을 만나 봉변을 당하지

---

631) Voltaire, *Traité sur la Tolérance* [1763]. 영역본 Voltaire, *Treatise on Tolerance*, 23쪽. Voltaire, *Treatise on Tolerance and Other Writings*, edited by Simon Harvey(Cambridge: Cambridge University Press, 2000).

632) Voltaire, *Treatise on Tolerance*, 21쪽. '가톨릭동맹의 화약음모사건'이란 영국 가톨릭 교도들이 제임스 1세의 종교정책에 불만을 품고 작당해 웨스트민스터 궁전 지하에 20통 이상의 화약을 쌓아놓고 이것을 터트려 왕과 왕비 및 왕태자, 그리고 대신들과 의원들을 암살하려고 꾸민 1605년의 암살미수사건을 말한다.

633) Tindal, *Christianity as Old as the Creation*, 366쪽.

않도록 자상한 배려를 아끼지 않았다. 중국의 황제가 외국 선교사를 추방하면서 보여준 태도는 관용과 인류애의 한 본보기였다.634)

이어 볼테르는 일본에서도 종교적 관용의 정도가 중국과 유사하다고 판단하고 다음과 같이 말한다.

일본인은 신앙에 대해 세상에서 가장 관용적인 국민이었다. 예수회가 13번째 종교를 더하러 오기 전에 12개의 평화로운 종교들이 이미 그들의 제국 안에 터 잡고 있었다. 하지만 이 예수회 신부들은 경쟁종교들을 거의 전혀 배려하지 않았고, 다른 종교들을 탄압하기 시작했다. 우리는 그 결과 무슨 일이 일어났는지를 안다. 가톨릭 연맹체의 내전에 못지않은 내전이 일어나 나라를 쑥대밭으로 만들었다. 종국에 기독교는 자신들이 쏟은 피바다 속에 빠져 죽고 말았다. 일본인들은 우리 유럽인들을 영국인들이 브리튼 섬에서 몰아냈던 그 사나운 동물들보다 더 나은 게 없는 자들로 여기고 여타 세계에 대해 일본제국의 문호를 단연코 쳐 닫았다.635)

이런 까닭에 이후 일본과의 교류의 필요성을 뒤늦게 인식한 프랑스가 일본과의 통상관계를 원했지만, 일본은 이것도 완강하게 거부하기에 이른다.636)

또한 볼테르는 『관용론』의 제19장 「중국에서 벌어졌던 논쟁에 대한 보고서」에서 '서양의 몽매한 무당들'의 기독교적 독단과 중국의 종교적 자유 사이의 문명 격차를 극명하게 보여주는 한 에피소드를 소개한다.

강희제 치세에 광동廣東의 한 고위관리가 자기 집에 있다가 이웃집에서 요란한 소리가 들리자 이웃집으로 사람을 보냈다. 이웃집에 다녀온 하인이 보고하기를, 덴마크 상사商社의 부속 신부와 바타비아에서 온 네덜란드 신부, 예수회 신부 등 세 사람이 싸우는 중이라고

---

634) Voltaire, *Treatise on Tolerance*, 21-2쪽.
635) Voltaire, *Treatise on Tolerance*, 22쪽.
636) Voltaire, *Treatise on Tolerance*, 22쪽.

했다. 관리는 세 신부를 불러 다과를 대접하고 다투는 연유를 물었다. 예수회 신부가 대답하기를 "저는 언제나 옳기 때문에 늘 틀린 생각을 하고 있는 사람들을 상대하는 것이 참으로 괴롭습니다"라고 했다. 자신도 처음에는 자제심을 가지고 논쟁을 진행했으나 결국 참지 못해 폭발하고 말았다는 것이다. 관리는 "논쟁을 할 때도 예의가 필요합니다. 중국에서는 의견 차이가 있다고 해서 화를 내지는 않습니다"라며 온유한 태도로 그를 타일렀다. 그리고 나서 논쟁의 주제를 들어 보니, 덴마크 신부와 네덜란드 신부가 1545년과 1563년 사이 세 차례 열린 '트리엔트 공의회'의 결정에 복종하지 않는다는 것이었다. 관리는 이 말을 듣고 덴마크 신부와 네덜란드 신부에게 말했다. "내가 생각하기에 당신들은 큰 종교회의에서 결정된 견해를 존중해야 할 것입니다. 나는 트리엔트 공의회에 대해 알지 못합니다만, 한 사람의 생각보다는 여러 사람의 생각을 모았을 경우가 언제나 더 지혜로운 법입니다. 누구라도 자신이 다른 사람보다 더 많은 것을 알며 자신만이 바르게 추론할 수 있다고 생각해서는 아니 됩니다. 이것은 옛 성현이신 공자의 가르침입니다. 내 말에 수긍한다면, 두 분이 트리엔트 공의회의 결정을 따르는 것이 좋을 듯합니다."

이에 덴마크 신부가 자기는 이미 공의회의 결정을 철저히 따르고 있다고 대답했다. 그러자 네덜란드 신부가 어처구니없다며 덴마크 신부를 공박하고는, 관리 앞에서만 점잖은 척하는 예수회 신부의 표리부동함을 탄핵했다. 그러자 관리가 어리둥절하여 이렇게 반문했다. "세 분 모두 그리스도교인 아닙니까? 세 분 모두 그리스도교를 가르치러 우리 제국에 오신 것 아닙니까? 세 분이 받드는 교리는 모두 같아야 되는 것 아닙니까?(…) 만약 이 나라 사람들이 여러분의 가르침을 용인하기를 원하신다면, 먼저 여러분 자신들이 상대방의 의견을 용인하고 또한 상대방으로 하여금 자신을 용인할 수 있도록 하십시오."

세 사람이 흩어져서 나오는 길에 예수회 신부가 우연히 도미니크회 신부를 만나, 좀 전에 논쟁이 있었는데 자기가 이겼다고 말했다. 그러자 도미니크회 신부는 자기가 그 자리에 있었다면 당신이 이기지 못했을 거라고 하면서 "당신이 거짓말쟁이에 우상숭배자임을 내가 입증해 보였을 것"이라고 쏘아붙였다. 이렇게 시작된 말싸움이 점차 격해져 폭력사태로 발전하고 말았다. 중국 관리가 이를 알고 둘을 붙잡아 감옥에 집어넣었다. 관리의 부하가 "얼마 동안 가두어 둘까요?" 하고 물으니, 관리는 "저들이 서로의 견해에 동의할 때까지"라고 답했다. 부하가 "그러시면 둘은 평생 감옥살이를 하게 될 것입니다"라고 말하자 관리가 놀라서 "그러면 두 사람이 서로를 용서할 때까지"라고 번복했다. 부하가 "그래도 둘은 평생 감옥살이를 할 것입니다"라고 답하자 관리는 다시 번복하여 "그러면 그들이 서로 용서하는 시늉을 할 때까지"라고 말했다.[637]

이쯤이면 당시 중국과 유럽 간 정치적·문화적 문명수준의 격차를 충분히 짐작하고 남을 것이다. 이런 까닭에 볼테르는 동아시아를 비롯한 유라시아대륙의 종교적 자유를 조감하고 '똘레랑스(tolérance)'를 부르짖었던 것이다.

볼테르는 「중국 질의응답」에서도 노나라 왕자 코우의 입을 통해 다시 극동의 관용에 초점을 맞춘다.

> 관용은 중국인들의 원칙이고, 진정으로 모든 아시아국가의 원칙이라는 것을 당신도 알고 있다.[638]

이에 대해 공자의 제자 쿠수는 예와 비유를 들어 알기 쉽게 다시 부연한다.

> 신은 내가 당신의 마음속에서 관용의 정신을, 아주 높이 존경할만한 그 자질을 꺼버리려고 벼르는 것을 금할 것이다. 영혼에게 관용인 것은 육체에게 먹는 것의 허용과 같은 것이다. 천지지도天地之道에 의해 모든 사람들은 먹고 싶은 것을 먹는 것과 같이 그가 믿고 싶은 것을 믿어도 된다. 의사는 그가 환자들에게 처방한 규정식을 지키지 않는다고 자기 환자들을 죽여서는 아니 된다. 군주도 혼란을 방지하고 현명한 조치로 온갖 미신들을 아주 쉽게 뿌리 뽑는 것 외에 그가 생각하는 대로 생각하지 않는다고 자기의 신민들을 목매달 권리가 없다.[639]

공자는 "이단을 공격하는 것은 재해災害일 뿐이다(攻乎異端 斯害也已)"는 '무제한적 관용' 명제와 "자기의 악을 공격하고 남의 악을 공격하지 않는 것이 사특을 고치는 것이 아

---

[637] Voltaire, *Treatise on Tolerance*, 80-82쪽 요약 인용.

[638] Voltaire, "Chinese Catechism", 48쪽.

[639] Voltaire, "Chinese Catechism", 48쪽.

니겠느냐?(攻其惡 無攻人之惡 非脩慝與)"는 명제를 동시에 가르쳤다.640) 또 최종적으로 동시에 "천하가 무엇을 생각하고 무엇을 걱정하랴! 천하는 귀일歸一하는데 길을 달리하고, 일치一致하면서도 생각을 백가지로 하는데 무엇을 생각하고 무엇을 걱정하랴!"라고 갈파했다.641) 중국은 끊임없이 되뇌어진, 불관용도 관용하는 이 세 개의 '무제한적 관용' 명제로부터 '무제한적 관용사회'를 건설했다. 피에르 벨은 중국의 이 '무제한적 관용사회'를 바탕으로 사회의 충분한 탈종교화·세속화와 결부된 '무차별적 관용' 이념을642) 기획했다. 볼테르는 중국의 '무제한적 관용사회'로부터 "보편적 관용" 이념을643) 도출했다. 정리하자면, 공자는 불관용도 관용하는 '무제한적 관용'을 가르쳤고, 피에르 벨은 여기로부터 '무차별적 관용'을, 볼테르는 '보편적 관용'을 도출했다. 반면, 스피노자는 홉스의 '내적 신앙(fides)의 자유'를 계승해 이교도의 내적 신앙과 옥내에서의 이교적 종교행위를 허용하는 '제한적 관용론'을 펴고, 로크는 불관용 종파 가톨릭과 무신론자를 관용대상에서 배제하는 '제한적 관용론'을 설파했다.

■ 『예수회 회원들의 중국으로부터의 추방 이야기』의 분석

볼테르는 기독교인들의 불관용과 이로 인한 선교사추방 사건을 가상대화로 꾸미기도 한다. 『예수회 회원들의 중국으로부터의 추방 이야기(Rélation du banissement des Jésuites de la Chine)』(1768)가644) 그것이다. 볼테르는 모든 종교를 무제한적으로 관용하는 중국제국의 무대에 기독교를 올려놓고서 이 서양종교를 중국인들의 종교적 정통성과 대비되는 '비정통성'의 교조로 취급한다. 그는 마테오리치가 유교를 불교·도교와 구별하기 위해 구축했던 불교·도교의 '비정통성' 이미지를 중국에 나타난 기독

---

640) 『論語』 「爲政」(2-16); 「顔淵」(12-21).
641) 『易經』 「繫辭下傳」: "天下何思何慮! 天下同歸而殊塗 一致而百慮 天下何思何慮"
642) 참조: Bayle, *Various Thoughts on the Occasion of a Comet*, §197(243쪽).
643) Voltaire, *Treatise on Tolerance*, 89쪽(제22장).
644) Voltaire, *Rélation du banissement des Jésuites de la Chine*(Amsterdam: 1768) [총28쪽].

교를 풍자하는 데 사용한다.645) 이 가상적 대화소설에서 볼테르는 벨과 달리 중국을 '객관적 삼자'로서만 활용하는 것이 아니라 중국을 기독교의 불관용에 대척되는 '관용의 아이돌'로 활용한다. 그는 즉시 깊이를 헤아리기 어려운 기독교적 종교독트린의 일정한 명제들에 관해 가톨릭 광신자가 솔직히 토설하는 내용에 대해 중국 군주가 보이는 반응을 화두話頭로 설정한다.

벨이 '중국적 비신앙' 또는 무신론사회의 정통성을 더 높은 도덕법칙의 추상적 개념과 정치적 필요성으로부터 도출한 반면, 처음부터 볼테르는 영광스럽고 유구한 중국문명을 배경으로 한 중국적 유일신론의 마테오리치적 개념에 중국문명의 정통성을 근거 짓는다. 그가 이 작품을 시작하는 찬사는 동방제국에 대한 그의 태도를 전형적으로 보여준다.

『예수회 회원들의 중국으로부터의 추방 이야기(Rélation du banissement des Jésuites de la Chine)』 표지

> 한때 완전히 알려지지 않았고 그 이후 오랜 시간 우리의 눈에 볼꼴 사납게 왜곡되었으나 궁극적으로 우리들 사이에서 유럽의 많은 지방보다 더 잘 알려지게 된 중국은 세계에서 가장 인구 많고 가장 번영하고 가장 유구한 제국(l'Empire le plus peuplé, le plus florissant & le plus antique de l'Universe)이다.646)

볼테르는 그 다음 초창기 중국종교에 대한 예수회 신부들의 보고들로부터 헐겁게 추정해서 마테오리치가 경전 텍스트로 적시했던 신에 관한 것과 동일한 비상한 통찰력을 근대 황제들에게 귀속시킨다.

---

645) Porter, *Ideographia*, 128쪽.
646) Voltaire, *Rélation du banissement des Jésuites de la Chine*, 5쪽.

그곳의 종교는 단순하다. 그리고 그것은 그것의 유구성의 논란할 수 없는 증거다. 4000년 이상 중국의 황제들은 그 제국의 제1성직자였다. 황제들은 유일신을 숭배하고 자신들이 들녘에서 몸소 일해서 얻은 수확의 첫 과실을 공양한다. 강희제는 바로 이 말을 지어서 그의 사당 입구 위에 새겼다. "상제는 무시무종이시다. 그분은 만물을 산출했다. 그분은 만물을 다스린다. 그분은 무한히 선하고 무한히 정의롭다." 강희제의 아들이자 계승자 옹정제는 제국 전역에 이 말로 시작하는 칙령을 발령하게 했다. "하늘과 인간 사이에는 잘못과 처벌, 기도와 은총의 감응이 있다." 황제와 모든 각로와 모든 유생들의 이 종교는 어떤 미신에 의해 더렵혀지지 않은 만큼 단연 아름답다.[647]

단순성에 대한 볼테르의 강조에서 이미 이 묘사에 끼워진 이신론의 냄새가 탐지될지라도 마테오리치가 묘사한 '중국적 이상'은 순수성, 유일무이성, 권위, 위계, 그리고 신의 창조적 위력의 요소들 안에서도 존속하고 있다.

볼테르가 불교수도승, 즉 중들(les Bonzes)을 훨씬 적은 공감으로 바라보는 것은 마테오리치의 이분법에서 대척적 양극을 상기할 때 놀랄 것이 못된다. 마테오리치처럼 이 중들은 부적합자들, 괴기스럽고 방탕하고 이상하게 정신을 호리는 존재들이었다.

정부의 모든 지혜는 중들(les Bonzes)이 제국으로 들어오는 것을 막을 수 없었다. 마치 여관주인의 온 주의력이 그의 지하실과 광으로 쥐가 슬며시 들어오는 것을 막지 못하는 것과 마찬가지다. 모든 아시아민족들의 특징을 이루는 관용의 정신은 중들을 방임해 인민을 사로잡도록 놓아둔다. 그러나 이들이 미천한 인민들을 다스리는 것은 막는다. 그들은 협잡꾼들처럼 대우받는다. 그들은 공공장소에서 가짜 약을 파는 것이 허용되지만, 대중을 선동하면 교수된다. 그러므로 중들은 관용되고 억압되어 왔다.[648]

마테오리치는 볼테르가 불교적 강적을 쥐나 협잡꾼으로 특징짓는 것을 의심할 바 없이 승인했을 것인 한편, 한 세기 반이 가져온 뉘앙스의 미묘한 변화에 깜짝 놀랐을 것

---

[647] Voltaire, *Rélation du banissement des Jésuites de la Chine*, 6-7쪽.
[648] Voltaire, *Rélation du banissement des Jésuites de la Chine*, 7쪽.

이다. 우선, 볼테르의 당대 독자들은 승려들을 슬며시 반역적으로 보여주는 것에서 벨이 '전복적 외국인들'과 '공공의 페스트'로 희화화한 가톨릭 선교사들의 비유적 모습을 간취했을 것이다. 마테오리치가 그토록 용감하게 싸워 지우려고 한, 불교와 기독교 간 혼란스러운 유사성은 가시 돋친 반反성직자적 언사들의 계몽주의적 병기창에서 거칠게 터져 나왔고, 그 중 하나가 멸시받는 승려를 가톨릭 성직자로 바꾸는 풍자 속의 흔한 인물교체였다.649)

초기 중국 예수회 선교사들을 더욱 혼란시키는 것은 불교가 오직 황제로부터 신앙으로 인정받고 황제의 허용으로 왕국 안에서 기만적 신앙으로 번창했다는 볼테르의 주장이었을 것이다. 마테오리치는 유교의 몸통을 이루는 세 가지 주요 가르침을 구분하지도 못하고 구분하고 싶어 하지도 않는다고 중국 유자들을 나무랐다. 그리고 마테오리치는 유·불·선의 패치워크문화를 종교적 무정부상태의 징조, 궁극적으로 시민적 무정부상태의 징조로 귀결된 머리 셋 달린 괴물로 비난했다. 그러나 볼테르에게 유·불·선의 평화공존은 찬양받을 "관용의 정신", 즉 공식적 신조의 지혜와 안전을 확인하는 유일한 덕목인, 종교적 이단자들에 대한 국가의 관대성을 시사한다. 중국의 관용이념으로부터 빌려온 새로운 계몽주의적 관용 관념을 중국에 재再투사하는 것은 낡은 예수회 패러다임의 근본적 용도변화를 표시한다. 마테오리치의 '적응주의'는 중국문화를 유럽적 모델로부터 도출해 해석하는 것을 부추긴 반면, 볼테르의 수정주의적 평가는 중국을 "유럽의 모델"로 "격상"시킨다. 벨처럼 볼테르는 예수회가 유증한 '이상적 중국 이미지'를 수용해서 이 이미지를 이국적 무대로 설치하고 '신들린 기독교적 유럽'을 비판하는 풍자극을 공연하는 한편, 중국을 "덕성과 진리의 이국적 모델"로 재구성해서 유럽을 이 모델에 대비해 한낱 '경멸스러운 존재'로 비쳐지게 만들고 있다.650)

볼테르의 이 가상적 대화 속에서 서양인들에게 부여되는 모욕적 지위는 그들이 무

---

649) Porter, *Ideographia*, 129쪽.

650) Porter, *Ideographia*, 129-130쪽.

대에 등장하는 순간부터 분명하다. 황제는 서양인들을 정확히 마테오리치가 언제나 가장 두려워한 바대로, 즉 서방에서 온 또 하나의 정체모를 종파인 불교의 중들을 응접하듯이 응접한다. 서양인들의 종교도 다른 종교들이 관용되어 왔듯이 관용되지만, 곧 선교사들 간의 끊임없는 종파적 말다툼 때문에 중국인들 간에 나쁜 평판을 얻는다.

> 선교사들 간의 고답적 다툼은 곧(중국인들이) 이 새로운 종파를 견딜 수 없게 만든다. 지각 있는 백성인 중국인들은 유럽의 중들(*Bonzes d'Europe*)이 감히 그들의 제국 안에서 자기들 간에도 합의를 보지 못한 견해들을 전파한다는 것에 놀라고 분노한다.[651]

볼테르 이야기 속에서 예수회 선교사들에게는 유구한 중국적 진리의 정통성에 대비되는 - 마테오리치가 불교도들에게 배정한 것과 동일한 - "비정통성의 지위"가 배정되는 것이다. 볼테르는 선교사들을 "유럽의 중들"이라고, 즉 방금 '시궁쥐'의 등급으로 격하시킨 부류로 명시적으로 언급하고 있다. 그는 선교사들의 독트린을 절망적으로 혼란스러운 다측면적 독트린으로 특징짓는다. 논지를 약간만 늘어 빼면 볼테르가 선교사들의 독트린들을 불교와 비슷한 그릇된 우상들을 확산시킨다고 암묵적으로 비난하고 있다고 말할 수 있다. 선교사들의 종교는 입증된 바와 같이 그들 자신의 장점이 없이도 받아들여지고 관용되지만, 차라리 "그들이 유럽에서 가지고 온 혼천의, 측정기, 온도계, 그리고 렌즈에 대한 감탄에서"[652] 받아들여지고 관용된다. 이 과학의 도구들은 마테오리치가 '중국의 바빌론'으로 경멸한, 불교성직자들의 "환상의 수사적修辭的 그물망"만큼 키메라 같고 음흉한 유혹의 기구에 불과하다.[653]

이야기의 큰 몸통을 이루는 황제와 예수회신부 리골레(Regolet) 간의 대화는 절묘한 솜씨의 풍자다. 여기서 볼테르는 방문객 서양탁발승의 어리석은 약점들을 믿지 않는다는 듯이 망연한 태도로 깔아보는 황제의 태도를 동방의 모든 무제한적 현명으로

---

[651] Voltaire, *Rélation du banissement des Jésuites de la Chine*, 8쪽.
[652] Voltaire, *Rélation du banissement des Jésuites de la Chine*, 7쪽.
[653] Porter, *Ideographia*, 130쪽.

상정함으로써 이국적 관찰자 방식의 완전한 권력을 구현한다. 가톨릭 교조의 지침들은 처음에서 끝까지 줄곧 가급적 가장 우스꽝스러운 관점에서 등장하지만, 동시에 그 지침들을 코믹하게 김빠지게 하는 것은 수사적修辭的 유래에서 명백하게 "중국적"이다. 『예수회 회원들의 중국으로부터의 추방 이야기』는 단순히 중국에 세팅된 반反가톨릭 풍자 장르가 아니라, 중국적 종교세계에 관한 예수회의 보고서들의 기저에 놓인 친숙한 패러다임에 기초한 재치 있는 희화다. 황제는 마테오리치가 그린 모델로서 고대유교적 지혜의 본보기로 등장하는 한편, 기독교인들은 불교도들에게 놓은 것과 동일한 경멸적 '퇴짜'를 자초하는 교설을 늘어놓는 그토록 많은 날쌘 중들로 영락해 있다.654)

우선, 선교사들의 신은 마테오리치의 눈에 비친 부처와 유사하게 상대적으로 최근의 유래, 아니 미심쩍은 유래를 갖는다. "1723년 전 마구간에서 소와 당나귀 사이에서 태어났다."655) 그의 탄생을 위태롭게 하는 특유한 상황은 금도를 넘는 성행위에 대한 불교적 평판을 상기시키고, 그의 정통성에 대해 더한 의심을 던진다. "그렇다면 신이 그의 어머니와 잠을 잤고 그가 그녀에게서 태어났다는 말인가?"라는 황제의 당혹스러운 질문에 리골레 신부는 "그렇습니다, 폐하. 은총은 당신에게 이미 작용하고 있습니다"라고 응답한다.656) 나아가 이 신은 보편성에 대한 정당한 권리주장도 없다. 황제는 그의 추종자들이 "유럽의 작은 구석에 갇혀 있고"657) 그의 가르침이 서로 모순되는 이야기를 전하는 40인의 추종자들에 의해 필사되었다는 것을 지적한다. 하지만 종교적 인공물은 풍부하고, 불상의 확산에 대한 마테오리치의 보고서를 그로테스크하게 흉내 내어 리골레는 허풍을 떤다. "우리는 우리의 사원을 우리의 집에, 우리의 교차로에, 우리의 길 위에 설치해 두고 있습니다."658) '마테오리치의 불교승려'처럼

---

654) Porter, *Ideographia*, 130-131쪽.
655) Voltaire, *Rélation du banissement des Jésuites de la Chine*, 11, 13쪽.
656) Voltaire, *Rélation du banissement des Jésuites de la Chine*, 12쪽.
657) Voltaire, *Rélation du banissement des Jésuites de la Chine*, 10쪽.
658) Voltaire, *Rélation du banissement des Jésuites de la Chine*, 23쪽.

이 선교사들은 결국 가장 기본적인 범주구분을 할 능력이 없다. 황제는 비례적 암시로 빵과 포도주가 예수의 살과 피로 변하는 '성변화聖變化(화체化體)의 미스터리'에 관한 리골레의 이야기를 조롱한다. 그러나 이 예수회 신부는 다행히도 너무 아둔해서 이 암시에 기분 상하지 않는다. 황제는 말한다. "그러나 친애하는 나의 친구, 당신은 당신의 신을 먹고 마셨다. 당신이 요강에 오줌을 싸야할 필요가 있을 때 당신의 신은 어찌되는가?"659)('요강에 오줌을 쌀 당신의 신이 오줌으로 나오는가?'라고 조롱하고 있다.) 마테오리치가 '범아일여'라고 하는 불교 교리에서 보았던 황당한 부조리가 성체성사聖體聖事의 불가해한 논리에 견주어지고 있다. 볼테르는 예수회 선교사들이 개발한 해석 프레임워크를 예수회 선교사들에다 역으로 적용해 그들 자신의 교리가 이상화된 유교 현자(중국황제)의 정밀검사를 감당할 것인지를 숙고하라고 요청하고 있다.660)

그러나 초심자를 중국황제의 가시 돋친 말의 취지를 알아듣지 못하게 만드는 기독교적 광신 때문에 왕권과 왕국의 평온을 저해할 것 같이 위협하는 점에서 정치적이고 교리적인 비정통성이 미리 알려진다. 황제의 내각대학사는 선교사들에게 유럽 역사에서 이견으로 불화하는 군주들의 불행한 운명(20명이 암살되고 30명이 왕권을 잃음)을 경고하고, 리골레를 그 자신의 지옥의 가장 어두운 구석에 처하게 하는 한편, 마테오리치에게 고개를 끄덕이는 비유로 끝맺는다. "그들의 됨됨이를 보라. 지상에서 이보다 더 위험한 괴물이 존재하지 않았고, 또한 신은 이보다 더 치명적인 적을 만난 적이 없도다."661) 황제는 대학사의 말에 설득되어 선교사들에게 "언제나 변할 수 없는 우리의 유구한 종교"를 "당신을 소모시키는 독"으로부터 보존하기 위해 중국을 떠날 것으로 요청한다.662) 당대의 많은 프랑스 독자들도 의심할 바 없이 이것을 설득력이 있다고 느꼈을 것이다. 그리고 모두가 볼테르의 주의주장을 받아들이지 않았더라도 그들은 중국의 문화적 정통성의 확립된 이미지를 이 이미지를 창출한 바로 그 이데올

---

659) Voltaire, *Rélation du banissement des Jésuites de la Chine*, 25쪽.
660) Porter, *Ideographia*, 131쪽.
661) Voltaire, *Rélation du banissement des Jésuites de la Chine*, 22쪽.
662) Voltaire, *Rélation du banissement des Jésuites de la Chine*, 27쪽.

로기를 해체하는 발판으로 고정시켜 이용하는 '풍자적 뒤집기의 효과'를 확실히 시인했을 것이다.[663]

분석한 바와 같이 볼테르의 『예수회 회원들의 중국으로부터의 추방 이야기』(1768)는 그의 『관용론』(1763)보다 간결하면서도 중국의 종교적 관용과 기독교의 본질적 불관용성을 극명하게 대비시켜 보여주는 책자이고, 동시에 관용사회에 대한 그의 동경과 비전이 철두철미 유교적이라는 것을 보여주는 증거문헌이다. 볼테르는 계몽주의적 관용사상을 창안하고 확산시킨 유럽 선각자들의 중심인물이었다. 그런데 그의 관용사상은 이렇게 철두철미, 반反기독교적이고 중국적이고 유교적이었다. 한 마디로, 오늘날 '위마니떼(humanité: 인간애)'와 '샤리떼(charité: 박애)'의 '세계주의적 인도주의'와 함께 서양이 오늘날 보편덕목들 중 중요한 보편덕목으로 세계를 향해 내세우는 관용, 즉 '똘레랑스'까지도 중국산이었던 것이다.

4.4. 유교문명에 대한 볼테르의 찬양과 변호

볼테르는 이제 논의의 방향을 돌려 공자와 중국인을 무신론자로 모는 '비난'에 대해 방어하는 논리를 전개한다. 볼테르는 공자와 중국인들이 말끝마다 '신'을 떠벌리지도 않았고 신에 대한 판명한 관념을 형성하지도 않았지만, '참된 신'을 알고 있었다고 주장한다. '신에 대한 판명한 관념을 형성하지도 않았다'는 말은 크리스티안 볼프의 평가와 동일하지만, 그들이 '참된 신'을 알고 있었다는 대목은 공자와 중국인의 자연종교를 부정한 볼프의 입장과 다르다.[664]

---

[663] Porter, *Ideographia*, 132쪽.
[664] 볼프에 대한 포괄적 논의는 참조: 황태연, 『근대 독일과 스위스의 유교적 계몽주의』(서울: 넥센미디어, 2020), 제1장 3절.

■ 볼테르의 유신론적 중국관

볼테르는 우선 예언도, 계시도 하지 않았던 공자에 대한 중국인들의 특별한 경배로부터 '참된 신'에 대한 그들의 인식을 끌어내는 역설을 전개한다.

> 공자의 가계家系는 여전히 생존하고 있다. 실제적 기여로부터 생겨난 것 외에 어떤 귀족성(noblesse)도 인정되지 않는 나라에서, 이 가계는 그 창설자를 영예롭게 하기 위해 다른 가계들과 특별히 구별되었다. 공자 자신에 대한 추념을 위해 그들은 모든 영예를 표한다. 어떤 인간도 받을 권리가 없는 저 신적인 영예가 아니라, 인간 정신을 함양할 수 있는 가장 건전한 이념들의 신성神性의 자질(donné)이 있는 사람에게 마땅히 주어져야 할 영예다. 이런 이유에서 르콩트 신부와 다른 선교사들은, 다른 민족들이 우상숭배에 함몰되었을 때 중국인들이 참된 신(le vrai Dieu)을 알고 있다고, 그리고 중국인들이 우주의 가장 유구한 사원寺院에 사는 이 신에게 제사지냈다고 확언한다.665)

볼테르는 마테오리치의 '적응주의'를 따르는 루이 르콩트 같은 예수회 신부들이 전개한 '공자와 중국인들은 유신론자'라는 기본명제를 적극 옹호한다.

그렇지만, 불관용과 독단에 빠진 기독교의 유신론보다 차라리 판명한 '신' 인식을 거부하는 중국의 '무신론 같은 유신론'을 훨씬 더 이성적인 것으로 수용하면서, 중국풍습을 서구의 잣대로 평가하려고 '중국인 무신론'의 독단을 펴는 서양인들의 편견을 웅변조로 맹박한다.

> 이 서방 지역에서 우리와 의견이 다른 만인에게 그토록 자유롭게 던지는 무신론의 비난은 마찬가지로 중국인들에게도 가해져 왔다. 하지만 우리와 같이 모든 논란에서 사려 깊지 못한 사람들 외에는 아무도 감히, 거의 모든 칙령에 '영원한 정의 준칙에 따라 상을 내리고 벌을 주는, 그리고 자신과 그 피조물 사이에 기도와 은혜, 잘못과 징벌의 상응관계를 확립

---

665) Voltaire, *Ancient and Modern History(Essai sur les moeurs et l'esprit des nations)*, 32쪽. 불어 원문에 비추어 일부 수정을 가했다.

하신 최고 존재자, 만백성의 아버지'를 언급하는 정부를 무신론적이라고 간주하지 않을 것이다. 그들의 종교는 완전한 영구성에 이르기까지 상과 벌을 주는 것을 허용하지 않는다. 바로 이 사정은 그 종교의 유구성을 표시하는 것이다. 모세도 5경에서 미래국가를 언급하지 않았다. 유대인들 가운데 사두개교도들(Sadducees)은 영혼불멸을 믿지 않았다. 이 교설은 다행히도 성육신成肉身(incarnation) 이후 생사의 주님에 의해 확립되기까지 세를 떨치지 못했다. 중국인들 가운데 식자들은 불멸의 신에 대한 판명한 관념을 가지고 있지 않은 것으로 생각되지만, 여기로부터 그들이 무신론자라는 결론을 끌어내는 것은 당치 않다. 고대 이집트인들은 그들의 종교로 그렇게 유명했으나 이시스(Isis)와 오시리스(Osiris)를 순수한 성령으로 믿지 않았다. 고대의 모든 신성들은 인간적 형상으로 찬미되었다. 인류의 극악한 불의를 보여주는 것인 바, 그리스인들 가운데도 유형적 신성들을 인정하지 않고 신성 속에 알려지지 않은, 볼 수 없고 이해할 수 없는 본성을 찬미하는 사람들은 무신론자의 호칭으로 낙인찍혔다. 유명한 대주교 나바레테(Navarette)는 성스러운 서적들의 모든 해석자들에 의거해서 중국에서 "영혼은 육체와 분리되면 하늘의 실체로 재통합되는 공기 같은, 불같은 입자로 생각된다"고 말한다. 이것은 버질이 『아에네이드(Aeneid)』의 6권에서 찬탄할 만하게 전개했던 스토아학파의 바로 그 견해다. 그런데 에픽테토스의 글도 『아에네이드』도 무신론으로 오염되지 않았다는 것은 확실하다. 우리는 중국인이 형이상학 체계에서 우리와 다르다는 단순한 이유만으로 중국인들을 중상모략해 왔다.666)

나아가 볼테르는, 중국의 종교가 이상한 우화와 유혈낭자한 종교전쟁에 의해 더럽혀지지 않았다는 점에서 서양 종교보다 순수하고 우월하다고까지 말한다. 그리고 그는 중국무신론 비방의 핵심적인 비일관성, 편견, 그리고 중국의 무신론 비방에 담긴 유럽적 종파갈등의 중국내 투사 등을 파헤친다.

오히려 우리는 그들이 이교도들의 미신과 기독교인들의 도덕을 비판하는 두 가지 항목에서 그들을 찬미해야 한다. 중국 식자(유자)의 종교는 우화에 의해 욕되지도 않았고, 싸움이

---

666) Voltaire, *Ancient and Modern History(Essai sur les moeurs et l'esprit des nations)*, 33-4쪽. 사두개교도들(Sadducees)은 부활·천사·영혼의 존재를 믿지 않는 유대교 일파다. 이시스(Isis)는 고대이집트의 풍요의 여신이고, 오시리스(Osiris)는 이시스의 남편이다.

나 내전에 의해 더렵혀지지도 않았다. 우리는 저 방대한 제국의 정부를 무신론으로 비난하는 바로 그 행위와 함께 그들을 우상숭배로 비난할 만큼 비일관적이어 왔다. 이것은 자기를 부정하는 허물 전가다. 중국인들의 제례에 대한 커다란 오해는 우리 자신의 관습을 기준으로 그들의 관습을 판단함으로써 야기되었다. 우리는 우리의 편견과 투쟁정신을 몸에 달고서 지구의 극동지방으로까지 싣고 갔다. 중국인들 사이에 흔한 인사인, 무릎 꿇고 하는 큰절(genuflection)을 우리는 예배로 간주한다. 우리는 마찬가지로 식탁을 제단으로 간주했다. 우리는 다른 모든 상황을 이와 같은 관점에서 판단할 수 있다. 우리는 우리 자신의 분열과 분란 때문에 중국에서 쫓겨나게 된 경위를 적절한 곳에서 알아볼 것이다.667)

"우리는 저 방대한 제국의 정부를 무신론으로 비난하는 바로 그 행위와 함께 그들을 우상숭배로 비난할 만큼 비일관적이어 왔는데", 이것은 "자기를 부정하는 허물 전가다"라는 구절은 중국인들을 무신론자라고 비난하면서 이와 모순되게 중국인들의 제사행위를 '잡신숭배'로 비판하는 서양인들의 핵심적 비일관성을 지적한 것이다. '잡신숭배'란 비록 '잡신'이라도 '신'을 믿는 것이므로 유신론을 전제하는 것이기 때문에 중국에 대한 무신론 비난은 자가당착적이다. 마지막에 예고하고 있는 선교사 추방 경위에 대한 설명은 세 차례 이루어지는데, 앞서 우리가 살펴본 『관용론』(1763)과 『예수회 회원들의 중국으로부터의 추방 이야기』(1768), 그리고 『철학사전』(1764)이다. 여기서는 『철학사전』에서의 경위 설명을 살펴볼 것이다. 그에 앞서 무신론 논란을 더 추적해 보자.

볼테르는 당시 '현대적' 성리학자들 중에는 유물론자도 있고 무신론자도 있다는 사실을 알고 있었다. 그러나 그는 유물론자라고 해서 다 무신론자라고는 생각하지 않았다. 그리고 이런 무신론자는 많지 않다고 생각했다. 또한 이들이 모두 덕성을 중시하는 군자들이기 때문에 이들 앞에 유신론·무신론의 논쟁은 무의미하다는 견해를 피력한다. "많은 식자들이 유물론의 오류에 빠져든 것도 진정 사실이다. 그러나 이것은 그들의 도덕성에 전혀 영향을 주지 않는다. 그들은 덕성이 덕성으로 애호되고 추종되

---

667) Voltaire, *Ancient and Modern History(Essai sur les moeurs et l'esprit des nations)*, 33-34쪽.

게 만드는 데에 신의 지식이 필요 없을 정도로 인류에게 필수적이고 그 자체로서 찬미할 만하다고 생각한다. 게다가 우리는 중국 유물론자들이 모두 다 무신론자라고 여기지 않는다. 우리 교회의 첫 신부들도 신과 천사가 물질적이라고 믿었기 때문이다."668) 볼테르의 진심은 "덕성이 덕성으로 애호되고 추종되게 만드는 데에 신의 지식이 필요 없을 정도로 인류에게 필수적이고 그 자체로서 찬미할 만하다"는 문장에 담겨 있다. 여기에는, 인간에게 가장 필요한 것은 신이 아니라 덕이라는 것, 환언하면 덕의 필요성이 신의 필요성을 압도한다는 것, 성공적 덕행을 행하는 데는 신이 필요 없다는 것 등 다각적 의미가 숨겨져 있다. 볼테르의 이 입장은 피에르 벨의 도덕적 무신론사회 테제와 상통한다. 나아가 볼테르는 종교적 관용의 관점에서 공자의 덕성주의를 수용해 서구의 지성주의 전통에 정면으로 맞서 마침내 "덕성이 지식보다 더 훌륭한 것이다"라고 선언한다.669)

『철학사전』에서는 이 무신론비방을 더욱 준엄하고 예리하게 비판한다. "우리 서방 신학자들이 세계의 다른 끝에 있는 중국 정부에 가한 무신론 비난은 종종 정밀 검토되었는데, 우리의 어리석음과 현학적 비일관성의 가장 상스러운 과잉언동이라는 것이 인정되어야 할 것이다. 우리의 유식한 역량 중 하나로 종종 주장되었던 것은 중국 각료들과 어전회의가 우상숭배적이라는 것이고, 또 종종 그들이 어떤 신성神性도 인정하지 않는다는 것이다. 이 추론자들은 기회가 닿는 대로 자신들의 논리를 더 밀어붙여 중국인들이 무신론자이면서 동시에 우상숭배자라고까지 주장했다."670) 비난자들의 핵심적 비일관성을 이렇게 반복해서 확인한 다음, 그는 이런 비방의 전말을 풍자적 필치로 기술하면서 심지어 네르친스크조약문까지 들어 반박한다.

1700년 10월 소르본 신학대학은 중국 황제와 각로가 신을 믿는다고 주장하는 모든 명제를 이단적이라고 선언했다. 방대한 분량의 책은 신학적 논증 체계에 부합되게 중국인들이

---

668) Voltaire, *Ancient and Modern History(Essai sur les moeurs et l'esprit des nations)*, 36쪽.
669) Voltaire, *Treatise on Tolerance*, 87-88쪽.
670) Voltaire, 'China', 267쪽.

'물질적 하늘'만을 경배한다는 것을 논증하기 위해 구성되었다. … 그러나 그들이 '물질적 하늘(이른바 '蒼天'-인용자)'을 경배한다면, 이 하늘은 신이었다. 그들은 태양을 숭배한다고 얘기되는 페르시아인을 닮은 것이다. 그들은 우상숭배자도, 무신론자도 아니었다. 그러나 유식한 박사라도 자신의 삼각대 의자에 앉아서 어떤 명제든 이단적인 것으로 비방하는 것이 목표일 때 아주 명백한 변별을 하지 못하는 법이다. 1700년 중국의 '물질적 하늘'에 관해 그런 소동을 일으킨 저 경멸할 만한 피조물들은 1689년 중국인들이 두 제국을 나누는 니크프추(Nicptshou: 네르친스크- 인용자)에서 러시아인들과 강화하면서 동년 9월에 다음과 같은 기억할 만한 말들이 새겨진 대리석 기념비를 세운 것을 몰랐다. "어느 누가 전쟁의 불꽃을 다시 일으키기로 결정한다면, 마음을 아는 만물의 주권적 주재자께 그들의 배반을 벌해 줄 것을 기도합니다." 이와 같이 근대 역사의 아주 작은 부분만 가지고도 이런 우스꽝스러운 논란을 끝내기에 충분하다.671)

볼테르의 유신론적 중국종교론은 보는 바와 같이 대체로 옳다. 그러나 그의 종교론이 그렇게 완벽하기만 한 것은 아니다.

우선 볼테르는 불교와 도교를 비방하는 편견을 고수한다.672) 그리고 그는 기독교가 이미 서기 635년에 중국에 들어와 오랫동안 번창했다는 사실을 믿지 못하고, 동로마제국의 기독교 일파인 네스토리우스교(경교) 교도들이 당나라 때 세운 '대진경교유행중국비大秦景教流行中國碑'를 "저 경건한 사기 중의 하나"로 규정한다.673) 그러나 오늘날은 확증된 사실史實이지만, 경교(네스토리우스교)는 페르시아를 거쳐 635년 당나라에 들어와 태종으로부터 포교를 허용받고 650년경부터 약 50년간 번성했다. 이후 경교는 신라 경주에까지 전파되어 흔적을 남길 정도로 200년 이상 교세를 유지했다. 그러다가 원나라 말 또는 명나라 초(1360-1370년경)에 도교에 흡수되면서 소멸했다. 781년에 건립되었다가 1625년에 발굴된 '대진경교유행중국비'에는 경교가 유입

---

671) Voltaire, 'China', 267-268쪽.
672) Voltaire, 'China', 269쪽. 다음도 참조: Voltaire, *Ancient and Modern History(Essai sur les moeurs et l'esprit des nations)*, 34-35쪽.
673) Voltaire, *Ancient and Modern History(Essai sur les moeurs et l'esprit des nations)*, 37쪽.

된 후 150년 동안의 활동상이 새겨져 있다.

■ 볼테르의 중국선교 폐지론과 유교적 유럽혁명의 이념

저들끼리의 신구종파 간 종교전쟁, 성공회와 청교도 간의 내전 및 명예혁명을 겪으며 종교적 억압과 종파적 불관용과 박해 속에서 신음하던 '미개한' 유럽인들이 중국에서까지 평지풍파를 일으키고 증폭시킨 이 무신론 논쟁은 당시 중국인들이 수천 년 이래 누려오던 종교의 자유에 시비를 건 것이기 때문에 근본적으로 잘못된 것이다. 그러나 평지풍파는 설화舌禍로 그치지 않고 동아시아 선교의 전반적 실패를 초래하는 '선교사 추방'이라는 종교적 참화를 초래하고 말았다. 볼테르는 이 '선교사 추방' 사건의 전말을 대단히 정확하게 파악한 것으로 보인다. 그래서 그는 사상, 양심, 학문, 종교, 출판의 자유와 관련된 동서문명의 격차를 부각시키고, 유럽에서의 이런 자유의 실현을 주창하는 혁명적 관점에서 '선교사 추방' 사건에 대한 논란을 예리하게 논파한다.

동아시아에서 누리는 이런 자유가 당시 유럽에는 전혀 없었다. 상술했듯이 18세기 말까지 유럽은 다른 종교를 믿을 '종교의 자유'나, 신을 믿지 않을 '종교로부터의 자유'를 꿈도 꿀 수 없었다. 당시 유럽에서 가장 자유롭다는 영국에서조차 존 로크는 종교적 관용을 선창한답시고 기껏 무신론자와 가톨릭교도를 관용대상에서 배제하는 『관용에 관한 서한』(1689)을 저술했고, 영국성공회 교단에서는 줄곧 데이비드 흄을 무신론으로 몰아 처벌하려는 모의가 중단되지 않고 계속될 정도였다. 물론 17-19세기 유럽인들은(아니, 20세기 나치스 치하의 독일인과 파시즘 치하의 이탈리아·스페인사람들, 그리고 공산치하의 러시아·동구제국의 사람들도) 양심·사상·학문·출판의 자유도 없었다. 볼테르는 사상검열에 걸려 평생토록 망명 상태에서 유럽의 여러 나라를 떠돌아야 했고, 그와 동갑인 케네는 루이 16세의 최측근 전의典醫였을지라도 1767년 검열을 피해 한때 자신의 전집 『중농주의(*Physiocratie*)』(Suisse Yverdon, 1768-1769)를 북경에서 출판하기로 결심했을 정도였다.[674] 따라서 '중국의 자유체제'와 '유럽의 억압체제' 간에 문명의 격차는 볼테르의 눈에 너무도 선명했다.

그리하여 볼테르는 18세기 유럽에서 그토록 오랫동안 탐독되던 『철학사전』에서 '자유로운 덕성의 나라' 중국에서 선교가 주제넘은 짓이거나 해로운 짓이라는 관점에서 다음과 같은 질문으로 논의를 시작한다.

> 인간적으로 말해서, 예수회 회원들이 기독교 종교에 이바지했을 기여를 별도로 하고, 그토록 먼 거리를 여행해 세계에서 가장 광대하고 가장 잘 다스려지는 왕국으로 골칫거리와 불화를 끌어들인 점에서 이 예수회 회원들은 운 나쁜 인간계급으로 간주되어야 하지 않을까? 그리고 그들의 행동은 특히 일본제국 안에서 그들의 손에 의해 흘려진 피의 격렬한 분출 후에도 동양인들이 보여준 자유와 면죄부의 지독한 남용을 함의하지 않는가? 끔찍한 귀결을 막기 위해 중국 정부는 결국 외국에 대해 항구들을 폐쇄하는 것을 필수불가결한 조치라고 믿게 되었다.[675]

볼테르는 이 충격적인 물음과 함께 선교활동의 폐절이라는 불행한 귀결을 보여주는 것을 서두로 하여 그 전말을 기술한다.

강희제 시절에 선교사들은 가톨릭교를 "가르쳐도" 좋다는 중국 황제의 허가를 얻었다. 그들은 이 허가를 이용해서, 그들의 지도 아래 들어온 사람들의 소집단 속에 "지상의 신의 대리인이시고 이탈리아 티베르라고 불리는 작은 강의 언덕에 사시는 그분" 외에 다른 사람을 모시지 않는 것이 그들의 책무라는 것, 다른 모든 의견, 다른 모든 경배는 신이 보시면 질색하신다는 것, 그리고 예수회 신부들을 믿지 않는 사람은 누구든 신에 의해 영원히 벌을 받는다는 것, 만주어에 'r'음이 없기 때문에 '크리스트'를 발음할 수 없었던 그들의 황제이자 은인인 강희제는 영원한 저주를 겪을 것이라는 것, 옹정제도 무자비하게 동일한 운명을 겪을 것이라는 것을 중국인 개종자들에게 주입시켰다. 그리고 중국인과 타타르인의 모든 조상들은 둘 다 유사한 벌을 받을 것이

---

[674] Christian Gerlach, *Wu-wei(無爲) in Europe – A Study of Eurasian Economic Thought*(London: Department of Economic History London School of Economics, 2005), 28쪽.

[675] Voltaire, 'China', 265쪽.

라는 것, 그들의 후손들도 나머지 세계와 마찬가지로 이것을 겪을 것이라는 것, "신부님들"(예수회 회원들)이 그토록 많은 영혼들이 저주받는 것을 진실로 불쌍히 여긴다는 것 등을 주입시켰다. 신부들은 마침내 만주족 혈통의 세 왕자를 개종시키는 데 성공했다. 그 사이 강희제는 1722년말 붕어했다. 그는 제국을 네 번째 아들에게 물려주었다. 이 아들 옹정제는 전 세계에 통치의 정의와 지혜로, 그리고 그의 백성들이 그에게 주는 애정과 예수회 신부들의 추방으로 아주 유명했다. 신부들은 세 왕자와 그 식구들에게 세례를 내려주었는데, 이 신참 개종자들은 불행히도 "군사임무와 관련된 몇 가지 사안"에서 황제를 불쾌하게 하고 말았다. 바로 이 시기에 선교사들에 대한 전 제국의 분노가 불타올랐다. 모든 지방 수령과 각로들이 선교사들을 탄핵하는 상소를 올렸고, 예수회 신부의 제자가 된 세 왕자들이 체포되었다.[676)]

이 대목에서 볼테르는 몽테스키외가 『법의 정신』에서 황제가 개종한 왕자들을 종교적인 이유로 탄압했다고 무고하면서 '중국전제체제론'의 증거로 동원한 것을 염두에 두고 사태를 분명히 변별한다. "왕자들이 단지 세례를 받았다는 이유로 이처럼 가혹한 처벌을 당한 것이 아니라는 것은 명백하다. 예수회 신부들은 서한을 통해서, 그들이 아무런 폭력 사태도 겪지 않았고, 황제의 알현도 허용되었으며, 황제는 그들에게 상당한 선물을 하사했다고 시인하고 있기 때문이다. 그러므로 분명히 옹정제는 박해자가 아니다. 그리고 왕자들을 개종시킨 사람들이 그렇게 자유롭게 대우받는 반면, 왕자들이 타타르 변경의 감옥에 갇혔다면, 이것은 그들이 순교자가 아니라 국사범이라는 결정적 증거다."[677)]

황제는 이 일이 있은 직후 온 백성의 탄원에 귀를 기울였다. 백성들은 프랑스와 기타 나라에서 예수회의 폐지를 줄곧 요구해 왔으므로 예수회 신부들을 멀리 보내야 한다고 청원했다. 중국의 모든 조정대신들은 그들을 중국의 경계 밖에 있는 광동의 마카오로 보내야 한다고 촉구했다. 당시 마카오는 포르투갈의 조차지였다.

---

676) Voltaire, 'China', 265-266쪽.

677) Voltaire, 'China', 266쪽.

옹정제는 모든 예수회 신부들을 광동 지방으로 호송하는 일에 어떤 위험이 따를지를 조정대신들과 지방수령들에게 자문하는 인간애를 보였다. 답변을 기다리는 동안 황제는 세 명의 신부에게 알현을 명했다. 그리고 그들에게 다음과 같이 말했다. 대단히 정직한 파렌닌 신부가 이 말을 기록하고 있다. "당신 유럽인들은 복건성에서 우리의 법률을 철폐하려고 했고 우리 백성들을 어지럽혔소. 조정은 내 면전에서 유럽인들을 탄핵했소. 이러한 무질서에 대해 대항조치를 취하는 것이 나의 적극적 책무요. 제국의 공공복리는 그것을 요구하오.(…) 중과 라마승 집단이 그들의 법문을 설하도록 당신네 나라로 보낸다면 당신들은 뭐라고 하겠소? 당신들은 그들을 어떻게 받아들이겠소? 당신들이 선왕을 기만했다고 해서 여일인㐤一人도 기만할 수 있을 거라고는 생각지 마시오.(…) 당신들은 중국인들을 기독교도로 만들기를 바라오. 당신들의 법이 이것을 당신들에게 요구하고 있다는 것을 나는 잘 아오. 그러나 당신들이 성공하는 경우에, 우리는 무엇이 되겠소? 당신네 왕들의 신하가 될 것이오. 기독교도들은 당신들 외에 아무도 믿지 않소. 혼란의 시기가 오면 그들은 당신의 소리 외에 누구의 소리에도 귀 기울이지 않을 것이오. 나는 현재로서는 두려워할 것이 없다는 것을 아오. 그러나 수천 대, 아마 수만 대의 선박들이 도래하는 날에는 거대한 동란이 발생할 것이오."678)

볼테르는 이어서 옹정제의 말을 더 소개한다. "중국은 북으로 결코 무시할 수 없는 러시아와 접해 있소. 남쪽으로는 훨씬 더 상당한 유럽인들과 그들의 나라가 있소. 그리고 서쪽으로는 우리가 8년 동안 전쟁 중에 있는 오랑캐 왕국들이 있소.(…) 나는 당신들에게 당신들이 불평의 어떤 소지도 만들지 않는 한 북경과 광동에 남아 있도록 허용할 것이요. 그러나 당신들이 어떤 소지라도 만든다면, 나는 여기든 광동이든 당신들이 남아 있는 것을 견디지 못할 것이오."679)

신부들에게 가장 끊임없이 제기되는 비난은 조상에 대한 경배를 하지 않음으로써 부모에 대한 자녀들의 공경심을 약화시킨다는 것, 젊은 남녀들을 그들이 '교회'라고 부르는 별도의 장소에 추잡스럽게 동석시킨다는 것, 신부들이 소녀들을 그들 앞에 무

---

678) Voltaire, 'China', 266쪽. 옹정제가 말한 내용의 일부는 *Treatise on Tolerance*(21쪽)에서도 소개된다.

679) Voltaire, 'China', 266쪽.

를 꿇게 만든다는 것, 그들의 다리로 소녀들을 감싼다는 것, 이 자세에서 낮은 목소리로 소녀들과 대화를 나눈다는 것이다. 중국적 미묘성에 이것보다 더 혐오감을 일으키는 것은 없었다. 옹정황제는 자세를 낮추고 신부들에게 이 사실을 통지해 주었다. 그 후에 그는 중국인들만이 발휘할 수 있는 온갖 정중한 주의조치와 함께 대부분의 선교사를 마카오로 보냈다. 수학 실력을 가진 몇몇 신부들은 북경에 잔류했는데, 파렌닌도 그 사이에 끼어 있었다. 그는 중국어와 오랑캐어의 완전한 통달자였으므로 종종 통역관으로 고용되었다. 많은 예수회 신부들이 먼 지방에 숨었고 어떤 신부들은 광동에도 숨어 있었다. 그들의 활동은 묵과되었다.

그러다가 옹정제의 붕어 후에 황위를 계승한 그의 아들 건륭제는 제국 도처에 숨어 있는 모든 선교사들을 마카오로 이동하도록 강제함으로써 국민의 여망을 충족시켰다. 엄한 칙령이 신부들의 복귀를 가로막았다. 간혹 신부들이 중국 내에 얼굴을 드러냈다면 어떤 재능 때문에 부른 것이었다. "어떤 가혹함도, 어떤 박해도 없었다. 나는 1760년 로마에서 광동으로 파견된 어떤 예수회 신부를 네덜란드 상인이 밀고하자 광동의 태수가 비단 몇 필, 약간의 식량과 노잣돈을 주어 그를 내보냈다고 들었다." 이런 전말을 상세히 기술함으로써 볼테르는 황제에 대한 선교사들의 배신적 기만행위와 중국의 자유와 호의의 악용, 다른 종교와 신념을 인정치 않음으로써 중국의 종교, 사상, 학문, 정치의 자유와 관용전통을 부정하고 중국의 미풍양속과 충돌하는 종교활동을 강제하는 무리한 고답적 선교활동, 기독교 지역에서는 다른 종교의 선교를 인정치 않으면서 다른 종교를 믿는 국민들에게 자기들의 시기심 강한 종교만 심으려는 기독교적 불관용과 일방주의, 종교적 침략주의(기독교제국주의) 등을 적나라하게 폭로하고 중국의 관용·자유·여론정치를 실감나게 잘 묘사해 보여주고 있다. 이로써 그는 풍자적 어투로 몽테스키외의 종교탄압론과 중국전제정론을 완전히 분쇄한 것이다.

볼테르는 중국의 도덕, 종교문화, 정치철학(공맹철학), 정치문화, 자유, 법치, 경제, 생활양식 등이 유럽을 몇 곱절 능가한다고 확신했고 공맹철학 또는 유교를 받아들여 유럽을 혁명적으로 변혁시키고자 했다. 그는 중국을 정복한 정복자들이 중국의 문화에 항복해 온 역사적 사실들을 중국의 문화적·정치적 우월성에 대한 가장 확실한 증거로 이해했다. 이 또한 정복 오랑캐의 중국적 동화를 종교·도덕·법률·예절의 '혼동'과 '혼합'의 결과로 깔아뭉갠 몽테스키외와 정반대되는 해석이었다.

볼테르는 중국의 정치와 문화와 기술의 결정체인 만리장성에 탄복해서 "유용성과 방대함에서 이집트의 피라미드보다 우월한 기념비"라고 말하거나, 이에 비하면 이집트의 피라미드는 "한낱 어린애 같은 무용지물의 돌무덤에 지나지 않는다"고 말할 정도로 만리장성을 찬미했다.[680] 그러나 이 만리장성도 오랑캐(만주족)의 침입과 정복을 막지 못했는데, 그 이유를 그는 내분으로 돌렸다. "이 장성도 타타르 오랑캐가 연쇄적으로 중국의 내분을 이용해 중국을 정복하는 것을 막지 못했다." 그러나 오랑캐들은 중국의 높은 '문화적 만리장성'은 넘지 못했다. "중국의 헌정제도는 허약해진 적도 없었고, 바뀐 적도 없었다. 정복자들의 나라는 그들이 정복한 제국의 일부가 되었다. 그래서 지금 중국의 주인인 만주족들도 다만 그들이 침입한 나라의 법제에 - 손에 검을 들고 - 항복했을 뿐이다."[681] 볼테르는 이 역사적 사실들을 이용해 중국문화의 압도적 우월성을 유럽에 알리고 억압적 유럽체제를 혁파하고자 했다.

■ 『중국의 고아』와 유교문명 예찬

볼테르는 1755년 중국문명을 본격적으로 예찬할 목적으로 『중국의 고아(L'Orphelin de la Chine)』(1755)라는 희곡을 쓰고 '5막의 공자 도덕'이라[682] 불렀다. 이 희곡은 파리에서 처음 공연된 이래 유럽 도처에서 셀 수 없이 무대에 올려졌다. 이 희곡에 붙인 '리셸리외 공에게 부치는 서문(To the Most Noble of Richelieu…)'에서 볼테르는 지금까지 '이성'이 아니라 '심장'을 삶과 행동의 지침으로 삼아 살아왔다고 고백한다.

---

[680] Voltaire, *Ancient and Modern History(Essai sur les moeurs et l'esprit des nations)*, 24쪽; Voltaire, 'China', *Philosophical Dictionary*, Part 2, 82쪽.
[681] Voltaire, *Ancient and Modern History(Essai sur les moeurs et l'esprit des nations)*. 24-5쪽.
[682] Reichwein, *China and Europe*, 90-1쪽.

나는 언제나 나를 안내하고 모든 말을 고취하고 모든 행동을 지도하는 나 자신의 심장에만 물었습니다. 그러나 이 심장이 종종 나를 속였는데, 길고 설득력 있는 이런 증명 이후에 속이지 않았다는 것을 당신은 압니다.[683]

이것은 체계적인 말은 아니지만, 볼테르 자신이 데카르트 계열의 합리주의에서 인간적 감성과 감정을 중시하는 중국과 영국 계열의 경험주의로 전신轉身했음을 토로하는 말이다. 따라서 1755년 이 고백은 8년 뒤 "덕성이 지식보다 더 훌륭한 것이다"라는 『관용론』(1763)에서의 선언으로[684] 이어지는 볼테르 철학의 총체적 대전환을 상징하는 것이다.

목표는 이제 대중의 '이성'이 아니라 '심장'이기 때문에 타타르 오랑캐와 대비되는 중국문화의 우수성을 연극 『중국의 고아』를 통해 '느끼게' 하려고 한 것이다. 이 서문에서 볼테르는 중국을 정복한 오랑캐들이 되레 중국문화에 정복된 사실을 알리고자 하는 것이 희곡과 공연의 목적임을 분명히 한다.

> 타타르 오랑캐 정복자들은 정복된 나라의 예법을 바꾸지 않았습니다.(…) 다른 한편, 그들은 중국에 확립된 모든 예술을 보호하고 북돋았으며 중국의 법을 채택했습니다. 이것은 이성과 정신이 눈먼 힘과 야만에 대해 가지는 자연적 우월성의 특별한 실증 사례입니다. 오랑캐들은 두 차례 이런 식으로 행동했습니다. 오랑캐들은 지난 세기 초 한 번 더 이 거대한 제국을 굴복시켰을 때, 두 번째로 피정복민의 지혜에 굴복하고 두 민족이 세계에서 가장 유구한 법에 의해 다스려지는 한 국민을 이루었습니다. 이것은 특기할 만한 사건인데, 이 점을 시사하는 것이 이 공연의 주요 목적입니다.[685]

정복자가 중국을 정복한 뒤 역으로 다시 중국문화에 정복당하는 두 차례의 정복은

---

683) Voltaire, "To the Most Noble of Richelieu …", *The Orphan of China*(1755). *The Works of Voltaire*, Vol. XV, 175쪽.

684) Voltaire, *Treatise on Tolerance*, 87-88쪽.

685) Voltaire, "To the Most Noble of Richelieu …", 176쪽.

이전에도 중국에서 반복된 일이다. 이미 순임금의 나라(동이족), 전국시대의 오吳·월越·초楚나라, 진나라(서융), 당나라(북적) 등이 오랑캐 출신 왕조였고, 당나라 이전에 다섯 오랑캐 왕조가 풍운을 일으키던 '오호십육국五胡十六國' 시대가 있었으며, 원나라도 중국을 정복한 뒤 중국문화를 따랐다. 고대부터 중국과 이적夷狄 간에는 군사적 중국정복자가 중국에 문화적으로 정복당하는 역사가 반복되었다. 아무튼 그는 춘추시대 진晉나라에서 원元나라로 시대배경을 바꾼 『중국의 고아』에서 칭기즈칸으로 하여금 중국문화를 찬양하는 대사를 읊도록 만든다.

볼테르는 『중국의 고아』의 모티브를 브레마르(Bremare) 신부가 불역한 14세기 중국의 작품 『쟈오(Tchao)의 고아』, 즉 『조씨고아趙氏孤兒』에서 구했다. 『조씨고아대보수趙氏孤兒大報讎』라 불리기도 하는 『조씨고아』는 원나라 기군상紀君祥의 작품(13세기 후반)으로, 사마천의 『사기』에 나오는 춘추시대 진晉나라에서 있었던 도안고屠岸賈의 고사를 극화한 것이다. 뒤알드의 책에서 품평과 함께 처음 유럽에 소개된 이 『조씨고아』는[686] 18세기에 유럽의 모든 언어로 번역되었고 50년 동안 유럽에서 모작, 개작되어 공연되었다. 불역원본으로부터 개작된 작품은 영문 2편, 불어 1편, 독어 1편, 이탈리아 1편이 나왔는데, 개작 작품으로는 볼테르의 극본이 가장 유명하다.

볼테르는 『조씨고아』를 "우리 시대의 뛰어난 공연에 비하면 극단적으로 야만적이지만 그럼에도 불구하고 14세기 우리 작가들이 썼던 작품들과 비교할 때는 걸작이다"라고 평가한다.[687] 그러면서 『조씨고아』의 줄거리를 간략하게 소개한다. 옛날 중국의 어느 지방에 번창하는 조씨 가문이 있었다. 그런데 권력욕에서 조씨 가문의 수장에게 원한을 품은 자가 있었다. 이 자는 늘 조씨의 수장을 죽이려고 별렀다. 어느 날은 이 자가 조씨의 수장을 살해할 의도에서 사나운 개를 그에게 돌진시킨 일도 있었다. 갖은 살해 기도가 다 실패하자 이번에는 그 자가 조씨에게 자결하라는 황제의 위조된 명령을 보냈다. 충성스러운 조씨는 황제의 명이 위조된 줄 모르고 이에 순종해

---

[686] Voltaire, "To the Most Noble of Richelieu …", 176쪽.
[687] Voltaire, "To the Most Noble of Richelieu …", 177쪽.

대검으로 목을 찔러 자결했다. 조씨가 죽자 그 자는 300인의 조씨 가족을 몰살시켰다. 그런데 한 아이가 학살을 면했다. 자결한 조씨 수장에게 은혜를 입은 적이 있는 그 지방 태수의 미망인이 미리 조씨고아를 몰래 빼내 자기 침실에 숨겨 놓았던 것이다. 하지만 그 자는 한 아이가 살아남은 것을 눈치 채고 이 아이까지 죽이기 위해 주변 마을의 모든 어린이들을 살해하도록 명령했다. 그 자의 병사들은 모든 아이를 다 찾아내 죽였다.[688] 그러나 저 미망인은 그 자의 병사들이 아이를 찾을 때 대신 자기의 자식을 내주고 조씨 고아의 목숨을 끝내 지켜냈다. 이 고아는 이렇게 살아남았고, 훗날 어른이 되어 대복수를 감행한다. 끔찍하기 짝이 없지만 자못 감동적인 줄거리다. 볼테르의 『조씨고아』의 줄거리는 이렇게 중국 원작보다 더 잔학하고 살벌하게 개작된 것이다.

볼테르가 『조씨고아』의 원작을 개작할 필요성을 느낀 것은 원본이 매우 복잡하기도 하지만 연애적 요소가 결여되어 있고, 시점도 줄거리 단락도 없고, 중국에 고유한 예절의 장면도, 수려한 대사도, 감정도 없다고 느꼈기 때문이다. 그래서 그는 이 작품의 배경을 원나라로 바꾸고 박해자를 오랑캐로 묘사, 오랑캐의 도덕을 중국의 도덕과 대비시키는 내용으로 개작해 중국의 도덕적 인생관을 표현하도록 만들었다.[689]

이와 함께 볼테르는 그의 잘못된 지론인 '중국 과학의 낙후성에 대한 지적'과 함께 유럽예술과 중국예술의 격차에 대해 가혹한 평가를 내린다.

15세기와 그보다 오래 전에 어떤 유럽민족보다도 더 나은 연극 공연을 자랑했던 중국인들이 말하자면 이 예술의 유아기에 그대로 남아 있는 한편, 우리는 시간이 경과하면서 고통과 열성으로, 절대 완벽하지는 않지만 적어도 나머지 세계가 이런 종류를 자랑하고 주장할 수 있는 어떤 것을 훨씬 뛰어넘어 약 열두 편의 작품을 생산할 수 있었다는 것이 어떻게 가능했단 말입니까? 나머지 아시아인들과 마찬가지로 중국인들은 시문, 글, 자연철학, 천문학, 그림의 기본 요소에서 멈췄습니다. 이 모든 것은 우리에게 알려지기 오래 전부터

---

[688] Voltaire, "To the Most Noble of Richelieu …", 178쪽.
[689] Voltaire, "To the Most Noble of Richelieu …", 178쪽.

행해져 오던 것입니다. 그들은 모든 것을 우리보다 훨씬 일찍 시작했지만, 그 뒤에 아무런 진보를 이루지 못했습니다. 그리스인들을 가르쳤지만 마침내 그들로부터 가르침을 받을 수조차 없을 정도로 무식해진 고대 이집트인들처럼 말입니다.[690]

따라서 볼테르는 『조씨고아』를 유럽 취향으로 개작하고 초점을 중국의 예절과 문화에 맞춘 것이다. 그는 말한다. "나는 오랑캐와 중국인의 예절을 묘사하려고 힘썼습니다. 가장 재미있는 사건들이라도 예절을 그리지 않으면 아무것도 아닙니다. 예술의 가장 큰 비밀 중의 하나인 이 그림은 영예와 덕성의 개념을 고쳐하는 경향이 없다면 게으른 유흥거리 이상의 것이 아닐 것입니다."[691] 이렇게 탄생한 『중국의 고아』는 18세기 문예계에서 대성공을 거둔다.

한 걸음 더 나아가, 중국의 문명이 칭기즈칸의 호전적 야만성을 이긴다는 줄거리로 각색된 『중국의 고아』는 루소가 『학문예술론』(1750)에서 전개한, 학문과 예술이 도덕에 파괴적이라는 명제에 대한 하나의 답변이었다. 볼테르가 이 희곡을 루소의 주장에 대한 직접적 반박으로 들이대기 위해 중국의 『조씨고아』 이야기를 타타르 오랑캐들의 역사로 번안한 것이라는 가정은 충분한 개연성이 있다. 볼테르의 이러한 반박 의도는 그가 이 드라마의 첫 판 서두에 "선생, 나는 인류에 반反한 당신의 새 책을 받았습니다"라며 루소에게 보내는 편지를 써넣은 것에서도 분명히 드러난다. 루소는 이에 "사람들은 가르침을 얻기 위해서가 아니라 심판하기 위해 지자의 저작을 받습니다.(…) 그리고 나는 『중국의 고아』가 단지 갈채를 받는다는 이유 때문에 이 연극을 비판하는 바보들, 아름다움은커녕 잘못을 평가할 능력이 없는 바보들이 가득하다고 들었습니다"라고 답한다. 『중국의 고아』를 비판하는 '바보들'이 많기 때문에 볼테르의 비판을 대수롭지 않게 여긴다는 말이다. 그러면서 볼테르에게 그 자신에 대한 바보들의 비판에나 신경 쓰라고 권하고 있다. 이 답변으로부터 루소가 자신에 대한 볼테르의 공격을 이해했다고 결론지을 수 있을 듯하다.[692]

---

690) Voltaire, "To the Most Noble of Richelieu …", 179쪽.
691) Voltaire, "To the Most Noble of Richelieu …", 180쪽.

볼테르가 일으킨 중국도덕과 공자철학 열풍은 프랑스를 뒤덮고 전 유럽으로 확산된다. 볼테르는 중국 정치체제와 중국 도덕철학의 우월성을 주장하는 그의 공자철학 관점을 누구보다도 명백히 밝히고 공자철학을 당대 프랑스 정치와 종교에 대한 전면공격의 혁명적 무기로 사용했다. 그는 가장 유구한 문명, 가장 유구한 종교형식, 그리고 모든 예술의 원형이 동양에 존재한다고 강력히 주장한 것이다.[693] 그는 중국의 자유, 도덕, 관용, 정치, 철학에 초점을 맞췄다. 볼테르는 중국을 활용해 성서의 장애를 뛰어넘어 인류의 '보편사' 개념을 구상했다. 이런 점에서 우리는 볼테르를 자기문화뿐만 아니라 멀리 떨어진 문명권들의 문화를 포함한 보편적 '세계사'를 시도한 최초의 세계사가로 평가할 수 있다.[694] 18세기의 이러한 보편적 역사관은 사물의 우주론적 질서 안에서 유럽이 특별한 지위를 차지한다는 기존의 역사관을 완전히 전복시키는 것이다. 이 새로운 역사관에도 앙시앵레짐과 기독교 형이상학이 혁명적으로 전복되어야 할 근본적 이유가 들어 있었다.

아돌프 라이히바인은 볼테르의 중국 담론을 다음과 같이 적절하게 종합한 바 있다. "몽테스키외는 루소처럼 중국을 그 자신의 도그마에 뜯어 맞추려고 애썼다. 이런 바탕에서 출발했기 때문에 그도 루소처럼 동방의 참된 정신 속으로 전혀 삼투해 들어갈 수 없었다. 반대로 볼테르는 역사가였다. 그의 시야는 넓었고 자의적 체계의 제한된 틀에 방해받지 않았다. 그는 어떤 요구를 가지고 사실에 접근한 것이 아니라, 자신의 정신을 사실 속에 푹 적셨다."[695] 이것은 중국과 공자철학에 관한 볼테르의 여러 논의를 편견 없이 종합적으로 평가하는 종결판일 것이다.

---

[692] Reichwein, *China and Europe*, 91쪽.

[693] Clarke, *Oriental Enlightenment*, 44-5쪽.

[694] 참조: Colin Mackerras, *Western Image of China*(Hongkong·Oxford·New York: Oxford University Press, 1989), 95쪽.

[695] Reichwein, *China and Europe*, 94쪽.

제5절
'유럽의 공자' 케네와 근대경제학의 탄생

5.1. 근대적 중농주의 자유경제론의 창시자 케네

■ 케네의 중농주의 경제학과 마르크스의 평가

케네

프랑수아 케네(François Quesnay, 1694-1774)는 본래 유명한 궁정의사로서 루이 15세의 정부情婦인 드 퐁파두르 마담(Mme de Pompadour)의 주치의로 근무한 국왕의 최측근이었으나, 56세의 나이에 정치경제(국민경제)의 연구를 처음 시작해서 자유시장에 입각한 중농주의를 창시함으로써 동시에 '근대 경제학'의 조종이 되었다.[696] 케네의 자유방임적 중농주의 '정치경제학'은 프랑스 중농주의자에 의해 '신新과학(science nouvelle)'이라고 불렸다.[697] 그리고 중농주의자들은

---

[696] 이하 케네에 대한 기술은 필자의 『공자와 세계(2)』(2011)의 해당부분을 대폭 보완·수정한 것이다.

[697] 가령 케네 전집 Physiocratie를 편집한 제자 뒤퐁 드 네무르는 '신과학(science nouvelle)'이라는 말을 썼다. Pierre Samuel du Pont de Nemours, De l'origine des progrès d'une science nouvelle(1768). Dupont de Nemours, publié par A. Dubois(Paris, 1910).

단적으로 '경제학자(économiste)'로 불렸다.[698] 이로써 신과학으로서의 '경제학'과 '경제학자'라는 용어가 처음 탄생했다. 오늘날도 프랑스어 '에꼬노미스뜨(économiste)'는 '중농주의자'라는 의미를 같이 담고 있다.

『자본론』 제4권, 즉 『잉여가치학설사』의 제1부에서 카를 마르크스(Karl Marx, 1818-1883)는 근대경제학의 첫 순서로 중농주의자들을 다루면서 "중농주의자들이 잉여가치의 원천에 관한 연구를 유통에서 직접적 생산으로 옮겨 놓았고 그럼으로써 자본주의적 생산의 분석을 위한 기초를 마련했다"고 지적하고, "그들은 전적으로 옳게, 잉여가치를 생산하는 노동만이 생산적이라는 근본 명제를 수립했다"고 평가했다.[699] 이것은 근대자본주의 경제의 탄생을 위해 특권대상인 위주의 중상주의 체제의 청산을 위한 '위대하고 독특한' 이론적 발견에 속하는 것이다. 다시 마르크스는 말한다.

> 가치와 잉여가치를 유통에서가 아니라 생산에서 도출하는 것이 중농주의의 위대성과 독특성이기 때문에, 중농주의는 중금·중상주의체제에 대립해 유통과 분리되고 독립된 교환의 관점으로부터, 인간과 인간의 교환이 아니라, 인간과 자연의 교환의 관점으로부터 사유될 수 있는 생산 분야를 출발점으로 삼는다.[700]

마르크스의 이 말대로 중농주의는 금·은의 획득이나 상업에 대해 '생산', 그것도 당시로서는 '자본주의적 농업생산'을 유일한 생산적 활동으로 특화한 반면, 상공업활동은 비생산적(불임적)인 것으로 간주했다. 중농주의의 이 '중농' 관점은 90% 이상의 인구가 농업에 종사하던 당시 프랑스의 상황을 반영하는 것이었다. 이 중농주의는 중국의 '농본주의農本主義'의 모방이었다.

또한 중농주의는 농산물의 시장유통을 전제로 농업과 상공업 간에 순환하는 소득의 분배과정을 해명하는 재생산이론을 이론의 중심에 놓고 있기 때문에, 원활한 시장

---

[698] Jérome-Adolphe Blanqui, *Histoire de l'économie politique en Europe*(Bruxelles, 1839), 139쪽의 용례 참조. Marx, *Theorien über den Mehrwert*, Erster Teil, 33쪽에서 재인용.

[699] Marx, *Theorien über den Mehrwert*, Erster Teil, 14쪽.

[700] Marx, *Theorien über den Mehrwert*, Erster Teil, 19쪽.

유통과 상업의 자유, 정부의 불간섭, 세금경감 등을 필수적 전제로 요구했다. 원활한 시장유통이 없으면 사회적 재생산이 애로에 봉착하기 때문이다. 그러나 당시 프랑스는 18세기 말까지 농산물의 국내 유통을 금지하고 유통 범위를 산출 지방에 국한시키고 곡류 수출입을 금하고 있었다.

■ 케네의 중농주의 자유경제론과 중국경제의 관계

이 점에서 경제적 자유방임, 즉 '레세페르(*Laissez-faire*)'를 지향한 프랑스 중농주의는 청대 중국의 자유시장체제와 공자의 '무위이치' 사상을 배우고 숭배하지 않을 수 없었다. 물론 훗날 아담 스미스가 상공업 부문의 노동까지도 '생산적 노동'으로 보는 방향으로 수정을 가하지만, 아담 스미스의 자유시장경제론은 '생산적 노동' 개념의 -상공업 부문으로까지의- 확장이라는 이 작은 수정을 제외하고 중농주의의 모든 것을 계승한 점에서 '중농주의의 직계 자식'이다. 『공자철학과 서구 계몽주의의 기원』에서 상론했듯이 아담 스미스의 경제학도 본질적으로 '완화된 중농주의' 경제학에 지나지 않기 때문이다.

케네를 중심으로 모인 프랑스 중농주의자들의 사고 패러다임의 중심에는 늘 케네가 중국의 영향 아래 창안한 재생산도식 『경제표(*Tableau économique*)』(1758)가[701] 있었다. 이 경제표는 5개의 점선으로 생산적 차지기업농(*fermier*), 불임적 지주(지대·세금·십일조에 각기 의존해 사는 지주·군주·성직자), 불임적 상공업자 등 세 소득 그룹 사이의 소득의 분배 및 생산물과 화폐의 연간 순환을 표시한 것이다. 논의가 다른 방향으로 빠지는 것을 피하기 위해 경제표의 설명은 뒤로 미루겠지만, 이에 대해 마르크스는 다음과 같이 케네의 새로운 사상을 '가장 천재적인 착상'으로 높이 평가하고 아담 스미스의 불손함을 혹평했다.

---

[701] François Quesnay, *Tableau économique*(1758), edited and introduced by Marguerite Kuczynski and Ronald L. Meek(London: MacMillan, New York: Augustus M. Kelley Publishers, 1972). 프랑수아 케네(김재훈 역), 『경제표』(서울: 지식을만드는지식, 2010).

사실 이런 시도, 즉 자본의 전체 생산과정을 재생산 과정으로 서술하고 유통을 단순히 이 재생산 과정의 형태로, 화폐유통을 단지 자본유통의 계기들로만 서술하고 동시에 이 재생산 과정 속으로 수입收入의 원천과 자본과 소득 간의 교환, 재생산적 소비와 단적인 소비의 관계를 포함시키고 자본의 유통 속으로 소비자와 생산자(실은 자본과 수입) 간의 유통을 포함시키고, 마지막으로 생산적 노동의 두 커다란 분야들(원료생산과 제조업) 간의 유통을 이 재생산 과정의 계기들로 서술하고 - 18세기의 3분의 2된 시기, 즉 정치경제학의 유아기에 - 이 모든 것을 사실 항상 단지 6개의 출발점 또는 복귀 지점을 연결하는 5개의 선으로만 구성된 하나의 표로 서술하려고 한 이 시도는 최고로 천재적인, 논란의 여지없이 가장 천재적인 착상인데, 정치경제학은 지금까지 이 착상의 은덕을 입고 있다. 자본의 유통 - 자본의 재생산 과정 - 에 관한 한, 아담 스미스는 사실상 단지 중농주의자들의 유산을 계승하여 설명 도구의 개별적 항목들을 보다 엄격하게 명확하고 특화시켰을 뿐이고, 케네가 자신의 그릇된 전제에도 불구하고 '경제표'의 바탕 속에 단초로서 시사한 만큼 정확하게 자본운동의 전체를 설명하고 해석하지 못했다. 나아가 스미스가 중농주의자들에 대해 '그들의 노력이 분명 그 나라에 얼마간 이바지했다'고 말한다면, 이것은 가령 프랑스혁명의 직접적 아버지들 가운데 한 사람인 튀르고의 역할을 비하하는 불손한 표현이다.[702]

마르크스의 이 평가의 정당성을 검증하는 일은 뒤로 넘기고, 일단 이 말에 따르면, 자본주의적 근대경제학의 진정한 창시자는 아담 스미스가 아니라 케네다. 이 점을 고려하여 18세기를 종합하자면, 볼테르는 정치철학과 문화예술 분야에서 중국과 공자의 사상을 수용하여 유럽 고유의 혁명적 계몽철학을 창시했고, 이와 나란히 케네는 경제학 분야에서 중국의 정치경제제도와 공자의 철학을 수용해 근대의 혁명적 정치경제학을 창시한 셈이다.

그러나 우리의 이 테제는 다음 두 가지 사실을 입증해야만 근거 있는 말이 될 것이다. 첫째, 우리는 공맹철학과 중국제도 속에 과연 농본주의와 함께 상업의 자유(자유교역과 직업의 자유), 정부의 불간섭, 부세賦稅 경감, 백성의 물질적 욕구 해방과 부민富民(백성의 부유화) 등을 촉진하는 데 적극적인 사상이 핵심 요소로 들어 있는지를 입증

---

[702] Marx, *Theorien über den Mehrwert*, Erster Teil, 319쪽.

해야 한다. 둘째, 케네와 중농주의자들이 서양 고유의 자연법사상과 - 콜베르 시대로부터 내려오는 - 프랑스 고유의 '레세페르' 요구를 중국적 농본사상 및 자유교역론으로 충족시켜 새로운 사상, 즉 중농주의를 창조한 것인지(즉, 중국사상과 제도가 중농주의 탄생에 본질구성적이었는지?), 아니면 중국사상의 도움 없이 그들 고유의 능력으로 '레세페르 중농주의' 사상을 만들었고 중국은 단지 '사례'로만 활용한 것인지를 밝혀야 한다.

5.2. 케네의 중국모델과 중농주의적 자유경제론

■ 케네의 경제연구와 중국문화와의 접촉

프랑수아 케네는 『중국의 계몽전제정』(1767)을 출간하기 17년 전인 1750년에야 경제 연구를 시작했다. 그러나 그의 말년에 나온 『중국의 계몽전제정』은 당시에 단기간에 급조된 산물이 아니었다. 케네는 프랑스왕실과의 관계를 통해 이미 1740년대에도 중국에 대해 많이 알고 있었다. 그러나 그는 볼테르 등의 활약으로 1760년대에 중국문화와 공자사상이 프랑스에서 대유행을 하기까지 중국에 관해 공식적으로 침묵했다. 한편으로는 그의 신중한 성격상 자신의 이론이 독창적이고 독립적이도록 보이기 위해 중농주의 이론의 출처가 중국과 공자라는 사실에 한동안 침묵하기를 원했기 때문이고,[703] 다른 한편으로는 당시 몽테스키외 등 중국 비방자들에 의해 중국 자체가 논란이 되고 있는 상황에서 중국을 인용해 자신의 이론을 정당화하는 것이 오히려 불리한 일로 느껴졌기 때문이다. 그러다가 중국문화의 대유행의 정점에서 자신의 중국지식을 이용해 중농주의를 정당화하고 선전하기로 작심한 것이다. 중국과 공자는 이제 1740년대의 뜨거운 '논란대상'에서 18세기 중반 이후 유럽의 신사조에 공신력을 부여하는 18세기의 '수호성자'로 격상되었기 때문이다.

---

[703] Reichwein, *China und Europa*, 112쪽(영역본 103쪽).

물론 케네의 사상은 다양한 원천으로부터 영향을 받았다. 그는 데카르트와 로크의 철학에도 친숙했다.[704] 그러나 당시 프랑스는 데카르트와 라이프니츠의 독단적 합리주의로부터 깨어나기 시작했고, 영국과 프랑스의 이익에 따라 유럽의 국경선을 재획정한 1748년 엑스라샤펠(아헨)조약 이후 출판 검열이 완화되고 볼테르의 활약으로 로크의 저작들이 프랑스에서 점점 더 영향력을 얻어 갔다. 나중에 케네의 충실한 제자가 되는 르 마르키 드 미라보(Victor de Riquetti le Marquis de Mirabeau, 1715-1789)는 로크의 경험주의 철학을 전적으로 수용했다.[705] 한편, 케네는 콜베르 재무상의 중상주의 정책의 재앙적 결과를 보고 농업으로의 결정적 강세이동만이 프랑스를 구할 수 있다고 판단했다. 직업이 내과의사였던 그는 자신의 눈앞에서 인간 육체를 '자연적 유기체'로 바라보았다. 따라서 중국에 대한 그의 관심은 내과의사 시절로 거슬러 올라간다. 그는 1744년 루이 15세의 총애를 받던 새 정부 드 퐁파두르 부인의 주치의가 되었는데, 퐁파두르 부인은 종종 중국 여인의 헤어스타일을 하고 나타날 만큼 중국광이었다. 이 부인은 케네의 의술과 인격에 매료되어 1748년 케네에게 베르사유 근처에 있는 집무실용 저택을 하사했다.

케네는 곧 루이 15세의 주목을 받기 시작해 국왕의 친구가 되었다. 국왕은 그를 '사상가'라고 불렀다. 1752년 케네는 황태자의 천연두를 무사히 치료한 덕분에 국왕주치의집단의 정식 회원이 되고 1755년 작위를 하사받았다.[706] 케네의 궁내 영향력은 1764년 퐁파두르 부인이 43세의 나이로 요절할 때까지 지속되었다.

디드로와 달랑베르가 1751년 『백과전서』를 발간하기 시작하면서 케네는 1758년 『경제표』를 발표하기 직전에 최초의 경제학 관련 기고문들(1756·1757)을 이 백과사전에 실었다. 1758년 케네는 궁전에서 루이 15세에게 작은 인쇄기를 보여주었고, 왕은 이 기계를 재미있어 했다. 그 해 어느 날 케네는 왕을 초청한 자리에서 자신의 『경제표

---

[704] Reichwein, *China und Europa*, 111쪽(102쪽).

[705] Maverick, *China - A Model for Europe*, 119쪽.

[706] Maverick, *China - A Model for Europe*, 117쪽.

』를 직접 인쇄했고, 왕은 이 인쇄 작업을 도왔다. 이즈음 케네는 작은 경제학 그룹을 결성했는데, 이 그룹은 곧 '중농주의 모임'으로 불렸다. 같은 해 미라보의 『인간의 벗(L'ami des hommes)』(1758)이 출판되어 공전의 히트를 기록했다. 이 책에서 미라보는 로크의 영향 아래 노동을 모든 부의 원천으로 기술했다. 그러나 케네가 나서서 모든 부의 원천은 땅이라고 그를 설득했고, 미라보는 이 설득을 받아들여 케네의 충실한 제자가 되었다.707)

여기서 문제는 우리가 '자연의 도(天地之道)'와 완전히 부합되는 중국 농본주의의 직접적 영향을 케네의 중농주의 독트린의 초기 형성과정에서 발견할 수 있는지 여부다. 그가 미라보와의 공저로 낸 익명서 『농촌철학, 또는 농업의 일반적·정치적 경제(Philosophie Rurale, ou Économie générale et politique de l'agriculture)』(1763)에서 몇몇 구절로 중국에 관해 언급하고 있는데 이 중 한 구절은 다음과 같이 쓰고 있다.

> 농업의 압도적 지배가 생산의 항구성과 세입의 튼튼함을 보장하는 중국에서는 경작의 법칙이 다소간에 잘 준수되기 때문에 인구가 농업과 마찬가지로 증가한다.708)

스테판 제이콥슨(Stefan G. Jacobson)에 의하면, 이것은 케네가 중농주의의 이론도식 '경제표'를 집필하기 오래 전에 이미 중국의 농본주의를 중농주의 경제론의 이론적 모델로 수용했다는 것을 보여주는 "의미심장한" 구절이다. "케네와 미라보는 예수회 신부들의 보고들에서 읽은 여러 요소들, 즉(중국의) 높은 농업생산성, 탄탄한 세수를 보장하는 조세체계, 그리고 경작의 법칙을 알 수 있는 교육된(신사들의) 행정 등을 분명히 활용할 수 있었다. 농업생산의 방해물들을 줄이고 재화를 시장에서 유통시키는 중농주의적 이상은 재정제도 개혁의 계획과 긴밀하게 연결되어 있었다.(…) 그것은 세금을 납부받는 여러 상이한 심급이 난립하는 유럽적 전통에 대한 공격이지만, 한국

---

707) 참조: Maverick, *China - A Model for Europe*, 119-120쪽.
708) Anonyme(François Quesnay & Victor de Riquetti Marquis de Mirabeau), *Philosophie Rurale, ou Économie générale et politique de l'agriculture*, Tome deuxième en trois tomes(Amsterdam: Chez Les Libraires Associée, 1763·1764), 5쪽.

민의 유일한 진짜 생산자인 농부들이 국가로부터 조금이라도 부담을 받아서는 아니 된다는 것이 강조되었다."709)

■ 『경제표』의 모델로서의 중국경제

스위스의 중국학전문가 에드가 쇼러(Edgar Shorer)는 지적한 것처럼 예수회 선교사들과 여행가들의 보고에는 중국의 재정제도와 직접 관련된 구절이 많지 않지만, 뒤알드의 『중국통사』의 한 구절은 케네가 프랑스에 도입하고 싶어 하는 가능한 조세기법을 중국적 본보기에서 얻었음을 입증해준다. 뒤알드가 중국에서 "지배하는 황제는 오로지 지주만이 토지세를 납부하도록 요구된 것을 규칙으로 삼아 왔다"고 쓰고 있기 때문이다.710) 케네는 중국의 노동위계 안에서 농민의 지위가 높다는 사실에 대한 인식에 입각해서 이것이 중국의 재정적 실무 속에서 어떻게 반영되는지를 보여주고 싶어 했던 것이다.711)

케네는 다양한 원천들로부터 받아들인 자신의 여러 사상적 요소들이 '중국'이라는 한 장의 그림 속에 종합된 것으로 느꼈다. 중국은 『경제표』에서 수치도식으로 나타난 것을 시각적으로 나타내는 생생한 그림이었던 것이다. 그런데 그가 프랑스경제와 관련된 이론의 일부로 제시하고 싶었던 것과 유사한 중국의 실천적 경제관행들의 일정한 측면들이 존재할 수 있을지 모르지만 그는 중국 경제사상의 이론적 요소들을 일일이 조회하지 않고 있다. 그 대신 케네는 중국의 정치적 관행들을 하나의 일관된 전체로 만들어 자기의 중농주의 이론으로 삼으려고 애썼다. 실천적 관행과 이론의 이러한 수렴은 경제원리들이 정확하게 준수된다면 만인에게 명백한 자연법이라는 확신을 반영한다. 재정적 관행에 대한 중농주의적 논변에서 중국 본보기는 직접적인 이론

---

709) Jacobsen, "Physiocracy and the Chinese Model", 19쪽.

710) Edgar Shorer, *L'Influence de la Chine sur la Genèse et le Dévelopment de la Doctrine Physiocratique*(Paris: F. Loviton, 1938), 152쪽에서 재인용. Jacobsen, "Physiocracy and the Chinese Model", 19쪽에서 다시 재인용.

711) Jacobsen, "Physiocracy and the Chinese Model", 19쪽.

적 영감이라기보다 마치 "정통화 전략(strategy of legitimization)"처럼 제시된다. 하지만 중국의 본보기는 그 자체로서 중농주의 이론의 생성에서 '본질구성적(integral)' 영향을 표현한다.712) 한마디로, "중국은 중농주의자들의 정치경제에서 단순히 유토피아였을 뿐만 아니라 실제적 모델사회였다". 그리고 이 '모델'이라는 말은 케네 자신의 술어다.713)

『농촌철학』(1763)에서 언급하는 중요한 내용 중의 하나는 케네가 나중에 『중국의 계몽전제정』에서 상론하는 소재다. 그것은 신사(만다린)의 관료행정과 신사에 의한 농업생산의 관리다. '신사'라는 칭호는 획득하기 쉽지 않은 것이었고, 이것은 케네에게도 명약관화했다. 다른 계몽철학자들과 마찬가지로 케네도 경쟁적 시험을 제국행정에 봉직할 사람을 발탁하는 유일한 길로 삼는 중국의 과거제로부터 깊은 인상을 받았다. 당시 유럽인들은 엄격한 시험 외에 품위 있고 소득 좋은 이 행정관직을 보장하는 어떤 세습구조도 존재할 수 없다는 "혁명적 사상"을 이해하기 시작했다. 이 사상은 만인이 신분·지위와 무관하게 황제의 최측근 조언자가 되는 기회도 가질 수 있다는 것을 의미했다. 케네의 눈에 배움과 교육에 대한 이 중국적 존중은 정치에서 자연법을 존중하는 것을 보장했다. 『농촌철학』은 중국인들의 실천적 농업지식을 간명하게 찬양하고 있는데, 이 찬양은 훗날 『중국의 계몽전제정』에서 중국을 "모든 국가들의 모델"로 묘사하는 것을 예고한 것이다.714)

케네는 천성상, 그리고 직업상 의사였고, 이 때문에 그는 역사적 '기록'보다 생생한 '사례'를 더 확실한 것으로 받아들였다. 중국은 현실주의자 케네의 정신에 특별한 매력으로 비쳐졌다. 중국은 그가 찾고 있는 것에 대한 생생한 증거이고, '자연적 질서'의 사상이 실현될 수 있다는 보장, 아니 이 사상이 실현될 수 있는 방도를 가르쳐 주는 실물이었기 때문이다. 케네의 시대는 너무나도 완전히 극동아시아적 영향의 반경 속에

---

712) Jacobsen, "Physiocracy and the Chinese Model", 19-20쪽.

713) Jacobsen, "Physiocracy and the Chinese Model", 20쪽.

714) Jacobsen, "Physiocracy and the Chinese Model", 20쪽.

들어 있었다. 퐁파두르 부인의 정식 주치의로 파리에 사는 동안, '계몽전제정'을 이상적 정치체제로 여기던 케네는 다양한 경로로 중국과 접했다. 우선 퐁파두르 부인이 저 경이로운 나라에 열광하는 여성이었다. 중국의 이색적이고 매력적인 문화는 그녀의 살롱에서 연일 열띤 화젯거리가 되었다. 파리는 예수회 선교사들이 오가는 중심지였다. 케네는 때마침 신부수업을 마친 중국인 청년, 즉 고류사高類思와 양덕망楊德望도 만날 수 있었다.

■ 튀르고의 중국인들과 『부의 형성과 분배에 관한 성찰』

튀르고

프랑스에서의 중국 열풍은 루이 14세 치하에 있던 17세기 후반부터 시작되어 루이 15세 치하의 18세기 중반 정점에 이르기까지 썰물과 밀물을 반복하며 계속 재현되었다. 1707년 보방(Sebastian de Vauban) 장군은 중국의 조세정책을 참조해 『왕국의 10분지 1세(Le dime royal)』라는 책자로 농업과 산업의 조세를 1할로 낮출 것을 촉구했다. 니콜라 보도 신부도 프랑스의 부패하고 가혹한 세제의 개혁 방안으로 이 주장을 뒷받침했다. 케네는 여기서 더 나아가 농업의 순생산물(지주에게 지대로 지불되는 잉여생산물)에만 1할 세금을 과세할 것과, 교역의 자유를 주장했다. 이런 갑론을박 속에서 1754년 사상초유로 국내 지방 간 곡물교역이 자유화되었다. 이 법은 7년전쟁 기간에 폐지되었다가 1763년 전후에 다시 도입되었다.

프랑스에 재앙적 영향을 남긴 7년전쟁이 끝날 무렵인 1763년, 경제이론가 겸 정치가인 튀르고(Jacques Turgot, 1727-1781)는 위에서 언급된 중국인 청년신부 고류사高類思(Kao Lei-se, 1733-1780)와 양덕망楊德望(Yang Teh-wang)'을 알게 되었다. 그는 국비를 들여 이들의 체류를 1년 더 연장시키고 프랑스의 과학·농업·산업을 배울 기회를 주었다.

그리고 고국에 돌아가면 중국에 대한 더 나은 정치경제 정보를 보내 달라고 부탁했다. 이들은 그 사이 '튀르고의 중국인들'로 소문이 났고, 이때 케네와 그의 친구들도 이들을 만나 보았다. 튀르고는 1766년 이들에게 프랑스의 경제를 설명해 주기 위해 『부의 형성과 분배에 관한 성찰(Réflexion sur la formation et la distribution des richesses)』이라는 책자를 써서 주었다. 중농주의적 관점에서 프랑스경제를 설명한 이 책자는 1766년부터 『시민일지(Les Ephémérides du Citoyen)』에 연재되던 끝에 1770년 파리에서 단행본으로 출판되었다.[715] 또 튀르고는 이 중국인들에게 중국의 선진적 은행 업무에 관한 질문을 포함한 중국 경제에 관한 52개 항의 질의서를 건네주었다. 그는 중국인 신부들이 중국에 도착하면 이 52개항 질문에 대한 답변들을 써보내 줄 것을 요청했다. 질문항목 1-30번까지는 "부, 토지의 분배, 농업"이라는 제목을 달고 있었다.

1. 중국에는 부자들이 많은가? 질문을 바꾸면, 그곳 사람들의 부가 아주 불평등한가?
2. 아주 큰 땅, 집, 장원(domains)을 소유한 사람들이 많은가?
3. 큰 부를 가진 기업가들이 많은가? 누가 큰 수의 노동자들을 가지고 있는가? 그리고 누가 큰 수량의 상품을 생산하는가?
4. 상당한 부를 갖고 큰 상업적 모험을 도모하는 상인들이 많은가? [소견] 상공업 분야에서는 아주 상당한 기금들이 투자되지 않으면 수행될 수 없는 사업들이 많다. 가령 선박을 준비하고 선적하는 일은 대규모의 금전을 요한다. 그러나 이 모든 기금들이 절대 동일한 사람에게 속할 필요는 없다. 수많은 사람들이 연합해 비용들을 맞추고 각자가 댄 돈의 액수에 비례해 이윤을 나눌 수 있다. 그러므로 단 하나가 그 어떤 큰 재산이나 재산들 간의 과도한 불평등 없이도 대규모의 산업과 상업을 갖는 것이 가능하다.
5. 대여 자본에서 나오는 이자로 먹고 사는 사람(대부업자나 은행가들 - 인용자)이 많은가? [소견] 대국에는 완전히 독립적인 사람들에 의해서만 채워지는 많은 지위들이 존재한다. 말하자면, 지속적으로 자신의 생계를 위해 또는 재산을 보존하기 위해 힘들게 일한 필요가 없는 사람들, 부의 영구적 재생산이 달린 큰 업무와 경비지출을 중단하거나 혼

---

[715] Anne Robert Jacques Turgot, *Réflexion sur la formation et la distribution des richesses*(1700·1788). 이 책은 1898년 영역·출판되었다. Turgot, *Reflections on the Formation and the Distribution of Riches*, trans. by William J. Ashley(New York: The Macmillan Co., 1898).

란시키지 않고도 정부의 힘든 업무수행으로 받아들여 질 수 있는 사람들이 많은지를 묻는 것이다. 이런 지위는 국가의 장관, 지방의 행정관들, 판사와 많은 관리들, 중요성의 단계에 따라 높고 낮은 만다린들의 지위다. 자신의 농지를 경작해야 하는 농지소유주, 소작농, 수공업자나 상인들이 그들이 얼마나 부유하다고 생각하든 그들에게 생계를 주는 일을 포기하거나 나라의 소득을 줄이지 않은 채 군사복무나 행정업무에 전념할 수 없다는 것은 명백하다. 일하지 않고 소득을 얻는 지주와, 자기 재산이나 생산적 업무의 체계를 교란시키지 않고 온갖 직무, 학문연구, 국방·사법·행정의 공적 기능에 헌신할 수 있는, 이자 받는 금전대여자 외에는 아무도 없다. 이 모든 부류의 업무는 부자가 아니라도 생계소득을 일하지 않고 최소한으로라도 받는 사람들, 필요에 의해 자기 일에 전혀 매이지 않고 영광의 사랑, 명성의 사랑, 공공선의 사랑과 같은 보다 고상한 목적에 유의할 수 있는 사람들을 전제한다.

모든 등급의 군장교, 판사, 만다린이 등급에 따라 급여를 받고 이 급여로부터 생계를 구할 수 있는 것도 사실이다. 그러나 자기 이익을 위해 일하는 것보다 영예를 위해 일하는 이미 부유한 사람들이 국가를 덜 축낼 뿐만 아니라, 급여 외에 아무것도 가진 것이 없어서 자기 지위에서 부를 모으는 길을 발견하지 않는다면 사망 시에 가족을 빈곤 속에 남겨두는 전망만을 가진 사람들보다 부적절한 징세에 자기 지위를 남용하는 데 덜 유혹받고, 부패에 덜 노출될 것이다.

프랑스에서는 행정부처의 자리들은 매관매직되고, 지극히 적은 급여를 받는 아주 수많은 사람들이 존재한다. 이 지위들이 매관매직된다는 것은 확실히 스캔들이다. 그러나 이 폐습은 적어도 부유한 사람이 영예와 공적 명망의 동기에 의해 움직여 자기 시간과 노력뿐만 아니라 재산의 일부도 국가공무에 바칠 수 있다는 것을 입증한다. 더구나 절대적으로 말하면 국가관리들이 자기 급여 외에 어떤 것으로도 살아갈 수 없을지라도 자기 지위를 얻기 위해 중국에서는 긴 학습과정을 거치고 여러 시험을 치르고 여행하는 것이 필수적이다. 따라서 그들은 아주 기초적인 필요를 초월해야 하고 자기의 일로 돈을 버는 것 없이 전 학습시간 동안 먹고 살 수 있어야 한다. 그러면 그들이 그 긴 교육에 드는 비용을 대는 부자 부모에게서 태어나는 것은 필수적이다.

부유한 농부나 도매상인들이 일단 자리에 앉으면 급여로 먹고 살 수 있을 그의 아들의 이 비용지출을 감당하기 충분히 벌 수 있는 것도 사실이다. 그러므로 일하지 않고 큰 소득을 얻는 지주나 금전대여자(은행가)가 존재해야 한다는 것이 공적 지위를 채우기 위해 절대적으로 필수적인 것은 아니다. 이것을 설명했으므로 나는 묻는다:

6. 중국에서 큰 자리는 보통 어떤 부류의 사람들에 의해 채워지는가? 그들은 일 없이 자기 소득으로 먹고 사는 부유한 가정의 아들들이거나, 어쩌면 그들에게 고등교육을 제공할 만큼 충분히 부유한 아버지를 두었던 농부·수공업·상인의 아들들인가?

7. 행정가의 아들이 보통 행정부처에 들어가는 프랑스에서 그렇듯이 학문적 직업에 헌신하고 이 직업이 가장 자연스러운 것으로 만드는 직종에 종사하는 것 외에 아버지로부터 아들로 어떤 다른 직업도 가지지 않는 가정이 있지 않은가?

8. 개연성이 있듯이 이 가정들이 일 없이 일정한 소득을 얻는다는 것을 가정할 때 나는 그들의 대부분이 재산을 농지로 보유하는지, 이자를 받고 대여하는 금전으로 보유하는지 묻는다.

9. 대부분의 농지는 농지소유자 자신에 의해 경작되는가, 아니면 지주에게 매년 지대를 지불하는 차지농들(*conlons*)에 의해 경작되는가?

10. 중국의 어떤 지방들에서는 농토경작에 노예를 쓰는가?

11. 수확의 일정한 몫, 가령 반타작이나 3분의 1을 지주에게 지불하는 소작인들(*ouvriers*)로 하여금 농토를 경작케 하는 것이 중국에서 흔한 일인가?

12. 이런 경우에 지주는 어떤 자본을 대는가? 지주가 일하는 가축을 제공하는가?

13. 자본금과 일하는 가축을 제공하고 지주에게 매년 고정된 액수의 금전이나 곡물을 지불하는 차지농기업가(*tenant-enterprisers*)에게 농지를 임대하는 것이 중국에서 관습적인가?

14. 이런 상이한 관습들이 중국에서 지배한다면, 프랑스에서처럼 보통, 곡식의 반타작 또는 3분의 1을 받고 임대된 농지가 보통 왕궁으로부터 보다 멀리 떨어져 있고 상업에 덜 적절한 위치에 있는 산서, 사천, 운남 지방과 같은 보다 가난한 지방에 있는 것으로 보이는가? 아니면 거꾸로(고정된 소작료를 지불하는) 차지농 기업가들은 보다 통상적으로 페첼리, 강남, 광동, 복건 등과 같이 시장과 상업에 보다 가까운 부유한 지방에 있는가?

16. 중국의 남부지방에서는 물소로 쟁기질을 한다. 중국의 북부지방에서는 유럽의 소와 비슷한 소로 보다 통상적으로 쟁기질을 하지 않는가? 쟁기질에 말을 사용하기도 하지

않는가? 이 경우에(고정된 소작료를 지불하는) 차지농 기업가들이 확립된 저 지방에서는 말의 사용이 발견된다고 말할 수 있을까?

17. 토지를 사고 파는 일이 중국에서 통상적인가?
18. 연간 소득의 견지에서 토지의 통상 판매가격은 얼마인가?(…)
19. 빌린 돈에 대한 보통 이자는 얼마인가?(…)
20. 중국에서 한 사람이 소유한 가장 큰 농토 면적은 얼마인가?(…) 장원(domains)이 존재하는가?(…)
21.(…). 22.(…).
23. 중국에서 아주 부유하다고 생각되는 사람의 부는 근사치적으로 얼마나 되는가? [소견] 프랑스에서는 여러 범주로 구분하는 것이 가능하다. 1등급은 10만 리브르의 소득을 내는 재산이나 1만6000에서 1만7000온스 은의 소득을 올리는 재산이다.(…)
24. 북경의 육부상서, 각로나 장관, 부윤 등 고위 만다린의 급여를 평량으로 표현해 달라.(1평량 = 은 36그램)
25. 사적 재산의 견지에서 관직으로 부유해진 관리만큼 부유한 사적 개인들을 보는 것이 흔한가?
26. 한 사람이 연간 얼마나 많은 쌀을 소비하는가?
27. 북경의 쌀값은 얼마인가?(…)
28. 중국에서 노동자의 일당임금은 보통 어느 정도인가?(…)
29. 나는 푸아브르(*Poivre*) 씨의 비망록에서, 그리고 드 베르타몽 신부(Abbé de Verthamont)의 이전 비망록에서 곡식의 10분의 1의 토지세가 중국황제의 주된 세수稅收라는 것을 배웠다. 그러나 푸아브르 씨는 이 10분의 1 비율이 모든 토지에 균등하게 부과되지 않고 가장 좋은 토지에서 10분의 1까지 높이 올라가지만 가장 좋지 않은 토지에서는 30분의 1까지 떨어진다고 말한다. 의심할 바 없이 각 땅뙈기에 이 비율을 결정하는 데 오랜 시간이 걸렸다.
나는 각 지방마다 각 땅뙈기가 납세비율 노트와 함께 기입된 공적 도표나 기록부가 있는지를 묻는다.(…)
30. 모두가 자유롭게 그가 원할 때 쌀을 사고파는가? 그것을 곳간에 쌓아두는 것이 허용되는가? 창고를 열고 쌀을 팔기 위해 상인과 농부들이 필요한가? 만다린이 가격을 고정

시키는가? 기아 시에 쌀이 이 지방에서 저 지방으로 자유롭게 이동하는 것이 허용되는가?

31-45. 기술 관련 질문항목.

40-42. 인쇄 관련 질문항목. 인쇄 전에 종이를 축축하게 만드는지, 인쇄잉크에 기름을 넣는지, 인쇄 전에 활자에 어떻게 잉크를 묻히는지 등과 같은 질문들이다. 그리고 튀르고는 도구, 잉크 등의 샘플을 원한다.

43-45. 섬유 관련 질문항목. 중국인들은 양모피륙, 앙골라 염소털 피륙, 대마 섬유 등을 제조하는지를 묻는다.

46-49. 자연학 관련 질문항목. 튀르고는 중국인들이 다양한 지방에 세운 건물에 쓰인 돌과 회반죽에 쓰는 돌에 관심이 있다. 그는 두 중국인 성직자들이 샘플을 보내주기를 청한다. 화석, 광석, 도자기용 진흙, 차 상품의 준비 방법에 대한 설명문 등을 보내 줄 것을 청하고 있다.

50-52. 중국사 관련 질문항목. 중국역사의 몇몇 포인트에 대한 질문.[716]

이 질문항목들은 두 중국인 신부에게 중국으로 출발하기 전에 전달되었다. 1765년 2월 그들은 중국으로 출발했다. 로리앙 항에서 프랑스 선박이 매년 정기적으로 극동으로 항해를 시작했다. 그들은 공업제품 샘플, 루이 15세가 건륭제에게 보내는 선물 등을 갖고 로리앙 항을 떠났다. 그들에게 프랑스 국고에서 매년 1200리브르의 수당이 지급되었다.[717]

1764년 푸아부르는 리용에서 이 두 중국인 고류사와 양덕망을 맞아 섬유와 염색 공장을 시찰시켰다. 그리고 프랑스에 추방당한 예수회 신부들이 운영했던 도서관으로 데리고 가서 신부 드 마일라(Father de Mailla)가 한 세대 전에 쓴 32권의 중국사 원고 (1780년대에 출판됨)를 보여주었다.[718] 튀르고는 1766년 1월 프랑스령 모리티우스 감

---

[716] Maverick, *China - A Model for Europe*, 44-58쪽.

[717] Maverick, *China - A Model for Europe*, 58쪽.

[718] Maverick, *China - A Model for Europe*, 46쪽; Lewis A. Maverick, "Pierre Poivre: Eighteenth Century Explorer of Southeast Asia", *Pacific Historical Review*, Vol.10, No.2(Jun., 1941), 174쪽.

독관으로 임명되어 동양으로 떠나는 푸아브르에게 샘플을 고류사와 양덕망에게 전달할 것을 부탁하는 등 중국과의 산업기술과 과학정보의 교류를 여전히 열렬히 원했다.719)

고류사는 중국으로 귀국한 뒤 조금 지나서부터 여러 권의 시리즈로 논문들을 보내기 시작했다. 이 논문들은 1776년부터 매권 500여 쪽에 달하는 『중국인들의 역사·과학·기술·도덕·관습에 관한 기록』이라는 시리즈의 대大저작으로 간행되기 시작했다. 이 저작들은 1776년 제1권을 시작으로720) 프랑스대혁명을 뚫고 출판사를 바꿔가며 1814년에 제16권이721) 나올 때까지 38년간 출판이 계속 이어졌다. 이 논문원고의 작성은 이름을 프랑스식 이름인 '알로이 카오(Aloys Kao)'로 바꾼 고류사만이 맡은 것이 아니었다. 북경에 주재하는 아미오(J. M. Amiot)·부르주아(F. Bourgeois) 등 8명의 선교사들도 대를 이어 번갈아 이 시리즈 원고의 집필에 참여했다.

■ 케네의 중농주의 모델은 중국이라는 것에 대한 정황증거

케네는 고류사가 중국으로 떠나기 전에 그를 만나 중국에 관해 세세한 것들을 묻고 배웠다. 또한 오스트리아와 프로이센 간의 7년전쟁이 끝난 직후인 1763년과 1764년에 케네는 파리나 베르사유에서 데이비드 흄과 아담 스미스의 방문을 받고 이들을 만나 교류했다.722)

— "공자철학의 '자연적 실현자' 프랑수와 케네"

---

719) Maverick, China - A Model for Europe, 58쪽.

720) Les Missionaires de Peking, *Mèmoires concernant l'historie, les sciences, les arts, les moeures, les usages, &c. des Chinois*, Tome Premier(Paris: Chez Nyon, Libraire, 1776).

721) Les Missionaires de Peking, *Mèmoires concernant l'historie, les sciences, les arts, les moeures, les usages, &c. des Chinois*, Tome Seizieme(Paris: Chez Treuttel et Würzel Libraires, 1814).

722) 참조: Maverick, *China - A Model for Europe*, 121쪽.

케네는 상술한 대로 중국에 대해 그간 공식적으로 침묵을 지켰으나 이미 젊은 시절의 글들 안에서도 아주 상세한 중국 지식을 보여주고 있다. 그러나 그는 이 청년기 저작에서도 자기 지식의 출처를 밝히지 않았다. 그가 처음 이 출처를 다 밝힌 것은 그의 최후의 저작 『중국의 계몽전제정』(1767)다. 초기의 글들 속에 나타나는 그의 중국 지식을 최후의 저작과 비교하면, 주요 관념과 전체 구조의 '놀라운' 일치성이 드러난다. 그는 『경제표』를 발표하기 전에, 중국에서 빌려온 온갖 세부사항을 갖춘 그의 전체적 이론체계를 이미 안출해 놓았던 것이다. 그러나 그는 실천적 활용 직전에 이미 오래 전에 준비된 이 이론체계를 공개적 저술로 썼다.

평생의 중국 연구와 8년에 걸친 경제공부의 종합적 결과물인 『경제표』도 그런 것이다. 첫눈에 신비한 상징으로 오해되는 『경제표』의 이색적 미로조차도 살아있는 현실의 재현으로 간주되었고 그것으로서만 이해될 수 있었다. 케네의 생각은 이중적이다. 한편으로 그 시대의 객관적, 수학적 멘탈리티를 반영하고, 다른 한편으로 그 모든 현실 속에서의 사물들의 전체성을 보려고 노력하는 것이다. 신적 질서를 인간적 질서와 융합하려는, 즉, '세계의 도(Tao)'로서의 자연적 질서를 현실적 질서와 융합하려는 그의 목표는 중국 세계에 의해 가장 장대하게 현실로 구현되어 있는 바로 그것이었고, 세계에 대한 포괄적 수학공식을 발견함과 동시에 우주적 실재의 포괄적 조망을 얻으려는 욕망에 의해 고취되었다. 이 점에서 그의 멘탈리티는 중국인들의 정신과 친족적이었다. 이 지적 '친족성'에서 중국적 국가관과 시민들에 대한 깊은 사랑이 솟아나왔다. 그에 의하면, 국가는 자연적 경제질서의 도움으로, 아니 자연적 '순생산물(잉여생산물)'의 도움으로 인간을 시원始源의 신적 자연상태로 복귀시켜 주는 수단이었다.[723]

이런 까닭에 그의 제자 미라보는 1774년 케네의 장례식 추도사에서 중국의 공자를 직접 언급하며 그의 스승을 공자와 연관시켰다.

---

[723] 참조: Reichwein, *China und Europa*, 112쪽(103쪽) 참조.

공자의 전체적 가르침은 인간본성이 하늘로부터 받은, 그러나 무지와 감정에 의해 어두워진 저 최초의 발광發光, 즉 최초의 아름다움을 회복시키는 것을 목표로 했다. 그러므로 그는 그 나라 백성들에게 하늘의 상제에게 복종하고 그를 영예롭게 하고 외경하고 이웃을 자기 자신으로 사랑하고 성향을 극복하고, 감정을 행동의 척도로 만드는 것이 아니라 감정을 이성에 복종시키고, 이성과 배치되는 어떤 것도 행하지도, 생각하지도, 말하지도 말라고 권고했다. 경건한 도덕성의 이 빛나는 왕관에 어떤 것이든 보태는 것은 불가능할 것이다. 그러나 그것을 지상의 꼭대기에 묶기 위해 해야 할 가장 본질적인 역할은 여전히 남아 있었다. 그리고 이것은 우리의 스승의 일이었는데, 그의 예리한 귀는 우리의 공동 어머니인 자연의 입술로부터 '순생산물'의 비밀을 잡아냈다.724)

제자 미라보의 이 장례식사는 라이프니츠의 글처럼 공자철학을 합리주의적으로 각색하고 있는 것이 문제이기는 하지만, 케네를 "공자의 직접적 계승자"로725) 기술하고 있다.

이 장례식사의 첫 부분에서 미라보는 뒤알드의 『중국통사』에서 한 구절을 따오고 있다. 이것은 케네가 폭넓게 읽은 자료에 대한 존경을 표시한다. 미라보의 요지는 케네가 공자의 고대적 통찰을 활용해 공자의 지혜를 뛰어넘어 근대경제의 보편적 이론을 정식화했다는 것이다. 케네는 '순생산물(잉여)' 개념을 "우리의 공동 어머니인 자연"으로부터 받았다. 이 공동성이 이토록 명백하게 표현되어 있다는 사실은 바로 '중국의 이상화'가 중농주의자들에게 얼마나 중심적인 것인지를 입증한다. "순생산물의 비밀"은 공자철학 안에 이미 확립되어 있는 도덕이론과의 연관이다. 이것은 단순히 기회를 때우는 미라보의 수사적 허구가 아닌 것으로 보인다. 앞서 시사했듯이 케네는 중국제국의 실정법을 보편적 자연법과 동일시했다. 이것은 그의 이론체계를 중국과 관계시킬 때 이론과 현실 사이에 아무런 구별도 없다는 것을 시사한다. 케네에 의하면, 중국의 경제와 정치체제를 이끄는 법률들은 이와 같이 자연질서와 완전히 부

---

724) F. Quesnay, *Oeuvres Économiques et Philosophiques*(1888), 9쪽. Reichwein, *China and Europe*, 112쪽(104쪽)에서 재인용.

725) Reichwein, *China und Europa*, 113쪽(영역본: 104쪽).

합된다.

케네는 그의 고유한 수학적 명증성의 방법을 제외하면 그의 눈앞에 가지고 있었던 모델들에 의존했다. 그의 일정한 근본 관념들은 특히 중국적 전통에서 배운 것들이다. 케네는 중국의 헌법을 인간적 기원이 아니라 신적 기원에서 생겨난 것으로 간주했다. 그리고 그는 중국의 입법을 자연법과 완벽하게 조화로운 것으로 보고 공자의 도덕의 높은 표준을 강조하며 중국제국의 '질서'를 자신의 중농주의 독트린의 정당성을 입증하는 논변으로 활용했다. 그는 중국의 헌법이 신적 뿌리를 가진 것이라는 사실을 점점 더 명백하게 인정했다.[726]

중농주의적 경제이론의 견지에서 중국의 헌정체제가 자연법으로부터 기원했다는 케네의 주장은 정확히 무엇을 뜻하는가? 그것은 케네가 그의 '발명품', 즉 자연법에 기초한 중농주의 정치경제학이 중국제국에서 수천 년 동안 작동해왔음을 시인한다는 것, 말하자면 케네의 기여는 '독창적인 것'과 거리가 멀고 단지 또 다른 맥락에 응용된 것이라는 것을 뜻할 수 있다. 케네 자신이 중국사회에서 발전되어 왔고 또 자연적·전통적으로 뿌리내린 것과 프랑스적 맥락을 위한 경제원칙 간의 합치를 시인하고 있기 때문이다.[727] 이런 해석이 중국에 대한 케네의 지식과 이상화가 그의 독트린에 대한 실제적 영향을 확고히 했는지 여부를 아직 미지의 것으로 남겨두고 있을지라도, 1767년의 『중국의 계몽전제정』은 이것의 가장 결정적인 증거물이다.

― 『경제표』의 착상과 주역 역괘易卦 간의 연관성

이런 일반적 평가를 넘어 케네의 여러 특별난 아이디어들은 다 중국적 출처에서 나온 것이다. 그의 동시대인들 중 한 사람은 실제로 케네가 새로운 아이디어를 전혀 가지고 있지 않다고 비판하기도 했다.

---

[726] Jacobsen, "Physiocracy and the Chinese Model", 22쪽.
[727] Jacobsen, "Physiocracy and the Chinese Model", 21쪽.

당신의 이 아이디어들을 신기한 것이라고 얘기하지 말라. 첫째, 그러한 표현은 적절치 않다. 둘째, 신기하다는 표현은 모든 세기, 모든 국민들에게 공유되는 그런 정신을 소유한다는 당신의 주장과 모순된다. 셋째, 당신이 천명하는 이론, 즉 농업이 부의 유일한 원천이라는 이론은 이미 소크라테스, 복희, 요임금, 순임금, 공자가 보유했던 것이다.[728]

심지어 케네의 제자 보도(Nicolas Baudeau)는 케네의 『페루의 잉카정부(Gouvernement des Incas de Perou)』(1767)의 광고문에서 '경제표'와 주역 64괘 간의 연관을 언급한다.

　『경제표』가 네 개의 선線 안에 포함하고 있는 원래 아이디어를 정교화하려면, 복희의 64괘를 설명하려면 그렇듯이, 여러 권의 책을 요할 것이다.[729]

중국의 전설적 철인왕 복희가 그렸다는 8괘와 문왕이 그린 64괘는 당시 부베 신부와 라이프니츠 때문에 유럽에 어느 정도 알려져 있었다. 보도는 그의 스승의 경제표와 64괘 간의 유사성을 비유하고 있다. 공자는 성인이 64괘를 펴서 천하의 만물만사를 상징했다고 말했다. 케네의 경제표도 국민경제의 전체적 운동을 상징하는 표였다.

그런데 흥미롭게도 케네의 제자들만이 경제표와 역괘 간의 유사성을 말하는 것이 아니라, 케네의 비판자들도 이 유사성을 케네의 독창성을 부정하는 근거로 언급한다. 온정주의적 봉건영주의 관점에서 자본주의적 임금노동자의 처지를 영주의 영구적 보호 하에 있는 봉건농민의 처지만도 못한 것으로 동정하며 봉건시대로의 복고를 동경한 반동적 경제철학자 링게(Simon-Nicolss-Henri Linguet)는 『현대 박사들에 대한 응답(Résponse aux Docteurs modernes)』(런던, 1771)에서 이렇게 케네를 공박한다.

　당신들은 우리가 당신들의 신성한 복음인 그 우스꽝스러운 상형문자에 대해 존경심을 표하지 않기 때문에 갈리아니와 나를 공격한다. 공자는 요소들의 진화를 보여주기 위해 64

---

[728] Reichwein, *China and Europe*, 106쪽에서 재인용.
[729] Jacobsen, "Physiocracy and the Chinese Model", 22쪽에서 재인용.

괘의 표, 역경을 그렸고, 당신들의 경제표는 정확하게 그것과 비견되기에 충분하다.[730]

몇 가지 오해를 제쳐두면 링게는 우리의 맥락에서 중요한 메시지를 말하고 있다. 그가 경제표가 "정확하게 주역 64괘와 비견되기에 충분하다"고 말하고 있는 사실은 당시 이런 비유가 광범위하게 받아들여졌다는 것을 뜻한다.

이 사실로부터 우리는 중농주의자들 사이에는 경제표가 엄청난 실제적 '경우의 수'에 적용가능한 보편적인 그 무엇을 표현한다는 강력한 믿음이 존재했었다는 사실을 도출할 수 있다. 그리고 이것은 그런 비유적 추정이 보도 한 사람에게만 떠오른 생각이 아니었다는 것을 말해준다. 경제표를 주역 8괘 또는 64괘에 비유하는 것은 링게와 같은 비판자들이 쉽사리 그 이론적 시도를 우스꽝스럽게 뒤틀 수 있었기에 중농주의자들과 케네의 '용감한' 한 수였다.

– 가브리엘 마블리의 비판을 통해서 본 케네 이론의 중국 연관

링게만이 아니라 1760년대 말 내내 계속된 소위 '곡물논쟁'에서 곡물의 자유거래를 주장한 중농주의자들은 비판가들에 의해 주로 중국과 공자경전에 대한 광신적 편애를 통해 '신비주의적 이론'을 대변하는 것으로 비난받고 조롱당했다. 링게 외에도 곡물의 국가관리를 주장하는 페르디난도 갈리아니(Ferdinando Galiani, 1728-1787), 가브리엘 마블리(Gabriel Bonnet de Mably, 1709-1785) 등이 이런 비판의 선봉에 섰다. 특히 여기서는 마블리가 중농주의 이론운동에 상당기간 가담했었기 때문에 그의 비판이 흥미롭다. 마블리는 1768년 출간한 『경제철학자들에게 정치사회의 본질적 자연질서에 관해 제기된 의심들』에서 먼저 중국에 대한 중농주의자들의 편애를 지적한다.

우리는 우리의 철학자들(케네와 미라보)이 우리가 존경하는 데 익숙한 국민들에 대해 일종의 경멸을 가지고 있고 중국의 통치에 대한 편애를 드러내고 있다는 것을 보았다. 우리

---

[730] Henry Higgs, The Physiocrats(Firfield, NJ: A. M. Kelly, 1989)에서 야콥센이 재인용. Jacobsen, "Physiocracy and the Chinese Model", 23쪽.

는 이 모든 것을 좋은 철학의 원리들과 어떻게 합치시킬지를 아는 것이 아니라, 미지의 진리를 모독할지 모를 두려움 속에서 신탁이 더 적은 신비를 가지고 말을 걸기를 침묵 속에서 기다리고 있다.731)

가브리엘 마블리가 중국으로부터 프랑스인들의 관심을 돌리고자 하는 방향의 기대대상은 보다 자유로운 지적 환경과 보다 성공적인 경제·기술발전을 보이는 영국 정치경제학이었다.732) 그러나 마블리의 이 비난과 대안적 기도를 무력화시키는 당시 사태의 복잡성은 아담 스미스를 비롯한 영국의 유력한 정치경제학자들이 자유시장론을 만들어가는 초창기에 그들 나름대로 중국경제를 바라보고 케네의 중농주의 이론을 '표절'하고 있었다는 것이다.

그러나 가브리엘 마블리는 '감히'(?!) 중농주의자들의 '자연질서' 또는 '자연의도' 개념도 비판한다.

당신들이 당신들의 잡지에(케네의)『중국의 계몽군주정』원고를(시리즈로) 게재한 것은 (메르시에의)『사회의 자연질서』강좌를 준비하기 위한 것이다.733)

"당신들의 잡지"는 『시민일지』를 말한다. 자연질서 개념에 대한 중농주의자들의 특별한 접근과 중국적 영감 간의 연결에 대한 이 주장은 여기서 아주 분명하다. 케네의 『자연질서』나 메리시에의 『사회의 자연질서』같은 '자연질서'('자연의 도') 개념을 논증한 중농주의자들의 저술들 안에 중국을 전혀 언급하고 있지 않기 때문에 마블리의 이 주장은 흥미롭다. 마블리는 메르시에의 『사회의 자연질서』에서 전개된 이론을 논박하기 위해 케네의 중국 묘사를 비판하는 것이 필요하다고 느꼈다. 마블리의 이 비판은 중국의 법치적 계몽군주정의 주제들과 자연질서 독트린 간에는 특별한 오버랩이 존재한다는 것을 보여준다.734)

---

731) Gabriel Bonnet de Mably, *Doutes proposés aux philosophes economistes, sur l'ordre naturel et essentiel des société politiques*(La Haye: Chez Nyon, 1768), 171쪽.

732) 참조: Jacobsen, "Physiocracy and the Chinese Model", 29-30쪽.

733) Mably, *Doutes proposés aux philosophes economistes*, 98쪽.

마블리는 『중국의 계몽군주정』 전후로 이어진 이 '자연질서' 독트린의 계속성을 시사한다.

> 나는 중국에서 그런 것(행정)이 다 아무런 비용을 요하지 않는다고 믿는다. 그 경제학자들에 따르면 자연은 이 행복한 기후대에서 현자의 종족을 양육하려고 열성이었다.735)

마블리는 여기서 중농주의자들이 중국의 통치전통에 부여하는 완벽성 관념과 그들의 낙관주의를 비꼬고 있다.

전반적으로, 마블리의 분석과 링게의 논평으로부터 분명한 것은 당대의 비판적 독자들이 중국모델과 자연질서론을 둘 다 중농주의의 완전한 그림 속으로 통합하는 것이 유별난 것이 아니었다는 점이다. '중국 본보기'는 자연질서론과 나란히 표적이었다. 나아가 이 중농주의 이론의 구축이 프랑스의 경제정책 논쟁과 관련된 한에서 중국에 대한 중농주의자들의 조회와 참조는 프랑스의 경제발전 전략에 대한 영향을 미쳤던 것이다.736)

케네의 중국론과 그의 중농주의 간의 이 내밀한 연결에 대한 일반적 믿음은 그만큼 아주 강렬해서 당대 중국인들의 사고방식으로부터 입은 은혜를 미라보처럼 공개적으로 시인하는 것이 자연스러운 것이었다. 그리하여 심지어 가령 주역이 성서보다 훨씬 더 오래된 것으로 알려져 있었다는 사실은 자연법에 근거한 보편적 경제이론을 전개하는 데 있어 역괘를 적절한 연상적 준거지점으로 만들었다. 또 하나의 중요한 측면은 역괘가 아무런 종교적 관련성도 없다는 점이다. 그것은 완전히 추상적이고 그러므로 과학적 탐구를 위한 케네의 프로그램을 감당했다. 케네는 1766년 '수공업자에 관한 대화'에서 "사물들은 오직 추상적 관념을 통해서만 이해되고 분화되고 정사精査될 수 있다"고 말했다. 중농주의의 가장 중요한 추상관념들 중의 하나는 중국제국의 법제로 이미 구현되어 있던 '자연질서'였던 것이다.737) 따라서 중국제국의 항구적

---

734) 참조: Jacobsen, "Physiocracy and the Chinese Model", 30쪽.

735) Mably, *Doutes proposés aux philosophes economistes*, 71쪽.

736) 참조: Jacobsen, "Physiocracy and the Chinese Model", 30쪽.

상태를 표현하기 위해 '자연질서' 또는 '자연의 도(ordre naturel)'라는 어휘를 사용한 것은 중농주의자들의 중농주의적 저작이나 『중국의 계몽전제정』에서의 자연질서에 대한 케네의 예찬보다 이른 시점이었다. 이런 사실들은 모두 케네가 역사상 최초로 근대경제이론을 창시한 궁극적 바탕이 그리스철학이 아니라 중국철학이었다는 사실에 대한 또 다른 정황증거들이다.

– 케네의 제안과 '국가의 제1농민' 루이 15세의 쟁기질

여기에 '케네의 제안'으로 1756년 루이 15세는 중국 황제의 모델에 따라 춘경기 개막 시에 손수 쟁기를 가는 장엄한 의식을 거행했다는 사실을 덧붙여야 한다.[738] 그것은 중농주의에 대한 루이 15세의 유일한 공식적 입장 표명이었다. 또한 이것은 케네가 『경제표』를 발표하기 2년 전에도 국왕을 움직여 중국 황제를 흉내 내도록 할 정도로 중국에 열광적이었음을 증명한다. 이것은 적어도 중농주의 이론이 그 시기에, 즉 『중국의 계몽전제정』이 출간되기 11년 전에 프랑스 왕궁에서 중국 전통과 연관되어 거론되고 있었다는 것을 증명해 준다. 그만큼 '귀족 없는 중국'은 프랑스 대궐 안에서 바로 국가개혁의 본보기였고, 대귀족들의 무시무시한 '공포의 대상'이었고, 당연히 프랑스의 모든 위정척사파의 정치사상적 대표자 몽테스키외의 '비방과 배격의 표적'일 수밖에 없었다.

중농주의에서 특히 농업은 물질적 복지의 열쇠이자 잘 제도화된 통치의 상징이었다. 농업은 중농주의적 관점에서 지켜보며 기다려준다는 의미에서의 '무위無爲'와 동시에 항상 자연과 합치되는 적시·적도適度의 행동을 요구했다.[739] 국가에 대해 이것은 농업이 양민養民의 기초를 이룬다는 것을 뜻한다. 하지만 농사는 국가적 통치와의

---

[737] Jacobsen, "Physiocracy and the Chinese Model", 23쪽.

[738] Reichwein, *China and Europe*, 106쪽.

[739] Birger P. Priddat, *Le concert universel. Die Physiokrarie - Eine Transformationsphilosophie des 18. Jahrhunders* (Marburg: Metropolis-Verlag, 2001), 114쪽.

'상징적' 연관도 제공한다. 공동체의 통치는 농업경영처럼 시간적 조건에 알맞은 적도의 정무처리를 요구했다. 따라서 중요한 것은 '자연의 생산물들'이다. 이런 까닭에 케네의 견지에서 군주는 농업과 농업진흥에 관심을 집중해야 하고, 중농주의자들의 논변에서 쟁기질하는 중국황제의 의식儀式, 이 중국의 쟁기질 행사의 전달과 도구적·상징적 활용은 중요한 역할을 했던 것이다.[740] 케네는 프리드리히 2세가 『반反마키아벨리론』(1741)에서 군주를 '국민의 제1공복'으로 선언한 데 이어 군주를 "국가의 제1농민"으로 만들어 새로운 군주제적 지배이념을 더욱 확장한 것이다.[741]

1764년 미라보는 중국 황제가 새 봄에 쟁기질하는 풍경을 그린 그림을 권두화로 담은 『농촌철학(Philosophie rurale)』에서 다음과 같이 쓰고 있다. "세계가 시작된 이래 정치사회를 풍요롭게 만든 다른 발명들과 별개로 원리적으로 정치사회에 안정을 가져다준 세 가지 위대한 발명이 있었다. 첫째는 문자의 발명이다. 이것은 그 자체로 인성에 법률, 계약, 연대기, 발견들을 변질 없이 전달하는 힘을 부여한다. 둘째는 화폐의 발명이다. 이것은 문명사회를 하나로 묶는다. 셋째는 다른 두 발명의 결과인 '경제표'다. 이것은 두 발명들의 대상을 완벽하게 함으로써 두 발명을 완전하게 만든다. 이것은 우리 시대의 위대한 발명이지만, 우리의 후손들이 그 이익을 거둘 것이다."[742]

한편, 케네는 황태자도 중국황제의 밭갈이 행사를 모방하도록 설득했다.[743] 케네를 극찬하는 이 책의 표지에 실린 그림을 보고 이를 모방해 1768년 6월 15일에 이번에는 프랑스의 황태자(후에 루이 16세)가 작은 쟁기 모형을 손수 잡고 밭가는 모습을 연출했다. 이 이벤트는 황태자가 프랑스 농민들에게 공감하고 그 공로를 인정한다는 의도

---

[740] Susan Richter, "Der Monarch am Pflug - Von der Erweiterung des Herrschaftsverhältnisses als erstem[sic!] Diener zum ersten Landwirt des Staates", Das Achzehnte Jahrhundert, 34, no. 1(2010), 41쪽.

[741] Richter, "Der Monarch am Pflug", 40, 54쪽.

[742] Le Marquis de Mirabeau, Philosophie rurale ou économie et politique de l'agriculture, pour servir de suite à l'Ami des Hommes(Paris, 1764; Amsterdam, 1766), I. 52-53쪽. Smith, Wealth of Nations, IV. ix. 38, 678쪽에서 재인용.

[743] Richter, "Der Monarch am Pflug", 51쪽.

로 연출되었다. 이 이벤트와 함께 프랑스의 국가분위기가 일신되었다. 화가들은 이 사건을 기록화로 그리기도 하고 동판화를 만들기도 했고, 시인들은 시문으로 이 계몽군주들을 극구 찬양했다. 중농주의자들의 기관지 『시민일지』는 이 역사적 시간에 대해 이렇게 열광했다.

> 황태자께서는 어쩌면 쟁기를 다룰 줄 아는 서구 지역의 첫 번째 왕자이시다. 그분은 그것이 마지막이 아니기를 바랄 필요가 있다. 아마 마지막 번으로 하지 않았을 것이다.[744]

분명 무엇보다도 이 쟁기질 의식의 이국적이고 주의를 끄는 성격은 유럽 공중을 이것에 감수성을 갖도록 만들었다.

황태자는 1774년 황위에 올랐을 때 그 기념할만한 사건을 그림으로 그리도록 위탁을 주었다. 베를린의 로코코 화가 로데(Bernhard Rode)도 1770년대 초 「쟁기를 가는 중국황제」라는 제명의 그림을 그렸다.(이 그림은 현재 「뽕을 따고 있는 중국의 황후」와 함께 '프로이센 문화자산(Preußischer Kulturbesitz)'에 들어 있다.)[745]

1769년 8월 19일 오스트리아 황제 요셉 2세(재위 1764-1790)는 이를 보고 마찬가지로 중국황제의 춘경기 쟁기질 의식을 모방해 매렌(*Mähren*)지방(체코의 모라비아 지방)의 슬라프코비츠(*Slavkovitz*)라는 마을에서 제대로 된 쟁기를 써서 실제로 한 뙈기 땅을 갈기도 했다.[746] 프랑스 황태자가 밭갈이를 한 지 두 달 만의 일이었다. 이것은 요셉 2세 주변에 여러 중국친화적 왕사들이 있었기 때문에 가능했다.[747] 가령 예수회 신부 프란츠(P. Frantz)는 테레지아의 아들로서 황위를 계승한 요셉 2세의 황태자 시절 그의 철학교사였다.[748] 요셉 2세의 쟁기질 장면은 유화로 그려지고 여러 버전의 동판

---

[744] *Les Ephémérides du Citoyen.*
[745] Berger, *China-Bild und China-Mode im Europa der Aufklärung*, 82쪽.
[746] 참조: Richter, "Der Monarch am Pflug", 40쪽; Maverick, *China - A Model for Europe*, 125-126쪽.
[747] Stefan G. Jacobsen, "Limits to Despotism: Idealizations of Chinese Governance and Legitimations of Absolutist Europe", *Journal of Early Modern History*, 17(2013), 350쪽.
[748] Ulrich Adam, *The Political Economy of J. H. G. Justi*(Oxford, Berlin, Frankfurt am Main,

화로 제작되기도 했다.(1995년 오스트리아 블랑스코라는 도시의 한 광에서 쟁기질하는 군주의 부조가 새겨진 주철접시가 하나 발견되었는데, 1995년 11월 23일 시민들은 이를 기념해 기념비를 세웠다. 이 주철접시를 그대로 복제한 거대한 자연석의 이 기념비석은 역사적 장소인 슬라프코비츠에 세워졌다.749) 그리고 1784년 요셉 2세는 슈바르트(Johann Christian Schubart)라는 농부의 클로버 농사의 업적을 인정해 그에게 '클로버 밭의 귀인(Edler von Kleefeld)'이라는 귀족작위를 줌으로써 새로운 작물에 대한 군주의 관심을 홍보했다.750)

케네를 비롯한 프랑스 중농주의자들은 '모방'을 외침으로써 이 문화 콘텍스트로부터 저 콘텍스트로 전달이라는 의미에서 '이전移轉' 및 중국 쟁기질행사의 일시적이지만 국지적인 확립에 성공한 것이다. 하지만 유럽인들에 의한 중국적 의례의 모방에는 중국의 원래 의식에서 거행되는 신농황제에 대한 제사의식이 완전히 빠졌다. 중국의 쟁기질 의식은 탈脫성례적 의미전환을 겪으면서 신민을 이끌고 안내하는 군주의 수범垂範행위로만 해독되었다. 쟁기질을 통해 가시적으로 드러난 것은 군주가 밭갈이에서도 그의 신민들을 앞서야 한다는 것이었다. 이것은 군주의 통치 기능에 대한 관념이 '국민의 제1공복'에서 '국가의 제1농부'로 구체화되고 농업의 중요성을 겨냥한다는 것을 뜻한다. 케네에 의하면, 땅은 부의 유일한 원천이고 이 부를 늘리는 것은 농사다. 따라서 통치자는 중농주의적 관점에서 '국가의 제1공복'에 더해 '국가의 제1농민'이 되어야 하는 것이다. 요셉 2세는 그의 유언(1781)에서 "국가의 공복으로 이것에 각성해 살았다"고 말해서 제1농민의 기능을 언급하지 않았을지라도 그의 농업정책적 개혁과 쟁기질하는 군주의 광포廣布된 동판화들은 황제의 이러한 자기인식을 기록하고 있다.751)

18세기 내내 기행문으로부터 쏟아져 나온 중국황제의 춘경기 쟁기질 행사에 대한 보고들은 아주 널리 알려졌다. 유럽에서 이 행사의 정보가 확산된 것은 분명 타국의

New York, Bern: Peter Lang, 2006), 141쪽.
749) Richter, "Der Monarch am Pflug", 60쪽.
750) Richter, "Der Monarch am Pflug", 44쪽.
751) Richter, "Der Monarch am Pflug", 52-54쪽.

행사풍속의 이국적 흥미에 기인했을 것이다. 그러나 그것은 동시에 농업에 대한 유럽사회의 모든 계층의 점증하는 전문적 또는 딜레탕트적 관심을 반영하는 것이었다. 흥미로운 것은 중국황제의 쟁기질 행사에 대한 관심이 가령 사탕무 농사와 그 이용에 대한 분석과 연관되었다는 점이다. 여기서 이국의 행사풍속만이 아니라 이국적 농작물과 농작방법도 관심대상이 되었음이 드러난다.752)

그러나 중국황제의 춘경기 쟁기질 행사는 1750년대 말까지 군주에 의한 농업진흥을 위한 논의대상도, 훈화대상도 아니었다. 비로소 중농주의자들과 독일의 관방학적 동조자들은 그들의 논문과 통속잡지에서 유럽의 군주들에게 그들의 과업을 상기시키고 동시에 모방을 촉구할 의도에서 중국황제의 쟁기질 장면을 확산시켰다.753) 앞서 시사했듯이 심지어 중국비방자 몽테스키외도 뒤알드를 이용하며 중국황제의 쟁기질에 관해 언급했다.

> 중국에 관한 보고들은 황제가 매년 논밭의 경작을 개막하기 위해 수행하는 행사를 우리에게 얘기한다. 이 장엄한 공식행동으로 사람들은 백성들이 밭 갈기에 떨쳐나서게 하고 싶었다. 더욱이 황제는 매년 이 작업수행에서 가장 뛰어난 농부에 대해 보고받고 그를 8품 관리로 발탁한다.754)

심지어 몽테스키외조차도 이 장엄한 공식행동"으로부터 프랑스의 농민인구가 모방을 통해 농사에 달라붙기를 원했다.755)

중국황제의 쟁기질에 대한 찬양에는 화가와 시인들도 나섰다. 볼테르는 중국황제의 쟁기질을 찬양하는 루세(Jean-Antoine Roucher)라는 시인의 시문에 대해 이렇게 논평했다.

> 유럽의 우리 군주들로 하여금 이 본보기에서 무엇을 배우도록 해야 하는가? 찬미하라, 그

---

752) Richter, "Der Monarch am Pflug", 47-48쪽.
753) Richter, "Der Monarch am Pflug", 49쪽.
754) Montesquieu, *The Spirit of the Laws*, Bk.14, Ch.8(237-238쪽).
755) Richter, "Der Monarch am Pflug", 50쪽.

리고 부끄러워하라, 그러나 무엇보다도 모방하라.[756]

1762년 요한 유스티(Johann H. G. von Justi)도 중국황제의 춘경기 행사를 상세히 기술하고 있다.[757] 유스티의 목표는 그의 프랑스 동지들의 목표처럼 중국의 성과를 유럽인들의 관심전환을 위해 알리고 유럽 군주들을 농업진흥에 달라붙도록 만드는 것이었다.

우리는 한 나라의 땅을 어떻게 하면 제대로 이용하는 것인지를 배우려면 중국으로 가야 한다.[758]

프랑스의 중농주의자들과 독일어권의 관방학자들은 이렇게 한 마음으로 중국을 동경하며 중농주의적 근대경제학을 전개했다.

- '유럽의 공자' 케네의 공자숭배와 중국열광의 증좌들

『중국의 계몽전제정』 이전에 출간된 케네와 미라보 공저 『농촌철학』은 케네의 경제이론과 중국철학 간의 내적 연관성을 다시 한 번 간접적으로 증명하는 것이다. 이 시기 이전에도 케네는 중국과 공자를 읽었음이 틀림없다. 왜냐하면 이 일이 있기 몇 년 전 케네가 관심 있게 지켜보며 몇 개의 항목을 기고하기도 했던 『백과전서』 제3권이 출간되었기 때문이다. 이 기고문에는 공자의 어록들이 포함되어 있는데, 그 중에서 - 공자의 어떤 명제를 번역했는지 짐작하기 어려운 - 세 번째 어록은 "인간이 하늘과 공통으로 지닌 것은 무엇인가? 이 본성과의 부합은 행동의 준칙을 준다"는 어록이

---

[756] Richter, "Der Monarch am Pflug", 50쪽.
[757] Johann H. G. von Justi, *Vergleichungen der Europäischen mit den Asiatischen und anderen, vermeintlichen Barbarischen Regierungen*(Berlin/Stetten/Leipzig: Johann Heunrich Rüdiger Verlag, 1762), 300쪽.
[758] Johann H. G. von Justi, *Staatswirtschaft oder Systematische Abhandlung aller Oeconomischen und Cameral- Wissenschaften*, 1. Teil von zwei Teilen(Leipzig: Verlags Bernhard Christoph Breitkopf, 1755), §138(140쪽).

다. 이것은 아마 "하늘이 명한 것을 성性이라고 하고, 성을 따르는 것을 도라고 하고, 도를 닦는 것을 교라고 한다(天命之謂性 率性之謂道 修道之謂敎)"를 번역한 것이 아닌가 생각한다. 또 케네는 1765년 그의 논문 「자연법론」에서 "자연적 질서는 모든 정치적·경제적·사회적 행동의 모든 인간적 입법의 최고 준칙이다"라며 유사한 말을 쓰고 있다.759)

케네의 마음은 내내 프랑스 파리보다 중국의 북경에 가 있었다. 심지어 1767년 프랑스 정부의 검열을 피해, 제자 뒤퐁 드 네무르(DuPont de Nemours)가 편집한 자신의 전집 『중농주의, 또는 인류에게 가장 이로운 통치의 자연적 헌정체제(Physiocratie, ou constitution naturelle du gouvernement le plus avantageux au genre humain)』(전6권)를 북경에서 출판하기로 작정했을 정도였다. 이것은 당시 케네가 "절대권력의 사회", 즉 케네와 특별한 인연을 가진 프랑스 국왕 루이 15세가 다스리는 프랑스 사회보다 '무위'의 제국의 수도를 더 편하게 느꼈다는 증좌다.760)(물론 북경이 너무 멀었기 때문에 이 결심은 현실로 옮겨질 수 없었고, 이 『중농주의』원고는 돌고 돌아서, 프랑스의 중농주의와 중국의 정치철학을 열렬히 수입하고 있던 스위스 이베르동[Yverdon]에서 1768-69년 출판되었다.761))

또한, 그의 제자들은 『중국의 계몽전제정』 출간 훨씬 전부터 케네를 '유럽의 공자'라는 존칭으로 불렀다.762) 또한 최종 원고에서는 삭제되었지만 『중국의 계몽전제정』 초고에는 공자의 생애에 대해 쓴 몇 쪽의 글이 포함되어 있었다. 이런 것들을 볼 때, 그의 제자 보도가 지어주고 그의 여러 제자들과 동시대인들이 불러준 '유럽의 공자'라는 칭호는 우호적 감정을 나타내려는 단순한 별명이 아니라, 진정 그 자신의 자화상에서 유래한 칭호인 것이다.763) 이런 여러 가지 근거에서 케네의 경제사상은 중국

---

759) Reichwein, *China und Europa*, 117쪽(106쪽).
760) 참조: Emma Rothschild, *Economic Sentiments - Adam Smith, Condorcet, and the Enlightenment*(Cambridge, MA: Harvard University Press, 2001), 67쪽.
761) 로칠드는 케네가 실제로 북경에서 『중농주의』 전집을 출판할 결심을 시;ㄹ행한 것으로 잘못 알고 있다. 참조: Rothschild, *Economic Sentiments*, 67쪽.
762) Reichwein, *China und Europa*, 113쪽(104쪽). 참조: Gerlach, Wu-wei in Europe, 21쪽; Clark, *Oriental Enlightenment*, 49쪽.

의 철학과 경제체제에 의해 본질적으로 영향 받은 것이라고 말할 수 있다.

지금까지의 서술로써 우리는 서두에 제기한 두 가지 입증 과제 중 두 번째 문제("케네와 중농주의자들이 서양 고유의 자연법사상과 - 콜베르 시대로부터 내려오는 - 프랑스 고유의 '레세페르' 요구를 중국적 농본사상 및 자유교역론으로 충족시켜 새로운 사상, 즉 중농주의를 창조한 것인지?[즉, 중국사상과 제도가 중농주의 탄생에 본질구성적이었는지?], 아니면 중농주의는 중국사상의 도움 없이 그들 고유의 능력으로 '레세페르 중농주의' 사상을 만들었고 중국은 단지 '사례'로만 활용한 것인지?")에 대해, 프랑스 고유의 '레세페르' 요구 외에도 중국적 농본사상 및 자유상업론과 중국의 경제체제의 현실이 중농주의와 자유방임경제론의 탄생에 본질구성적이고 결정적인 역할을 수행했다는 것을 확실한 정황증거로 입증한 셈이다. 지금부터는 정황증거를 넘어 내용적인 측면에서 그 점을 살펴보도록 하자.

■ '자연의 도'(무위이치)와 '레세페르'의 복잡한 관계

공맹의 정치경제철학과 사마천의 화식론에서 '무위이치'와 '자연적 도'는 표리관계에 있다. 그런데 케네에게서는 '무위'의 술어적 재현보다 '자연적 도'의 술어적 재현인 '자연적 질서'가 두드러지고, '무위'라는 단어는 나타나지 않는다. 철학적 배경으로 이 '무위'라는 말이 영향을 미쳤음에 틀림없지만, 케네는 '무위' 대신 '자유교역'이라는 말을 썼고, 다른 중농주의자들은 '레세페르'라는 술어를 더 자주 썼다. '무위(작위함[억지로 하게 함]이 없음)'는 '레세페르(laissez-faire: 하도록 놓아둠)'로 불역되기도 하지만,[764] '레세페르'라는 말은 시원적으로 '무위'의 번역어로 등장한 신조어가 아니라, 프랑스 고유의 전통 속에서 탄생한 말이다. 따라서 케네의 중농주의와 관련해 공자의 '무위' 개념을 '레세페르'라는 술어와 직접 연결시키는 것은 그런 노력이 없지 않을지라도[765] - 새로운 증거가 나오지 않는 한 - 기술적으로 무리인 것으로 보인

---

[763] Elizabeth Fox-Genovese, *The Origins of Physiocracy*(Ithaca, 1976), 74쪽. Gerlach, *Wu-wei in Europe*, 21쪽에서 재인용.

[764] 참조: Clarke, *Oriental Enlightenment*, 50쪽 참조.

다. 다만, 거의 모든 중농주의자들이 '자유'와 '자연의 도' 또는 '자연질서(ordre naturel)'의 개념적 결합을 통해 '무위' 사상을 충심으로 수용했고, 즐겨 '레세페르'로 불역했던 것은 사실이다.

'레세페르'라는 용어는 1680년 르장드르(François[?] Legendre)라는 사람이 이끄는 프랑스 사업가들과 콜베르 재무상간의 면담에서 유래했다. 콜베르가 상인들에게 프랑스정부가 어떤 도움을 줄 수 있는지를 물었을 때, 르장드르가 "레세-누-페르!(Laissez-nous faire! - 우리를 그냥 놓아두십시오)"라고 대답했다고 전한다. 이것은 튀르고가 1759년 『메르퀴르 드 프랑스(Mercure de France)』지(8월)에 기고한 「벵상 드 구르네에 대한 찬사(Eloge de Vincent de Gournay)」에서 소개된 일화다.[766] 그러나 학술적으로는 케네가 경제연구를 시작하면서 읽은 것으로 알려진 부아길베르(Pierre le Pesant, sieur de Boisguilbert, 1646-1714)의 『재부·화폐·조세의 본성에 관한 논고(Dissertation de la nature des richesses, de l'argent et des tributs)』(1707)에서 처음으로 "자연을 스스로 하도록 놓아두어라(laisse faire la nature)!"는 주장을 편 것으로(잘못) 알려져 있지만, 그의 이 저작에서 "레세페르"라는 단어는 찾아 볼 수 없다.[767] 부아길베르는 각종 세금 때문에 프랑스 상업이 부진하므로 중국의 단일화된 조세방법을 모방해야 한다고 생각했을지라도[768] 곡물수입 금지, 국내교역에 대한 물가조세 설치 등을 주장한 점에서 자유교역론자라기보다 차라리 '반反자유교역적 농업론자'였다.[769]

1739년부터 1740년까지 방대한 『중국인 편지』를 연재한 열렬한 친중국론자 다르장송은 부아길베르를 뛰어넘어 1736년경부터[770] 그 무렵의 지배적 견해에 따라 나라의 모든 재앙은 너무 많이 다스리려는 군주국의 탐욕으로부터 생겨난다고 생각하

---

[765] 참조: Gerlach, *Wu-wei in Europe*.

[766] August Oncken, *Die Maxime Laissez faire et laissez passer, ihr Ursprung, ihr Werden*(Bern: K. J. Wyβ, 1886), 5-11, 12-14, 37-38, 91쪽.

[767] Oncken, *Die Maxime Laissez faire et laissez passer*, 120쪽.

[768] Jacobsen, "Physiocracy and the Chinese Model", 14쪽.

[769] 참조: Oncken, *Die Maxime Laissez faire et laissez passer*, 45-46쪽.

[770] 참조: Oncken, *Die Maxime Laissez faire et laissez passer*, 66, 120쪽.

고 "더 잘 다스리기 위해서는 더 적게 다스려야 한다(*Pour gouverner mieux, il faudrait gouverner moins*)"는 명제를 반복해서 피력했다.771) 그리고 바로 이어서 다르장송은 이 준칙에 '라세페르' 준칙을 덧붙이고 있다.

> 레세페르(*Laisser faire*), 이것은 세상이 문명화된 이래 모든 공권력의 좌우명이어야 한다. 사람들은 야만상태에서 벗어났다. 사람들은 기술을 아주 잘 개발한다. 사람들은 인식을 위한 모든 장르에서 규칙과 모델과 견본을 가지고 있거나 훌륭한 실행자들이다. 그들을 일하도록 놓아두라(*Laissez-les faire*), 그리고 당신들은 거기에서 사람들이 기꺼이 저 준칙을 가장 잘 따르는지를 관망하라.772)

따라서 다르장송의 이 논의는 "일하도록 놓아두고 통과하도록 놓아두라(*laissez faire, laissez passer*)!"라는 구호를 늘 따라다니는 "더 잘 다스리기 위해서는 더 적게 다스려야 한다"는 준칙의 "탄생지"이고, "너무 많이 다스리지 말라!(*Pas trop gouverner!*)"는 모토의 "탄생지"다. 그런데 "너무 많이 다스리지 말라"는 모토는 흔히 다르장송의 말로 얘기되지만, 이 모토는 그의 『회고와 잡지(*Mémoires et Journal*)』의 어디에서도 찾아볼 수 없다. 이 모토는 "더 잘 다스리기 위해서는 더 적게 다스려야 한다"는 다르장송의 저 준칙을 후세 학자들이 한 마디 말로 압축한 표현으로 보인다.773) 다르장송은 1751년 『경제잡지(*Journal Œconomque*)』에 익명으로 기고한 3편의 서한을 통해 훗날 튀르고처럼 르장드르를 회상하면서 '레세페르'를 경제이론적 용어로 정착시켰다.774) 따라서 "우리는 다르장송을 가장 완전한 의미에서 중농주의 이전에 레세페르

---

771) Le Marquis d'Argenson, *Mémoires et Journal inédit du Marquis d'Argenson*, Tome IV(Paris: Chez P. Jannet, Libraire, 1858), 168쪽; Tome V, 134, 362쪽. 그런데 제5권 134쪽에서는 "Pour mieux gouverner, il faudrait gouverner moins"라고 쓰고 있다. 여기서 다르장송은 같은 제목의 논문을 쓴 적도 있다고 말한다. 다음도 보라: Oncken, *Die Maxime Laissez faire et laissez passer*, 58쪽; John M. Keynes, "The End of Laissez-Faire"(1926), 278쪽. Keynes, *Essays in Persuasion* [1931](New York: Palgrave Macmillan, 2010).

772) d'Argenson, *Mémoires et Journal inédit du Marquis d'Argenson*, Tome V, 364쪽.

773) Oncken, *Die Maxime Laissez faire et laissez passer*, 58쪽.

774) 참조: Oncken, *Die Maxime Laissez faire et laissez passer*, 68-79쪽.

표어를, 그것도 그 기원을 콜베르 시대로 소급하면서 문헌 속으로 도입한 사람으로 기술할 수 있다."775) 또한 다르장송은 농산물의 수출입의 동등한 자유화를 주장하고 케네와 중농주의자들처럼 농산물의 수입에 반대하지 않았으며 농업만을 유일한 생산적 부문으로 특화·특대하지 않고 농업·산업·상업을 동등하게 생산적인 부분으로 인정했다. "이 명제는 결코 종종 잘못 주장되듯이 아담 스미스를 통해 처음 세상에 나온 것이 아니다. 이것은 중농주의 종파 바깥에 널려 있던 18세기 대부분의 경제학 저술가들에게서 발견된다. 간단히, 다르장송의 학설은 핵심에서 무조건적 자유교역의 근대 학설이다."776)

한편, '레세페르'는 르장드르가 처음 썼지만, '레세페르(laissez faire)'에 '레세파세(laissez passer)'를 붙여 '레세페르 레세파세'라는 구호로 완성시킨 사람은 뱅상 드 구르네(Vincent de Gournay)다. '레세페르'는 '일하도록(faire) 놓아두라'는 글자 그대로의 의미로서 '일의 자유, 생산의 자유'를 말하고 '레세파세'는 '통과하도록 놓아두라'는 의미로서 '통상의 자유', '상업의 자유'를 말한다. 당시 프랑스세관에서는 세관을 통과하는 상품에 'laissez passer'라는 낙관을 찍어주었는데,777) '통과시켜라'는 뜻의 '레세파세'는 여기서 나온 것이다. '레세페르 레세파세' 구호는 1758년 9월경 죽기 직전의 구르네와 짧은 만남을 가졌던 미라보가 이론적 차원에서 사용하기 시작했다. 그리하여 케네가 사용한 적이 없는 '레세페르' 또는 '레세페르 레세파세' 구호를 케네의 제자 미라보가 중농주의의 이론적 준칙으로 만들게 된 것이다.778)

"더 잘 다스리기 위해서는 더 적게 다스려야 한다"는 다르장송의 저 준칙은 19세기에 들어 미국에서 "최소한의 정부가 최선의 정부다"라는 표어로 발전하게 된다. 이런 발전에는 공자의 '무위이치無爲而治' 이념을 미국의 광대무변의 살림 속에서 유럽들의 이해와 다르게 받아들인 미국 특유의 공자주의적·노자주의적 철학이 영향을 미쳤

---

775) Oncken, *Die Maxime Laissez faire et laissez passer*, 79쪽.
776) Oncken, *Die Maxime Laissez faire et laissez passer*, 80쪽.
777) Oncken, *Die Maxime Laissez faire et laissez passer*, 10쪽.
778) Oncken, *Die Maxime Laissez faire et laissez passer*, 121쪽.

다. 1837-1859년간 미국에서 가장 큰 영향력을 발휘하던 자유주의 정치평론지 『미국 잡지와 민주평론(The United States Magazine and Democratic Review)』은 1837년 "더 잘 다스리기 위해서는 더 적게 다스려야 한다"는 다르장송의 저 준칙을 "최선의 정부는 가장 적게 다스리는 정부다(The best government is that which governs least)"는 명제로 변형시켜 잡지의 표어로 내걸었다. 그리고 이른바 '미국 유생' 헨리 소로(Henry D. Thoreau, 1817-1862)는 이를 "가장 적게 다스리는 정부, 아니 차라리 전혀 다스리지 않는 정부가 최선의 정부다(That government is best which governs least, or rather not at all)"라는 그야말로 공자와 노자의 무위無爲정부 원칙으로[779] 복원시켰다. 그 이후 이 원칙은 '시민불복종' 의제와 관련해 미국 조야에서 항상 상기되어 왔고, 지금도 미국의 모든 고등학교에서 교과지식으로 가르치고 있는 정부운영의 준칙이다.

그러나 '레세페르' 슬로건을 '대중화'시키는 데 가장 크게 기여한 사람은 교역규제와 산업규제의 철폐를 부르짖은 1750년대 프랑스 상업감독관 뱅상 드 구르네로 알려져 있다. 그는 르장드르 일화를 기쁘게 생각했고, 이 말을 "일하도록 놓아두고 통과하도록 놓아두어라, 세상은 저절로 굴러간다(Laissez faire et laissez passer, le monde va de lui meme)!"는 그의 구호로 주조했다. 구르네는 글을 남기지 않았지만, 동시대인들의 사고에 엄청난 영향을 끼쳤다. 케네 주변의 튀르고, 미라보, 뒤퐁 드 네무르(DuPont de Nemours) 등 주요 중농주의자들은 모두 이 용어의 창시자로 구르네를 뽑는다.[780] 이후 영국 사람들도 '레세페르'라는 용어를 즐겨 썼지만, 정작 아담 스미스는 '무위'라는 말을 직접 거론한 적도, '레세페르'라는 용어를 쓴 적도 없었다. 하지만 다른 중농주의자들은 '레세페르'를 즐겨 쓰고 '무위'를 이 용어로 불역했다. 스미스는 '레세페르' 대신에 같은 뜻으로 '자연적 자유(liberal liberty)'라는 술어를 쓰는 한편, 공맹의 '천지지도天地之道'(사마천의 '자연지험自然之驗') 또는 케네의 '자연적 질서' 대신, '보이지 않는 손'이라는 표현을 썼다.

---

[779] Henry D. Thoreau, "Civil Disobedience"(Original title: "Resistance to Civil Government"). Thoreau. *Walden and Civil Disobedience*(San Diego: Baker & Taylor Publishing Group, 2014), 247쪽.

[780] Oncken, *Die Maxime Laissez faire et laissez passer*, 5-10쪽.

케네는 '무위'도 '레세페르'도 직접 사용한 흔적이 보이지 않는다. 대신 그는 '도', '자연적 질서', '자연법', '교역의 자유', '상업의 자유', '완전경쟁'이라는 말을 더 선호했다. 그러나 그는 공자가 말하는 순임금의 '무위이치' 사상을 잘 알고 있었을 것으로 보인다. 그와 개인적으로 절친했던 실루에트는, 상술한 바와 같이, 『중국인의 통치와 도덕의 일반이념』(1729)에서 하늘처럼 침묵을 자신의 덕성으로 삼는 순임금이 그의 덕과 힘을 직접 과시하지 않고, 땅처럼 그의 자질을 자신의 완수를 통해 알도록 만들었다고 쓰고 있다. 순임금의 행동은 조용하고 곧았고 그의 움직임은 별들의 움직임처럼 한결같고 고요했으며, 무위처럼 보이나 실은 많은 것을 했다는 것이다. 그는 "정중동靜中動 자체(Il est active dans son inaction même)"요, "웅변적 침묵(silence éloquent)"이었다는 것이다.[781] 케네와 절친한 실루에트가 『경제표』(1758) 출간 30년 전에 『중국인의 통치와 도덕의 일반이념』(1729)에서 이 정확한 '무위의 리더십(無爲而治)' 개념을 전개했다는 것은 케네가 '무위' 개념을 잘 알고 사고했다는 것에 대한 명백한 직접적 정황증거이다.[782] 그러나 유럽 최초로 새로운 경제과학을 창시하는 마당에 자신의 독창성에 대한 세간의 의심에 민감할 수밖에 없던 케네는 자신의 독창성을 인정받는 데에 누가 될까봐 자신의 중국 지식에 대해서도 오랫동안 침묵했듯이 이 '무위'나 '레세페르'라는 표현을 쓰는 것도 일부러 삼간 것으로 보인다.

---

[781] de Silhouette, *Idée genénérale du goubernement et de la morale des Chinois*, 59-61쪽.
[782] 그러나 야콥센은 케네와 무위 개념의 직접적 연결을 부인한다. "최근 50년간 중농주의 경제학과 중국적 이상에 대한 소수의 연구에서 무위(wu-wei) 개념은 종종 케네가 왜 정치경제 안에서의 '레세-페르' 원칙의 이러한 맹렬한 진흥자인지에 대한 대안적 설명들과 관계되어 있다. 하지만 문헌 안에서의 이 주장에 대한 명문상의 그 어떤 직접증거도 없다. 이 해석은 레세페르의 정신을 누군가에 반영해 줄 수 있는 '비행동에 의한 행동'과 같은 무위의 일정한 현대적 정의들에 근거해 있다. 어떤 중농주의자들의 저작 안에 어떤 직접적 시사도 없는 한에서 우리는 무위와 경제적 레세페르 개념 간의 직접적 연결을 신화로 간주하지 않을 수 없다." 그러면서도 이 말이 케네가 중국의 군자치국론과도 무관하다는 것을 뜻하지 않는 것이라고 하면서 실루에트가 논한 순임금의 '정중동의 리더십'을 거론한다. Jacobsen, "Physiocracy and the Chinese Model", 28쪽. 그러나 그가 이렇게 케네와 무위개념의 직접적 연결을 굳이 일종의 '신화'로 부정한 것은 첫째, 그가 케네와 실루에트 간의 절친한 관계를 몰랐기 때문이고, 둘째 그가 실루에트의 『중국인의 통치와 도덕의 일반이념』(1729)을 직접 읽지 않았기 때문인 것으로 보인다.

■ 케네의 자유시장 개념에 영향을 미쳤을 여러 서적들

그러나 '무위'와 '레세페르'의 관계가 어떤 것이든, 공자의 경제·통치철학과 중국의 경제체제에 대한 핵심 정보들은 당시 프랑스 학자들의 저작 속에서 일종의 상식으로 거론되었다. 지면 관계상, 케네에게 영향을 미친 세 가지 사례만을 거론하도록 하자.

- 마르시의 『중국인·일본인·인도인(…) 등의 현대사』

프랑수아 드 마르시(François Marie de Marsy, 1714-1763)는 장장 23년에 걸쳐 전 30권의 방대한 동양전집 『중국인·일본인·인도인·페르시아인·터키인·러시아인 등의 현대사(Histoire moderne des Chinois, des Japonais, des Indiens, des Persans, des Turcs, etc.)』(파리, 1755-1778)를 발간했는데 중국의 통치체제를 다룬 그 첫 권이 1755년에 나왔다. 이 책은 중국의 통치형태, 조세정책, 상업장려정책에 초점을 맞추고 있다. 여기서 마르시는 네덜란드공화국(당시 네덜란드는 귀족공화국이었다)이 보낸 대사가 중국인들에게 공화국이 무엇인지를 이해시키는 데 어려움을 겪을 정도로 중국은 "오랜 세월 전제적이었다"고 말한다. 그러나 "황제의 권력은 절대적일지라도 폭군적인 것이 아니라, 지혜롭게 견제된다". 황제에게 군사부일체의 충성을 바치도록 백성들에게 의무를 부과하는 그 동일한 원리가 황제에게 아비의 부드러움으로 통치할 의무를 부과한다. 중국인들 사이에 공유되는 의견은 황제가 그의 전 시간을 국익의 보살핌에 쏟아야 한다는 것이다. 이 행동지침을 어길 경우 그는 보편적 경멸 속에 떨어지고 반란을 염려해야 한다.[783]

마르시에 의하면, 중국에는 세금을 내는 자본주의적 대농 또는 기업농(fermier = farmer)이 없고, 소지방의 행정관리가 세금을 수납해 상위 지방으로 넘겨준다. "수세

---

[783] François Marie de Marsy, *Histoire moderne des Chinois, des Japonais, des Indiens, des Persans, des Turcs, etc.*, vol. 1(Paris, 1755-1778).. Maverick, *China - A Model for Europe*, 37쪽에서 재인용.

收稅 과정은 경이로울 정도로 간단하고 질서 바르다." 20세와 60세 사이의 모든 시민은 그의 실제적 지불능력에 따라 세금을 낸다. 추수 전에 모든 들녘의 작황을 조사하여 각 농부들에게 납부 액수를 통보한다. 사원의 농지를 포함한 모든 농지는 과세 대상이다. 신도 인간처럼 면세되지 않기 때문이다. "납세가 연체된 사람은 재산 몰수를 당하지 않고, 곤장·투옥·걸인부양 등의 벌을 받는다." 황제는 자신의 절대권력을 수세 증대에 쓰지만, 거의 해마다 천재지변과 역병으로 곤궁에 처한 지방에 면세·감세 처분을 내린다. 마르시는 한 세기 전에 만주의 타타르가 중국을 정복했지만, 그들의 관행을 포기하고 중국의 이런 통치형태를 채택했다고 말한다.784)

또 마르시에 의하면 "중국은 대외무역 없이도 잘 돌아갈 수 있고, 중국 경제에 본질적인 국내교역은 백방으로 장려된다"고 썼다. 뒤알드 신부가 보고했듯이 "국내교역의 총량은 유럽의 전체 상업을 초월한다". 최근, 유럽인들이 자기·칠기·비단 등 중국산업을 모방해서 파는 통에 "중국의 대외수출은 감소했지만, 중국은 아무런 고통을 받지 않았다".785)

- 익명의 저자의 『1747년과 1748년의 동인도 여행』

1762년 노블(C. F. Noble)이라는 사람으로 추정되는 익명의 저자가 『1747년과 1748년의 동인도 여행(A Voyage to the East Indies in 1747 and 1748)』(1762)이라는 책을 런던에서 출간했는데, 여기에도 중국정부의 농본주의 정책에 대한 핵심 정보가 담겨 있다. 1750-60년대는 영국의 많은 서적들이 불역되어 프랑스에서 출판되는 시대였다. 이 익명의 저자는 말한다.

중국 백성들은 경작되지 않는 땅을 1인치도 볼 수 없을 정도로 아주 근면하고, 또한 농업 애호가들이다.(…) 제국 전역에 걸쳐 아주 수많은 호수와 강에 온갖 물고기가 아주 풍부하

---

784) Maverick, *China - A Model for Europe*, 36-37쪽.
785) Maverick, *China - A Model for Europe*, 37쪽.

고, 항해 가능한 강들이 많고, 새들도 야생이든 길들인 것이든 못지않게 풍부하다. 중국에는 항해 가능한 강의 편리성을 향유하지 않는 장소는 거의 없다. 그리하여 육지 위에 도시가 있는 곳에는 반드시 물 위에 또 다른 도시가 있을 정도다. 모든 지방을 관통해 공공도로로 기능하는 하나의 대운하가 있다. 여기로부터 여러 작은 운하들이 갈려 나와 몇몇 도시나 마을에서 종착한다.(…) 도로는 일반적으로 넓고 잘 보수·유지된다.786)

또 그는 "중국 백성의 지식은 가톨릭 선교사들에게 아주 특별한 것으로 보였고 그들의 창의력이 아주 뛰어나다는 것이 인정되어야 한다"고 쓰고 있다.787) 그는 중국의 문제점도 지적한다. "중국의 법률이 몇몇 유럽 국가들의 법률처럼 훌륭할지라도 나쁘게 집행된다. 뇌물과 부패가 재판정을 지배한다. 북경의 장관들은 태수들에게 거금의 상납을 강권한다. 이 태수들은 다시 밑의 만다린들을 짜낸다. 결과적으로 말단 만다린은 마침내 하급관리를 등친다. 그리고 법률이 이러한 해로운 관행을 금지하고 발각될 때 황제가 범법자들을 가혹하게 처벌할지라도 그것들은 당사자들 사이에서 묵인되어 들통 나는 경우가 드물다."788)

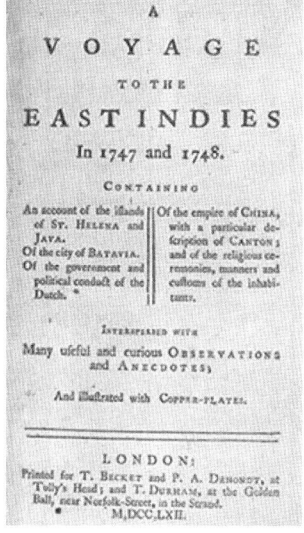

『1747년과 1748년의 동인도 여행
(A Voyage to the East Indies in 1747 and 1748)』표지

익명의 이 저자는 상업상의 악덕과 사기를 언급하지만, 공개적이고 영예로운 거래도 많다고 말한다. 특히 "이 제국에서는 농업을 아주 존중해서 농업을 권장하고 백성

---

786) Anonym(C. F. Noble?), *A Voyage to the East Indies in 1747 and 1748* (London: Printed for T. Becket and P. A. Dehondt, 1762), 129-130쪽.
787) Anonym, *A Voyage to the East Indies in 1747 and 1748*, 132쪽.
788) Anonym, *A Voyage to the East Indies in 1747 and 1748*, 141쪽.

들에게 가르치는 것이 황제의 관심을 받을 가치가 없지 않은 일이라고 여길 정도였다.(한나라) 문제文帝라고 불리는 황제는 백성들에게 모범을 보이기 위해 몸소 쟁기를 간수했고, 황후는 뽕나무를 심고 기르는 것을 돕고 황궁에 누에 잠사를 설치했다. 황제가 입는 모든 옷은 황후가 손수 지은 것이었다. 농업을 찬양하기 위한 축제가 그때 정해졌고 여러 도읍과 지방의 태수들이 농민들을 모이게 하고 농민들 앞으로 행진하는 매년 춘분 때 개최되었다."789) 또 그는 어떤 황제는 "그의 백성들에게 모범을 보이기 위해" 늙은 나이에도 몸소 농사를 지었고 "그가 죽기 3년 전 3년 동안 그의 땅을 갈고 씨 뿌렸으며, 땅을 가장 이롭게 향상시키는 방법을 백성들에게 가르치기 위해 농업에 숙련된 사람들을 방방곡곡으로 보냈다"고 쓰고 있다.790)

– 푸아브르의 『어느 철학자의 여행』

마지막으로, 케네에게 직접 영향을 미친 피에르 푸아브르(Pierre Poivre, 1719-1786)의 사상은 프랑스 중농주의 경제사상의 형성에 대단히 중요하다. 푸아브르는 1740년에서 1756년 사이에 선교사와 대사로서 인도·광동·코친차이나 등지를 여행했다. 7년전쟁 동안 그는 은퇴해 리용에 거주하면서 여행·농업·중국 등을 주제로 여러 차례 강연을 했다. 전후에 그는 프랑스의 인도양 식민지 두 곳(모리티우스제도와 부르봉)에서 상업감독관을 지냈다.791)

1759년의 리용아카데미 연설에서 푸아브르는 네 대륙의 상업을 다루고 있다. "미주의 발견은 아시아와 아프리카를 유럽에 묶어 주었다. 아시아와의 교역을 위한 재료를 미주에서 조달했기 때문이다. 부의 표시와 측정 단위로 쓰이는 은銀은 '세계에서 가장 큰 무역'을 위한 수단이 되었다. 은은 이 큰 무역에서 상품으로 기여했다. 마지막으로 이 무역을 가능하게 만들기 위해서는 땅을 경작하고 유럽의 아프리카 광산에서

---

789) Anonym, *A Voyage to the East Indies in 1747 and 1748*, 161-162쪽.
790) Anonym, *A Voyage to the East Indies in 1747 and 1748*, 162쪽.
791) Maverick, *China - A Model for Europe*, 40쪽.

일할 노예를 아프리카 해안에서 얻어야 했다. 이 커다란 무역의 결과, 경이로운 상단들이 출범했다. 인구는 먹을 것을 얻는 기회에 비례해서 증대되지 않을 수 없었다."792)

푸아브르는 대對극동 무역의 역사에 대해서도 의미심장한 말을 했다. "아우구스티누스 치하에서 로마 상인들은 5000만 세스테르티우스(=두자반×5000만) 떨어진 인도로 매년 사람들을 보냈고, 이 무역에 120척의 선박을 이용했다. 그들의 은은 그들이 유럽으로 실어 나르는 인도 상품과 교환되었다.(…) 혁명과 변동에도 불구하고(…) 인민의 관습은 아주 안정적이어서, 이 교역은 정복자에 의해 파괴되더라도 언제나 그 성격을 바꾸지 않고 정상으로 돌아왔다. 과거의 로마인들처럼

『어느 철학자의 여행
(Voyages d'un philosophe)』 표지

우리는 오늘날 다시 인도로 은을 실어 가서 상품만 가지고 돌아온다. 언뜻 이 교환은 부의 상징을 우리로부터 박탈해 간다는 점에서 불리하게 보인다. 그러나 보다 주의 깊게 살펴보면 이 교환이 이익이 된다는 것을 발견할 것이다. 한 루트로 돈을 넘겨주는 것보다 더 많은 돈을 다른 루트로 들어오게 만들기 때문이다. 이 교역은, 이웃 국가들에게 교역을 대신 맡긴다면 훨씬 더 높은 가격을 지불해야 할 우리의 필요 재화를 우리 국민에게 직접 확보해 준다."793)

이어 1763년과 1764년에 리용아카데미에서 푸아브르는 프랑스 전역이 찬탄해 마지않은, 특히 케네를 중심으로 한 중농주의자들이 찬탄해 마지않은 두 번의 농업 관련 강연을 한다. 이 일련의 강연의 원고는 1769년 이베르동에서 『어느 철학자의 여행

---

792) Lewis A. Maverick, "Pierre Poivre: Eighteenth Century Explorer of Southeast Asia", *Pacific Historical Review* (PHR), Vol.10 No.2(Jun, 1941).

793) Lewis A. Maverick, "Pierre Poivre: Eighteenth Century Explorer of Southeast Asia", *Pacific Historical Review* (PHR), Vol.10 No.2(Jun., 1941).

(*Voyages d'un philosophe*)』으로 출간되었다.[794] 이 책에서 그는 정부가 농업을 보호하는 데 특별한 관심을 쏟아야 한다고 강조한다. 그는 중국을 여러 시대 동안 이 '이성의 자문'을 따랐던 지혜로운 통치의 사례로 든다. 그의 강연은 파리에서도 반복되었고, 강연 원고는 여기저기로 나돌았다. 튀르고도 1765년 이 강연원고를 읽었고, 케네도 『중국의 계몽전제정』(1767)에서 이 강연을 중요한 자료원으로 활용했다. 『사회질서론(*Du l'ordre social*)』(1777)을 쓴 중농주의자인 르 트론(Guillaume-François Le Trosne, 1728-1780)은 캉(Caen)의 왕립과학아케데미 서기 루셀렝(Rouxelin)에게 보낸 편지에서 푸아브르의 이 강연을 들은 것을 정열적으로 기술했다.[795]

피에르 푸아브르는 『어느 철학자의 여행』에서 농업에 관해 이렇게 천명한다.

> 농업은 모든 인간들의 기술이지만(…) 이 보편적 기술이 도처에서 똑같이 번영하는 것은 아니다.[796]

농업은 "농업을 영예롭게 하고 북돋울 줄 아는 지혜로운 국민에게서는 번영하지만, 경망스러운 기술을 선호하거나 농업의 유용성을 감지하기에 충분히 개명되었을지라도 너무 고대적 야만성의 편견들의 노예라서 농업을 수행하는 사람들을 해방하거나 이들을 영예롭게 할 결단을 하지 못한 반半문명화된 백성들에게서는 취약하게 부지된다".[797] 푸아브르는 여기서 프랑스처럼 농업을 무시하고 또 프로이센처럼 농민을 농노의 처지에 묶어 놓고 있는 유럽제국을 '반半문명국'로 비난하고 있다.

푸아브르에 의하면, "나라의 그런 상황에서 거기 사는 사람들의 국가를 무엇보다도 먼저 일반적으로 아는 가장 빠른 지름길은 공공시장과 농촌에 눈길을 주는 것 외에

---

[794] Pierre Poivre, *Voyages d'un philosophe ou observations sur les moeurs et les arts des peuples de l'Afrique, de l'Asie et de l'Amerique*(Yverdon: chez M. le Professeur de Felice, & à Paris, chez Desaint, Libraire rue du Foin Saint Jacques, 1768).

[795] 참조: Maverick, *China - A Model for Europe*, 42쪽; Maverick, "Pierre Poivre: Eighteenth Century Explorer of Southeast Asia", 173쪽.

[796] Poivre, *Voyages d'un philosophe*, 6쪽.

[797] Poivre, *Voyages d'un philosophe*, 6쪽.

없다. 시장이 물품으로 넘치면, 그리고 땅이 잘 가꾸어져 풍부한 수확물로 덮여 있으면, 일반적으로 그 나라나 그곳에 사는 사람들은 인구가 잘 채워져 있고 그곳 주민들이 개명되고 행복하며 그들의 도덕은 부드럽고 그 통치는 이성의 원리에 부합된다고 확신할 수 있다."[798] 그리고 "모든 국민들의 나라들에서 농업은 법률과 예법, 확립된 편견에 절대적으로 좌우된다".[799] 그런데,

> 그 관찰에 의하면, 사람들은 그것이 그 지방의 토양에 달려 있는 것이 아니라는 것, 또는 농업은 중국에서 가장 번창하고 있다고 판단할 수 있다. 그 문화의 이 번영하는 상태와 그에 따르는 풍요는 경작자에 따른 특별한 방법 때문도 아니고, 쟁기 형태나 파종 방법 때문도 아니다. 그것은 주로 그들의 통치에서 기인한다. 이 통치의 심오하고 확고한 기반은 세계의 사람들과 동시에 나타난 이성에 의해서만, 그리고 인류의 첫 세대에게 본성에 의해 명령되고 세대에서 세대로 신성하게 보존되어, 속임수와 기만에 의해 고안된 애매모호한 법전에 새겨진 것이 아니라 거대한 백성의 단합된 마음속에 새겨진 그들의 법률에 의해 깊이 뿌리내려 있다.[800]

푸아브르는 중국 정부의 모든 관심이 마치 농업에만 쏠려 있는 것처럼 묘사하고 있다. 그는 저 런던의 익명 저자처럼 중국의 '상본주의商本主義'를 깜박 잊고 중국의 농본주의만을 예찬하는 것처럼 보인다.

5.3. 케네의 『경제표』와 그 분석

케네는 앞서 언급한 서적들, 중국인과의 직접 면담, 그리고 여행가와 선교사들로부터 얻은 지식과 정보로 형성된 중국적 경제·통치철학을 『경제표』 속에 '계산'의 형

---

[798] Poivre, *Voyages d'un philosophe*, 7쪽.
[799] Poivre, *Voyages d'un philosophe*, 8쪽.
[800] Poivre, *Voyages d'un philosophe*, 120-121쪽.

태로 체계화했다. 1758년 케네는 루이 15세의 도움을 받아 이 『경제표』를 처음 미공간 형태의 인쇄물로 제작해 자기가 아는 좁은 서클에서 회람했다. 여기서 좋은 평가를 받자 1758-59년 여러 버전으로 소량 인쇄해 다시 뿌렸고, 그 뒤 거듭 수정해 마침내 1764년 완전한 모습의 제3판을 공간했다.

■ '경제표'

이 제3판 『경제표』(1764)에 의하면, 궁극적으로 국가의 부는 농업으로부터 나오므로 농업을 중시하는 가운데, 이러한 농업적 부의 생산·유통·분배·소비·재생산은 시장의 자연법에 따르도록 자유롭게 방임하고 정부의 억압과 간섭으로부터 생산자를 자유롭게 해야 한다. 이에 따라 케네는 부자연스럽고 인위적인 억압으로부터 시장을 해방하면 모든 사람을 부유하게 하고 행복과 조화로 이끌 것이라고 주장했다. 나중에 상론하겠지만 이러한 원리는 아담 스미스에게 결정적인 영향을 미치게 된다.[801] 케네의 경제사상은 온갖 특권과 독점장벽의 상징이었던 중상주의체제로부터 프랑스와 유럽의 해방을 의미했다.

케네의 '경제표'에서 생산 단위는 대규모 토지를 영주인 지주로부터 빌려 자기의 말·농기구와 씨앗 등의 선불금(자본)을 투자하고 임금노동자를 고용해 대규모 농장을 운영하는 '차지기업농(*fermier*)', 영어로는 '파머(*farmer*)'다. 따라서 경제표의 생산 주체는 기업농과 농촌임금노동자다. 케네는 나머지 계급을 농업에 빌붙어 사는 '불임계급'으로 분류한다. 다만 지주는 아직도 '영주'의 체통을 존중해 주는 의미에서 '불임적'이라 부르지 않고, 성직자(십일조)·군주(세금)와 함께 기업농으로부터 지대를 받는 전통적 특수계급으로 인정해 준다. 그러나 케네는 지주만이 세금을 내도록 만들고, 기업농과 농업노동자를 둘 다 면세한다.

---

801) 참조: Marx, *Theorien über den Mehrwert*, Erster Teil, 31-35쪽; Clarke, *Oriental Enlightenment*, 50쪽; Ken McCormick, "Sima Qian and Adam Smith", Pacific Economic Review(4: 1, 1999), 85쪽.

「경제표」802)

케네는 지주의 토지에 대해서만 과세하고 경작자(자본주의적 대차지농과 소작인)에게 과세하지 않는 중국의 조세정책을 모방해 도입할 것을 주장한다.

조세는 지주에게만 부과되어야지, 재생산적 지출에 부과되어서는 아니 된다. 그렇지 않으면 조세는 경작자·지주·국가를 다 멸망시킬 것이다.803)

훗날 『중국의 계몽군주정』에서 케네는 이렇게 말한다. "청대 중국의 과세체계에서 최근에 지주만이 세금을 납부하는 것으로 여겨지고 땅을 경작하는 이들은 납부하지 않는다(depuis un temps, les propriétaires seuls sont tenus de payer la taille et non pas ceux qui cultivent les terres).(…) 농부들은 그들이 경작하는 토지에 대해 납세하지 않는다. 또는 납부가 그들에게 요구된다면 이 납부로부터 경작비용을 뺀다."804) 마르크스는 케네가 지주의 토지, 즉 지대에만 과세한 것을 놓고 케네가 프랑스혁명 이전에 지주의 토지를 "부분적으로 몰수했다"고 아주 적극적으로 해석했다.805) 차지농借地農에게 과세하는 것이 아니라 지주에게 과세하면 지가地價가 그만큼 하락해서 지주의 토지 자산가치는 비례해서 감소하며, 지가가 이렇게 낮아지면 낮아질수록 차지농은 그만큼 토지를 자기소유로 구입하기 쉬워진다.

'경제표'는 "대규모의 경작이 말(馬)의 지원을 받아 이루어지는 만족스러운 상태를 가정한다." 케네는 소농을 명시적으로 '표'에서 배제한다.

---

802) 케네가 "Analyse du Tableau Économique" in: *Physiocrates*, par Eugène Daire(Paris: 1846)에서 제시한 「경제표」. 마르크스는 약간 축약한 형태를 사용했다. 참조: Marx, *Theorien über den Mehrwert*(MEW Bd. 26.1), 354쪽.

803) François Quesnay, *Tableau économique*(2nd Edition; 1758-1759), 2. Appendix B. François Quesnay, *Tableau économique*, edited and introduced by Marguerite Kuczynski and Ronald L. Meek(London: MacMillan, New York: Augustus M. Kelley Publishers, 1972).

804) Quesnay, *Despotism in China*, 220쪽.

805) Marx, *Theorien über den Mehrwert*, Erster Teil, 22-23쪽.

우리가 여기서 말하는 것은 소를 써서 하는 소규모 경작이 아니다. 소규모 경작은 4억 아르팡(1arpent = 0.85에이커)의 농지를 경작하는 데 100만 개의 쟁기와 200만 명의 사람이 필요하며, 그래도 대규모 경작이 산출하는 것의 약 5분지 2정도밖에 산출하지 못한다. 경작자들은 최초 선불금(자본)을 만드는 데 필요한 재부를 갖추지 못해 이 소규모 경작으로 영락해 있는데, 이 소규모 경작에서 농지는 크게 비용을 충당하는 데만 쓰일 뿐이다. 따라서 소규모 경작은 토지 소유 자체의 비용으로 수행되고, 생산물의 거의 전부를 빨아먹어 버리는 이 경작 유형에 참가한 대규모 사람들의 생계에 연간잉여를 다 소비한다. 소규모 경작이 지배적인 나라의 빈곤과 파멸을 해명해 주는 이 보람 없는 경작 유형은 이 '표'의 질서와 아무런 관련이 없다. 이 '표'는 최초 선불금(자본)의 도움으로 연간 선불금의 100%를 생산할 수 있는, 쟁기 한 대 경작 면적의 절반을 바탕으로 작성되었기 때문이다.[806]

임금노동자를 고용한 '차지기업농'을 농업의 주력생산 단위로 설정하는 케네의 입장은 이미 『백과전서』에 기고한 "기업농(*Fermiers*)" 항목(1756)과 "곡물(*Grains*)" 항목(1757)에서부터 확고한 것이었다.[807]

제3판 『경제표』(1764)의 마지막 페이지에서 케네는 대농의 선불금(자본)이 다음 8개 항의 주요 원인에[808] 의해 단기간에 잠식되어 버릴 수 있다고 말한다.

1. "경작자의 선불금을 잠식하는 나쁜 과세체계. '건드리지 마라(*Noli me tangere*).' 이것이 이 선불금의 모토다." - 중국에서 생산자는 면세되고 지주만 세금을 내는 것처럼, 생산자인 기업농에게는 세금을 물리지 말라는 말이다. 이것은 기업농과 그 고용노동자를 '노사한몸'으로 보고, 중국에 등장하기 시작한 기업농을 농업부문의 주력생산자로 일반화하고자 한 것이다. 오늘날 뉴질랜드·호주·덴마크 같은 농업자본주의 국가를 만들려고 한 것으로 해석할 수 있다.

2. "수세하는 데 들어가는 비용에 기인하는 징세제도의 추가 비용부담." - 수세제도가 중

---

806) Quesnay, *Tableau économique*(Third Edition, ed. by Kuczynski and Meek, 1972), vi.
807) Quesnay, "Fermiers - Pächter", 140쪽.·"Grains - Korn", 157쪽. Jean Le Rond d'Alembert, Denis Diderot u.a., *Enzyklopädie*(Frankfurt am Main: Fischer Verlag, 1989).
808) Quesnay, *Tableau économique*(Third Edition), xi-xij.

국처럼 간단해야 한다는 말이다.

3. "장식용 사치의 과도함." - 호화음식의 사치는 국내 농산물을 소모하므로 이것에 쓰이는 화폐는 다시 생산적 계급(기업농)에게 돌아오지만, 장식용 사치는 장식품이나 그 제조 원자재를 해외로부터 수입해야 하므로 화폐가 외국으로 빠져나간다. 따라서 케네는 '먹는 사치'와 '장식용 사치'를 구별하고 후자를 억제해야 한다고 생각했다.[809] "과도한 장식용 사치에 탐닉하면 부유한 국민도 아주 빨리 그 고가에 압도당해 버릴 수 있다."[810]

4. "소송에 대한 과도한 비용지출." - 단순화로 소송 발생 건수를 줄이기 위해 조세법과 거래법이 중국처럼 단순해야 한다는 말이다.

5. "토지재산의 생산물의 대외무역의 결여." - 국가 간 농산물의 자유교역을 주장하는 것이다. 수출입은 18세기 내내 전 유럽에서 금지되었고, 아담 스미스의 나라 영국조차도 19세기 중반(1846년 곡물금수법 폐지, 1860년 프랑스와의 통상조약)까지도 금지되거나 자유롭지 못했다.

6. "원자재 생산물의 국내교역 및 경작의 자유 결여." - 상술했듯이 프랑스와 기타 유럽 국가들은 18세기 후반까지 농산물의 지역 간 반출·반입과 구입·판매가 금지되었다. 또한 포도주 생산 영주들의 이익을 극대화시키기 위해 포도 경작의 확대 등을 규제했다. 따라서 중국과 같은 농산물의 교역과 경작의 자유를 요구하는 것이다.

7. "농촌 주민들의 인격적 모독." - 프랑스 사회의 농민 경시로 농민들의 이농이 계속되었기 때문에 중국처럼 농민들이 자부심을 갖고 농사지을 수 있도록 농민들의 영예를 높여야 한다는 요구다. 대단히 중국적인 주장이다.

8. "연간 순생산물의, 생산적 지출계급으로의 복귀의 실패." - 농산물 가격이 하락하면 농업과 상공업 간의 불평등교환이 벌어진다. 그러면 연간 순생산물(지대)이 대부분 상공업 부문으로 흘러들어가 농업생산자가 농산품의 순생산물에서 배제되고 기업농의 확대재투자(축적)의 길이 막힌다. 농업의 정체 내지는 후퇴가 벌어지는 것이다. 중국처럼 자유시장을 통해 물가를 안정시키라는 요구다.

---

[809] 참조: Quesnay, "Extract from the Royal Economic Maxims of M. de Sully"(Third Edition), 격률 16.
[810] Quesnay, *Tableau économique*, ij.

이상 8개 항의 이유를 뒤집으면 중농주의 경제정책이 된다. 케네는 제3판 『경제표』(1764)에 붙인 「드 쉴리의 왕국 경제격률의 발췌」라는 글에서 경제표의 정책 주장을 부연한다. 첫 페이지 각주에서 그는 토지에만 과세하는 중국식 조세원칙에 대하여 다시 상론한다.

경작 비용을 충당하는 데 필요한 부가 없으면, 가장 비옥한 땅이라도 무가치해질 것이라는 점, 그리고 나라의 농업의 악화가 사람들의 게으름 탓이 아니라 그들의 가난 탓이라는 점을 명심해야 한다. 정확히 조직된 세금, 즉 나쁜 과세 형태에 의해 약탈로 영락하지 않는 세금은 농업국가의 토지 소유의 순생산물로부터 걷어진 수입의 일부로만 간주되어야 한다. 그렇지 않으면, 세금이 자기 자신과 비례하는 규칙도, 수입과 비례하는 규칙도, 납세자의 상황과 비례하는 규칙도 따르지 않을 것이고, 이런 세금은 행정관서가 알기도 전에 부지불식간에 모든 것을 망가뜨려 버릴 것이다. 그러므로 납세는 수입에만, 즉 토지 소유의 순생산물에만 부과되어야지, 농부의 선불금이나 노동자들 또는 상품 판매에 부과되어서는 아니 된다. 왜냐하면 후자의 경우에 그것은 파괴적이기 때문이다. 농부의 선불금에 부과하면, 그것은 과세가 아니라 강탈을 뜻하고, 이것은 재생산을 전멸시키고 토지를 악화시키며, 기업농, 지주, 국가를 멸망시킬 것이다. 노동자와 상품의 판매에 부과하면 그것은 자의적이고, 징수의 비용이 세금액을 초과하고 국민과 국가의 수입에 그 어떤 비정상적 방법으로 전가될 것이다.(…) 부과된 세금은 받아들인 세금의 3배가 되고, 받아들인 세금을 잠식한다. 모든 국가 지출에서 상품에 부과된 세금은 받아들인 세금에서 지불되어야 한다. 그러므로 이런 세금은 기만적이고 파멸적일 것이다. 임금을 먹고사는 노동자들에 대한 세금 부과는 - 밭가는 말에 대한 과세가 실제로 경작 그 자체의 비용에 대한 과세에 불과한 것과 똑같이 - 엄격히 말하면 근로자들을 고용한 사람들에 의해 지불되는 그들의 노동에 대한 과세에 불과한 것이다. 그러므로 수입에 대해서가 아니라 사람에 대한 과세는 결국 산업·농업비용에 의해 짊어지는 것이고, 이중손실을 초래하는 방식으로 토지 소유의 수입으로 전가되고, 세수稅收를 없애 버린다. 이 세금은 상품에 대한 세금과 같은 방식으로 간주되어야 한다. 이 세금은 결코 수입, 세수, 경작 비용에 의해 감당되지 않아서, 큰 나라에서도 피할 수 없을 부담을 초래할 것이다.(…) 그러므로 세금은 토지 소유의 순생산물에 직접 부과되어야 한다. 왜냐하면 부를 영토에서 끌어내는 나라에서 세금은 어떻게 부과되든지, 언제나 토지 소유에 의해 지불되기 때문이다. 그러므로 가장 간소하고 가장 규칙적이고 국가에 가장 이익이 되고 납세자에게 가장 부담이 적은 과세형태는 지속적으로 재생산되는 부의 원천에 직접 부과되는 형태다.[811]

상술했듯이 주공과 맹자의 정전제에서 공전公田을 공동으로 갈아 그 생산물을 국가에 내는 10분지 1 또는 9분지 1의 '조助'는 제각기 정전 토지의 9분지 1을 분배받은 농민만이 납부하는 것처럼, 중국의 전통국가에서 '조租'는 지주만이 냈다. 또한 맹자는 모든 시장 및 거래 관련 세금과 관세를 경감·폐지할 것을 주장했고, 중국의 전통적 정부는 대체로 이 방침을 따랐다. 케네는 위 설명에서 이와 유사한 개혁을 정당화하는 논변을 펴고 있는 셈이다. 같은 주장은 「드 쉴리의 왕국 경제격률의 발췌」의 격률 7에서[812] 다시 반복된다.

또한 케네는 명·청대의 중국 정부가 공무역(조공무역)을 중시하고 형식적으로 사무역을 제한한 것을 대외무역 일반을 홀대한 것으로 오해해 이 오해된 중국모델에 충실하게도, 상업 일반을 자유화하되, 대외무역을 경시할 것을 주장한다. 중상주의자들이 퍼뜨린 소문에 현혹되어서는 안 된다는 것이다.

> 백성들은 외국과의 상호무역에서의 외형적 이익에 속아서는 아니 된다. 속지 않으려면 이 이익을 단순히 관련된 현금 총액의 수지균형과 관련해서 판단해야지, 팔고 사는 개개 상품들로부터 나오는 크고 작은 이윤에 세세하게 매여서는 아니 된다. 왜냐하면 현금으로 잉여를 받는 국민에게도 손실이 종종 발생하고, 이 손실은 수입의 분배와 재생산에 해를 끼치기 때문이다. 해외로부터 사들인 원자재 생산물과 해외에서 파는 가공상품의 상호교역에서 불이익은 언제나 후자의 상품에 발생한다. 왜냐하면 원자재 생산물의 판매에 의해 훨씬 더 많은 이윤이 발생하기 때문이다.[813]

---

811) Quesnay, "Extract from the Royal Economic Maxims of M. de Sully", 1-2쪽 각주.

812) Quesnay, "Extract from the Royal Economic Maxims of M. de Sully", 격률 7.

813) Quesnay, "Extract from the Royal Economic Maxims of M. de Sully", 격률 4.

이것은 중국에 대해 대외개방과 대외무역의 확대를 제안한 아담 스미스의 주장이나 스위스·일본·한국 등의 '가공무역' 노선과 반대되는 주장으로서 오늘날 생각하면 문제가 많은 논변이다. 케네는 잉여생산물이 제조업에서, 따라서 가공무역에서 더 많이 발생한다는 사실과, 자유로운 대외무역이 국내산업을 자극해 확대시키고 발전시킨다는 사실을 깨닫지 못하고 국익과 관련해 직업을 차별하고 있는 것이다. 이것은 사마천이 「화식열전」에서 돈을 가장 빨리 버는 직업으로 '말업(상업)'을 권하고 돈 버는 일이면 오랑캐와 대외무역하는 것도 인정한 것과[814] 비교하면 일종의 후퇴인 셈이다.

■ 자유시장을 통한 물가안정의 절대적 요청

그러나 케네는 공산품의 대외무역과 반대로 원자재생산물(농산물)의 대외무역(수출입)의 자유화를 주장한다. "원자재생산물의 대외무역에는 어떤 장애도 있어서는 아니 된다. 시장이 있어야 재생산이 있기 때문이다."[815] 이것은 케네가 『백과전서』의 "기업농(Fermiers)" 항목에 실은 최초의 경제 관련 기고문에서부터 공개적으로 표방한 입장이다.[816] 자유롭고 방해받지 않는 수출입이 농산물 가격을 안정시킨다는 것이다. 사마천과 월나라의 계연처럼, 케네도 시장자유화를 통한 물가안정을 절대시한다.

입증된 사실은 외국 판매나 가격 인상과 독립적으로 가격의 항상적 동일성만으로 6분 1 이상 토지 수입이 증가한다는 것이고, 이 항상적 가격동일성은 경작에 필요한 선불금(자본)을 증가시키고 보호한다는 것이고, 인구를 줄이는 과도히 높은 가격을 회피한다는 것이고, 생산물이 무가치해짐으로써 농업이 내버려지는 것을 막아 준다는 것이다. 다른 한

---

[814] 사마천은 '머리를 방망이 모양으로 감아 올린' 오랑캐와 대외무역을 하여 돈을 번 정정(程鄭)의 예도 들고 있다. 참조: 司馬遷, 『史記列傳(下)』「貨殖列傳」, 1195쪽.

[815] Quesnay, "Extract from the Royal Economic Maxims of M. de Sully", 격률 11.

[816] Quesnay, "Fermiers - Pächter", 138쪽.

편, 대외무역의 금지는 생필품이 종종 품귀되는 이유이고, 국민의 필요에 긴밀하게 비례하는 농업이 풍년과 흉년에 따라 수확량이 변화무쌍한 정도로 가격도 변화무쌍하게 만드는 이유이고, 이 제한당한 농업이 토지의 큰 부분을 아무런 수입을 낳지 못한 채 황무지로 전락하도록 방치하는 이유이고, 시장의 불확실성이 기업농에게 불안을 야기하고 경작에 대한 지출을 중단하고 지대율을 낮추는 이유이고, 이 쇠락이 점점 진전되어 결국 농업을 완전히 파멸시킴으로써 끝나는 음흉한 조처로 국민이 고통받게 되는 이유다.[817]

따라서 "국내 생산물과 상품의 가격은 결코 하락해서는 아니 된다. 그것이 하락하면 상호적 대외무역이 국민에게 불리해질 것이기 때문이다. 시장가격이 있어야 수입이 있다. 풍부하고 무가치한 것은 부와 등치되지 않는다. 희소하고 비싼 것은 빈곤과 등치된다. 풍부하고 비싼 것은 풍요와 등치된다." 따라서 차라리 "가령 높은 곡가穀價가 낮은 곡가보다 농업국가의 하층민에게 더 이익이 된다."[818] 그러므로 "백성들은 생산물이 싼 것이 하층계급에게 이롭다고 믿어서는 아니 된다. 왜냐하면 생산물의 낮은 가격은 임금의 하락을 가져오고, 그들에게 접근가능한 일자리나 수익성 있는 직업을 줄이기 때문이다. 하층계급의 복지는 줄어들어서는 아니 된다. 그러면 하층민들이 국내에서만 소비될 수 있는 생산물의 소비에 충분히 기여할 수 없을 것이기 때문이고 국민의 재생산과 수입은 줄어들 것이기 때문이다."[819]

농촌 주민의 모독을 정당화하기 위해 "착취자들(exacteurs)은 '게으른 것을 막기 위해 농민들은 가난해야 한다'는 것을 격률로 제기했다. 경멸적인 부르주아들은(…) 다음과 같은 잔인한 격률을 채택했다. '아무것도 저축할 수 없는 사람들은 자신의 음식을 버는 데 필요한 만큼만 일할 뿐이고, 저축할 수 있는 사람들은 모두 일반적으로 부를 탐내기 때문에 근면하다.'" 그러나 "모독, 저물가, 근로를 자극하기 불충분한 이윤은 농민들을 게으름뱅이, 밀렵꾼, 부랑자, 강도로 만든다. 그러므로 강요된 빈곤은 농

---

[817] Quesnay, "Extract from the Royal Economic Maxims of M. de Sully", '격률 11'의 각주.
[818] Quesnay, "Extract from the Royal Economic Maxims of M. de Sully", '격률 12' 및 각주.
[819] Quesnay, "Extract from the Royal Economic Maxims of M. de Sully", 격률 14.

민을 근면하게 만드는 길이 아니다. 오로지 소유권의 보장과 이익의 향유만이 그들의 마음을 고취하고 그들을 부지런하게 만드는 것이다. 인간애의 감정과 고등교육, 장기적인 안목을 가진 장관들은 이 가증스럽고 파괴적인 격률을 분개해 물리칠 것이다.(…) 농민이 가난하면 나라가 가난하다."[820] 농민을 '국가의 노예'로 보는 도시민들의 편견과 경멸에 대한 비판은 『경제표』를 집필하기 이전(1756년)에 기고한 『백과전서』의 "기업농" 항목에서 이미 격정적 어조로 토로되었던 주장이다.[821]

케네는 여기서 '상공업자본가들'을 '착취자', '경멸적 부르주아'로 호칭하며 '농업자본가'(기업농) 입장에서 격렬히 비난한다. 반면, 기업농과 농업에 대해서는 극찬을 아끼지 않는다. "경작할 영토가 크고 원자재생산물의 큰 무역을 수행할 수단이 있는 국민은 농업에 연루된 일과 지출을 해치면서 사치품의 제조와 교역에 투하된 현금과 사람들을 너무 확대해서는 아니 된다. 왜냐하면 그 무엇보다도 나라는 부유한 경작자들로 인구가 채워져야 하기 때문이다."[822] 케네는 프랑스를 농산품의 생산과 가공, 육종 개발, 농기구·농약 등 농업 관련 산업의 수입 총액이 공산품의 수입 총액을 초과하는 오늘날의 덴마크, 네덜란드, 스위스와 같은 농업자본주의 국가로 만들려고 한 것으로 풀이할 수 있다. 케네는 농업자본가의 외연을 농산물 상인까지 확대해 옹호하고 있기 때문이다. "농업을 자극하고 농업의 작동을 수행하고, 통제하고 지도하고 국민의 수입을 보호하고 - 탄생, 작위, 학식에서 빼어난 지주들 다음으로 - 국가 안에서 독립적이고 가장 영예롭고 가장 칭찬할 만하고 가장 중요한 시민 대오를 구성하는 자들은 부유한 농부들과, 농촌 교역에 종사하는 부유한 상인들이다. 그들은 부르주아들이 '농사꾼(Paysans)'이라는 경멸적 칭호로만 알고 있는(…) 이 가치 있는 농촌 주민들, 이 스승들, 이 부호들, 이 부유한 농업기업가들이다." 반면, "도시인들은 농촌의 부에 의해 지불받는 피고용자에 지나지 않는다."[823] 여기서 부유한 기업농을 영주

---

[820] Quesnay, "Extract from the Royal Economic Maxims of M. de Sully", '격률 14'의 각주.
[821] Quesnay, "Fermiers - Pächter", 139쪽.
[822] Quesnay, "Extract from the Royal Economic Maxims of M. de Sully", 격률 20.
[823] Quesnay, "Extract from the Royal Economic Maxims of M. de Sully", 격률 20의 각주.

(귀족) 다음으로 영예로운 신분으로 자리매김하는 케네의 논변은 제후의 작위를 받지 않았으나 제후와 벗하고 제후나 다름없는 영예를 누린다는 사마천의 '소봉론'과 본질적으로 상통한다.

그런데 공맹과 사마천의 양민·경제론에서는 농업과 상공업 간의 대립이 없으나, 케네는 이 양자를 거의 '계급투쟁' 수준으로 대립시키고 있다. 『백과전서』 "기업농" 항목에서부터 이미 그는 존 로크를 인용하면서 상업의 필수성과 비생산성을 동시에 거론한다. "로크는 상업을 도박자들의 손익에 상관없이 그 현금총액이 동일한 도박과 비교한다. 국내교역은 욕구를 충족시키고 사치를 유지하고 소비를 수월하게 하기 위해 필수적이긴 하지만, 국가의 권력과 복지에는 거의 기여하지 않는다."824) 농업에 대해 상공업의 불임성을 계급적으로 대립시키는 케네의 이 견해는 공맹의 양민철학으로부터 케네의 중농주의가 크게 이탈하는 유일한 요소다.

또한 케네는 사마천과 월나라 '계연'이 강조했듯이 재생산을 보장하는 유통을 물 흐르듯 하게 하기 위해 지주·고소득자·정부의 축적을 반대하고 있다. 지주와 고소득자의 축적을 수입이나 이윤의 순환과 분배에서 '빼내는' 짓으로, 정부의 축적을 '절도'로 비판하고 있다.825)

한편, 케네는 중국에서처럼 농업을 영예롭게 하고 소농과 소작농을 부농으로 전환시켜 농민이 농촌에서 이탈하지 않도록 만들어야 한다고 주장한다. "기업농의 자녀들이 농촌에 정주해 언제나 그곳에 농부가 있어야 한다. 그들이 모독당하여 농촌을 버리고 도시로 이주하면, 경작에 투하되는 아비의 부를 거기서 가져가기 때문이다. 농촌으로 끌어다 놓아야 하는 것은 사람이 아니라 부다. 왜냐하면 부가 경작에 더 많이 투하되면 투하될수록 경작은 더 적은 사람을 필요로 하고, 더 번영하고, 더 많은 순이윤을 낳기 때문이다. 부유한 기업농의 이러한 대규모 경작(la grande culture des riches Fermiers)은 황소나 암소의 도움으로 밭을 가는 가난한 분익 소작농들(pauvrais Mé

---

824) Quesnay, "Fermiers - Pächter", 141쪽.
825) Quesnay, "Extract from the Royal Economic Maxims of M. de Sully", 격률 5-6.

tazers)의 소규모 경작에 비해 그렇다."[826] 여기서 케네는 생물들의 정성스러운 보살핌에 본질을 두는 농업노동의 특성상 - 농기구가 발달하는 경우에 - 소농(가족농)이 '규모의 경제'를 보장하는 최적의 농업경작형태라는 것, 그리고 농산물을 함부로 다루기 십상인 낯선 인력을 쓰는 대규모의 자본주의 기업농은 농업경작이 기계화되는 상황에서라면 오히려 '규모의 비경제'에 처하게 된다는 것을 아직 감 잡지 못하고 있다.

한편, 케네의 중농주의 이론에는 중요한 모순이 내재되어 있다. 케네는 순생산물(잉여)을 '자연의 선물'로 확신하지만, 대규모 경작의 상대적 이점을 말하는 대목에서는 기술적 생산성에서 경쟁력이 높은 농업노동이 순생산물을 낳는 것처럼 말하고 있기 때문이다. 이 모순은 다시 농업생산만이 '생산적'이고 제조업노동은 '불임적'이라는 그의 구분도 흔들어 놓고 있다. 왜냐하면 농업생산에서 기술적 생산성의 경쟁력을 가진 노동이 잉여(순생산)를 낳는다면, 상업노동과 달리 재료의 변화로 사용가치를 창출해 완제품의 교환가치를 재료의 가치보다 증대시키는 기술적 제조업노동도 잉여(순생산)를 낳기 때문이다. 또한 제조업노동의 이 잉여도 농업노동과 마찬가지로 규모 확대('규모의 경제')와 기술 투자를 통해 생산성이 증가할수록 늘어난다. 순생산물이 케네의 원래 주장대로 '자연의 신비스러운 선물'이라면 그 양이 자연적 비옥도와 다산성에 묶여 고정불변이어야 함에도 불구하고, 이처럼 노동의 생산성과 투하량에 따라 증가한다. 이런 모순은 케네의 다음 말에서 더욱 뚜렷하다.

곡물 경작에 투입되는 땅은 가급적 부유한 농부가 경영하는 대농장으로 통합되어야 한다. 기업농의 경우는 건물의 유지 보수에 지출되는 비용이 적고, 생산비용이 소농보다 훨씬 적어서 순생산이 훨씬 더 많아지기 때문이다. 왜냐하면 소농은 쓸데없이, 그리고 땅의 수입을 비용으로 쓰면서 더 큰 수의 농부가구들을 투입하기 때문이다. 이 가구들의 활동성과 수단으로는 부유한 경작을 수행할 여건이 제공되지 않는다. 수입이 증가하는 것이 농민들의 이 다수성보다 인구 구성에 더 이롭다. 가장 확실한 상태와, 사람들을 다양한 부류로 분할하는 가장 상이한 직업과 가장 상이한 일자리에 쉽게 활용할 수 있는 상태에 있는

---

[826] Quesnay, "Extract from the Royal Economic Maxims of M. de Sully", 격률 9.

인구는 순생산물에 의해 유지되는 인구이기 때문이다. 동물, 기계, 강물 등의 도움으로 수행될 수 있는 작업으로 달성될 수 있는 모든 이로운 절약은 인구와 국가에 혜택을 가져다 준다. 더 큰 순생산물이 사람들에게 다른 서비스나 다른 종류의 일자리에 대해 더 큰 보상을 주기 때문이다.[827]

마르크스는 이 구절을 순생산물의 상대적 증가가 '땅'에서 나오는 것이 아니라 노동생산성을 증가시키는 사회적 설비들에서 나온다는 점을 케네가 인정한 것으로 해석한다.[828] 그런데 '규모의 경제'와 기술적 노동절약은 제조업에서도 가능하다. 그런 만큼 농업노동만이 생산적이고 제조업노동은 불임적이라는 케네의 대전제는 붕괴된다. 또한 운송을 통한 상품의 공간적 변형(장소적 이동)과 가공 및 서비스를 통한 잉여(부가가치)의 추가를 동반하는 모든 상업노동도 다 생산적이다. 시대와 나라의 형편에 따라 농업노동을 강조하거나 공업 또는 상업노동을 강조할 수 있지만, 이것을 생산적/불임적(비생산적) 범주로 구분해 차별하는 것은 모순에 봉착하고 만다. 따라서 농·공·상을 양민론적養民論的으로 차별하지 않는 공맹의 양민론과 사마천의 화식론이 이론적으로 바르고 실천적으로 이로운 것이다. 이런 까닭에 케네의 중농주의 이론에 대한 아담 스미스의 수정이 불가피했던 것이다.

한편, 월나라 계연처럼 케네는 기업농의 증가를 통해 나라가 부유해지면 강한 군대가 나온다고 말한다.

큰 군대는 강력한 국방을 제공하기에 충분하지 않다. 군인이 기율이 잘 세워지고 잘 훈련되고 정력적이고 행복하고 두려움이 없으려면, 보수를 잘 받아야 한다. 뭍과 바다에서의 전쟁은 사람의 힘 외에도 군인들의 생계에 필요한 것보다 훨씬 더 큰 다른 자원을 투입해야 하고 다른 지출을 요구한다. 그러므로 전쟁을 버티게 하는 것은 사람보다 부다. … 보수를 잘 받은 10만 군대는 100만의 군대와 같다. 보수로 끌어모은 어떤 군대도 분쇄되지 않기

---

[827] Quesnay, "Extract from the Royal Economic Maxims of M. de Sully", 격률 21.
[828] Marx, *Theorien über den Mehrwert*, Erster Teil, 36쪽.

때문이다. 이제 그들 자신을 용감하게 방어하는 것은 군인들 자신의 일이다. 그들은 잃을 것이 가장 많은 군인들이다. 왜냐하면 그들 뒤에는 전쟁의 위험에 맞설 완전한 각오가 된 용감한 대체병력들이 무수히 대기하고 있기 때문이다. 그러므로 군대의 명예를 지켜내는 것은 부다.829)

케네의 부국강병론은 계연의 부국강병론과 본질적으로 같은 것이다. 상술했듯이, 재물과 화폐가 "흐르는 물처럼 돌기를 바라는" 계연의 자유화정책을 시행한 지 10년 만에 "월나라는 부유해졌고, 전사들을 후하게 포상하니 전사들이 갈증에 물 마시듯 화살과 돌 세례를 향해 돌진해" 마침내 강한 오나라를 쳐부수고 "중국의 패자가 되었다".

■ '경제표'의 경제정책의 중국적 유래

이상의 서술을 통해 알 수 있듯이 케네의 '경제표'에는 유럽에는 없고 중국에만 있는 정책들이 많이 등장한다. 그러나 케네는 중국에서 수입된 정책들의 출처를 감추기 위해 주도면밀하게 중국의 예증을 일절 배제하고 있다. 아직 중국회의론자들이 말끔히 사라지지 않은 시점에 중국을 기초로 논변을 구성하는 것은 자기의 주장과 중국을 동시에 방어해야 한다는 점에서 전선을 너무 확대하는 꼴이 될 것임을 잘 알았기 때문일 것이다.

그러나 케네의 지지자들과 비판자들은 이구동성으로 『경제표』가 중국과 연관된 것임을 지적했다. 첫째, 케네의 충직한 제자 뒤퐁 드 네무르는 『경제표』의 자유방임적·중농주의적 '정치경제학'을 '신과학(science nouvelle)'일하고 칭하고 『신과학의 진보의 기원에 관하여』(1768)에서 신과학의 독트린을 '인간의 본성'의 '자연법'에 따른 중국 법률의 전시로 규정한다.

---

829) Quesnay, "Extract from the Royal Economic Maxims of M. de Sully", '격률 24'의 각주.

이 독트린의 개요는 인간의 본성에 따라 인간을 위해 만들어진, 모든 기후대와 모든 나라에 적합한 통치에 필수적인 법률을 전시하는 그런 것이다. 그것은 북회귀선 아래 중국에서 4000년 이래 존속해온 통치, 어느 위대한 여제女帝의 영혼이 중국의 신민들의 행복을 위해 북방의 얼음 한 복판에 확립하려는 통치, 백성들에게 모든 자연법(droits naturels)의 충만하고 완전한 향유와 생계에 필요한 적합한 물건들의 가급적 가장 큰 풍요를 보장하는 한에서 틀림없이 백성들에게 가급적 가장 유익한 통치, 가급적 가장 큰 국부와 가장 큰 권위를 임금들에게 마련해주는 한에서 임금들에게도 틀림없이 가능한 가장 유익한 통치다.830)

여기서 "인간의 본성에 따라 인간을 위해 만들어진 법률"은 바로 '자연법'이다. 뒤퐁 드 네무르는 중국의 통치관행과 법률을 자연법의 원천으로 존중하는 스승 케네의 가르침을 자신의 글 속에 그대로 재현하고 있다. 이 구절은 『경제표』 독트린의 중국적 기원을 명확하게 보여주고 있다.

케네를 추종하는 중농주의자 르클레르크(Nicolas-Gabriel [Le] Clerc, 1726-1798)도 1년 뒤인 1769년에 공간한 『대우大禹와 공자(Yu le Grand et Confucius)』에서831) 중국의 입법자들은 "자연질서의 최고법"을 발견하기는 했으나 그 중 "어떤 부분을 인식하지 못하고 정통적으로 알지 못했는데", 1759년(케네의 『경제표』의 두 번째 버전이 만들어진 해)에 "자연질서의 기초가 발견되었고" 프랑스의 "천재" 케네는 이 기초로부터 "원리들을 전개해냈다"고 말하고 있다. 그리하여 "모든 사회제도는 앞으로 『경제표』의 시금석에 따라 검증될 수 있다"는 것이다.832) 이것은 케네가 중국인들에 의해 흐릿하게 추상적으로 포착된 자연질서가 『경제표』에 의해 명확하게 원리로 정식화·체계화되었다는 말이다. 즉, 케네의 『경제표』는 중국입법자들이 추상적으로 파악한 자연질서

---

830) Pierre Samuel du Pont de Nemours, *De l'origine des progrès d'une science nouvelle*(Londres· Paris: Chez Desaint, Libraire, 1768), 78쪽.

831) Nicolas-Gabriel(Le) Clerc, *Yu le Grand et Confucius, Histoire Chinoise*(Soissons: L'Imprimerie de Ponce Coutois, Imprimeur du Roi, 1769).

832) Clerc, *Yu le Grand et Confucius*, xiv쪽.

를 구체적으로 명확화하는 과정에서 탄생했다.

또한 공자칭송과 중국찬가로 가득 찬 『대우와 공자』는 암암리에 케네와 『경제표』의 중농주의를 홍보하는 책처럼 독자를 위한 서언에서 단지 케네가 '경제표'로 자연질서를 증명한 '천재'라고 밝힐 뿐만 아니라 다시 제4부에서 '경제적 과학'을 '신新과학'으로 창시한 '위인偉人'이라고 천명하고 있다. 이런 점들을 잘 뜯어보면, 케네의 열렬한 제자 뒤퐁 드 네무르, 가까운 추종자 르클레르크 등은 당대에 『경제표』와 중국의 긴밀한 연관성을 충분히 증언했음을 알 수 있다.

둘째, 앞서 시사했듯이 케네를 따르는 중농주의자 보도와, 케네를 중국적 신비론으로 비난하는 링게는 둘 다 주역괘와 경제표의 연관성을 언급한다. 그리고 케네도 『중국의 계몽군주정』에서 "공자가 『주역』 안에서 국가의 통치에 아주 중요한 미스터리들을 인식해냈고 『주역』으로부터 그의 시대 이래 중국의 배움의 기초가 되어 온 정치와 윤리의 탁월한 준칙들을 도출했다"고 쓰고 있다.[833] 이런 사실들을 종합할 때 『경제표』의 중국적 연관성이 간접적으로 입증된다.

그러나 오늘날 많은 서양인들은 『경제표』와 중국의 연관을 잊고 경제표의 소득회전 아이디어는 서양에 고유한 것이라고 말한다. 그 중 하나는 『경제표』가 설명하는 소득순환의 관념이 자연질서의 순환이 아니라 혈액순환의 관념에서 비롯되었다는 것이다.[834] 그러나 이런 오해는 아담 스미스가 케네의 본직업인 내과의사를 빗대어 중농주의적 사고체계의 교조적 경직성을 지적한 데서 유래한 것으로 보인다. 스미스는 케네의 중농주의가 중국에서 유래한지를 몰랐다. 스미스는 추정한다.

> 몇몇 사변적 내과의사들은 인간신체의 건강이 식이와 운동의 일정한 정밀 양생법에 의해서만 보존될 수 있고 이 양생법을 조금이라도 위반하면 필연적으로 위반의 정도에 비례해 질병이나 혼란을 야기할 것이라고 생각하는 듯하다. 하지만 경험을 통해 입증되는 사실은

---

833) Quesnay, *Despotism in China*, 187쪽.
834) 참조: Tan Min, "The Chinese Origin of Physiocratic Economics", 89쪽. Cheng Lin, Terry Pech and Wang Fang(ed.), *The History of Ancient Chinese Economic Thought*(London: Routledge, 2014).

인간신체가 지극히 다양한 양생법 아래서도, 심지어 건강한 것과 아주 거리가 먼 어떤 양생법 아래서도 가장 완전한 상태를 종종 보존한다는 것이다. 인간신체의 건강한 상태는 아주 그릇된 양생법의 나쁜 영향들을 많은 점에서 방지하거나 교정할 수 있는 미지의 보존원리를 자기 안에 포함하고 있는 듯하다. 케네 씨는 그 자신이 내과의사였고 그것도 아주 사변적인 내과의사였는데, 정치체에 관해서도 동일한 유형의 생각을 품었던 것으로 보인다. 그는 오직 일정한 정밀 양생법, 즉 완벽한 자유(perfect liberty)와 완전한 정의의 정확한 양생법 아래서만 정치체가 번성·번영할 것이라고 상상했다.[835]

스미스는 케네와 관련해 '양생법'과 '내과의사'를 언급하고 이것들을 케네의 본업과 연결시키고 있다. 하지만 스미스는 '혈액순환'은 거론지 않고 있다.

그럼에도 이후 서구중심주의적 학자들은 케네의 내과의사 직업에 대한 스미스의 의식적 지적을 이용해 『경제표』의 소득순환론을 내과적 혈액순환과 연결시켜 『경제표』의 서구적 기원을 강변해 왔다. 그러나 중국의 정치문화와 공자철학에 조용히 열광했던 케네가 중국의 자연질서적 순환 관념을 신체라는 소우주의 또 하나의 순환인 '혈액순환'에 빗대 이해했을 개연성이 없지 않더라도 『경제표』의 소득순환 개념을 중국의 자연질서 관념과 무관한 혈액순환의 순수한 내과적 관념으로부터만 도출했다는 것은 전혀 설득력이 없다. 그러나 이런 억측은 당대에 『경제표』를 중국 연관성 때문에 감탄한 다르장송·보도·르클레르크 등 중농주의의 추종자와, 바로 동일한 이유에서 『경제표』를 '신비주의'라고 비판했던 링게·마블리·갈리아니 등 비난자들이 펼친 역사적 현장담론을 깡그리 무시하는 것으로서 기실 일고의 가치도 없는 것이다.

5.4. 『중국의 계몽전제정』과 유럽 대개혁: 유럽제국의 중국화

그러나 볼테르의 분투, 프랑스 국왕의 쟁기질(1756), 『경제표』(1758, 1759, 1764)의 출

---

[835] Smith, *Wealth of Nations*, IV. ix, §28, 673-674쪽.

간, 그리고 중농주의의 확산은 상황을 케네에게 유리하게 바꾸어 놓았다. 친중국적 계몽주의자들과 중농주의자들의 수적 증가와 사상적 주도로 프랑스는 완전히 '유럽의 중국'이 된 것이다. 이제 전선은 중국으로까지 확대될 수 있었다. 그의 『중국의 계몽전제정(Le Despotisme de la Chine)』(1767)은 지금까지 감추어 온 카드들을 다 뒤집어 보여주는 일종의 '쇼다운'이자, 중농주의의 '최후의 결전'이었다. 아니, 그의 "정치적 유언"이었다.[836] 『경제표』에 집약된 중농주의 핵심테제들의 중국적 출처를 『중국의 계몽전제정』에서 마침내 명시적으로 드러내 보여주기 때문이다. 이 『중국의 계몽전제정』이라는 저작에서 "일격에" 중국은 완성된 논증도식으로서 케네의 이론계획에 봉사하게 된다. 케네에게 중국은 "자연법적 이상"을 학설과 교육을 통해 모범적으로 실현한 "세계사의 유일한 나라"였다.[837]

■ 케네가 『중국의 계몽전제정』에서 직접 인용하는 주요서적들

케네는 『중국의 계몽전제정』에 내용적으로 다양한 중국 지식을 망라하고 있지만, 기술적으로 세 저자의 책을 거의 복사하다시피 옮겨 놓고서 자신의 관점으로 가공하고 있다.

하나는 루셀로 드 쉬르지(Jacques Philibert Rousselot de Surgy)의 『재미있고 신기한 잡록, 또는 아시아·아프리카와 극지방의 자연적·도덕적·시민적, 그리고 정치적 역사의 요약집(Mélanges intéressans et crurieux, ou Abrégé d'historie naturelle, morale, civile et des Terre polaire)』의 제4·5권(Tomes IV et V) 『중국(La Chine)』(Paris, 1744)이다. 루셀로 드 쉬르지의 잡록의 제4·5권 통합특집 『중국』은 처음 파리에서 출판되었다가 1764년에는 스위스 이베르동에서 재출간되었다. 케네는 이 이베르동 판본을 이용했다. 루셀로 드 쉬르지는 불편부당한 학술적 기술을 했으나, 케네는 이 자료들을 이용해 독자적 해설을 가했다.

---

[836] Reichwein, *China and Europe*, 104쪽.
[837] Berger, *China-Bild und China-Mode im Europa der Aufklärung*, 84쪽.

다른 하나는 뒤알드의 『중국통사』다. 케네는 필요한 대목에서 뒤알드의 서술을 그대로 옮겨놓다시피 했다.

세 번째 서적은 소르본 신학부에서 분서 처분한 르콩트 예수회 선교사의 저작 『중국의 현재 체제에 대한 신비망록』(1696)이다. 케네는 이 책이 70여 년 전 소르본 신학부에 의해 분서처분에 처해졌을지라도 아랑곳하지 않고 이 책을 인용하며 중국을 극찬한다.

케네는 『중국의 계몽전제정』을 보도 신부가 발간하던 『시민일지』라는 중농주의 기관지에 1767년 봄부터 4회에 걸쳐 연재했다가 나중에 책으로 묶어 출판했다.

■ 유럽 '계몽군주정'의 모델로서의 중국의 '법치적 전제정'

케네는 원래 『중국의 계몽전제정』의 한 절로 '공자 약사(Histoire sommaire de Confucius)'라는 작은 공자평전을 썼으나 최종단계에서 이를 빼고 출판했다. 이 미공간 원고에서 케네는 디드로가 쓴, 『백과전서』의 '중국철학' 항목의 공자찬양을 훨씬 능가하는 수준에서 공자를 찬미하고 있다. 이 절의 공자 자료는 셀로 드 쉬르지의 잡록에서 베낀 것이지만, 케네는 여기에 그의 독자적인 고찰도 더하고 있다.[838] 그가 보기에 공자는 투시할 수 없는 자연의 비밀에 관심을 돌린 초기 그리스철학자들과 달리 인간적 현세의 실천적 문제에 초점을 맞춘 철학자였다. 이 해석은 윌리엄 템플의 공자 이해와 유사한 것이다.

당시 프랑스의 현실에서 '계몽군주정'을 이상으로 여겼던 케네는 『중국의 계몽전제정』의 서문에서, 몽테스키외의 '중국전제주의론'의 모호하고 자의적인 전제정 개념을 우스꽝스럽게 만들기 위해 맨먼저 제목에 쓴 '전제주의'의 의미부터 해설한다. 일단 그는 전제주의 또는 전제주專制主(despot)는 모든 군주정에 적용할 수 있다고 말하고, 법치적 전제정과 비법적非法的(자의적·폭군적) 전제정을 구분한다.

---

[838] Elizabeth Fox-Genevese, *The Origins of Physiocracy: Economic Revolution and Social Order in Eighteenth- Century France*(Ithaca: Cornell University Press, 1976), 74쪽.

중국제국의 군주가 최고권위를 배타적으로 자기 손아귀에 쥐고 있다는 이유에서 전제정이라는 술어가 중국정부에 적용되어 왔다. '전제주'란 주인 또는 주군을 뜻한다. 그러므로 이 칭호는 법률에 의해 마련된 절대권력을 행사하는 치자에게도 적용되고, 자의적 권력을 강탈한 치자에게도 적용된다.(…) 그러므로 법치적 전제주(despot légal)와 자의적 또는 비법적 전제주가 존재한다. 첫 번째 경우에 '전제주'라는 칭호는 모든 왕들, 말하자면 단일하고 절대적인 권위를 가진 사람들과 자신이 수장으로 있는 정부의 헌정체제에 의해 제한되고 수정된 권위를 가진 사람들, 이 양쪽에 다 주어지는 칭호인 '군주'와 다름없는 것으로 보인다. 이와 동일한 진술은 황제들에게도 적용된다. 그러므로 전제주인 군주, 황제, 왕들이 있고, 마찬가지로 다른 전제주가 있다. 자의적 전제정에서는 '전제주'라는 이름이 거의 언제나 폭군적·자의적 치자를 지칭하는 명예훼손적 칭호로 간주된다.[839]

케네는 이 전제정의 개념 정의에 이어 곧바로 직설적 물음을 제기하면서 중국 정부의 성격을 정면으로 논한다. 물음과 답변은 사실 몽테스키외가 퍼트린 '중국전제주의론'에 대한 투쟁으로 비쳐진다.

중국 황제는 '전제주'지만, 어떤 의미에서 이 술어가 적용되고 있는가? 내가 보기에, 일반적으로 우리는 저 제국의 통치에 대해 비우호적인 견해를 가지고 있는 듯하다. 그러나 중국에 관한 보고들로부터, 중국 헌정이 황제가 집행하고 그 스스로가 주도면밀하게 준수하는, 되돌릴 수 없는 지혜로운 법률에 기초해 있다는 결론을 도출했다.[840]

케네가 중국헌정을 황제 "스스로도 주도면밀하게 준수하는" 불가역적인 "지혜로운 법률"에 기초한 '전제정'으로 본다는 말은 중국정부가 폭군적·자의적 전제정이 아니라, 자기가 이상으로 삼는 '법치적 군주정', 또는 황제가 스스로를 '법의 지배'를 받는 국민의 공복집단에 귀속시키는 '계몽군주정'이라는 말이다. 케네는 국가의 과업을 자연적 과정의 방해받지 않는 운행과 수익의 효율적 이용을 교통체계와 법적 안전장

---

[839] Quesnay, *Despotism in China*, 141쪽.
[840] Quesnay, *Despotism in China*, 141-142쪽.

치의 창설에 의해 보장하는 것으로 이해했다. 그러므로 케네는 '법치적 전제정(despotisme légal)', 즉 '계몽전제정'을 중농주의적 이상이 실현되기에 가장 적합한 통치체제로 간주했다.841) 케네는 유럽의 군주윤리학 문헌 속의 고대적 또는 기독교적 군주의 알려진 이야기에서 이 '법치적 전제정' 이론을 전개해 나온 것이 아니라, 중국 제국에서 이 '법치적 전제정'의 모델을 발견하고 이것을 프랑스 계몽군주정의 지표로 삼은 것이다. 이런 계몽군주의 이상은 다른 중농주의자들에게로도 확산되고, 독일로도 전파된다.842) 이런 이상국가의 관점에서 중국의 전제정을 '법치적 전제정'으로 분류하면서 몽테스키외를 제압하고 이것을 정당화하는 것은 케네에게 특별히 중대한 문제였던 것이다.

케네는 중국에 대한 유럽인들의 빗나간 지식, 중국의 오제시대에 대한 엉터리 주장들, 중국의 신화시대 등을 훑어본 후, 다음과 같이 중국의 치자와 피치자의 원형적 관계를 정리한다.

논란의 여지가 없는 법률과 행위를 보여준 중국의 첫 황제들은 모두 아주 훌륭한 치자들이었다. 사람들은 이 황제들이 정의로운 법률을 시행하고 유용한 기술들을 보급함으로써 자기의 제국을 번영하게 만드는 데만 전념한 것으로 생각한다. 그러나 나중에 나태와 방종, 잔인성에 빠져들어 그 계승자들에게 위험의 불길한 사례를 제공한 몇몇 군주들이 있었다. 자신에 대한 백성들의 경멸이나 증오를 스스로 불러왔던 중국 황제들은 누구나 이러한 위험에 처해진다. 군부軍府와 음모해 감히 자의적 전제권력을 행사하려다가 무기를 내려놓은 군대들에 의해 버림받기만 한 현명하지 못한 황제들이 있었다. 중국인들만큼 자기 군주에게 순종적인 백성들이 없다. 왜냐하면 그들은 치자와 피치자의 상호의무에 관해 잘 배웠기 때문이다. 그러나 그들은 또한 나라의 종교와 탄복할 만한 지속적 교육체계의 토대를 이루는 자연법과 윤리법도를 침범하는 군주들을 경멸하는 마음이 가장 강렬한 사람들이기도 하다. 정부는 교육을 커다란 스케일로 유지하기 위해 백방으로 노력한다. 이 당당한 법도가 군주와 백성 간의 신성하고 굳건한 유대를 형성한다.843)

---

841) Richter, "Der Monarch am Pflug", 40쪽.
842) 참조: Priddat, *Le concert universel - Die Physiokrarie*, 41쪽.

치자와 피치자 간의 이 원형적 관계는 근세까지도 계속된다. 따라서 케네는 중국의 치자와 피치자 간의 신성한 윤리적 상호의무와 예법을 들고 치자가 이 의무를 침범했을 경우의 혁명 위험을 거론하면서 중국의 전제정은 몽테스키외 등이 퍼트린 폭군적·자의적 전제정이 아니라는 점을 갈파하고 있다.

■ 중국예찬

케네는 중국제국의 이 헌정적 성격 규정에 이어서 사회경제적·지리적 경관에 관해 서술한다.

- 세계에서 가장 아름다운 나라, 가장 번영하는 나라

중국은 세계에서 가장 아름다운 나라, 가장 인구밀도가 높은 나라, 가장 번영하는 나라라는 것이다.

> 이 나라 중국이 알려진 나라 가운데 세계에서 가장 아름답고, 가장 인구밀도가 높고 가장 번영하는 왕국이라는 사실을 아무도 부정할 수 없을 것이다. 중국과 같은 제국은 유럽이 단일한 주권자 아래 통합된다면 전 유럽이 이룰 수 있는 것과 맞먹는다. 중국은 15개의 성 省으로 나뉜다. 그런데 가장 작은 성도, 르콩트 신부에 의하면, 아주 비옥하고 아주 인구가 많아서, 그것 단독으로도 제대로 된 상당한 국가를 형성할 수 있다. 이 저자는 '그것을 다스리는 치자는 어떤 합리적 야심이라도 충족시킬 만큼 충분한 부와 충분한 백성들을 가지고 있다'고 말한다.[844]

르콩트의 인용문은 소르본 신학부에서 분서 처분한 저작 『중국의 현재 체제에 대한 신비망록』(1696)에서 따온 것이다. 케네는 70여 년 전 소르본 신학부의 분서처분 결정

---

843) Quesnay, *Despotism in China*, 157쪽.
844) Quesnay, *Despotism in China*, 157쪽.

에 저항하는 취지에서 르콩트를 인용하며 중국을 극찬하고 있다.

이어서 케네는 르콩트 신부의 저 저서를 인용하며 중국 도시들의 영광에 대해 말하면서 몽테스키외의 기후결정론을 부정한다.

중국 도시들의 수와 휘황찬란함에 대한 일반적 관념을 얻기 위해서는 르콩트 신부의 묘사를 인용하는 것으로 충분할 것이다. 그는 말한다. "내가 보지 못한 몇몇 다른 도시들을 치지 않더라도 나는 파리보다 더 큰 7-8개의 도시들을 보았다. 이 도시들의 동일한 크기는 중국의 지리 덕택이다. 리용, 루엥, 보르도 등과 비교할 만한 1등급 도시들은 80개 이상이다." 중국의 방대한 넓이를 감안할 때 우리는 그곳의 기온과 기후가 전반적으로 동일하지 않다는 것을 쉽게 짐작할 수 있다. 이것으로부터 도출할 수 있는 결론은 기후의 상이성이 필연적으로 상이한 정부형태를 낳지는 않는다는 것이다. 북쪽지방은 겨울에 아주 추운 반면, 남쪽지방은 언제나 온화하다. 여름 더위는 북방지역에서는 견딜 만하지만, 남방에서는 과도하다.845)

이어서 케네는 몽테스키외와 달리 중국을 비옥하고 풍요로운 나라라고 규정한다. "중국이 행복한 풍요를 누린다면, 이것은 토양의 깊이와 비옥함 덕택만이 아니라 이 토양에 물을 대는 수많은 강·호수·운하 덕택이기도 하다. 강이나 호수 또는 운하나 물줄기의 언저리에 위치하지 않은 어떤 도시도, 단 한 개의 작은 향리도 - 특히 남방지방에서는 - 없다."846)

이어서 케네는 중국의 과잉인구, 그 경악스러운 결과로서 하층계급의 빈곤과 영아유기 풍속 등에 대해 개탄한다.847)(그러나 『공자철학과 서구 계몽주의의 기원』에서 상론했듯이 여아女兒살해 풍습은 18세기말경 중국에서 소멸한 상태였다.) 그리고 여러 신부들과 여행자들의 눈에 비친 자본주의 임금노동자 직전 단계의 근로자들의 모습을 묘사한다.

---

845) Quesnay, *Despotism in China*, 165-166쪽.
846) Quesnay, *Despotism in China*, 167쪽.
847) 참조: Quesnay, *Despotism in China*, 168쪽.

공인들은 아침부터 밤까지 일을 찾아 도시를 뛰어다닌다. 중국의 대부분의 근로자들은 개인 집에서 일을 해 준다. 가령 옷을 맞추려면 재단사가 당신의 집으로 아침에 와서 저녁까지 머문다. 다른 공인들도 다 그렇다. 그들은 일을 찾아 거리를 돌아다닌다. 대장장이조차도 모루를 끌고 와서 쇠를 벼린다. 이발사들은, 선교사들을 믿는다면, 어깨에 의자를 들쳐메고 손에 대야와 주전자를 들고 거리를 걷는다.[848]

이것은 뒤알드의 『중국통사』에서 거의 그대로 전재한 것이다.[849]

그러나 뒤알드가 묘사한 - 수요·시장위축으로 인한 - 이 수공업자들과 서비스업자들의 열악한 근로조건이 1730-40년대 중국의 경제적 현실이었다면, 그것은 천문학적 규모의 對서방 사치품 수출량의 - 1720년부터 개시된 - 점진적 격감과 소멸, 중국산업의 소리 없는 쇠락과 소득의 점진적 감소 추세, 그리고 이로 인해 야기된 중국경제의 시장·수요위축과 퇴행과정의 한 단면을 묘사한 것처럼 보였다. 프랑수아 케네로부터 아담 스미스를 거쳐 칼 마르크스에 이르기까지 서양 학자들은 뒤알드가 묘사한 이 퇴행적 중국풍경을 줄곧 중국의 항구적 상황으로 착각하고 이후 150여 년간 반복적으로 우려먹었다. 그러나 중국의 이런 퇴행적 경제상황은 중국대중의 높은 소득수준이 여전히 유지되고 내수가 살아있던 '1710년대 이전의 중국'에서 볼 수 없었다.

가령 16세기말의 중국 가로 풍경은 뒤알드가 묘사한 18세기 중반과 아주 달랐다. 수공업자들과 장인들이 연장과 도구를 들고 소비자를 찾아다녔다는 것은 제품이나

---

[848] Quesnay, *Despotism in China*, 170-171쪽.
[849] 뒤알드는 『중국통사』에서 이렇게 말한다. "모든 도시에 온갖 장인들이 존재하는데, 이 중 일부는 자기들의 점포에서 일하고, 일부는 그들의 용역을 원하는 사람에게 제공하기 위해 이 가로에서 저 가로로 옮겨 다닌다. 대부분의 일은 개인 집에서 한다. 가령 당신이 옷 한 벌을 원하면 재단사가 아침 일찍 당신 집으로 왔다가 저녁에 귀가한다. 다른 직종에서도 동일하다. 심지어 대장장이들은 도구들, 모루, 풍로를 가지고와서 상용(常用)한다. 대부분의 이발사는 그들을 쓸 사람들에게 다가감을 알리기 위해 작은 종을 울리며 계속 가로를 걸어 다닌다. 그들은 어깨에 의자, 대야, 주전자, 불 등을 수건과 빗 상자와 함께 둘러메고, 가로에서나 광장의 한복판에서, 또는 현관에서 또는 원하는 어디에서든 머리를 아주 능란하게 깎아 만주의 관습에 따라 긴 머리카락만 남겨둔다." Du Halde, *The General History of China*, Volume II, 124-125쪽.

서비스에 대한 수요의 부족으로 인해 이들이 손님을 기다리는 상점이나 작업장을 가질 수 없었다는 것을 함의한다. 가령 발리냐노와 산데는 1590년 마테오리치의 보고를 바탕으로 이렇게 중국가로 풍경을 묘사한다.

> 중국인들의 근면성은 특히 손으로 수행되는 수공기예들에서 볼 수 있는데, 이 수공기예에서 중국인들은 대부분의 동방 제諸국민을 능가한다. 금, 은, 돌, 나무와 같은 모든 기타 자료로 독창적으로 일하는 아주 수많은 장인匠人들이 존재해서 장인들의 상점과 제작품들로 가득 찬 도회지 가로들은 보기에 놀라운 장관일 정도다.[850]

발리냐노와 산데는 손님을 찾아 가로를 뛰어다니는 장인들이 아니라, "장인들의 상점과 제작품들로 가득 찬 도회지 가로들의 놀라운 장관"만을 언급하고 있다. 그리고 18세기 중반 손님을 찾아 뛰어다니는 장인들의 모습은 이르면 18세기 중반부터, 늦으면 1770-80년대부터 개시되어 1860-1870년까지 이어진 90-100년 장기불황이 해소되자 이런 퇴행적 경제상황도 해소되었다. 따라서 저런 18세기 중반의 중국 가로 풍경을 중국의 경제적 본모습으로 고정시키는 것은 큰 오류인 것이다.

– 세습귀족 없는 평등사회 중국

케네는 다른 선교사들과 마찬가지로 중국을 왕족 이외에는 세습귀족이 없는, 교육과 시험에 기초한 능력주의 사회로 묘사한다.

> 중국 백성들 사이에는 오직 귀족과 평민의 두 계급만이 존재한다. 첫 번째 신분은 왕자들, 작위를 가진 자들, 만다린(총독 등 지방장관)들, 학자들이다. 두 번째 신분은 농부, 상인, 공

---

[850] Alessandro Valignano and Duarte de Sande, *Japanese Travellers in Sixteenth-Century Europe: A Dialogue Concerning the Mission of the Japanese Ambassador to the Roman Curia* [1590], edited and annotated with introduction by Derek Massarella, translated by J. F. Moran(London: Ashgate Publishing Ltd. for The Hakluyt Society, 2012), 424쪽.

인 등이다. 중국에는 세습귀족이 없다. 사람의 공적과 능력만이 받아야 할 지위를 만든다. 제국의 영상嶺相의 자녀들이라도 뭔가를 이룰 재산은 있지만 어떤 특별 배려도 향유하지 못한다. 그들이 게으름에 빠지거나 재능이 없다면 평민의 지위로 떨어지고, 종종 어쩔 수 없이 직업들 중 가장 비루한 직업이라도 택해야 한다. 아들은 그 아버지의 재산을 상속받지만, 아버지의 존엄을 잇고 그 명성을 향유하기 위해서는 동일한 발걸음으로 자신을 고양시켜야 한다. 그러므로 아들의 모든 희망은 명예로 가는 유일한 경로인 학습에 달려 있다.851)

이 능력주의적 중국관은 훗날 프랑스혁명에서 신분제를 무너뜨리고 근대적 평등사회를 건설하는 핵심 동력이 된다. 패치워크를 통해 진보하려는 겸손한 개방적 문명은 완전한 진실만이 아니라 약간의 오해를 징검다리로 해서도 발전하는 법이다. 자기 자신이 임명귀족(*life peer*: 본인의 공적으로 작위를 받은 귀족)이었던 케네는 영예가 출세한 자식으로부터 아버지·할아버지 대代로 올라가는 중국의 이 능력주의 관료제에 영예가 할아버지·아버지로부터 아들·손자로 내려가는 유럽의 세습귀족제를 대립시킨다.

> 유럽에서는 귀족신분이 아버지로부터 자식으로, 그 후손으로 내려간다. 반대로 중국에서는 자식으로부터 아버지로, 아버지의 선조로 올라간다. 치자는 그가 하사하는 귀족신분을 공공에 바친 수령자의 봉사의 정도에 따라 4대, 5대, 심지어 10대의 선조에까지 소급해 확대한다. 치자는 이것을 명시적 교지로 아버지, 어머니, 할아버지에게 알린다. 치자는 이들 각각에게, 덕은 모범적 행동과 자신의 조상에 대한 성실한 효도에 돌려져야 한다는 원칙에 따라 작위의 영예를 부여한다.852)

"유럽에서는 귀족 신분이 아버지로부터 자식으로, 그 후손으로 내려가는 반면, 중국에서는 자식으로부터 아버지로, 아버지의 선조로 올라간다"는 중국의 영예추존 원

---

851) Quesnay, *Despotism in China*, 172쪽.
852) Quesnay, *Despotism in China*, 174쪽.

칙은 이후 학자들마다 중국의 평등주의를 설명할 때 종종 인용될 정도로 유명한 구절이 된다. 미국에서 토마스 제퍼슨은 독립전쟁 직후 혁명군으로 활약했던 베테랑들이 자신들을 귀족으로 임명해달라고 아우성칠 때 중국의 상향식 영예추존 원칙을 인용해서 이들의 아우성을 물리침으로써 하마터면 네덜란드 식의 '귀족공화국'으로 퇴락할 뻔한 헌정위기와 정치적 위험으로부터 '민주공화국'의 이념을 구해낸다.

– 중국의 농민우대에 대한 예찬과 프랑스 농업정책에 대한 비판

케네는 중국 농민의 높은 사회적 지위에 비상한 관심을 갖고 이를 이렇게 말한다.

> 이등급 시민은 선비의 지위를 얻지 못한 모든 사람들을 포괄한다. 농부는 첫 번째 서열이고, 그 다음은 상인이고, 그 외에 일반인은 모든 공인, 농사꾼, 노무자, 천민계급을 포괄하는 자들이다.[853]

여기서 '농사꾼'은 땅 없는 농업 임노동자를 가리키는 것으로 보인다. 여기서 케네가 '농부'를 '농사꾼'과 구분하고 있기 때문이다. '농부' 범주로는 대농(농업자본가)과 자영농을 가리키는 것으로 보인다.

중국의 농업과 농민, 상업과 대외무역, 상인은 케네의 주요 관심사다. 그는 중국의 지주·소작제도를 상론한다.

> 지주가 수확의 반을 가져가고 세금을 내며, 나머지 반은 농사비용과 노동에 대한 대가로 농부에게 남겨지는 것이 관습이다. 그곳에서는 십일조가 부과되지 않는 만큼, 농민의 몫은 우리나라(프랑스)의 잘 경작된 지방에서 농부가 얻는 소득과 아주 같은 것이다. 중국에서 농민은 상인과 공인보다 서열이 높다.[854]

---

[853] Quesnay, *Despotism in China*, 174-175쪽.
[854] Quesnay, *Despotism in China*, 205쪽.

케네는 여기서 농민에 대한 중국의 조세와 프랑스의 조세를 비교해 그 결과로 중국농민과 프랑스농민의 소득이 '같은 것'으로 평가하고 있다.

그러나 케네는 이에 바로 잇대서 바로 프랑스정부의 농업정책을 비판한다.

농업의 중요성이나 경작지를 준비하기 위해 선불되어야 하는 부의 중요성을 아직 느끼지 못하는 어떤 왕국이 유럽에 있다. 이 경작지는 특별한 능력과 부를 가진 개인들에 의해서만 공급될 수 있다. 저 나라에서 농부는 단순한 농사꾼이나 노무자로 간주되고, 그들의 서열은 도시의 평민보다도 더 낮게 고착되어 있다.(도마[J. Domat]의 『우리의 자연질서 속의 시민법(*Lois civiles dans leur ordre naturel*)』[Paris, 1717]을 보면 이것이 어느 나라인지, 그리고 사회의 기본법에 대해 어떤 사상이 거기에 들어 있는지를 알 수 있을 것이다.) 반대로 중국에서는 농업에 대해 언제나 존중심을 품었고, 농업을 직업으로 하는 사람들은 언제나 황제의 특별한 관심을 받아 왔다. 우리는 이 치자들이 계속적으로 그들에게 부여해 온 특권에 대해 여기서 상론할 필요가 없을 것이다.[855]

"농업의 중요성이나 경작지를 준비하기 위해 선불되어야 하는 부의 중요성을 아직 느끼지 못하는" 유럽의 "어떤 왕국"은 프랑스를 풍자한 것이다. 그 대신, 이에 잇대서 케네는 강희제의 춘경기 밭갈이 장면을 소상하게 소개한다.[856] 이것은 이미 그가 루이 15세와 그 황태자에게 흉내 내도록 시켰던 것이다. 나아가 중국의 이 농본주의를 부러워하며 케네는 그의 『백과전서』의 두 기고문과 『경제표』에서 농업과 농민의 대우를 높일 것을 거듭 역설했다.

■ 공자경전과 탈脫희랍적 중국화의 소망

케네는 '중국의 법치적 전제주의' 명제의 핵심 근거가 되는 중국의 '기본법(헌법)'을 상론하면서 자연법(天地之道)을 이 기본법의 출처로서 제시한다. 그리고 그는 공자

---

855) Quesnay, *Despotism in China*, 205-206쪽.
856) 참조: Quesnay, *Despotism in China*, 206쪽.

경전을 이 기본법을 논한 경전으로 제시하고 경전을 두 종류로 나눈다. '신성한' 제1급의 다섯 경전은 『역경』, 『서경』, 『시경』, 『춘추』, 『예기』이고, 제2급의 여섯 경전은 『대학』, 『중용』, 『논어』, 『맹자』, 『효경』, 『소학』이다. 그는 이 경전들을 차례로 열거하고 설명한다.

특히 케네는 여기서 자연법을 상론한다. 그런데 그는 로마 교황청의 입장이 아니라 마테오리치와 예수회의 견해에 따라 중국의 신화적 믿음을 종교로 보고, 중국의 감정주의적 도덕론을 합리주의적으로 각색한다.

중국 종교의 제일 관심은 최고 존재다. 그들은 주권자인 황제를 뜻하는 '상제' 또는 동일한 것을 뜻하는 '천天'이라는 명칭 아래 모든 존재자들의 원리로서 저 최고 존재를 경배한다. 중국의 주석가들에 의하면, '상제'(표현은 '天'이지만 의미맥락상 '상제'로 바꿔 옮겼음 - 인용자)는 하늘을 주재하는 성령이고, 중국인들은 하늘을 자연의 조물주의 가장 완전한 작품으로 본다. 하늘의 관점은 언제나, 자연적 질서의 아름다움과 숭고함에 유의하는 사람들의 존경을 끌어낸다. 하늘에서 창조주의 불변적 법은 가장 명백한 법으로 명확하게 표명된다. 그러나 이 법을 우주의 한 부분에 귀속시켜서는 아니 된다. 왜냐하면 이 법은 그 모든 부분들의 보편법이기 때문이다. 이 단어('하늘')는 물질적 하늘(蒼天)을 뜻하는 것으로 받아들여지기도 한다. 그리고 그 의미는 그 단어가 적용되는 주제에 달려 있다. 중국인들은 아버지는 '가정의 하늘'이라고 말한다. 총독은 '성省의 하늘'이다. 황제는 '제국의 하늘'이다. 중국인들은 도시, 강, 산을 주재하는, 최고 존재에 종속된 신령들에게는 보다 적은 경배를 바친다.[857]

모든 경전들, 특히 『서경』은 '상제'를 만유萬有의 창조주로, 황제를 '백성의 아버지'로 제시한다. '상제'는 우리 마음의 가장 내면적인 비밀조차도 아는 전능한 독립적 존재자다. '상제'는 우주를 다스리고 여기 아래에서 일어나는 모든 일들을 의지에 따라 예견하고 연기하고 재촉하고 결정하는 자다. 그의 신성함은 전능의 등가물이고 그의 정

---

[857] Quesnay, *Despotism in China*, 178쪽.

의, 그의 주권적 자애慈愛의 등가물이다. "덕성 이외에 인간이 행하는 어떤 것도 그를 감동시키지 못한다." 나아가 경전들은 상제가 무한히 개명된 존재라고 말한다. "상제는 동물과 물질적인 피와 - 우리를 동물과 구별해 주는 - 사고능력을 혼합해 우리를 형성하기 위해 부모를 이용했다." 상제는 덕을 무척 사랑해서, 황제가 "덕스럽고 참회적이기"를 바란다. 황제는 하늘에 제사를 올리기 전에 "단식과 눈물로 그의 잘못을 말해야" 한다.858) 다분히 기독교적 관점으로 각색된 상제에 대한 설명인 셈이다.

케네는 이런 기독교적 각색 때문에 '천심 즉 민심'이라는 『서경』의 핵심 사상을 놓침으로써 유교적 '상제' 개념에 감춰진 혁명이론을 몰각하고 있다. 프랑스 왕실과 친밀했던 케네의 중국 정치철학의 이해는 이 점에서 영국 왕실과 대립했던 로크의 그것과 차별된다.

케네는 중국의 전통 종교에 우상이 없음을 높이 평가하고,859) 이와 대조적인 불교를 비방한다.860) 여기서도 기독교적 앵글로 '종교의 자유'를 부정하는 서양인 고유의 협소함을 보여주고 있다.

이어서 케네는 경전들을 설명한다. 케네는 부정확한 내용을 섞어가며 『역경』에 대해서 다음과 같이 말한다.

이 고대의 책은 신비스럽다. 이 책은 중국인들의 지혜를 당혹스럽게 만들었는데, 특히 주석을 통해, 성공하지 못한 노력을 통해 그것에 빛을 비춰 주려고 시도했던 두 황제(문왕과 주공 - 인용자)의 지혜를 크게 당혹스럽게 만들었다. 주석의 애매모호성은 경문의 애매모호성을 증가시켰을 뿐이다. 공자는 『역경』의 수수께끼 같은 효들과 주석들을 해명했다. 그는 이 안에서 국가를 다스리는 데 아주 중요한 신비들을 인식했고, 이것으로부터 그의 시대 이래 중국학문의 기초가 되어 온 정치학과 윤리학의 탁월한 지침들을 끌어냈다. 학자들은 이 책을 가장 높은 존경심으로 중시하고, 그들이 저자로 간주하는 복희는 학문과

---

858) Quesnay, *Despotism in China*, 179쪽.
859) 참조: Quesnay, *Despotism in China*, 183쪽.
860) 참조: Quesnay, *Despotism in China*, 184-185쪽.

훌륭한 통치의 아버지로 통한다.[861]

물론 두 황제(문왕과 주공)의 전설傳說에 대한 기술은 크게 그릇된 것이다. 중국의 전설에 의하면 문왕은 복희 8괘를 중첩시켜 64괘를 만들고 64개의 괘사卦辭를 썼고, 주공은 384개의 효사爻辭를 써 『주역』을 만들고 괘·효사로 용도를 '애매모호하게' 만든 것이 아니라 '밝게 해명한' 것으로 전해 오기 때문이다.

한편, 케네는 『논어』의 중요성을 강조함으로써 르네상스의 잔유물인 '헬레니즘'을 청산하려는 '탈脫희랍화' 의도의 표명에 활용한다.

이 모든 질의응답은 덕성, 훌륭한 업무, 통치 방식을 중심으로 이루어진다. 이 어록집은 그리스 7현을 능가하는 원리와 도덕적 명제들로 가득 차 있다.[862]

케네는 의도적으로 '탈희랍주의'를 표방하기 위해 『중국의 계몽전제정』이라는 제목을 택했다. 이 저작은 그의 초기 저작들과 비교해 보면, 어떤 새로운 생각도, 우리가 그의 초기 저작을 통해 이미 익숙하지 않은 단 하나의 아이디어도 포함하고 있지 않다. 케네의 모든 저작들의 '절대적인' 내적 일관성을 볼 때, 그가 그의 전 논변 속의 각 요소들을 중국의 사례로 보강하기 위해 그의 마지막 저작을 계획하기 직전에 중국 상황들을 공부했을 뿐이라는 것은 '생각할 수 없는 것'이다. 그는 상술했듯이 이미 그의 인생의 아주 이른 초기 단계부터 중국 문헌의 번역출판물들을 읽었다는 것을 다양한 증거들이 입증하고 있다. 그는 주도면밀하게 그 출처들을 밝히는 것을 피했을지라도, 우리는 그가 그것들을 활용했다는 사실, 즉 그의 저술들의 '대모代母'는 그리스철학이 아니라 중국철학이었다는 사실에 대한 증거들을 가지고 있다. 위 구절은 바로 노골적인 증거 중 하나다.

케네가 중국철학을 그리스철학보다 높이 평가했다는 것을 확실히 해 두는 것이 중

---

[861] Quesnay, *Despotism in China*, 186-187쪽.
[862] Quesnay, *Despotism in China*, 188-189쪽.

요하다.863) 그는 그리스-로마 저작들을 거의 인용하지 않았고, 그의 반대자들이 그리스-로마를 인용할수록 더욱 그랬다. 케네는 볼테르를 이어서 로마에 대해서도 다음과 같이 그 통치철학을 평가 절하했다.

> 로마는 많은 국가를 무찌르고 정복할 줄 알았으나, 그 국가들을 통치할 줄은 몰랐다. 로마는 속국들의 농업생산물을 약탈했다. 점차 로마의 군사력은 약해졌고, 로마를 부유하게 했던 정복지도 없어졌다. 로마는 대제국을 지키지 못하고 결국 적의 침략에 무너졌다.864)

그리고 보도 등 케네의 서클인사들도 다 고대 그리스를 싫어했다.

이런 그리스 혐오가 어떻게 정당화되든, 본질적인 점은 케네가 철학적 계몽주의 일반이 지닌 여론을 공유했다는 것이다. 그 여론은 국가의 목적이 '백성의 평화와 행복'이라는 것이다. '계몽전제체제'를 정치적 이상으로 삼은 케네를 포함한 볼테르 등 그의 모든 동시대인들의 탄복을 자아낸 것은 실제로 중국에서 이 목적을 추구하는 통치 형태가 여러 세기 동안 백성의 '평화와 행복'을 구현해 왔다는 사실이었다.865)

한편, 케네는 중국 정치의 특성을 '도덕과 정치의 통일'로 규정하고 몽테스키외와 반대로 이것을 긍정한다. "중국인들이 도덕과 정치를 전혀 구별하지 않는다는 사실에 주목해야 한다. 그들에 의하면, 잘 사는 방식은 잘 다스리는 방식이고, 두 학문은 하나이고 동일하다."866) 이것은 다른 절에서 중국비방자 몽테스키외를 증인으로 역이용해 오히려 예찬한다.867)

한편, 중국의 수학·물리학·천문학의 이론적 수준에 대해 알 수 없었던 케네는 중국

---

863) 참조: Reichwein, *China and Europe*, 104-105쪽.
864) François Quesnay, "Analyse du Tableau Économique". Quesnay, Dupont de Nemours, Mercier de la Rivière, Baudeau, Le Trosne, *Physioctrates*, avec une introd. par Eugène Daire(Paris, 1846). 케네 (김재훈 역), 「경제표 분석·주요논평」, 『경제표』, 104-105쪽.
865) Reichwein, *China and Europe*, 105-6쪽 참조.
866) Quesnay, *Despotism in China*, 189쪽.
867) 참조: Quesnay, *Despotism in China*, 212-213쪽.

의 학문을 인문과학에 치우친 것으로 본다. "중국인들은 큰 향학열을 지녔고 모든 문과 과목을 계승하는 데 뛰어난 능력을 가졌지만, 순수사변의 영역(형이상학·수학·자연과학 이론 - 인용자)에서는 작은 진보만을 이루었을 뿐이다. 왜냐하면 그들은 이욕利慾에 의해 움직이지 않기 때문이다.(…) 그들의 주요 연구는 보다 유용한 학문들을 향하고 있다. 문법학, 역사학, 법학, 윤리학과 정치학은 사람의 행위와 사회의 복지에 보다 직접적으로 필요한 것으로 보인다. 사변적 학문이 거의 진보하지 않은 이 나라에서 자연법의 학문은 최고 등급의 완전성에 도달했다."[868] 이어서 그는 중국의 서당, 향교, 대학의 3단계 교육제도와 각종 시험 및 과거시험에 대해 탄복하며 자세하게 소개한다.[869]

■ 중국의 자유상공업에 대한 예찬

케네는 그의 농업 다음의 중요한 관심사인 중국의 상업에 관해서도 자세히 설명한다. 중국은 당시 온갖 생산물이 아주 잘 순환하는 '상업국가'였다. 중국의 공무역(조공무역)은 높이 발전했고, 사무역은 형식적으로만 제한되었다. 그는 이것을 앞서 시사했듯이 대외무역의 제한으로 오해해 교역자유화의 전제 아래 농업 중시와 제한된 대외무역의 원칙을 결합한 『경제표』에 그대로 반영했다. 그는 말한다.

중국제국은 온갖 생산물들을 아주 잘 공급하는 것으로 보이고, 이것으로부터 쉽사리 추정할 수 있는 것은 이 나라의 상업이 아주 번영하고 있다는 점이다. 그러나 중국인들은 모든 생활필수품들을 자기들 간에 구하는 만큼(그리고 대규모 인구가 나라 자체 안에서 이 모든 상품을 소비하는 것을 보장하기 때문에) 그들의 대외무역은 국가의 크기와 비교하면 아주 제한되어 있다. 주요 교역은 제국 안에서 수행된다. 그런데 제국의 모든 부분들은 일률적으로 동일한 물건들을 공급하지 않는다. 각 지방이 자기의 특산품들만을 가지고 있는 만큼, 그들이 서로 유용한 생산물들을 교환하지 않는다면 그들은 곧 빈곤에 빠질 것이다. 주

---

[868] Quesnay, *Despotism in China*, 190쪽.
[869] 참조: Quesnay, *Despotism in China*, 193-202쪽.

위가 1800리그인 나라 안에서 원활하게 순환이 이루어진다는 것은 확실히 아주 광범한 상업을 과시하는 것이다. 더구나 역사가들은 중국 내부에서 벌어지는 상업이 아주 커서 전 유럽의 상업도 이에 비교할 바가 못 된다고 말한다. 순수한 국내상업은, 국민들의 부를 성장시키기 위해서는 외국과의 교역이 필수적이라고 믿는 자들에게 부적절하게 비칠 수 있다. 그러나 그들은 가능한 최대의 풍요란 가능한 최대의 소비에 있다는 것에 주목하지 못했다. 이 소비는 모든 나라의 영토 안에 그 원천을 가지고 있고, 금은이 광산에서 나오든, 다른 물건들로 구입되든 이 영토는 금과 은의 원천이기도 하다. 광산을 소유한 사람들은 금은을 팔아 소비를 늘린다. 이 소비적 사용에 금속 자체는 무용지물이기 때문이다. 이 금은을 소유하지 않은 사람들은 그들의 교역에서의 교환을 용이하게 하기 위해 단순히 이 금은을 사고, 또한 이런 교환 용도를 넘어 스스로에게 부담을 주지 않는다.(교환용도 이상으로 금은을 축적하지 않는다는 뜻이다 - 인용자) 금은은 이 금속들보다 더 필수적인 부에 의해 구입되기 때문이고, 금은을 더 많이 사면 살수록 참된 풍요인 그의 소비를 줄여야 하기 때문이기도 하다. 더구나 소비 이외의 목적을 갖지 않는 '국민들의 상업'은, 국민들이 아주 후하게 지불하고 상업이 멀리 확장될수록 더욱 후하게 지불하는 서비스인 '상인들의 상업'과 혼동된다. 국민이 이 상인들의 상업에 지출되는 비용을 상인들의 큰 재산에 해가 될 정도까지 절약하면 절약할수록, 국민은 소비를 위해 더 많은 것을 얻고, 땅으로부터 생겨나고 국민과 군주의 수입을 마련하는 부의 영구적 재생산에 필요한 산물을 위해 더 많은 것을 얻을 것이다.870)

여기서 케네는 자기의 이론으로 중국의 현실을 정당화하고 있는 것이 아니라, 거꾸로 중국의 현실을 본떠 만든 자기의 원리를 다시 중국의 현실로 정당화하면서 중상주의 논리를 논박하고 있다.

케네는 그가 오해한 중국의 대외무역 실태를 근거로 심지어 대외무역이 해롭다고까지 주장한다.

대외무역은, 자기 동포시민들을 크게 희생시켜 대외무역으로부터 큰 재산을 만드는 상인

---

870) Quesnay, *Despotism in China*, 207-209쪽.

들은 별도로 하고, 번영에 헌신하는 국민들의 번영에 이롭기보다는 오히려 해로울 것이다. 그들이 그렇게 멀리까지 찾으러 나가는 상품들은 해로운 사치를 지탱해 주는 값비싼 기호품들 이상의 것이 아니다. 수많은 나라들이 세계 각지에서 벌어지는 이런 종류의 상업에 매달리고 있지만, 그 무역업자들의 이윤을 제외하고는 이들이 번영했던 사례를 찾을 수 없다.[871]

물론 케네는 '당면의 적'인 중상주의를 물리치기 위해 팽창일로의 중국 대외무역의 구조와 규모를 무시하고, 상인들의 대외무역이 국내산업의 생산성과 품질향상을 자극한다는 데이비드 흄과 아담 스미스의 명제의 정당성도 경시하고 있다. 다만, 그는 중국의 국내상업의 발달에 대해서만 바른 입장을 표명하고 있을 뿐이다.

케네는 중국 국내교역의 활성화를 뒷받침해 주는 중국 전역의 운하와 도로망, 시장들, 이윤을 향한 이기심 등을 서술한다. 그리하여 "중국제국 전체가 방대한 무역박람회장이나 다름없는 것으로 보인다"[872]고 감탄한다.

■ 중국인들의 '사기성' 악명에 대한 변호

케네는 서양에서 끊임없이 문제되어 온 중국 상인들의 '사기성' 문제에 대해서도 거론한다. 그러나 그는 이것이 이역만리에서 온 코쟁이 외국 상인들을 대상으로 광동의 개항장 근처에서나 벌어지는 일이라며 평가절하하고, 서양에서 외국 상인이 다른 나라에 불량품을 파는 사례를 들며 내국인이 이 외국 상인들에 대해 갖는 불신을 거론한다. 그는 이 경계와 불신에서는 중국 상인이 서양인보다 한 수 위인 것으로 보인다고 말한다.[873] 그는 국내 상업에서는 원활한 경제순환을 위해 상대를 속이지 않고 신의성실의 원칙을 엄수한다는 사실을 공자까지 들먹이며 정당화한다. "이 사기는 상업에서의 신의성실과 정직성이 두드러진, 중국처럼 문명화된 나라에서는 더욱 생각

---

[871] Quesnay, *Despotism in China*, 211쪽.
[872] Quesnay, *Despotism in China*, 209쪽.
[873] 참조: Quesnay, *Despotism in China*, 209-211쪽.

할 수 없는 일이다. 이것은 공자의 윤리, 이 제국에서 법률로까지 이어지는 윤리의 주요 주제 가운데 하나이다."[874]

그리고 케네는 화살을 몽테스키외에게 돌린다. 몽테스키외의 말은 중국 상인들이 서양 상인들에게 덕을 베풀기는커녕 사기를 친다는 것이다. 여기에 대해 케네는 우리가 앞서 몽테스키외의 위험한 궤변들을 비판하기 위해 구사한 논변보다 더 탁월한 논변으로 몽테스키외를 반박한다.

중국에 간 유럽 상인들은 중국 내륙지방으로 침투해 들어가지 못한다. 결과적으로 몽테스키외는 이 문제에서 상인들의 증언에 의존해서는 아니 되는 것이다. 선교사들의 증언이 몽테스키외의 생각과 일치했다면, 그는 더 큰 확신을 갖고 선교사들을 인용했을 것이다. 왜냐하면 선교사들은 장기간 제국 안에 주재하며 모든 지방을 두루 여행했기 때문이다. 유럽 상인들과의 거래에서 나타나는 중국인들의 나쁜 신의가(유럽인들의 사기 행각에 대한) 일종의 앙갚음인지 여부를 우리에게 말해 주지 않을 유럽 상인들의 이야기를 선교사들의 이야기에 대립시키는 것은 너무 위태롭다. 그러나 확실한 것은 저자가 증거를 갖고 풍문으로 떠도는 군주의 폭군적 전제정과 관련된 결론을 결코 확증하지 못할 것이라는 점이다. 몽테스키외가 묻고 싶은 것이 중국인들의 덕성이라면, 그저 대외무역에 종사하는 상인들의 덕성에 대한 비판이 공정한 표본인가? 상인이 농부들과 나머지 주민을 대표하는가? 다른 국민들의 덕성, 특히 대외무역을 국가의 보호를 받는 독점사업으로 삼고 있는 국민들의 덕성이 그런 종류의 표본에 의해 정확하게 판단될 수 있는가?[875]

케네에 의하면, 중국인들이 내륙에서 중국인들끼리는 신의성실 원칙에 따라 교역하지만, 내륙 여행과 체류가 금지된 유럽 상인들과 선교사들은 이 사실을 모른다는 것이다. 그럼에도 내륙에 가보지 못한 유럽 상인들은 개항장 언저리에서 경험한 중국인들의 행동만을 준거로 오히려 부당하게도 중국인들을 '사기꾼'으로 소문냈다는 것이다. 케네는 몽테스키외의 오류가 이런 '사기스런' 유럽 상인들의 악소문을 곧이곧

---

[874] Quesnay, *Despotism in China*, 211쪽.
[875] Quesnay, *Despotism in China*, 240쪽.

대로 믿었다는 데 있다고 '반비판'하고 있다.

■ 황제의 권력에 대한 중국헌법의 견제장치들

케네는 황제의 절대권력과 이에 대한 견제장치들도 서술한다. "치자 자신의 칙령은 관습이나 공공복지를 침파하지 않으면(…) 곧 항구적·불가역적 법률이다."[876] 그러나 황제의 이 칙령이나 법령도 주권적 기구들 안에 공식적 절차로 기록된 뒤에만 효력을 갖는다. 이 기구들은 육부六府를 말하는 것이다. 그는 이 육부를 상론한다.[877] 그리고 케네는 황제권을 대행하고 견제하는 '내각'의 존재를 알 수 있었다.

> 이 육부 위에는 황제 내지는 대大추밀원(le grand conseil)만 존재할 뿐이다. 이 추밀원은 각로閣老들의 내각內閣(le tribunal des Co-la-us)이라고 부르는데, 이 내각은 우리나라의 국무위원들(les ministres d'État)과 같은 4-6명의 만다린(대학사)들로 구성되어 있다. 육부는 우리나라의 경우에 정무관, 재상, 재정총감독에 해당한다.[878]

케네는 이것 이상으로 내각에 대해 논한 바가 없다. 그 대신 그는 간언제도에 대해 상세하게 소개하고 상론한다. 이러한 견제장치들로 인해 "황제의 절대권력이 중화된다"는 것이다. "황제에 대한 간언의 관습은 중국의 법이 항상 촉구하는 바이다." 따라서 관원들이 "중국보다 더 많은 자유를 누리며 황제에게 간언할 수 있는 나라는 없을 것이다."[879]

케네는 12년 전 이미 고인이 된 몽테스키외의 중국 비난을 치밀하고 탁월한 논변에 의해 조목조목 반박한다.

---

[876] Quesnay, *Despotism in China*, 214쪽.
[877] Quesnay, *Despotism in China*, 218-219쪽.
[878] Quesnay, *Despotism in China*, 219쪽. 케네(나정원 역), 『중국의 계몽군주정』, 127쪽.
[879] Quesnay, *Despotism in China*, 214-216쪽.

우리의 정치 저술가들은 중국 군주의 전제정 또는 절대권력에 상당한 반감을 가졌으며, 그것을 크게 과장하였다. 몽테스키외는 특히 저 중국 정부에 대해 그럴듯한 궤변으로 아주 교묘하게 편향적인 평가를 담은 많은 추정들을 내어놓았다. 우리는 『재미있고 신기한 잡록』의 164쪽 이하를 보도록 지시함으로써 이 『잡록』의 저자가 이미 소개하고 반박한 몽테스키외의 추론을 여기서 정밀 검토하는 것을 생략할 수도 있을 것이다. 하지만 우리가 그것들을 여기서 폭로하는 것을 태만히 한다면 우리의 책에 모은 사실들과 비교할 수 없도록 하기 위해 그것들을 회피하려고 하는 것으로 비쳐질 수 있을 것이다. 몽테스키외는 말한다. "우리의 선교사들은 우리에게 방대한 중국제국은 공포·영예·덕성을 행위준칙으로 결합하는 경탄할만한 정부라고 말한다.(…) 나는 매질 없이는 아무것도 하지 않게 된 사람들 사이에서 어떻게 영예를 말할 수 있는지 모르겠다." 이 장면 속에서 비난은 부적절하다. 채찍과 중노동이 다른 왕국에서 동일한 목적에 기여하듯이, 중국에서 곤장은 범법자들에 대한 형벌이다. 형벌 없는 나라가 어디 있는가? 그러나 또 영예를 고취하는 수단들이 그렇게 많은 나라가 세계 어디에 있는가? 이 점에 대한 몽테스키외의 묵살은 중국인들을 폭군적 권위 아래 사는 예종적 인간들과 노예들로 표현하려는 그의 감정적 의도와 과장의 아주 명백한 증거다.[880]

케네는 서양 상인들은 중국인의 이런 덕목들을 전해주지 않는다는 몽테스키외의 다른 비난에 대해서도 치밀하게 반박한다.

또 케네는 몽테스키외가 중국의 폭정에 대한 증거로 제시하는 중국 황제의 종교박해 행위에 대한 그의 비난에 대해서도 볼테르처럼 제대로 반박한다.

기독교를 받아들인 왕자들에 대한 황제의 박해에 관한 진술은 이 왕자들이 기독교를 받아들였기 때문에 처벌받았다고 넌지시 말하는 것으로 보인다. 대개 전 세계의 여러 왕국들은 순교자들을 처벌해 왔는데, 그것도 큰 수로, 종교적 이유에서, 그리고 그들 법들의 완전한 비준 아래 처벌해 왔다. 그러나 이 경우는 진정 중국의 계몽전제정과 무관하고, 저 제국 정부의 불관용과도 무관하다. 이 제국에서는 종교적 교의에 대한 잔악행위가 자행된 적이

---

[880] Quesnay, *Despotism in China*, 239-240쪽.

거의 없기 때문이다. 거론된 사건은 그런 성격의 것이 아니다. 그 황제는 기독교에 아주 관대한 인물이었다. 들리는 말에 의하면, 이 왕자들이 황제를 매우 불쾌하게 만들었다고 한다. 그들은 황제에 대항해 음모를 꾸몄고, 몇몇 예수회 선교사들이 이 사건에 연루되었다는 것이다. 그 사건은 박해의 바탕에 있는 동기를 깊이 탐침해 볼 필요가 없는 단순한 정치적 사건이었다. 이런 유형의 특정한 사건은 몽테스키외가 그것을 항구적으로 이어지는 폭정의 사례로 인용하는 것을 인증해 주지 않는다. 그것은 더구나 엉뚱하다. 이 황제는 중국에서 추앙되는 성군聖君 중의 한 사람이기 때문이다. 자기 의견을 제기하면서 사건의 진실성에 대해 그렇게 무관심한 저자를 볼 때 사람들은 분명 그의 서술이 편향적이라고 생각할 것이다.[881]

"이 제국에서는 종교적 교의에 대한 잔악행위가 자행된 적이 거의 없다"는 말은 중국의 종교 자유를 말하는 것인데, 케네는 감히 이것을 유럽에 역으로 적용하여 볼테르처럼 기독교의 독단을 비판하고 프랑스와 유럽의 종교의 자유를 주장하는 선까지 나아가지는 않고 있다.

자신의 주장을 입증할 다른 두 신부들의 서신도 가지고 있다는 몽테스키외의 주장에 대해서도 케네는 '법의 정신'에 따라 준엄하게 논고한다. "그 서신들은 정부의 바로 그 헌정체제를 공격하는 것인가? 아니면 단지 행정부로 기어든 남용들을 폭로하는 것인가? 몽테스키외는 험담으로 가득 차서 아무것도 인용하지 않고 있다. 그 서신들 안에서, 당시의 황제를 탐탁지 않게 여겼던 파렌닌 신부의 나쁜 기질을 드러내 주는 모호한 논변들 외에 그가 무엇인가를 발견했을까? 특히 우리가 그들을 언급하는 저자의 편견을 아는 만큼, 저 서신들의 단순한 언급은 우리에게 아무것도 말해 주지 않는다고 말해야 할 것이다." 대부분의 신부들이 중국 황제를 긍정적으로 평가하는 것은 이 신부들이 '처음에' 선교사업에서 황제의 선의에만 의존했기 때문이라는 몽테스키외의 억측에 대해서도 케네는 반론한다. "이러한 혐의에는 의거할 만한 증거가 결여되어 있음이 틀림없다. 자력으로 노력해서 독자들은 중국 정부가 험담을 퍼트

---

[881] Quesnay, *Despotism in China*, 241-242쪽.

린 자들에게 손을 잡아 주지 않았다는 사실을 알 것이다. 선교사들은 '처음에' 질서의 외양에 오도되었을 수 있다고 얘기된다. 그들은 더 많이 오도했을 것이다. 그들은 아주 세세한 사실들을 보고했기 때문에 그들은 공식적 위조를 했을 것이라고 얘기된다. 왜 이 '처음에'라는 단어를 슬그머니 끼워 넣어 처음의 선교사들만 언급하는가? 그 나라에 대해 계속해서 보고한 다른 사람들은 그들과 달랐는가? 아니면 그들이 나중에 자기들의 말을 취소했는가? 선교사들이 아시아 군주들의 전제주의가 그들의 성공적인 선교에 도움이 될 것이라고 생각했다는 발견은 아주 독창적이다. 이 선교사들이 전제주專制主들의 도움으로 아시아에서 아주 많은 진보를 이루었던가? 어디에서나, 최초의 선교의 성공, 그것도 군주를 교란시킬 정도의 성공은 백성들 사이에서 일어나는 일이 아니었는가? 예수회 신부들이 기독교에 이로운 칙령을 확보한 것은 사실이지만, 이 칙령은 헛된 것이었다. 왜냐하면 거기에는 법의 효력을 얻는 데 필요한 공식 절차가 갖춰질 수 없었기 때문이다. 그러므로 몽테스키외의 진술에도 불구하고 황제 한 사람의 의지는 중국에서 선교사들의 성공을 보장하기에 충분치도 않고, 이 전제정에 그들의 모든 희망을 걸도록 그들을 유인하기에도 충분치 않다."882)

"중국에서 악정은 즉각 처벌받는다. 무질서는 불가사의하게 많은 백성들이 생계가 없을 때 갑작스럽게 탄생한다"는 몽테스키외의 억측에 대해서도 케네는 예리하고 준엄하다. "큰 인구는 오로지 훌륭한 정부 아래에서만 축적된다. 나쁜 정부는 부와 인간을 즉각 파괴하기 때문이다. 이 불가사의하게 많은 인구에 대해 약간의 주의만 기울이더라도 중국 정부에 덮어씌우려는 모든 안개를 걷어낼 수 있다.(…) 불가사의한 규모의 백성들과 나쁜 정부는 세계의 어떤 왕국에서도 함께 발견될 수 없는 것이다."883) 케네는 이 원칙을 『경제표』에서 전제한다. "평온한 삶을 즐길 때는 어디에서나 일반적으로 인구가 국토의 생산물 이상으로 늘어난다는 것을 잊어서는 아니 된다."884) 물론 상론했듯이 몽테스키외는 한 걸음 더 나아가 다음과 같이 비난한 바 있다.

---

882) Quesnay, *Despotism in China*, 242-244쪽.
883) Quesnay, *Despotism in China*, 244쪽.

"중국의 인구는 아기들을 내다버릴지라도 계속 수적으로 증가하는 만큼, 토지를 그들이 먹고살 식량을 생산하도록 만들기 위해 지칠 줄 모르고 일할 필요가 있다. 이것은 정부의 커다란 주의를 요청한다. 노고가 헛되지 않을까 하는 두려움 없이 모든 사람이 일할 수 있도록 만드는 것은 늘 그들의 관심거리다. 그러므로 이 정부는 시민적 정부라기보다 가정적 정부다. 이것이 그렇게 자주 격찬 받는 법률들을 산출하게 된 원인이다."[885] 이에 대해 케네는 몽테스키외의 인과적 추리능력을 의심한다.

저자의 의견에 의하면, 커다란 인구가 중국의 전제정을 '가정적 정부'로 축소시켰고 주민들의 생계를 확보하는 데 필요한 법률들을 산출했다는 것이다. 여기서 몽테스키외 씨는 결과를 원인으로 착각하고 있다. 그는 이 불가사의한 수의 백성이 오로지 훌륭한 통치의 결과일 수 있을 뿐이라는 사실을 깨치지 못했다. 그는 중국역사를 들추어 보고 이 훌륭한 법률들이 까마득한 옛날부터 거기에 확립되어 있었다는 사실을 깨쳤어야 했다.[886]

원인과 결과를 뒤바꾸는 몽테스키외의 추리적 혼동은 이 경우만이 아닌데 케네는 이 점을 날카롭게 집어내고 있다. 케네의 반론은 이처럼 진정으로 예리하고 가볍게 빈정대는 아이러니와 조용한 풍자를 담고 있다.[887]

한편, 중국황제는 잘못 다스려도 내세의 심판을 걱정하지 않는다는 몽테스키외의 비방에 대해서 케네는 "몽테스키외 씨가 중국 황제보다 종교에 대해 개명되기에 충분할 정도로 행운이 있었다면, 그는 이 군주들이 고수하는 자연법과 내세신앙을 인정했을 것이다"라고 말한다. 그리고 "중국 황제는 통치가 잘못되면 당장에 제국과 목숨

---

884) Quesnay, "Analyse du Tableau Économique." 케네, 「경제표 분석·주요논평」, 89쪽 각주.
885) Montesquieu, *The Spirit of the Laws*, 128쪽.
886) Quesnay, *Despotism in China*, 246쪽.
887) 케네의 이 입장은 상술했듯이 중국의 거대인구를 중국문명의 높은 수준을 나타내는 지표로 해석하는 쇼펜하우어의 견해와 일치한다. "우리는 시대들 또는 나라들을 비교하면, 전체적으로 문명이 인구와 동일보조를 취한다는 것을 보게 되기 때문이다." Schopenhauer, *Über den Willen in der Natur*, 'Sinologie', 459쪽.

을 잃는다는 것을 안다"는 몽테스키외의 논평을 비웃는다. "몽테스키외에 의하면, 중국의 황제들은 다른 주권자들보다 저승의 처벌을 덜 두려워한다. 그런데 이(신학적) 동기는 저자의 일반적 논의계획 속에 반드시 들어가야 하는 것이 아니다. 이 저자는 그의 의견에 의하면 정부의 일탈들과 - 군주들을 질서 속에 붙들어 두는 대항추에 의해 중화되는 - 군주들의 권력남용에 대한 국민들의 안전을 위해 확립된 '인간적' 법의 정신에만 관계하기 때문이다. 자신의 왕국과 생명을 잃을 것에 대한 중국 황제의 두려움을 몽테스키외는 이 군주의 전제주의를 중화하기에 충분한 동기로 간주하지 않는가? 그가 확립하고 싶어 하는 대항추는 훨씬 더 강력하고, 훌륭한 정부의 항구적 공고성과 훨씬 더 양립할 수 있을 것인가?"[888] 케네의 비판은 몽테스키외의 '법의 정신'의 급소를 찌르고 있다.

한편, 주지하다시피 몽테스키외는 중국의 헌정을 '법의 지배'가 불가능한 전제주의라고 비난한다. "어떤 이들은 전제주의와 나란히 법의 지배를 확립하기를 원했지만, 전제주의와 연결된 것은 그 무엇이든 더 이상 힘을 갖지 못한다. 이 전제주의는 불운에 사로잡혀 헛되이 스스로를 제어하기를 원해 왔던 것이다. 그것은 사슬로 스스로를 무장하고 훨씬 더 가공스럽게 변해 간다."[889] 이에 대해 케네는 이것이 도대체 무슨 뜻인지 모르겠다는 반응을 보인다.

어떤 위대하고 오만한 여왕이 언젠가 신민들에게 선언했다. "그대들은 법률이 있다. 나는 그대들이 그 법률을 준수하도록 만들 것이다." 여왕의 위협은 위반자들만을 경악시킬 수 있었다. 훌륭한 법률은 훌륭한 정부를 만든다. 법률이 준수되지 않는다면 정부는 실재성이 없을 것이다. 법률에 의해 강화된 가혹한 전제주는 법률을 엄격하게 강제할 것이고, 훌륭한 질서는 국가 안에서 위세를 떨칠 것이다. 그러나 몽테스키외는 "전제주의와 연결된 것은 그 무엇이든 더 이상 힘을 갖지 못한다"고 우리에게 말한다. 이 무슨 관념들의 뒤범벅이란 말인가! '전제주의와 연결된 법률들은 무시무시하다.' '전제주의와 연결된 법률들

---

[888] Quesnay, *Despotism in China*, 245쪽.

[889] Montesquieu, *The Spirit of the Laws*, 128쪽.

은 아무 힘이 없다.' '법률로써 전제주의는 가공스러워진다.' '전제주의로써 법률은 텅 빈다.' 몽테스키외는 세계에서 존재한 적이 있는 정부 가운데 가장 오래되고 가장 크고 가장 인간적이고 가장 번영하는 정부와 관련해 이런 모순된 말들을 조립하고 있다! 이 정부는 왜 저자의 정신 속에서 그렇게 많은 혼돈을 야기했는가? 그 이유는 저자의 정신이 한 전제주에 의해 지배되기 때문이다. 그리고 그가 모든 전제주의를 모조리 자의적이고 폭군적인 정부로만 간주하기 때문이다.[890]

이것으로써 케네는 몽테스키외의 중국비방을 근거 없는 것으로 비판했다.

■ 중국의 과잉인구에 대한 케네의 오판과 그릇된 방책 제시

이러한 몽테스키외 비판 및 중국 정당화와 별개로 중국의 과잉인구는 그것대로 문제로 남는다. 케네는 중국의 과잉인구로 인한 노예의 출현을 비판적으로 기술한다.

(…) 중국백성의 근면성과 절제정신, 땅의 비옥, 그리고 풍요의 지배에도 불구하고 하층계급에서 그렇게 심한 빈민층을 가진 나라는 거의 없다. 그 제국이 아무리 방대하더라도 그곳에 거주하는 다중이 너무 우글댄다. 전 유럽을 다 합쳐도 그렇게 많은 가족들에 달하지 않을 것이다. 백성의 이 경이로운 배가는 유럽제국諸國에서라면 아주 유용하고 바랄만한 것으로 간주될지라도(또는 사람들은 큰 인구가 풍요의 원천이라고 믿는다. 하지만 도처에서 인구가 풍요를 초과하기 때문에 이것은 결과를 원인으로 착각하는 것이다. 부富와 사람을 둘 다 배가시키는 것이 부다. 그러나 사람의 확산은 언제나 부의 확산을 뛰어넘는다) 때로 경악할 결과를 낳는다. 백성들은 그들의 유아들에게 음식을 댈 수 없을 때 거리에 유기할 정도로 아주 가난해 보일 수 있다. 우리는 자선(aumône)이 정부에 의해 충분히 고취되지 않는다고 생각할 수 있다. 그러나 자선은 이것을 적절하게 막을 수 없다. 왜냐하면 생필품의 분배체계 안에서 노동을 대가로 사람들에게 지불되는 임금이 그들을 살게 할 수 있기 때문이다. 자선으로 분배되는 것은 사람들이 재산 없이 사는 것을 가능케 하는 임금으로서 지불되는 금액으로부터 빼낸 것이다. 소득을 가진 사람들은 아무런 소득이 없는 사람들의 노

---

[890] Quesnay, *Despotism in China*, 247쪽.

동과 서비스의 도움으로만 그 소득을 소비할 수 있다. 이 사람의 지출은 저 사람의 소득이다. 고가의 생산물들의 소비로부터 나오는 매상수입은 그것을 창출한 사람들에게 주어져, 지출을 그것을 재생산하는 데 필요하게 만들 수 있도록 그것들을 변제한다. 지불이 부를 배가하고 영구화하는 것은 이와 같은 것이다. 자선은 자기를 부양할 수 없는 빈자들의 긴급한 필요에 대비하기 위해 필수적이다. 하지만 자선은 인간들의 생계에 필요한 부를 재생산하게 하는 노동의 질서와 부의 분배로부터 아무튼 벗어나는 셈이다(toujours autant de détourné). 그리하여 인구가 부를 초과할 때 자선은 인구의 과잉으로 인한 불가피한 빈곤(l'indigence inévitable par l'excès de population)에 대비할 수 없다.[891]

자선활동에 의해서는 과잉인구로 인해 생겨나는 빈민층에 대처할 수 없다는 케네의 분석은 일견 그럴싸하다.[892] 하지만 그는 정부 예산을 바탕으로 공적 복지를 '금전으로' 베푸는 경우에 결과가 완전히 달라진다는 것을 알지 못하고 있다. 이 '금전적' 생계지원은 노동의 질서와 부의 분배로부터 벗어나는" 것이 아니다. 반대로 '노동의 질서와 부의 분배' 기제에 알맞게 이 기제에 적극적으로 '개입'하는 것이다. 왜냐하면 생계보조금을 자활능력 없는 빈민층에게 무상으로 제공하거나 공공사업을 열어 이곳에서 자활능력 있는 빈민을 고용해 노동을 매개로 이들에게 임금을 제공하는 것은 빈민층의 구매력을 높여 내수시장을 확대함으로써 상업·상품작물생산농업·제조업에 활로를 개척해주고 조만간 이 경제부문들에서 빈민들에게 일자리를 만들어낼 수 있기 때문이다. 이것은 정부가 시장에 최소의 개입조치를 시행함으로써 경제를 '선순환'시키는 방책이다. 유럽 최초의 자유시장론자 케네는 여기까지 알고 있지 못했

---

[891] Quesnay, *Despotism in China*, 168-169쪽. 이 인용문은 매버릭의 영역을 불어원문과 대조해 정밀하게 수정했다.

[892] 그러나 스테판 야콥센은 "노동의 질서와 부의 분배로부터 아무튼 벗어나는 셈이다(toujours autant de détourné)"를 "it is always a great disturbance to the order of labour and wealth distribution"로 오역하는 통에 케네가 "백성을 위한 자선이나 어떤 보조금 지급을 통한 부양이든 가치의 생산적 흐름을 파괴하고 중국에서의 이런 실행을 비판했다"고 해석해서 "중국에서의 빈민에 대한 보조금 지급 전통을 재화의 자연적 가격과 회전의 차원을 교란하는 것으로 비판했다"고 오해하고 있다. Jacobsen, "Physiocracy and the Chinese Model", 25, 28쪽.

다. 아무튼 과잉인구와 자선에 대한 케네의 이 분석은 전반적으로 그릇된 것이라서 중국을 '자연질서의 경제'의 본보기나 근거로 삼고 중농주의 경제이론을 구축하려는 그의 노력과 "충돌"한다.[893]

나아가 케네는 중국에서 과잉인구의 실직자들이 자발적으로 '노예'로 전락하고 있다는 충격적 결과도 비판적으로 지적한다.

> 빈궁은 중국에서 엄청난 수의 노예, 즉 자기의 자유를 언젠가 되찾는 조건으로 스스로 도 제살이를 하는 사람들을 낳는다. 어떤 사람은 때로 그의 아들이나 심지어 자신과 그의 가족을 아주 헐값에 판다. 정부는 다른 문제에서 그토록 친절하더라도 이 곤경에 대해 눈을 감고, 이 끔찍한 광경은 매일 반복된다(Histiore générale des voyages). 노예에 대한 주인의 권위는 일상적 의무에 제한되고, 그들은 노예들을 그들 자신의 자녀처럼 대한다. 주인에 대한 노예들의 충성은 불가침적이다. 어떤 노예가 그 자신의 근면으로 돈을 번 경우에 주인은 노예의 부를 앗아갈 어떤 권리도 없고, 노예는 그의 주인이 동의하는 경우에 또는 그의 도제계약서에 그렇게 할 권리를 유보해둔 경우에 자신의 자유를 되살 수 있다.[894]

이 대목은 15세기말경 명대 중국사회를 관찰·체험한 마테오리치(1552-1610)가 트리고에 의해 1615년 공간된 『중국인들 사이에서의 기독교 선교』에서 양자·양녀 하인들을 노비신분으로 오기한 것을 18세기 청대 중국사회의 사실로 재산출하고 있다. '아내 감'을 얻으러 여성하인을 많이 거느린 유력자에게 가사노비로 의탁하거나 자신을 노비로 팔았다가 자신의 자유를 다시 사서 노비상태로부터 벗어날 '자유'가 있는 장기계약 노동자는 자신의 자유를 되살 수 없었던 노비보다 자유로운 지위에 있는 만큼 정확한 의미에서의 진짜 '노비'가 아니다. 마테오리치는 이들이 양자·양녀의 가칭을 쓰고 있는 것을 전혀 인지하지 못한 채 이들을 그저 '노비'로 묘사했었다.[895] 마테오

---

[893] Jacobsen, "Physiocracy and the Chinese Model", 25쪽.

[894] Quesnay, *Despotism in China*, 169-170쪽.

[895] Gallagher, *China in the Sixteenth Century - The Journals of Matthew Ricci,*, 86쪽.

리치가 중국에 들어가 산 것은 1583년부터 1610년까지 도합 27년, 이 기간에서 북경에 상경해 산 것은 1601년부터 1610년까지 약 9년간이었다. 따라서 중국사회풍조에 대한 그의 한시적 관찰과 판단은 불가피하게 개인적 한계가 있음에 유의해야 할 것이다. 하지만 마테오리치의 그릇된 기술은 중국에서 노비가 완전히 사라진 시점에도 서구 지성계 안에서 계속 유전되어 심지어 18세기 후반에도 이렇게 반복되고 있다.

따라서 케네의 저 기술은 의심의 눈으로 정밀하게 읽고 정확하게 이해해야 할 것이다.[896] "자기의 자유를 언젠가 되찾는 조건으로 스스로 도제살이를 하는 사람들"을 '노예'라고 부르는 것은 전혀 가당치 않다. 이들은 언뜻 보면 노비와 비슷한 것 같지만, 노비보다 더 해방된 지위에 있다. 노비는 자신의 자유를 되살 수 없고, 주인의 권위는 노비의 모든 시간, 모든 행동에 적용되는 무소불위의 권위였기 때문이다. 그러나 스스로 도제가 된 자나 아버지에 의해 팔려 도제가 된 아들과 가족은 둘 다 ① "자기의 자유를 언젠가 되찾는 조건"이 붙어있고 ② "노예에 대한 주인의 권위가 일상적 의무에 제한되는" 점에서 인신구속 상태에까지 이르지 않았다. 따라서 이들은 장기노무계약 하의 임금노동자와 비슷하다. 하지만 이 노동자의 지위는 자유에 대한 대가 지불 없이 언제나 떠날 수 있는 완전한 자본주의적 임노동자와 다르다. 따라서 위 이야기는 노비나 유사노비가 완전히 사라진 청대가 아니라 명대 중국사회의 이야기다. 케네가 이 구절의 근거로 대고 있는 Histiore générale des voyages(『여행의 일반적 역사』, 전 15권)는 중국에 가본 적이 없는 프레보신부(Abbé Antoine François Prévost d'Exile, 1697-1763)가 17세기 초부터 전해오는 낡은 여행기들을 모아 1746-1759년에 걸쳐 발간한 잡록雜錄이다. 그가 전하는 '중국의 노예' 이야기는 청대의 건륭제 시기에 해당하는 이야기가 아니라, 1600 전후 명대말엽의 중국사회를 관찰했던 마테오리치의 가사노동 하인들을 노비로 오해한 그릇된 '중국노예' 이야기를 압축해 옮겨 놓았을 개연성이 매우 높다. 그리고 그 내용이 마테오리치의 보고와 아주 흡사하다. 마테오리

---

[896] 매버럭은 이 구절의 내용을 "노예제가 어떻게 친절한 돌봄(kindness)에 의해 유도되는지에 관한 약간의 상상적 세부사항들"로 오해하고 있다. Maverick, Maverick, *China - A Model for Europe*, 132쪽.

치와 케네가 이야기하는 '중국노비'는 둘 다 양자·양녀로 복속된 가내 하인과 하녀들을 잘못 기술한 것이 틀림없다. 이들이 진짜 노비가 아니라는 것은 케네의 글을 정밀하게 판독해도 바로 드러난다. "노비에 대한 주인의 권위는 일상적 의무에 제한되고 그들은 노비들을 그들 자신의 자녀처럼 대한다"는 케네의 기술은 이 '노비들'이 실은 진짜 '노비'가 아니라 '양자·양녀로 복속된 가내 하인과 하녀들'이라는 것을 드러내고 있기 때문이다. 이들은 '고공'과 다름없지만 '고공'보다 지위가 더 안정된 과도기적 신분들, 즉 '유사노비들'이었을 뿐이다. 따라서 케네의 이 잘못된 '중국노예' 이야기는 자신의 중농주의 경제론의 기반인 중국이상론을 위태롭게 할 뿐인 일종의 '패착'으로 보인다.

다시 확인하지만 청대 중국에서 '노비'나 '유사노비'는 사실상으로, 그리고 법적으로 완전히 소멸했다. 명말청초에 중국의 노비와 유사노비(전호)들이 노비반란을 통해 자경 토지를 쟁취했고, 이를 통해 중국농업관계는 지주가 거의 소멸하고 자유농민의 소농체제로 전환해 있었다. 이런 흐름을 반영해 강희제는 1681년 노비를 토지구속으로부터 해방해야 한다는 안휘성장의 상소문을 비준했다. 그리하여 지주들은 토지를 사고팔 때 자기 전호들에게 그들 마음대로 행동할 것을 허용하고 전야와 함께 그들을 팔거나 노역을 수행하도록 강요할 수 없게 된 것이다. 그리고 18세기 초에 옹정제(1722-1735)는 잔존하는 모든 세습적 공역집단들과 일정한 유형의 노비들을 해방함으로써 해방과업을 완결지었다.[897] 나아가 1750년대 건륭제는 중국법전에서 인격적 부자유의 마지막 잔재들마저 완전히 소거함으로써[898] 명실상부한 평등사회의 확립을 법적으로 확정지었다. 그리하여 소농체제의 확립으로 사회 전반에 걸쳐서 농노나 노비는 아예 존재하지 않게 되었고, 옹정·건륭제 치세(1723-1796)의 평균적 중국 농민들의 법적 지위는 동시대의 프랑스와 러시아 농민보다 훨씬 더 좋았던 것이다.[899]

---

[897] Mark Elvin, *The Pattern of the Chinese Past* (Stanford: Stanford University Press, 1973), 247-248쪽.

[898] Jürgen Osterhammel, *China und die Weltgesellschaft: Vom 18. Jahrhundert bis in unsere Zeit* (München: C. H. Bech'sche Verlagbuchhandlung, 1989), 54쪽.

한편, 케네는 빈곤한 과잉인구 문제를 중국을 중농주의의 모델로 삼으려는 자신의 모델에 불리한 것으로 느끼며 중국의 과잉인구를 해결하려는 대책을 제안한다. 하나는 장 프랑수아 멜롱이 『상업에 관한 정치평론』 제2판(1736)에서 주장한 주변 도서지방들에 대한 식민정책이고, 다른 하나는 조혼을 타파하고 결혼 연령을 상향 조정하는 방법이다.

그런데 이 중 후자의 정책은 의미 있는 정책이지만, 전자의 제안은 동남아시아의 실정에 대한 정보가 부족한 데서 나온 것이다. '화교'로 불린 중국인들의 대외이주 행렬은 9세기 이래 계속되었고, 17세기에는 타이완·필리핀·자바 등지로 대규모 식민이 진행되었다. 특히 1700년 중국 인구가 1억 6000만 명에 도달한 이래 가파르게 증가하기 시작한 과잉인구로 인해 화교의 동남아 이민이 급증했다.[900] 18세기에 들어서자 동남아 도처에서 이른바 '중국인전쟁'이 빈발했다. 18세기 후반, 정확히 케네의 『중국의 계몽전제정』이 출간된 해인 1767년에는 광동 출신 화교와 태국인 사이에서 태어난 정소鄭昭(원명 鄭信)가 타이의 왕위에 올라 탁신왕(재위 1767-1782)이 되었다. 정소는 1734년 태어났는데 부모가 누더기 안에 큰 모기가 있는 것을 보고 상서롭지 않게 여겨 그를 버리려고 했다. 이를 본 태국대신 소피야昭披耶가 그를 입양해 키워 13세 때 왕궁에 보내 어시위御侍衛를 맡겼다. 그는 언어에 천재이고 다방면에 재주가 뛰어났다. 이를 본 태국 아유타야왕국의 국왕이 젊은 정소를 발탁해 무장으로 키웠다. 태국인들은 정소를 극히 좋아했고, 한때 탁지방을 통했기 때문에 '차오탁신(昭達信)'이라고 불렀다. 그러나 아유타야 왕국은 1776년 버마의 침공으로 멸망하고 말았다. 이후 태국 저항군이 사방에 일어났고, 차오탁신은 조주潮州출신 화교들의 지원을 받아 저항군을 이끌고 버마군에 반격을 가해 1767년 방콕을 탈환했다. 그는 톤부리를 수도로 삼아 왕조를 '톤부리 왕조'로 재건하고 초대국왕에 즉위해 1782년까지 15년간 재임

---

[899] Gilbert Rozman, *The Modernization of China*(New York: The Free Press, 1981), 139쪽; Osterhammel, *China und die Weltgesellschaft*, 57쪽.

[900] 참조: Albert Feuerwerker, "Chines Economic History in Comparative", 226, 233쪽. Paul S. Ropp(ed.), *Heritage of China*.

했다.

그리고 광동 매현梅縣의 객가客家 출신의 나방백羅芳伯은 1770년 보르네오 칼리만탄 바라트(프로빈시 세리부 유강이)에 곤전坤甸을 수도로 삼고 대통령(총장)중심제 화교공화국 '난방공사蘭芳公司'를 세우고, 1777년 '난방공화국'(1777-1884)으로 개명했다. 난방공화국의 정부조직은 비밀결사 '천지회' 및 '청방靑幇'의 조직과 비슷해서 국가 원수는 '대당大唐총장' 또는 '대당객장'이라고 칭하고 '국가대사는 다 중의衆議해 행한다'는 원칙에 따라 민주선거와 선양의 형식으로 총장직에 선임되었다. 나방백은 제1대 대당총장으로 추대되어 1777-1795년간 18년 집권했다. 나방백은 네덜란드인들의 대對중국 침략 의도를 알고 입국 초에 청조에 대해 신하국을 칭하고 북경에 사신을 파견해 조공을 바쳤다. 이후 12명이 총장을 역임했다. 마지막 총장은 1848-1876년간 총장을 역임했다가 복임한 유아생劉阿生으로서 1880년 취임해 1884년 네덜란드의 침공으로 나라를 잃었다. 네덜란드는 1884년 난방공화국을 병탄했다. 난방공화국은 격렬히 저항했으나 무기열세로 패했다. 네덜란드는 괴뢰정권을 세우고 통치하다가 1912년 청조가 멸망하고 중화민국이 들어서자 정식으로 난방점령을 공식화하고 난방공화국을 완전히 병합했다. 난방공화국의 잔여세력은 말레이반도로 건너가 거기에 정주했다.

케네가 식민을 권하던 당시 동남아는 이미 화교로 만원이었다. 넘치는 인구는 다시 미주로 넘어갔고 여기서도 19세기 들어 갈등징후가 나타날 정도였다. 역사적으로 볼 때 1950년 이후 중국 정부가 시행한 산아제한 조치만이 중국의 인구 통제에 성공했다.

■ '프랑스의 중국화'로서의 프랑스 대개혁론

『중국의 계몽전제정』의 마지막 절에서 케네는 논의를 프랑스로 돌려 정리한다. 그의 중농주의 정치철학은 이렇다.

국민들의 헌법은 인류에게 가장 이로운 '자연의 도' 또는 '자연질서'(ordre naturel)의 법이다. 이 법은 자연법이거나 도덕적 법이다. 정부의 기반이 되는 자연적 헌법은 인류에게 분명 가장 이로운 자연적 질서 안에서의 모든 자연적 사건의 규율된 진행을 뜻하는 것으로 이해된다. 도덕적 헌법은 인류에게 분명 가장 이로운 자연적 질서 안에서의 모든 도덕 행동의 규율된 진행을 뜻하는 것으로 이해된다. 이 법들은 함께 자연법이라고 부르는 것을 형성한다. 이 법들은, 사회로 통합되어 이 법들이 그들에게 처방한 질서에 순종하는 사람들에게 필요한 재화의 계속적 재생산과 분배를 위해 자연의 조물주에 의해 영원히 확립된 것들이다.[901]

케네의 이상적 정부는 어떤 민주적 '혼합헌정'도 배제한 순수한 군주정이다. "권위는 결정과 작용에서 유일무이하고 불편부당해야 하고, 모든 시민들에게 법의 준수를 강제하고 만인에 대해 만인의 권리, 강자에 대해 약자의 권리, 왕국의 내외 적들에 의해 부당한 침범·횡탈·억압을 방지하고 억누를 권력과 집행권력을 홀로 틀어쥔 원수 아래 통합되어 있어야 한다."[902] 케네는 이렇게 이해된 중국을 모델로 계몽전제정을 이상으로 삼았던 것이다. 그러나 중국의 군주정은 삼권을 틀어쥔 '순수한 군주정'이 아니라, 중국황제가 내각과 방대한 관료체제, 그리고 간쟁과 실록제도에 의해 제약되고 견제되는 '내각제적 제한군주정'이었다.

케네는 자연적 질서와 자연법을 백성에게 가르치는 문제를 생각한다. "군주의 내각과 법을 집행하는 사법부는 반드시 국민의 부의 연간 재생산에 대한 실정법의 효과에 관해 충분히 알고 자연의 이러한 작용에 대한 효과의 관점에서 새 법을 평가해야 한다. 이 효과가 국민의 윤리적 몸체, 말하자면 백성의 사고하는 부분 사이에 일반적으로 알려지는 것도 필수적이다. 그렇다면 정부의 첫 번째 정치적 제도는 이 학문을 가르치는 학교의 설치일 것이다. 그런데 중국을 제외한 모든 왕국은 정부의 토대인 이 채비의 필수성에 대해 무식하다."[903] 중국만이 교육제도가 일반화되었다는 것이

---

[901] Quesnay, *Despotism in China*, 264-265쪽.

[902] Quesnay, *Despotism in China*, 268쪽.

다. 중국의 국민평등교육은 케네를 통해 튀르고로 전해져 도입이 시도되고 이것이 콩도르세에게 전수되어 프랑스혁명정부의 혁명적 조치로 구현된다.

케네는 계몽주의의 '계몽'을 자연적 질서와 이에 입각한 도덕을 가르치는 이 중국 교육제도의 보급과 동일시했다. "자연법에 대한 명백하고 광범한 지식은 이 신적 법률들의 권위를 국민의 수장首長의 확정된 권위의 토대로 취함으로써 국가의 헌법을 불변적으로 확립할 수 있는, 의지들의 이런 일치를 위한 본질적 조건이다. 왜냐하면 각 파트너가 그의 책임을 아는 것은 본질적으로 중요하기 때문이다. 모든 계급의 시민들이 치자와 국민에게 가장 이로운 법의 질서를 명백하게 알고 확실하게 지적해내기에 충분한 계몽이 갖춰진 정부에서, 국가의 군사력 지원으로 노골적으로 악을 위해 악을 행하고 국민에 의해 만장일치로 인정되고 존중되는 사회의 자연적인 헌법을 전복하는 것을 감행하고, 어떤 그럴듯한 이유도 없이, 공포와 혐오만을 일으키고 불가항력적이고 위험한 일반적 저항을 초래할 수 있는 폭군적 행동에 몸 바칠 전제군주가 있겠는가?"[904] 국민의 헌법은 자연적 질서의 법이고, 실정법은 이 자연법을 정부의 정치적 의지로 옮겨 놓은 것에 불과하므로 국민의 헌법은 인간의 작품이 아니라, 신적 질서다. 인위적 조치로 개입하거나 교란시키면 사회의 경제적 재생산과 사회적 존립이 어려워진다. 따라서 치자와 피치자에게 이것을 중국식으로 가르치는 것이 바로 '계몽'이라는 것이다.

『중국의 계몽전제정』의 끄트머리에서 케네는 독점에 반대하고 완전경쟁을 보장하는 상업의 자유화를 다시 한 번 외친다.

독점, 즉 공동이익에 대한 특별이익의 침범과 횡탈은 훌륭한 정부에 의해 자연스럽게 배제된다. 최고권력을 갖춘 수장의 권위에 의해 이 음흉한 강탈은 확실히 적발되고 진압된다. 왜냐하면 훌륭한 정부에서는 특별공동체, 특별서열, 특별직업의 권력과 특별구실의 영향이 이처럼 해로운 무질서를 확립하는 데 성공할 수 없기 때문이다.(…) 자연적 정책은

---

903) Quesnay, *Despotism in China*, 271쪽.
904) Quesnay, *Despotism in China*, 271-272쪽.

모든 국민에게 최대의 가능한 수의 구입자와 판매자를 보장해서 판매와 구입에서 가장 유리한 가격을 확보해 주는 광범한 자유경쟁이다.[905]

이어서 케네는 프랑스의 구원과 회생을 위한 프랑스의 중농주의적 대개혁을 중국과 직접 연결시키면서 주장한다.

이전 정권에서 정부의 무질서에 의해 궁핍해져서 치욕적이고 경멸적인 방편을 써야 하는 수준까지 영락한 대지주들은 그렇게 필수적인 개혁이 국민의 번영을 재창출하고 그들의 토지로부터의 소득을 재보장할 것이라는 사실, 그리고 이것이 그들을 치욕으로부터 탈피시켜 주고 그들을 다시 최대의 직업 및 지위와 합치되는 영광의 상태로 고양시킬 것이라는 사실을 깨달았어야 했다. 하지만 그들의 계몽은 그 선까지 나아가지 못했다. 우리는 무지가 언제나 정부의 가장 재앙적인 오류, 국민의 파멸, 그리고 제국의 데카당스의 주요 요인이라는 결론을 내리지 않을 수 없다. 그러나 중국은 국민의 최고 지위를 점하고 국민의 본질적 질서를 구성하는 부동의 자연법에 정부를 명백히 복종시키는 것만큼이나 이성의 빛에 의해 백성들을 지도하는 데 주목하는 학자들의 내각에 의해 저런 주요 요인들로부터 언제나 그토록 안전하게 보존되어 왔다. 저 방대한 제국에서 지도자들의 모든 오류와 모든 독직은 - 왕국의 모든 지방에서 권위의 남용에 맞서 법률이 준수되도록 하고, 안전하고 불변적인 통치의 본질적 조건 가운데 하나인 '자유로운 반대'를 통해 '계속적 계몽'이 가능하도록 하기 위해 정부가 공인한 - 공간물公刊物을 통해 지속적으로 폭로된다. 그런데 (여기 프랑스에서) 제국諸國 정부들은 오로지 무상한 형태를 취할 수 있을 뿐이라는 것, 이 아래의 만물만사는 끊임없는 흥망성쇠에 처한다는 것, 그리고 나라들은 시초, 진보, 타락, 종말을 갖는다는 것이 너무나도 일반적으로 받아들여지고 있다. 이런 (숙명론적) 견해가 정부의 부정비리들을 자연적 질서의 탓으로 돌릴 정도로 일반적으로 유행하고 있다.[906]

이런 까닭에 계몽전제주의자 케네의 눈에는 중국이 '세상에서 가장 계몽된 이상국

---

[905] Quesnay, *Despotism in China*, 295-296쪽.
[906] Quesnay, *Despotism in China*, 302-303쪽. 괄호는 인용자.

가'였던 것이다. 오랜 망설임과 준비 끝에 모든 점에서 '중국 팬'임을 '커밍아웃'하고 몽테스키외를 공개 비판한 마당에 케네는 이제 거칠 것이 없다.

그리하여 케네는 중국의 자연적 질서에 대한 전투적 찬양으로 책을 끝맺는다.

> 이성의 빛에 비추어 본다면(프랑스에서 지배하는) 저 숙명론이 과연 채택될 수 있을까? 반대로 자연적 질서를 구성하는 법이 영구적이고 불변적인 법이라는 것과, 저 정부의 부정비리들은 이곳 가부장적 법률들의 본질표출이라는 것이 명백한 것이다. 중국제국의 지속·확대·항구적 번영은 자연법의 준수에 의해 확보되고 있다. 이 인구 많은 나라는, 인간의 의지에 의한 통치를 당하고 무력에 의해 사회적 복종에 처해 있는 다른 백성들을 옳게도 야만족으로 간주한다. 자연적 질서에 순응하는 이 방대한 제국은 안정적·항구적·불변적 정부의 전범을 보여주고 있다. 이것은 저 무상한 정부들의 불안정성이 단지 인간 자신의 불안정성에만 토대를 두고 있을 뿐이라는 것을 증명해 준다. 하지만 중국 정부의 이 행복한 항구적 제일성齊一性은 이 제국이 다른 나라보다 이웃 열강들의 침략을 덜 당하기 때문에만 존재한다고 얘기될 수 있지 않을까? 아니다. 왜냐하면 중국은 방대한 이웃 열강들이 있고, 또 정복당한 적도 있기 때문이다. 중국의 방대한 강토가 분열하여 수많은 왕국들이 형성된 적도 있다. 그러므로 우리는 중국 정부의 저 항구성을 특수한 환경 덕택이 아니라 내재적으로 안정된 질서 덕택으로 봐야 하는 것이다.[907]

이것으로 프랑스에서 중국철학은 전면적으로 승리했고 프랑스의 혁명철학은 이것으로 완성된 것이다. 여기서 케네는 다른 곳에서처럼 항구적이고 안정된 요소들을 강조하고 있다. 케네에게는 일국의 역사적·지리적 조건을 초월하는 질서가 존재한다. 흥미로운 것은 그가 중국제국이 이민족들에게 정복당하고 그래도 안정성과 통일성을 그 행정 측면에서 보존한다는 것을 인식하고 있다는 것이다. 개별적 황제들의 성공이라기보다 행정에 관한 관점이 장기적으로 안정적 견제균형을 평가한다는 것이다. 이것이 정확하게 자연질서와 신사제도에 기초한 행정 개념이 경제마인드의 중농

---

[907] Quesnay, *Despotism in China*, 302-303쪽. 반복되는 어색한 반문형의 문장은 대부분 긍정으로 바꿔 국역했다.

주의자들에게 매력적인 이유다.

■ 중국은 유럽계몽의 모델이자 케네의 모델

지금까지의 서술을 통해 우리는 서두에 제기한, 케네가 경제학 분야에서 중국의 정치경제제도와 공자의 철학을 대변했고, 이를 통해 근대 정치경제학을 창시했다는 점을 입증해 보였다. 케네는 자기의 고유한 유럽적 이론을 정당화하기 위해 단순히 공자와 중국의 현실을 '사례'로 쓴 것이 아니라, 중국의 농본주의와 자유상업론을 바탕으로 프랑스 고유의 '레세페르' 요구를 공자의 '무위이치' 사상에 기초한 '자연적 질서'의 정치·경제철학으로 변형시킴으로써 획기적으로 새로운 사상인 '중농주의'를 창조한 것이다. 마지막 절의 서두에서 말하고 있듯이 중국은 케네에게 단순한 '사례'가 아니라 '모델'이었기 때문이다.

지금까지 우리는 자연법 지식에 기초한 중국이라는 거대한 제국의 정치적·도덕적 헌정체제를 보여주었다. 중국은 바로 이 자연법 지식의 결과물인 것이다. 우리는 여행가들과 역사가들의 진술을 글자 그대로 따랐는데, 이들의 대부분은 제 눈으로 직접 본 목격자들이고, 그들의 지성과, 특히 그들의 보고서들의 일치성은 그들이 완전히 신뢰할 수 있다는 것을 증명해 준다. 이 명백한 사실들은 이 마지막 절에서 읽을 요약의 토대로 기여한다. 이 요약은 모든 국가에 모델로 쓰일 만한 중국적 독트린의 체계적 다이제스트일 뿐이다.[908]

길게 논할 것도 없이 한 마디로 줄이자면 "중국은 케네의 모델이었던 것이다".[909] 중국통치원리의 요약이 "모든 국가에 모델로 쓰일 만한 중국적 독트린의 체계적 다이제스트"라는 케네의 마지막 말과 관련해 중국과 케네의 자유상업론적 중농주의 이론 간의 관계를 정확하게 규정해야 할 것이다. 중국은 케네의 이론에 '예증적 본보기'

---

[908] Quesnay, *Despotism in China*, 264쪽.

[909] Walter W. Davis, "China, the Confucian Ideal, and the European Age of Enlightenment", *Journal of the History of Ideas*(1983, Vol. 44, No. 4), 546쪽.

로 그친 것인가, 아니면 '본질구성적 모델'이었던가? 스테판 야콥센(Stefan Gaarsmand Jaconsen)은 답한다. "1750년대로부터 1767년 『중국의 계몽군주정』의 출간에 이르기까지 전개된 케네의 중국모델은 이론적 영감이자, 프랑스 경제개혁에 대한 논쟁에서 확신적 논변을 산출하는 도구였다.(…) 케네의 중국모델을 역시 중국을 참조한 그의 경제이론적 선구자들의 관점에서 전후맥락을 연결시킴으로써, 수많은 자료원들이 케네에게 중국의 경제관리 관행을 연구하기 위해 쓰일 수 있었다는 것이 명백히 밝혀졌다. 이 자료원들을 다양한 분야의 중농주의적 저작과 비교해보면, 중국모델이 단지 중농주의적 정치경제학의 본보기나 확증사례로만 간주되어서는 아니 된다는 것이 입증된다. 왜냐하면 케네가 중국의 정치경제 관행에 관한 보고들과 이론들을 아주 진지하게 받아들이고 일정한 요소들을 1760년대 그 자신의 이론 속으로 통합하는 것을 추구했기 때문이다."910)

야콥센의 이 결론을 옳은 것으로 확신하기 위해서는 중국에 대한 케네의 지식과 확신의 강화과정과 중농주의 이론의 형성과정 간의 연동관계를 알아야 한다. 이에 대해 야콥센은 보충한다. "케네의 경제적 자연질서 개념은 '중국이 모든 국가의 모델'이라는 그의 확신이 성장하는 것과 나란히 그 개념 특유의 많은 특징들을 전개했다. 그의 사상적 생활의 이(두) 흐름 간의 이런 연관은 명백한데, 특히 경제에서의 농업의 우월성, 농업기술, 전통, 행정관리들의 교육, 도덕적 준칙과 경제적 준칙의 연결을 옹호하는 논변에서 명백하다. 이 요소들은 그가 중국에 관한 더 많은 것을 배워감에 따라 케네 자신의 이론에서 점차 중요해졌다. 케네는 이 요소들이 이론적으로 완벽하다고 생각했음과 동시에 그가 예수회 신부들의 보고들과 동료 경제학자들의 저작에서 읽었던 중국의 통치전통의 일부라고 생각했다."911) 같은 취지에서 탄 민(Tan Min)은 "중농주의자들은 외부의 사상으로부터, 특히 그 당시 유럽에 알려지게 되었던 고대 중국사상으로부터 다량의 요소들을 차용했다"고 규정한다.912)

---

910) Jacobsen, "Physiocracy and the Chinese Model", 31쪽.
911) Jacobsen, "Physiocracy and the Chinese Model", 31쪽.

이쯤에서 중국은 케네에 의해 세계최초로 창시된 근대경제학에 대해 이론적 확증을 위한 예증적 본보기였을 뿐만 아니라, '본질구성적(integral)' 근본요소였다고 단언해도 될 것이다. 일반화해서 말하면, 중국은 유럽계몽철학의 사상적·영감적 원천이었던 것이다.

그러나 케네의 중농주의적 자유시장론에는 이론적 자가당착성이 내재되어 있다. 공맹이 농업과 다름없는 본업으로 중시한 상공업을 불임부문으로 차별·억제하고 농업만을 중시하면서도 상업의 자유를 강조하고 있기 때문이다. 케네의 중농주의적 자유시장론은 농업과 상공업을 동시에 중시하는 중국의 농·상 양본주의와 일정하게 상치되는 면이 있고, 이런 까닭에 이론적으로 중대한 모순을 안게 된 것이다. 상업을 제한하려고 들면서 자유상업을 강조하는 것은 실로 앞뒤가 맞지 않는 것이다. 따라서 케네는 중농주의적 근대경제학을 창시함으로써 아담 스미스의 『국부론』도 동시에 거의 완성했지만, 그 완성도는 7-8할에 지나지 않았던 것이다.

이후 케네의 자유시장적 중농주의는 스미스 등 영국의 철학자들과 알브레히트 폰 할러(Albrecht von Haller) 등 스위스 철학자들에 의해 수입되어 그 내재적 모순 측면이 제거되고 농업과 상공업이 둘 다 중시되는 완전한 자유시장경제학으로 발전한다. 그러나 이론적·실천적 측면에서 보면, 이 농·상 양본주의적 자유경제론은 케네의 프랑스나 아담 스미스의 영국보다 먼저 유럽의 작은 나라 스위스에서 현실로 옮겨졌다. 이를 통해 스위스는 '작은 중국'으로 거듭나면서 궁벽한 알프스 산중에 '지상낙원'을 세웠다.

---

912) Tan Min, "The Chinese Origin of Physiocratic Economics", 82쪽.

제6절
루소의 중국 칭송과 비방의 자기분열

볼테르와 함께 프랑스 계몽주의를 이끈 루소 (Jean-Jacques Rousseau, 1712-1778)는 볼테르나 케네와 같이 중국에 대한 열광자도 아니었고 중국을 잘 아는 철학자도 아니었지만, 흔히 잘못 알려져 있듯이 중국에 대한 단순한 비방자도 아니었다.913) 루소는 이상적 인간을 자연으로 돌아가야 할 '고귀한 야만인(Noble Savage)'으로 보는 자신의 독특한 관점에서 서구문명을 비판하면서 단순

루소

히 당대의 중국열풍에 편승하기도 하고, 자기분열증적으로 페넬롱·몽테스키외·앤슨 등 중국혐오론자들의 중국비판에 말려들기도 했다. 이런 까닭에 루소를 중국비방자로 이해하는 학자도 있고,914) 그를 중국애호자로 분류하는 학자도 있다.915)

18세기 중반 절정에 달한 프랑스의 중국열풍은 당시 유럽의 유명한 문예인 프리드리히 그림(Friedrich von Grimm, 1723-1807)의 다음과 같은 반어적 비아냥거림 속에서 역

---

913) 이하 루소에 대한 기술은 필자의 『공자와 세계(2)』(2011)의 해당부분을 보완·수정한 것이다.
914) Berger, *China-Bild und China-Mode im Europa der Aufklärung*, 113, 114쪽.
915) Geoffrey C. Gunn, *First Globalization: The Eurasian Exchange, 1500-1800*(New York: Rowman & Littlefield Publishers. 2003), 146쪽.

설적으로 잘 드러난다.

중국제국은 우리 시대에 특별한 관심과 특별한 연구의 대상이 되었다. 선교사들이 맨 먼저 너무 멀어서 그 거짓됨을 반박할 수 없는, 먼 지방으로부터의 장밋빛 보고들로 여론을 매혹시켰다. 그 다음은 철학자들이 중국을 넘겨받았고, 자기 나라 안에서 관찰하는 악폐를 탄핵하고 제거하는 데 유익한 모든 것을 이 나라로부터 끌어댔다. 그리하여 중국이라는 나라는 짧은 사이에 지혜·덕성·신의의 고국이 되었고, 이 나라의 통치는 가능한 것 중에서 가장 훌륭한 것, 가장 오래 전에 확립된 것이 되었고, 중국의 도덕은 알려진 세계에서 가장 고상하고 가장 아름다운 것이 되었다. 중국의 예술·정책·산업은 마찬가지로 지상의 모든 국민들에게 모델로 쓰일 성질의 것이었다.[916]

파리에 장기 체류한 그림은 『문예통신(*Correspondance littéraire*)』(1753-1773)의 발행으로 유럽 전역의 제후와 귀족들에게 파리의 문화동정을 알리던 문필가였다. 그는 당시 유럽을 휩쓸던 중국숭배를 과도한 것 또는 일종의 '악취미'로 비꼬고 있다. 루소는 중국숭배의 이런 위압적 분위기 속에서 그림처럼 이에 반발하지 않고 편승하기도 하고, 중국혐오론에 동조하기도 하는 정신분열증을 노정한 것이다.

이런 까닭에 루소의 중국관은 심히 오락가락한다. 이 극심한 오락가락은 '자연으로 돌아가라', '고귀한 야만인들', '자연상태', '가정', '국가' 등 루소 자신의 핵심 개념들이 반문명적 원시주의와 자연질서론적 중농주의 사이에서 오락가락하기 때문에 더욱 증폭되었다. 특히 그의 '자연', '자연상태', '고귀한 야만인'은 그가 말할 때마다 뜻이 바뀌어 오해에 오해를 낳는 개념이었다. 이 때문에 루소를 최초로 비판한 당대 문필가는 바로 볼테르였다. 볼테르는 그의 『학문예술론』의 '인간' 개념에 짜증을 내고 『인간불평등기원론』에 분격해, 루소가 동물처럼 네 발로 걸으며 야만인처럼 사는 인간을 '완전한 인간'으로 내세운다고 조소했다고 전한다.[917] 그리고 앞서 시사했듯

---

[916] Friedrich von Grimm, *Correspondance littéraire*(September 15, 1766). Reichwein, China und Europa, 106쪽(96쪽)에서 재인용.

[917] 참조; Jacques Barzun, *From Dawn to Decadence: 500 Years of Western Cultural Life: 1500 to the Present*(New York: HarperCollins Publishers, 2001), 384쪽.

이 볼테르는 『중국의 고아』로 루소의 『학문예술론』을 직접적으로 반박했다.

6.1. 루소의 중국 비방과 자기분열증

■ 중국의 평화주의와 군사적 허약성에 대한 루소의 비난

중국에 대한 루소의 언급은 대부분 찬사이거나 무해한 평가들이다. 그러나 모호한 말도 없지 않다. 그가 38세 되던 나이에 출판된 『학문예술론』(1750)에서 루소는 중국의 학문·예술과 관련해 중국열풍에 편승해 자기의 비관주의적 문명비판론의 일관성을 입증하기 위해 중국을 비판하는 발언을 한 적이 있다.

> 아시아에는 학문이 존중받고 학자가 국가의 최고 지위에 오르는 거대한 나라가 있다. 그런데 학문이 진정 도덕을 순화했다면, 조국을 위해 피를 흘리라고 가르쳤다면, 용기를 활성화시켰다면, 중국의 백성들은 지혜롭고 자유롭고 무적이어야 할 것이다. 그러나 그들을 지배하지 않는 단 하나의 악덕도 없고 그들에게 생소한 단 하나의 죄악도 없다면, 또 저 방대한 제국의 장관들의 계몽과 법률의 지혜와 거대한 인구도 무식하고 거친 타타르의 굴레로부터 제국을 보호할 수 없다면, 그 모든 학자들이 무슨 소용이 있단 말인가? 중국은 학자들에게 부여한 영예로부터 무슨 이익을 얻어냈는가? 그 이익이란 것이 고작 노예와 악인들로 주민이 구성되는 것이었는가?[918]

이 글은 루소가 당대의 중국열풍 속에서 중국을 찬양하는 글만을 읽은 것이 아니라 중국혐오론자 앤슨(George B. Anson) 제독 등의 중국비방 글도 읽었다는 것을 보여준다.[919] 상술했듯이 앤슨은 청나라 조정과 통상협정을 맺기 위해 외교사절로 파견되

---

[918] Jean-Jacques Rousseau, *A Discourse on the Moral Effects of Arts and Sciences*(1750), 9쪽. Translated and introduced by G. D. H. Cole. Revised and augmented by J. H. Brumfitt and John C. Hall. Updated by P. D. Jimack(London·Vermont: J. M. Dent Orion Publishing Group, 1993).

[919] Berger, *China-Bild und China-Mode im Europa der Aufklärung*, 114쪽.

었으나 중국관청과의 접촉은커녕 중국에 발도 들여놓지 못하자 중국 황해안의 아무 강구江口나 들어가 미친 듯이 강안의 중국포대와 민가에 포격을 가하고 귀국해 중국에 대해 비방을 퍼부어온 영국의 해군제독이다. 상술했듯이 몽테스키외는 앤슨 제독의 중국 험담을 읽고 옳다구나 하며 중국을 비방했다. 루소는 이런 몽테스키외를 "크게 찬미했다".920) 루소는 이런 몽테스키외를 따라 앤슨의 말을 경신輕信하고 중국의 약한 군사력을 덩달아 비난하고 있다. 위 글은 루소가 중국에 대해 비판적이었다는 증거로 자주 인용되는 구절이다. 가령 빌리 베르거(Willy R. Berger)는 이 구절의 비판적 언사를 중국에 대한 "섬멸적 비판", 또는 예수회 신부들이 수립한 중국이미지의 "흔쾌한 파괴"로 해석한다.921)

하지만 반어법들로 짜인 저 글을 제대로 돌려놓으면, 중국은 학문을 존중하고 학자에게 국가의 최고 관직을 부여하는 "유일한" 나라라는 평가도 들어 있다. 그런데도 중국은 비도덕적이고 전쟁회피적이고 용감하지 않고 순종적이며, 중국인은 어리석고 억압받고 외부침략에 취약하다는 것이다. 앞부분은 비난이 아니라 찬양이다. 뒷부분의 비난은 훗날 그의 발언들과 비교하면 일관성이 없고 무지하다. 왜냐하면 5년 뒤 『정치경제론』(1755)에서는 중국을 '정의로운 나라'로 묘사하고, 12년 뒤 『에밀』(1762)에서는 '강력한 나라'라고 말하고 있기 때문이다. 중국이 '강력한 나라'라면 외침에 취약하다는 언급은 그릇된 것이고, '정의로운 나라'라면 비도덕적일 수 없다. 따라서 루소가 30대에 쏟아놓은 비난발언(1750)은 중국을 찬양하는 '불혹'(1755)과 '지천명' 나이(1762)의 발언들과 완전히 배치되는 말이다. 이 점에서 중국을 보는 루소의 심사는 매우 자가당착적이고 자기분열적이다.

또한 학문을 존중하는 문화국가가 외침에 약하다거나 호전적이지 않다고 비난하는 것은 평화주의를 강론하는 유자儒者들과 유생들에게 총검술이나 전쟁술을 가르치지 않는다고 비난하는 것과 다름없는 '망언'이다. 그리고 강국도 볼테르의 말대로

---

920) Hughes, "Introduction", 29쪽 각주.
921) Berger, *China-Bild und China-Mode im Europa der Aufklärung*, 113, 114쪽.

내분 때문에 약해지면 외침에 쉽게 무너질 수 있다. 또한 수천 년 역사에서 외침에 무너진 적이 한 번도 없는 나라는 없다. 또한 마르크스의 말대로 농경문화의 발달로 한 곳에 정착한 문명제국은 말을 잘 타는 주변의 유목민족들에 비해 군사적으로 취약할 수 있다. 그래서 로마제국도, 인도제국도 송·명대 중국제국과 마찬가지로 유목민족의 침입에 정복당했던 것이다. 이것은 농민과 학자와 예술가가 폭력배에게 당하는 것과 같은 꼴이다. 이런 일은 오늘날도 없지 않고 과거 역사에서는 더욱 빈번히 있었다. 이런 경우에는 백성들에게 "조국을 위해 피를 흘리라고 가르쳤고 용기를 활성화"시키더라도 백성은 "무적"이 아닐 수도 있는 것이다.

■ 전쟁기술과 무용武勇의 고양은 '문명의 소산'이 아니라 '전쟁의 산물'

이것은 루소가 생각하듯이 중국의 '학문'이나 조국을 위해 피를 흘릴 '도덕'이 잘못되어서 그런 것이 아니다. 이것은 평화지향 속에서 "유비무환有備無患"을 강조하고 "전쟁하지 않아야 하지만 전쟁하게 되면 필승할 따름이다(君子有不戰 戰必勝矣)"고[922] 가르친 공맹의 정치철학과 '학문'에 반해 '문약文弱'에 빠져서 그런 것이다.

또한 문약에 빠지지 않는 유비무환의 태세도 "무식하고 거친 타타르의 굴레로부터 제국을 보호하기"에 충분한 것이 아니다. 첨단무기에 기초한 군사력의 강화가 필요한 것이다. 무기체계의 발달은 '문명의 소산'이라기보다 차라리 국부를 쏟아 부어야만 하는 숱한 '전쟁의 산물'이다. 그래서 무기기술은 늘 어디에서나 노동기술을 능가하고 선도했다. 전쟁이 없다면 나라가 부유하더라도 무기개발에 국부를 쏟아 붓지 않을 것이다. 14세기 후반 원명교체기의 전쟁과정에서 중국의 화기는 최고로 발전해 있었다. 주원장의 군사들은 몽고왕조를 타도하고 잔당을 토벌하는 데 이 최신식 화기를 썼다. 14세기 후반 중국의 화기는 그야말로 세계 무적이었다. 그러나 주원장은 명나라를 건국하고 화기를 비밀병기창에 집어넣고 이 화기가 적군의 손으로 넘어가는 것을 막는 것을 국가안보의 초석으로 삼았다. 그리하여 길고긴 평화 속에서 화기의

---

[922] 『書經』「商書·說命中 第十三」; 『孟子』「公孫丑下」(4-1).

개발도, 발전도 중단되었다. 그러나 유럽에서 상황은 반대였다. 아랍을 통해 화약과 화기를 받아들인 유럽제국은 전쟁의 소용돌이에 들어가 있었다. 유럽에서 화기가 최초로 전투에 투입된 것은 1346년 크레시(Crécy)전투였다. 14세기 후반과 15세기를 관통해 유럽은 전쟁판이었다. 영국, 프랑스, 이탈리아, 이베리아반도, 스위스, 독일, 스칸디나비아반도, 동유럽 각국들은 모두 전쟁 중이었고, 줄곧 이슬람제국과도 전장에서 충돌했다. 전쟁은 점점 더 강력한 화기의 발전에 큰 인센티브를 제공했다. 수학도 발사물에 관한 문제들을 해결함으로써 화기의 개선에 동원되었다. 그리하여 유럽의 화기들은 점진적으로 그리고 꾸준히 개선되고 있었던 반면, 중국화기는 동결상태에 처해 있었다. 그 결과, 16세기 초 명나라의 화기는 포르투갈의 화기나 포르투갈사람들로부터 무기기술을 배운 일본의 화승총보다 열등한 처지로 전락했다.[923] 이 화기기술의 낙후성이 바로 명나라가 만주족에게 정복당하는 직접적 원인이었고, 청나라가 서방제국에 제압당하는 직접적 원인이었다. 무기체계의 발달이 이와 같이 학문예술 또는 문화의 소산이 아니라 전쟁의 소산이라면 루소가 중국의 군사적 낙후성을 학문예술의 데카당스적 결과로 오해해 중국을 비방하고 중국의 군사적 약점을 자신의 비관주의적 문화이론과 자연복귀론의 정당성을 입증하는 증좌로 간주하는 것은 어리석고 무식한 논변이다.

또한 만주족에 의한 명국의 패망은 도덕과 무관한 것이다. 그리고 『국가론』에서 '정의의 군사국가'를 '이상적 폴리테이아'로 본 플라톤은 군사적 용맹을 덕성으로 본 반면, 공자는 용맹 그 자체를 도덕적 덕성으로 보지 않았다.[924] 또 공자는 "군자는 싸우는 바가 없다(子曰君子無所爭)"는 반전反戰·평화 원칙을[925] 군자의 도덕적 지표로 삼고

---

[923] Peng Yoke Ho, "China and Europe: Scientific and Technological Exchanges", 190-191쪽. Thomas H. C. Lee, *China and Europe: Images and Influence in Sixteenth to Eighteenth Centuries*(Hong Kong: The Chinese University of Hong Kong Press, 1991).

[924] 『論語』「憲問」(14-4): "子曰 有德者必有言 有言者不必有德. 仁者必有勇 勇者不必有仁."

[925] 『論語』「八佾」(3-7). 또 「衛靈公」(15-22)의 "子曰君子矜而不爭"과 『孟子』「公孫丑下」(4-1)의 "君子有不戰"도 보라.

군사적 강함(북방의 용기)도 군자지국君子之國의 덕목으로 보지 않았다.926) 따라서 공자의 정치·도덕철학에서 '군사적 용맹'이나 '군사적 강함'은 덕성과 등치될 수 없는 자질이다. 이 '등치'는 1755년의 『인간불평등기원론』에서 더 이상 논법일 수 없다. 군사적 강력성에 대한 과시는 자연과 합치 속에서 사는 평화적 사회에 관한 루소의 이상과 정면으로 배치되기 때문이다. 그럼에도 불구하고 일관성 없이 중국인들의 전사적戰士的 성격의 결함은 다니엘 디포가 마음껏 활용해 먹었었던 특질로서 루소에게서도 '문화의 불편함'이 줄곧 표명되는 다른 모든 비판적 설명 속으로 이입되었다. 영웅적 감각과 무용의 결여는 데카당스의 징조와 소산이라는 투다. 이것은 다음에 다룰, 중국을 찬양하는 그의 다른 글들과 상극을 이루는 그로테스크한 정서다.927) 루이 14세의 왕사였던 라 모트 르 베예 신부는 1640년 루소와 정반대로 만주족 중국을 침입했을 때 보인 중국의 평화주의를 찬양했다. 라 모트 르 베예는 평화가 지성적으로 중국과 관련된 또 하나의 이상이라는 것을 정확히 알았던 것이다. 상술했듯이 볼테르도 라 모트 르베예와 동일한 보조를 취했다.

■ 중국의 평화주의

중국의 도덕적·정치적 평화주의는 16세기 중후반에도 유럽인들에게 잘 알려져 있었다. 중국에서 6년간 포로생활을 한 익명의 저자는 16세기 중반에 낸 자신의 책에서 중국인의 평화주의적 정서에 대해 이렇게 적고 있다. "중국 백성들은 일반적으로 용감하지도 않고(군사적으로) 능란하지도 않고 전쟁업무에 대한 그 어떤 천성적 성향도 없다. 그들이 스스로를 지킨다면 그것은 백성들의 수, 장벽과 고을의 강력함, 탄약의 비축에 의한 것이다." 후앙 멘도자도 『중국대제국의 주목할 만한 모든 것과 제례와 관습의 역사』(1585)에서 같은 취지로 보고한다. "용기와 용맹에서 유럽의 우리 국민

---

926) 『中庸』(十章): "子曰 南方之强與 北方之强與? 寬柔以教 不報無道 南方之强也, 君子居之. 衽金革 死而不厭 北方之强也, 而强者居之."
927) Berger, *China-Bild und China-Mode im Europa der Aufklärung*, 114쪽.

들과 똑같아진다면 그들은 전 세계를 정복하기에 충분할 것이다. 그들이 수적으로 많고 정책에서 대등할지라도 용기와 용맹에서 그들은 아주 뒤쳐져 있다."928)

마테오리치는 1584년 로만(Geronimo Roman)이라는 마카오 중개상에게 보낸 편지에서 중국의 반전·평화주의에 대해 이보다 더 확고한 평가를 내린다.

중국의 힘은 백성의 용기에 기초한다기보다 오히려 거대한 도시의 수와 주민의 다수성에 기초한다. 공적 기능인력과 가난해서 납세할 수 없는 사람들을 빼고도 6000여만 명의 인원이 제국의 호적에 기록되어 있다. 모든 인방들은 최근에 스스로 탈피한 일본을 제외하고 중국의 황제에게 조공을 바친다. 중국인들이 그들의 나라를 세계의 중심으로 여기고 모든 다른 국민들을 경멸하는 데 익숙해져 있는 것은 이 때문이다. 주변의 모든 왕들은 중국인들을 무서워한다. 이들은 주변의 왕들을 함선의 수로 경악시킬 정도로 상당한 함대를 삽시간에 동원할 수 있기 때문이다. 하지만 중국인들은 빈약한 전사들일 뿐이고, 군사軍事는 그들 간에 천하게 여겨지는 네 가지 조건들 중 하나다. 거의 모든 군인들은 황제에 대한 복무 속에서 영원한 예속상태로 선고받은 악한들이다. 그들은 단지 도적들과 싸우는 데 적합할 뿐이다.(…) 요약하면, 그것은 중국인들을 전사로 간주하는 것은 내게 세계에서 가장 어려운 것으로 보인다.(…) 그들은 머리를 묶고 땋는 데 두 시간을 허비한다. 도망치는 것은 그들에게 불명예가 아니다. 그들은 싸우면 서로를 여성으로 오용해 서로 머리카락을 움켜쥐고 실랑이에 싫증이 나면 다시 이전처럼 친구가 되고 상처도 유혈도 없다. 더구나 무기로 무장하고 있는 것은 군인들뿐이다. 다른 사람들은 집에 나이프도 가지는 것이 허용되지 않는다. 간략하게 말하면 그들은 오직 그들의 수數 때문에만 가공할 따름이다.929)

마테오리치의 이 편지를 읽은 로만은 바로 "금욕적 전쟁종교 기독교"의930) 감춰진

---

928) Juan Gonzáles de Mendoza, *Historia de las cosas mas notables, ritos y costumbres del gran Reyno de la China*(1-2권, Madrid & Barcelona, 1586; Medina del Campo, 1595; Antwerp, 1596). 영역본: Juan Gonzalez de Mendoza, *The History of the Great and Mighty Kingdom of China and The Situation Thereof*, the First and the Second Part, with an Introduction by R. H. Major(London: Printed for the Hakluyt Society, 1853), 91-92쪽.

929) Matteo Ricci's Letter to Roman. Hudson, *Europe and China*, 248쪽에서 재인용.

침략야욕이 발동해 다음과 같은 말로 중국의 군사적 정복을 부추긴다.

> 중국의 황제는 누구와 싸우고 있지 않더라도 이 해안에 수많은 함선으로 이루어진 함대를 유지한다.(…) 함선들은 날씨가 쾌청하면 조금 밖으로 나가지만, 극소한 바람에도 서둘러 돌아온다. 그들은 작은 철제대포를 가졌지만, 청동제 대포는 하나도 없다. 그들의 화약은 불량하고 불꽃놀이 외에는 결코 사용하지 않는다. 그들의 화승총은 아주 불량하게 제작되어서 탄환이 보통 갑옷도 뚫지 못하고, 그들은 특히 어떻게 겨냥하는지도 모른다.(…) 이 나라의 군인들은 치욕의 세트다.(…) 그들은 천박하고 사기 없고 불량하게 무장된 망나니들이다. 이런 수천의 군인들 안에서는 가공할 아무것도 없다. 게다가 그들의 지위가 치욕스러운 것으로 간주되고 노예들에 의해 차지되는 나라에서 군인들이 뭐가 될 수 있겠는가? 필리핀의 우리 인디언(필리핀사람)들은 열 배 더 용감하다. 많아야 고작 5000명의 스페인 군인으로 이 나라의 정복은 가능할 것이다. 또는 적어도 세계에서 가장 중요한 해안지방들의 정복이 가능할 것이다. 6척의 갈레온(스페인 대형범선)과 6척의 갤리선(노 젓는 배)이 있으면 아무나 중국에서 말라카까지 뻗치는 바다 전역과 제도諸島만이 아니라 중국의 모든 해안지방들의 주인이 될 것이다.[931]

이에 고무되어 스페인사람들은 멕시코·페루·필리핀의 정복에 이어 중국정복의 꿈을 꾸기 시작했다. 그리하여 1586년 필리핀 총독, 대주교, 수도회 수장들은 중국정복 계획을 담은 보고서에 공동서명한 뒤 이 보고서를 마닐라에서 필립 2세에게 상신했다. 보고서에 나타난 중국정복의 핵심적 목적은 이 지역에서 스페인의 정치적 지위가 강화되는 것을 이용해 가톨릭신앙을 전교傳敎하는 것이었다.[932] 전교를 위해 무력도 불사하는 이 사고방식은 바로 "금욕적 전쟁종교 기독교"의 감춰진 원리적 호전성과 종교제국주의의 표출이었다.

후앙 멘도자도 『중국대제국의 주목할 만한 모든 것과 제례와 관습의 역사』에서 이

---

[930] Max Weber, *Wirtschaft und Gesellschaft*(Tübingen: J. C. Mohr, 1985), 345, 379쪽.
[931] Hudson, *Europe and China*, 249쪽.
[932] Hudson, *Europe and China*, 249-250쪽.

중국정복계획 수립을 거들었다. 그러나 중국의 평화주의를 역이용하려던 스페인 사람들의 이 야비한 중국정복의 탐욕은 헛꿈이 되고 말았는데, 그것은 그들이 가톨릭 마인드를 고매한 '본심'(?)으로 바꾼 결과가 아니라 단지 1588년 스페인의 무적함대가 영국 해군에 괴멸되었기 때문이었다.[933)]

그러나 상론했듯이 마테오리치는 그의 서한의 속뜻을 왜곡하는 로만과 반대로 『중국인들 사이에서의 기독교 선교』(1615)에서 중국의 반反침략·반정복·평화주의를 유럽의 호전적 침략주의에 빗대 찬양한다.

> (…) 거의 무한히 광대하고 셀 수 없는 인구가 있고 온갖 풍족한 물자가 풍부한 이런 제국 안에서 왕도, 백성도 이웃국가를 쉽게 정복할 수 있을 법한, 잘 무장된 육해군을 가졌음에도 침략전쟁(war of aggression)을 벌일 생각을 한 적이 없다는 것은 우리가 그것을 숙고하기를 중지할 때 대단히 놀라운 일이다. 그들은 그들이 가진 것에 굉장히 만족하고 정복 야욕이 없다. 이 점에서 그들은 유럽의 백성들과 아주 다르다. 유럽인들은 그들 자신의 정부에 수시로 불만족해 하고 타민족들이 누리는 것을 탐한다. 서양 국민들은 최고영유권의 관념(the idea of supreme domination)에 완전히 제 정신을 잃는 사이 조상이 자신들에게 물려준 것을 보존할 수도 없는 반면, 중국인들은 수천 년의 기간을 뚫고 조상이 물려준 것을 보존해 왔다.(…) 나는 4000년 이상의 기간을 포괄하는 중국의 역사에 대한 부지런한 연구 후에 내가 이러한 정복에 대한 어떤 언급을 본 적이 없고 또한 그들의 제국의 경계를 확장한다고 하는 말을 들은 적도 없다고 인정하지 않을 수 없다.[934)]

마테오리치의 이 최종적 입장은 중국인의 오랜 평화주의를 높이 찬양하는 취지다. 이 취지는 한 점도 모호한 것 없이 명확하다. 그러나 허드슨은 이런저런 정황을 불충분하게, 그러나 루소와 반대로 이렇게 총괄한다. "중국과 일본이 바로 그들의 대문 앞에 위치한 외국인들의 이 외로운 전초기지(마닐라)와 관련해 보인 수동성은 스페인사람

---

933) Hudson, *Europe and China*, 250쪽.
934) Gallagher(transl.), *China in the Sixteenth Century: The Journals of Matthew Ricci*, 54-56쪽.

들의 당돌성 못지않게 현격한 것이다.(…) 실제로 이 두 거대한 극동열강 중 어느 나라에 의해서도 스페인사람들을 마닐라로부터 축출하려는 어떤 진지한 기도가 행해지지 않았다. 어떤 것도 원래 이탈리아의 중상주의적 도시공화국들로부터 유래하는 침략적 해군지상주의(navalism)와 중국문명의 농경소득 이데올로기(land-revenue ideology)에 의해 고취된 은둔정책 간의 대비를 이보다 더 명백하게 보여주는 것은 없다."935) 여기서 허드슨이 '수동성'이니 '은둔정책'이니 하며 비하하는 것은 중국의 대외적 반전·평화주의를 가리킨다.

상론했듯이 루소를 제외한 18세기 계몽철학자들은 개인적 "영혼의 운명"이 아니라 중국의 "세속적 윤리"에 사로잡혔다. 그들은 중국을 "최고의 도덕원리에 기초한 사회"로 간주했다. 그들은 17세기 유럽인들이 중국인의 성격에서 가장 심각한 것으로 간주했었던 것, 즉 "무용武勇의 결여"조차도 하나의 미덕으로 보았다.936) 가령 르콩트는 17세기말에 출간한 자신의 책 『중국의 현재 상태에 대한 신비망록』(1696)에서 로만 무역상에게 보낸 마테오리치의 편지(1585)에서처럼 중국인의 군사적 취약성을 조롱하고 비난했었다.937) 실로 "고대유럽과 중세유럽의 전통은 군사적 덕성에 강세를 두었다. 방어를 위해 시민군에 의존했던 도시국가들과 군사복무에 기초한 봉건귀족정들은 둘 다 도덕적 자질로서 무용에 가장 큰 중요성을 부여했다. 17세기 프랑스는 군사적 권력과 영광에 도취되었다." 그러나 "유럽을 지배하려는 기도의 실패와 함께 프랑스에서는 군국주의에 대한 혐오감이 미만하게 되었다". 그리하여 "18세기의 지배적 정서는 문민적, 세계주의적, 비애국적, 평화적이었다." 18세기가 이런 시대라서 "중국인들의 군사적 기량의 결여는 비난할만한 것으로 보이지 않았다. 반대로 그것은 우월한 문화의 표시로 해석되었고, 중국인들이 그들을 정복한 모든 야만인들을 다 흡수해버렸다는 사실에 강세가 주어졌다."938) 이런 해석은 볼테르에 의해 가장

---

935) Hudson, *Europe and China*, 252쪽.
936) Hudson, *Europe and China*, 320쪽.
937) Le Compte, *Memoirs and Observations made in a Late Journey through the Empire of China*, 308쪽.

선명하게 대변되었다.

■ 루소의 '복고적 군국주의'와 중국 평화주의에 대한 비방

그러나 『에밀』에서 '17세기 여성관의 복고'를 강변한 반反시대주의자 루소는 다시 17세기 유럽의 호전적 군국주의로 돌아가 이에 대한 복고적 노스텔지어 속에서 16세기말에 이미 중국정복을 계획한 저 스페인 제국주의자들 또는 16세기말의 마테오리치와 17세기말의 르콩트처럼 어리석게도 중국의 전통적 평화주의를 무용武勇의 부족, 즉 '단순한 비겁'으로 간주하는 오류를 범하고 있다.939) 루소는 볼테르가 강조하듯이 중국을 군사적으로 정복한 오랑캐가 중국의 정치문화와 도덕철학에 역으로 정복당한 역사를 그의 경솔과 무지로 인해 전혀 인식하지 못한 것이다.

볼테르는 "지금 중국의 주인인 만주족들도 다만 - 손에 검을 들고 - 그들이 침입한 나라의 법제에 항복했을 뿐이다"라고 언명하고, 『중국의 고아』에서 칭기즈칸의 야만성에 대한 중국문화·도덕의 우월성을 절절히 강조했다. 중국을 정복한 어떤 오랑캐든 군사적 만리장성을 넘을 수 있었을지언정 중국의 '문화적·도덕적 만리장성'은 넘지는 못했던 것이다. 반면, 아르키메데스가 '학문예술의 무덤'이라고 부른 군사국가 로마는 게르만의 침략에 의해 간단히 무너졌고 게르만 야만족의 문화와 관습을 받아들이고 흔적 없이 사라져 다시 부활하지 못했다. 볼테르는 정복자들에 대한 중국의 문화적 승리와 로마의 몰락을 비교해 이렇게 말한다.

중국의 장점을 평가하는 데에는 열광자일 필요가 전혀 없다. 중국제국의 헌정체제는 온전하게 부성애적 권위에 올라선 유일한 체제다. 한 지방의 태수가 부임지를 떠날 때 백성의 갈채를 받지 않는다면 처벌받는 유일한 헌정체제다. 그 밖의 다른 나라들에서 법의 유일

---

938) Hudson, *Europe and China*, 320-321쪽.
939) Walter Demel, "China in the Political Thought of Western and Central Europe, 1570-1750", 63쪽. Thomas H. C. Lee, *China and Europe: Images and Influence in Sixteenth to Eighteenth Centuries*(Hong Kong: The Chinese University of Hong Kong Press, 1991).

한 목적이 범죄의 처벌인 반면 덕성에 대한 포상을 제도화한 유일한 체제다.(유럽의) 우리가 우리를 정복한 부르고뉴·프랑크·고트족의 관습에 여전히 굴복해 있는 반면, 중국정복자들로 하여금 중국의 법을 채택하도록 만들어온 유일한 체제다.940)

중국헌정은 "온전하게 부성애적 권위에 올라선 유일한 체제다"는 명제를 중국헌정은 "온전하게 모성애적 권위에 올라선 유일한 체제다"라고만 고친다면 위 인용문은 지당한 말이다.

또 상론했듯이 친중론자 케네도 중국을 이렇게 찬양한 반면, 로마는 우습게 보았다. 그는 로마의 군사적 우월성과 정치문화적 열등성을 대비시켜 이렇게 말한다. "로마는 많은 국가를 무찌르고 정복할 줄 알았으나, 그 국가들을 통치할 줄은 몰랐다. 로마는 속국들의 농업생산물을 약탈했다. 점차 로마의 군사력은 약해졌고, 로마를 부유하게 했던 정복지도 없어졌다. 로마는 대제국을 지키지 못하고 결국 적의 침략에 무너졌다.941) 이것이 유구한 문화국가였던 중국과 "학문·예술의 무덤"이었던 로마 간의 본질적 차이다.

폭력적 정복자들에 대한 중국의 문화적 승리, 또는 "힘에 대한 문명의 승리"는 "로마제국의 몰락 이래 인류의 진보 속에서 이루어졌었던 모든 진보가 야만상태로 또 한 번 복귀함으로써 결과적으로 무효화될지 모른다는, 유럽 인텔리겐치아의 뇌리에서 떠나지 않는 항구적 공포심을 달래주었다".942) 그렇기 때문에 볼테르는 동서세계를 힘으로 정복한 칭기즈칸도 끝내 중국의 '문화적 만리장성'을 넘지 못하고 중국문명에 의해 되레 정복당했음을 주제로 삼은 『중국의 고아』로 루소의 『학문예술론』을 반박했고, 루소도 그 비판의 의미를 이해했다는 반응을 보였던 것이다. 그리고 백보 양보하더라도 저 인용문은 중국의 학문·예술만이 아니라 인류의 학문·예술 일반의 문제점을 비판하는 의미맥락이라는 점을 염두에 둘 필요가 있다.

---

940) Voltaire, 'China', *Philosophical Dictionary*, Part 2, 93-94쪽.
941) Quesnay, "Analyse du Tableau Économique." 케네, 『경제표 분석·주요논평』, 104-105쪽.
942) Lottes, "China in European Political Thought", 74쪽.

그런데 30대 애송이 때 루소의 저 발언은 40-50대 중년 루소의 입에서 나온 중국평가에 의해 폐기된 것으로 이해할 수 없는 것이다. 왜냐하면 루소는 『쥘리 또는 신엘로이즈』(1761)에서 세계를 유람한 생프뢰(Saint-Preux)가 그의 사촌 도르브(d'Orbe) 부인에 쓰는 편지를 통해 다시 한 번 중국의 군사적 취약성을 비방하기 때문이다. 생프뢰는 중국을 이렇게 조롱한다.

그 거대한 대양을 가로질러 다른 대륙에 다다랐는데, 그곳에서는 새로운 광경을 접했습니다. 나는 지구상에서 가장 인구가 많고 가장 유명한 나라가 소수의 보병에 의해 점령당한 상황을 보았습니다. 그 유명한 국민을 가까이서 보았는데 그들이 노예상태에 있음을 발견하고도 더 이상 놀라지 않았습니다. 공격받는 족족 정복되었기에 그 나라는 항상 먼저 침략해 오는 나라의 먹이가 되었습니다. 그 상황은 몇 세기가 흘러도 마찬가지일 것입니다. 나는 그 나라 국민이 자신들의 운명을 탄식할 용기조차 갖고 있지 않은 것을 보고 그런 운명에 처해 마땅하다고 생각했습니다. 그들은 학식이 있지만 비열하고 위선적이고 교활한, 말은 많지만 내용이 없는, 재치는 있지만 전혀 재능이 없는, 제스처가 많지만 생각은 메마른, 정중하지만 아첨하고 교활하고 음흉하고 권모술수를 잘 쓰는, 모든 의무를 이행하고 모든 도덕을 실천하는 척하는 인사와 절 외에 어떤 인간미도 알지 못하는 그런 국민이었습니다.943)

이 글에서 루소는 중국열풍에 오갈이 들어서인지 "지구상에서 가장 인구가 많고 가장 유명한 나라"를 '중국'이라고 명기明記하지 못하고 있다.944) 그러나 중국의 군사적 허약성을 조롱하고 교활·음흉·술수 등의 악덕을 문제 삼는 이 글의 중국비판은 앤슨 제독의 중국비방을 그대로 옮겨놓은 듯하다. 루소는 그림을 잘 그리고 문예를 사랑하고 음식을 잘 만들며 허풍을 잘 떨고 혁명을 잘 일으키는 중국인들의 기질과 성정이

---

943) Rousseau, *Julie ou La nouvelle Héloïs*, Quatrième partie, Lettre III. A madame d'Orbe. 장-자크 루소, 『신엘로이즈(2)』, 35쪽(제4부 "편지3 도르브 부인에게").
944) 로테스는 임의로 "the Chinese"를 집어넣어 영역하는 통에 이 점을 희석시키고 있다. Lottes, "China in European Political Thought", 79쪽. 그리하여 그는 이 중요한 뉘앙스 차이를 놓치고 루소가 위 글에서 중국 문화의 영광에 대한 자신의 이해를 『학문예술론』에서 말한 "헛됨"이 아니라 "가짜"로 "수정한" 것으로(79-80쪽) 오독하고 있다.

뜻밖에도 자기와 같은 프랑스사람과 거의 동일한 기질이라는 사실을 전혀 모르고, 또 탁월한 전투력을 자랑하는 만주족이 중국정복과 동시에 중국문화에 동화된 덕택에 중국이 그만큼 군사적으로 강력해졌다는 사실(강희제 때만이 아니라 옹정·건륭제 때에도 중국은 서역에서 줄곧 전쟁 중이었다)을 고려치 않은 채, 앤슨의 허무맹랑한 중국비판을 그야말로 앵무새처럼 "말은 많지만 내용 없이", "재치는 있지만 전혀 재능 없이" 반복하고 있다.

루소는 다만 중국을 유럽처럼 '야만인의 자연성'과 대립되는 '퇴락하는 문명'의 또 하나의 사례로 보았다.[945] 여기서 루소가 의도한 것은 중국비방이 아니라, '인간의 모든 비참함은 문명적 과過포화에서 빚어진다'는 자신의 테제를 입증하는 하나의 사례로 앤슨의 중국비방을 이용하는 것일 뿐이다. 자신의 이 테제를 그는 고도로 발전된 문화에서만 입증할 수 있었을 것인데, 그가 이 문화를 고대로마 외에, 그리고 그가 자기 눈으로 보고 알았던 프랑스 섭정기간과 로코코시대의 궁전·살롱문화 외에 어디에서 문명적 기적국가 중국보다 더 손에 잡을 듯이 눈앞에 제시할 수 있었을까? 이 '동화의 나라'가 결코 모델 가치가 없다는 것, 오히려 앤슨과 기타 인물들이 보고했듯이 모든 가능한 범죄와 악덕의 총괄이라는 것은 그가 자신의 테제의 보강을 위해 필요한 바로 그것이었던 것이다.[946] 따라서 루소의 이 중국비방은 세계에서 제일 잘나가는 중국도 역시 지상천국이 아니라는 식의 일반적 문명비판의 반복일 뿐이다.

루소의 사상적 자기분열증은 중국의 평화주의를 비방하면서도 『에밀』에서 에밀의 아내 소피에게 페넬롱의 유토피아 소설 『텔레마크』를 읽도록 권장하는 데서[947] 극적으로 표현된다. 상론했듯이 중국적대자 페넬롱이 『텔레마크』에서 그토록 불타는 수사적 색조로 묘사한 크레타나 살렌테의 모델국가는 지혜로운 통치, 평화애호,

---

[945] 참조: Reichwein, *China and Europe*, 94쪽. Clarke, *Oriental Enlightenment*, 53쪽.

[946] Berger, *China-Bild und China-Mode im Europa der Aufklärung*, 115쪽.

[947] Jean-Jacques Rousseau, 독역본: *Emil oder Über die Erziehung*. Vollständige Ausgabe. In neuer deutscher Fassung besorgt von Ludwig Schmidts(Paderborn·München·Wien·Zürich: Verlag Ferdinand Schöningh, 1989 9. Auflage).448쪽.

일반적 덕성을 가진 중국제국의 복제품이었다. 기행·사절보고서들의 동판에 묘사된 중국풍경, 계단식 농경지가 산 정상까지 뻗치고 단 한 평도 갈지 않고 놓아둔, 백화제 방하는 농경 속에 사는 부유한 나라에 대한, 도처에서 읽을 수 있는 열정적 묘사는 가장 정확하게도 텔레마크의 조언자 이도메네(Idoménée)의 전원적 꿈이었다. 그가 『텔레마크』의 유토피아적 대항설계에서 더 나은 정치체제의 거울로서 루이 14세의 혐오 레짐에 대립시키는 긍정적 모델도 예수회가 줄곧 묘사해온 중국 이상국가였다.948) 따라서 루소가 소피에게 『텔레마크』를 읽도록 한 것은 중국의 평화주의를 배우도록 한 것과 다름없는 것이다. 중국의 평화주의를 '비겁한' 악덕으로 비난하는 자가 소피에게 중국의 평화애호의 지혜로운 통치를 배우도록 권장한 것이야 말로 최고의 자기분열증이 아니고 무엇이랴!

동시에 앤슨처럼 군사적 강력성을 미덕으로 보고 군사적 허약성과 평화지향성을 악덕으로 간주해 중국의 군사적 허약성과 평화주의를 조롱하는 것은 분명 그의 문명비판론의 근본취지와 배치되는 것이다. 당연히 중국의 군사적 허약성과 평화애호 성향에 대한 앤슨의 조롱과 허무맹랑한 윤리적 중국비방을 자신의 문명비판의 한 사례로 이용하는 것은 그의 '자연' 개념의 자기분열성만큼이나 『에밀』의 자연주의적 도시문명 비판에서 그가 실토하는 '중국예외론'과 모순되고, 동시에

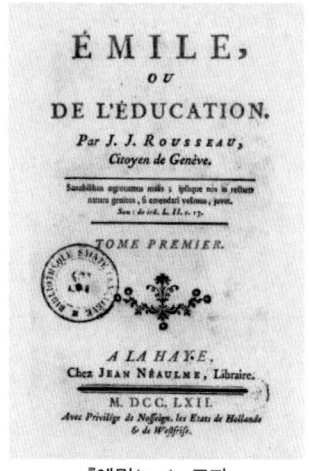

『에밀(Emil)』 표지

군사적 강력성을 하나의 덕목으로 보는 것을 거부하는 『인간불평등기원론』과 그의 문명비판론의 근본취지와 배치되는 것이다. 루소는 복고적 군국주의와 군사적 영광의 노스탤지어에서 나온 저 중국비방과 별개로 다른 글들에서 당대의 중국찬양 풍조에 슬그머니 편승했다. 그리하여 전체적으로 보면 루소는 실로 놀라운 자기분열증을

---

948) Berger, *China-Bild und China-Mode im Europa der Aufklärung*, 98쪽.

노정했던 것이다.

6.2. 루소의 중국 찬양

■ 『정치경제론』과 『에밀』에서의 중국찬양

루소는 『정치경제론』(1755)에서 중국 정치와 황제를 지극한 어조로 찬양한다. 중국 황제는 백성과 관리 사이에 갈등이 일어나면 항상 백성들 편에 선다는 것이다.

> 중국에서는 관리와 백성들 사이에 일어나는 모든 분규에서 관리들에게 불리한 결정이 내려진다. 어떤 지방에서 곡물 가격이 너무 비싸게 거래되면 그 지방의 감독관이 구속된다. 한 지방에서 민란이 발생하면 태수가 해임되고 모든 관리들은 자신의 현縣에서 일어나는 모든 악폐에 대해 목을 걸고 책임을 져야 한다. 이 사건들이 이어서 정식 재판을 거치지 않는 것이 아니다. 이것은 오랜 경험을 근거로 예상되는 판결이다. 그것이 교정되어야 할 불의를 편든 적이 거의 없다. 황제는 공중적 소란이 원인 없이 일어나지 않는다고 확신하고 언제나, 그가 벌하는 선동적 외침 속에서 그가 해결해야 하는 정당한 불평불만을 발견한다.[949]

여기서 루소는 중국의 경험주의적 정치원칙을 긍정적으로 수용하면서 황제의 현명함을 긍정적으로 평가하고 있다. 중국 황제는 민란이 발생했을 때 반란자들보다 관리를 처벌한다는 언급은 사실상 '엄청난 찬양'에 해당한다.

또한 루소는 『에밀』(1762)에서 대도시가 인구의 집중을 초래해 나라를 허약하게 만든다는 자신의 지론에 따라 대도시가 많은 나라를 혹평하는데, 중국은 예외로 친다.

---

[949] Jean-Jacques Rousseau, *A Discourse on Political Economy*(1755), 12쪽. Rousseau. *The Social Contract and Discourses*. Translated and introduced by G. D. H. Cole. Revised and augmented by J. H. Brumfitt and John C. Hall. Updated by P. D. Jimack(London·Vermont: J. M. Dent Orion Publishing Group, 1993).

비교적 훌륭한 통치와 법률을 보여주는 두 번째 징후도 인구와 관계가 있지만, 다른 방식으로, 즉 인구의 양이 아니라 인구의 분포에 따라 관계가 있다. 동일한 면적에 동일한 인구를 가진 국가도 국력은 아주 다를 수 있다. 더 강한 나라는 늘 인구가 전국에 걸쳐 균등하게 분포된 나라다. 대도시를 전혀 갖지 않은 나라, 따라서 덜 휘황찬란한 나라가 늘 그렇지 않은 나라를 쳐부순다. 대도시들은 국가를 고갈시키고 약화시킨다. 대도시가 산출하는 부는 부정不正하고 기만적이다. 돈은 많으나 실속이 없다.950)

그러나 각주에서 루소는 이 자연주의적 도시 비판에 대한 예외로 중국의 사례를 든다.

나는 이 법칙에 대한 오로지 단 하나의 예외만을 알고 있는데, 그것은 중국이다.951)

이것은 중국이 대도시가 많음에도 나라가 허약한 것이 아니라, 정반대로 부강하다는 말이다. 그러나 루소가 그 원인을 탐구했더라면 중국 정치 안에서 그가 좋아하는 '자연성'을 발견해냈을 것이지만, 그는 이를 더 탐구해 들어가지 않았다. 아무튼 여기서 중요한 것은 그가 『에밀』을 쓰던 1762년까지도 중국을 '강력한 나라'로 여기고 있었다는 사실이다.

한편, 중국에 인구가 많은 이유를 몽테스키외는 중국 여성의 다산성 탓으로 돌리고, 볼테르는 자연적 풍요 덕택으로, 케네는 통치의 우월성 덕택으로 돌렸으나, 루소는 중국의 인위적 운하 개발로 돌렸다.

얼마나 많은 불모의 땅들이 오직 인간이 강의 수로를 돌리고 운하를 판 덕택에 거주 가능한 곳이 되었는가! 페르시아의 거의 전체는 이 인공장치에 의해서만 존속한다. 중국은 백성이 넘쳐나는데, 이것은 그 운하 덕택이다.952)

---

950) Rousseau, *Emil*, 518쪽.

951) Rousseau, *Emil*, 518쪽, 자필 원고에 붙인 루소의 각주(1801년 처음 인쇄됨).

952) Jean-Jacques Rousseau, *Essay on the Origin of Languages in which Something is said about*

이처럼 루소는 "중국이 백성이 넘쳐나는" 원인을 "운하 덕택"으로 돌리고 있다. 중국에 대한 관점이 이러했기 때문에 루소는 애당초 볼테르와 케네가 볼 수 있었던 중국 정치경제의 '자연주의적' 성격 또는 '친親자연성'을 볼 수 없었던 것이다.

아무튼 중년 루소는 중국을 혁명적 이상향으로 여기지는 않았을지라도 자연친화적 대도시·인구·학문·철학자관리 등 여러 가지 점에서 중국을 긍정적으로 평가했다. 따라서 거시적 관점에서 보면 루소도 당시 프랑스의 대중화된 중국지식과 중국열풍에 정신적으로 편승해 있었던 것이 틀림없다.

■ 루소를 단순한 중국비방자나 중국모방자로 보는 오류

따라서 루소를 중국의 단순한 비방자로 보는 것은 분명 경솔한 오류다. 그러나 루소의 정치철학이 내용적으로 공자철학과 유사하다고 보는 것도[953] 빗나간 것이다. 가령 루소가 『사회계약론』에서 최고의 덕성과 지혜를 가진 신적 입법자를 끌어들여 사회를 구성하기 위해 인간본성을 바꿔야 한다고 말하는 것을 공자가 『대학·중용』에서 말하는 성인 군주의 전설과 "완전히 일치한다"고 해석하는 것은 완전한 오류일 것이다. '사회를 구성하기 위해 인간본성을 바꿔야 한다'는 루소의 인권침해적 주장은 칭송받아야 할 대목이 아니라, 주지하다시피 청년 마르크스에 반인간적 인민독재의 테제로 비판받은 대목이다. 공자의 성인 군주는 인간의 사회적 본성(자연)에 반하는 어떤 것도 강요하지 않고 백성을 자유방임하는 '무위이치자無爲而治者'이거나, 타고난 본성을 다하는 백성들의 '진성盡性'과 '자기완성(成人)'을 돕는 치자이지, 결코 인간의 본성을 바꾸는 폭군적 존재가 아니다.

또 이성이 아니라 '동정심'을 모든 도덕의 원천으로 보는 루소의 윤리학은 '참달지심慘怛之心' 또는 '측은지심'을 최고도덕 '인덕'의 기초로 보는 공맹의 윤리학과 유사

Melody and Musical Imitation, 277쪽. Rousseau, *The Discourse and other early Political Writings*, edited by Victor Gourevitch (Cambridge·New York: Cambridge, 1997·2008).

[953] 다음을 보라: Hughes, "Introduction", 23-28쪽.

하나, 이 유사성을 비교철학적으로 분석할 수 있을지언정 이것을 근거로 루소가 공맹의 도덕감정론적 도덕철학을 '모방'했다고 주장할 수는 없을 것이다. 루소의 저작에서 이 도덕철학적 모방에 대한 증거를 전혀 찾을 수 없기 때문이다. 그러나 다른 정치철학과 정치경제학 분야에서는 그러한 모방의 근거를 분명히 찾을 수 있다. 가령 군주(국가)와 백성의 관계를 아버지와 자식의 관계에 비유하고 군주의 '인仁'을 자식에 대한 부모의 '자애慈愛'의 확장으로 보는 공자의 '가정비유적'·인정론적仁政論的 국가관은 ─ 서양에서 아리스토텔레스의 경우에도 유사한 형태로 발견될지라도 ─ 18세기 유럽에서 계몽철학자들이 새롭게 공자철학의 위대한 측면으로 발견하고 이구동성으로 칭송했기 때문이다.

6.3. 루소의 정치경제론과 중국의 영향

■ 가정과 국가의 구분론

루소는 그가 작성한 『백과전서』 제5권의 "가정·국가관리(*Economie ou Oeconomie*)" 항목에서도 중국의 조세정책과 재정체계에 대한 일련의 찬사를 언급한다. 그럼에도 그는 중국의 통치가 참으로 만족스러운 것만은 아니라고 평가한다. 그는 이 평가를 '자연상태(가정)와 사회상태(국가)의 차이'로부터 설명한다.[954] 자연상태의 가정관리가 자연스러운 최선이고, 이것을 벗어난 모든 통치는 잘해야 부자연스러운 차선이라는 것이다. 문명화된 상태에서 사회와 가정은 조응하지 않는다는 것이다.

루소는 국가의 원수가 가정의 아버지가 자연의 목소리를 듣고 가정에 복무하듯이 행동한다면 그의 국가에 잘 복무할 수 없다고 말한다.

---

[954] 참조: Maverick, *China - A Model for Europe*, 35쪽; Davis, "China, the Confucian Ideal, and the European Age of Enlightenment", 538쪽.

국가와 가족이 많은 공통성을 지니고 있을지라도, 이 두 단체 중 한 단체를 다스리는 데 적합한 규범이 다른 단체에도 알맞은 것은 아니다. 두 단체는 너무 크기가 달라서, 동일한 방식으로 다스려질 수 없다. 아비가 모든 것을 스스로 살피는 가정의 관리와, 원수가 거의 모든 것을 다른 사람의 눈을 통해서만 보는 국가의 통치 사이에는 현격한 차이가 존재할 것이다.(…) 국가의 통치가 어떻게 그 기초가 완전히 다른 가정의 관리와 유사할 수 있겠는가? 자녀들이 아비의 도움을 필요로 하는 기간 동안 아비는 자녀보다 신체적으로 우월한 상태에 있기 때문에, 가장의 권한은 정당하게 자연에 의해 부여된 것으로 인정된다. 그 구성원들이 본성적으로 모두 동등한 상태에 있는 큰 가정(국가 - 인용자)의 경우, 그 결정에 따라 전적으로 자의적인 성격을 갖는 정치적 권위는 오로지 계약에만 기초하고, 정부 관청은 오직 법률에 의해서만 움직인다. 개인적 감정에 근거하는 자녀들에 대한 아비의 권력은 그 본성에 따라 생사여탈권으로까지 확대될 수 없다. 반면, 공동선을 목표로 삼는 주권적 권력에는 바르게 이해된 일반성의 이익 외에 어떤 다른 한계도 설정되어 있지 않다. (…) 아비에게는 자연적 감정들에 의해 불복종을 거의 허용하지 않는 톤으로 그의 의무가 명령된다. 국가 원수는 그와 같은 기준이 없고 인민에 대해서만 그의 약속을 지킬 의무를 짊어지며, 인민은 그것의 실천을 요구할 권리가 있다.(…) 가장과 국가 원수가 그 과업을 수행함에 동일한 목표를 추구할지라도, 이것은 완전히 다른 방식으로 이루어진다.(…) 전자는 올바로 행동하기 위해 자기의 심장에 물어보기만 하면 되고, 후자는 그의 심장에 귀를 기울이자마자 반역자가 된다. 그는 그의 이성도 신뢰할 수 없고 공적 이성, 즉 법률 외에 그 어떤 다른 것을 기준으로 취해서도 아니 된다. 따라서 자연은 훌륭한 가장들을 수없이 산출했지만, 인간의 지혜는 좋은 국가 원수를 거의 산출하지 못했다. 지금까지 말한 모든 것으로부터 우리는 정당하게 '공적 대大가정 통치'와 '사적 가정 관리'를 구별했고, 국가 공동체가 구성원들의 행복을 돌볼 의무가 수장首長들에게 있다는 것 외에 어떤 점에서도 가정과 같지 않기 때문에, 양자의 권리는 동일한 원천에서 나오지 않고, 양자를 동일한 원리에 따라 다스리는 것은 적절치 않다.[955]

여기서 루소는 절대주권의 정당성을 가부장권에서 도출하는 절대주의 논리를 분쇄

---

[955] Rousseau, "Economie ou Oeconomie - Ökonomie", 105-108쪽. Jean Le Rond d'Alembert, Denis Diderot u.a., *Enzyklopädie*(Frankfurt am Main: Fischer Verlag, 1989).

제6절 루소의 중국 칭송과 비방의 자기분열 ••• 455

하는 데 급급한 나머지, 공자의 '가정=국가 유추', '부친=군주 유추' 테제가 제공하는 모든 강점들을 다 놓치고 있다. 이런 까닭에 그는 중국의 통치체제에서 공자의 이 유추 테제를 보지 못했고, 서양의 국가와 동일시하여 '중국의 통치가 진정으로 만족스러운 것은 아니다'라고 말한 것이다.

공맹철학에서 군주 지위의 정통성은 - 절대주의 변호론에서처럼 아비의 자연적 권위에서가 아니라 - '민심 즉 천심'의 천인天人합일 사상에서 도출되고, 군주의 덕성과 의무만이 부친(아비)의 자연적 덕성과 의무에서 도출된다. 이 자연적 의무에서 공맹의 국가는 - 플라톤과 아리스토텔레스의 '국가론' 또는 기독교적 '신국론'의 '야경국가'와 달리 - 양민養民(생계·경제·복지)과 교민敎民(교육·문화복지)의 과업까지도 자연적 의무로 떠맡아 '아비'로서 자신의 의무를 다해야 한다. 국가원수(입헌군주 또는 대통령)가 국가의 '아비'로 비유되는 '가정=국가' 유추를 더 밀고 나간다면, 총리 또는 국회는 국가의 '어미'로 비유되어 권력분립과 견제·균형의 이론도 도출될 수 있을 것이다. 그러나 루소는 저 '가정과 국가의 차이성' 명제에 사로잡혀 이런 '가정=국가 유추'의 이론적 이점을 다 내버렸고 공맹철학의 우월성을 보지 못했다.

■ 루소의 자기모순: 가정비유적 국가론

그럼에도 불구하고 루소는 자신의 기본논지와 모순되게 『백과전서』의 동일한 항목에서 시민의 의무, 국가의 교육의무의 신설과 국민복지를 위한 누진세 도입 등의 주장에서 국가를 '아버지나라(조국)' 또는 '어머니'에 비유하고, 시민들을 국가의 '자식'에 비유함으로써 다시 공자처럼 '가정=국가 유추' 명제를 활용하고 있다. 다음은 이 유추가 쓰인 여러 문장들 가운데 두 전형적 구절이다.

인민들이 덕스럽기를 바란다면, '아버지나라(조국)'를 사랑하도록 인민들을 가르치는 것부터 시작하라. 그러나 '아버지나라'가 인민들에게 남 이상의 것이 아니라면, 그리고 아무에게도 거부하지 않을 것만을 보장한다면, 어떻게 그들이 '아버지나라'를 사랑하겠는가?(…) 그러므로 '아버지나라'가 모든 시민의 공통된 '어머니'로 입증될 수 있게 하라. 시민들이 '아버지나라'의 경계 안에서 향유하는 장점들이 그들의 고국을 그들에게 귀중한 존재로 만들어야 한다. 정부는 공공행정의 아주 많은 부분을 넘겨주어, 시민들이 '가정'에 있는 것으로 느끼고 법률이 그들의 눈에 자유의 공동보장자 외에 다른 어떤 것도 아니도록 하라.956)

주권자가 배치한 관리들에 의한, 그리고 정부가 규정한 기준에 입각한 공교육은 인민정부 또는 법치정부의 근본 원리 가운데 하나다. '자식들'이 평등의 품 안에서 공동으로 교육된다면(…) 이 자식들의 주위에 그들을 기르는 부드러운 '어머니'에 대해, 그들에 대한 '어머니'의 사상에 대해, '어머니'가 그들에게 보여주는 헤아릴 수 없는 자선행위에 대해, 그리고 그들이 '어머니'에게 빚진 되갚을 사랑에 대해 그들에게 말해 주는 모범들과 대상들이 있다면, 우리는 그 자식들이 서로를 '형제자매'처럼 사랑하고(…) 그들을 오랫동안 '자식들'로 기른 '아버지나라'의 '아버지들'이 되는 것을 배운다는 것을 의심할 필요가 없다.957)

여기서 루소는 '국가=아버지나라', '국가=어머니', '국가=가정', '시민=자식', 심지어 '동료시민=형제자매' 등의 유추를 거듭 활용하고 있다. 앞문으로 쫓아낸 유추를 뒷문으로 몰래 불러들여 활용하는 꼴이다. 또한 그의 공교육 주장은 중국식의 보편적 공교육을 주장한 중농주의자들을 모방한 것이다. 결국 루소는 『대학』의 "천자에서 서인에 이르기까지 하나같이 모두 수신을 근본으로 삼는다"와958) 『논어』의 "교육에는 차별이 없다"는959) 공자의 보편적 평등교육 가르침에 기초한 중국의 교육제도와 교육철학을 따르고 있다. 케네가 『자연법론(Du Droit Naturel)』(1765)에서 "모든

---

956) Rousseau, "Economie ou Oeconomie", 116-117쪽.
957) Rousseau, "Economie ou Oeconomie", 119-120쪽.
958) 『禮記』「大學」首章: "自天子以至於庶人 壹是皆以修身爲本."
959) 『論語』「衛靈公」(15-39): "子曰 有敎無類." "가르침이 있을 뿐, 유별이 없다"고 옮기기도 한다. 류종목, 『논어의 문법적 이해』, 522쪽.

제6절 루소의 중국 칭송과 비방의 자기분열 ••• 457

다른 법이 따라야 하는 첫 번째 실정법은 자연적 질서의 법률들의 공교육과 가정교육의 확립이다"라고 강조하고 그의 유서에서 "중국을 제외한 모든 왕국들은 정부의 기초인 이 교육제도의 필요성을 무시해 왔다"고 고통스럽게 고백하듯이[960] 중국과 동아시아 제국 외에 당시 지구상 어디에도 만민평등의 공교육이 존재하지 않았기 때문이다.

따라서 가정과 국가 간의 '현격한 차이'에 근거해 '중국의 통치가 참으로 만족스러운 것은 아니다'라고 결론지은 루소의 유보적 입장도 기실 근거가 취약한 것이다. 사회상태의 국가통치와 명백하게 '대립'되었던 루소의 자연상태의 가정관리 관념은 위 인용문에서 어느 덧 문명적 사회상태의 치국과 평천하의 기초가 되는 공자의 자연적 '제가齊家' 개념이나, 문명화된 국가를 정초하는 자연적 틀로서의 케네의 '사회의 자연질서(l'ordre naturel de la société)' 개념으로[961] 탈바꿈되었고, 루소의 국가 개념은 국가와 천하를 가정의 확대판으로 관념하는 공자의 가정비유적 국가·천하 개념, 또는 국가를 자연적 경제질서의 도움으로 자연상태로 복귀하는 '수단'으로 보는 케네의 자연질서적 국가 개념으로[962] 완전히 탈바꿈된 것이다.

■ 루소의 '중국 표절'

물론 루소는 당시 『백과전서』의 공동 집필자들보다 훨씬 더 급진적으로 플라톤의 '야경국가' 원리를 뛰어넘어 양민養民을 '제3의 주요 국가과업'으로 주장하고 누진세제에 따라 부자들이 생계소비 수준 이상의 것에 더 높은 세금을 내고 공직과 그 녹봉만으로 '안빈낙도'해야 한다는 매우 '공자적인' 중농주의 논변을 전개한다. 세무행정에는 다음 세 가지를 고려해야 한다는 것이다.

---

[960] Reichwein, *China and Europe*, 107-108쪽에서 재인용.
[961] 참조: Quesnay, *Despotism in China*, 264-266쪽; 296쪽. Maverick, *China - A Model for Europe*, 131쪽.
[962] 참조: Reichwein, *China and Europe*, 103쪽.

첫째, 동일한 조건에서 다른 사람보다 10배 많이 가진 자가 다른 사람보다 10배 많이 내야 하는 수량관계를 고려해야 한다. 둘째, 소비가치관계도 고려해야 한다. 즉, 필요량과 잉여량을 구분해야 한다. 절대필요량만 가지고 있는 사람은 전혀 세금을 납부할 필요가 없고, 잉여 속에 사는 사람은 필요한 경우에 생계필요를 넘어가는 모든 것까지도 납부할 부담을 질 수 있다. 잉여 속에 사는 사람은 더 낮은 신분의 인간들에게 불필요한 것이 그의 높은 신분서열의 관점에서 그에게 필수적이라고 응수할 것이다. 그러나 이것은 거짓말이다. 왜냐하면 대인도 소몰이꾼과 마찬가지로 두 개의 다리와 한 개의 배를 가졌을 뿐이기 때문이다. 게다가 그들의 높은 서열에 필수적이라는 저것은 그 애지중지하는 목적(공직-인용자)을 위해 그것을 포기하는 경우에만 더욱 더 존경받을 정도로 거의 불필요한 것이다. 인민은 국가가 커다란 긴급상황에 처했을 때 자신의 호화마차를 팔아 버리고 각의閣議에 걸어서 참석하는 장관에게 깊이 머리 숙일 것이다. 간단히 말해서, 법률은 아무에게도 사치를 보장하지 않고, 서열의 차이는 결코 세금에 대항하는 논변이 아니라는 것이다. 세 번째 관계는(…) 사회적 결사로부터 각자가 뽑아내는 이익의 관계다. 이 결사는 부자들의 헤아릴 수 없는 재산에 대한 강력한 보호자이지만, 빈자에게는 그가 제 손으로 만든 오두막도 거의 보살펴 주지 않는다.(…) 또 빈자의 손실은 부자들의 손실보다 훨씬 더 어렵게 보상된다. 획득의 어려움은 궁핍할수록 증가한다. 무無로부터는 무만 나온다.(…) 돈은 돈을 낳는다. 종종 첫 번째 권총은 그 이후 100만 개의 권총보다 얻기가 더 어렵다. 게다가 빈자가 내는 모든 것은 영원히 그에게서 상실되어 부자의 손 안에 남아 있거나 이리로 되돌아온다. 세금에서 나온 소득이 오로지 정부에 참여하거나 이와 가까이 있는 사람들의 손만을 통과하기 때문에, 이들은 자기들이 자기 몫을 내더라도 세금을 인상하는 데 특별한 관심을 가진다. 두 신분 간의 사회계약을 두 마디로 요약해 보자. '나는 부유하고 너희들은 가난하기 때문에 너희들은 내 것을 필요로 한다. 그러므로 협정을 맺자. 나는 너희들을 지휘하는 나의 수고에 대해 너희들이 너희들에게 남아 있는 약간의 것을 나에게 준다는 조건 아래 나에게 복종하는 영예를 너희들이 얻는 것을 허가한다.'963)

여기서 첫 번째·세 번째 논변은 루소의 독창적 생각으로 보인다. 하지만 그의 두 번째 논변은 중국을 빌려 봉건제의 구곽舊廓에 갇힌 농업자본주의의 해방적 발전을 옹호

---

963) Rousseau, "Economie ou Oeconomie", 126-127쪽.

한 케네·튀르고·미라보·리비에르·보도 등 중농주의자들의 중국적 조세정책과 지주地主에 대한 공직 보장 논변에 의해 영향을 받은 낌새가 보인다. 위 인용문에서 그는, 스스로 부유할지라도 과욕寡欲과 검약 속에 살면서 자신의 부를 사람들과 나누고 또 비록 가난할지라도 '안빈낙도'하고 출사하면 적은 녹봉을 받고도 '박시제중'의 치국 활동에 전념하는 중국 선비들의 전통적 '군자' 모델을 눈 가리고 아웅하듯이 '표절'하고 있기 때문이다.

그렇다! 이 '표절'을 통해 루소도 인정하고 있듯이, 루소가 이제야 이처럼 혁명적으로 이루려고 하는 모든 것들은 중국·한국 등 동아시아 국가들에서 이미 다 실현되어 있는 상태였다. 가령 중국과 한국은 오래 전부터 공자철학에 따라 '가정=국가' 유추와 '군사부일체'의 원칙에 입각해 치국을 맡은 군자들이 '천하' 또는 '국가'를 자기의 '가정'으로 보고 당시 유럽의 어떤 나라보다 인명과 자연을 소중히 여기며 세계의 어떤 나라보다 많은 양심·사상·학문의 자유, 종교의 자유, 상업의 자유를 보장하고 '양민'과 '교민'을 국가의 본질적 과업으로 수행하며 솔선수범의 덕치를 최대화하고 '정형政刑'을 최소화하며 형벌을 관대히 하고, 치자도 법을 준수하는 법치를 구현해 왔다. 중국은 진정 루소가 말하는 '법률로 공동의 자유를 보장하는 아버지나라'인 것이다.

보기에 따라 루소의 '자연' 개념은 공자가 말하는 '제가'의 자연적 질서 또는 '무위이치無爲而治' 사상과 친화성이 큰 것이다. 나아가 그의 '자연' 개념은 중국철학의 이런 사상과 결합될 때야 기실 그 모호성과 오해를 벗어나 빛을 발할 수 있는 것이었다. 그러나 루소는 볼테르와 중농주의자들의 중국예찬론에 막연히 편승해 있었을 뿐이라서 이 점을 간과하는 실책을 범한 것이다. 이런 까닭에 중국철학이 다시 대유행을 하던 1920년대 유럽의 젊은이들은 루소의 이러한 실책에도 불구하고 그의 '자연으로 돌아가라'는 외침을 예외 없이 중국의 '무위' 개념과 결부시켜 이해했던 것이다.[964]

루소는 몽테스키외처럼 중국을 그 자신의 도그마에 뜯어 맞추려고 애쓴 면이 없지

---

[964] 참조: Reichwein, *China and Europe*, 6쪽 이하.

않다. 이와 같은 바탕에서 출발했기 때문에 그도 역시 '동방의 참된 정신' 속으로 전혀 삼투해 들어갈 수 없었다.965) 전반적으로 보면, 루소는 그래도 프랑스와 유럽의 당대 '친중국 무드'에 동조했고 그의 중국관은 얼마간의 회의주의와 자가당착적 자기분열을 보였지만 대체로 긍정적이었다. 게다가 그의 혁명적 정치철학은 친중국적 중농주의에 편승해 여러 주제에서 의식적·무의식적으로 공자와 중국의 통치철학을 그대로 모방하고 있다. 이 점에서 루소는 중국에 대한 열광자에서 중국에 대한 비판자로 돌아선 급진적 합리주의자 디드로나 엘베시우스와 경우가 달랐다. 따라서 흔히 싸잡듯이 루소를 간단히 몽테스키외와 동급의 '중국 비방자'로 단정하는 것은966) 내용적으로 옳지 않을 것이다.

앞서 상론했듯이 디드로는 『백과전서』에서 중국철학자들에 대해 다음과 같이 썼다. "'만장일치의 동의'를 품부받은 이 민족은 연륜·정신·예술·지혜·정치에서, 그리고 철학에 대한 그들의 미각에서 아시아의 다른 모든 민족들을 능가한다. 그렇다, 심지어 그들은 여러 저술가들의 판단에 입각할 때 유럽의 가장 계몽된 나라들과 우열을 다툰다."967) 엘베시우스도 『정신론(De l'esprit)』(1758)에서 디드로와 동일한 열정적 논조로 중국을 찬양한다.(이에 대해서는 뒤에 상론한다.) 그러나 디드로는 말년에 중국인들의 도덕적·종교적 실천을 '편향되고 비과학적인 것'으로 치부하고 '중국의 이상'을 '새로운 유럽의 이상'으로 대체했고, 엘베시우스는 중국의 정치체제를 '미개한 폭정'으로 비난했다.968)

---

965) 참조: Reichwein, *China and Europe*, 94쪽.
966) 참조: Clarke, *Oriental Enlightenment*, 52-53쪽. 스펜스는 우리가 만약 루소를 '주도면밀하게' 읽는다면 중국과 중국문화에 대한 '심오한 유보'를 토로한 철학자임을 알 것이라고 말한다. Spence, "Western Perception of China from the Late Sixteenth Century to the Present", 5-6쪽. 그러나 그야말로 루소를 진정으로 '주도면밀하게' 읽지 않은 것으로 보인다.
967) Diderot et d'Alembert(ed.), *Encyclopédie, ou Dictionnaire raisonné des sciences, des arts et des métiers*, Tome 3, 341쪽, "Chinois(Philosophie des)" 항목: "Ces peuples qui sont, d'un consentement unanime, supérieurs à toutes les nations de l'Asie, par leur ancienneté, leur esprit, leurs progrès dans les arts, leur sagesse, leur politique, leur goût pour la philosophie, le disputent même dans tous ces points, au jugement de quelques auteurs, aux contrées de l'Europe les plus éclairées."

루소는 이런 입장 전환을 보이지 않고 중농주의적 이상에 끝까지 편승했다는 점에서 이들과 달랐던 것이다. 그런데 분명한 것은 루소가 중국 관련 서적들을 많이 읽지 않았고,[969] 단 한 권의 공자 서적도 정독한 적이 없을 것이라는 점이다. 이것은 그가 공자에 대해 단 한 번도 언급한 적이 없기 때문에 능히 짐작할 수 있는 일이다. 프랑스와 유럽에 대한 공자철학의 혁명적 영향은 볼테르를 비롯해 '경제학'이라는 '신新과학'의 창설을 주도한 케네와 중농주의학파에서 절정에 달했고, 계몽주의의 '이단아' 루소는 이 영향관계에서 어디까지나 볼테르와 케네에 편승한 언저리 사상가라고 결론지을 수 있다.

---

[968] 참조: Clarke, *Oriental Enlightenment*, 52쪽.
[969] 루소는, 북경 정부에 외교사절로 파견되었다가 임무수행에 실패한 앤슨 장군의 책 『1740-1744년의 세계일주 항해』를 제외하고는 중국에 대해 분명 아무것도 읽지 않았던 것으로 판단된다. 참조: Reichwein, *China and Europe*, 95쪽 각주.

제2장

'필로소프들'의 공자숭배와 중국열광

중국의 사실적 객관성과 실재성을 활용한 볼테르의 혁명적 비판 전략과 케네의 중농주의적 자유시장론은 많은 계몽철학자들에게 널리 퍼져나가면서 정교화되었다. 이것은 특히 백과전서파의 젊은 철학자들을 극동화極東化·탈기독교화·탈희랍화·급진화시켰다. 가령 데니 디드로(Denis Diderot, 1713-1784)와 엘베시우스(Claude Adrien Helvétius, 1715-1771)는 급진적 오리엔탈리즘을 표방하며 기독교 세계를 사상적으로 부정하고 철학적으로 파괴했다. 급진적 계몽주의자인 이들이 볼 때, 구질서는 신질서가 들어서자마자 사라져야 할 '쓰레기'에 지나지 않았던 것이다.[970]

---

[970] 참조: Clarke, *Oriental Enlightenment*, 52쪽.

제1절
중농주의자들과 기타 중국예찬자들

1.1. 르 마키 다르장송의 『중국인 편지』

■ 굴절과 갑론을박

선교사들의 중국 소개와 공자 해석에 의존한 공자사상의 유럽적 확산은 최초 단계에서 주로 가톨릭 종교계와 데카르트주의적 합리론자들에 의해 받아들여져 유럽적 관점과 필요에 따라 공자를 재해석하고 굴절시켰지만, 시간이 지나면서 유럽인들은 독자적 패치워크 사상을 창조하면서 교부철학과 데카르트철학을 퇴출시키고 극서-극동 패치워크 사상 '계몽주의'를 유럽의 혁명 동력으로 승화시켰다. 플라톤과 아리스토텔레스의 '지성주의'가 헬레니즘 시대의 신플라톤주의로 계승되고 아우구스티누스와 토마스 아퀴나스의 교부철학을 통해 전승되고 데카르트와 라이프니츠의 교조적 합리주의 및 루소와 칸트의 절충적 합리주의로 이어져 온 것을 상기할 때, 이 선교사와 합리론자들이 최초에 형성한 중국관이 지성주의적으로 왜곡된 것은 불가피한 일이었다.

따라서 가톨릭 선교사들과 데카르트주의자 및 합리주의자들은 중국인을 '보편이성'의 기반 위에서 도덕성과 사회질서에 관한 근본적 철학원리를 수립한 사람들, 윤리·정치적으로 정교한 사회체계 속에서 교육되고 지혜로운 군주에 의해 통치되는 사람들로 묘사했다. 덕성을 중시하는 공자의 군자치자 개념은 어느덧 이들의 지성주의 시각에서 지성을 제일로 치는 '철인치자'로 변질되어 이해되고 소개되었다. 이러한 지성주의적 왜곡과 이상화에는 일말의 진실이 담겨 있었다. 당시 중국은 부러워할 만한 정치·사회·경제체계를 갖추고 있었기 때문이다. 아무튼 초기 예수회 신부들은 중국의 황제와 관리들을 "이성의 자연적 힘에 의해 신에 대한 믿음을 수립한 철인치자"로 해석했다.971) 공자철학 특유의 '서술적序述的 경험론'과972) '덕성주의'는 온데간데없이 사라지고, 덕성주의적 공자철학은 이성만능의 지성주의 철학으로 왜곡된 것이다.

■ 다르장송의 『중국인 편지』

굴절과 갑론을박 속에서도 중국과 공자는 볼테르와 케네의 철학과 경제이론 속에서만이 아니라 기타 철학자들의 사상 속에서도 유럽의 억압되고 타락한 도덕·예절·정치를 비판하는 척도가 된다. 유럽의 1730-60년대는 가상적 중국인의 눈으로 유럽사회를 비판하는 특이한 사회비판의 가상적 서간체 문학의 시대였다. 어느새 중국인이 유럽인들의 가상공간에서 서구를 비판하는 개혁가로 올라선 것이다.

르 마키 다르장송

르 마키 다르장송(Le Marquis d'Argenson, 1694-1757)은 볼테르의 학창시절 클래스메이트였고, 케네를 따르는 중농주의자였다. 그는 1730년대에 이미 전5권의 방대한 『중국인 편지(Lettres chinoises)』(1739-1740)를 익명으로 출판했다.973) 이 서간체 소설은

---

971) Clarke, *Oriental Enlightenment*, 41쪽 참조.
972) 참조: 황태연, 『공자의 인식론과 역학 - 지물과 지천의 지식철학』(파주: 청계, 2018), 15-288쪽.
973) 이 책은 1769년 새 버전으로 갱신되어 다시 출판되었는데 이때는 전 6권으로 늘어났다. Anonym

가상적 중국인이 본국으로 보내는 편지들에서 중국인의 가치판단(실은 중국을 동경하는 다르장송의 판단)에 따라 기독교적 유럽의 타락한 예의범절과 부조리하고 억압적인 정치사회를 비판하는 형식을 취하고 있다.

의심할 바 없이 『중국인 편지』는 중국통신원을 등장시킨 기행서간 중에서 골드스미스의 『세계시민』을 빼면 최대의 영향력을 발휘한 서간문 소설이다. 이 소설의 영향은 직접 골드스미스에게 미쳤다. 골드스미스는 다르장송의 이 소설로부터 주제가 될 소재거리나 표현방식에 이르기까지 모조리 모방했기 때문이다.974) 『중국인 편지』의 서문에서 "공중이 내게 온정과 선심을 줄이는 것으로 보이지 않은 채 나의 정기간행물을 종결지어야 하는 세 번째 작품으로 나는 여기에 와 있

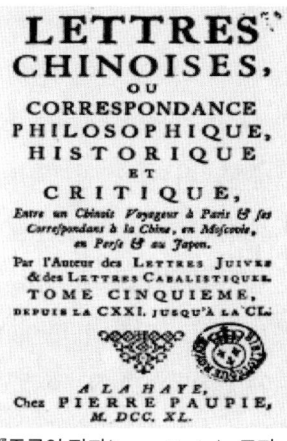

『중국인 편지(Lettres chinoises)』 표지

다"고 말한다. 『중국인 편지』는 1739년부터 매주 2회 정기적으로 네덜란드에서 그리고 "우체국이 있는 유럽의 주요마을에서" 나왔다. 그리고 이 작품은 1년 반이 지나는 사이에 150회의 분량, 1200쪽에 달하는 전 5권의 책이 되었다. 프로이센의 프리드리히 2세는 저자 다르장송에게 주목하게 되었고 1742년에는 그를 베를린으로 초빙했다. 거기서 그는 프로이센 국왕의 시종이자 엄선된 원탁의 멤버로서, 그리고 동시에 신설 왕립한림원의 문예분과장으로서 25년 동안 살았다. 『중국인 편지』는 1768년 독역·출판되었다.975)

다르장송의 가상적 편지작성자는 총 6명인데, 그 중 5명은 주로 유럽에서 여행 중이지만, 러시아·페르시아·태국·일본도 다녀온 여행자들이고, 한 명은 북경에 남아 이

(Jean- Baptiste de Boyer Marquis d'Argenson), *Lettres chinoises ou Correspondance philosophique, historique et critique*(La Haye: Chez Pierre Paupie, 1739).

974) Berger, *China-Bild und China-Mode im Europa der Aufklärung*, 148쪽.

975) Berger, *China-Bild und China-Mode im Europa der Aufklärung*, 148-149쪽.

들의 기행서신을 받고 응신應信하는 사람(Yn-Che-Chan)이다. 파리에 낯선 사람 (Sioeu-Tscheou)이 도착하고 수도 가도를 돌아다니며 당황하고 사람들은 이국인을 진기한 동물처럼 바라본다. 그때그때 뉴턴의 중력이론 등 시사가 되는 철학의 주제들이 변덕스럽게 바뀌고, 프랑스의 매관매직·봉록챙기기·부패·권탐 및 프랑스 귀족들의 엽색행각, 그리고 문예시즌의 리뷰 등이 화제로 오른다. 그런데 중국인 특파원들이 만나는 이 모든 악덕과 어리석음, 오류와 병폐는 그들에게 오만한 풍자의 동기를 부여하는 것이 아니라 철학적 장광설의 동기를 부여한다. 무신론과 이신론, 기독교와 최고존재(Être suprême)에 관해 논쟁하고, 도덕철학과 양식良識(Bon sens), 이성의 지배와 공자철학의 정신에서의 실용적 윤리를 홍보하고, 편견·미신·불관용·보편타당성·불가류적 도그마를 비판한다. 편지 안에 성직자를 공격하는 직설화법은 등장하지 않지만 행간의 반反성직자적 정조는 곳곳에서 감지된다. 유럽의 도덕적 타락은 특히 신학의 오만한 월권과, 인간사회에 대해 도덕적 고등판사로 자임하는 한 줌도 안 되는 몇몇 승려들의 광신주의에 그 뿌리가 있다. 이신론적 이성종교의 절대타당한 모범적 본질을 곧게 확신하는 중국특파원들은 유럽에서보다 야만지역에서, 시베리아와 일본에서, 심지어 페르시아에서 미신·광신·우상숭배의 경악스러운 증좌들과 두루 맞부딪친다. 인류를 비이성, 미성년, 편견에 사로잡혀 있게 붙들어두는 것은 성직자들의 지배체제다.[976] 시선을 어디로 돌리든 "인간정신의 유일한 기이성" 외에 아무것도 보이지 않는다.[977]

이런 비판에서 중국도 예외가 아니다. 공자주의적 이상국가의 모티브는 분명 『중국인 편지』를 관통하고 있다. 중국인들은 흔히 그렇듯이 "덕성, 정직성, 훌륭한 도덕을 향한 사랑"으로 빼어난 '레 사쥐 쉬누아'(les sages Chinois; 중국현자들)이다.[978] 벨이 이 모티브를 무신론을 위해 이용해먹었듯이, 다르장송은 이 『편지』에서 이신론을 홍

---

[976] Berger, *China-Bild und China-Mode im Europa der Aufklärung*, 151-152쪽.

[977] d'Argenson, *Lettres chinoises*, T.2, 51쪽.

[978] d'Argenson, *Lettres chinoises*, T.3, Préface.

보하는 데 이용해 먹는다. 하지만 다르장송의 중국은 볼테르가 매혹되었던, 모든 지구중력으로부터 해방된 저 유토피아 국가가 아니다. 그의 중국은 다른 나라와 마찬가지로 미신과 편견, 그리고 종교적 광기에 노정된 나라다. 그의 중국 이미지는 통일성과 거리가 멀고 그 자체로서 모순적이다.[979] 그럼에도 다르장송은 『중국인 편지』에서 "사람들은 공자님께 순수한 시민적 숭배의 제례祭禮를 바치는 것을 허용하고", 또 "우리는 마침내 우리의 위대한 공자께 우리가 언제나 돌리던 모든 영광을 돌린다"고 천명한다.[980]

다르장송은 실은 몽테스키외와 다른 의도를 가지고 있었다. 그의 목표는 이국적 관점을 통한 유럽사회의 풍자적 폭로라기보다, 차라리 유럽인들이 온갖 비판점에도 불구하고 내재적 결함들을 비교적 잘 극복한다는 계몽이념의 프로파간다였다. 따라서 『중국인 편지』에서는 도덕철학적·종교철학적·문화철학적 흐름이 주조를 이루어서 의사疑似동양적 기행문을 말하는 것 같이 느껴질 정도다.[981]

또한 다르장송은 노골적 반反헬레니즘 주창자이자 친중국주의자였다. 그는 『프랑스의 옛날과 현재의 통치에 관한 고찰(Considérations sur gouvernement ancien et présent de la France)』(1764)이라는 유작에서 그리스문화를 깎아내리고 공자의 입법을 추앙한다.

중국 정부는 정의의 중심에 위치해 있고, 공자의 법은 솔론이나 리쿠르고스의 그것만큼 오래되었으나 아직도 존속하는 반면, 솔론과 리쿠르고스의 그것은 다 망가졌고 또 내분자들이 겪는 제국의 파괴를 야기하기까지 했다.(…) 공자의 법은 내가 유럽국민들에게 제안하는 모델인데, 이것은 그것을 활용하는 경우에 훨씬 더 좋은 모델이다.[982]

---

[979] Berger, *China-Bild und China-Mode im Europa der Aufklärung*, 152쪽.
[980] d'Argenson, *Lettres chinoises*, T.6, 10, 13쪽.
[981] Berger, *China-Bild und China-Mode im Europa der Aufklärung*, 150쪽.
[982] d'Argenson, *Considérations sur gouvernement ancien et présent de la France*, 109-110쪽.

다르장송은 공자의 법제도가 희랍의 전설적 최선의 법제도들을 다 능가하는 것이라고 말하고 있다.

다르장송이나 볼테르와 같은 18세기 제1세대 지식인들의 탈희랍주의적 중국애호와 공자사랑은 유럽제국의 억압과 실정을 견딜 수 없었던 당시 청년들에게 엄청난 영향을 미쳤다. 유럽제국은 종교문제로 지식인을 투옥하고 책을 불사르고 정치경제를 파탄시키고 있었기 때문이다.

1.2. 뒤부르의 『유럽의 중국 스파이』와 구다르의 『중국 스파이』

다르장송이 읽을 만한 것으로 얘기한, 중국인이 등장하는 프랑스 서간체소설로는 앙리 뒤부르(Henri Dubourg)의 『유럽의 중국 스파이(L'Espion chinois en Europe)』(1745)와 앙쥐 구다르(Ange Goudar)의 『중국 스파이 또는 북경황궁의 비밀특사(L'Espion chinois, ou L'Envoyé Secret de la Cour de Péking)』(1764)가 있다.

■ 뒤부르의 『유럽의 중국 스파이』

뒤부르의 『유럽의 중국 스파이』는 두 권으로 되어 있는데, 제2권은 『유럽의 중국 만다린(Le Madarin chinois en Europe)』이라는 제목을 달고 있고 출판지와 출판사 표기(A Pekin: Chez Ochaloulou libraire de l'Empereur)는 꾸며낸 것이다. 진짜 출판지는 프랑크푸르트 암 마인으로 보인다. 이 작은 소설의 주제는 제2차 슐레지엔전쟁 기간에 벌어진 18세기 전반前半의 유럽 정치다. 소설의 성향은 선명하게 반反프랑스적인 반면, 프리드리히 2세는 열정적 찬양을 받는다. 그러나 처음 편지에서 보이는 프로이센 국왕의 열정적 찬양은 마지막 편지에서 뚜렷한 부정으로 뒤바뀐다. 비판은 제1권의 표어("그들의 왕들의 어떤 광기 때문에든 얻어터지는 자들은 그리스인들이다[qoud delirant reges plectuntur Achivi]")와 제2권의 표어("제왕적 폐하인 양식良識에게 바쳐지다 - 호라티우스

[*Ridiculum, acri secat melius Res.* Horat.]")에서 알 수 있듯이 일반적 군주비판으로 뒤바뀐다. 군주들은 "거의 매일 광우狂愚의 편"을 대변함으로써 양식(제왕적 폐하)에게 죄를 짓는다. 양식의 편을 드는 자는 계몽과 그 이상의 이름으로 말한다. 그 이상의 대변자로서 제시되는 자는 '중국 현자'다.983)

『유럽의 중국 스파이』에서 이 '중국 현자'는 유럽에서 여행하는 만다린 오로스마니(Orosmani)다. 오로스마니는 중국 수상의 아들이다. 세 개의 편지는 중국에 거주하는 서신상대 테미르칸(Temirkan)의 것이다. 뒤부르 자신은 오로스마니의 길동무이자 통역자로 사칭하고 있다. 당연히 오로스마니는 공자주의자(儒者)이고, "유럽을 들뜨게 하는 움직임의 조용한 관찰자"다. 덕성, 엄숙함과 사물의 명상적 관찰은 그의 특징이다. 철학적 모델국가의 이미지에서 반드시 읽혀지는 것이 아닌, 쾌락주의적 면모도 빼놓을 수 없다. 오로스마니는 행복에 대해 이렇게 말한다.

> 행복을 위해서는 세심한 주의가 필요하다. 왜냐하면 기쁨을 망치는 데는 거의 아무것도 필요치 않기 때문이다. 장미 꽃밭에서는 모든 꽃잎이 펼쳐져 있기도, 전혀 접혀져 있지 않기도 아주 어렵지만, 많이 괴롭게 하는 데는 단 한 장의 꽃잎만 접혀있어도 족하다.984)

로코코 살롱철학의 색조로 부드러운 이 정서는 공자의 행복학설로 사칭되고 있다. 기실 쾌락주의적·행복론적 고찰은 『논어』에 전혀 낯선 주제이기 때문이다. 중국은 그곳에서 이성에 "가장 아름다운 축복"이 부여되고 공자의 지혜에는 "근사하게 보답하는 매력의 축복"이 부여되기 때문에 찬양된다. 이 "신적 국가(*göttlicher Reich*)"에서 태어난 문필가들은 행복하다. "그곳은 세련됨이 미감과 쾌감의 중재자인 나라다. 창끝의 풍자가 금박 박힌 화살의 특징을 가진 나라." 여기서 전혀 흔치 않은, 바로 대립적 모티브 사용으로 형태를 얻는 것은 호방함의 정신과 로코코의 미감으로 채워진 밝은

---

983) Berger, *China-Bild und China-Mode im Europa der Aufklärung*, 158쪽.
984) Henri Dubourg, *Le Madarin chinois en Europe*(A Pekin: Chez Ochaloulou libraire de l'Empereur, 1745). Berger, *China-Bild und China-Mode im Europa der Aufklärung*, 158쪽에서 재인용.

'시누아즈리의 중국'이다. 뒤부르의 중국은 유럽인들이 비웃는 재미있고 이국적인 야릇함의 나라가 아니었다. 그리고 뒤부르의 만다린은 얼마간 유럽적 로코코문화의 소산이고, 공자주의적 철학자는 "살롱 속에서 세련된" 살롱철학자였다.985) 그런데 어쩌랴, 유럽의 로코코문화 자체가 중국 항주·소주 선비문화의 모방물인986) 것을!

이국적 변복, 이국들, 이방인 이름들, 이국문화들, 이국의 철학자들과의 유희 전체는 미학적 구속력 없는 가장假裝일 뿐만 아니라, 정치상황에 의해 강요된 위험한 모험이라는 것을 뒤부르의 불행한 운명보다 더 뚜렷하게 보여주는 것이 없다. 당시 검열관은 편재적遍在的이었다. 디드로나 크레비용(Posper-Jolot Crébillon, 1674-1762)이 벵센느(Vincennes)에서 겪어야 했던 투옥, 18세기의 도서관들이 몽땅 불사른 분서가 위협했다.

그러나 『유럽의 중국 스파이』의 저자는 프랑스의 가장 오래된 귀족가문 출신으로서 지배계급에 대한 그의 비판 때문에 글자 그대로 '목숨을 잃고' 말았다. 그는 프랑크푸르트에서 책이 나오자마자 프랑스 형리에 의해 프랑스로 끌려가 몽-생-미셸(Mont-Saint-Michel) 국가감옥의 악명 높은 철장에 갇혔다. 수개월 동안의 신문 끝에 뒤부르는 1746년 4월 비인간적 금고상태에서 죽고 말았다. 절대주의 경찰의 철장 속에서 비참하게 몰락한 뒤부르의 운명은 밝고 마음 편한 중국 이미지와 정반대였다. 이것은 시누아즈리가 절대주의적 유럽사회의 공중 앞에 확산되었던 것과 유사했다.987)

■ 구다르의 『중국 스파이』와 프랑스대혁명의 예감

앙쥐 구다르는 20년 뒤 다시 '중국 스파이'를 소재로 등단했는데, 이번에는 전혀 괴로움을 당하지 않았고, 오히려 '유럽의 현재상태를 정사精査하기 위하여(Pour

---

985) Berger, *China-Bild und China-Mode im Europa der Aufklärung*, 159쪽.
986) 참조: Geoffrey F. Hudson, "China and the World", 352쪽. Raymond Dawson(ed.), *The Legacy of China*(Oxford·London·New York: Oxford University Press, 1964·1971).
987) Berger, *China-Bild und China-Mode im Europa der Aufklärung*, 159-160쪽.

examiner l'état présent de l'Europe)'라는 부제를 단 『중국 스파이, 또는 북경황궁의 비밀특사(L'Espion chinois, ou L'Envoyé Secret de la Cour de Péking)』(1764)는 혁명 전야의 우르릉 소리로 들렸다. 구다르의 편지들도 유럽에서 외교적 사명을 띠고 여행하는 만다린 샹피피(Cham-pi-pi)를 저자로 삼았다. 편지는 파리에서 중국으로 발송되거나(1-3권), 영국에서 중국으로 발송되는 것들이었다(4-6권). 남프랑스, 스페인, 포르투갈에서 보고하는 공동통신원들의 편지들은 샹피피를 경유해 중국으로 발송되었고, 제1권은 특히 중국에서 통신원에게 보낸 정부관청적 성격의 편지를 포함하고 있다.988)

뒤부르가 비웃으며 진리를 말하는 누군가로서 재기발랄하고 반어적으로 궁전적·대표적 삶의 그릇된 허상을 발가벗기려고 시도했다면, 구다르는 사회비판적 앙가지망으로써 프랑스의 정치적 병폐를 공격했다. 그의 중국 만다린은 특히 무절제한 세금 부담 때문에 산다기보다 생존 최저선의 한계지점에서 도생하는 인구층의 참상을 언급하고 있다. 중국인에게 프랑스의 농촌지역은 일종의 황무지로 보이고, 마을들은 진짜 병원이었고 그 주민들은 글자 그대로 야인이었고, 비참하게 추락한, 존엄을 잃은 존재, 거의 인간이라고 부를 수 없이 땀과 눈물이 범벅되어 뿌리와 도토리를 먹는 '두 발 달린 짐승들'이었다. 만다린은 한 참담한 오두막의 지붕 아래로 들어갔다. "나는 극한으로까지 영락한 그녀를 보자 인간본성에 대해 눈물을 흘렸다(je pleurai sur la nature humaine, en la vuyant réduite à ces extrêmités).″989)

중농주의자들에게 모범적 모델로 간주된 중국의 농업은 구다르에게도 프랑스의 참상에 대한 반면교사로 기여한다. 그의 만다린은 케네와 그의 경제표의 박식한 제자로 입증된다. 한때 강력한 지배자였지만 이제 "거지들의 왕(Le Roi des Gueux)"으로 전락한 프랑스를 도와 일으켜 세울 수 있다면, 농업에 들어 있는 프랑스의 참된 국부를 자각해야 한다. 이에 대한 최선의 증명은 "영토의 크기, 복지수준, 그리고 그 나라의 상상할 수 없는 영구성과 지속성에서 농업의 덕택과, 통치자가 농업에 쏟는 관심의

---

988) Berger, *China-Bild und China-Mode im Europa der Aufklärung*, 160쪽.
989) Ange Goudar, *L'Espion chinois, ou L'Envoyé Secret de la Cour de Péking, Tome premier* (Cologne: 1764·1774), 17쪽.

덕택을 입고 있는" 중국이라는 것이다.990) 구다르의 만다린은 따라서 바로 프랑스의 농업상황에 특별히 주목을 하라는 정부의 지령도 받는다.

구다르는 자신이 여러 경제학 논문들을 썼는데, 그 중 가장 많이 알려진 1756년의 책 『농업·금융·상업에 잘못 정통한 프랑스의 이익(Les intérêt de la France man entendus dans dles braches de l'argriculture, des finances et du commerce)』은 독일어로도 번역되었다. 『중국 스파이 또는 북경황궁의 비밀특사』에서는 봉건주의에 대한 중국 스파이의 비판이 날카롭고 직접적이었다. 루이 15세도 공격했고, 궁궐의 정부情婦와 총신들의 관행도 공격했다. 상고법원(파를레망)은 지배적 '전제주의'의 집행기관에 지나지 않아서 그 이름값이 없는 것으로 공격받았다. 영예와 '영광'의 허상세계에 노는 귀족도, 검열제도, '양심의 자유'의 금지도, 자신들의 정치적 품격상실과 미성년화의 상태를 불평 없이 감내하는 신민들도 비판한다.991) 구다르는 선지자처럼 프랑스대혁명 발발 25년 전에 혁명을 예언한다.

> 매일 사람들은 군주정의 일에 새로운 모양새를 줄, 전체적으로 신념의 가격加擊에 의해 일시에 형성되는 갑작스러운 혁명을 애타게 기다리고 있다. 모든 사람들은 저마때 자신들의 탄식과 비애를 생각해 낸다. 루이의 수많은 신민들은 망보며 혁명의 순간을 엿본다.992)

여기서 '혁명'이라는 단어는 마침내 근대적 의미의 '혁명'으로 쓰이고 있다. 이것은 유럽을 여행하는 만다린이 퍼트리는 위험한 금제품목禁制品目이다! 이 서간소설에서는 이런 장르에 흔치 않은 유럽의 식민주의에 대한 비판도 등장한다. 십자군원정에서 이미 유럽의 정복욕은 분출되었다. 그것은 나중에 아프리카와 아메리카에서 식민열강이 저지르는 악행의 서막이었다. 중국인은 이것을 "인류에 대해 태연하게 저지른 중범죄(forfaits commis de sang-froid contre le genre-humain)"라고 부른다. "사람들은

---

990) Berger, *China-Bild und China-Mode im Europa der Aufklärung*, 161쪽.
991) Berger, *China-Bild und China-Mode im Europa der Aufklärung*, 161쪽.
992) Goudar, *L'Espion chinois, ou L'Envoyé Secret de la Cour de Péking*, Tome I, 260쪽.

본성 자체가 반발하는 것을 느낀다. 그것은 인간적 존재의 그 순간에 치욕스럽다.(…) 하늘에 정의가 존재한다면 하늘은 저 불의를 보복할 것이다."993) 그것은 만다린을 통해 이야기하는 "기초적 인간성", 자연법 자체의 목소리다. 철학적 중국의 '신기루'는 여기서 도덕철학의 절대권위가 되었다.994)

"중국인들은 법·도덕·양호養護의 항목에서 우리의 교사이고, 그들의 유구성은 그들에게 세계의 모든 백성들에 관한 그 법을 주었다. 중국의 정부는 유럽이 조금도 형성되지 않았을 때 하나의 형태를 취했다. 시민생활의 의무에 관한 사상들의 그 연속적 계기繼起, 이 사상들은 세상의 최초 모럴리스트들을 만들어냈다."995) 중국 황제는 행정과 입법을 신민의 복지를 위해 강력하게 장악하는 이상적 통치자다. 공자주의적 관리위계체제의 역할에 대해서는 구다르의 만다린도 프리드리히 2세의 『피히후의 보고』(1760)의 피히후처럼 널리 소문내지 않고 있지만, 절대주의적으로 통치하는 프로이센국왕은 자연스럽게 국가기구에 대해 다른 시선을 가졌다. 중국은 여기서 유럽인들이 몽테스키외 이래 거듭거듭 그렸었던 전제專制국가와 정반대다. 오히려 동시대의 프랑스 자체가 특히 취약한, 본래 사랑스런, 다만 데카당스적일 뿐인 국왕을 손아귀에 넣은 썩은 귀족과 부패한 내각을 통해서일지라도 전제적이었다. 루소의 몰이해와 달리 구다르는 여기서 중국인을 '자연성의 이상理想의 사도'로 등장시켰다. 샹피피는 가령 화장실기술에 대해 불쾌한 감정을 표출했고, 그는 그에게 "정신병원 수감자들의 연극"처럼 비치는 고전적 비극 안에서의 고대 영웅들의 행렬을 마치 중국 본토의 극장에서 시민극 식의 작품 외에 아무것도 익히지 않은 것처럼 냉담한 반어反語로 기입해 두고 있다.996) 구다르는 다르장송처럼 그리스·로마문화를 동경하는 잔존 헬레니즘을 '정신병원문화'로 경멸하며 탈脫희랍화를 촉구하고 있는 것이다.

흔히 알고 있는 것과 반대로 중국과 프랑스대학명은 정치사상적으로 긴밀히 상호

---

993) Goudar, *L'Espion chinois, ou L'Envoyé Secret de la Cour de Péking*, Tome I, 223-224쪽.
994) Berger, *China-Bild und China-Mode im Europa der Aufklärung*, 162쪽.
995) Goudar, *L'Espion chinois, ou L'Envoyé Secret de la Cour de Péking*, Tome I, "Préface".
996) Berger, *China-Bild und China-Mode im Europa der Aufklärung*, 162-163쪽.

연결되어 있다. 프랑스대혁명 이후에 '중국'이 잊혀지고, 프랑스인과 유럽인들의 관심이 중국으로부터 유럽으로 이동하는 것은 사실이다. 그러나 구다르의 소설 『중국스파이, 또는 북경황궁의 비밀특사』(1764)은 프랑스대혁명 이후에 잊혀지는 '중국'이 프랑스혁명을 안내하고 유도하는 것을 생생하게 보여준다.

1.3. 니콜라 보도의 『경제철학의 초보입문』

케네와 절친했던 중농주의자 니콜라 보도(Nicolas Baudeau, 1730-1792)도 『경제철학의 초보입문(Premiere Introduction a la Philosophie Economique)』(1767)에서 다르장송과 유사한 친중국·반희랍적 견해를 피력했다. 그는 일단 그리스와 대비되는 중국의 자연적 정치질서를 칭송한다.

니콜라 보도

사람들은 그 이념(최고섭리)이 성스럽고 숭고한 원리를 창시한다는 것을 부정할 수 없다. 권위를 발휘하는 이 유일무이한 최고의 의지는 정확히 말하자면 인간의 의지가 아니다. 이것은 자연의 요구 자체, 하늘의 질서(l'ordre du Ciel), 영원한 법칙, 명백하고 필연적인 질서다. 중국인들은 그들의 철학자들이 언제나 하늘의 질서 또는 하늘의 소리라고 불리는 제일의 진리를 꿰뚫어보고 전 통치를 하늘의 소리와 일치되는 이 유일한 법칙으로 환원시키는, 우리가 아는 유일한 백성이다. 같은 말이지만, 유일무이한 최고의 지성 또는 의지가 자연적 질서의 전체를 관리하고, 이 질서의 한 몫이 지상에서의 인류의 행복이거나 불행이거나 한 것이다.(…) 중국 선비들이 황제를 최고의 존재자 상제上帝(Chang-ti)의 지상대리자와 위임통치자로 언명할 경우에, 그들은 황제들의 어떤 의지, 순수하게 인간적이고 가변적인 의지가 하늘의 질서와, 전 우주를 다스리는 주권적 의지를 대신한다는 것, 즉 모든 자의적 전제정을 특징짓는 오류를 조금도 뜻하지 않는다. 그들은 전 백성을 알고 전 백성에게 가르침을 주고 그들의 목숨이 위험할 때도, 인정되고 준수되는 영원하고 불변적인 정의와 인혜의 규칙을 포함한 하늘의 법이 존재한다는 이 위대하고 숭고한 진리를 반드시 수호한다. 그들이 집정할 때, 그들은 주권자 상제께, 그리고 그의 단일한 섭리에 의해 선택된 그의 장자께 복종한다. 중국제국이 선비 치자들의 가르침에 의해 존재하게끔, 국가는 다시 말해 내가 '양민養民경제적 군주정(monarchie économique)'이라고 부르는 '참된 신정·천명체제(la vraie théocratie)'로 세상에 알려져 있는 것과 가장 가깝다.997)

이어서 보도는 정의를 '자연법'으로, 인혜를 '자연질서(본성질서)'로 거듭 규정하고 이것을 다시 천명 또는 본성으로 이해하고 고대그리스를 그 철학자·입법자들까지 싸잡아 중국의 '양민경제적 군주정'에서 전개되는 저 '자연의 질서'를 몰랐던 약탈적·폭력적 미개사회로 격렬하게 단죄하고 있다.

백성들 속에서 또는 최고 존재자의 의지로 간주되는 정의의 자연법(본성법), 인혜의 자연질서(본성질서)에서 군주정이 중국인들의 사고방식대로 유일무이하게 이 천상의 의지의 도구나 기관으로 간주되는 것은 확실하다. 절대적 전승은 이 이념을 확증해주는 것으로 보인다. 사실 이 이념에 의해, 지상에서 그의 대리인을 선택하는 것은 유일무이한 최고 존재자의 섭리다. 저 신적인 권위, 즉 전승적이고 세습적인 권위의 제일 최고기관의 칭호와 특질이 그 자체로서 하늘의 장자권의 규칙에 의해 획득된다는 것, 중국인들 전부가 인정한 것은 아닌 것, 이것은 아마 실제로 군주 자체와 인민들의 정신 안에서의 신정적神政的 천명이념(idée théocratique)의 확증일 것이다. 게다가 이것은 하늘의 주권자와 그의 위탁통치자의 편과 전 계급의 시민들의 편 사이의 이익의 더 크고 더 내밀한 통일성이다. 통일성, 전승, 하늘의 장자권과 배치되는 온갖 형식이 신정·천명체제(théocratie)나 양민경제적 군주정의 정반대인 자의적 전제정을 향할 때는 언제든 저 양민경제적 도덕교육이 낳는 효과를 보충하기 위해 찾아내진다. 하지만 사람에게 필연적으로 미칠 결과에 대해 그 자

---

997) Nicolas Baudeau(Un Disciple de l'Ami des Hommes), *Premiere Introduction a la Philosophie Economique; ou Anaylse des Etats Policeés*(Paris: Didot l'aîiné Libraire- Imprimeur, Delalain & Lacombe Libraire, 1767·1771), 159-160쪽.

체로서 무심한 형식들은 가르침이 정신 속에서 그 동일한 감정의 힘과 정확하게 비례하여 개발하고 확증한 정의와 인혜의 관념과 감정에 의해 결코 그 어떤 진정한 성공도 달성하지 못한다.[998]

보도는 이 대목에 바로 잇대어 고대그리스 국가들을 중국이 일찍이 안 자연적 질서를 모르는 폭력적 유혈국가로 단죄한다.

아무런 형식도 없으면 언제나 목적도 결여된다. 이것은 가령 그리스 국가들 안에서 늘 결여되었던 것, 결코 그 질서(하늘의 질서, 자연적 본성의 질서)의 법칙을 몰랐던 것을 우리에게 가르쳐주고, 그 국가들의 연대기는 인류의 평화와 행복에 대한 소름끼치는 침공의 연속적 장면을 우리에게 제공해주는 바와 같다. 남을 못살게 굴고 약탈하는 이 폭정적 미개부족들(*ces Peuplades*) 안에서는, 즉 알려진 이 세상에서 가장 비옥하고 가장 위치 좋은 땅에도 인간의 피를 쏟아 붓고 이 땅을 폐허로 뒤덮고 황무지로 만들어 버리는 사람들 안에서는 내가 혼합국가(*Etats mixtes*)의 재앙으로 지목한 세 가지 오류가 지배했다. 그리스의 철학자들과 입법자들에 의거하면 악한 자들도 그 자체로서 서품하고 자연적 본성에 따라 선한 자들도 그 자체로서 단죄할 수 있는 자의적 입법권의 오류, 그들이 손수 고안하는 진정한 원리라는 것을 조금이라도 가지고 있거나, 그들이 소유권에 대해 가장 파괴적이고 자유에 대해 가장 억압적이고 토지상속재산과 경작의 재부에 대해, 결과적으로 불모 기술의 필수적 자양물과 주권의 세습자산에 대해 가장 유린적인 개념의 형식들을 열성으로 받아들이는 공익 개념의 오류, 다른 모든 인민들에 대한 그 어떤 지속적 전쟁선포는 아닐지라도 공개 천명되거나 은폐된 적대행위, 즉 기만, 불의, 약탈, 잔학행위의 동반이 결코 빠지지 않는 그들 애국심의 가증스러운 오류가 바로 세 가지 오류다.[999]

보도는 공자의 '수록우천受祿于天·대덕자필수명大德者必受命'(대덕자는 하늘로부터 천록을 받고 반드시 천명을 받는다)의 천명론을[1000] '신정적 이념'이라고 부르고 있다. 이 천

---

[998] Baudeau, *Premiere Introduction a la Philosophie Economique*, 161쪽.
[999] Baudeau, *Premiere Introduction a la Philosophie Economique*, 161-162쪽.
[1000] 『中庸』(17장).

명론을 배우면서 '자연적 본성의 운행질서' 또는 '하늘의 질서'도 지실하게 된 보도는 르네상스 인문주의자들이 이상화하고 동경한 고대그리스인들을 가차 없이 '그 질서의 법칙을 몰랐던' 미개인들로, "남을 못살게 굴고 약탈하는 폭정적 미개부족들"로 규정하고 그들의 세 가지 오류를 입법권의 자의성, 백성의 자유에 대해 가장 억압적이고 민부民富에 대해 가장 파괴적이고 유린적인 공익관념, 잔학한 약탈적 애국심으로 들고 있다. 이것들은 다 근대성에 반하고 동시에 '하늘의 질서', '무위無爲의 도'를 따르는 공자철학에 반하는 것들이다.

　보도는 저 그리스비판에 그치지 않고, 그리스의 소위 '혼합국가'와 중국의 '양민경제적 군주정'을 직접 비교하며 고대그리스와 당대의 철학자들과 정치가들까지도 맹박한다. "달변의 어떤 역사가들이든 찬양할 때마다 표현을 늘어놓는 시간 동안 지구의 이 지역에서 인류가 겪은 악의 관점에서 정의롭고 인혜로운 모든 인간들은 그리스의 철학자들과 정치가들이 그들의 최고 작품으로 간주한, 그리고 현대인들이 책 속에서 진열이나 사색을 위해 또는 최근 세기의 우리 국가들 안에서 실천을 위해 그들로부터 차용한 혼합국가들의 저 헌정원리의 시비에 대해 판정할 것이다. 그러니까 내가 독자들에게 중국의 신정(천명)체제의 이념, 또는 더 잘 말하면, 진정한 양민경제적 군주정의 이념을 세심한 주의를 기울여 비교하려는 대상은 저 세 가지 재앙적 오류에 전염된 국가들이 아니다. 결국 유일한, 부단한 보편입법은 정의와 인혜의 최고질서다. 그 국가들이 수립해야 하는 이런 비교의 대상은 정의롭고 인혜로운 '자연법(*les lois de la nature*)'에 대한 사랑과 존경에 의해 똑같이 삼투되고, 저 세 가지 근본문제에 대해 똑같이 계몽된 국가(*Républiques éclairées*)이다."[1001] 그리고 보도는 "그리스국가들은 자연적 질서를 의심해 황무지의 땅은 전혀 소유하지 않았다"라고 덧붙이고 있다.[1002] 보도는 '자연적 질서'를 모르는 고대그리스 국가를 이같이 경멸했고, 따라서 그리스국가를 유럽군주정의 개혁구상에서 논외로 제쳐놓고 케네처럼 중국의 군

[1001] Baudeau, *Premiere Introduction a la Philosophie Economique*, 162쪽.
[1002] Baudeau, *Premiere Introduction a la Philosophie Economique*, 162쪽 각주.

주정을 서양에 이상적 계몽군주정의 모델로 제시하고 있다.

고대그리스 정치와 정치가들에 대한 비판에서 더 나아가 보도는 로마황제들의 폭력적 정복성향도 비판하고 중국의 평화적 요순정치를 예찬한다.

> 그들(재산약탈자와 자유의 침범자)이 인류에게 가하는 악들을 고려할 때 그들은 자기들의 침탈행동을 명백히 범죄적이고 가증스러운 것으로 여기지 않을 것이다. 그뿐만 아니라 하지만 그들의 동기와 목적을 고려할 때 그들은 명시적으로 부조리를 목도하지 않을 수 없다. 그대들은 결과적으로 인류를 필연적으로 황폐화시킬, 다른 국민들에 대한 노골적이거나 비밀스러운 적대행동으로 무엇을 얻으려고 하는가? 영광과 부, 권력이다. 그러나 인혜, 특히 군주의 인혜와 관련된 영광은 없는가? 선한 폼필루스 누마, 티투스, 트라얀, 마르쿠스 아우렐리우스 등 로마황제들의 불완전한 덕성은 겨우 아틸라, 칭기즈칸, 티무르의 정복과 같은 수준에서 불멸화되었던 것이 아닌가? 중국적 가르침과 번영을 창시한 평화적 황제들인 요순우임금은 진정한 영광을 얻지 않았던가? 이 중국적 가르침과 번영에 대한 추념은 수억 명의 인간들에 의해 4000여 년 동안 그침 없이 찬양되고 중단 없이 숭배되고, 또 우리 유럽 자체에서도 어쩌면 수천 년 동안 계속되기 위해 생겨나기 시작했다. 진정, 일찍이 약탈로 부유해진 적은 없었다.[1003]

보도는 로마와 중앙아시아의 '약탈적' 황제들의 불완전한 덕성과 중국의 '평화적 황제들'의 인혜를 곧바로 대비시키고 요·순·우임금이 인혜의 덕성으로 얻은 영광이 '진정한 영광(vraie gloire)'이라고 공언하면서 이들에 의해 창시된 중국적 가르침과 번영에 대한 '추념(mémoire)'은 "우리 유럽 자체에서도 어쩌면 수천 년 동안 계속되기 위해 생겨나기 시작했다"는 말로써 1760년대 시점에서 공자철학과 중국국가론이 서구에서 확산되고 있는 정황을 확인해주고 있다.

보도는 처음에 케네의 중국적 중농주의 시장경제론에 반대했으나 곧 이에 동조해 미라보(le Marquis de Mirabeau)와 함께 케네를 스승으로 섬기면서 그에게 "유럽의 공자

[1003] Baudeau, *Premiere Introduction a la Philosophie Economique*, 179-180쪽.

(le Confucius d'Europe)"라는 별호를 지어주었다.[1004] 동아시아를 동경하던 케네 주변의 계몽철학자들은 보도처럼 공자철학과 동아시아 정치문화에 대한 감격 속에서 르네상스 인문주의자들이 유토피아로 조작해낸 '고대그리스-로마' 국가들과 플라톤·아리스토텔레스의 이상국가론의 노예주의적·제국주의적 폭력성과 호전적 침략성, 그리고 약탈·박해·정복본능을 새삼 폭로하고 자유라면 '노예주의 자유'밖에 몰랐던 고대그리스 노예제사회의 문화와 철학을 경멸과 함께 맹렬히 탄핵하기 시작한 것이다.

고대그리스 도시국가들은 무력으로 지중해·흑해연안을 정복해 수많은 식민지를 건설했고, 줄곧 동족상잔을 통해 번갈아 패권을 쥔 아테네와 스파르타는 그리스 내외의 도시국가들을 속국화하는 제국주의 정책을 추구했던 것이 엄연한 사실이기 때문이다. 이런 까닭에 훗날 헤겔은 『법철학』에서 실업문제의 해법으로 고대그리스를 본뜬 식민주의와 제국주의를 직접 권장했던 것이다.[1005] 그리스인들의 폭력적 성격과 침략적 식민정책에 대한 보도의 저 비판은 계몽시대에 전형적인 것이었다.

1.4. 니콜라-가브리엘 르클레르크의 『대우大禹와 공자』

■ 중농주의자 르클레르크의 『대우大禹와 공자』

프랑수와 케네를 추종하는 중농주의자 니콜라-가브리엘 르클레르크(Nicolas-Gabriel [Le] Clerc, 1726-1798)는 케네와 마찬가지로 군의관을 지냈고 오를레앙 공작의 출신 현직 내과의사였고, 동시에 역사가이기도 했다. 그도 케네의 중농주의를 추종했다. 그는 케네의 『중국의 계몽전제정』(1767)이 나온 지 2년 뒤 『대우大禹와 공자(Yu le Grand et Confucius)』(1769)를[1006] 공간했다. 그는 이 책을 그의 제자인 러시아의 젊은 대공에

[1004] Baudeau, *Premiere Introduction a la Philosophie Economique*, iii쪽('Avis au Lecteur').
[1005] 19세기 초 헤겔은 그리스의 제국주의적 식민주의를 도입할 것을 주장하면서 근대국가의 체계적 식민정책의 불가피성을 논한다. 참조: Georg W. F. Hegel, *Grundlinien der Philosophie des Rechts*, §238. G.W.F. Hegel Werke, Bd.7 in 20 Bänden(Frankfurt am Main: Suhrkamp, 1970).

게 본질적 통치원리를 가르치기 위해 디자인했다. 이 대공은 후에 러시아 차르에 등극해 파벨 1세(재위 1796-1801)가 된다.

4부로 구성된 『대우와 공자』에서 제1부는 중국제국과 주권, 중국인의 기원, 중국황제와 왕조들, 인구와 경제력, 정부와 통치방법, 행정과 군사 등에 대해 집중적으로 다루고 있다. 그리고 제2부는 공자와 맹자, 성인成人의 과학(대학), 공자의 자연질서와 도덕질서, 공자의 자연철학, 중용, 도덕, 왕과 정부, 가슴과 사랑 등을 다루고 있다. 그리고 제3부는 요순의 역사, 우임금의 역사, 중국의 국가형성, 농업의 중요성 등을 다룬다. 제4부는 우임금의 가르침(大禹謨), 군주와 신하의 엄숙한 의무(君臣之義), 농업의 기원, 정치와 법률 등을 다루고 있다.

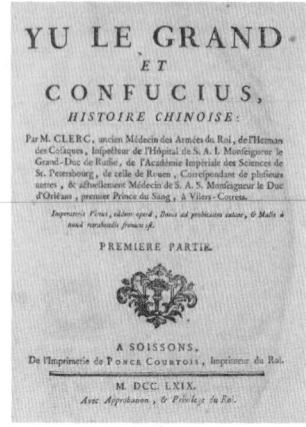

『대우大禹와 공자 (Yu le Grand et Confucius)』 표지

독자에 대한 소개말에서 르클레르크는 중국인들이 자연법을 희미하게 알았지만 이를 다 알지 못했다고 말한다.

확실히, 우리는 유럽에서도 이미 알려진 어느 세계에서도 중국 입법자들의 고차적·불변적 지식과 비등比等한 것을 아무것도 가지고 있지 못하다.(…) 그러나 이 희귀하고 숭고한 사람들은 그럼에도 불구하고 자연질서의 최고법의 어떤 부분을 인식하지 못하고 정통적으로 알지 못했다. 그들은 스페인사람들에게 아메리카를 보여주는 것으로 만족했던 크리스토퍼 콜럼버스를 모방했다. 이 자연질서의 기초는 10년 이래로(1759년 이래로 - 인용자) 유럽에서 발견되어 있다. 프랑스는 그것으로부터 원리를 전개한 천재를 산출했고, 모든 사회제도는 앞으로 『경제표』의 시금석 위에서 검증될 수 있다. 읽히는 것이 아니라 숙고되기를 바라는 이 작품은 기만적 정치의 모든 장부를 일소했다.[1007]

1006) Nicolas-Gabriel Clerc, *Yu le Grand et Confucius, Histoire Chinoise*(Soissons: L'Imprimerie de Ponce Coutois, Imprimeur du Roi, 1769).

중국인들이 오래 전에 자연질서와 자연법을 발견했으나 그 모든 세세한 내용을 상론하지 않았는데 그것을 케네의 『경제표』가 완전히 밝혀냈다는 말이다.

- 『대우와 공자』의 케네 홍보와 상업자유론

그리고 르클레크는 본문의 제4부에서 프랑수아 케네를 명시적으로 밝히고 있다.

제국의 흥망성쇠는 제국들이 인간들을 살아있게 하는 감정들과 비밀스러운 사슬에 의해 얽혀 있는 만큼 저 자연적 행정과 내밀하게 얽혀 있다. 따라서 인간들에게 이 유익한 진리를 증명하는 과학은 모든 사회의 보편적·정치적 종교가 되어야 한다. 본질에 의한 정의는 토지에 대한 인간들의 노동, 즉 각 개인의 제각기 권리와 의무를 규제하는 이 진리의 기초다.1008)

이 기술에다 케네와 케네의 경제학을 '신新과학'으로 소개하는 이런 각주를 달아두고 있다. "이 단순하고 숭고한 과학은 전체에 충격을 가하고 사회와 관련된 자연법의 연쇄를 전개하고 그 결과를 증명한 한 위인의 심오한 성찰에 잇대어 유럽이 해야만 하는 신과학이다. 프랑수아 케네는(…) 이 과학의 창시자이고, 따라서 『인간의 벗』은 그의 애국적 천재성에 관해 정확하고 명백한 정보를 우리들에게 제공해주었다. 『경제적 과학(la science économique)』, 『농촌철학』, 그리고 『정치사회의 본질적 자연질서』라는 제목을 단 저작들은 이 흥미로운 대상들에 관해 더 바랄 것을 남겨놓고 있지 않다."1009) 결국, 공자칭송과 중국찬가로 가득 찬 『대우와 공자』는 암암리에 케네와 『경제표』의 중농주의를 홍보하는 책처럼 전후로 연관 주제들을 배치하고 있다.

『대우와 공자』는 좋은 정부에 대한 광범한 조언, 자연적 도덕질서의 설명, 목적의식에 의한 사회와 개인의 진화와 발전에 관한 사상 등을 담고 있다. 이 책도 케네의 『중

1007) Clerc, *Yu le Grand et Confucius*, xiv-xv쪽.
1008) Clerc, *Yu le Grand et Confucius*, 625쪽.
1009) Clerc, *Yu le Grand et Confucius*, 625쪽 각주.

국의 계몽전제정」과 같이 유럽인들에게 중국에 대해 배우고 중국을 모방할 것을 아주 분명하게 촉구했다.[1010]

르클레르크는 『대우와 공자』를 쓴 "목적"을 "중국제국의 가장 훌륭한 군주와 가장 위대한 철학자, 대우大禹(우임금)와 공자를 알게 하는 것"이라고 밝히고, 다음과 같이 덧붙인다. "이 군주와 철학자는 위대한 왕과 위대한 대신 노릇을 할 귀중한 자질을 가지고 있었다. 자기들의 영예를 소중히 여기는 중국의 황제들과 일급 만다린들이 언제나 자신을 연마하려고 애쓴 것은 그들 이후다."[1011]

- 『대우와 공자』의 정치경제학

이 『대우와 공자』 속에는 중요한 경제학적 내용들이 들어 있다. 르클레르크는 말한다. "생산적 노동의 결실인 어떤 다른 부와 바꾸는 교환가치(la valeur d'échange)는 (…) 사람들 사이의 상업의 기원이다. 우리의 증가된 생필품은 이 상업과 쾌락욕의 결과물이다."[1012] 그러므로 "군주들은 가급적 더 많이 토지의 경작, 기술의 진보, 소비, 판매, 우리 제국이 생산한 물건의 수출, 외국열강들이 생산한 물건의 수입을 부추기고 장려해야 하고, 사람들 간의 상업은 사람들만큼 자유로워야 한다."[1013] 그리고 "자유와 정직, 이것은 상업의 표어다. 그것은 모든 상인들의 서원誓願이다. 금지, 제한, 규제적 장애물, 상품세는 그만큼 상업의 파괴적 족쇄이고, 따라서 자유는 그 혼이다. 자유를 제거하는 것은 상업의 정수를 파괴하는 것이다."[1014] 반대로 자유를 주면 상업은 저절로 번창한다. 장벽이 제거된다면 저절로 가능하고, 금지나 지원금을 부여할 필요가 없다. 사실 르클레르크의 방대한 저작 『대우와 공자』는 중요한 중농주의 저작 목록에 집어넣어야 할 만큼 아주 잘 쓰인 책이다.[1015]

1010) Maverick, *China - A Model for Europe*, 59-60쪽.
1011) Clerc, *Yu le Grand et Confucius*, xv-xvi쪽.
1012) Clerc, *Yu le Grand et Confucius*, 613쪽.
1013) Clerc, *Yu le Grand et Confucius*, 613-614쪽.
1014) Clerc, *Yu le Grand et Confucius*, 615-616쪽.

이처럼 중국의 제도들은 유럽에 보고되자마자 많은 개혁옹호자들에게 사람을 결집시키는 포인트가 되었다. 유행은 극단으로까지 흘러갔다. 중국과 중국인들의 좋은 특질들을 과장하는 말들이 쏟아지고, 중국적 매너와 시누아즈리에 대한 흥분된 감동이 궁궐을 지배했다. 많은 이들이 지나치게 과장된 중국상像과 이에 동반되는 열광을 "중국적 꿈(rêve chinois)"으로 언급했다.1016)

1.5. 에티엔느 드 실루에트의 『중국의 저울』

■ 실루에트의 『중국인의 통치와 도덕의 일반이념』(1729)

중국과 공자철학이 18세기 중반의 유럽 청년들에게 전반적으로 어떤 영향을 미쳤는지를 오늘날 자료를 통해 상세히 알아보는 데는 많은 한계가 있을지라도 에티엔느 드 실루에트(Etienne de Silhouette, 1707-1767)라는 18세기 한 인물의 사상을 살펴보면 그 영향의 일단을 얼마간 탐침探針해 볼 수 있을 것이다. 60살에 죽은 실루에트는 훗날 케네와 미라보에게도 잘 알려진 인물이다. 그는 1729년 예수회 대학을 막 졸업한 22세의 나이에 예수회의 입장, 특히 르콩트의 견해를 대변하는 『중국인의 통치와 도덕의 일반이념 - 특히

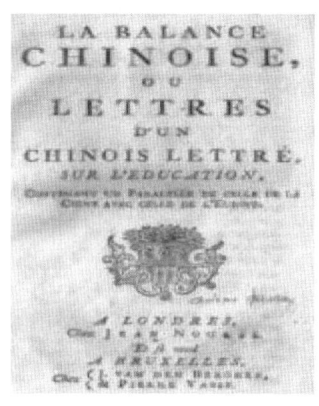

『중국의 저울, 또는 한 중국인의 교육에 관한 편지(La balance chinoise, ou lettres d'un chinois lettré, sur l'éducation)』표지

공자의 저작에서 추출된 이념』(1729·1731)이라는 작은 책자를1017) 익명으로 출판한

1015) Maverick, *China - A Model for Europe*, 60쪽.
1016) Maverick, *China - A Model for Europe*, 60쪽.
1017) Anonyme(Etienne de Silhouette), *Idée générale du gouvernment et de la morale des Chinoise, Tirée particuliérement des Ouvrage de Confucius*(Paris: Chez Quillau, 1729·1731).

다. 그리고 그는 20대 때에 쓴 이 책에 다르장송과 골드스미스 식의 가상적 중국인의 서간문을 추가해 『중국의 저울, 또는 한 중국인의 교육에 관한 편지(La balance chinoise, ou lettres d'un chinois lettré, sur l'education)』(1764)를[1018] 익명으로 재출간한다. 일단 그는 『중국인의 통치와 도덕의 일반이념』(1729)에서 공자의 '무위이치無爲而治' 이론에 관해 이렇게 설명한다.

현자는 전혀 아무것도 하지 않는 것처럼 보이지만 실은 많은 것은 한다. 그는 자신의 무위 속에서 동적이다.(…) 침묵은 그의 덕성이다. 하늘은 말하지만, 만물이 의존하는 하나의 주권적 원리가 존재한다는 것을 우리가 알게 하는 데 어떤 언어를 쓰는가? 하늘의 움직임이 하늘의 언어다. 하늘은 계절을 그 시간대로 순환시키고 온 자연을 감동시키고 자연을 생산하게 만든다. 공자는 '이 침묵이 얼마나 웅변적인가!'라고 외친다.[1019]

이 글을 보면 실루에트는 공자의 '무위이치'를 나름대로 깊이 이해한 것으로 보인다. 실루에트는 공자의 정치철학에 대한 감격 속에서 그야말로 유럽을 향해 감격의 고함을 내지르고 있다.

또 실루에트는 젊은 시절에 공자의 저작에서 취한 중국인의 통치와 도덕의 일반이념을 압축적으로 재평가하는 후반부의 첫 부분에서 공자의 경전을 이렇게 평한다.

이 중국철학자(공자)의 경전들은 사람들이 자연의 자문에 귀 기울이기만 한다면 자연이

1018) Anonyme(Etienne de Silhouette), *La balance chinoise, ou lettres d'un chinois lettré, sur l'education*(Amsterdam & Leipzig: Chez J. Schreuder & P. Mortier, 1763; Londres: Chez Jean Nourse et Bruxelles, chez J. van den Berghen & Pierre Vasse, 1768), 78-79쪽.

1019) de Silhouette, *Idée genénérale du goubernement et de la morale des Chinois*, 59-61쪽: "Il paroît[paraît] ne rien faire, mais réellement il fait beaucoup. Il est active dans son inaction même. […] le silence est sa vertu: le Ciel parle, mais de quel langage se sert il pour nous aprendre qu'il y a un souverain Principe don't dépendent toutes choses? Son mouvement est son langage, il raméne les saisons en leurs tems, il émeut tout la nature, il la fait produire: Que ce silence, s'écrie Confucius, est eloquent!"

홀로 할 능력이 있다는 것을 보여준다. 이런 종류의 저작들은 현대적 법조인들의 그것들보다 훨씬 더 잘 자연법을 우리에게 인식할 수 있게 해준다.[1020]

"자연이 홀로 할 능력이 있다는 것"은 천지자연의 '무위이성無爲而成'을 말하는 것이다.

이어서 실루에트는 『중국인의 통치와 도덕의 일반이념』의 여기저기서 중국의 수많은 신화적 우화를 언급한다.

중국의 고대는 중국인들 자신도 그렇다고 인정하는 수많은 우화로 가득하다. 그들은 이런 결점을 이집트·그리스·로마 등 모든 문명화된 나라들과 공유하고 있다. 중국인들은 세계를 실제보다 더 오래되게 만들고, 하늘과 땅이 존재하기 시작된 날과 시간을 명시한다.[1021]

나아가 실루에트는 가족적 통치원리를 설명한다. "중국의 정치는 특히 아버지와 자식 간의 상호적 친애에 기초해 있다. 그들은 자연본성의 일차적 감정을 그들의 정치의 제일 원리로 삼았다. 황제는 전 제국의 군부君父라고 불리고, 만다린은 그가 다스리는 지방의 아버지라고 불린다. (…) 중국의 박사들과 철학자들은 그들의 저작 속에서 제가齊家(le Gouvernement d'une famille)가 국가의 통치모델로 이바지해야 한다는 것을 계속해서 반복한다. 공자는 고대의 황제들이 제국을 잘 다스리는 것을 배우기 위해 한 지방을 잘 다스리는 것을 학습했고 한 지방을 잘 다스리기 위해 그들의 가정을 잘 규제하는 것을 응용했다고 말한다."[1022]

실루에트는 1720년대에 이미 '계몽군주정'의 이념을 중국의 통치원리로부터 추출한다.

[1020] de Silhouette, *Idée genénérale du goubernement et de la morale des Chinois*, 85-86쪽.
[1021] de Silhouette, *Idée genénérale du goubernement et de la morale des Chinois*, 17쪽.
[1022] de Silhouette, *Idée genénérale du goubernement et de la morale des Chinois*, 28-29쪽.

황제의 권위는 전제적이지만, 그가 그 자신의 명성과 이익에 대해 아무리 둔감할지라도 확실히 이 명성과 이익을 오랫동안 남용하지 않을 것이다. 법률들은 그에게 이로운 것들이어서 법률을 그가 위반하면 반드시 자신의 권력을 손상시키게 되고, 법률을 바꾸면 반드시 백성을 반란으로 분기시키게 된다.[1023)

'계몽군주정'의 요지는 황제도 법률을 준수해야 하는 법치주의에 있다는 말이다.
또 실루에트는 자신 있게 중국에서 신분제도가 폐지되고 상업이 번창하는 것에 대해 확언하다.

중국인들은 덕성 외에 이와 다른 어떤 귀족도, 사람들이 직무에 의해 올라가는 것 외에 어떤 지위서열도 인정하지 않는다. 이 지혜로운 정치에 의해 그들은 귀족들의 나태가 관습에 의해 망가뜨리는 상업을 번영하게 만들고 있다.[1024)

'실루에트는 또 황제가 백성들이 불평불만이나 제언을 적을 수 있는 서판을 궁궐 문에 걸어놓았으며, 지방을 순행할 때도 이런 의도를 마음속에 담은 상태로 민정을 살핀다고 설명했다.[1025)

그리고 상술했듯이 실루에트는 공자의 도덕철학에 관해 다음과 같이 설명하고 있다.

현자는 모든 도덕의 기반으로 인간애를 가지고 있다. 모든 사람들에 대해 느껴야 하는 사랑은 그에게 낯선 것이 아니다. 사랑은 인간 자체다(*c'est l'homme lui-même*). 인간의 본성이 모든 사람을 사랑하도록 인간을 야기한다. 이 감정은 자기애만큼 그에게 본성적인 것이다. 인간을 다른 모든 피조물들과 구별해 주는 것은 이 자질이다. 이것이 인간의 모든 법의 지지대(*analise*)다. 사람들이 자기 아버지와 어머니에게 반드시 바쳐야 하는 사랑은

[1023) de Silhouette, *Idée genénérale du goubernement et de la morale des Chinois*, 37쪽.
[1024) de Silhouette, *Idée genénérale du goubernement et de la morale des Chinois*, 41쪽.
[1025) Maverick, *China - A Model for Europe*, 30쪽.

온 인류를 대상으로 삼는 그 사람보다 더 우선적인 힘이 있다. 사랑은 인류에게 등급에 따라 베풀어지고, 우리들은 부지불식간 사랑에 지배된다. 각자에게 속한 것을 각자에게 주는 일을 하는 그 정의가 나오는 출처는 이 보편적 사랑이다.[1026]

실루에트는 공맹의 도덕론을 '정의가 보편적 사랑에 앞선다'고 풀이하는 것이 아니라, '사랑이 정의에 앞선다'는 의미에서 "이 보편적 사랑으로부터 정의가 나온다"라고 올바로 해석하고 있다.

실루에트는 자신이 경제·재정 전문가였기 때문에 중국의 경제문제를 많이 언급한다. 수세收稅는 질서 바른 방법으로 그리고 특별한 관리들을 많이 고용할 필요 없이 수행된다. 모든 토지는 측량되고, 모든 가구는 조사되고, 생산물로부터 황제가 받을 수량은 미리 알려져 있다. 각자는 그 도시의 관리에게 세금을 가져다 낸다. 미납자는 그 가족이 파멸되는 것을 막기 위해 재산을 몰수하지 않고 투옥시키거나 다른 방식으로 벌을 준다. 작은 지역의 관리는 걷은 세금을 더 큰 지방의 관리에게 인계한다. 세금의 대부분은 지방에서 소비되고, 나머지만 황제에게 보내진다. 농업은 중국 정부의 주된 관심사다. 봄이 되면 농민들을 격려하고 경작을 진작시키기 위해 황제가 친히 밭을 일군다. 나중에 황제는 그가 일군 땅에서 나온 생산물을 하늘에 지내는 제사에 제수로 사용한다. 지방의 태수와 관리들도 마찬가지로 행동했다. 농업의 중요성을 더 정확히 아는 관리들은 봄에 모든 들녘을 다 돌아보았다. 열성적인 농민에게는 상을 내리고 게으른 농부는 벌했다. 밭갈 소가 없거나 종자가 없는 농민에게는 비용을 빌려주거나 종자를 제공했다. 가을에는 이자 없이 빌려준 자금을 회수하는 것으로 만족했다.[1027]

매버릭의 요약에 의하면, 실루에트는 중국의 관개, 운송, 범람 방지를 위한 운하체계의 탁월성에 대해서도 기술했다. 농사를 짓지 않는 중국인들은 상업에 종사한다. 그들은 이기적이고 근면하다. 그러나 그들이 상업의 고수를 사기술의 고수로 여기기

[1026] de Silhouette, *Idée genérale du goubernement et de la morale des Chinois*, 62-63쪽.
[1027] de Silhouette, Idée genérale du goubernement et de la morale des Chinois, 46-47쪽.

때문에 그들의 신의를 믿는 것은 안전하지 않다. 중국무역의 대부분은 국내무역이다. 명나라 때는 외국인들에게 중국 항구에서 무역이 허용되지 않았으나, 현재의 청나라는 유구한 관습을 지키는 것보다 돈벌이에 더 열성이어서 모든 나라에 몇몇 항구를 개방했다. 실루에트는 중국의 금은 값에 대해서도 기술한다. 프랑스에서 금과 은의 비율이 14.5 대 1인 반면, 중국에서는 10 대 1이다. 이로 인해 멕시코와 필리핀을 통해 중국으로 많은 은이 유입되고 있다는 것이다.[1028]

실루에트는 공자에게 군자와 소인, 선인과 후세에 대한 황금률을 정교하게 적용했다는 찬사를 부여한다. 공자는 군주들에게 그들이 언제나 공적 시선 속에 들어 있고 따라서 백성들에게 좋은 수범이 되어야 한다는 것을 각인시켰다는 것이다. 그는 백성들에게 세금을 과중하게 부과하는 군주는 자기 자신을 빈곤하게 만들 것이라고 가르쳤다. 군주는 중도를 갈 필요가 있다. 왜냐하면 너무 큰 불행은 백성을 약화시키고, 너무 큰 행운은 백성을 게으르고 오만하게 만들기 때문이다. 그 거대한 인구를 가능하게 만든 것은 중국인들의 찬탄할 만한 통치다. 왜냐하면 그것은 백성을 근면으로 북돋웠기 때문이다. 그리하여 만주에서 온 청나라 지배자들도 중국인들의 관습을 받아들이는 길을 선택했고, 그 결과 그들은 한 백성이 되었다.[1029]

■『중국의 저울, 또는 한 중국인의 교육에 관한 편지』(1764)

실루에트는 루이 15세 치하에서 1759년 프랑스 재정총감독(과거 콜베르가 맡았던 장관직으로서, 오늘날의 경제장관에 해당)을 맡았다가 구舊귀족들과의 고투 끝에 8개월 만에 밀려난 뒤인 1729년에 『중국인의 통치와 도덕의 일반이념』을 저술했다. 그는 34년 전에 쓴 20대 때의 이 저작을 개작해 『중국의 저울, 또는 한 중국인의 교육에 관한 편지 (La balance chinoise, ou lettres d'un chinois lettré, sur l'education)』(1764)라는 제목으로[1030] 다시 익명 출판한다. 이 책은 다르장송과 골드스미스 식의 가상적 중국인의

[1028] Maverick, *China - A Model for Europe*, 30-31쪽.
[1029] Maverick, *China - A Model for Europe*, 33쪽.

서간문이 추가되었다. 따라서 이 책의 처음 절반은 서간 시리즈다. 네 번째 서간에서 실루에트의 가상적 학자가 중국에서는 정부관직의 승진이 덕성과 재능에 의해서만 이루진다고 썼다.1031) 그리고 10번째 서간에서는 중국에서 쓰이는 화려한 저울의 상상화를 제시한다. 저울추에 보석을 박아 넣은 이 저울은 여러 지방의 수출입을 관리하는 지침으로 쓰였다. 그는 이 글의 각주에 이렇게 적고 있다. "편지의 저자가 국내외 상업의 이익에 균등하게 귀 기울이는 계몽된 상업위원(Conceil de Commerce éclairé)을 나타내는 상상想像일 뿐이라는 것이 명백하다."1032)

이처럼 '중국'과 '공자'라는 주제는 18세기 초 22세의 청년 실루에트부터 18세기 후반 57세의 장년 실루에트에 이르기까지 그의 전 인생에 강력하면서도 한결같은 영향을 끼쳤다. 유럽에서 이런 일은 실루에트만의 일이 아니었다.

1.6. 멜롱의 『상업평론』과 푸아브르의 『어느 철학자의 여행』

데이비드 흄과 아담 스미스, 케네와 중농주의자들에게 음양으로 큰 영향을 미친 중국통의 실천가들로 프랑수아 멜롱과 피에르 푸아브르가 있다. 이들의 저작은 전 유럽에 걸쳐 널리 읽혔다.

■ 프랑수아 멜롱의 『상업에 관한 정치평론』

실루에트의 저작들은 널리 읽히면서 즉각 여러 필자들의 저서 속으로 녹아들어 갔다. 실루에트의 중국사상이 녹아든 책들 중 하나가 장 프랑수아 멜롱(Jean François

---

1030) Anonyme(Etienne de Silhouette), *La balance chinoise, ou lettres d'un chinois lettré, sur l'education*(Amsterdam & Leipzig: Chez J. Schreuder & P. Mortier, 1763; Londres: Chez Jean Nourse et Bruxelles, chez J. van den Berghen & Pierre Vasse, 1768), 78-79쪽.

1031) Anonyme(Etienne de Silhouette), *La balance chinoise*, 78-79쪽.

1032) Anonyme(Etienne de Silhouette), *La balance chinoise*, 282쪽.

Melon, 1675-1738)의 『상업에 관한 정치평론(*Essai politique sur le commerce*)』 제2판(1736)이다. 멜롱은 이 책의 재판에서 늘어난 7개 장 중 한 절("Chap. XXV des Systémes")에서 중국을 집중적으로 다루고 있다.

멜롱은 흄과 아담 스미스가 읽은 이 책의 제25절에서 농업을 국가의 제1관심사로 만들 것을 촉구하고 농업을 소홀히 하는 것은 복구할 수 없는 손실을 가져올 것이라고 경고한다. 그리고 멜롱은 중국과 로마에서 농업에 대해 부여된 경애를 상기시키면서 실루에트로부터 들녘을 돌아보는 완전한 중국 관리에 대한 상세한 이야기를 길게 인용했다. 멜롱은 중국에 없어지지 않고 남아 있는 빈곤 문제를 우려하면서도 모든 시민들로부터 정부와 행정에 가해지는 논평과 비판을 받아들이는 중국의 제도절차를 찬양했다.[1033]

『상업에 관한 정치평론
(*Essai politique sur le commerce*)』 표지

■ 피에르 푸아브르의 『어느 철학자의 여행』

유교국가 중국이 이렇게 유럽의 주된 관심 대상이 되었던 만큼 '공자'라는 인물과 '공자의 중국'은 이제 유럽인들의 숭배 대상이 되기에 이른다.

– '계몽주의의 수호성인'으로서의 공자

아돌프 라이히바인은 1922년 『중국과 유럽』에서 18세기 유럽에서 공자의 지위에 대해 다음과 같이 말한다.

[1033] Anonyme(Jean François Melon), *Essai politique sur le commerce*(장소 및 출판사 불명, 1736), 358-393쪽.

이제 공자와 중국 경전들의 최초 번역이 나왔다. 유럽인들은 놀라움과 함께, 대규모 박람회장 어디서든 모든 가두호객꾼들의 입에 이미 오르내리던 이름인 '중국'에서 2000여 년 전에 공자가(자신들과) 동일한 사상을 유사하게 생각하고 동일한 전투를 유사하게 치렀었다는 것을 발견했다. 사람들은 그에게서 다음과 같은 것을 읽었다. "자신의 말로 자신을 이해시킨다면 목적은 달성된 셈이다." 따라서 공자도 이미 말의 명확성과 사유 일반의 논리

피에르 푸아브르

적 명확성을 요구했다. 그래서 공자는 18세기 계몽주의의 수호성인이 되었던 것이다. 오로지 공자와 경전들만이 번역되고 읽혔다. 사람들은 노자도 마찬가지로 잘 번역할 수 있었을 것이지만, 이것은 나중 시기에야 비로소 일어났다. 계몽주의가 "사람과 비밀스러운 암시로 얘기하기"를 좋아한 노인, "말의 '의미'를 이해하는 사람과만 말없이 얘기할 수 있다"고 신비스러운 말을 했던 노인에게서까지 뭘 기대했겠는가? 계몽주의는 공자의 중국만을 알았던 것이다. 공자경전의 학습은 종교사의 발전에 결정적 동력을 주었다. 마호메트는 이미 17세기의 활기찬 터키 학습을 통해(…) 유럽에서 발견되었다. 그 다음 공자가 18세기의 전반前半 내내 유럽을 지배했고, 비로소 1770년경에야 조로아스터가 발견되었다.[1034]

공자와 '공자의 중국'은 사실상 18세기 내내 서양 계몽주의의 정신적 동력이었던 것이다.

- 유럽의 혁명을 원하는가? 그러면 "북경으로 가라!"

친근하고 혁명적인 공자와 중국의 이 놀라운 이미지가 유럽 계몽주의의 형성 과정에 미친 심원한 영향은 케네에게 결정적 영감을 준 파중派中 프랑스특사 출신의 철학자·선교사·원예학자인 피에르 푸아브르(Pierre Poivre, 1719-1786)의 열광적 감격 속에서

[1034] Reichwein, *China und Europa*, 86-87쪽.

제1절 중농주의자들과 기타 중국예찬자들 ••• 493

가장 잘 드러난다. 1769년 그는 『어느 철학자의 여행 또는 아프리카·아시아·아메리카 인민들의 도덕과 예술에 관한 관찰』(1769)에서 다음과 같이 천명한다.

> 우리가 지상의 가장 강력한 사람들, 가장 부유한 사람들, 가장 행복한 주권자들이 될 영광을 열망하는가? 북경으로 가라, 이성 밖의 권좌 위에 앉은 필멸자들 중 가장 위대적인 분을 응시하라. 그 분은 명령하지 않는다. 그 분은 가르치신다. 그 분의 말씀은 정지停止가 아니다. 그것은 정의와 현명의 준칙이다.[1035]

여기서 '숙명적 필멸자들 중 가장 위대한 분'은 바로 공자를 말한다. 1740-1760년경 프랑스인들은 이처럼 공자철학을 유럽의 철학사상, 기독교, 정치제도를 비춰보고 비판하는 척도로 받들고, '중국의 모든 것'에 매료되어 중국문화를 기독교의 유일성에 대한 오만을 깨기 위한 도구로, 그리고 도덕·정치개혁의 모델로 활용했다.

1700년은 서적에 있어서도 지성세계의 관심이 중국으로 돌려진 전환시점이었다. "이 순간부터 하나의 명백한 확신이 불확실한 모든 것을 추방했고, 이 확신은 다시, 지혜로운 만큼 오래된 국민, 지혜만큼 신앙을 가진 국민을 향해 모든 정신을 빼앗았다." 이렇게 한 동시대인은 회상한다. 1760년은 볼테르의 『제국민의 도덕과 정신에 관한 평론』(1756)과 더불어 중국찬미의 정점을 가져왔다. 이 책은 극동에 대한 그 시대의 모든 감정의 가장 집약적인 종합을 의미한다.[1036]

18세기가 무르익을수록 공자와 중국은 이처럼 유럽혁명의 아이콘이 되어 갔다. 이

[1035] Pierre Poivre, *Voyages d'un philosophe ou observations sur les moeurs et les arts des peuples de l'Afrique, de l'Asie et de l'Amerique* (Yverdon: chez M. le Professeur de Felice, & à Paris, chez Desaint, Libraire rue du Foin Saint Jacques, 1768), 138-139쪽: "Aspirez-vous à la gloire d'être les plus puissans, les plus riches, les plus heureux souverains de la terre? Venez à Pekin, voyez le plus puissant des mortels assis sur le thrône à côté de la raison; il ne commande pas, il instruit; ses paroles ne sont pas des arrets, ce sont des maximes de justice & de sagesse."

[1036] Reichwein, *China und Europa*, 88쪽.

'중국화 혁명'의 감격을 푸아브르는 저 공자숭배로 표현한 것이다.

요약하면, 계몽주의 시대에 공자철학은 유럽인들에게 오류로 가득 차고 타락한 기독교와 그리스 형이상학의 합리주의적 독단론을 비판하고 사회개혁을 촉구하기 위한 일종의 '유토피아 철학'이었다. 청나라 중국은 - 토마스 모어(Thomas More, 1477-1536)의 '공상적' 유토피아에 대비되는 - '실존하는' 유토피아였던 것이다. 프랑스의 구원이 중국의 고상한 정신을 프랑스에 삼투시키는 데 달려 있다는 신념이 당시 수많은 프랑스인들의 정신을 지배했던 것이다.

제2절
디드로와 엘베시우스

2.1. 드니 디드로의 공자 찬양

중국철학에 대한 볼테르의 평가를 직접 넘겨 받은 드니 디드로(Denis Diderot, 1713-1784)는 자신이 편찬한 『백과전서』(1751)의 '중국철학(Chinois, [Philosophie des])' 항목을 자신이 작성했다. 이 항목에서 그는 중국철학에 대해 이렇게 쓰고 있다.

드니 디드로

"만장일치의 동의(*consentiment unanime*)"를 품부 받은 이 민족은 연륜·정신·예술·지혜·정치에서, 그리고 철학에 대한 그들의 미각에서 아시아의 다른 모든 민족들을 능가한다. 그렇다, 심지어 그들은 여러 저술가들의 판단에 입각할 때 유럽의 가장 계몽된 나라들과 우열을 다툰다.[1037]

[1037] Diderot et d'Alembert(ed.), *Encyclopédie, ou Dictionnaire raisonné des sciences, des arts et des métiers*, Tome 3, 341쪽, "Chinois(Philosophie des)" 항목: "Ces peuples qui sont, d'un consentement unanime, supérieurs à toutes les nations de l'Asie, par leur ancienneté, leur esprit, leurs progrès dans les arts, leur sagesse, leur politique, leur goût pour la philosophie, le disputent même dans tous ces points, au jugement de quelques auteurs, aux contrées de l'Europe les plus éclairées."

그리고 디드로는 같은 항목에서 공자철학에 대해 다음과 같이 극찬을 아끼지 않는다.

> 공자의 도덕은 우리가 보듯이 우리의 형이상학과 자연학보다 아주 우월하다. 우리는 공자가 제가齊家, 치자의 직무, 그리고 제국의 행정에 관해 남긴 것에 관해 뷜핑거(Bülfinger: 크리스티안 볼프의 제자 - 인용자)를 참조할 수 있다.[1038]

이것은 실로 공자철학에 대한 극찬에 속한다. 적어도 인생의 중반(1750-1770)까지 디드로는 중국열광자로 남아있었던 것이다. 그러나 디드로는 1777년 미국혁명의 충격파 속에서 중국을 모델로 삼는 계몽군주정과 공자철학을 버리고 공화주의자로 돌변하면서 중국을 비판한다.

2.2. 클로드 엘베시우스의 중국정치 찬미

디드로와 유사한 열광적 공자찬미와 중국찬양은 같은 백과전서파 클로드 엘베시우스(Claude Adrien Helvétius, 1715-1771)의 『정신론(De l'Esprit)』(1763)에서 다시 나타난다.

■ 『정신론』(1763)과 중국 찬양

엘베시우스는 일단 공자가 유럽에서 중국의 황제들보다 유명하다는 사실을 인정한다.

[1038] Diderot et d'Alembert(ed.), *Encyclopédie, ou Dictionnaire raisonné des sciences, des arts et des métiers*, Tome 3, 347쪽, "Chinois(Philosophie des)" 항목: "La morale de Confucius est, comme l'on voit, bien supérieure à sa métaphysique & à sa physique. On peut consulter Bulfinger sur les maximes qu'il a laissé du gouvernement de la famille, des fonctions de la magistrature, & de l'administration de l'empire."

그리하여 우리는 그토록 많은 왕들이 권좌 위에서 신격화되되고 죽자마자 잊힌 이유를 안다. 살아 있을 때 군주들과 함께 거의 언급되지 않은 유명한 작가들의 이름들이 죽은 뒤에 그토록 자주 왕들의 이름 대오에 끼는 이유, 공자의 이름이 유럽에서 중국황제들 중 어떤 황제의 이름보다 더 알려지고 더 존경받는 이유를 안다.[1039]

클로드 엘베시우스

엘베시우스는 유럽에서 공자의 명성을 가감 없이 인정하고 또 그 이유도 알고 있다고 말한다. 또한 그는 예수나 플라톤·아리스토텔레스·세네카·아우구스티누스·아퀴나스 등을 제치고 공자를 그리스의 신화적 현자들인 솔론과 리쿠르고스에 빗대고 있다.

시민들이 공중의 행복을 증진시킴 없이 그들 자신의 사적 행복을 달성할 수 없다면 바보 외에는 악한 사람이 아무도 없을 것이다. 모든 사람들은 덕스러움의 필연성 아래 있을 것이고 국민들의 행복은 도덕성에 이로울 것이다. 그러면 이런 전제에서 누가 이 과학(도덕과학 - 인용자)이 크게 영예로워지는 것을, 그리고 이런 종류의 탁월한 작가들이 적어도 고마워할 줄 아는 공정한 후세에 의해 솔론·리쿠르고스·공자와 동등한 등급에 놓이는 것을 의심하겠는가?[1040]

여기서 엘베시우스는 공자를 신화적 현자들인 솔론·리쿠르고스와 동급으로 대하고 있다. 이것은 다른 곳에서도 마찬가지다.[1041]

엘베시우스는 위선과 관련해 공자가 강조하는, '북방의 무용'에 대비된 남방 출신

[1039] Anonym(C. A. Helvétius), De l'esprit(Paris: Chez Durand, Libraire, 1763), 129쪽. 영역본: C. A. Helvetius, *De l'esprit, or On the Mind, and its Several Faculties*(London: Published by M. Jones, 1807), 99쪽.

[1040] Helvétius, *De l'esprit*, 221쪽; *De l'esprit, or On the Mind, and its Several Faculties*, 171쪽.

[1041] Helvétius, *De l'esprit*, 472쪽; *De l'esprit, or On the Mind, and its Several Faculties*, 361쪽.

들의 '영웅적 용기'를 원용한다.

나는 위선자를 도덕성의 연구에서 인류 행복의 달성에 대한 욕망에 의해 움직이지 않고 너무 많이 자기 자신에 사로잡혀 있는 사람으로 정의한다. 이 자는 수많은 부류이고 한편으로 그들이 제국들의 붕괴와 더불어 커지는 그 악덕들을 논할 때 보이는 냉담성에 의해, 다른 한편으로는 사적 악덕들에 대한 그들의 불능한 악담에 의해 식별된다. 이러한 자들이 자기가 공공복지를 마음에 간절히 생각한다고 말하는 것은 헛되다. 그들은 이런 말을 듣게 될 것이다. "당신이 진짜 이러한 인자한 감정에 의해 움직인다면 모든 악덕에 대한 당신의 증오는 언제나 악덕이 사회 안에서 일으키는 병폐와 비례할 것이다. 그리고 당신이 사회에 조금이라도 해로운 잘못에 노한다면 당신은 용감하고 위대한 애국자들을 산출해내는 적절한 수단에 대한 무지를 무슨 눈으로 바라볼 것인가? 사법행정이나 과세에서 어떤 잘못을 느끼는 것에 대한 당신의 걱정은 얼마나 극단적일 것인가? 또는 당신은 그토록 자주 전투의 운명과 지방의 황폐화를 결정짓는 군대기율의 결함에 대한 분노로 얼마나 이글거릴 것인가? 당신의 그러한 성정이 통탄의 과잉에 의해 제압당한다면 당신은 네르바처럼 삶을 혐오해 조국의 재앙에 대한 방관자가 되어 삶의 과정을 종식시킬 것이다. 또는 대인大人의 억압에 정당하게 분노해 그의 간언諫言을 품고 대담하게 황제의 면전으로 나아간 영웅적 중국인을 적어도 모방할 것이다. 중국인은 말한다. '나는 이러한 간쟁諫爭 때문에 600명의 나의 동료 신민들이 이미 받은 그 처벌에 나 자신을 던지려고 왔습니다. 나는 폐하께 더 이상의 처형을 준비하라는 통지를 드립니다. 중국은 동일한 간언을 알리기 위해 폐하께 동일한 대가를 청하려고 들어올 1800명의 결연한 애국자들이 아직도 있습니다.' 이 말에서 그는 말하는 것을 그쳤다. 그러나 황제는 이 결연함에 놀라 그것을 덕스러운 사람에게 가장 받아들일만한 방식으로 포상했다. 즉, 죄지은 자들을 처벌하고 억압적 과세를 금했다. 이런 방식으로 공공복지의 사람이 선명되는 것이다. 당신이 진짜 이런 감정에 의해 움직인다면, 나는 이 비난자들에게 이렇게 말할 것이다. '모든 악덕에 대한 당신의 증오는 국가에 대한 그것의 해독에 비례할 것이다. 그것이 당신의 화를 불러일으키는 당신 자신을 침해하는 위반일 뿐이라면 모럴리스의 이름은 당신에게 속하지 않는다. 당신은 이기주의자에 불과하다.' 이와 같이 어떤 모럴리스트가 그의 조국에 이바지할만하게 될 수 있는 것은 개인적 이익에 대한 절대적 초연성에 의해서만, 입법과학의 심오한 학습에 의해서만 가능하다."1042)

엘베시우스는 중국의 역사에서 흔한 간언하는 충신의 덕스러운 용기, 즉 '참 용기'를 위선과 대비시키고 있다.

그리고 엘베시우스는 중국 여성의 조국애를 보여주는 중국 이야기를 들려준다.

자기의 조국에 대한 이 덕스러운 사랑이 어느 풍토에서 영웅적 행동을 수행하지 않았는가?(이것은 풍토론으로 중국을 비하한 몽테스키외를 염두에 둔 말이다 - 인용자) 중국에서 개인적 애국자의 승기등등한 군대에 의해 쫓기던 이 애국적 승자를 그의 군대를 해체시키지 않을 수 없게 만들기 위해 그 나라에서 아들이 어미의 명령에 바치는 그 미신적 존중을 이용했다. 황제는 장교를 한 명 파견했고, 이 장교는 단검을 뽑아 손에 들고 그 어미에게 접근해 그녀에게 순응하든지 죽든지 하라고 위압적으로 말했다. 이에 그녀가 경멸하는 미소를 띠고서 대답했다. "그대의 주군은 백성이 순종하고 왕이 백성을 행복하게 만들어야 하는, 백성과 그 군주 간의 암묵적이되 신성한 협약을 내가 모를 거라고 신나하는가? 그 분이 먼저 이 협약을 깼다. 그대, 참주의 비열한 도구는 이런 경우에 그대의 나라를 위해 무엇을 해야 하는지를 한 여자로부터 배워라." 그런 다음, 그녀는 그 장교의 손에서 단검을 낚아채 그녀의 가슴에 찌르고 나서 이렇게 말했다. "노예여, 그대가 아직 어떤 덕성이 있다면 이 피 묻은 단검을 나의 아들에게 가져다주고, 국민의 원수를 갚고 참주를 벌하라고 청하라, 아들은 이제 두려울 것도 없고, 나를 위해 지킬 어떤 주의도 없다. 그는 이제 덕스러워질 자유가 있다."1043)

이 이야기는 폭군을 처벌하는 역성혁명과 여성의 애국심이 결합된 중국 항간의 이야기다. 엘베시우스는 중국을 열광적으로 좋아하는 마음에서 이 이야기를 인용하고 있다. 여기서 중국 어머니가 말하는 "백성과 그 군주 간의 암묵적이되 신성한 협약"은

1042) Helvétius, *De l'esprit*, 162-163쪽; *De l'esprit, or On the Mind, and its Several Faculties*, 125-126쪽.
1043) Helvétius, *De l'esprit*, 411쪽; *De l'esprit, or On the Mind, and its Several Faculties*, 231-232쪽.

케네의 다음과 같은 중국정치 해석과 상통한다. "중국인들만큼 자기 군주에게 순종적인 백성들도 없다. 왜냐하면 그들은 치자와 피치자의 상호의무에 관해 잘 배웠기 때문이다. 그러나 그들은 또한 나라의 종교와 탄복할 만한 지속적 교육체계의 토대를 이루는 자연법과 윤리법도를 침범하는 군주들을 경멸하는 마음이 가장 강렬한 사람들이기도 하다."[1044]

그리고 엘베시우스는 덕성과 입법·행정 간의 긴밀한 관계를 입증하기 위해서도 중국의 정치문화를 동원한다.

> 한 민족의 덕성과 악덕은 언제나 그 입법의 필연적 결과다. 그리고 의심할 바 없이 중국에서 그 탁월한 법률로 가는 길을 만든 것은 이 진리에 대한 지식이다. 덕성의 씨앗을 키우기 위해 만다린(신사)들은 그들의 정부 안에서 행해진 덕스럽거나 악명 높은 행동들의 영광과 수치를 분점한다. 이 만다린들은 그 결과에 따라 위로 승급되거나 낮은 데로 좌천된다. 모든 국가에서 덕성이란 행정에서 발휘되는 다소간의 지혜의 결과라는 것을 어떻게 의심할 수 있는가?[1045]

여기서 마지막 구절은 중국의 법률이 덕성을 증진하는 효과를 일반화하는 구절이다. 엘베시우스는 중국의 법률을 "탁월하다"고 찬양하고 있다.

나아가 엘베시우스는 덕행을 실천하는 위인을 낳고 진리를 탐구할 조건을 행동과 학문의 자유로 논하면서 중국의 실록제도를 상론한다.

> 그렇다면 역사집필자들 중에서 왜 훌륭한 역사가들이 그토록 드문가? 그것은 명성을 얻기 위해서는 위인을 만들어 내기에 적절한 상황들의 운 좋은 결합조건에서 태어나는 것만이 아니라, 역사가들이 벌 받지 않고 무사히 덕성을 실천하고 진리를 말할 수 있는 나라에서 태어나야 하기 때문이다. 지금, 전제정의 권력이 이 점에서 어떤 편견과 미신, 또는 특별

[1044] Quesnay, *Despotism in China*, 157쪽.
[1045] Helvétius, *De l'esprit*, 300쪽; *De l'esprit, or On the Mind, and its Several Faculties*, 317-318쪽.

한 제도에 의해 제한되지 않는다면 전제정은 이것(덕성을 실천하고 진리를 말하는 것)을 반대하고 역사가들의 입을 틀어막는다. 중국에서 이런 것은 역사관청, 실록청(tribunal d'histoire)이다. 목하의 이 실록청은 왕들의 간청과 위협에 똑같이 귀머거리다.[1046]

그리고 엘베시우스는 프랑스 역사가이자 중국전문가 페레(Nicolas Féret, 1688-1749)를 인용해 실록제도를 상세히 소개한다.

페레 씨는 말한다. "실록청은 두 부류의 사관들로 구성되어 있다. 한 부류는 궁궐 바깥에서 일어나는 것, 즉 정사 일반과 관계되는 모든 것을 기록하는 일을 맡고 다른 부류는 궁궐 안에서 일어나는 모든 것, 즉 군주, 그의 대관들과 장교들의 모든 행동과 논의를 기록하는 일을 맡는다. 실록청의 모든 구성원들은 한 장의 종이에 그가 알게 되는 것을 무엇이든 기록하고 그의 형제에게도 알리지 않고 그것을 그들의 모이는 강당 중앙에 놓인 금고 속에 던져 넣는다." 페레 씨는 이 실록청의 정신을 보여주기 위해 다음과 같은 말을 들려준다. 추의종(?, T-sou-i-chong)이라는 이름의 한 장군이 그의 주군 중종(?, T-chouang-chong)의 부인들 중 하나를 빼앗기 위해 그 주군을 암살케 했다. 이에 실록청은 이 사건의 평가를 준비해서 그것을 문서 속에 넣어놓았다. 그 장군이 이 조치를 알게 되자 실록청장의 자리를 박탈하고 그를 사형에 처하고 친인척을 탄압하고 그의 방에 다른 실록청장을 지명했다. 그러나 그는 그 자리에 앉자마자 다른 청장의 대리 노릇을 하기 위해 새로운 사건기록을 작성케 했다. 그 장군이 이 대담한 행동을 알았을 때 실록청을 해체하고 모든 사관들을 처형케 했다. 그러자마자 제국은 장군의 행동이 가장 검은 색으로 그려진 문서의 범람으로 홍수가 났다. 그러자 그는 폭동이 두려워 실록청을 복원했다. 당나라 왕조의 실록은 이 주제에 관한 다른 사실을 들려준다.(…)"[1047]

당나라 이야기는 당태종이 그의 은혜를 입은 사관에게 내 잘못도 기록할 것인지를 묻

[1046] Helvétius, *De l'esprit*, 460쪽; *De l'esprit, or On the Mind, and its Several Faculties*, 354-355쪽.

[1047] Helvétius, *De l'esprit*, 460쪽; *De l'esprit, or On the Mind, and its Several Faculties*, 355쪽 각주.

자, 사관이 그것을 감추는 것은 자신의 권한이 아니라고 답하고 그는 왕이 오늘 말한 것까지도 기록해야 한다고 답변하는 내용이다.

혁명에 대해 언급할 때도 엘베시우스는 중국을 원용한다. 중동의 술탄은 모든 욕망을 충족시키기 때문에 정사의 피곤한 업무를 처리할 동기가 없다고 한다. 가르침을 얻을 관심도 없다. 따라서 "그에게서 지식을 요구하는 것은 강이 그 원천으로 거꾸로 흘러 돌아가는 것을 바라는 것이고 원인 없는 결과를 바라는 것이다." 그리하여,

> 모든 역사는 이 진리를 정당화한다. 중국의 역사를 열어보자. 우리는 거기서 혁명들이 빠르게 상호 계승하는 것을 본다. 자신을 제국으로 고양시키는 위인은 보랏빛 속에서 태어난 왕자들을 그의 계승자들로 갖는다. 이들은 자기들을 빛나게 만들, 아버지와 같은 강력한 동기들을 갖지 않아서 권좌에서 잠잔다. 그리고 그들의 대부분은 세 번째 세대쯤이면 빈번히 오만하다는 것 외에 그들 자신을 비난할 어떤 다른 죄도 없이 권좌를 잃는다. 나는 이것의 예를 하나만 들겠다. 한미한 태생의 인물 이자성(?, *Li-t-ching*)은 숭정제(?, *emperor T-cong-ching*)를 향해 무기를 들고 불평분자들의 우두머리에 올라 군대를 일으켜 북경으로 진군해 그 도시를 기습했다. 황후와 왕녀들은 서로를 목 졸라 죽였다. 황제는 그의 딸을 찌르고 궁궐의 후미진 곳으로 물러나, 그곳에서 자신의 목숨을 끊기 전에 그의 외투의 옷깃에 이런 말을 썼다. "나는 폐위되었고, 이 불행을 바로 나의 오만에 기분을 상한 하늘의 천벌로 간주한다. 하지만 나는 유일한 죄인이 아니다. 내 궁전의 대신들은 나보다 훨씬 더 죄가 크다. 제국의 정사에 대한 정보를 내게 숨김으로써 내가 빠질 구덩이를 판 것은 그들이다. 무슨 얼굴로 내가 내 조상들을 뵐 것인가? 오, 누가 나를 이 무서운 지경으로 전락시켰던가! 내 몸을 가져가 산산조각을 내라, 나는 그것에 동의한다. 그러나 나의 불쌍한 백성은 봐주라. 그들은 죄가 없다. 그리고 나를 그렇게 오래 자신들의 주인으로 가졌던 점에서 이미 충분히 불행하다."[1048]

이 구절은 일개 농부 이자성에 의해 명나라가 망하는 혁명의 종착점을 묘사하고 있다.

[1048] Helvétius, *De l'esprit*, 603-602쪽; *De l'esprit, or On the Mind, and its Several Faculties*, 467쪽.

그러나 이것은 황제의 무능을 증명하는 데 적절치 않은 사례 같다. 숭정제는 자기 죄보다 대신들의 죄가 더 크다고 말하고 있고, 50명까지 불어난 내각대학사들은 실제로 무능했던 반면, 숭정제는 나름대로 환관의 정치개입을 철폐하는 국가개혁을 추진할 만큼 유능했기 때문이다. 명나라는 숭정제의 무능이 아니라 기백 년 영화榮華에 젖은 명나라 대신들의 무능과 내각제의 붕괴로 인해 멸망했을 뿐이다.

오히려 위에서 말하는 내용은 중국에서 혁명의 빈번함을 말해주는 데 적절한 사례다. 그는 진나라를 무너뜨린 한고조 유방劉邦의 혁명에 대해서도 기술하고 있다.

한나라의 건국자 유방(Lu-con-pang?)은 강도집단의 제1인자였다. 그는 스스로 한 읍의 주인이 되었고 트쿠(T-cou?)를 섬겼다. 그리고 군대의 장군이 되어 진(T-sin?)나라를 깨부수고 여러 도시의 주인으로 올라서서 왕의 칭호를 취해 제국에 대항해 봉기한 군주들과 싸워 무장을 해제시켰다. 그는 무용보다 인애에 의해 중국의 평온을 회복시켰고 황제로 인정받았고, 중국인들의 역사에서 가장 빛나는 군주들 중 한 사람으로 언급된다.[1049]

엘베시우스는 공자와 중국에 대한 찬미 심리에서 유럽인들이 위선적 의식에서 가장 많이 비난하는 중국의 유아유기 풍습까지도 객관적으로 분석한다.

그러나 야만적 국민들을 돌아볼 것 없이 중국과 같은 예의바른 나라로 눈을 돌려보자. 거기서 자식들에 대한 생명에 관한 절대적 권위가 왜 아버지에게 주어지는지를 묻는다면, 우리는 그 제국의 토지가 아무리 광대할지라도 가끔 수많은 주민들에게 생계를 제공할 수 없다는 것을 발견한다. 인간의 다수성과 토지의 비옥도 간의 너무 큰 불비례가 그 제국에 대해, 그리고 아마 전 세계에 대해 치명적인 전쟁을 필연적으로 야기할 것인 만큼, 우리는 기근의 시기에 무한수의 살인자들과 불필요한 불행을 방지하기 위해 의도에서 인간적이지만 방법의 선택에서 야만적인 중국 국민이 비록 잘못된 감정이라도 인간애의 감정으로 유아살해에 대한 허용을 세계의 평안에 필요한 것으로 여겼다는 것을 알게 된다. 그들은

[1049] Helvétius, *De l'esprit*, 601쪽 각주; *De l'esprit, or On the Mind, and its Several Faculties*, 465쪽 각주.

말한다. "우리는 이 목적을 위해 죽음의 가장 극심한 테러를 야기할 죽음의 지식과 공포를 유아성과 무지 때문에 느끼지 않는 몇몇 불행한 희생자를 희생시킨다."1050)

그러나 여기에 엘베시우스는 유럽에서 계집아이를 처리하는 방법을 더 야만적이라고 덧붙인다. "가톨릭 국가들 안에서 계집아이들을 처리하는 방법은 그들을 수녀가 되라고 강요하고 있고, 그리하여 누구든 많은 계집아이들이 절망의 먹이로서 불행한 삶을 보낸다. 이 점에서 우리의 관습이 아마 중국인들의 관습보다 더 야만적일 것이다."1051) 엘베시우스는 차마 중국을 비난하지 못하고 유럽을 비난하고 있다.

■ 입장 변화

볼테르와 케네의 영향력이 강력할 때, 디드로와 엘베시우스는 아주 친중국적이고 친親공자적이었다. 그리고 독일에서 태어나 파리에서 살롱을 소유하고 활동했던 돌바하(Paul-Henry, Baron d'Holbach, 1723-1789)도 『사회적 체계』(1773)에서1052) 중국을 정치와 도덕을 결합시킨 세계에서 유일한 덕치국가로 지목하고, 유럽의 정부들은 중국의 본보기를 추종하고 중국정신을 유럽으로 이식시켜야 한다고 주장하는가 하면, 심지어 프랑스는 번영하기 위해 기독교도덕을 유교도덕으로 대체해야 한다고까지 주장했었다.1053) 그러나 이 백과전서파들의 중국관은 시간이 흐르면서 크게 변질되었고, 또 중국과 중국철학의 이해에서 입장을 크게 달리했다. 엘베시우스는 영국 이신론의 극단적 형태를 추종한 반면, 돌바하는 "초합리주의의 냉소주의"에 젖은 "자연

1050) Helvétius, *De l'esprit*, 137-138쪽 각주(d); *De l'esprit, or On the Mind, and its Several Faculties*, 105-106쪽.

1051) Helvétius, *De l'esprit*, 138쪽; *De l'esprit, or On the Mind, and its Several Faculties*, 106쪽 각주※.

1052) Paul-Henry, Baron d'Holbach, *Système Social, ou Principes naturels de la morale et de la Politique, avec un examen de l'influence du gouvernement sur les mœurs*(Paris: 1773).

1053) Yu Jianfu, "The Influence and Enlightenment of Confucian Cultural Education on Modern European Civilization", *Frontiers of Education in China*, Vol.4, No.1(Mar., 2009), 17쪽.

과학의 노예"가 되었다. 이 양자 사이의 중도에 선 디드로는 계몽주의의 저 헌신자들 중에서 가장 개명한 인물이었다. 그는 아주 많은 점에서 성리학자의 사고패턴을 보여주었다. 그는 '자연' 또는 '본성'을 원리와 결합해 있는 동시에 지성적 인간이 함께 일해야 한다고 확신하는 인간의 관용으로 관용하는 순수한 지성주의자로 보았다. 인간의 본성은 믿을 수 없이 참을성 있고 오래 견딘다. 이런 까닭에 그는 인간의 본질적 선성과 이성에 복종할 능력에 대해 순진하게 낙관적이었다. 그리고 그는 라이프니츠를 가장 높이 찬미했다.[1054]

앞서 시사했듯이, 엘베시우스는 혁명적 분위기가 무르익던 1770-1780년대에 중국인들의 도덕적·종교적 실천을 '편향되고 비과학적인 것'으로 폄하하고 입장을 전격적으로 바꿔 중국의 정치체제를 '미개한 폭정'으로 비난했다. 그리고 디드로는 '중국의 이상'을 '새로운 유럽의 이상'으로 대체했다.[1055] 이것은 엘베시우스·디드로 등 백과전서파들이 미국독립혁명의 승리 소식과 함께 갑자기 전개된 혁명적 분위기 속에서 미국혁명가들과 같은 공화주의자로 변신하면서 벌어진 일이다. 그들은 미국혁명의 여파 속에서 중국의 내각제적 황제정을 이상으로 삼던 '계몽군주정' 이념을 넘어선 것이다.

이것은 독립미국을 추종한 프랑스철학자들만의 이상한 비정상적 현상이었다. 이런 비정상성으로 인해 일시 공화제를 채택했던 혁명프랑스는 나폴레옹 시대에 황제체제로 다시 돌아갔다가 왕정복고를 겪었고, 그러고 나서도 다시 1852년에 나폴레옹 3세의 황제체제를 수립하는 등 공화제와 군주제를 오가는 역사적 파란을 면치 못했던 것이다. 네덜란드는 역으로 1815년 귀족공화제를 청산하고 '오렌지공 윌리엄 5세'를 국왕 '윌리엄 1세'로 봉대해 '네덜란드왕국'을 수립했고, 이탈리아도 1861년에야 여러 도시의 귀족공화국들과 소왕국들을 해체·청산해 이탈리아반도를 통일하고 사보이왕국의 비토리오 에마누엘레 2세(Vittorio Emanuele II)를 이탈리아의 국왕으로 봉

1054) Hughes, "Introduction", 16쪽.

1055) 참조: Clarke, *Oriental Enlightenment*, 52쪽.

대해 왕국이 되었다. 이런 까닭에 프랑스를 제외한 유럽지역에서는 여전히 공자철학과 중국문화의 영향력이 강력하게 잔존했다. 그리고 백과전서파와 달리 프랭클린·제퍼슨 등 미국의 주요 건국지도자들은 친중국적 공자주의자들로서 혁명을 이끌었고, 이후에도 변함없이 공자주의자로 남아 있었다. 따라서 백과전서파의 공자폐기와 중국비판으로의 갑작스러운 선회는 프랑스식의 '성급한 경솔'과 '참을 수 없는 존재의 가벼움'을 노정한 것이다.

맺음말

　17세기 초반부터 18세기말까지 시누아즈리와 공자열풍이 유별나게 휩쓴 땅, '유럽의 중국'이라고 불린 프랑스의 계몽주의 철학을 17-18인의 주요 사상가들과 철학자들을 중심으로 살펴보았다.

　『공자철학과 서구 계몽주의의 기원』에서 상론했듯이, 프랑스에서는 17세기 이래 유력한 거물철학자들에게서부터 공자열광과 계몽의 불꽃이 지펴지기 시작했다. 공자에 열광한 최초의 프랑스 철학자는 라 모트 르 베예였다. 당대의 대철학자로서 유럽 전역에서 고명했던 라 모트 르 베예는 이미 1642년에 쓴 자신의 저서 『이교도들의 덕성에 관하여』에서 트리고와 마테오리치, 기타 기행문을 통해 전해진 공자철학을 최초로 정밀 분석해 기독교철학과 관련시켜 설명하면서 공자를 "중국의 소크라테스"로 추앙했다. 또한 라 모트 르 베예의 이 책을 읽고 공자를 감격 속에서 발견한 프랑수와 베르니에는 공자열광자가 되었다. 그리고 왕립도서관장이자 『신기하고 다양한 항해 이야기』를 발간한 잡지발행인 테브노 신부, 프랑스 국왕의 동방특사 라 루베르 등은 중국과 극동, 공자철학에 대한 선각자들이었다. 라 모트 르 베예, 베르니에, 라 루베르, 테브노 등이 17세기에 계몽의 씨앗을 파종했다면, 18세기 프랑스에서는 피에르 벨, 볼테르, 케네, 루소가 계몽주의를 고도로 발전시키고 본격적으로 이끌었다. 그리고 다르장송·뒤부르·구다르·보도·르클레르크·실루에트·멜롱·푸아브르 등 중농주의자들과 디드로·엘베시우스 등 백과전서파가 '유교적' 계몽주의를 널리 보편화시켰다. 18세기 내내 철학자들이 나서서 공자철학과 중국정치문화를 다투어 찬양하며 요란하게 확산시키자 공자열광과 중국열풍 속에서 프랑스 사상계에서는 그리스문화와 기독교문화가 퇴조하는 한편, 프랑스철학·문화는 '중국화'되고 프랑스사회에서는 동서패치워크(짜깁기, 접붙이기)를 통해 '유교적 근대화'가 실현되어 갔다.

이 공자열광과 중국열풍 속에서 공자철학과 극동의 정치문화를 프랑스인의 입맛에 따라 이해하고 번안한 프랑스 사상계의 동서패치워크 철학사상인 '계몽주의'와 동서패치워크 문화예술사조인 로코코사조가 일어났다. 프랑스 계몽주의는 18세기 중후반에 사상적으로 볼테르와 케네에 의해 대표되었고, 정치적으로는 1756년 춘경기 개막 시에 손수 쟁기를 가는 장엄한 의식을 거행한 계몽군주 루이 15세의 밭갈이 행사와, 1768년 황태자의 밭갈이 행사에서 정점을 도달했다.

18세기 중반 파리에서 공자철학의 영향은 상론했듯이 이중적이었다. 그것은 ⑴인간들에게 인간 운명의 온유한 통제자로서의 자연(본성)과 더불어 살고 생각하는 보다 인간적인 길을 단호하게 가리켜 보여주는 것이고, ⑵중국에서 방사되는 널리 스며든 일반적 영향이었다. 공자철학의 사상들은 당시 아주 논쟁할 여지없이 서양 지성인들의 공동자산이 되었다. 중국철학을 집중적으로 연구하고 의식적으로 찬양한 사람들은 비교적 소수였지만, 이들이 소개하는 공자철학과 공자의 명제들은 서양지식인 대중에 의해 이국적 철학으로 간주되지 않고 '자연적·순리적 철학'으로 간주되었기 때문에 쉽사리 일반적으로 받아들여졌다.

17세기 후반과 18세기 전반의 프랑스 계몽주의는 피에르 벨이 이끌었다면, 유럽차원에서 18세기 후반의 계몽주의는 볼테르와 케네, 흄과 아담 스미스가 이끌었다. 특히 케네의 중국연구로부터 새로운 학문인 중농주의 경제학이 탄생함으로써 근대경제학이라는 '신과학'의 길이 열렸다. 이 근대경제학의 핵심요지는 자유시장론이었다. 유럽에서 케네의 이 시장경제론이 출현한 것은 공맹의 양민론적 자유시장철학으로부터 보면 2300여 년 만의 일이었고, 사마천의 「화식열전」의 자유시장론으로부터 치면 1800여 년 만의 일이었고, 엽적葉適의 자유경제론으로부터 계산하면 600여 년, 구준丘濬의 자유시장론으로부터 계산하면 300여 년 만의 일이었다.

이 책은 프랑스의 계몽철학자들만이 아니라, 프랑스의 위정척사파들도 거의 다 분석했다. 프랑스와 유럽의 '중국적 근대화'에 대한 수구적 반발의 세 가지 철학적 흐름을 대표하는 수구반동의 철학자로서 정사精査대상이 된 반反계몽주의자들은 페넬롱·말브랑쉬·몽테스키외 등이다. 이로써 공자철학과 중국의 정치문화가 프랑스에서 일으킨 회오리와 소용돌이, 수용과 반발, 동서의 철학적 패치워크와 새로운 계몽주의 사상과 반동적 몽매주의의 탄생 등이 완결적으로 기술될 수 있었다.

프랑스의 공자열광과 계몽철학은 영국의 모럴리스트들과 연결되고 독일과 스위스의 유교적 계몽주의자들과 얽혀 있다. 그리고 미국은 고스란히 프랑스·영국 계몽철학을 비롯한 유럽 계몽사상과 유교문명으로부터 탄생한 최초의 근대국가다. 따라서 이 책은 『공자철학과 서구 계몽주의의 기원』만이 아니라, 자매편 저작들인 『근대 영국의 공자숭배와 모럴리스트들』 및 『근대 독일과 스위스의 유교적 계몽주의』, 그리고 『공자와 미국의 건국』과 더불어 읽어야 할 것이다. 그래야만 비로소 근대 계몽주의의 본질과 미국건국의 비밀을 알게 된다. 그리고 '근대'에 대한 역사적 이해와 궁극적 이론정립을 위해서는 『유교적 근대의 일반이론』도 아울러 읽어야 한다. ♣

참고문헌

1 동양 고전문헌

■ 공자 · 맹자 경전

『대학』
鄭玄(注)·孔穎達(疏), 『禮記正義』「大學」(北京: 北京大學出版社, 2000).
成百曉 역주, 『大學·中庸集註』(서울: 傳統文化硏究會, 2005).

『중용』
鄭玄·孔穎達 疏, 『禮記正義』「中庸」(北京: 北京大學出版社, 2000).
成百曉 역주, 『大學·中庸集註』(서울: 傳統文化硏究會, 2005).

『논어』
何晏(注)·邢昺(疏), 『論語注疏』(北京: 北京大學出版社, 2000).
張基槿 역저, 『論語』(서울: 明文堂, 2002).
류종목, 『논어의 문법적 이해』(서울: 문학과지성사, 2000).
朱熹 集註, 林東錫 譯註, 『四書集註諺解 論語』(서울: 學古房, 2006).
김학주, 『논어』(서울: 서울대학교출판부, 2008).

『맹자』
趙岐(注)·孫奭(疏), 『孟子注疏』(北京: 北京大學出版社, 2000).
朱熹 集註(林東錫 譯註), 『四書集註諺解 孟子』(서울: 學古房, 2006).
_____, 『孟子集註』(서울: 明文堂, 2002).
范善均 譯解, 『맹자』(서울: 惠園出版社, 출판연도 미상).
우재호 역, 『孟子』(서울: 을유문화사, 2007).
洪寅杓 역주, 『孟子』(서울: 서울대학교출판부, 2002).

『서경』
車相轅 역저,『書經』(서울: 明文堂, 1993).

『시경』
金學主 역주,『詩經』(서울: 明文堂, 2002).
毛亨傳·鄭玄箋·孔穎達 疏,『毛詩正義』(北京: 北京大學出版社, 2000).

『주역』
황태연 저,『실증주역』(서울: 청계출판사, 2010 4쇄).

『의례』
鄭玄(注)·賈公彦(疏),『儀禮注疏』(北京: 北京大學校出判社, 2000).

『예기』
李相玉 역저,『禮記(上·中·下)』(서울: 明文堂, 2002).
鄭玄(注)·孔穎達(疏),『禮記正義』(北京: 北京大學出版社, 2000).

『춘추』
左丘明,『春秋左氏傳』. 文璇奎 역,『春秋左氏傳』(上·中·下)(서울: 明文堂, 2002).
穀梁俶,『春秋穀梁傳注疏』, 十三經注疏整理本(北京: 北京大學出版社, 2000).
公羊高 父子,『春秋公羊傳注疏』(北京: 北京大學出版社, 2000).

『효경』
阮元 校勘,『孝經正義』, 十三經注疏本(北京: 北京大學校, 2000).
金學主 譯著,『忠經·孝經』(서울: 明文堂, 1999).

『충경』
金學主 譯著,『忠經·孝經』(서울: 明文堂, 1999).

『이아』
徐朝華 注,『爾雅今注』(天津: 南開大學出版社, 1987·1994).
『爾雅注疏』, 十三經注疏整理本(北京: 北京大學出版社, 2000).
이충구 외 역주,『이아주소』(1-6)(서울: 소명출판, 2004).

『주례』

『周禮今注今譯』(臺灣: 商務印書館, 출판연도 미상).
『周禮注疏』, 十三經注疏整理本(北京: 北京大學出版社, 2000).

『공자가어』
李民樹 역,『孔子家語』(서울: 을유문화사, 1974).
『馬王堆帛書』
『馬王堆帛書』, 續四庫全書本(上海: 上海古籍出版社, 1995).
鄧球柏,「白話帛書'要'」,『白話帛書周易』(湘潭: 岳麓書社, 1994).
廖名春 釋文,「馬王堆帛書 '二三子'」.

■ 기타 동양 고전과 사서 및 사료

『朝鮮王朝實錄』『高宗實錄』.
孔鮒(著)·宋咸(註),『小爾雅』(北京: 中華書局, 1985).
丘濬,『大學衍義補』[明 成化 23년, 1487](1792 日本 和刻本, 翻刻 京都: 中文出版社, 1979).
『國語韋氏解』, 淸 嘉慶庚申刊 天聖明道本影印本(臺灣: 世界書局, 1975).
金長生,『經書辨疑』, 박완식 역(서울: 민족문화추진위원회, 2003).
段玉裁,『說文解字經』(臺灣: 蘭臺書局, 1977).
唐甄,『潛書』. 中國哲學電算化計劃.
戴震,『孟子字義疏證』. 대진(임옥균 역),『맹자소자소증·원선』(서울: 홍익출판사, 1998).
董仲舒,『春秋繁露』.『춘추번로』(서울: 자유문고, 2005).
박일봉 편역,『古文珍寶』(서울: 육문사, 2000).
박일원,『추관지秋官志』[1781](서울: 법제처, 1975).
『祕書院日記』.
司馬遷,『史記本紀』, 정범진 외 옮김(서울: 까치, 1994).
_____,『史記世家』(上·下), 정범진 외 옮김(서울: 까치, 1994).
_____,『史記列傳』(上·中·下), 정범진 외 옮김(서울: 까치, 1995).
_____,『史記·表(序)·書』, 정범진 외 옮김(서울: 까치, 1996).
山西省社會科學院 編,『山西票號史料』(臺灣: 山西經濟出版社, 1992).
成百曉 역주,『周易傳義』(서울: 전통문화연구회, 2001).
孫承澤(撰),『春明夢餘錄』(珍本: 1883; 影印本: 香港: 龍門書店, 1965).
신동준 역주,『國語』(서울: 인간사랑, 2005).
沈約(注)·洪頤煊(校),『竹書紀年』(北京: 中華書局, 1985).
여불위(김근 역),『여씨춘추』(파주: 글항아리, 2012).
葉適,『水心集』(臺北: 中華書局, 1965).

_____, 『習學記言序目』(北京: 中華書局, 1977).
龍 樹, 『中論』, 정화 풀어씀(서울: 도서출판 법공양, 2007.)
王艮. 『王心齋全集』. Chinese Text Project.
王先謙 集解, 『韓非子集解』(上海: 上海書店, 출판연도 미상).
왕필(임채우 옮김), 『왕필의 노자주』(서울: 한길사, 2009).
유안 편저(안길환 편역), 『淮南子(상)』(서울: 명문당, 2001).
劉向 纂(李相玉 譯), 『戰國策』(서울: 明文堂, 2000).
이근명 편저, 『왕안석자료 역주』(서울: 한국외국어대학 지식출판원, 2017).
李篪衡 譯註, 『譯註 茶山 孟子要義』(서울: 現代實學社, 1994).
李贄, 『焚書』. 이지(김혜경 역), 『분서I·II』(파주: 한길사, 2004-2015).
_____, 『明燈道古錄』. 中國哲學電子計劃. 이지(김혜경 역), 『명등도고록』(파주: 한길사, 2016).
_____, 『藏書』. 中國哲學電子計劃.
李滉, 『啓蒙傳疑』, 『退溪全書』영인본(서울: 성균관대학교, 1958).
_____, 『經書釋義』(서울: 퇴계연구원, 1997).
임현숙, 「王安石과 科擧制度改革에 대한 一考察」, 이화여자대학교 1982년 경영학 석사학위논문.
張廷玉 等(撰), 『明史』(乾隆四年刻本, 中華民國24年 즈음 影印).
趙岐(注)·孫奭(疏), 『孟子注疏』, 十三經注疏整理本(北京: 北京大學出版社, 2000).
『朝鮮王朝實錄』. 국사편찬위원회 간행(서울: National Institut of Korean History, 2005).
　　　　　　http://sillok.history.go.kr(최종검색일: 2007. 5. 26.)
朱熹, 『易學啓蒙』, 김진근 역(서울: 청계출판사, 2008).
_____, 『朱子語類』, 黎靖德 編, 王星賢 點校(北京: 中華書局, 1999).
_____, 『論語集註』. 林東錫 譯註, 『四書集註諺解 論語』(서울: 學古房, 2006).
中國人民銀行 上海市分行 編, 『上海錢莊史料』(上海: 上海人民出版社, 1960, reprint 1978).
陳鼓應 編, 『莊子今註今譯』(香港: 中華書局, 1991).
증선지 편(임동석 역주), 『십팔사략』 6/7권(서울: 동서문화사, 2009·2011).
何建章 注釋, 『戰國策注釋(上·中·下)』(北京: 中華書局, 1990).
夏燮, 『明通鑑』(北京: 中華書局, 1959).
湖亮吉 紋, 『校補竹書紀年』(서울: 弘益齊, 1997).
黃宗羲, 『明夷待訪錄』. 황종희, 『명이대방록』(서울: 한길사, 2000·2003).

2 동양 현대문헌

고지마쓰요시(小島毅), 『사대부의 시대』(서울: 동아시아, 2004).

金斗鉉,「淸朝政權의 成立과 發展」. 서울대학교 동양사학연구실 편,『講座 中國史(Ⅳ)』(서울: 지식산업사, 1989).
김상준,『맹자의 땀, 성왕의 피』(파주: 이카넷, 2011·2016).
김성윤,『朝鮮後期 蕩平政治 硏究』(서울: 지식산업사, 1997).
김한규,「해제 - 염철론(鹽鐵論)과『염철론(鹽鐵論)』」. 환관桓寬(김한규·이철호 역),『염철론』(서울: 소명출판사, 2002).
_____,「염철론 - 염철 논쟁을 통해서 보는 고대 중국사회」. 네이버지식백과. http://terms.naver.com(최종검색: 2012. 8. 27).
금장태,『귀신과 제사: 유교의 종교적 세계』(서울: 제인앤씨, 2009).
나이토고난(內藤湖南),「支那上古史序言」(1921년 강의, 1944년 첫 공간). 內藤湖南(礪波 護 編輯),『東洋文化史』(東京: 中央公論社, 2004).
_____,「包括的唐宋代觀」(1922). 內藤湖南(礪波 護 編輯),『東洋文化史』(東京: 中央公論社, 2004).
_____,「近代支那の文化生活」(1928). 內藤湖南(礪波 護 編輯),『東洋文化史』(東京: 中央公論社, 2004).
杜乃濟,『明代內閣制度』(臺北: 臺灣商務印刷書館, 1967).
송정남,『베트남 역사 읽기』(서울: 한국외국어대학교 출판부, 2010·2014).
신용철,『이탁오』(서울: 지식산업사, 2006).
신채식,『宋代政治經濟史硏究』(파주: 한국학술정보, 2008).
_____,『宋代 皇帝權 硏究』(파주: 한국학술정보, 2010).
신현승, "일본의 동양사학자 나이토고난의 역사인식", 165-194쪽. 동아시아고대학회 편,『동아시아 역사인식의 중층성』(서울: 경인문화사, 2009).
_____,「나이토고난의 중국 인식과 동아시아 표상」, 93-132쪽. 전성곤 송완범 신현승 외,『근대 동아시아 담론의 역설과 굴절』(서울: 소명출판, 2011).
安震,『大明風雲』(長春: 長春出版社, 2005). 안쩐(정근회 역),『천추흥망(명나라)』(서울: 따뜻한 손, 2010).
양삼석,「제주이트의 정치사상에 나타난 인본주의사상」,『영남정치학회보』제8호(1998).
梁鐘國,『宋代士大夫社會硏究』(서울: 三知院, 1996).
요나하준(與那覇潤),『중국화하는 일본』(서울: 페이퍼로드, 2013).
오금성,「明淸時代의 國家權力과 紳士의 存在刑態」.『동양사학연구』제30호, 1989.
_____,「國法과 社會慣行」(서울: 지식산업사, 2007).
_____(편저),『명청시대사회경제사』(서울: 이산, 2007).
유수원(민족문화추진위 역),『우서(2)』(파주: 한국학술정보, 2006).
유인선,『베트남의 역사』(서울: 이산, 2002·2016).
유지황,「토마스 아퀴나스 정치사상의 분석적 이해 - 질서와 평등을 중심으로」.『철학사상』

25호(2007).
윤근호, 『韓國會計史硏究』(성남: 한국학연구원, 1984).
윤정분, 『中國近世 經世思想 硏究 - 丘濬의 經世書를 중심으로』(서울: 혜안, 2002).
_____, 「『大學衍義補』의 朝鮮 전래와 그 수용 - 正祖의 『御定大學類義』를 중심으로」(하), 『中國史硏究』 제17집(2002).
_____, 「正統·天順年間의 經史講論과 정국운영」, 『中國史硏究』第61輯(2009.8).
_____, 「成化年間(1465-1487)의 經筵과 정국운영」, 『명청사연구』 제4집(2010).
井川義次(이가와요시쓰구), 『宋學의 西遷』(京都: 人文書院, 2009).
이현규, 「許筠이 도입한 李贄 저서」, 『中語中文學』 제46집(2005-12).
이근명, 「왕안석의 집권과 신법의 시행」, 『역사문화연구』 제35집(2010).
_____, 「전통시대 지식인들은 왜 왕안석에 반대하였는가?」, 『전북사학』 38(2011).
_____, 「『宋史筌』에 나타난 王安石과 王安石의 改革」, 『중앙사론』 36(2012).
이범학, 「王安石 改革論의 形成과 性格 - 新法의 思想의 背景에 관한 一硏究」, 『동양사학연구』 제18집(1983).
이홍기(강길중 역), 『宋代 官學敎育과 科擧』(진주: 경상대학교 출판부, 2010).
임현숙, 「王安石과 科擧制度改革에 대한 一考察」, 이화여자대학교 1982년 석사학위논문.
조동일, 『동아시아 문명론』(서울: 지식산업사, 2010).
조영록, 『中國近世政治史硏究』(서울: 지식산업사, 1988).
_____, 「嘉靖初 政治代立과 科道官」, 『동양사연구』 제21집(1985).
조원일, 『맹자의 도덕사상과 정치사상』(광주: 전남대학교출판부, 2006).
조익순·정석우, 『사개송치부법의 발자취』(서울: 박영사. 2006).
朱謙之, 「中國思想對於歐洲文化之影響」, 上海: 商務引書館, 1940. 주겸지(전홍석 역), 『중국이 만든 유럽의 근대』(서울: 청계출판사, 2003·2010).
차명수, 「1800년경 잉글랜드, 조선, 양자강하류지역의 총요소생산성 수준 비교」. 제52회 역사학대회 발표논문, 2009년 5월.
최정연·이범학, 『明末淸初 稅役制度改革과 紳士의 存在 形態』(서울: 歷史學會, 1987).
崔晶姸, 「明朝의 統治體制와 政治」, 서울大學校東洋史學硏究室 編, 『강좌중국사(IV)』(서울: 지식산업사, 1989).
玄丙周, 『實用自修四介松都置簿法全』(1916). 현병주, 『사개송도치부법』(서울: 경문사, 2015).
黃鑒暉, 『山西票號史』(臺灣: 山西經濟出版社, 1992).
황태연, 『지배와 이성: 정치경제·자연환경·진보사상의 재구성』(서울: 창작과비평사, 1996).
_____, 『계몽의 기획』(서울: 동국대학교출판부, 2004).
_____, 「서구 자유시장론과 복지국가론에 대한 공맹과 사마천의 무위시장 이념과 양민철학의 영향」, 『정신문화연구』, 2012 여름호(제35권 제2호 통권 127호).
_____, 「공자의 공감적 무위·현세주의와 서구 관용사상의 동아시아적 기원(上·下)」, 『정신문화

연구』, 2013 여름·가을호(제36권 제2·3호 통권 131·132호).
_____, 「공자의 분권적 제한군주정과 영국 내각제의 기원(1)」. 『정신문화연구』, 2014 여름호 제37권(통권135호).
_____, 「윌리엄 템플의 중국 내각제 분석과 영국 내각제의 기획추진 - 공자의 분권적 제한군주정과 영국 내각제의 기원(2)」. 『정신문화연구』제38권 제2호 통권 139호(2015년 여름호)
_____, 「찰스 2세의 내각위원회와 영국 내각제의 확립 - 공자의 분권적 제한군주정과 영국 내각제의 기원(3)」. 『정신문화연구』제38권 제3호 통권 140호(2015년 가을호).
_____, 『감정과 공감의 해석학』1권(파주: 청계, 2014·2015), 2권(2015).
_____, 『패치워크문명의 이론』(파주: 청계, 2016).
_____, 『대한민국 국호의 유래와 민국의 의미』(파주: 청계, 2016).
_____, 「조선시대 국가공공성의 구조변동과 근대화 - '조선민국'과 대한제국에서 '대한민국'으로」. 황태연 외, 『조선시대 공공성의 구조변동』(성남: 한국학중앙연구원 출판부, 2016).
_____, 『갑오왜란과 아관망명』(파주: 청계, 2017);
_____, 『백성의 나라 대한제국』(파주: 청계, 2017).
_____, 『한국근대화의 정치사상』(파주: 청계, 2018).
_____, 『공자의 인식론과 역학』(파주: 청계, 2018).

3 서양 고전문헌

■ 그리스고전

Aristoteles. *Aristoteles Werke* in deutscher Übersetzung(19 Bände). Begründet von Ernst Grumach, herausgegeben von Hellmut Flaschar(Berlin: Akadmie-Verlag, 1984).
_____. *Aristotle* in twenty-three volumes. The Leob Classical Library(Cambridge [Massachusetts]·London: Harvard University Press·William Heinemann LTD, 1981).
_____. *Metaphysics*. I·II. With an English translation and introduction by Hugh Tredennick(Cambridge[Massachusetts]·London: Harvard University Press·William Heinemann LTD, 1969).
_____. *Posterior Analytics*. With an English translation and introduction by Hugh Tredennick. In: Aristotle, *Posterior Analytics·Topics*(Cambridge·Massachusetts·London: Harvard University Press·William Heinemann LTD, 1969).
_____. *Politics. Aristotle*, XXI in twenty-three volumes. The Leob Classical Library

(Cambridge[Massachusetts]·London: Harvard University Press·William Heinemann LTD, 1981). Aristoteles, *Politik*, übersetzt von Olaf Gigon(München: Deutscher Taschenbuch Verkag, 1973·1986).

_____. *The Art of Rhetoric*. With an English translation by J. H. Freese(Cambridge [Massachusetts]·London: Harvard University Press·William Heinemann LTD, 1975).

_____. *On the Soul*. Aristotle, *On the Soul·Parva Naturalia·On Breath*. With an English translation by W. S. Hett(Cambridge[Massachusetts]·London: Harvard University Press·William Heinemann LTD, 1969).

_____. *The Athenian Constitution*. Aristotle, *The Athenian Constitution·Eudemian Ethics·Vertues and Vices*. With an English translation by H. Rackham (Cambridge[Massachusetts]·London: Harvard University Press·William Heinemann LTD, 1981).

_____. *On the Cosmos*. Aristotle, *Sophistical Refutation·Coming-to-be and Passing-away·On the Cosmos*(Cambridge·Massachusetts·London: Harvard University Press·William Heinemann LTD, 1981).

_____. *Eudemian Ethics*. Aristotle, *The Athenian Constitution·Eudemian Ethics ·Vertues and Vices*. With an English translation by H. Rackham(Cambridge [Massachusetts]·London: Harvard University Press·William Heinemann LTD, 1981).

_____. *Historia Animalium* [Books VII-X](Cambridge·Massachusetts·London: Harvard University Press·William Heinemann LTD, 1981).

_____. *Magna Moralia*. Aristotle, *Oeconomica and Magna Moralia*. With an English translation by G. C. Armstrong(Cambridge·Massachusetts·London: Harvard University Press·William Heinemann LTD, 1981).

_____. *Die Nikomachische Ethik*. Übers. u. hg. von Olof Gigon(München: Deutsche Taschenbuch Verlag, 1986).

_____. *Nicomachean Ethics*. With an English translation by H. Rackham(Cambridge ·Massachusetts·London: Harvard University Press·William Heinemann LTD, 1968). 아리스토텔레스(이창우·김재홍·강상진 옮김), 『니코마코스 윤리학』(서울: 이제이북스, 2008).

_____. *Politik*(München: Deutsche Taschenbuch Verlag, 1973).

_____. *Posterior Analytics. Aristotle*, vol. 2(Cambridge, MA: Harvard University Press, 1935·1981).

_____. *Longinus on the Sublime*. Aristotle, *Longinus on the Sublime·Demetrius on*

Style(Cambridge[Massachusetts]·London: Harvard University Press·William Heinemann LTD, 1977).

Herodotus, *The Histories*(London·New York: Penguin Books, 2003).

Platon. *Platon Werke*, in Acht Bänden. Hg. von Gunther Eigner. Deutsche Übersetzung von Friedrich Schleiermacher(Darmstadt: Wissenschaftliche Buchgesellschaft, 1977).

_____. *Plato* in twelve volumes. With an English Translation by R. G. Bury(Cambridge·Massachusetts·London: Harvard University Press·William Heinemann LTD, 1975).

_____. *Epistulae. Plato*, Volume XII in twelve volumes. With an English Translation by R. G. Bury(Cambridge[Massachusetts]·London: Harvard University Press·William Heinemann LTD, 1975).

_____. *Alkibiades* I. *Platon Werke*, Bd. I in Acht Bänden. Hg. von Gunther Eigner. 플라톤(김주일·장준영 옮김), 『알키비아데스 I·II』(서울: 이제이북스, 2007).

_____. *Charmides. Platon Werke*, Bd. I in Acht Bänden. Hg. von Gunther Eigner.

_____. *Euthyphron. Platon Werke*, Bd. I in Acht Bänden. Hg. von Gunther Eigner. 플라톤(박종현 역주), 『에우티프론·소크라테스의 변론·크리톤·파이돈』(서울: 서광사, 2003).

_____. *Euthydemos. Platon Werke*, Bd. II in Acht Bänden. Hg. von Gunther Eigner.

_____. *Das Gastmahl. Platon Werke*, Bd. V in Acht Bänden. Hg. von Gunther Eigner. 플라톤(박병덕 역), 『소크라테스의 변명·크리톤·향연·파이돈』(서울: 육문사, 2007).

_____. *Gesetze. Platon Werke*, Bd. VIII, Zweiter Teil in Acht Bänden. Hg. von Gunther Eigner.

_____. *Laws. Plato*, Volume X in twelve volumes. With an English Translation by R. G. Bury.(Cambridge·Massachusetts·London: Harvard University Press·William Heinemann LTD, 1975).

_____. *Gorgias. Platon Werke*, Bd. II in Acht Bänden. Hg. von Gunther Eigner.

_____. *Kratylos. Platon Werke*, Bd. III in Acht Bänden. Hg. von Gunther Eigner.

_____. *Laches. Platon Werke*, Bd. I in Acht Bänden. Hg. von Gunther Eigner.

_____. *Lysis. Platon Werke*, Bd. I in Acht Bänden. Hg. von Gunther Eigner. 플라톤(강철웅 역), 『뤼시스』(서울: 이제이북스, 2007).

_____. *Menon. Platon Werke*, Bd. II in Acht Bänden. Hg. von Gunther Eigner.

_____. *Phaidon. Platon Weke*, Bd. 3 in Acht Bänden. Hg. von Gunther Eigner. 플라톤(박종현 역주), 『에우티프론·소크라테스의 변론·크리톤·파이돈』(서울: 서광사, 2008).

_____. *Phaidros. Platon Werke*, Bd. V in Acht Bänden. Hg. von Gunther Eigner. 플라톤(조

대호 역), 『파이드로스』(서울: 문예출판사, 2008).
_____. *Philebos*. *Platon Werke*, Bd. VII in Acht Bänden. Hg. von Gunther Eigner.
_____. *Philebos*. *Plato*, Volume VIII in Twelve Volumes(Cambridge·Massachusetts· London: Harvard University Press·William Heinemann LTD, 1975). 플라톤(박종현 역주), 『필레보스』(서울: 서광사, 2004).
_____. *Politeia*. *Platon Werke*, Bd. IV in Acht Bänden. Hg. von Gunther Eigner. Bearbeitet von Dietrich Kurz. Deutsche Übersetzung von Friedrich Schleiermacher (Darmstadt: Wissenschaftliche Buchgesellschaft, 1977).
_____. *The Republic*. *Plato*, V(vol. 1-2) in twelve volumes. With an English Translation by Paul Shorey. Leob Classical Library(Cambridge·Massachusetts ·London: Harvard University Press·William Heinemann LTD, 1975). 플라톤(박종현 역주), 『국가·政體』(서울: 서광사, 2007 개정증보판 3쇄).
_____. *Protagoras*. *Platon Werke*, Bd. I in Acht Bänden. Hg. von Gunther Eigner.
_____. *Des Sokrates Apologie*. *Platon Werke*, Bd. II in Acht Bänden. Hg. von Gunther Eigner. 플라톤(박종현 역주), 『에우티프론·소크라테스의 변론·크리톤·파이돈』(서울: 서광사, 2003).
_____. *Der Staatsmann*. *Platon Werke*, Bd. VI in Acht Bänden. Hg. von Gunther Eigner. 플라톤(김태경 옮김), 『정치가』(서울: 한길사, 2008).
_____. *Theaitetos*. *Platon Werke*, Bd. VI in Acht Bänden. Hg. von Gunther Eigner.
_____. *Timaios*. *Platon Werke*, Bd. VII in Acht Bänden. Hg. von Gunther Eigner.
Polybius. *The Histories*. Translated by W. R. Paton in the 6 Volumes. Leob Classical Library Series(Cambridge[Massachusetts]·London: Harvard University Press first published, 1923).
Thucydides. *History of the Peloponnesian War*. Translated by C. F. Smith(Cambridge [Massachusetts]·London: Harvard University Press, 2006.
Xenophon. *Xenophon*, in seven volumes(Cambridge[Massachusetts]·London: Harvard University Press·William Heinemann LTD, 1971).
_____. *Agesilaus*. *Xenophon*, Vol. VII in seven volumes(Cambridge[Massachusetts] ·London: Harvard University Press·William Heinemann LTD, 1971).
_____. *On the Cavalry Commander*. *Xenophon*, Vol. VII in seven volumes(Cambridge [Massachusetts]·London: Harvard University Press·William Heinemann LTD 1971).
_____. *Constitution of the Lacedaemonians*. *Xenophon*, Vol. VII in seven volumes(Cambridge· Massachusetts·London: Harvard University Press·William Heinemann LTD, 1968).

_____. *Hellenica*(Ⅰ·Ⅱ). *Xenophon*, Vol. I in seven volumes(Cambridge[Massachusetts]·London: Harvard University Press·William Heinemann LTD, 1968).

_____. *Memorabilia*(*Recollections of Socrates*). Translated and annotated by Amy L. Bonnette(Ithaca and London: Cornell University Press, 1994). 크세노폰(최혁순 역), 『소크라테스의 회상』(서울: 범우사, 2002).

_____. *Symposium. Xenophon*, Vol. VI in seven volumes(Cambridge[Massachusetts]·London: Harvard University Press·William Heinemann LTD, 1968).

■기타 서양고전

Aeschines. *Against Timarchus*(Cambridge·Massachusetts·London: Harvard University Press·William Heinemann LTD, 1968).

Anson, George Baron. *A Voyage Round the World in the Years 1740 to 1744*. Compiled by R. Walter(London, 1748, trans. Geneva 1750). Republished: *A Voyage Round the World in the Years MDCCXL*(London: Oxford University Press, 1974).

Attiret, Jean Denis. Lettre du Père Attiret(A Pèkin, le 1er novembre 1742). *Lettres Édifiantes et Curieuses consernnant l'Asie, l'Afrique et l'Amérque*, Tome 3, puliées sous la direction de M. L. Aimé-Martin(Paris: Société du Panthéon Littéraire, 1843), 786-795쪽.

Augustine. *On Free Choice of the Will*(AD 396). Translated by Thomas Williams. Indianapolis·Cambridge: Hackett Publishing Co., 1993. 아우구스티누스(성염 역주), 『자유의지론』(서울: 분도출판사, 1998).

_____. *On the Trinity*(AD 416).(http://www.logoslibrary.org/augustine/trinity/index.html. 최종검색일: 2009. 12. 3.)

_____. *City of God*(AD 426). Translated by Marcus Dods. From Nicene and Post-Nicene Fathers, First Series, Vol. 2. Edited by Philip Schaff. Buffalo(NY: Christian Literature Publishing Co., 1887). Revised and edited for New Advent by Kevin Knight. 아우구스티누스(조호연·김종흡 역), 『신국론』(서울: 현대지성사, 1997).

Bacon, Francis. *The New Organon*(1620). Edited by Lisa Jardine and Michael Silverthorne (Cambridge: Cambridge University Press, 2000).

_____. *The New Atlantis* [1627]. Charles M. Andrews, *Ideal Empires and Republics*: *Rousseau's Social Contract, More's Utopia, Bacon's New Atlantis, Campanella's City of the Sun*(Washington·London: M. Walter Dunne, 1901). 프란시스 베이컨(김종갑 역), 『새로운 아틀란티스』(서울: 에코리브르, 2002).

_____. *The Advancement of Learning* [1605]. Edited by Joseph Devey(New York: Press of P. F. Collier & Son, 1901). 프란시스 베이컨(이종흡 역), 『학문의 진보』(서울:

아카넷, 2004).
_____. *Philosophical Works of Francis Bacon*, ed., by John M. Robertson(London: Routledge, 1905, 2013).
_____. *Sylva Sylvarum: Or a Natural Historie in Ten Centuries*(London: John Haviland Augistine Mathews, 1627).
Baudeau, Nicolas(Un Disciple de l'Ami des Hommes). *Premiere Introduction a la Philosophie Economique; ou Anaylse des Etats Policeés*(Paris: Didot l'aîiné Libraire- Imprimeur, Delalain & Lacombe Libraire, 1767·1771).
Bayle, Pierre. *Nouvelles de la Replique des Lettres. Oeuvres diverses de Mr. Pierre Bayle*, Vol. 1(La Haye: Chez P. Husseon et al., 1727).
_____. *Dictionnaire historique et critique*, in 16 volumes [2 vols., 1697; 4 vols., 1702](Paris: Desoer, Libraire, 1820); Pierre Bayle, *The Dictionary Historical ad Critical of Mr. Peter Bayle*, 5 vols.(London: Printed for D. Midwinter et al., 1737); Selected English translation by Richard Henry Popkin: *Historical and Critical Dictionary*(Indianapolis·Cambridge: Hackett Publishing Company, Inc., 1991)
_____. *The Dictionary Historical and Critical of Mr. Peter Bayle*, Vol. 4(London: Printed for D. Midwinter etal., 1734).
_____. *Political Writings. Extracts from Pierre Bayle, Historical and Critical Dictionary*(Cambridge: Cambridge University Press, 2000).
_____. *Pensées diverses sur la comète*(1682·1683·1704). Pierre Bayle, *Various Thoughts on the Occasion of a Comet*(Albany: State University of New York Press, 2000).
_____. *A Philosophical Commentary on These Words of the Gospel, Luke 14.23, "Compel Them to Come In, That My House May Be Full"* [1686·1687·1688](Indianapolis: Liberty Fund, 2005).
_____. *Continuation des Pensées diverses, Ecrites à un Docteur de Sorbonne, à l'occasion de la Comte qui parut au mois de Decembre 1680; Ou Reponse à plusieurs dificultez que Monsieur a proposées à l'Auteur*, vol.1 in 2 vols.(Rotterdam: Reiner Leers, 1705).
_____. *Réponse aux Questions d'une Provincial*, Troisiéme Partie. *Oeuvres Diverrses de Mr. Pierre Bayle*, Vol. 3 in 6 Volumes.(La Haye: Par La Compagnie des Libraires, 1737).
Bellarmine, Robert. *De Laicis or The Treatise on Civil Government* [1581-1593]. Translated by Kathleen E. Murphy(New York: Fordham University Press, 1928).
Bentham, Jeremy. *Panopticon or the Inspection House. The Works of Jeremy Bentham.*

Vol. 4. Reproduction from the Bowering Edition of 1921(New York: Russell & Russell, 1962).

_____. *An Essay on Political Tactics. The Works of Jeremy Bentham.* Vol. 2. Reproduction from the Bowering Edition of 1921(New York: Russell & Russell, 1962).

Berkeley, George. *Alciphron, or The Minute Philosopher - Containing An Apology for the Christian Religion, against those who are called Free-Thinkers* [1732](London: Printed for J. and R. Tonson and Draper, 1752).

Bernier, François. "Introduction à la lecture de Confucius, Extrait de diverses pièces envoyées pour étrennes par M. Bernier à Madame de la Sablières". *Journal des Sçavans*(7 juin 1688) [pages 25-40].

Bodin, Jean. *On Sovereignty: Four Chapters from The Six Books of the Commonwealth*(1576). Edited and translated by Julian H. Franklin (Cambridge·New York·Port Chester·Melbourne·Sydney: Cambridge University Press, 1992).

_____. *The Six Books of the Commonwealth*, abridged and translated by M. J. Tooley(Oxford: Basil Blackwell, 1955).

Bouvet, Joachim. *Histoire de l'empereur de la Chine*(La Haye: Chez Meyndert Uytwerf, 1699). 영역본: *The History of Cang-Hy, the Present Emperour of China*(London: Printed for F. Coggan, 1699).

Buchanan, George. *The Powers of the Crown in Scotland.* Translated and introduced by Charles Flinn Arrowood(Austin: The University of Texas Press, 1949).

Burton, Robert. *The Anatomy of Melancholy*(New York: Tudor Publishing Company, 1948).

Campanella, Tommaso. *City of the Sun* [1602]. Charles M. Andrews, *Ideal Empires and Republics: Rousseau's Social Contract, More's Utopia, Bacon's New Atlantis, Campanella's City of the Sun*(Washington·London: M. Walter Dunne, 1901).

Condorcet. *Entwurf einer historischen Darstellung der Fortschritte des menschlichen Geistes* [1793](Frankfurt am Main: Suhrkamp, 1976).

Cumberland, Richard. *De Legibus Naturae Disquistio Philosophica.* 영역본: *A Philosophical Inquiry into the Laws of Nature.* Richard Cumberland, *A Treatise of the Laws of Nature*, translated with Introduction and Appendix, by John Maxwell(London: K. Knapton, 1727). Republished, edited and with a Foreword by Jon Parkin(Indianapolis: Liberty Fund, 2005).

Dapper, Olfert. *Atlas Chinensis*, translated by Iohn Ogilby(London: Printed by The. Iohnson for the Author, 1671). [Ogilby가 저자를 Montanus Arnoldus로 오기].

d'Argenson, Le Marquis.(Anonym). *Lettres chinoises ou Correspondance philosophique, historique et critique*(La Haye: Chez Pierre Paupie, 1739).
_____. *Mémoires et Journal inédit du Marquis d'Argenson*, Tome IV(Paris: Chez P. Jannet, Libraire, 1858).
_____. *Considérations sur gouvernement ancien et présent de la France*(Amsterdam: M. M. Rey, 1764/1784).
d'Alembert, Jean Le Rond, Denis Diderot u.a., *Enzyklopädie* (Frankfurt am Main: Fischer Verlag, 1989).
de Marsy, François Marie. *Histoire Moderne des Chinois, des Indiens, des Persans, ds Turcs, des Russiens & des Américaims*, T.1(Paris: Chez Saillant & Nyon [⋯], 1754).
Defoe, Daniel. *Giving alms no charity, and employing the poor a grievance to the nation*(London: Printed and Sold by the Booksellers of London and Westminster, 1704).
_____. *The Consolidator* [1705]). The Project Gutenberg eBook(검색일: 2017년 6월 1일).
_____. *An Vindication of the Press" or An Essay on the Usefulness, on Criticism, and the Qualification of Authors*(London: Printed for T. Warner 1718).
_____. *The Life and Strange Surprizing Adventures of Robinson Crusoe, of York, Mariner*(London: Printed for W. Taylor, 1719).
_____. *The Farther Adventures of Robinson Crusoe, Being the Second and Lat Part of His Life*(London: Printed for W. Taylor, 1719).
_____. *Serious Reflections during the Life and Surprising Adventures of Robinson Crusoe: With his Vision of the Angelick World*(London: Printed for Taylor, 1720).
_____. The Complete English Tradesman, in Familiar Letters(London: Printed for Charles Rivington at the Bible and Crown in St. Paul's Church-yard, 1726).
_____. *Advantages of Peace and Commerce*(London: Printed for J. Brotherton and Tho. Cox, 1729),
d'Holbach, Paul Henri Thiry(Ancien Magistrat). *La Politique naturelle, ou Discours sur les vrais principles du gouverement*, Tome premier et second(Londres: 1773).
Diderot Denis, et Jean le Rond d'Alembert(ed.), *Encyclopédie ou Dictionnaire raisonné des sciences, des arts et des métiers*(Paris: Chez Braison etal., 1751-1772). Online. ARTFL Encyclopédie Project.
Du Halde, Jean-Baptiste. *Description géographique, historique, chronologique, politique,*

et physique de l'empire de la Chine et de la Tartarie chinoise, enrichie des cartes generales et particulieres de ces pays, de la carte generale et des cartes particulieres du Thibet, & de la Corée(Paris: A la Haye, chez Henri Scheurleer, 1735). 영역본: P. Du Halde. *The General History of China - Containing A Geographical, Historical, Chronological, Political and Physical Description of the Empire of China, Chinese-Tatary, Corea and Thibet*(Paris: 1735), Vol. 4 in four Volumes, translated by Brookes(London: Printed by and for John Watts at the Printing-Office in Wild Court near Lincoln's Inn Fields, 1736). 독역본: Johann Baptista du Halde, *Ausführliche Beschreibungen des Chnesischen Reichs und der grossen Tartary*, 4 Teile(Rostock: Johann Christian Roppe, 1749).

Eckeberg, Charles Gustavus. "A Short Account of the Chinese Husbandry". Peter Osbeck, *A Voyage to China and East Indies, Together with A Voyage to Suratte, by Olofe Toren, and An Account of the Chinese Husbandry by Captain Charles Gustavus Eckeberg*, Vol. II(London: Benjamin White, 1771).

Engels, Friedrich. "England 1845 und 1885". *Marx Engels Werke*(*MEW*), Bd. 21(Berlin: Dietz, 1979·1981).

_____. "Zur Wohnungsfrage". *Marx Engels Werke*(*MEW*), Bd. 18(Berlin: Dietz, 1979·1981).

_____. *Der Ursprung des Familie, des Privateigentums und des Staats. Im Anschluß an Lewis H. Morgens Forschungen* [1884], *Marx Engels Werke*(이하: *MEW*), Bd. 21(Berlin: Dietz, 1979), 167쪽.

Escalant, Bernardino de. *A Discourse of the Navigation which the Portugales doe Make to the Realmes and Provinces of the East Partes of the Worlde, and of the Knowledge that growes by them of the Great Thinges, which are in the Dominion of China* [1577], translated out of Spanish into English(London: Imprinted by Thomas Dawson, 1579).

Faßmann, David. *Der, auf Ordre und Kosten seines Kayers, reisende Chineser*, 4 Bde.(Leipzig: bey denen Körnerischen Erben, unter Herren Joh. Schwabens Haus; verlegts Woffgang Deer, 1721-1733).

Fénelon, François. *Dialogues des Morts* [1683]. Mediterranee.net[검색일: 2017년 5월 16일]. 영역본: Archbishop of Cambray(F. Fénelon), *Dialogues of the Dead*(London: Printed for D. Browne, 1760[4. ed.]).

_____. *Staats-Roman, welcher unter der denkwürdigen Lebens-Beschreibung Telemachi Königl. Printzens aus Ithaca, und Sohns des Ulyssis vorstellet, wie die Königl. und Fürstlichen Printzen vermittelst eines anmuthigen Weges zur Staats-Kunst*

und Sitten-Lehre anzuführen(Breslau: Chr. Bauch, 1700).
Ferguson, Donald.(ed.) *Letters from Portuguese captives in Canton*, written in 1534 & 1536(Bombay: Educ. Steam Press, 1902).
Filmer, Sir Robert. *Patriarcha; or the Natural Power of Kings*(London, Printed for Ric. Chiswell in St. Paul's Church-Yard, Matthew Gillyflower and William Henchman in Westminster Hall, 1680).
_____. *Observations concerning the original and various forms of government as described, viz. 1st. Upon Aristotles politiques. 2d. Mr. Hobbs's Laviathan. 3d. Mr. Milton against Salmatius. 4th. Hugo Grotius De jure bello. 5th. Mr. Hunton's Treatise of monarchy, or the nature of a limited or mixed monarchy* [1653](London: Printed for R.R.C. and are to be sold by Thomas Axe, 1696).
Friedrich II(Anonym), *Anti-Machiavel ou Essai de Critique dur le Prince de Machiavel*, Publie' par Mr. de Voltaire(a Bruxelle, Chez R. Francois Foppens, M. DCC. XL[1740]). 1741년 암스테르담 본: Anonym(Friedrich II), *Anti-Machiavel ou Essai de Critique dur le Prince de Machiavel*, Publie' par Mr. de Voltaire(Amsterdam, Chez Jaques La Caze, M. DCC. XLI[1741]). 영역본: King of Prussia Frederick II, *Anti-Machiavel: or an Examination of Machiavel's Prince*, published by Mr. de Voltaire, translated from the French(London: Printed for T. Woodward, at the Half-Moon, between the Two Temple Gates, Fleet-street, MDCCLI[1741]). 독역본: *Anti-Machiavel, oder Versuch einer Kritik über Nic. Machiavels Regierungskunst eines Fürsten*, nach des Herrn von Voltaire Ausgabe ins Deutsche übersetzte; wobei aber die verschiedenen Lesarten und Abweichungen der ersten Haagischen und aller andern Auflagen angefüget worden(Frankfurt und Leipzig, 1745).
_____. Friedrich II, *Politisches Testament des Friedrichs des Großen*(1752년 초본, 1768년 손질본), 3쪽. *Deutsche Geschichte in Dokumenten und Bildern*, Bd. 2. *Vom Absolutismus bis zu Napoleon 1648-1815*.
(http:/germanhistorischdocs.ghi_dc.org/pdf/deu/4-PrussianMonarchy_Doc.8-German.pdf - 최종검색일: 2015. 6. 16.).
(Anonym). *Relation de Phihihu, Émissaire de l'Empereur de la Chine en Europe traduit du Chinois*(Cologne: Chez Pierre Marteau, 1760).
Goldsmith, Oliver(Anonyme). *The Citizen of the World or Letters from a Chinese philosopher, residing in London, to his friends in the East*, Vol. 1-2 [London: 1762; Amsterdam, 1763](Bungay: J. And R. Childs, 1794·1809·1820).
Goudar, Ange. *L'Espion chinois, ou L'Envoyé Secret de la Cour de Péking*, Tome

premier(Cologne: 1764·1774).

Grimm et de Diderot. Correspondence littéraire, philosophique et critique de Grimm et de Diderot, depuis 1753 jusque'en 1790, Tome VII(Paris: Chez Furne, Libraire, 1829).

Haller, Albrecht von (Der Verfasser des Versuches Schweizerischer Gedichte). *Usong - Eine Morgenländische Geschichte*(Bern: Verlag der neuen Buchhandlung, 1771).

_____. *Usong - Eine Morgenläldisch Geschichte*(Carlsruhe: Bei Christian Gottlieb Schmieder, 1778).

_____. "Vorrede". Jean Pierre de Crousaz, *Prüfung der Secte die an allem zweifelt*(Göttingen: Verlegts Abram Vandenhoecks seel. Wittwe, 1751).

Hamilton, Alexander, James Madison and John Jay. *The Federalist Papers*(1788). Introduction and Notes by Charles R. Kesler. Edited by Clinton Rossiter(New York·London: New America Library, 1961·1999).

Harrington, James. *The Commonwealth of Ocean*(1656). James Harrington. *The Commonwealth of Ocean and A System of Politics*. Edited by J. G. A. Pocock(Cambridge·New York: Cambridge University Press, 1992·2008).

Helvétius, C. A.(Anonym). *De l'esprit*(Paris: Chez Durand, Libraire, 1763). 영역본: C. A. Helvetius, *De l'esprit, or On the Mind, and its Several Faculties*(London: Published by M. Jones, 1807).

Hegel, Georg W. F.. *Grundlinien der Philosophie des Rechts. G. W. F. Hegel Werke* Bd. 7 in 20 Bänden(Frankfurt am Main: Suhrkamp, 1970).

_____. *Phänomenologie des Geistes. Hegel Werke* Bd. 3(Frankfurt am Main: Suhrkamp, 1986).

Herodotus. *The Histories*. Translated by Aubrey de Selincourt. Revised with Introduction and Notes by John Marincola(London·New York: Penguin Books, 2003).

Heylyn, Peter. *Cosmographie: Containing the Chorographie and Historie of the Whole World, and all the Principall Kingdomes, Provinces, Seas and Isles thereof*(London: Printed for Henry Seile, 1652).

Hirschfeld, Christian C. L.. *Theorie der Gartenkunst,* Bd.1(Leipzig: bey M. S. Weidmanns Erben und Reich, 1779).

Hobbes, Thomas. *Leviathan or The Matter, Form, and Power of a Commonwealth Ecclesiastical and Civil*. In: *The Collected Works of Thomas Hobbes*. Vol. III. Part I and II. Collected and Edited by Sir William Molesworth(London: Routledge/

Thoemmes Press, 1992). 독역본: *Leviathan Oder Stoff, Form und Gewalt eines kirchlichen und bürgerlichen Staates.* Herausgegeben und eingeleitet von Iring Fetcher. Übersetzt von W. Euchner(Frankfurt am Main: Suhrkamp, 1981).

_____. *Philosophical Rudiments Concerning Government and Society*(*De Cive*) [1641·English ed. 1651]. *The Collected Works of Thomas Hobbes*, Vol. II(London: Routledge/Thoemmes Press, 1992).

Hooker, Richard. *Of the Laws of Ecclesiastical Polity* [1594-1597], Three Volumes(Oxford, At the Clarendon Press, 1888).

Hutcheson, Francis. *An Inquiry into the Original of Our Ideas of Beauty and Virtue*(1725). In: *Two Treatises.* Edited by Wolfgang Leidhold. Indianapolis: Liberty Fund, 2004.(http://oll.libertyfund.org/title/858. 최종검색일: 2010. 11. 13.)

_____. *An Essay on the Nature and Conduct of the Passions and Affections, with Illustrations on the Moral Sense*(1728). Edited by Aaron Garrett. Indianapolis: Liberty Fund, 2002.(http://oll.libertyfund.org /title/885. 최종검색일: 2010. 11. 13.)

Hume, David. *A Treatise of Human Nature: Being an Attempt to Introduce the Experimental Method of Reasoning into Moral Subjects*(1739-40). Edited by David Fate Norton and Mary J. Norton, with Editor's Introduction by David Fate Norton(Oxford·New York·Melbourne etc.: Oxford University Press, 2001 1st Edition, 2007 9th Press).

_____. "Appendix". David Hume, *A Treatise of Human Nature*(Oxford·New York.: Oxford University Press, 2001·2007).

_____. "An Abstract of a Book lately Published, entitled *A Treatise of Human Nature*." In: David Hume, *A Treatise of Human Nature.* Edited by David Fate Norton and Mary J. Norton(Oxford·New York·Melbourne etc.: Oxford University Press, 2001 1st Edition, 2007 9th Press).

_____. *An Enquiry concerning the Principles of Morals*(1751), ed. by Tom L. Beauchamp(Oxford·New York: Oxford University Press, 1998·2010). 다른 버전: *An Inquiry Concerning the Principles of Morals*(1751). Edited with an introduction by Charles W. Hendel(Indianapolis: The Liberal Arts Press, 1957 first edition, 1978 13th printing). 독역본: *Eine Untersuchung über die Prinzipien der Moral.* Übersetzt und herausgegeben von Gerhart Streminger(Stuttgart: Philipp Reclam Jus., 1984).

_____. "Of the First Principles of Government"(1741). David Hume, *Political Essays.* Edited by Knud Haakonssen.(Cambridge·New York·Melbourne: Cambridge University Press, first Published 1994. Fifth printing 2006).

_____. "Of Civil Liberty"(1741). David Hume, *Political Essays*. Edited by Knud Haakonssen(Cambridge·New York·Melbourne: Cambridge University Press, first Published 1994. Fifth printing 2006).

_____. "Whether the British government inclines more to absolute monarchy, or to a republic"(1741). David Hume, *Political Essays*. Edited by Knud Haakonssen(Cambridge·New York·Melbourne: Cambridge University Press, first Published 1994. Fifth printing 2006).

_____. "Superstition and Enthusiasm"(1741). David Hume, *Political Essays*. Edited by Knud Haakonssen(Cambridge·New York·Melbourne: Cambridge University Press, first Published 1994. Fifth printing 2006).

_____. "Of the Rise and Progress of the Arts and Science"(1742). David Hume, *Political Essays*. Edited by Knud Haakonssen(Cambridge·New York ·Melbourne: Cambridge University Press, first Published 1994. Fifth printing 2006).

_____. *An Enquiry concerning Human Understanding*(1748). David Hume, *An Enquiry concerning Human Understanding and Other Writings*. Edited by Stephen Buckle(Cambridge·New York·Melbourne: Cambridge University Press, 2007).

_____. "Of National Characters"(1748). David Hume, *Political Essays*. Edited by Knud Haakonssen.(Cambridge·New York·Melbourne: Cambridge University Press, first Published 1994. Fifth printing 2006).

_____. "Of the Original Contract"(1748). David Hume, *Political Essays*. Edited by Knud Haakonssen(Cambridge·New York·Melbourne: Cambridge University Press, first Published 1994. Fifth printing 2006).

_____. "Of Self-Love." Appendix II. David Hume, *An Inquiry concerning the Principles of Moral*(1751). Edited. by Charles W. Hendel(Indianapolis: The Liberal Arts, 1978).

_____. "Of Commerce"(1752). David Hume, *Political Essays*. Edited by Knud Haakonssen(Cambridge·New York·Melbourne: Cambridge University Press, first Published 1994. Fifth printing 2006).

_____. "Idea of a Perfect Commonwealth"(1752). David Hume, *Political Essays*. Edited by Knud Haakonssen(Cambridge·New York·Melbourne: Cambridge University Press, first Published 1994. Fifth printing 2006).

_____. "Thumbnail Biographies" from *History of England* VI. David Hume, *An Enquiry concerning Human Understanding and Other Writings*. Edited by Stephen Buckle(Cambridge·New York·Melbourne: Cambridge University Press, 2007).

_____. "Of the Origin of Government"(1777). David Hume, *Political Essays*. Edited

by Knud Haakonssen(Cambridge·New York·Melbourne: Cambridge University Press, first Published 1994. Fifth printing 2006).
_____. "The Sceptic." David Hume, *An Enquiry concerning Human Under- standing and Other Writings*. Edited by Stephen Buckle(Cambridge·New York·Melbourne: Cambridge University Press, 2007).
_____. "My own Life". David Hume, *An Enquiry concerning Human Understanding and Other Writings*(Cambridge·New York·Melbourne: Cambridge University Press, 2007).
_____. "Concerning Moral Sentiment". Appendix I. David Hume, *An Enquiry concerning the Principles of Morals*(1751), edited by Tom L. Beauchamp(Oxford·New York: Oxford University Press, 1998·2010).
_____. *The History of England. From the Invasion of Julius Caesar to the Revolution in 1688*, vol. 6 in six volumes(New York: Liberty Fund Inc., 1778·1983).
_____. *The Natural History of Religion* [1757](London: A. and H. Bradlaugh Bonner, not-dated[1779]), 17쪽. 국역본: 데이비드 흄(이태하 역), 『종교의 자연사』(서울: 아카넷, 2004).
Hutcheson, Francis. *An Inquiry into the Original of Our Ideas of Beauty and Virtue; In Two Treatises*(London: Printed for J. and J. Knapton et al., 1726·1729).
_____. *An Essay on the Nature and Conduct of the Passions and Affections, with Illustrations on the Moral Sense* [1728](Indianapolis: Liberty Fund, 2002).
Intorcetta, Prospero, Philippe Couplet, Christian Herdtrich, Francois Rougmont, *Confucius Sinarum Philosophus, sive Scientia Sinensis*(Parisiis: Apud Danielem Horthemels, viâ Jacobæâ, sub Mæcente, 1687). 불역본: Jean de Labrune, Louis Cousin & Simon Foucher(trans.), *La morale de Confucius, philosophe de la Chine*(Amsterdam: Chez Pierre Savouret, dans le Kalver-straat, 1688). 영역본: *The Morals of Confucius, a Chinese Philosopher*(London: Printed for Randal Taylor, 1691; second edition, Printed for F. Fayram, 1724).
Jacobi, Friedrich H.. *David Hume über den Glauben oder Idealismus und Realismus*(Breslau: bey Gottl. Loewe, 1787).
Jefferson, Thomas. *A Summary View of the Rights of British America*(Williamsburg: Printed by Clementina Rind, 1774).
_____. "Letter to John Adams(from Monticello August 15. 1820)." Merrill D. Peterson(ed.), *Thomas Jefferson: Writings*(New York: Library of America, 1994).
Justi, Johann H. G.. "Die Notwendigkeit einer genauen Belohnung und Bestrafung der Bedienten eines Staats". Johann H. G. Justi, *Gesammelte politische und*

　　　　　Finanzschriften über wichtige Gegestände der Staatskunst, der Kriegswissenschaft und des Cameral - und Finanzwesens, Bd.1(Koppenhagen und Leibzig: Auf Kosten der Rorhenschen Buchhandlung, 1761).

_____. "Vortreffliche Einrichtung der Sineser, in Ansehung der Belohnung und Bestrafung vor die Staatsbedienten". Johann H. G. Justi, *Gesammelte politische und Finanzschriften über wichtige Gegestände der Staatskunst, der Kriegswissenschaft und des Cameral - und Finanzwesens*, Bd.1(Koppenhagen und Leibzig: Auf Kosten der Rorhenschen Buchhandlung, 1761).

_____. *Abhandlung von den Mittel, die Erkenntnis in den Oeconimischen und Cameral-Wissenschten dem gemweinen Wesen recht nützlich zu machen*(Göttingen: Verlag nicht angezeigt, 1755).

_____. *Staatswirtschaft oder Systematische Abhandlung aller Oeconomischen und Cameral-Wissenschaften*, 1. Teil von zwei Teilen(Leipzig: Verlags Bernhard Christoph Breitkopf, 1755).

_____. *Grundsätze der Policeywissenscht in einem vernünftigen, auf den Endzweck der Policey gegründeten, Zusammenhange*(Göttingen: Verlag der Wittwe Vandenhoek, 1756·1759·1782).

_____. *Die Grundfeste zu der Macht und Glückseligkeit der Staaten, oder ausführliche Vorstellung der gesamten Policey-Wissenscht*, erster Band(Königsberg und Leipzig: Johann H. Hartungs Erben, 1760), zweiter Band(Königsberg und Leipzig: Verlag seel. Gebhard Ludewig Woltersdorfs Witwe, 1761).

_____. *Vergleichungen der Europäischen mit den Asiatischen und anderen, vermeintlichen Barbarischen Regierungen*(Berlin/Stetten/Leipzig: Johann Heunrich Rüdiger Verlag, 1762).

_____. *Natur und Wesen der Staaten als die Quelle aller Regierungswissenschaften unf Gesetze(*Mitau: Bei W. A. Steidel und Companie, 1771).

Kant, Immanuel. *Kritik der reinen Vernunft*(1781·1787). *Kant Werke*, Band 3·4, Erster und Zweiter Teil. Herausgegeben von Wilhelm Weischedel(Darmstadt: Wissenschaftliche Buchgesellschaft, 1983).

_____. *Kritik der praktischen Vernunft* [1788]. *Kant Werke*, Bd. 6, Erster Teil(Darmstadt: Wissenschaftliche Buchgesellschaft, 1983).

_____. *Prolegomena zu einer jeden künftigen Metaphysik, die als Wissenschaft wird auftreten können*(1783). *Kant Werke*, Bd. 5. Herausgegeben von Wilhelm Weischedel(Darmstadt: Wissenschaftliche Buchgesellschaft, 1983).

_____. *Idee zu einer allgemeinen Geschichte in weltbürgerlicher Absicht*(1784). Kant

Werke, Bd. 9, Teil 1(Darmstadt: Wissenschaftliche Buchgesellschaft, 1983).
_____. *Beantwortung der Frage: Was ist Aufklärung*(1784). *Kant Werke*, Bd. 9, Teil 1(Darmstadt: Wissenschaftliche Buchgesellschaft, 1983).
_____. *Über den Gemeinspruch: Das mag in der Theorie richtig sein taugt aber nicht für die Praxis* [1793]. *Kant Werke*, Bd. 9, Teil 1(Darmstadt: Wissen- schaftliche Buchgesellschaft, 1983).
_____. *Zum ewigen Frieden* [1795]. *Kant Werke*, Bd. 9, Teil 1(Darmstadt: Wissenschaftliche Buchgesellschaft, 1983).
_____. *Metaphysische Anfangsgründe der Tugendlehre.* Kant, *Die Metaphysik der Sitten* [1797], Zwieter Teil. *Kant Werke*, Bd. 7, *Schriften zur Ethik und Religionsphilosophie*, Zweiter Teil, (Darmstadt: Wissenschaftliche Buchgesellschaft, 1983)
_____. *Anthropologie in pragmatischer Hinsicht* [1798]. *Kant Werke*, Bd. 10(Darmstadt: Wissenschaftliche Buchgesellschaft, 1983).
Laertius, Diogenes. *The Lives and Opinions of Eminent Philosophers*(1853)(Davers, MA: General Books LLC, 2009).
La Loubère, Simon de. *Du Royaume de Siam*, two volumes(Paris: Chez La Veuve de Jean Baptiste Coignard; Amsterdam: Chez Abraham Wolfgang, 1691). 또는 *Description du Royaume de Siam*, two volumes(Paris: Chez Henry & la Veuve de Theodore Boon, 1700). 영역본: Monsieur de La Loubere, *A New Historical Relation of the Kingdom of Siam*, in Two Tomes(London: Printed by F. L. for Tho. Horne, 1693).
La Mothe le Vayer, François de. *De La vertu des payens*(Paris: Chez François Targa, 1642).
Leibniz, Gottfried Wilhelm. *Discourse on Metaphysics*(1686). *Gottfried W. Leibniz, Discourse on Metaphysics, Correspondence with Arnauld, and Monadology.* With an Introduction by Paul Janet. Translated from the Original by George R. Montgomery(Chicago: The Open Court Publishing Company, 1902).
_____. *New System of the Nature and Communications of Substances*(1695). 라이프니츠, 「자연, 실체들의 교통 및 영혼과 육체 사이의 결합에 관한 새로운 체계」, 라이프니츠(윤선구 역), 『형이상학 논고』(서울: 아카넷, 2010).
_____. *Novissima Sinica - Das neueste von China*(1697). Hg. von Heinz-Günther Neseelrath u. Hermann Reinbothe(Köln: 1979).
_____. *Novissima Sinica.* Gottfried W. Leibniz, *Writings on China.* Translated with an Introduction, Notes, and Commentaries by Daniel J. Cook and Henry Rosemont,

Jr.(Chicago·LaSalle: Open Court Publishing Company, 1994).
_____. *New Essays on Human Understanding* [1705]. Translated and edited by Peter Remnant and Jonathan Bennett(Cambridge·New York·Sydney: Cambridge University Press, 1981).
_____. *The Monadology* [1714]. Gottfried Wilhelm Leibniz, *Discourse on Metaphysics, Correspondence with Arnauld, and Monadology*. With an Introduction by Paul Janet. Translated from the Original by George R. Montgomery(Chicago: The Open Court Publishing Company, 1902).
_____. *Principes de la nature et de la grâce fondés en raison* [1714]. 라이프니츠, 「자연과 은총의 이성적 원리」. 라이프니츠(윤선구 역), 『형이상학 논고』(서울: 아카넷, 2010). 「이성에 근거한 자연과 은총의 원리」, 배선복 역, 『모나드론 외』(서울: 책세상, 2007).
_____. *Writings on China*. Edition, introduction and translation by D. J. Cook and H. Rosemont(La Salle, Ill.: Open Court, 1994).
_____. *Notes on Social Life*. Gottlieb W. Leibniz, *Political Writings*. Translated and edited with an Introduction and Notes by Patrick Riley(Cambridge: Cambridge University Press, 1st ed. 1972, 2th ed. 1988, reprint 2006).
_____. *On Natural Law*. Gottfried W. Leibniz, *Political Writings*. Translated and edited with an Introduction and Notes by Patrick Riley(Cambridge: Cambridge University Press, 1st ed. 1972, 2th ed. 1988, reprint 2006).
_____. *Feilicity*. Gottfried W. Leibniz, *Political Writings*. Translated and edited with an Introduction and Notes by Patrick Riley(Cambridge: Cambridge University Press, 1st ed. 1972, 2th ed. 1988, reprint 2006).
_____. "Leibniz an Claudio Filippo Grimaldi"(19. Juli 1689; 21?. März 1692). Gottfried W. Leibniz, *Novissima Sinica - Das Neueste von China*(1697). Hg. von Heinz-Günther Neseelrath u. Hermann Reinbothe(Köln: Deutsche China-Gesellschaft, 1979).
_____. "Leibniz an Gottlieb Spitzel"(19. Juli 1689). Gottfried W. Leibniz, *Novissima Sinica - Das Neueste von China*(1697). Hg. von Neseelrath und Reinbothe(Köln: Deutsche China-Gesellschaft, 1979).
_____. "On the Civil Cult of Confucius." Gottfried W. Leibniz, *Writings on China*. Translated, with an Introduction, Notes, and Commentaries by Daniel J. Cook and Henry Rosemont, Jr.(Chicago·LaSalle: Open Court Publishing Company, 1994).
_____. "Remarks on Chinese Rites and Religion"(1708). Gottfried W. Leibniz, *Writings*

on China. Translated, with an Introduction, Notes, and Commentaries by Daniel J. Cook and Henry Rosemont, Jr.(Chicago·LaSalle: Open Court Publishing Company, 1994).

_____. "Discourse on the Natural Theology of the Chinese"(1716). Gottfried Wilhelm Leibniz, Writings on China. Translated, with an Introduction, Notes, and Commentaries by Daniel J. Cook and Henry Rosemont, Jr.(Chicago ·LaSalle: Open Court Publishing Company, 1994). 라이프니츠, 「중국인의 자연신학론」, 라이프니츠(이동희 편역), 『라이프니츠가 만난 중국』(서울: 이학사, 2003).

_____. "Explication de l'Arithmétique Binaire, qui se sert des seuls caractères 0 et 1, avec des remarques sur son utilité, et sur ce qu'elle donne le sens des anciennes figures chinoises de Fohy." Gottfried Wilhelm Leibniz, Mathemathische Schriften, vol 7, No. 21(Hildesheim, 1971). 라이프니츠, 「0과 1만을 사용하는 이진법 산술에 대한 해설」, 라이프니츠(이동희 편역), 『라이프니츠가 만난 중국』(서울: 이학사, 2003).

_____. "Judgment of the Works of the Earl of Shaftesbury". Leibniz, Political Writings. Translated and edited with an Introduction and Notes by Patrick Riley(Cambridge: Cambridge University Press, 1st ed. 1972, 2th ed. 1988, reprint 2006).

_____. "The Portrait of the Prince". Leibniz, Political Writings, translated and edited with an Introduction and Notes by Patrick Riley(Cambridge: Cambridge University Press, 1st ed. 1972, 2th ed. 1988, reprint 2006).

_____. "Meditation on the Common Concept of Justice" [c. 1702-1703]. Leibniz, Political Writings, translated and edited with an Introduction and Notes by Patrick Riley(Cambridge: Cambridge University Press, 1st ed. 1972, 2th ed. 1988, reprint 2006).

_____. "Manifesto for the Defence of the Rights of Charles III" [1703]. Leibniz, Political Writings, translated and edited with an Introduction and Notes by Patrick Riley(Cambridge: Cambridge University Press, 1st ed. 1972, 2th ed. 1988, reprint 2006).

_____. "Excerpt from Three Letters to Thomas Burnett". Leibniz, Political Writings, translated and edited with an Introduction and Notes by Patrick Riley(Cambridge: Cambridge University Press, 1st ed. 1972, 2th ed. 1988, reprint 2006).

_____. "Codex Iuris Gentium". Leibniz, Political Writings(Cambridge:L Cambridge University Press, 1971·2006).

_____. "Letter to the Abbé de St Pierre"(February 1715). Leibniz, Political Writings(Cambridge: Cambridge University Press, 1971·2006).

_____. "Observations on the Abbé de St Pierre's 'Project for Perpetual Peace'. Leibniz, *Political Writings*(Cambridge: Cambridge University Press, 1971·2006).

_____. *Der Briefwechsel mit den Jesuiten in China(1689-1714)*. Edited by Rita Widmaier and Malte-Rudolf Babin(Hamburg: Felix Meiner Verlag, 2006).

_____. *Leibniz und Landgraf Ernst von Hessen-Rheinfels – Ein ungedruckter Briefwechsel über religiöse und politische Gegenstände*, 2. Band, herausgegeben von Christoph von Rommel(Frankfurt am Main: Literarische Anstalt, 1847).

Le Comte, Louis. *Nouveaux mémoires sur l'état present de la Chine*(Paris, 1696). English translation: Louis Le Compte, *Memoirs and Observations made in a Late Journey through the Empire of China*(London: Printed for Benj. Tooke at the Middle Temple Gate, and Sam. Buckley at the Dolphin, 1697).

Leroy, Luis. *De la Vicissitude ou Variété des Choses en L'univers*(1575). 영역본: *Of the Interchangeable Course, or Variety of Things in the Whole World*. Translated into English by Robert Ashley(London: Printed by Charles Yetsweirt Esq., 1594).

Locke, John. "Of Ethic in General"(1686~8?). John Locke, *Political Essays*(Cambridge· New York: Cambridge University Press, 1997).

_____. *Two Treatises of Government* [1689]. Edited with an Introduction and Notes by Peter Laslett(Cambridge ·New York·Port Chester·Melbourne·Sydney: Cambridge University Press, 1960·2009).

_____. *An Essay concerning Human Understanding*, Part 1-2 [1689]. *The Works of John Locke*, Vol.1-2 in Nine Volumes(London: C. and J. Rivington and Partners, 1823·1824).

_____. "First and Second Tract on Government". John Locke, *Political Essays*, edited by Mark Goldie(Cambridge: Cambridge University Press, 1997·2006).

_____. *Four Letters concerning Toleration. The Works of John Locke* in Nine Volumes(London: Rivington, 1824 12th ed.). Vol. 5.(http://oll.libertyfund.org/title/764. 최종검색일: 2010. 11. 13.) 또는: *The Works of John Locke*, in ten volumes, vol. VI (London: 1823; Aalen, Germany: Reprinted by Scientia Verlag, 1963).

_____. *The Reasonableness of Christianity*(1695). *The Works of John Locke*, vol.6 in 9 Vols.(London: 1823; Aalen, Germany: Reprinted by Scientia Verlag, 1963).

_____. *Some Thoughts Concerning Education. The Works of John Locke*, vol. 9(London: Printed for Thomas Tegg, 1823; Aalen, Germany: Reprinted by Scientia Verlag, 1963).

_____. "Knowledge B"(1681). John Locke. *Political Essays*. Edited by Mark

Goldie(Cambridge·New York: Cambridge University Press, 1997).
_____. "An Essay on Toleration"[1667]. John Locke, *Political Essays*. Ed. by Mark Goldie(Cambridge: Cambridge University Press, 1997·2006, 6th printing).
_____. "An Essay on the Poor Law." Locke, *Political Essays*. Ed. by Mark Goldie(Cambridge: Cambridge University Press, 1997).
_____. John Locke, "The Fundamental Constitutions of Carolina" [1669]. John Locke, *Political Essays*, edited by Mark Goodie(Cambridge: Cambridge University Press, 1997).
Madison, James. "The Same Subject Continued"(Federalist Paper No. 19). In: Alexander Hamilton, James Madison, and John Jay. *The Federalist Papers*. Introduction and Notes by Charles R. Kesler. Edited by Clinton Rossiter(New York·London: New American Library, 1961/2003).
Magaillans, Gabriel. *A New History of China*(London: Printed for Thomas Newborough, 1688).
Malebranche, Nicolas(L'Auteur de *la Recherche de la Vérité*). *Entretien d'un philosophe chrétien et d'un philosophe chinois sur l'existence et la nature de Dieu*(Paris: Chez Michel David,1708). 영역본: Dominick A. Iorio(trans.), *Nicolas Malebranche: Dialogue between a Christian Philosopher and a Chinese Philosopher on the Existence and Nature of God*(Washington, D.C., University Press of America, 1980).
_____. *Avis touchant l'Entretien d'un philosophe chrétien avec un philosophe chinois*(Paris: Chez Michel David, 1708). 영역판: Dominick A. Iorio(trans.), *Advice to the Reader*. Iorio(trans.), *Nicolas Malebranche: Dialogue between a Christian Philosopher and a Chinese Philosopher on the Existence and Nature of God*(Washington, D.C., University Press of America, 1980).
Malthus, Thomas Robert. *An Essay on the Principle of Population*(London: J. Johnson, 1798, 1st edition). Accessed from http://oll.libertyfund.org/title/311 on 2013-04-02.
_____. *An Essay on the Principle of Population*(London: John Murray 1826, 6th edition), Book I, Chapter II. Accessed from http://oll.libertyfund.org/title/312 on 2013-04-02.
Mandeville, Bernard. *The Fable of the Bees or Private Vices, Publick Benefits* [1714·1723](Oxford: Claredon Press, 1924. Republished in 1988 by Liberty Fund, Inc.).
Marx, Karl. *Ökonomisch-philosophische Manuskripte*(1844). *Marx Engels Werke*(*MEW*).

Erster Teil des Ergänzungsband(1981) des Bd. 1-43 und Ergänzungsbände 1-2(Berlin: Dietz, 1979·1981).
_____. *Das Kapital I·II·III*. *MEW* Bd. 23-25(Berlin: Dietz Verlag, 1977).
_____. *Theorien über den Mehrwert*. *MEW*, Bd.26, Erster Teil(Berlin: Dietz Verlag, 1977).
_____. *Manifest der Kommunistischen Partei* [1848]. *MEW*, Bd. 4(Berlin: Dietz Verlag, 1977).
_____. "An Pawel Wassiliewitsch Annenkow"(28. Dezember 1846). *MEW* Bd. 27(Berlin: Dietz Verlag, 1976).
_____. *Der Achtzehnte Brumaire des Luis Bonaparte* [1852]. *MEW* Bd. 8(Berlin: Dietz Verlag, 1977).
_____. *Der Bürgerkrieg in Frankreich* [1871]. *MEW* Bd. 17(Berlin: Dietz Verlag, 1977).
Marco Polo(Ronald Latham, trans.), *The Travels of Marco Polo*(London: Penguin Books, 1958). 마르코 폴로(김호동 역주), 『동방견문록』(파주: 사계절, 2000·2017).
Marsilius of Padua, *The Defender of Peace*. Translated by Alan Gewirth(New York: Harper&Row, 1967).
Martini, Martino.(Martinus Martinius), *Sinicae Historiae, Decas Prima*(Amstelaedami: Apud Joannem Blaev, MDCLIX[1659]).
Maxwell, John. "Introductory Essay II: Concerning the Imperfectness of the Heathen Morality." Richard Cumberland, *A Treatise of the Laws of Nature*. Translated, with Introduction and Appendix, by John Maxwell(London: K. Knapton, 1727). Republished, edited and with a Foreword by Jon Parkin(Indianapolis: Liberty Fund, 2005).
_____. "Introduction". Richard Cumberland, *A Treatise of the Laws of Nature*. Translated, with Introduction and Appendix, by John Maxwell(London: K. Knapton, 1727). Republished, edited and with a Foreword by Jon Parkin(Indianapolis: Liberty Fund, 2005).
Mead, George H.. *Mind, Self, and Society*(Chicago·London: The University of Chicago Press, 1934·1974).
Melon, Jean François(Anonyme). *Essai politique sur le commerce*(장소 및 출판사 불명, 1736).
Mendoza, Juan Gonzáles de. *Historia de las cosas mas notables, ritos y costumbres del gran Reyno de la China*, 1-2권(Madrid & Bercelona, 1586; Medina del Campo, 1595; Antwerp, 1596). 영역본: Juan Gonzalez de Mendoza, *The History of the Great and Mighty Kingdom of China and The Situation Thereof*, the

      First and the Second Part. Translated by R. Parke(London: Printed for Edward White, 1588; Reprinted for the Hakluyt Society, edited by George T. Staunton, and with an Introduction by R. H. Major, 1853).

Milton, John. "Of Prelatical Episcopacy". *The Prose Works of John Milton*, vol.1 in 2 vols., edited by Rufus W. Griswold(Philadelphia: John W. Moore, 1847).

_____. *Areopagitica: a Speech for the Liberty of Unlicensed Printing, to the Parliament of England* [1644]. John Milton, *The Prose Works of John Milton*, vol. 1 in Two Volumes [1847](Philadelphia: John W. Moore, 1847).

_____. "Of Education" [1644]. John Milton, *The Prose Works of John Milton*, vol.1 in 2 vols., edited by Rufus W. Griswold(Philadelphia: John W. Moore, 1847).

_____. "Some Early Oratorical Performances(Prolusions)". *John Motion, Complete Poems and Major Works*, ed. by Meritt Y. Hughes(Indianapolis: Hackett, 1957, Reprint 2003).

_____. *A Brief History of Moscovia, and of Other Less Known Countries Lying Eastward of Russia as far as Cathay* [1629]. *The Prose Works of John Milton*, vol.1 in 2 vols., edited by Rufus W. Griswold(Philadelphia: John W. Moore, 1847).

_____. *The Tenure of Kings and Magistrates* [1649, 1650]. John Milton, *The Prose Works of John Milton*, vol. 1 in Two Volumes [1847](Philadelphia: John W. Moore, 1847).

_____. *ΕΙΚΟΝΟΚΛΑΣΤΗΣ*. John Milton, *The Prose Works of John Milton*, vol. 1 in Two Volumes [1847](Philadelphia: John W. Moore, 1847).

_____. *A Defence of the People of England, in Answer to Salmasius's Defence of the King* [1652], 42쪽. *The Prose Works of John Milton*, vol. 2(Philadelphia: Printed by King & Baird, 1847).

_____. *The Second Defence of the People of England, against an anonymous Libel, entitled, "The royal Blood crying to Heaven for Vengeance on the English Parricides"* [1654]. *The Prose Works of John Milton*, vol. 2 in Two Volumes [1847](Philadelphia: John W. Moore, 1847).

_____. *The Paradise Lost* [1667]. John Milton, *The Poetical Works of John Milton*. Edited after the original texts by the Rev. H. C. Beeching(Oxford: At the Clarendon Press, 1900).

_____. *The History of Britain. The Prose Works of John Milton*, vol.2 in 2 vols., edited by Rufus W. Griswold(Philadelphia: John W. Moore, 1847).

_____. *A Treatise of Civil Power in Ecclesiastical Causes. The Prose Works of John Milton*, vol.2 in 2 vols., edited by Rufus W. Griswold(Philadelphia: John W.

Moore, 1847).

_____. *Animadversion opon the Remonstrant's Defence against Smectymnuus* [1641]. *The Prose Works of John Milton*, vol.1 in 2 vols., edited by Rufus W. Griswold(Philadelphia: John W. Moore, 1847).

Montaigne, Michel E. de. *The Essays of Michael Lord of Montaigne*(London: Oxford University Press, 1906·1924).

_____. *The Complete Works of Michael de Montaigne*, ed. by W. Hazlitt(London: John Templeman, 1842).

Montesquieu. *The Spirit of the Laws*(1748). Translated and edited by Anne M. Cohler·Basia-Carolyn Miller·Harold Samuel Stone(Cambridge·New York etc.: Cambridge University Press, 1989·2008).

_____. *Persian Letters* [1721], trans. by M. Mauldon(Oxford: Oxford University Press, 2008).

More, Thomas, *Utopia*(1516). Edited by George M. Logan and Robert M. Adams. Revised by Ed. Edon(Cambridge: Cambridge University Press, 1989, seventh printing 2009).

Newton, Isaac. *Philosophiae Naturalis Principia Mathematica*(이하 *Principia*)(1687). *Mathematical Principles of Natural Philosophy and System of the World*(1729). Vol. I·II, trans. by A. Motte in 1729, revised, and supplied with an appendix, by F. Cajori(Berkeley·Los Angeles·London: University of California Press, 1934·1962).

Nietzsche, Friedrich. *Der griechische Staat*. In: *Kritische Studienausgabe* Bd. 1. Hg. von Giogrio Colli und Mazzino Montinari(Berlin·New York: Walter de Gruyter, 1988).

_____. *Menschliches, Allzumenschliches*. Erster Band(1878). Giorgio Colli und Mazzino Montarinari(Hg.). *Nietzsche Werke*. 2. Bd. v. IV. Abteilung(Berlin: Walter de Gruyter & Co, 1967).

_____. *Der Wanderer und sein Schatten*(1880). Giorgio Colli und Mazzino Montarinari(Hg.). *Nietzsche Werke*. 3. Bd. v. IV. Abteilung. *Menschliches, Allzumenschliches*. Zweiter Band(Berlin: Walter de Gruyter & Co, 1968).

_____. *Morgenröte. Gedanken über die moralischen Verurtheile*(1881). Nr. 272. Giorgio Colli und Mazzino Montarinari(Hg.). *Nietzsche Werke*. 1. Bd. v. V. Abteilung(Berlin: Walter de Gruyter & Co, 1968).

_____. *Nachgelassene Fragmente 1882-1884. Kritische Studienausgabe*. Bd. 10. Herausgegeben von Giogrio Colli und Mazzino Montinari(Berlin·New York:

Walter de Gruyter, 1988).

_____. *Also sprach Zarathustra. Ein Buch für Alle und Keinen*(1883-1885). Giorgio Colli und Mazzino Montarinari(Hg.). *Nietzsche Werke*. 1. Bd. v. VI. Abteilung(Berlin: Walter de Gruyter & Co, 1968).

_____. *Nachgelassene Fragmente. Frühjahr - Herbst 1884*. Giorgio Colli und Mazzino Montarinari(Hg.). *Nietzsche Werke*. 2. Bd. v. VII. Abteilung(Berlin: Walter de Gruyter & Co, 1968).

_____. *Nachgelassene Fragmente. Herbst 1884-Herbst 1885*. Giorgio Colli und Mazzino Montarinari(Hg.). *Nietzsche Werke*. 3. Bd. v. VIII. Abteilung(Berlin: Walter de Gruyter & Co, 1968).

_____. *Jenseits von Gut und Böse. Vorspiel einer Philosophie der Zukunft*(1886). Giorgio Colli und Mazzino Montarinari(Hg.). *Nietzsche Werke*. 2. Bd. v. VI. Abteilung(Berlin: Walter de Gruyter & Co, 1968).

_____. *Zur Geneologie der Moral. Eine Streitschrift*(1887). Giorgio Colli und Mazzino Montarinari(Hg.). *Nietzsche Werke*. 2. Bd. v. VI. Abteilung(Berlin: Walter de Gruyter & Co, 1968).

_____. *Nachgelassene Fragmente. Herbst 1887 bis März 1888*. Giorgio Colli und Mazzino Montarinari(Hg.). *Nietzsche Werke*. 2. Bd. v. VIII. Abteilung(Berlin: Walter de Gruyter & Co, 1968).

_____. *Der Antichrist. Fluch auf das Christenthum*(1888-1889). Giorgio Colli und Mazzino Montarinari(Hg.), *Nietzsche Werke*. 3. Bd. v. VI. Abteilung(Berlin: Walter de Gruyter & Co, 1968).

_____. *Götzen-Dämmerung. Wie man mit dem Hammer philosophirt*(1889). Giorgio Colli und Mazzino Montarinari(Hg.). *Nietzsche Werke*. 3. Bd. v. VI. Abteilung(Berlin: Walter de Gruyter & Co, 1968).

_____. *Ecce homo*(1889). Giorgio Colli und Mazzino Montarinari(Hg.). *Nietzsche Werke*. 3. Bd. v. VI. Abteilung. Berlin: Walter de Gruyter & Co, 1968.

_____. *Nachgelassene Fragmente Anfang 1888 bis Anfang Januar 1889*. Giorgio Colli und Mazzino Montarinari(Hg.). *Nietzsche Werke*. 3. Bd. v. VIII. Abteilung(Berlin: Walter de Gruyter & Co, 1968).

Osbeck, Peter. *A Voyage to China and East Indies, Together with A Voyage to Suratte, by Olofe Toren, and An Account of the Chinese Husbandry by Captain Charles Gustavus Eckeberg*, Vol. I-II(London: Benjamin White, 1771).

Paine, Thomas. *Common Sense*(1776). In: Thomas Paine. *Common Sense and Other Political Writings*. Edited with Introduction by Nelson F. Adkins(New York:

The Liberal Arts Press, 1953).
Pascal, Blaise. *Pensée*. Trans. by A. J. Krailsheimer(Harmondsworth: Penguin, 1966).
Pinto, Fernão Mendes. *Peregrinação de Fernão Mendes Pinto(*Lisbon: Pedro Crasbeeck, 1614). 이 책은 퍼채스의 책에 축약·영역되어 처음 영어권에 소개되었다. Samuel Purchas, *Hakluytus Posthumus, or Purchas his Pilgrimes*, vol.12 [1625], Reprint [1906], 20 volumes(Glasgow: Printed at the University of Glasgow Press, 1906), Chapter 2 "Observation of China and other Easterne Parts of the World, taken from Fernam Mendez Pinto his Peregrination"(59-141쪽). 이 책은 헨리 코건에 의해 1653년에 영어로 축약·번역되었다. *The Voyages and Adventures of Ferdinand Mendez Pinto, A Portugal: During his Travels*, translated by Henry Cogan(London: Printed by J. Macock, 1653). 'Cogan 영역본'은 1891년 다시 축약되어 발간되었다. *The Voyages and Adventures of Ferdinand Mendez Pinto, The Portuguese*, by a introduction by Arminius Vambery(London: T. Fisher Unwin, New York: Macmillan & Co. 1891). 이 발췌본은 1996년 코넬대학에 의해 리프린트되었다. 그러나 이 책의 정확한 영어 완역본은 레베카 카츠에 의해 1989년에야 이루어졌다. Fernão Mendes Pinto, *The travels of Mendes Pinto*, edited and translated by Rebecca D. Catz(Chicago & London: The University of Chicago Press, 1989).
Polo, Marco(Ronald Latham, trans.), *The Travels of Marco Polo*(London: Penguin Books, 1958). 마르코 폴로(김호동 역주), 『동방견문록』(파주: 사계절, 2000·2017)
Pope, Alexander, "On Laying out Gardens - Whimsical Form of Yews". *The Guardian*, Vol. III, corrected by A. Chalmers(London: Printed for F. C. and J. Rivington, 1817), No. 173(Tuesday, Sept. 29, 1713).
_____. *The Temple of Fame: A Vision*(London: Printed for Bernard Lintott, 1715).
Pufendorf, Samuel von. *Of the Law of Nature and Nations* [*De jure naturae et gentium*, 1672](London: Printed for J. Walthoe et al., 1729).
_____. *The Whole Duty of Man According to the Law of Nature* [*De officio hominis er civis juxta legem naturem*, 1673](Indianapolis: Liberty Fund, 2003).
Purchas, Samuel. *Purchas, his Pilgrimage. Or Relations of the World and the Religions observed in all Ages and Places discovered from the Creation unto this Present*(London: Printed by William Stansby for Henrie Fetherstone, 1613·1614).
_____. *Hakluytus Posthumus, or Purchas his Pilgrimes*, 20 volumes [1625](Reprint; Glasgow: Printed at the University of Glasgow Press, 1906).
Quesnay, François. "Fermiers - Pächter"(1756); "Grains - Korn"(1957). Jean Le Rond d'Alembert, Denis Diderot u.a., *Enzyklopädie*, herausgegeben und eingeleitet

　　　　von Günther Berger(Frankfurt am Main: Fischer Verlag, 1989).
_____. *Tableau économique*(1758·1764). Edited and introduced by Marguerite Kuczynski and Ronald L. Meek(London: MacMillan, New York: Augustus M. Kelley Publishers, 1972). 프랑수아 케네(김재훈 역), 『경제표』(서울: 지식을만드는지식, 2010).
_____. "Analyse du Tableau Économique". Quesnay, Dupont de Nemours, Mercier de la Rivière, Baudeau, Le Trosne, *Physioctrates*, avec une introd. par Eugène Daire(Paris, 1846). 「경제표 분석·주요논평」, 케네(김재훈 역), 『경제표』(서울: 지식을만드는지식, 2010).
_____. *Le Despotisme de la Chine*(Paris: 1767). 영역본: *Despotism in China*. Lewis A. Maverick. *China - A Model for Europe*, Vol.II(San Antonio in Texas: Paul Anderson Company, 1946). 국역본: 프랑수아 케네(나정원 역), 『중국의 계몽군주정』(서울: 앰-애드, 2014).
Quesnay, François, & Victor de Riquetti Marquis de Mirabeau(Anonyme), *Philosophie Rurale, ou Économie générale et politique de l'agriculture*, Trois tomes(Amsterdam: Chez Les Libraires Associée, 1763·1764).
Rada, Martin de. "Narative of the Mission to Fukien, June-October, 1575". Charles R. Boxer(ed), *South China in the sixteenth century: being the narratives of Galeote Pereira, Fr. Gaspar da Cruz, O.P. [and] Fr. Martín de Rada, O.E.S.A.(1550-1575)*, Issue 106 of Works issued by the Hakluyt Society(Printed for the Hakluyt Society, 1953·2017).
_____. "Relation of the Things of China which is properly called Taybin". Charles R. Boxer(ed), *South China in the sixteenth century: being the narratives of Galeote Pereira, Fr. Gaspar da Cruz, O.P. [and] Fr. Martín de Rada, O.E.S.A.(1550-1575)*, Issue 106 of Works issued by the Hakluyt Society(Printed for the Hakluyt Society, 1953·2017).
Rousseau, Jean-Jacques. *A Discourse on the Moral Effects of Arts and Sciences*(1750). Translated and introduced by G. D. H. Cole. Revised and augmented by J. H. Brumfitt and John C. Hall. Updated by P. D. Jimack(London·Vermont: J. M. Dent Orion Publishing Group, 1993).
_____. *A Discourse on the Origin of Inequality*(1755). Jean- Jacques Rousseau. *The Social Contract and Discourses*. Translated and introduced by G. D. H. Cole. Revised and augmented by J. H. Brumfitt and John C. Hall. Updated by P. D. Jimack(London·Vermont: J. M. Dent Orion Publishing Group, 1993).
_____. *Julie ou La nouvelle Héloïs* [1761]. http://www.bibliopolis.fr(검색일: 2017. 4.

11). 장-자크 루소(김중현 역), 『신엘로이즈(2)』(서울: 책사상, 2012).
_____. *The Social Contract*(1762). Jean-Jacques Rousseau. *The Social Contract and Discourses*. Translated and introduced by G. D. H. Cole. Revised and augmented by J. H. Brumfitt and John C. Hall. Updated by P. D. Jimack(London·Vermont: J. M. Dent Orion Publishing Group, 1993).
_____. *Émile ou de l'Education*(1762). 독역본: Jean-Jacques Rousseau. *Emil oder Über die Erziehung*. Vollständige Ausgabe. In neuer deutscher Fassung besorgt von Ludwig Schmidts(Paderborn·München·Wien·Zürich: Verlag Ferdinand Schöningh, 1989 9. Auflage).
_____. *Essay on the Origin of Languages in which Something is said about Melody and Musical Imitation*. In: Rousseau. *The Discourse and other early Political Writings*. Edited by Victor Gourevitch(Cambridge·New York: Cambridge, 1997·2008).
Schopenhauer, Arthur. *Die Welt als Wille und Vorstellung* I·II. *Arthur Schopenhauer Sämtliche Werke*, Bd. I·II(Frankfurt am Main: Suhrkamp, 1986).
_____. *Kritik der Kantischen Philosophie*. Anhang zu *Die Welt als Wille und Vorstellung* I. *Arthur Schopenhauer Sämtliche Werke*, Bd. II(Frankfurt am Main: Suhrkamp, 1986).
_____. *Preisschrift über die Grundlage der Moral*(1840, 개정판 1860). *Arthur Schopenhauer Kleine Schriften. Sämtliche Werke*, Bd. III(Frankfurt am Main: Suhrkamp, 1986).
_____. *Über die Vierfache Wurzel des Satzes vom Zureichenden Grunde*. *Arthur Schopenhauer Sämtliche Werke*, Bd. III(Frankfurt am Main: Suhrkamp, 1986).
_____. *Über den Willen in der Natur*(1836·1854), 'Sinologie'. *Arthur Schopenhauer Sämtliche Werke*, Bd. III(Frankfurt am Main: Suhrkamp, 1986).
_____. *Über die Vierfache Wurzel des Satzes vom Zureichenden Grunde*. *Arthur Schopenhauer Sämtliche Werke*, Bd. III(Frankfurt am Main: Suhrkamp, 1986).
Shaftesbury.(Anonymous). *An Inquiry Concerning Virtue, in Two Discourses*(London: Printed for A. Bell in Cornhil, etc., 1699).
_____. *An Inquiry Concerning Virtue, or Merit*(1713). Anthony, Third Earl of Shaftesbury, *Characteristicks of Men, Manners, Opinions, Times*(1732), 3 vols. Vol. II (Indianapolis: Liberty Fund, 2001). LF Printer PDF. Accessed from http://oll.libertyfund.org/title/811 on 2010-11-13.
_____. *The Moralists, A Philosophical Rhapsody*(1709). Shaftesbury(Anthony Ashley Cooper), *Characteristicks of Men, Manners, Opinions, Times* [1711],

Vol.2(Indianapolis: Liberty Fund, 2001). http://oll.libertyfund.org/title/811. 검색일: 2010. 11. 13.

_____. *Soliloquy: Or, Advice to an Author*(1710), 208-209쪽. Shaftesbury(Anthony Ashley Cooper), *Characteristicks of Men, Manners, Opinions, Times* [1711], Vol.2(Indianapolis: Liberty Fund, 2001). http://oll.libertyfund.org/title/811. 검색일: 2010. 11. 13.

_____. *Sensus Communis: An Essay on the Freedom of Wit and Humour*(1709), 68-69쪽. Shaftesbury, *Characteristicks of Men, Manners, Opinions, Times*(1711·1713·1732), Vol.1,(Indianapolis: Liberty Fund, 2001). http://oll.libertyfund.org/title/811 on 2010-11-13.

Smith, Adam. *An Inquiry into the Nature and Causes of the Wealth of Nations*(1776). Volume I·II. Generally edited by R. H. Campbell and A. B. Skinner, textually edited by W. B. Todd(Glasgow·New York·Toronto: Oxford University Press, 1976).

_____. *The Theory of Moral Sentiments*. Edited by Knud Haakonssen(Cambridge·New York: Cambridge University Press, 2000·2009).

_____. "History of Astronomy". Adam Smith, *Essays on Philosophical Subjects*(Indianapolis: Liberty Classics, 1982).

Spinoza, Benedict de. *Tractatus theologico-politicus*. Benedict de Spinoza, *A Theologico-Political Treatise. The Chief Works of Benedict de Spinoza*, transl. by R. H. M. Elwes, Vol. I(London: George Routledge and Sons, 1884·1891).

_____. *Ethic, Demonstrated in Geometrical Order and Divided into Five Parts*(London: Trübner & Co., Ludgate Hill, 1883). 또는 Spinoza, Benedict de. *The Ethics. The Chief Works of Benedict de Spinoza*, transl. by R. H. M. Elwes, Vol. II(London: George Bell & Sons, 1884·1891).

Spitzellii(Spitzel), Theophili. *De Re Literaria Sinensium Commentarius*(Lugduni Batavorum: Apud Petrum Hackium, 1660).

Suárez, Francisco. *A Treatise on Laws and God the Lawgiver* [1612]. Francisco Suárez, *Selections from Three Works*, translated by Gwladys L. Williams, Ammi Brown, and John Waldron(First published in 1944 by the Carnegie Endowment for International Peace. ed. by Thomas Pink; Indianapolis: Liberty Fund, 2014).

_____. *A Defence of the Catholic and Apostolic Faith* [1613]. Francisco Suárez, *Selections from Three Works*, translated by Gwladys L. Williams, Ammi Brown, and John Waldron(First published in 1944 by the Carnegie Endowment for International Peace. ed. by Thomas Pink; Indianapolis: Liberty Fund, 2014).

Trenchard, John, and Thomas Gordon, *The Independent Whig*, Vol. III [1720](London: Printed for J. Peele, 1741).

_____. "The Sense of the People concerning the present State of Affairs, with Remarks upon some Passages of our own and the Roman History. In a Letter to a Member of Parliament" [1721]. John Trenchard, Esq; and Thomas Gordon, *A Collection of Tracts*, Vol. II(London: Printed for F. Cogan and T. Harris, 1751).

Temple, Sir William. "Essay on the Original and Nature of Government" [1672]. *The Works of William Temple*, Vol. I(London: Printed for Rivington et al and by S. Hamilton, Weybridge, 1814).

_____. "An Essay upon the Ancient and Modern Learning". *The Works of William Temple*, Vol. III(London: Printed for Rivington et al and by S. Hamilton, Weybridge, 1814).

_____. "Some Thoughts upon Reviewing the Essay of Ancient and Modern Learning". *The Works of William Temple*, Vol. 3(London: Printed by S. Hamilton, Weybridge, 1814).

_____. "Of Heroic Virtue". *The Works of William Temple*, Vol. III(London: Printed for Rivington et al and by S. Hamilton, 1814).

_____. "Upon the Gardens of Epicurus, or Of Gardening" [1685]. *The Works of William Temple*, Vol. III(London: Printed for Rivington et al. and by S. Hamilton, 1814).

_____. "Of Popular Discontents". *The Works of Sir William Temple*, Vol. III(London: Printed for Rivington et al and by S. Hamilton, 1814).

Valignano, Alessandro, and Duarte de Sande. *De Missione Legatorum Iaponesium ad Romanum Curiam*. 영역본: *Japanese Travellers in Sixteenth-Century Europe: A Dialogue Concerning the Mission of the Japanese Ambassador to the Roman Curia* [1590]. Edited and annotated with introduction by Derek Massarella. Translated by J. F. Moran(London: Ashgate Publishing Ltd. for The Hakluyt Society, 2012).

Voltaire(François-Marie Arouet). "The Orphan of China"(1755). *The Dramatic Works of Voltaire*. Vol. III in five volumes. *The Works of Voltaire*, in forty two volumes, with a critique and biography by John Morley. Vol. XV(Akron [Ohio]: The Werner Company, 1906).

_____. *Essai sur les moeurs et l'esprit des nations et sur les principaux faits de l'histoire, depuis Charlemagne jusqu'à Louis XIII* [1756](Paris: Chez Lefevre, libaire, 1829).

_____. *Ancient and Modern History*(*Essai sur les moeurs et l'esprit des nations*). Vol.

I in seven volumes. *The Works of Voltaire*. In forty three volumes, with a critique and biography by John Morley, Vol. XXIV(Akron[Ohio]: The Werner Company, 1906).

_____. *Letters on the English*(*Lettres Philosophiques sur les Anglais* [1733], revised 1778). halsall@murray.fordham.edu(최종검색일: 2010. 8. 14.)

_____. *Philosophical Dictionary* [1764], Part 2. Voltaire, *The Works of Voltaire*, Vol. IV(New York: The Craftsmen of The St. Hubert Guild, 1901). *Le Dictionnaire Philosophique* [1764-1769]. *Oeuvres de Voltaire*, Tome XXXII(Paris: Chez Lefèbre, Libraire, 1829).

_____. "The A B C, or Dialogures between A B C." Voltaire, *Political Writings*. Eedited by David Williams(Cambridge·New York·Melbourne: Cambridge University Press, first 1994, reprinted 2003).

_____. *Traité sur la Tolérance*. 영역본: Voltaire, *Treatise on Tolerance*. Voltaire, *Treatise on Tolerance and Other Writings*. Edited by Simon Harvey(Cambridge: Cambridge University Press, 2000). 볼테르(송기형·임미영 역), 『관용론』(서울: 한길사, 2001).

_____. *The Philosophy of History* [1765](London: Thomas North, 1829).

_____. *Rélation du banissement des Jésuites de la Chine*(Amsterdam: 1768).

Walpole, Horace(Anonyme). *A Letter from Xo Ho, a Chinese Philosopher at London, to his Friend Lien Chi at Peking*(London: Printed for J. Graham, 1757).

_____. *On Modern Gardening*. Horace Walpole, *Anecdotes of Painting in England*, Vol.4, Collected by the late Mr. George Vertue(Strawberry-Hill: Printed by Thomas Kirgate, 1771).

_____. *The Letters of Horace Walpole, Fourth Earl of Oxford*, ed. by Mrs. Paget Toynbee, Vol. IV(1756-1760) in 16 volumes(Oxford: At the Clarendon Press, 1903).

Webb, John. *An[sic!] Historical Essay, Endeavoring a Probability that the Language of the Empire of China is the Primitive Language*". London, 1669. 재판: *Antiquity of China, or An[sic!] Historical Essay, Endeavoring a Probability that the Language of the Empire of China is the Primitive Language*(London: Printed for Obadiah Blagrave, 1678).

Weber, Max. *Wirtschaft und Gesellschaft*(Tübingen: J. C. Mohr, 1985).

_____. "Vorbemerkung" zum Gesammelten Aufsätzen zur Regionssoziologie. In: *Die protestantische Ethik*(Gütersloh: Gütersloher Verlaghaus Mohn, 1984).

_____. *Wissenschaft als Beruf* [1917](Tübingen: Mohr, 1992).

_____. *Die protestantische Ethik und der Geist des Kapitalismus.* Max Weber, *Gesammelte Aufsätze zur Religionssolziologie I*(Tübingen: Mohr, 1986).

_____. *Die Wirtschatethik der Weltreligionen.* Weber, *Gesammelte Aufsätze zur Religionssolziologie I*(Tübingen: Mohr, 1986).

Wilhelm, Richard. *I Ging - Das Buch der Wandlungen.* München: Diederichs, 2000(초판: 1923). 영역본: Cary F. Baynes(trans.). *The I Ching*(Princeton: Princeton University Press, 1950·1997).

Wolff, Christian. *Oratio de Sinarum philosophea pratica* [1721·1726] - *Rede über die praktische Philosophie der Chinesen.* Lateinisch-Deutsch. Übersetzt, eingeleitet und herausgegeben von Michael Albrecht(Hamburg: Felix Meiner Verlag, 1985). 국역본: 크리스티안 볼프(안성찬 역주), 『중국의 실천철학에 대한 강연』(서울: 서울대학교출판문화원, 2017).

_____. *The Real Happiness of a People under a Philosophical King. Demonstrated; Not only from the nature of Things, but from the undoubted Experience of the Chinese under their first Founder Fohi and his Illustrious Successors, Hoam Ti, and Xin Num*(London: Printed for M. Cooper, 1750).

_____. *[Deutsche Politik] Vernünftige Gedanken von dm gesellschaftlichen Leben der Menschen* [1721](München: Verlag C. H. Bech, 2004).

4 기타 서양문헌

Adam, Ulrich. *The Political Economy of J. H. G. Justi*(Oxford: Peter Lang, 2006).

Addison, Joseph. "On the Pleasure of the Imagination". *The Spectator*, No. 414(June 25, 1712). *The Spectator*, Vol. V in six vol.s(New York: D. Appleton & Company, 1853).

Albrecht, Michael. "Einleitung." Christian Wolff, *Rede über die praktische Philosophie der Chinesen - Rede über die praktischen Philosophie der Chinesen.* Übersetzt, eingeleitet und herausgegeben von Michael Albrecht(Hamburg: Felix Meiner Verlag, 1985).

Allen, D. J. *The Philosophy of Aristotle*(London·Oxford·New York: Oxford University Press, 1970).

Allison, William T.. "Introduction". John Milton, *The Tenure of Kings and Magistrates* [1649], edited with Introduction anf Notes by William Talbot Allison(New York:

Henry Holt and Company, 1911).
Alvis, John. "Forward". John Milton, *Areopagitica and Other Political Writings of John Milton*, Foreword by John Alvis(Indianapolis: Liberty Fund, 1999).
Ames, Roger T. *The Art of Rulership: A Study in Ancient Chinese Political Thought*(Honolulu: University of Hawaii Press, 1983).
_____. "Confucius and the Ontology of Knowing." Gerald James Larson and Eliot Deutsch(ed.). *Interpreting across Boundaries*(Delhi: Motiral Banarsidass Publishers, 1988).
Anarson, Johann. "Multiple Modernities and Civilizational Context: Reflections on the Japanese Experience". Johann Anarson, *The Peripheral Center: Essays on Japanese History and Civilization*(Melbourne: Tras Pacific Press, 2002).
Anderson, Perry. *Lineages of the Absolutist State*(1974). 앤더슨, 『절대주의 국가의 역사』(서울: 소나무, 1993).
Annas, Julia. *The Morality of Happiness*(Oxford: Oxford University Press, 1995).
_____. "Platon." In: Iring Fetscher und Herfried Münkler(Hg). *Pipers Handbuch der Politischen Ideen*. Band 1. *Frühe Hochkulturen und europäische Antike*(München: R. Piper GmbH & Co. KG, 1988).
Anonym, *A Description of the Gardens and Buildings at Kew, in Surrey*(Brentford: Printed and Sold by P. Norbury and George Bickham, without Year).
Anonym. "Letter to the Editor of *Gentleman's Magazine*". *Gentleman's Magazine* 6(August, 1736).
Anonym(C. F. Noble?). *A Voyage to the East Indies in 1747 and 1748*(London: Printed for T. Becket and P. A. Dehondt, 1762).
Anonym. *The Chinese Traveller*, Vol. I·II(London: Printed for E. and C. Dilly, 1775).
Anson, George Baron. *A Voyage Round the World in the Years 1740 to 1744*(London, 1748, trans. Geneva 1750). Republished: *A Voyage Round the World in the Years MDCCXL*(London: Oxford University Press, 1974).
Antognazza, Maria R.. *Leibniz: An Intellectual Biography*(Cambridge: Cambridge University Press, 2008·2011).
Appadurai, Arjun. *Modernity at Large: Cultural Dimensions of Globalization*(Minneapolis: University of Minnesta Press, 1996).
Appleton, William W.. *A Cycle of Cathay: The Chinese Vogue in England in the Seventeenth and Eighteenth Centuries*(New York: Colombia University Press, 1951).
Arrigie, Giovanni. *Adam Smith in Beijing: Lineages of the Twenty-First Century*(2007). 조바니 아리기(강진아 역), 『베이징의 애덤 스미스』(서울: 길, 2009).

Arrowood, Charles F.. "Introduction - George Buchanan and the *De Jure Regni Apud Scotos*". George Buchanan, *The Powers of the Crown in Scotland*. Translated and introduced by Charles Flinn Arrowood(Austin: The University of Texas Press, 1949).

Açikel, Fethi. "A Critique of *Occidental Geist*: Embedded Historical Culturalism in the Works of Hegel, Weber and Huntington", *Journal of Historical Sociology*, Vol. 19, no. 1(March, 2006).

Axtell, James L.. "Introduction" *The Educational Writings of John Locke*, ed. by James L. Axtell(Cambridge: Cambridge University Press, 1968).

Backhaus, Jürgen Georg. *The Beginnings of Political Economy: Johann Heinrich Gottlob von Justi*(Berlin: Springer, 2008).

_____. "From Wolff to Justi". Jürgen G. Backhaus(ed.), *The Beginnings of Political Economy: Johann Heinrich Gottlob von Justi*(New York: Springer Science+Business Media, 2009).

_____. "Christian Wolff on Subsidiarity, the Division of Labor, and Social Welfare". *European Journal of Law and Economics*, 4(1997).

Bailey, Paul. "Voltaire and Confucius: French Attitudes towards China in the Early Twentieth Century." *History of European Ideas*. Vol. 14, Issue 6, Nov. 1992.

Bairoch, Paul A. "The Main Trends in National Economic Disparities since the Industrial Revolution." P. A. Bairoch and M. Levy-Leboyer(ed.). *Disparities in Economic Development since the Industrial Revolution*(London: Macmillan, 1981).

_____. "International Industrialization Levels from 1750 to 1980." In: *Journal of European Economic History* 11(1982).

Balazs, Etienne. *Chinese Civilization and Bureaucracy*(New Heaven/London: Yale University Press, 1964·1974).

Barbeyrac, "An Historical and Critical Account of the Science of Morality 몽 the Progress it has made in the World from the Earliest Time down to the Publication of Pufendorf of the *Law of Nature and Nations*". Samuel von Pufendorf, *Of the Law of Nature and Nations* [*De jure naturae et gentium*, 1672](London: Printed for J. Walthoe et al., The Fourth Edition 1729), "Prefatory Discourse".

Bartlett, Robert C.. "Introduction". Pierre Bayle, *Various Thoughts on the Occasion of a Comet*(Albany: State University of New York Press, 2000).

Barzun, Jacques. *From Dawn to Decadence: 500 Years of Western Cultural Life: 1500 to the Present*(New York: HarperCollins Publishers, 2001).

Baxter, Richard. *The Reasons of the Christian Religion*(London: Printed by R. White,

for Fran. Titon, 1667).
Beales, Derek. *Enlightenment and Reform in 18th-Century Europe*(London: I. B. Tauris, 2005).
Beck, Christian August von. "Kern des Natur- und Völkerrechts". Hermann Conrad(ed.), *Recht und Verfassung des Reiches in der Zeit Maria Theresias*(Köln: Springer, 1964).
Berg, Maxine. "Asian Luxuries and the Making of the European Consumer Revolution". Maxine Berg and Elizabeth Eger, *Luxury in the Eighteenth Century*(London: Pagrave Macmillan, 2003).
_____. *Luxury & Pleasure in Eighteenth-Century Britain*(Oxford: Oxford University Press, 2005·2008).
Berg, Maxine, and Elizabeth Eger, *Luxury in the Eighteenth Century*(London: Pagrave Macmillan, 2003).
Berger, Willy Rochard. *China-Bild und China-Mode im Europa der Aufklärung*(Köln: Böhlau Verlag, 1990).
Bergmann, J.. "Reelle Subsumtion' als arbeitssoziologische Kategorie". W. Schumm(Hg.), *Zur Entwickliungsdynamik des modernen Kapitalismus. Beiträge zur Gesellschaftstheorie, Industriesoziologie und Gewerkschaftsforschung. Symposium für Gerhard Brandt*(Frankfurt am Main/New York: 1989).
Bernier, François. "Introduction à la lecture de Confucius, Extrait de diverses pièces envoyées pour étrennes par M. Bernier à Madame de la Sablières". *Journal des Sçavans*(7 juin 1688) [pages 25-40].
Betty, L. Stafford. "The Buddhist-Humean Parallels: Postmortem." *Philosophy East and West*. Vol. 2. Issue 1(Jul. 1971).
Blaut, James M.. *The Colonizer's Model of the World: Geographical Diffusionism and Eurocentric History*(New York: Guilford Press, 1993).
_____. *Eight Eurocentric Historians*(New York: The Guilford Press, 2001).
Bezzel, Chris. *Wittgenstein zur Einführung*(Hamburg: Junius Verlag, 1989).
Blofeld, John. *I Ching*(New York·London etc.: Penguin Compass, 1991).
Blössner, Norbert. "The City-Soul Analogy". G. R. Ferrari(ed.). *The Cambridge Companion to Plato's Republic*.(Cambridge·New York: Cambridge University Press, 1998).
Bloom, Irene. "Fundamental Intuition and Consensus Statements: Mencian Confucianism and Human Rights." In: Wm. Theodore de Bary and Tu Weiming, *Confucianism and Human Rights*(New York: Columbia University Press, 1998).
Blue, Gregory. "China and Wester Social Thought in the Modern Period". Timothy

Brook and Gregory Blue, *China and Historical Capitalism. Genealogies of Sinological Knowledge*(Cambridge: Cambridge University Press, 1999).

Bluhm, William T. "Political Theory and Ethics." René Descartes, *Discourse on Method and Meditations on First Philosophy*. Edited by David Weissman, with Essays by William T. Blum, Lou Massa, Thomas Pavel, John F. Post, Stephen Toulmin, David Weissman(New Haven·London: Yale University Press, 1996).

Boehm, Christopher. *Moral Origins: The Evolution of Virtue, Altruism, and Shame*(New York: Basic Books, 2012).

Boesche, Roger. "Fearing Monarchs and Merchants: Montesquieu's Two Theories of Despotism". *The Western Political Quarterly*, Vol.43, No.4(1990).

Bordes, Jacqueline. *Politeia. Dans la Pensée Grecque jusqu'à Aristote*. Paris: Société d'éditions Les Belles Lettres, 1982. 쟈클린 보르드(나정원 옮김), 『폴리테이아』(서울: 도서출판 아르케, 2000).

Börsch-Supan, Helmut. "Die Chinamode in der Malerei des 17. und 18. Jahrhunderts", 61쪽. Verwaltung der Staatlichen Schlösser und Gärten, *China und Europa. Chinaverständnis und Chinamode im 17. und 18. Jahrhundert*. Aussutelung vom 16. September bis 11. November 1973 im Schloß Charlotteburg, Berlin.

Börsch-Supan, Eva. "Landschaftsgarten und Chinoiserie". Verwaltung der Staatlichen Schlösser und Gärten, *China und Europa. Chinaverständnis und Chinamode im 17. und 18. Jahrhundert*. Aussutelung vom 16. September bis 11. November 1973 im Schloß Charlotteburg, Berlin.

Boswell, James. *Life of Johnson* [1791], Vol.III(Boston: By W. Andrews and L. Blake, 1807).

_____. *Life of Johnson* [1791], Vol.I in two volumes(Boston: By Carter, Hendee and Co., 1831).

Bourne, Frederick S. A.. *Report of the Mission to China of the Blackburn Chamber of Commerce, 1896—7*(Blackburn: The North-East Lancashire Press, 1898).

Bouvet, Joachim. *Portrait historique de l'Empereur de la Chine, presenté au Roy*(Paris: Estienne Michalet, 1697); Joachim Bouvet, *The History of Cang-Hi, the Present Emperor of China, pesented[sic] to the Most Christian King*(London: Printed for F. Coggan, 1699).

Bowden, Hugh. *Classical Athens and the Delphic Oracle - Divination and Democracy*(Cambridge: Cambridge University Press, 2005).

Bowie, A. M. "Greek Sacrifice - Forms and Functions." Anton Powell(ed.). *The Greek World* (London·New York: Routledge, 1995).

Boxer, Charles Ralph(ed), *South China in the sixteenth century: being the narratives of Galeote Pereira, Fr. Gaspar da Cruz, O.P. [and] Fr. Martín de Rada, O.E.S.A.(1550-1575)*. Issue 106 of Works issued by the Hakluyt Society(Printed for the Hakluyt Society, 1953·2017 reprint).

Brandt, Loren. "Farm Household Behavior, Factor Markets, and the Distributive Consequences of Commercialization in Early Twentieth-Century China". *The Journal of Economic History* 47, 3(Sep. 1987).

_____. *Commercialization and Agricultural Development: Central and Eastern China, 1870-1937*(New York: Cambridge University Press, 1990).

Brandt, Loren and Barbara Sands, "Beyond Malthus and Ricardo: Economic Growth, Land Concentration, and Income Distribution in Early Twentieth-Century Rural China". *The Journal of Economic History* 50, 4(Dec. 1990).

Brennan J. Herbie. *The Magical I Ching*(St. Paul: Llewellyn Publication, 2000).

Brockett, Linus P.. *The Silk Industry in America: A History*(Washington: The Silk Association of America, 1876).

Brockey, Liam Matthew. "The First Hands: The Forgotten Iberian Origins of Sinology". Christina H. Lee(ed.), *Western Visions of the Far East in a Transpacific Age, 1522-1657*(London and New York: Routledge, 2012).

Brown, Gregory. *Der Einfluss Chinas auf die europäische Staatslehre im 18. Jh. am Beispiel von Albrecht von Hallers Staatsroman "Usong"*(München: Grin Verlag, 2008).

Brown, John. *Essays on the Charackteristics of the Earl of the Shafttesbury*(London: Prited for C. Davis, 1751·1764).

Brykman, Geneviève. "Bayle's Case for Spinoza". Genevieve Lloyd(ed.), *Spinoza. Critical Assessments*, Volume IV: *The Reception and Influence of Spinoza's Philosophy*(London and New York: Routledge, 2001).

Buckle, Stephen. "Chronology". David Hume, *An Enquiry concerning Human Understanding and Other Writings*(Cambridge·New York·Melbourne: Cambridge University Press, 2007).

Budgell, Eustace. *A Letter to Cleomenes King of Sparta*(London: Printed for A. Moore near the Paul's, 1731).

_____. *A Letter to His Excellency Mr. Ulrick D'Ypres, Chief Minister to the King of Sparta*(London: Printed for S. West, 1731).

Burnaby, Charles(Her Majesties Servants). *Ladies Visiting Days. A Comedy*(London: Printed for Geo. Strahan, 1701·1708).

Cambridge, Richard O.. "[Advantages of Modern Gardening]". *The World*, No. 118(April 3, 1755). *The Works of Richard Owen Cambridge*(London: Printed by Kuke Hansard, 1803).

Caton, Hiram. "The Preindustrial Economics of Adam Smith". *The Journal of Economic History*, Vol.45, No.4(Dec. 1985).

Catz, Rebecca. "Fernão Mendes Pinto and His *Peregrinação*". *Hispania*, Vol. 74, No. 3(September 1991).

Cawthorn, James. "Of Taste. An Essay" [1756]. *The Poems of Hill, Cawthorn, and Bruce*(Chriswick: The Press of C. Whittingham, 1822).

Chambers, William. *Designs of Chinese Buildings, Furniture, Dresses, Machines, and Utensils* (London: Published for the Author, 1757).

_____. *A Dissertation on Oriental Gardening*(London: Printed by W. Griffin,1772),

Champion, Justin. "Bayle in the English Enlightenment". Wiep van Bunge and Hans Bots(ed.), *Pierre Bayle(1647-1706), 'le philosophe de Rotterdam': Philosophy, Religion and Reception*, Selected Papers of the Tercentenary Conference held at Rotterdam, 7-8 December 2006(Leiden·Boston: Brill, 2008).

Chang, Wejen. "Confucian Theory and Norms and Human Rights." Wm. Theodore de Bary and Tu Weiming, *Confucianism and Human Rights*(New York: Columbia University Press, 1998).

Carey, Daniel. *Locke, Shaftesbury, and Hutcheson*(Cambridge: Cambridge University Press, 2006·2009).

Carter, Thomas F. *The Invention of Printing in China and its Spread Westward*(New York: The Ronald Press Company, 1955).

Chang, Y. Z.. "China and the English Civil Service Reform". *The American Historical Review*, XLVII, 3(April 1942).

_____. "Why did Milton Err on Two Chinas". *Modern Language Review* 65.3(1970) [493-498].

Chang, Chung-li. *The Chinese Gentry: Studies on Their Role in Nineteenth Century Chinese Society*(University of Washington Press, 1968).

Chao, Kang. *Man and Land in Chinese History*(Stanford: Stanford University Press, 1986).

Chen Huan-Chang(陳煥章), *The Economic Principles of Confucius and His School* [1904 written](New York: Columbia University Longmans, Green & Co., Agents; London: P. S. King & Son, 1911).

Chen Shouyi(陳守義). "Daniel Defoe, China's Severe Critic". Adrian Hsia(ed.), *The Vision of China in the English Literatur of the Seventeenth and Eighteenth Centuries*(Hong Kong: The Chinese University of Hong Kong Press, 1998).

_____. "Oliver Goldsmith and His *Chinese Letters*". Adrian Hsia(ed.), *The Vision of China in the English Literatur of the Seventeenth and Eighteenth Centuries*(Hong Kong: The Chinese University of Hong Kong Press, 1998).

_____. "The Chinese Garden in Eighteen the England", 340쪽에서 재인용. Adrian Hsia(ed.), *The Vision of China in the English Literatur of the Seventeenth and Eighteenth Centuries*(Hong Kong: The Chinese University of Hong Kong Press, 1998).

Chomsky, Noam. "Knowledge of Language". *Minnesota Studies in the Philosophy of Science*, Vol. III, *Language, Mind and Knowledge*(Minneapolis: University of Minesota Press, 1975).

Clark, Evert M. "Introduction". John Milton, *The Ready and Easy Way to Establish a Free Commonwealth* [1660]. Edited with Introduction, Notes, and Glossary by Evert Mordecai Clark(New Haven: Yale University Press, 1915).

Clarke, John James. *Oriental Enlightenment: The Encounter between Asian and Western Thought*. London·New York: Routledge, 1997. 클라크(장세룡 역), 『동양은 서양을 어떻게 계몽했는가』(서울: 우물이 있는 집, 2004).

Cleary, Thomas. *I Ching. The Book of Change*(Boston & London: Shambhala, 1992).

Clerc, Nicolas Gabriel. *Yu le Grand et Confucius, Histoire Chinoise*(Soissons: L'Imprimerie de Ponce Coutois, Imprimeur du Roi, 1769).

Clawson, D.. *Bureaucrasy and the Labor Process. The Transformation of U.S. Industry 1860-1920*(New York/London: 1908).

Cohen, Martin. *Philosophical Tales*(Hoboken: Wiley-Blackwell, 2008).

Cohen, S. Marc, "Substances." Georgios Anagostolpoulos, *A Companion to Aristotle*(Malden[MA]·Oxford: Blackwell Publishing Ltd, 2009).

Colaiaco, James A. *Socrates Against Athens: Philosophy on Trial*(London: Routledge, 2001). 제임스 A. 콜라이아코(김승욱 역), 『소크라테스의 재판』(서울: 작가정신, 2005).

Conze, Edward. "Buddhist Philosophy and its European Parallels." In: *Philosophy East and West*. Vol. 13, Issue 1(Apr., 1963).

_____. "Spurious Parallels to Buddhist Philosophy". *Philosophy East and West*. Vol. 13, Issue 2. Jul. 1963.

Cook, Daniel. J. Rosemont, Jr., Henry. "The pre-established Harmony between Leibniz and Chinese Thought." In: *Journal of the History of Ideas*. Vol. 42, No.3(April-June 1981).

Cooley, Charles H.. *Sociological Theory and Social Research*(New York: Augustus M. Kelley Publishers, 1930·1969).

Cordeiro, Cheryl M.. *Gothenburg in Asia, Asia in Gothenburg*(Oklahoma City: Draft2Diugital, 2018).

Coss, Peter. *The Origines of The English Gentry*(Cambridge: Cambridge University Press, 2003).

Courtney, Cecil N.. "Montesquieu and the Problem of 'la diversité'". Giles Barber and Cecil P. Courtney(ed.), *Enlightenment Essays in Memory of Robert Shackleton*(Oxford: The Voltaire Foundation, 1988).

Cox, Rosanna, "John Milton's Politics, Republicanism and the Terms of Liberty". *Literature Compass* 4/6(2007).

Crawford, Robert B.. "The Social and Philosophy of the *Shih-chi*", *The Journal of Asian Studies*, Vol. 22, No.4(Aug, 1963).

Creel, Herrlee G.. *Confucius - The Man and the Myth*(New York: The John Day Company, 1949).

_____. *Confucius and the Chinese Way*(New York: Harper Brothers, 1960).

_____. "The Beginnings of Bureaucracy in China: The Origin of the Hsien". *The Journal of Asian Studies*, Vol. 23, No.2(Feb., 1964).

Cunningham(ed.), T.. *An Historical Account of Rights of Election of the Several Counties, Cities and Boroughs* [extracted from Thomas Carew's book of the same title](London: Printed for G. Robinson, 1783).

Curran, Stuart. *Poetic Form and British Romanticism*(Oxford: Oxford University Press, 1986).

Curtin, Philip D.. *Cross-Cultural Trade in World History*(Cambridge: Cambridge University Press, 1984).

Dardess, John W.. "Did Mongols Matter?". Paul J. Smith and Richard von Glahn, *The Song-Yuan-Ming Transition in Chinese History*(Cambridge, MA. and London: Harvard University Asia Center, 2003).

Darwin, Charles. *The Descent of Man, and Selection in Relation to Sex* [1871·1874](London: John Murray, 2nd edition 1874).

Davis, Bertram. *Thomas Percy*(Philadelphia: University of Pennsylvania Press, 1989).

Davis, Walter W.. "China, the Confucian Ideal, and the European Age of Enlightenment." *Journal of the History of Ideas* Vol. 44, No. 4(Oct.-Dec. 1983).

_____. *Eastern and Western History, Thought and Culture, 1600-1815* (Lanham[Maryland]·London: University Press of America, 1993).

Dawson, Raymond. *The Chinese Chameleon - An Analysis Conceptions of Chinese Civilization* (London: Oxford University Press, 1967).

_____. "Western Conceptions of Chinese Civilization." Raymond Dawson(ed.). *The Legacy of China*(Oxford·London·New York: Oxford University Press, 1964·1971).

de Bary, Wm. Theodore, and Tu Weiming(杜維明). *Confucianism and Human Rights*(New York: Columbia University Press, 1998).

de Labrune, Jean, Louis Cousin & Simon Foucher. *La morale de Confucius, philosophe de la Chine*(Amsterdam: Chez Pierre Savouret, dans le Kalver-straat, 1688).

de Roover, Raymond. "The Commercial Revolution of the Thirteenth Century", *Bulletin of the Business Historical Society* 16(1948).

De Vries Jan, and Ad van der Woude, *The First Modern Economy: Success, Failure and Perseverance of the Dutch Economy, 1500-1815*(Cambridge: Cambridge University Press, 1997).

de Waal, Frans. "Morality Evolved - Primate Social Instincts, Human Morality and the Rise and Fall of 'Veneer Theory'". Stephen Macedo and Josiah Ober(ed.). *Primate and Philosopher - How Morality Evolved*(Princeton: Princeton University Press, 2006).

_____. "The Tower of Morality". Stephen Macedo and Josiah Ober(ed.). *Primate and Philosopher - How Morality Evolved*(Princeton: Princeton University Press, 2006).

_____. *The Age of Empathy: Nature's Lesson for Kinder Society*(New York: Three Rivers, 2009).

Demel, Walter. "China in the Political Thought of Western and Central Europe, 1570-1750". Thomas H. C. Lee, *China and Europe: Images and Influence in Sixteenth to Eighteenth Centuries*(Hong Kong: The Chinese University of Hong Kong Press, 1991).

Dennis, John. *The Grounds of Criticism in Poetry*(1704). Willard H. Durham(ed.), *Critical Essays of the Eighteenth Century 1700-1725*(New Haven: Yale University Press, London: Humphrey Milford, Oxford University Press, 1915).

Deng, Gang, *Chinese Maritime Activities and Socioeconomic Development, c. 2100 BC-1900 AD*(London: Greenwood Press, 1997).

_____. *The Premodern Chinese Economy: Structural Equilibrium and Capitalist Sterility*(London: Routledge, 1999).

Derry, T. K.. *A History of Scandinavia*(Minneapolis: University of Minnesota Press,

1979).

Devall, Bill and Session, George. *Deep Ecology: Living as if Nature Mattered*(Salt Lake City: Peregime Smith Books, 1985).

Dijkstra, Trude, and Thijs Weststeijn, "Constructing Confucius in the Low Countries", *De Zeventiende Eeuw Culture in de Nederlanden in interdisplinair perspectief*, Vol. 32-Issue 2- 2016.

Dirik, Arif. "Global Modernity". *European Journal of Social Theory* 6 no.3(2003).

Dobie, Madeleine. "Montesquieu's Political Fictions: Oriental Despotism and the Representation of the Feminine". *Studies on Voltaire and the Eighteenth Century*, Vol.348(Institut et musée, 1996).

Drucker, Peter F. *Managing in the Next Society*(New York: St. Martin's Press, 2002). 피터 드러커(이재규 옮김), 『Next Society(넥스트 소사이어티)』(서울: 한국경제신문, 2002).

Du Pont de Nemours, Pierre Samuel. *De l'origine des progrès d'une science nouvelle*(Londres· Paris: Chez Desaint, Libraire, 1768).

Dunn, Ross E.. *The Adventures of Ibn Battuta*(Berkeley/Los Angeles: University of California Press, 1986·2005).

Dunne, George H.. *Generations of Giants: The Story of the Jesuits in China in the Last Decades of the Ming Dynasty*(Notre Dam, Indiana: University of Notre Dame Press, 1962).

Edmonds, David and Eidinow, John. "Enlightened enemies." *The Guardian*. Saturday 29 April 2006.

Edwardes, Michael. *East-West Passage: The Travel of Ideas, Arts and Ib\nterventions between Asia and the Western World*(Cassell·London: The Camelot, 1971).

Elkins, Stanley, and McKitrick, Eric. *The Age of Federalism*(New York·Oxford: Oxford University Press, 1993).

Elisseeff-Poisle, Danielle. "Chinese Influence in France, Sixteenth Centuries". Thomas H. C. Lee, *China and Europe: Images and Influence in Sixteenth to Eighteenth Centuries*(Hong Kong: The Chinese University of Hong Kong Press, 1991).

Elvin, Mark. "High-level Equilibrium Trap: The Causes of the Decline of Invention in the Traditional Chinese Textile Industries". W. E. Willmott(ed.), *Economic Organization in Chinese Society*(Stanford: Stanford Unuversity Press, 1972).

_____. *The Pattern of the Chinese Past*(Stanford: Stanford University Press, 1973).

_____. "Why China Failed to Create an Endogenous Industrial Capitalism: A Critique of Max Weber's Explanation". *Theory and Society*, 13(1984).

Eisenstadt, Shmuel & Wolfgang Schluchter, "Introduction: Paths to Early Modernities - A Comparative View". *Daedalus* 127 no. 3(1998).
Eisenstadt, Shmuel. "Multiple Modernities", *Daedalus* 129 no.1(2000)
　(ed.). *Multiple Modernities*(New Brunswick, N. J.: Transaction Publisher, 2002).
Evans, Eric J.. *The Forging of the Modern State: Early Industrial Britain, 1783-1870*(Oxford/New York: Routrledge, 1983·2001).
Fairbank, John K.. "A Preliminary Framework". John K. Fairbank(ed.), *The Chinese World Order: Traditional China's Foreign Relations*(Cambridge, Mass: Harvard University Press, 1968).
Fan Cunzhong(范存忠), "The Beginnings of the Influence of Chinese Culture in England", 73쪽에서 재인용. Adrian Hsia(ed.), *The Vision of China in the English Literatur of the Seventeenth and Eighteenth Centuries*(Hong Kong: The Chinese University of Hong Kong Press, 1998).
＿＿＿. "Chinese Fables and Anti-Walpole Journalism". Adrian Hsia(ed.), *The Vision of China in the English Literatur of the Seventeenth and Eighteenth Centuries*(Hong Kong: The Chinese University of Hong Kong Press, 1998).
＿＿＿. "Dr. Johnson and Chinese Culture", 267쪽. Adrian Hsia(ed.), *The Vision of China in the English Literatur of the Seventeenth and Eighteenth Centuries*(Hong Kong: The Chinese University of Hong Kong Press, 1998).
Faure, David. *The Rural Economy of Pre-Liberation China: Trade Expansion and Peasant Livelihood in Jiangsu and Guangdong, 1870 to 1937*(Oxford: Oxford University Press, 1990).
＿＿＿. *China and Capitalism: A History of Business Enterprise in Modern China*(Hong Kong: Hong Kong University Press, 2006).
Ferguson, Donald. "Introduction". Donald Ferguson(ed.) *Letters from Portuguese captives in Canton*, written in 1534 & 1536(Bombay: Educ. Steam Press, 1902).
　(trans. and ed.). *Letters from the Portuguese Captives in Canton written in 1534 and 1536*(Bombay: Eduction Society's Steam Press, 1902).
Fernandez-Armesto, Felipe. *Millenium*(London: Black Swan, 1996).
Fetscher, Iring. "Einleitung". Thomas Hobbes, *Leviathan* [1651], hg. v. I. Fetscher(Frankfurt am Main, 1984).
Feuerwerker, Albert. *The Chinese Economy, 1870-1911*(Ann Arbor, Michigan: Center for Chinese Studies, 1969).
＿＿＿. "Economic Trends, 1912-49", 28쪽. John K. Fairbank(ed.), *The Cambridge History of China*, Vol. 12: *Republican China, 1912-1949*, Part I(Cambridge: Cambridge

University Press, 1983).

_____. "Chinese Economic History in Comparative." Paul S. Ropp(ed.). *Heritage of China*(Berkeley: University of California Press, 1990).

Flynn, Dennis O., and Arturo Giráldez, "Cycle of Silver: Global Economic Unity through the Mid-Eighteenth Century", *Journal of World History*, 13(2) [391-427쪽].

Fogel, Joshua A.. *Politics and Sinology: The Case of Naito Konan* [1866-1934](Cambridge, Mass.: Harvard University Asia Center, 1984).

Foreman, Dave. "A Spanner in the Woods(n.d.)." Interviewed by Bill Devall. *Simply Living* 2. 12.

Forrest, Denys. *Tea for the British: The Social and Economic History a Famous Trade*(London: Chatto & Windus, 1973).

Foucault, Michel. *Histoire de la folie*(Paris: Librairie Plon, 1961). Michel Foucault. *Wahnsinn und Gesellschaft. Eine Geschichte der Wahns im Zeitalter der Vernunft*(Frankfurt am Main: Suhrkamp, 1989).

_____. *Les mots et les choses*(Paris: Editions Gallimard, 1966). 독역본: Michel Foucault. *Die Ordnung der Dinge*(Frankfurt am Main: Suhrkamp, 1974).

_____. *L'archéologie du savoir*. Michel Foucault. *Archäologie des Wissens*(Frankfurt am Main: Suhrkamp, 1989).

_____. "Der Ariadnefaden ist gerissen"(1969). Gilles Deleuze·Michel Foucault. *Der Faden ist gerissen*(Berlin: Merve Verlag, 1977).

_____. *Surveiller et punir. La naissance de la prison*(Paris: Editions Gallimard, 1975). 독역본: *Überwachen und Strafen. Die Geburt des Gefängnisses*(Frankfurt am Main: Suhrkamp, 1976).

_____. *Histoire de la sexualité*. Vol 2. *L'usage des plairs; Histoire de la sexualité*. Vol. 3. *Le souci de soi*(Paris: Editions Gallimard, 1984). 독역본: *Der Gebrauch der Lüste. Sexualität und Wahrheit 2; Die Sorge um sich. Sexualität und Wahrheit 3*(Frankfurt am Main: Suhrkamp, 1989).

Fox-Genevese, Elizabeth. *The Origins of Physiocracy: Economic Revolution and Social Order in Eighteenth-Century France*(Ithaca: Cornell University Press, 1976).

Frank, Andre Gunder. *ReOrient*(Berkeley: University of California, 1998). 안드레 군더 프랑크(이희재 역), 『리오리엔트』(서울: 이산, 2003).

Franklin, Benjamin. "Memoirs of the Culture of Silk". Leonard Lafare(ed.), *The Papers of Benjamin Franklin*, Vol. 12(New Haven and London: Yale University Press, 1986).

Fujikawa, Mayu. "The Borghese Papacy's Reception of a Samurai Delegation and its

Fresco-Image at the Palazzo del Quirinale, Rome". Christina H. Lee(ed.), *Western Visions of the Far East in a Transpacific Age, 1522-1657*(London and New York: Routledge, 2012).

_____. "To Cadwallader Evans(London 18, 1771)". John Biglow(ed.), *The Complete Works of Benjamin Franklin*, Vol. IV(New York: Putnam's Son, 1887).

Gang Deng, *Chinese Maritime Activities and Socioeconomic Development, c. 2100 BC-1900 AD*(London: Greenwood Press, 1997).

Gaonka, Dilip P.. "On Alternative Modernities". Dilip P. Gaonka(ed.), *Alternative Modernities*(Durham: Duke University Press, 2001).

Gardella, Robert. "Squaring Accounts: Commercial Bookkeeping Methods and Capitalist Rationalism in Late Qing and Republic China". *The Journal of Asian Studies*, 51(May 1992).

Gay, Peter. "Locke on the Education of Paupers". Amélie Oksenberg Rorty(ed.), *Philosophers on Education: Historical Perspectives*(London: Routledge, 1998).

Geisst, Charles R.. *The Political Thought of John Milton*(London: The Macmillan Press LTD, 1984).

Gerhardt, Volker. *Pathos und Distanz*(Stuttgart: Philipp Reclam, 1988).

Gerlach, Hans Christian. *Wu-wei*(無爲) *in Europe – A Study of Eurasian Economic Thought*(London: Department of Economic History London School of Economics, 2005).

Gewirth, Alan. "Marsilius of Padua", *The Encyclopedia of Philosophy*, vol. 5(New York: Macmillan, 1967).

Gibbon, Edward, *Memoirs of Edward Gibbon*. Edward Gibbon. *Memoirs of the Life and Writings of Edward Gibbon, Esq.*, Vol.1 in Two Vols.(London: Whittaker, Treacher, and Arnot, 1825).

_____. *The History of The Decline and Fall of the Roman Empire*, Vol III [1782], noted. by H. H. Milman(New York Harper & Brothers, 1845).

Gil, Juan. "Chinos in Sixteenth-Century Spain". Christina H. Lee(ed.), *Western Visions of the Far East in a Transpacific Age, 1522-1657*(London and New York: Routledge, 2012).

Gilbert, Allan H.. "Milton's China". *Modern Language Notes*, Vol. 26, No.6(Jun., 1911).

Gilligan, Carol. "In a Different Voice: Women's Conceptions of the Self and of Morality", *Harvard Educational Review* 47(1977) [481-517쪽].

Gilroy, Paul. *The Black Atlantic Modernity and Double Conscienciousness*(Cambridge: Harvard University Press, 1993).

_____. *In a Different Voice: Psychological Theory and Women's Development*(Cambridge: Harvard University Press, 1982).

Goldsmith, Oliver(Anonymous), *The Citizen of the World: or Letters from a Chinese Philosopher, residing in London, to his Friends in the East,* 2 Volumes(London: Printed for the Author, 1762).

_____. *The Works of Oliver Goldsmith*, Five Volumes, ed. by J. W. Gibbs(London: George Bell and Sons, 1908).

Goody, Jack. *The East in the West*(New York: Cambridge University Press, 1996).

Gottlieb, Sidney. "Milton's Land-Ships and John Wilkins". *Modern Philology*(August 1986).

Grapard, Allen G.. "Voltaire and East Asia - A Few reflection on the Nature of Humanism." *Cahiers d'Extrêm-Asie*, Vol. 1(1985).

Gray, John. *Enlightenment's Wake*(London: Routledge, 1995).

Gray, Thomas. *The Works of Thomas Gray*, Vol. II, IV(London: William Pickering, 1836).

Gress, David. *From Plato to NATO - The Idea of the West and its Opponents*(New York·London·Toronto: The Free Press, 1998).

Grisworld, Jr., Charles L.. *Adam Smith and the Virtues of Enlightenment*(Cambridge/New York: Cambridge University Press, 1999).

Groom, Nick. *The Making of Percy's Reliques*(Oxford: Oxford University Press, 1999).

Gu, Min Dong. "Sinologism, the Western World View, and the Chinese Perspective", 4쪽. *CLCWeb*: Comparative Literature and Culture, vol.15, No.2. Available from: <http://docs.lib.purdue.edu./clcweb/wol15/iss2/2>.

Gunn, Geoffrey C.. *First Globalization: The Eurasian Exchange, 1500-1800*(New York: Rowman & Littefield Publishers. 2003).

Guthrie, W. K. C. *A History of Greek Philosophy*. Vol. 5. *The Later Plato and the Academy*(Cambridge: Cambridge University Press, 1978).

Hall, John A.. *Powers and Liberties: The Causes and Consequences of the Rise of the West*(Berkeley: University of California Press, 1985).

Halliwell, Stephen. "The Life-and-Death Journey of the Soul: Myth of Er." G. R. Ferrari(ed.). *The Cambridge Companion to Plato's Republic*(Cambridge·New York: Cambridge University Press, 1998).

Hamacher, Werner(Hrsg.). *Nietzsche aus Frankreich. Essays von Maurice Blanchot, Jacques Derrida, Pierre Klosswski, Philippe Lacoue-Labarthe, Nancy und Bernd Pautrat*(Frankfurt am Main·Berlin: Ullstein, 1986).

Hamilton, Gary G.. *Commerce and Capitalism in Chinese Societies*(London/ New York: Routledge, 2006).

Hamowy, Ronald. "Jefferson and the Scottish Enlightenment: A Critique of Garry Wills's *Inventing America: Jefferson's Declaration of Independence*", *The Independent Review*(October 1, 1979).

Hampson, Norman. "The Enlightenment in France". Roy S. Porter & Mikulas Teich(ed.), *The Enlightenment in National Context*(Cambridge: Cambridge University Press, 1981).

Hartwell, Robert. "Markets, Technology, and the Structure of Enterprise in the Development of the Eleventh Century Chinese Iron and Steel Industries." *Journal of Economic History* 26(1966).

Hatchett, William(Anonymous), *The Chinese Orphan: An Historical Tragedy. Alter'd from a Specimen of the Chinese Tragedy, in Du Halde's History of China. Interspers'd with Songs, after the Chinese Manner*(London: Printed for Charles Corbett, 1741).

Hauser, Marc D.. *Moral Minds*(New York: HarperCollins Publishers, 2006).

Herrick, Judson C.. *The Evolution of Human Nature*(Austin: University of Texas Press, 1956).

Hess, Peter. "Besitzfrage." *SOZIALISMUS* 4/1992(Hamburg: VSA-Verlag).

Hettling, Manfred. "Geschichtlichkeit - Zwerge auf den Schultern von Riesen." Jakob Tanner et al. *Eine kleine Geschichte der Schweiz*(Frankfurt am Main: Suhrkamp, 1998).

Hirschl, Ran. "Montesquieu and the Renaissance of Comparative Public Law". Rebecca E. Kingston, *Montesquieu and His Legacy*(Albany: SUNY Press, 2009).

Ho Ping-Ti. *The Ladder of Success in Imperial China: Aspects of Social Mobility, 1368-1911*(New York: Columbia University Press, 1962). 何柄棣(조영록 외 역), 『중국과거제도의 사회사적 연구』(서울: 동국대학교출판부, 1987).

Hobson, John M. *The Eastern Origins of Western Civilization*(Cambridge·New York: Cambridge University Press, 2004·2008).

Hoffman, Martin L.. *Empathy and Moral Development: Implications for Caring and Justice(*Cambridge: Cambridge University Press, 2000, reprinted 2003).

Hoffman, Y., *The Idea of Self East and West: A Comparison between Buddhist Philosophy and the Philosophy do David Hume*(Calcutta: Firma, 1980).

Holton, Gerald. *Science and Anti-Science*(Cambridge[Massachusetts]: Havard University Press, 1993).

Honour, Hugh. *Chinoiserie. The Vision of Cathay*(New York: Harper & Row Publishers, 1961).

Hont, Istvan. "The 'Rich Country - Poor Counttry' Debate Revisited: The Irish Origins and French Reception of the Hume Paradox". Carl Wennerlind and Magaret Schabas(ed.), David Hume's Political Economy(London: Routledge, 2008).

Hou, Chi-ming. *Foreign Investment and Economic Development in China, 1840-1937*(Cambridge, MA: Harvard University Press, 1965).

Howitt, William. *Colonization and Christianity - A Popular History of the Treatment of the Natives by the Europeans in all their Colonies*(London: Longman, Orme, Brown, Green, & Longmans, 1838).

Hruschka, Joachim. "The Greatest Happiness Principle and Other Early German Anticipations of Utilitarian Theory". *Utilitas* 3(1991).

Hsu Tzu-fen, "Traditional Chinese Booking Methodology". *Chinese Business History*(中國商業歷史), Vol. 2, No. 1(Nov., 1991).

Huang, Philip C. C.. *The Peasant Economy and Social Change in North China*(Stanford: Stanford University Press, 1985).

_____. *The Peasant Family and Rural Development in the Yangzi Delta, 1350-1988*(Stanford: Stanford University Press, 1990).

_____. "The Peasant Family and Rural Development in the Yangtzi Delta, 1350-1988: A Reply to Ramon Myers", *The Journal of Asian Studies* 50, 3(Aug. 1991).

Hucker, Charles O.. "Ming Government". Denis Twitchett and Frederick W. Mote(ed.), *The Cambridge History of China*, Volume 8, *The Ming Dynasty, 1368-1644*, Part 2(Cambridge: Cambridge University Press, 1998; Reprinted 2007).

Hudson, Geoffrey F.. *Europe and China: A Survey of their Relations from the Earliest Time to 1800*(Boston: Beacon Press, 1931·1961).

_____. "China and the World." Raymond Dawson(ed.). *The Legacy of China*(Oxford·London·New York: Oxford University Press, 1964·1971).

Hughes, Ernest R.(transl.). *The Great Learning and The Mean-In-Action*(London: J. M. Dent abd Sons Ltd., 1942).

Hulliung, Mark. *Montesquieu and the Old Regime*(Berkeley: University of California Press, 1976).

Hung, Ho-fung. "Early Modernities and Contentious Politics in Mid-Quing China, c. 1740-1839". *International Sociology* 19 no.4(2004).

Huntington, Samuel P.. *The Third Wave: Democratization in the Late Twentieth Century*(Norman: University of Oklahoma Press, 1991).

_____. "The Clash of Civilizations?", *Foreign Affairs*, Vol. 72, no. 3(Summer 1993).

_____. *The Clash of Civilizations and the Remaking of World Order*(New York: Touchstone, 1996). 새뮤얼 헌팅턴(이희재 옮김), 『문명의 충돌』(서울: 김영사, 1998).

_____. "The West: Unique, Not Universal". *Foreign Affairs*, Vol. 75(6)(Nov./Dec. 1996).

Huntley, Frank L.. "Milton, mendoza, and the Chinese Land-Ship". *Modern Language Notes*(June, 1954).

Hutchinson, D. S. "Ethics." Jonathan Barnes(ed.). *The Cambridge Companion to Aristotle*(Cambridge: Cambridge University Press, 1995).

Hwang, Tai-Youn. "Verschollene Eigentumsfrage. Zur Suche nach einer neuen Eigentumspolitik." In: *SOZIALISMUS* 2/1992(Hamburg: VSA-Verlag).

_____. *Herrschaft und Arbeit im neueren technischem Wandel. Zum Verhältnis der neuen Technik bzw. der neuen Reproduktionsweise des Kapitals zu Herrschaft Arbeit und Umwelt*(Frankfurt am Main·Bern·New York·Paris: Peter Lang, 1992).

_____. "Habermas' Critical Theory and Another Marx Unveiled: A Confrontation with Habermas' Communicative 'Critical Theory of Society.'" In: Sang-Jin Han(ed.). *Habermas and the Korean Debate*(Seoul: Seoul National University Press, 1988).

Iacoboni, Marco. *Mirroring People: The Science of Empathy and How We Connect with Others*(New York: Picador, 2008·2009).

Impey, Oliver. *Chinoiserie. The Impact of Oriental Styles on Wester Art and Decoration*(New York: Charles Scribner's Sons, 1977).

Iorio, Dominick A.. "Introduction". Dominick A. Iorio(trans.), *Nicolas Malebranche: Dialogue between a Christian Philosopher and a Chinese Philosopher on the Existence and Nature of God*(Washington, D.C., University Press of America, 1980), [1-41쪽].

Israel, Jonathan I.. "General Introduction". Jonathan I. Israel(ed.), *The Anglo-Dutch Moment*(Cambridge: Cambridge University Press, 1991·2003).

_____. *Radical Enlightenment - Philosophy and the Making of Modernity 1650-1750*(Oxford: Oxford University Press, 2001).

_____. *Enlightenment Contested - Philosophy, Modernity, and the Emancipation of Man 1670-1752*(Oxford: Oxford University Press, 2006).

_____. *Democratic Enlightenment - Philosophy, Revolution, and Human Rights 1750-1790*(Oxford: Oxford University Press, 2006).

_____. "Bayle's Double Image during the Enlightenment". Wiep van Bunge and Hans Bots(ed.), *Pierre Bayle(1647-1706), 'le philosophe de Rotterdam': Philosophy, Religion and Reception*, Selected Papers of the Tercentenary Conference held at Rotterdam, 7-8 December 2006(Leiden·Boston: Brill, 2008).

Jacobsen, Stefan G.. "Physiocracy and the Chinese Model: Enlightened Lessons from China's Political Economy". Ying Ma and Hans-Michael Trautwein(ed.), *Thoughts on Economic Development in China*(Oxford: Routledge, 2013).

_____. "Chinese Influences of Images? Fluctuating Histories of How Enlightenment Europe Read China". *Journal of World History*, Vol. 24, no. 3(2013).

_____. "Limits to Despotism: Idealizations of Chinese Governance and Legitimations of Absolutist Europe". *Journal of Early Modern History*, 17(2013).

Jacobson, Nolan Pliny. "The Possibility of Oriental Influences in Hume' Philosophy." *Philosophy East and West*, Vol. 19, Issue 1(Jan., 1969).

Jardine, Lisa. "Introduction" to Francis Bacon's *New Organon*. Edited by Lisa Jardine and Michael Silverthorne(Cambridge: Cambridge University Press, 2000).

_____. "Lorenzo Valla: Academic Scepticism and the New Humanist Dialectic." M. Burnyeat(ed.). *The Sceptical Tradition*(Berkeley and Los Angeles: University of California Press, 1983).

Jaspers, Karl. *Die Großen Philosophen*(München: Piper, 1957). 카를 야스페스(권영경 옮김), 『위대한 사상가들: 소크라테스·석가모니·공자·예수』(서울: 책과함께, 2005).

Jebb, Richard. "Introduction". John Milton, *Areopagitica, with a Commentary by Sir Richard C. Jebb and with Supplementary Material*(Cambridge at the University Press, 1918).

Jensen, Lionel M. *Manufacturing Confucianism*(Durham·London: Duke University Press, 1997·2003).

Jenkinson, Sally L.. "Introduction: a defence of justice and freedom". Pierre Bayle, *Political Writings*(Cambridge: Cambridge University Press, 2000).

Jenkinson, Matt. "Nathanael Vincent and Confucius's 'Great Learning' in Restauration England". *Note and Record of the Royal Society of London*, Vol. 60, No. 1(Jan. 22, 2006).

Jespersen, Knud J. V.. Jespersen, *A History of Denmark*(New York: Palgrave Macmillan, 2004·2011).

Johnson, Richard R.. "The Revolution of 1688-9 in the American Colonies". Jonathan I. Israel, *The Anglo-Dutch Moment. Essays on the Glorious Revolution and its World Impact*(Cambridge: Cambridge University Press, 1991).

Johnson, Samuel. "Preface". Father Jerome Lobo, *A Voyage to Abyssinia* [1735], Translated from the French by Samuel Johnson(London: Printed for Elliot and Kay, 1789).

(Eubulus). "Remarkable Example in a Prince and Subject". *Gentleman's Magazine*

8(July, 1738; London).
_____. "Essay on the *Description of China*". *Gentleman's Magazine* 12(June, 1742).
_____. "The Account of China continued". *Gentleman's Magazine* 12(July, 1742).
Jones, David M.. *The Image of China in Western Social and Political Thought*(New York: Palgrave, 2001).
Jones, Eric I.. *Growth Recruiting: Economic Change in World History*(Oxford: Clarendon Press, 1988)
Jones, Eric L.. *The European Miracle: Environments, Economies and Geopolitics in the History of Europe and Asia*(Cambridge: Cambridge University Press, 1981).
_____. *Growth Recurring. Economic Change in World*(Ann Arbor, Michigan: The University of Michigan Press, 1988).
Joseph II. "Rêveries"(translates from the original French). Derek Beales, *Enlightenment and Reform in 18th-Century Europe*(London: I. B. Tauris, 2005), Appendix [169-176].
Joyce, Richard. *The Evolution of Morality*(Cambridge[Massachusetts]: The MIT Press, 2006·2007).
Jullien, François. *Fonder la Morale. Dialogue de Mencius avec un Philosophie des Lumières.*(Paris: Editions Grasset, 1996). 프랑수아 줄리앙(허경 역), 『맹자와 계몽철학자의 대화』(서울: 한울아카데미, 2004).
Jun Seong Ho and James B. Lewis. "Wages, Rents, and Interest Rates in Southern Korea, 1700 to 1900." *Research in Economic History*. Vol. 24(2007).
Jourdain, Margaret, and R. Soame Jenyns, *Chinese Export Art. In the Eighteenth Century*(Middlesex: Spring Books, 1950·1967).
Kagan, Jerome. *What is Emotion?: History, Measures, and Meanings*(Binghamton[NY]: Vail-Ballou Press, 2007).
Karcher, Stephen. *How to Use the I Ching*(London: Element, 1997).
Katzenstein, Robert. "Funktion". *SOZIALISMUS*. Hamburg: VSA-Verlag 4/1992.
Kaya, Ibrahim. "Modernity, Opnenness, Interpretation: A Perspective on Multiple Modernities". *Social Science Information* 43 no. 1(2004).
Kaye, Frederick B.. "Introduction"(1924). In: Bernard de Mandeville, *The Fable of the Bees, or Private Vices, Publick Benefits*(1714·1723). With a Commentary by Frederick. B. Kaye. 2 Volumes. Photographic Reproduction of the Edition published by Oxford University Press in 1924(Indianapolis: Liberty Fund, 1988).
Keltner, Dacher. *Born to be Good: The Science of a Meaningful Life*(New York: W. W. Norton & Company, 2009).

Kennedy, Paul. *The Rise and Fall of the Great Powers - Economic Change and Military Conflict from 1500 to 2000*(New York: Random House, 1987).

Jung, Kim Dae. "Is Culture Destiny? The Myth of Asia's Anti-Democratic Values: A Response to Lee Kuan Yew". *Foreign Affairs*, 73, no. 6(Nov./Dec. 1994).

Kautsky, John H.. *The Politics of Aristocratic Empires*(Chapel Hill: University of North Carolina Press, 1982).

Keynes, John M.. "The End of Laissez-Faire"(1926). Keynes, *Essays in Persuasion* [1931](New York: Palgrave Macmillan, 2010).

Kircher, Athansius. *China Monumentis, qua sacris qua Profanis, nec vanriis naturae and artis spectaculis, aliarumque rerum memorablium argumentis illustrata [China Illustrata]*(Amsterdam: 1667). 영역본: Athansius Kircher, *China Illustrata*, translated by Van Tuyl(1986). http://hotgate.stanford.edu/Eyes/library/kircher.pdf. 최종검색일: 2013.1.20.

Kocka, Jürgen. *Weder Stand noch Klasse: Unterschichten um 1800*(Bonn: Verlag J. H. W. Dietz Nachf., 1990).

_____. *Arbeitsverhältnis und Arbeitsexistenzene: Grundlagen der Klassenbildung im 19. Jahrhundert* (Bonn: Verlag J.H.W. Dietz Nachf., 1990).

Kohlberg, Lawrence, Dwight R. Boyd & Charles Levine, "The Return of Stage 6: Its Principle and Moral Point View". Thomas E. Wren(ed.), *The Moral Domain*(Cambridge, Massachusetts: The MIT Press, 1990).

Kosman, Aryeh. "Justice and Virtue. The Republic's Inquiry into Proper Difference." G. R. Ferrari(ed.). *The Cambridge Companion to Plato's Republic*(Cambridge·New York: Cambridge University Press, 1998).

Koss, Nicholas. "Matteo Ricci on China via Samuel Purchas: Faithful Re-Presentation". Christina H. Lee(ed.), *Western Visions of the Far East in a Transpacific Age, 1522-1657*(London and New York: Routledge, 2012).

Kow, Simon. *China in Early Enlightenment Political Thought*(Oxford[Oxon]: Routledge, 2017).

_____. "Confucianism, Secularism, and Atheism in Bayle and Montesquieu", *The European Legacy*, Vol.16, No.1(2011).

Krause, Sharon. "Despotism in *The Spirit of the Laws*". D. W. Carrithers, M. A. Mosher & P. A. Rahe(ed.), *Montesquieu's Science of Politics* (Lanham, MD: Rowman & Littlefield, 2001).

Kriedte, Peter. *Spätfeudalismus und Handelskapital: Grundlinien der europäischen Wirtschaftsgeschichte von 16. bis zum Ausgang des 18. Jahrhunderts*(Göttingen:

Vadenhoeck & Ruprecht, 1980).

Kuhn, Philip. *Rebellion and its Enemies in Late Imperial China*(Cambridge, MA: Harvard University Press, 1970).

Kuitert, Wybe. "Japanese Robe, *Sharawadgi*, and the Landscape Discourse of sir William Temple and Constantijn Huygens". *Garden History*, 41(2), Plates II-VI(2013).

La Rivière, Le Mercier de. *L'ordre naturel et essentiel des sociétés politiques*(Londres: Chez Jean Nourse, librairie, & se trouve à Paris, Chez Daint, librairie, 1767).

Lach, Donald F. "China and the Era of the Enlightenment". *The Journal of Modern History*, Vol. 14, no. 2(Jun., 1942).

_____. "Leibniz and China." *Journal of the History of Ideas*. Vol. 6, No. 4(Oct. 1945).

_____. "The Sinophilism of Christian Wolff." *Journal of the History of Ideas*. Vol. 14, No. 4(Oct. 1953).

Lach, Donald F. and Edwin J. van Kley. *Asia in the Making of Europe* III(Chicago: Chicago University Press, 1993).

Lai, Yuen-Ting. "The Linking of Spinoza to Chinese Thought by Bayle and Malebranche". *Journal of the History of Philosophy*, Vol. 23, No. 2(Apr., 1985).

Larrimore, Mark. "Orientalism and Antivoluntarism in the History of Ethics: On Christian Wolff's *Oratorio Sinarum Philosophia Pratica*", *The Journal of Religious Ethics*, Vol. 28,No. 2(Sommer, 2000).

Le Blanc, Charles Yvon. *Huai-nan Tzu*(淮南子). *Philosophical Synthesis in Early Han Thought*: *The Idea of Resonance(*Kan-ying, 感應). With a Translation and Analysis of Huai-nan Tzu Chapter Six(Hong Kong: Hong Kong University Press, 1985). 또는 참조:(Hong Kong: Hong Kong University Press, 1985).

Ledderose, Lothar. "Chinese Influence on European Art, Sixteenth to Eighteenth Centuries". Thomas H. C. Lee, *China and Europe: Images and Influence in Sixteenth to Eighteenth Centuries*(Hong Kong: The Chinese University of Hong Kong Press, 1991).

Lee, Christina H.. "Introduction". Christina H.. Lee(ed.), *Western Visions of the Far East in a Transpacific Age, 1522-1657*(London and New York: Routledge, 2012).

_____. "Imaging China in a Golden Age Spanish Epic", 43-63쪽. Christina H. Lee(ed.), *Western Visions of the Far East in a Transpacific Age, 1522-1657*(London and New York: Routledge, 2012).

Lee, Eun-Jeong. *Anti-Europa: Die Geschichte der Rezeption des Konfuzianismus und der konfuzialnischen Gesellscjaft seit der frühen Aufklärung*(Münster: Lit Verlag, 2003).

Lee, Raymond I. M.. "Reinventing Modernity", *European Journal of Social Theory* 9 no.3(2006).
Lefaivre, Liane, and Alexander Tzonis, *Architecture of Regionalism in the Age of Globalization*(London: Routledge, 2012).
Leites, Edmund. "Confucianism in eighteenth-century England: Natural morality and social reform." *Philosophy East and West* 28(No. 2 April 1978).
Leonard, John. "Introduction". John Milton, *Paradise Lost*(New York: Penguin, 2000).
Levenson, Joseph R.. *Confucian China and Its Modern Fate: A Trilogy*(Berkeley/Los Angeles: University of California Press, 1958-1968).
Lesher, James. "The Meaning of NOUS in the Posterior Analytics." *Phronesis* 18(1973).
Les Missionaires de Peking, *Mèmoires concernant l'historie, les sciences, les arts, les moeures, les usages, &c. des Chinois*, Tome Premier(Paris: Chez Nyon, Libraire, rue S. Jean-de-Beauvais, 1776). 그리고: Les Missionaires de Peking, *Mèmoires concernant l'historie, les sciences, les arts, les moeures, les usages, &c. des Chinois*, Tome Seizieme(Paris: Chez Treuttel et Würzel Libraires, 1814).
Levathes, Luise E. *When China Ruled the Seas*(London: Simon and Schuster, 1994).
Li, Bozhong(李伯重), "Was there a 'Fourteen-Century Turning Point'? Population, Land, Technology, and Farm Management". Paul J. Smith and Richard von Glahn, *The Song-Yuan-Ming Transition in Chinese History*(Cambridge, MA. and London: Harvard University Asia Center, 2003).
_____. "An Early Modern Economy in China; A Study of the GDP of the Huating-Lou Area, 1823-1829". Billy K. L. So(ed.), *The Economy of Lower Yangzi Delta in Late Imperial China*(Oxford: Routledge, 2013).
Li, Bozhong, and Jan Luiten van Zanden, "Before the Great Divergence? Comparing the Yangzi Delta and the Netherlands at the Beginning of the Nineteenth Century". *The Journal of Economic History*, Vol. 72, No. 4(December 2012).
Li, Lillian M.. *China's Silk Trade: Traditional Industry in the Modern World 1842-1937*(Cambridge: Harvard University Press, 1981).
Liddell, Henry George and Scott, Robert. *Liddell and Scott's Greek-English Lexicon*(Oxford: Simon Wallenberg Press, 2007).
Liu, James T. C.(劉子健). *Reform in Sung China: Wang An-shih(1021-1086) and His New Policies*(Cambridge: Harvard University Press, 1959·2013). 제임스 류(이범학 역), 『왕안석과 개혁정책』(서울: 지식산업사, 1991·2003).
Liu, William G.. *The Chinese Market Economy, 1000-1500*(Albany: State University of New York Press, 2015).

Lloyd, Marshall Davies. "Polybius and the Founding Fathers: the Separation of Powers." 1998. Rev: 2006.(http://mlloyd.org/mdl-index/polybius/polybius.htm. 최종검색일: 2008. 11. 8.)

Lockwood, William W.. "Adam Smith and Asia", *The Association for Asian Studies*, Vol.23, No.3(May, 1964).

Long, A. A. "The Socratic Legacy". Keimpe Algra, Jonathan Barnes et al. *The Cambridge History of Hellenistic Philosophy*(Cambridge: Cambridge University Press, 2005).

Lovejoy, Arthur O.. "The Chinese Origin of a Romanticism". Arthur O. Lovejoy, *Essays in the History of Ideas*(Baltimore: Johns Hopkins University Press, 1948, New York: George Braziller, 1955).

Lu, Mingjun. *The Far East in Early Modern Globalization: China and the Mongols in Dunne and Milton*, 2012 Doctoral Dissertation submitted to University of Toronto.

_____. *The Chinese Impact upon English Renaissance: A Globalization and Liberal Cosmopolitan Approach to Donne and Milton*(London: Routledge, 2015)

Lux, Jonathan E.. "'Character reall': Francis Bacon, China and the Entanglements of Curiosity". *Renaissance Studies*, Vol. 29, Issue 2(April 2015).

Luxon, Thomas H.. "Introduction", The Milton Reading Room *Paradise Regained*, Darmuth College. https://www.dartmouth.edu/~milton/reading_room/pr/book_1/text.shtml.

Ma Tao. "Confucian Thought bon the Free Economy". Cheng Lin, Terry Pech and Wang Fang(ed.), *The History of Ancient Chinese Economic Thought*(London: Routledge, 2014).

Ma Ying & Ma Zhixiang, "Evolution of Ancient Chinese Village Governance". *Canadian Social Science*, Vol. 11, No.10(2015).

Mably, Gabriel Bonnet de. *Doutes Proposés aux Philosophes Economistes, sur L'ordre naturel et essentiel des Société politiques(*La Haye: Chez Nyon, 1768).

MacIntyre, Alasdair. *After Virtue. A Study in Moral Theory*(Notre Dame·Indiana: University of Notre Dame Press, 1981·1984).

Mack, Jesse F.. "The Evolution of Milton's Political Thinking", *The Sewanee Review*, Vol. 30, No. 2(Apr., 1922).

Mackerras, Colin. *Western Image of China*(Hongkong·Oxford·New York: Oxford University Press, 1989).

Maddison, Angus. *Monitoring the World Economy*(Paris: OECD, 1995).

Maddison, Angus. *The World Economy. Historical Statistics*(Paris: Development Center of the OECD, 2003).

_____. "Historical Statistics for the World Economy: 1-2003 AD."(http//www.ggdc.net-maddison. 최종검색일: 2010. 10. 1.).

Major, R. H.. "Introduction". *The History of the Great and Mighty Kingdom of China and the Situation thereof*, edited by Sir George T. Staunton, Bart(New York: Routledge, 2016).

Mandelbrote, Scott. "Isaac Vossius and the Septuagint". Eric Jorink and Dirk van Miert, *Isaac Vossius between Science and Scholarship*(Leiden: Brill. 2012).

Manes, Christopher. *Green Range: Radical Environmentalism and the Unmaking of Civilization*(Boston: Little Brown, 1990).

Mann, Michael. *The Sources of Social Power*, Volume 1: *A History of Power from the Beginning to A.D. 1760*(Cambridge: Cambridge University Press, 1986).

_____. *The Sources of Social Power*, Volume 2: *The Rise of Classes and Nation States, 1760-1914*(1993, New Edition 2012).

Marandi, Seyyed Mohammad, and Hossein Pirnajmuddin, "Imaginative Geography: Orientalist Discourse in *Paradise*". *Pazhuhesh-e Zabanha-ye Khareji*, No. 56, Special Issue, English, Spring 2010 [181-196].

Marburg, Clara. *Sir William Temple. A Seventeenth Century 'Libertin'*(New Haven: Yale University Presss, 1932).

Markley, Robert. *The Far East and the English Imagination: 1600-1730(*Cambridge: Cambridge University Press, 2006).

Marks, Robert. *Tigers, Rice, Silk and Silt*(New York: Cambridge University Press, 1997).

Marshall, P. J. and Williams, Glyndwr. *The Great Map of Mankind: British Preception World in the Enlightenment*(Cambridge[MA]: Harvard University Press, 1982).

Marshall, William. *Planting and Ornamental Gardening*(London: Printed for J. Dodsley, 1785).

Martinius, Martinus(Martino Martini). *Sinicae Historiae*, Decas Prima(Amstelaedami: Apud Joannem Blaev, MDCLIX[1659]).

Mason, William. *The English Garden: A Poem*(Dublin: Printed by P. Byrne, 1786).

Mason, Simon. *The Good and Bad Effects of Tea Considered*(London: Printed for John Walkie, 1701·1758).

Massa, Lou. "Physics and Mathematics." René Descartes. *Discourse on Method and Meditations on First Philosophy.* Edited by David Weissman. With Essays by William T. Blum, Lou Massa, Thomas Pavel, John F. Post, Stephen Toulmin,

David Weissman(New Haven·London: Yale University Press, 1996).
Massarella, Derek(ed.), *Japanese Travellers in Sixteenth-Century Europe: A Dialogue Concerning the Mission of the Japanese Ambassadors to the Roman Curia* [1590]. Translated by J. F. Moran(London: Ashgate for The Hakluyt Society, 2012).
Maverick, Lewis Adams. *China - A Model for Europe*, Vol. I(San Antonio in Texas: Paul Anderson Company, 1946).
_____. "A Possible Chinese Source of Spinoza's Doctrine". *Revue de litérature comparée*, Vol. 19, No. 3(July-September 1939).
Maxwell, John. "Introductory Essay II: Concerning the Imperfectness of the Heathen Morality". Richard Cumberland, *A Treatise of the Laws of Nature*, translated, with Introduction and Appendix, by John Maxwell(London: K. Knapton, 1727).
Mazudar, Sucheta. *Sugar and Society in China*(Cambridge, MA/London: Harvard University Press, 1998).
McDermott, Gerald R.. *Jonathan Edwards Confronts the Gods*(Oxford: Oxfod University Press, 2000).
McDermott, Joseph P.. "The Rise of Huizhou Merchants: Kinship and Commerce in Ming China". Billy K. L. So(ed.), *The Economy of Lower Yangzi Delta in Late Imperial China*(Oxford: Routledge, 2013).
McKenna, Anthony. "Pierre Bayle in the Twentieth Century". Wiep van Bunge and Hans Bots(ed.), *Pierre Bayle(1647-1706), 'le philosophe de Rotterdam': Philosophy, Religion and Reception. Selected Papers of the Tercentenary Conference held at Rotterdam, 7-8 December 2006*(Leiden·Boston: Brill, 2008).
McCormick, Ken. "Sima Qian and Adam Smith." *Pacific Economic Review*. 4: 1(1999).
McNeill, William H.. *The Rise of the West: A History of Human Community*(Chicago: University of Chicago Press, 1963, revised edition, 1991).
_____. *The Human Conditions: An Ecological and Historical View*(Princeton: Princeton University Press, 1980).
_____. *The Pursuit of Power: Technology, Armed Force, and Society since A.D. 1000*(Chicago: Chicago University Pressl, 1982).
Mendoza, Juan Gonzalez de. *The History of the Great and Mighty Kingdom of China and the Situation thereof*, 2 vol.(London: Printed by I. Wolfe for Edward White, 1588), Newly ed. by G. T. Stauton(London: Printed for the Hakluyt Society, 1853/4).
Menzel, Johanna M. "The Sinophilism of J. H. G. Justi." *Journal of the History of*

Ideas. Vol. 17, No. 3(June 1956).

Merkel, Franz R.. *G. W. von Leibniz und China-Mission*(Leipzig: J. G. Hinrichs'sche Buchhandlung, 1920).

Messmann, Frank J.. *Richard Payne Knight: The Twilight of Virtuosity*(The Hague: Mouton & Co., 1974).

Metzger, Thomas. *Escape from Predicament: Neo-Confucianism and China's Evolving Political Culture*(New York: Columbia University Press, 1977).

Meynard, Thierry(tran. & ed.). *Confucius Sinarum Philosophus(1687), The Fist Translation of the Confucian Classics*(Roma: Institutum Historicum Soietatis Iesu, 2011).

Mill, James Stuart. "A Review of Plato and the other Companion of Socrates by Gorge Grote(1866)." James Stuart Mill. *Collected Works of John Stuart Mill*. Vol. XI: Essays on Philosophy and the Classics(Toronto: University of Toronto, 1978).

Millar, Ashley E.. "Revisiting the Sinophilia/Sionophobia Dichotomy in the European Enlightenment through Adam Smith's 'Duties of Government'", *Asian Journal of Social Science*, 38(2010) [716-737].

Miller, Mitchel. "Beginning the 'Long Way.'" G. R. Ferrari(ed.), *The Cambridge Companion to Plato's Republic*(Cambridge·New York: Cambridge University Press, 1998).

Min, Eun Kyung. *China and the Writing of English Literary Modernity, 1690-1770*(Cambridge: Cambridge University Press, 2018).

Mizuda, Hiroshi. *Adam Smith's Library: A Catalogue(*Oxford: Oxford University Presss, 2000·2004).

Mokyr, Joel. *The Lever of Riches: Technological Creativity and Economic Progress*(Oxford/New York: Oxford University Press, 1990).

Morley, John. *The Life of Richard Cobden*, Vol.1 in 2 vols.(London: Macmillan and Co., Ltd., 1908).

Morris, Robert. *Select Architecture: Being Regular Designs of Plans and Elevations*(London: Sold by Robert Sayer, 1755).

Morse, Hosea B.. *The Trade and Administration of the Chinese Empire*(London: Longmans, Green, and Co., 1908).

. *The Gilds of China*(London: Longsman, Green and Co., 1909).

Mossner, Ernest Campbell. *The Life of David Hume*(Oxford: Clarendon Press, 1954·1980·2001).

Mueller, Hans-Eberhard. *Bureaucracy, Education, and Monopoly: Civil Service Reforms*

in Prussia and England(Berkeley: University of California Press, 1984).
Mungello, David E.. *Leibniz and Confucianism: the Search for Accord*(Honolulu: University of Hawaii, 1977).
_____. "Malebranche and Chinese Philosophy", *Journal of the History of Ideas*, Vol. 41, No. 4(Oct.-Dec., 1980).
_____. "Confucianism in the Enlightenment: Antagonism and Collaboration between the Jesuits and the Philosophes". Thomas H. C. Lee, *China and Europe: Images and Influence in Sixteenth to Eighteenth Centuries*(Hong Kong: The Chinese University of Hong Kong Press, 1991).
Murphy, Rhoads. *The Treaty Ports and China's Modernization: What weht Wrong?*(Ann Arbor, Michigan: Center for Chinese Studies, 1970).
Musillo, Marco. "Travellers from Afar through Civic Spaces: The Tensho Embassy in Renaissance Italy"Christina H. Lee(ed.), *Western Visions of the Far East in a Transpacific Age, 1522-1657*(London and New York: Routledge, 2012).
Myers, Ramon H.. *The Chinese Peasant Economy: Agricultural Development in Hopei and Shantungm 1890-1949*(Cambridge: Harvard University Press, 1970).
_____. "How Did the Modern Chinese Economy Develop?". *The Journal of Asian Studies* 50, 3(Aug. 1991).
Myers, Ramon, and Yeh-chien Wang, "Economic Development, 1644-1800". Willard J. Peterson(ed.), *The Cambridge History of China*, vol.9, part 1, *The Ch'ing Empire to 1800(*Cambridge: Cambrige University Press, 2002).
Naquin, E. G. Susan, and Rawski, Evelyn. *Chinese Society in the Enlightenment Century*(New Haven·London: Yale University Press, 1987).
Nathan, Andrew J.. "Imperialism's Effects on China". *Bulletin of Concerned Asian Scholars* 4(1972).
Navarrete, Domingo F.. *Tratados Historicos, Politicos, Ethicos, y Religiosos de la Monarchia de China*(Madrid, 1676). 영역본: Dominick F. Navarrete, *An Account of the Empire of China; Historical, Political, Moral and Religious*(London: H. Lintot, J. Osborn, 1681).
Needham, Joseph. "Science and China's Influence on the World." Raymond Dawson(ed.). *The Legacy of China*(Oxford·London·New York: Oxford University Press, 1964·1971).
Needham, Joseph and Wang Ling(assistant). *Science and Civilization in China*, Vol. 2: *History of Scientific Thought*(Cambridge: Cambridge University Press, 1956).
Needham, Joseph, and Tsien Tsuen-Hsuin(錢存訓, contributor), *Science and Civilization*

in China, Vol.5(1): Paper and Printing(Cambridge: Cambridge University Press, 1985).

Needham, Joseph and Ho Ping Yü·Lu Gwei-Djen·Wang Ling, Science and Civilization in China, Vol.(7): Military Technology: Gunpowder Epic(Cambridge: Cambridge University Press, 1986).

Needham, Joseph, and Peter J. Golas(contributor), Science and Civilization in China, Vol.5(13): Mining(Cambridge: Cambridge University Press, 1999).

Neseelrath, Heinz-Günther, u. Reinbothe, Hermann. "Leibniz und China." Georg[sic!] Wilhelm Leibniz, Novissima Sinica - Das Neueste von China. Mit ergänzenden Dokumenten herausgegeben, übersetzt, erläutert von Neseelrath und Reinbothe(Köln: Deutsche China-Gesellschaft, 1979).

Neville N., and H. Bell, Report of the Mission to China of the Blackburn Chamber of Commerce, 1896—7(Blackburn: The North-East Lancashire Press, 1898).

Nieuhoff, John. An Embassy from the East-Indian Company of the United Provinces to the Grand Tatar Cham, Emperour of China, delivered by their Excellencies Peter de Goyer and Jakob de Keyzer, At his Imperial City of Peking [1655](Hague: 1669; 영역본 - London: Printed by John Mocock, for the Author, 1669).

Niggerman, Ulrich. "Some Remarks on the Origins of the Term 'Glorious Revolution'". The Seventeenth Century, Vol.XXVII, No.4(Dec. 2012).

Noël, Francisco. Sinensis imperii libri classici sex, Nimirum Adultorum Schola, Immutabile Medium, Liber Sententiarum, Mencius, Filialis Observantia, Parvulorum Schola(Pragae, Typis Universitatis Carlo-Ferdinandeae, 1711).

Nordstrom, Byron J.. The History of Sweden(Westport:Greenwood Press, 2002).

Norton, David F.. "Introduction", 11쪽. David Hume, A Treatise of Human Nature(Oxford: Oxford University Press, 2007).

Ocko, Jonathan. "The Missing Metapher: Applying Western Legal Scholarship to the Study of Contract and Property in Early Modern China". Madeleine Zelin, Jonathan Ocko, and Robert Cardella(eds.), Contract and Property in Early Modern China(Stanford: Stanford University Press, 2004).

Odum, Eugene P. Ecology - A Bridge Between Science and Society(Sunderland: Sinauer Associates, 1997).

Oncken, August. Die Maxime Laissez faire et laissez passer, ihr Ursprung, ihr Werden(Bern: K. J. Wyβ, 1886).

_____. Der ältere Mirabeau und die Ökonomische Gesellschaft in Bern(Bern, K.J. Wyß, 1886).

Osterhammel, Jürgen. *China und die Weltgesellschaft: Vom 18. Jahrhundert bis in unsere Zeit*(München: C. H. Bech'sche Verlagbuchhandlung, 1989).
Ottmann, Hennig. *Philosophie und Politik bei Nietzsche*(Berlin·New York: Walter de Gruyter, 1987).
Owen, Adrian M. et al, "Detecting Awareness in the Vegetative States". *Science*, Vol. 313.
Pangle, Thomas L. *The Laws of Plato*. Translated with Notes and an Interpretative Essay(Chicago: The Chicago University Press, 1980).
Panksepp, Jaak. "Affective Consciousness: Core Emotional Feelings in Animals and Humans", *Consciousness and Cognition*, Vol. 14, Issue 1(2005).
Parker, Edward H., *China: Past and Present*(London: Chapman & Hall, Ld., 1903).
Parkin, Jon. "Foreword." Richard Cumberland, *A Treatise of the Laws of Nature*. Translated, with Introduction and Appendix, by John Maxwell [1727]. Edited by Jon Parkin(Indianapolis: Liberty Fund, 2005).
Passmore, John Arthur. *The Perfectibility of Man*(London: Gerald Duckworth, 1970).
Peng Yoke Ho, "China and Europe: Scientific and Technological Exchanges". Thomas H. C. Lee, *China and Europe: Images and Influence in Sixteenth to Eighteenth Centuries*(Hong Kong: The Chinese University of Hong Kong Press, 1991).
Percy, Thomas(Anonym). *Hau Kiou Choaan, or The Pleasing History*, Four Volumes(London: Printed for R. and J. Dodsley, 1761)
_____. *Miscellaneous Pieces relating to the Chinese*, Vol. II(London: Printed for R. and J. Dodsley, 1762).
_____. *Reliques of Ancient English Poetry*, 3 Vols.(London: Printed for J. Dodsley in Pall-Mall, 1765).
Perkins, Dwight H.. Perkins, *Agricultural Development in China, 1368-1968(*Chicago: Aldine, 1969).
_____. "Growth and Changing Structure of China's Twentieth-Century Economy". Dwight H. Perkins(ed.), *China's Modern Economy in Historical Perspective*(Stanford: Stanford University Press, 1975).
Perkins, Franklin. *Leibniz and China: A Commerce of Light*(Cambridge: Cambridge University Press, 2004).
Peterson, Willard. "Confucian Learning in Late Ming Thought", 708-709쪽. Denis Twitchett and Frederick W. Mote(ed.), *The Cambridge History of China*, Volume 8, *The Ming Dynasty, 1368-1644*, Part 2(Cambridge: Cambridge University Press, 1998, 2007).

Peukert, Helge. "Justi's Concept of Moral Economics and the Good Society". Jürgen Georg Backhaus. *The Beginnings of Political Economy: Johann Heinrich Gottlob von Justi*(Berlin: Springer, 2008).

Pinot, Virgil. *La Chine et l formation de l'esprit philosophique en France 1640-1740*(Paris: Libraire orientalists Paul Geuthner, 1932); 국역본: 비르질 피노(나정원 역), 『공자와 프랑스 계몽주의(하)』(서울: 앰-에드, 2019).

Pocock, John G. A.. *The Ancient Constitution and the Feudal Law. A Study of English Historical Thought in the Seventeenth Century*(Cambridge·New York: Cambridge University Press, 1957, 1987).

Poivre, Pierre. *Voyages d'un philosophe ou observations sur les moeurs et les arts des peuples de l'Afrique, de l'Asie et de l'Amerique*(Yverdon: chez M. le Professeur de Felice, & à Paris, chez Desaint, Libraire rue du Foin Saint Jacques, 1768).

Pomeranz, Kenneth. "'Traditional' Chinese Business Forms Revisited: Family, Firm, and Financing in the History of the Yutang Company of Jining, 1779-1956", *Lated Imperial China* 18:1(June 1997).

_____. *The Great Divergence: China, Europe, and the Making of the Modern World Economy*(Princeton: Princeton University Press, 2000).

Pomeranz, Kenneth, and Steven Topik, *The World that Trade Created*(New York: M. E. Sharpe, 2013).

Ponting, Clive. *World History*(London: Chatto and Widus, 2000).

Pontoppidan, Erik. *Menoza, Ein Asiatischer Printz, welcher die Welt umher gezogen, Christen zu suchen, besonders in Indien, Hispanien, Italien, Frankreich, England, Holland, Deutschland, und Dänemarck, aber des Gesuche wenig gefunden. Eine Schrift, welche die untrieglich Gründe der natürlichen sowohl als der geoffenabhrten Religion, und wider die Abwege derer meisten Christen im Glauben und Leben treulich warnet*, 3 Bde.(Copenhagen: In der Buchdruckerey des Königl. Wäysen=Hauses, 1747).

Popkin, Richard H.. "Introduction". Pierre Bayle, *Historical and Critical Dictionary*(Indianapolis·Cambridge: Hackett Publishing Company, 1991).

Porter, David. *Ideographia: The Chinese Cipher in Early Modern Europe*(Stanford, Calif.: Stanford University Press, 2001).

_____. *The Chinese Taste in Eighteenth-Century England*(Cambridge: Cambridge University Press, 2010).

_____. "Sinicizing Early Modernity: The Imperatives of Historical Cosmopolitanism". *Eighteenth-Century Studies*, Vol. 43, No. 3(Spring 2010) [299-306쪽].

Potter, Jack M.. *Capitalism and the Chinese Peasant*(Berkley: University of California Press, 1968).
Post, John F. "Epistemology." René Descartes. *Discourse on Method and Meditations on First Philosophy*. Edited by David Weissman. With Essays by William T. Blum, Lou Massa, Thomas Pavel, John F. Post, Stephen Toulmin, David Weissman(New Haven·London: Yale University Press, 1996).
Prestowitz, Clyde. *Three Billion New Capitalists*(New York: Basic Books, 2005). 클라이드 프레스토위츠(이문희 역), 『부와 권력의 대이동』(서울: 지식의숲, 2006).
Priddat, Birger P.. *Le concert universel. Die Physiokrarie - Eine Transformationsphilosophie des 18. Jahrhunders*(Marburg: Metropolis-Verlag, 2001).
Prinz, Jesse J.. *The Emotional Construction of Morals*(Oxford: Oxford University Press, 2007·2013).
Price, Uvedale. *An Essay on the Picturesque: As Compared with the Sublime and the Beautiful*(London: Printed for J. Robson, 1794·1796).
Psarros, Nikos. "The Political Philosophy of St. Thomas Aquinas in comparison to the political Ideas of St. Augustine and al-Farbi: Three Rationalist Conceptions", Conference Paper(June 2018).
Putnam, Hilary. "The Meaning of 'Meaning'". *Minnesota Studies in the Philosophy of Science*, Vol. III, *Language, Mind and Knowledge*(Minneapolis: University of Minesota Press, 1975).
Qian Zhongshu(錢鐘書), "China in the English Literature of the Seventeenth Century". Adrian Hsia(ed.), *The Vision of China in the English Literature of the Seventeenth and Eighteenth Centuries*(Hong Kong: The Chinese University of Hong Kong Press, 1998).
_____. "China in the English Literature of the Eighteenth Century". Adrian Hsia(ed.), *The Vision of China in the English Literatur of the Seventeenth and Eighteenth Centuries*(Hong Kong: The Chinese University of Hong Kong Press, 1998).
Qui Pengsheng(邱澎生). "The Discourse on Insolvency and Negligence in Eighteenth Century China". Robert Hegel and Katherine Carlitz(eds.), *Writing and Law in Late Imperial China*(Seattle: University of Washington Press, 2007).
Rae, John. *Life of Adam Smith*(London & New York: Macmillan, 1985).
Rahe, Paul A.. "Forms of Government: Structure, Principle, Object, and Aim". David W. Carritthers, Michael A. Mosher, and Paul A. Rahe(ed.), *Montesquieu's Science of Politics*(Oxford: Rowman & Littlefireld Publishers, Inc., 2001).
Ramsey, Rachel. "China and the Ideal of Order in John Webb's *An Historical Essay*

…". *Journal of the History of Ideas*, Vol. 62, No. 3(Jul., 2001).

Rand, Benjamin. *The Life, Unpublished Letters, and Philosophical Regimen of Anthony, Earl of Shaftesbury*(London: Swan Sonnenschein & Co. Lim; New York: The MacMillan Co. 1900).

Rawski, Thomas G.. *Economic Growth in Prewar China*(Berkeley: University of California Press, 1989).

Reihman, Gregory M.. "Malebranche and Chinese Philosophy: A Reconsideration", *British Journal for the History of Philosophy*, Vol. 21, No. 2(2003).

Reichwein, Adolf. *China und Europa im Achtzehnten Jahrhundert*(Berlin: Oesterheld Co. Verlag, 1922). 영역본: Reichwein, *China and Europe - Intellectual and Artistic Contacts in the Eighteenth Century*(London·New York: Kegan Paul, Trench, Turner & Co., LTD and Alfred A. Knopf, 1925).

Richter, Melvin. "An Introduction to Montesquieu's 'An Essay on the Causes that May Affect Men's Mind and Characters'", *Political Theory*, Vol.4, No.2(May, 1976).

Richter, Susan. "Der Monarch am Pflug - Von der Erweiterung des Herrschaftsverhältnisses als erstem*[sic!]* Diener zum ersten Landwirt des Staates", *Das Achzehnte Jahrhundert*, 34, no. 1(2010).

_____. "Pater patriae senensis. The Discovery of Patriarchal Rule in China and Its Significance for German Theories of State in the Eighteenth Century". Sntje Flüchter and Susan Richter(Ed.), *Technologies of Governance in Transcultural Encounter*(Heidelberg: Springer-Verlag, 2012).

Riley, Patrick. "Introduction." Gottfried Wilhelm Leibniz. *Political Writings*. Translated and edited with an Introduction and Notes by Patrick Riley(Cambridge: Cambridge University Press, 1972·1988·2006).

_____. "Leibniz's Political and Moral Philosophy in the *Novissima Sinica*, 1699-1999". *Journal of the History of Ideas*, vol. 60, no.2.

Robert, Allen. "Agricultural Productivity and Rural Incomes in England and the Yangtze Delta, c. 1620-c.1820", *Economic History Review* 62(2009).

Robinson, Maxim. *Islam and Capitalism*(Austin: University of Texas Press, 1978).

Rodzinski, Witold. *A History of China*(Oxford: Pergamon Press, 1979).

Rosenberg, Hans. *Bureaucracy, Aristocracy, and Autocracy: The Prussian Experience, 1660-1815*(Boston: Beacon Pres, 1958).

Ronan, Colin A. *The Shorter Science and Civilisation in China by Joseph Needham*. Vol. 1·2(Cambridge: Cambridge University Press, 1981). 조셉 니덤 저·콜린 로넌 축약(이면우 역), 『중국의 과학과 문명』, 축약본 1·2.(서울: 까치, 2000).

Roochnik, David. *Beautiful City. The Dialectical Character of Plato's 'Republic'*(Ithaca ·London: Cornell University Press, 2003).
Rosemont, Henry, Jr., Daniel. J. Cook·Henry. "The Pre-established Harmony between Leibniz and Chinese Thought". *Journal of the History of Ideas*, vol. 42, No. 3(Ap il-June 1981).
_____. "Kierkegaard and Confucius: On Finding the Way". *Philosophy East and West*, Vol.36, No.3(Jul., 1986).
Roosevelt, Theodore. "The Threat of Japan" of Theodore Roosevelt(1909). *Papers of Theodore Roosevelt*, Manuscript Division [120-126쪽], Library of Congress.
_____. "Twisted Eugenics". *The Outlook*(New York), Jan. 3, 1914.
Ross, George McDonald, "Commentary." Gottfried Wilhelm Leibniz, *The Monadology*. Translated by George McDonald Ross, 1999.(http://www. philosophy. leeds.ac.uk./GMR/hmy/ texts/modem/leibniz/monadology/monindex.html: 최종 검색일 2010. 4. 26.).
Rothschild, Emma. *Economic Sentiments - Adam Smith, Condorcet, and the Enlightenment* (Cambridge, MA: Harvard University Press, 2001).
Rowbotham, Arnold H.. "La Mothe le Vayer's *Vertu des payens* and Eighteenth Century Cosmopolitaism", *Modern Language Notes*, LIII, No.1(January 1938).
_____. *Missionary and Mandarin: The Jesuits at the Court of China*(Berkeley and Los Angeles: University of California Press, 1942).
_____. "The Impact of Confucianism on Seventeenth Century Europe", *The Far Eastern Quarterly*, Vol. 4, No. 3(May, 1945).
Rowe, William. "Domestic Interregional Trade in Eighteenth-Century China". Leonard Blussé and Femme Gaastra(eds.), *On the Eighteenth Century as a Category of Asian History*(Aldershot: Ashgate, 1998).
Rubies, Joan-Pau. "Oriental Despotism and European Orientalism: Botero to Montesquieu". *Journal of Early Modern History*, Vol. 9 (2005, nos. 1-2).
Ryan, John A., and Moorhouse F. X. Millar, *The State and the Church*(New York: The MacMillan Company, 1922).
Sabor, Peter(ed.). *Horace Walpole: The Critical Heritage*(London/New York: 1987·Reprinted by Routledge, 1995).
Sachsenmaier, Dominic, Jene Riedel, Shmuel Eisenstadt(ed.), *Reflections on Multiple Modernities*(Boston: Brill, 2002).
Salama, Dalia. *Abrecht von Hallers "Usong" - Ein orientalisierender Staatsroman*(Hamburg: Verlag Dr. Kovac, 2006).

Santangelo, Polo. "The Imperial Factories of Suzhou: Limits and Characteristics of State Intervention during the Ming and Qing Dynasties". S. R. Schram(ed.), *The Scope of State Power in China*(London·Hong Kong: School of Oriental and African Studies University of London/The Chinese University Press The Chinese University of Hong Kong, 1985).

Sargent, A. J.. *Anglo-Chinese Commerce and Diplomacy*(Oxford: At the Clarendon Press, 1907).

Scheler, Max. *Wesen und Formen der Sympathie*(Bern: Francke Verlag, 1973).

Schimidt, Volker. "Multiple Modernities or Variety of Modernity?", *Current Sociology* 54 no.1(2006).

Schmidts, Ludwig. "Jean-Jacques Rousseau, der Philosoph und Pädagoge." Jean-Jacques Rousseau, *Emil oder Über die Erziehung*. Vollständige Ausgabe. In neuer deutscher Fassung besorgt von Ludwig Schmidts(Paderborn ·München·Wien·Zürich: Verlag Ferdinand Schöningh, 1989, 9. Auflage).

Schmiede, R.. "Reelle Subsumtion als gesellschaftliche Kategorie". W. Schumm(Hg.), *Zur Entwickliungsdynamik des modernen Kapitalismus. Beiträge zur Gesellschaftstheorie, Industriesoziologie und Gewerkschaftsforschung*. Symposium für Gerhard Brandt(Frankfurt am Main/New York: 1989).

Schneewind, Sarah. "Thomas Jefferson's Declaration of Independence and King Wu's First Great Pronouncement". *Journal of American-East Asian Relations* 19(2012).

Schottenhammer, Angela. "Brokers and 'Guild'(huiguan) organizations in China's Maritime Trade with Japan in the High Qing". Billy K. L. So(ed.), *The Economy of Lower Yangzi Delta in Late Imperial China*(Oxford: Routledge, 2013).

Schrecker, John E.. *Imperialism and Chinese Nationalism: Germany in Shantung* (Cambridge, MA: Harvard University Press, 1971).

Schofield, Malcolm. *Plato: Political Philosophy*(Oxford·New York: Oxford University Press, 2006).

Schönfeld, Martin. "From Socrates to Kant - The Question of Information Transfer". *Journal of Chinese Philosophy* 67-69(2006).

Schwoerer, Lois G.(ed.). *The Revolution of 1688 ~89*(Cambridge: Cambridge University Press).

Scogin, Hugh. "Poor Relief in Nothern Sung China". *Oriens Extremus*, 25(1978).

Senn, Peter. "What is the Place of Christian Wolff in the History of the Social Sciences?", *European Journal of Law and Economics*, 4(1997).

Semedo, Alvarez(Alvaro). *Imperio de la China y Cultura Evangelica en el por les Religios* de la Compania de Jesus(Madrid: 1641). English edition: *The History of the Great and Renowned Monarchy of China*(London: Printed by E. Taylor for John Crook, 1655).

Shackleton, Robert. *Montesquieu: A Critical Biography*(Oxford: Oxford University Press, 1961).

Shiba, Yoshinobu(斯波義信). *Commerce and Society in Sung China*. Translated by Mark Elvin(Center for Chinese Studies, The University of Michigan, 1970·Reprint 1992). 斯波義信,『宋代商業史硏究』(東京: 風間書房, 1968).

_____. "Urbanization and the Development of Markets on the Lower Yantse Valley". John W. Haeger(ed.), *Crisis and Prosperity in Sung China*(Tucson: University of Arizona Press, 1975).

Shklar, Judith N.. *Montesquieu*(Oxford: Oxford University Press, 1987).

Silhouette, Etienne de(Anonyme). *Idée genénérale du goubernement et de la morale des Chinois - tirée particulièrement des ouvrages de Confucius*(Paris: Chez Quillau, 1729·1731).

(Anonyme). *La balance chinoise, ou lettres d'un chinois lettré. sur l'education*(Amsterdam & Leipzig: Chez J. Schreuder & P. Mortier, 1763; Londres: Chez Jean Nourse et Bruxelles, chez J. van den Berghen & Pierre Vasse, 1768).

Ernest Sirluck, "Milton's Political Thought: The First Cycle", *Modern Philology*, Vol. 61, No.2(Feb., 1964).

Sivin, Nathan. "Science and Medicine in Chines History." Paul S. Ropp(ed.). *Heritage of China*(Berkeley: University of California Press, 1990).

Skinner, G. William. "Marketing and Social Structure in Rural China". *Journal of Asian Studies* XXIV: 1(Nov. 1964).

Smith, Paul J.. "Introduction: Problematizing the Song-Yuan-Ming Transition". Paul J. Smith and Richard von Glahn, *The Song-Yuan-Ming Transition in Chinese History*(Cambridge, MA. and London: Harvard University Asia Center, 2003).

Smith, Paul J., and Richard von Glahn, *The Song-Yuan-Ming Transition in Chinese History*(Cambridge, MA. and London: Harvard University Asia Center, 2003).

So, Billy K. L.. "Economic Values and Social Space in the Historical Lower Yangzi Delta Market Economy". Billy K. L. So(ed.), *The Economy of Lower Yangzi Delta in Late Imperial China*(Oxford: Routledge, 2013).

"Institutions in Market Economies of Premodern Maritime China". Billy K. L. So(ed.), *The Economy of Lower Yangzi Delta in Late Imperial China*(Oxford:

Routledge, 2013).
Sombart, Werner. *Der Bourgois. Zur Geistesgeschichte des Modernen Wirtschaftsmenschen* [1913](Reinbek bei Hamburg: Rowohlt Taschenbuch Verlag, 1988).
Sozialistische Studiengruppen(J. Bischoff F. Fiehler H. Hünnig C. Lieber A. Otto W. Wolfteich A. Zieher). "Eigentum." *SOZIALISMUS*, 5/1992(Hamburg: VSA-Verlag).
Spence, Joseph.(Pseudonym: Sir Harry Beaumont). *A Particular Account of the Emperor of China's Gardens near Pekin*(London: Printed for R. Dodsley, 1752).
Spence, Jonathan D.. "Western Perception of China from the Late Sixteenth Century to the Present." Paul S. Ropp(ed.). *Heritage of China*(Berkeley·Los Angeles: University of California Press, 1990).
_____. *The Search for Modern China*, Vol.1(New York: W.W. Norton, 1990). 국역본: 조너선 D. 스펜스, 『현대중국을 찾아서(1)』(서울: 이산, 1998·2016).
Stan, Carsten, & Henning Melber(ed.). *Peace Diplomacy, Global Justice and international Agency, Rethinking Human Security and Ethics in the Spirit of Dag Hammarskjöld*(Cambridge: Cambridge University Press, 2014).
Stangelo, Paolo. "Confucius in the 18th century Italy". Conference Paper. Conference September 19, 2015 at Venice International University: *The Dialogue between Confucianism and European Cultures*. PDF Available through Google.
Stephen, Leslie. *History of English Thought in the Eighteenth Century*, in two volumes, Vol. I-II(London: Smith, Elder & Co., 1876·1881).
Sznaider, Natan. *The Compassionate Temperament: Care and Cruelty in Modern Society*(Lanham, Maryland: Rowman & Littlefield, 2001).
Tan Min, "The Chinese Origin of Physiocratic Economics". Cheng Lin, Terry Pech and Wang Fang(ed.), *The History of Ancient Chinese Economic Thought*(London: Routledge, 2014).
Tang Lixing, *Merchants and Society in Modern China. From Guild to Chamber of Commerce*(London/New York: Routledge, 2018).
Tang Renwu, "A Comparison between Confucian and Daoist Economic Philosophies in the pre-Qin Era". Cheng Lin, Terry Pech and Wang Fang(ed.), *The History of Ancient Chinese Economic Thought*(London: Routledge, 2014).
Tatián, Diego. "The Potentiality of the Archaic: Spinoza and the Chinese", *The Journal of the British Society for Phenomenology*, Vol. 45, No. 1(2014).
Taureck, Bernhard H. F. *Nietzsche und der Faschismus*(Hamburg: Junius, 1989).
_____. *Nietzsche-ABC*(Leipzig: Reclam, 1999).

Taylor, Charles. "Interpretation and the Sciences of Man". Fred R. Dallmayr & Thomas A. McCarthy(eds.), *Understanding and Social Inquiry*(Notre Dame·London: University of Notre Dame Press, 1977).
Temple, Robert. *The Genius of China*(London: Prion Books, 1999).
Têng Ssu-yü(鄧嗣禹). "Chinese Influence on the Western Examination System". *Harvard Journal of Asiatic Studies*, Vol. 7, No. 4(Cambridge, 1943).
Thoreau, Henry D.. "Civil Disobedience"(Original title: "Resistance to Civil Government"). Thoreau. *Walden and Civil Disobedience*(San Diego: Baker & Taylor Publishing Group, 2014).
Tindal, Matthew. *Christianity as Old as the Creation, or the Gospel, a Republication of the Religion of Nature*, Vol.1(London: 1730).
Todorov, Tzvetan. *On the Human Diversity: Nationalism, Racism, and Exoticism in French Thought*(Cambridge, MA: Harvard University Press, 1993).
Trevor-Roper, Hugh. "Epilogue: The Glorious Revolution". Jonathan I. Israel, *The Anglo-Dutch Moment. Essays on the Glorious Revolution and its World Impact*(Cambridge: Cambridge University Press, 1991).
Trigault, Nicolas. *De Christiana expeditione apud Sinas*(Augsburg, 1615). 영역본: Luis J. Gallagher, *China in the Sixteenth Century: The Journals of Matthew Ricci*(New York: Random House, 1942·1953). 국역본: 마테오리치(신진호·전미경 역), 『중국견문록』(서울: 문사철, 2011).
Tsouna, Voula. *The Epistemology of the Cyrenaic School*(Cambridge: Cambridge University Press, 2008).
Tucker, Mary, and John Berthrong(ed.), *Confucianism and Ecology: The Interrelation of Heaven, Earth and Humans*(Cambridge[MA]: Harvard University Press, 1998).
Turgot, Anne Robert Jacques. *Réflexion sur la formation et la distribution des richesses*(1700·1788). 영역본: Turgot, *Reflections on the Formation and the Distribution of Riches*, trans. by William J. Ashley(New York: The Macmillan Co., 1898).
Unali, Lina. *Beautiful China*(Cambridge: Cambridge Scholars Publishing, 2016).
Urmson, J. O. *Aristotle's Ethics*(Oxford: Basil Blackwell, 1988). J. O. 엄슨(장영란 옮김), 『아리스토텔레스의 윤리학』,(서울: 서광사, 1996).
van Bunge, Wiep. "The Presence of Bayle in the Dutch Republic". Wiep van Bunge and Hans Bots(ed.), *Pierre Bayle(1647-1706), 'le philosophe de Rotterdam': Philosophy, Religion and Reception*, Selected Papers of the Tercentenary Conference held at Rotterdam, 7-8 December 2006(Leiden·Boston: Brill, 2008).

Van Kley, Edwin J.. "Europe's 'Discovery' of China and the Writing of World History", *The American Historical Review*, Vol. 76, N0. 2(Apr;, 1971).
_____. "Qing Dynasty China in Seventeenth-Century Dutch Literature 1644-1700". W. F. Vande Walle(ed.), *The History of the Relations between the Low Countries and China in the Qing Era 1644-1911*(Leuven: Leuven University Press, 2003).
Vahrenkamp, R.. "Frederick Winslow Taylor - Ein Denker zwischen Manufaktur und Großindustrie. Einführung zum Nachdruck". Frederickl W. Taylors *Die Grundsätze wissenschaftlicher Betriebsführung*(Weinhelm/Basel: 1977).
Vetlesen, Arne J.. *Perception, Empathy, and Judgement. An Inquiry into Preconditions of Moral Performance*(University Park, Pennsylvania: The Pennsylvania State University Press, 1994).
Vincent, Nathanael. *The Right Notion of Honour: as it was delivered in a sermon before the King at Newmarket*, Octob. 4. 1674,(Published by His Majesties Special Command(London: Printed for Richard Chiswell, 1685).
Voitle, Robert. *The third Earl of Shaftesbury*(Baton Rouge & London: Louisiana State University Press, 1984).
Volpilhac-Auger, Catherine "On the Proper Use of the Stick: *The Spirit of the Laws* and the Chinese Empire". Rebecca E. Kingston, *Montesquieu and His Legacy*(Albany: SUNY Press, 2009).
von Glahn, Richard, "Imaging Pre-modern China". Paul J. Smith and Richard von Glahn, *The Song-Yuan-Ming Transition in Chinese History*(Cambridge, MA. and London: Harvard University Asia Center, 2003).
_____. "Cycles of Silver in Chinese Monetary History". Billy K. L. So(ed.), *The Economy of Lower Yangzi Delta in Late Imperial China*(Oxford: Routledge, 2013).
_____. *The Economic History of China - From Antiquity to the Nineteenth Century*(Cambridge: Cambridge University Press, 2016).
Wagner, Donald. *Iron and Steel in Ancient China*(Leiden: E. J. Brill, 1993).
Wakeman, Frederic. *The Fall of Imperial China*(New York: The Free Press, 1975).
Walford, David. "Introduction". Anthony Ashley Cooper, Third Earl of Shaftesbury, *An Inquiry concerning Virtue, or Merit*(Manchester: Manchester University Press, 1977).
Wang, Dave. "Confucius in the American Founding". *Virginia Review of Asian Studies*(2014).
_____. "Thomas Jefferson's Incorporating Positive Elements from Chinese Civilization", *Virginia Review of Asian Studies*, No.2(2012)

_____. "The Origins of Chinese Cultural Influence on the United States", *Education About Asia*, Vol. 16, No.2(Fall 2011).

_____. "Benjamin Franklin and China - A Survey of Benjamin Franklin's Efforts at Drawing Positive Elements from Chinese Civilization during the Formative Age of the United States". http://www.benfranklin300.org/etc_pdf/franklinchina.pdf.

Wang, Jianxun. "Village Governance in Chinese History". Y673 Mini-Conference Paper(Spring 2006). 이 논문은 Jianxun Wang, *Political Economy of Village Governance in Contemporary China*(Ph D. Indiana University, 2006)의 한 절이다.

Weaver, Lawrence, *Sir Christopher Wren: Scientist, Scholar and Architect*(London: Published at the Offices of "Country Life", LTD., and By George Newnes, 1923).

Weiss, Roslyn. "Wise Guys and Smart Alecks in Republic I and II." G. R. Ferrari(ed.). *The Cambridge Companion to Plato's Republic*(Cambridge·New York: Cambridge University Press, 1998).

Weissman, David. "Metaphysics." René Descartes. *Discourse on Method and Meditations on First Philosophy*. Edited by David Weissman(New Haven·London: Yale University Press, 1996).

Weissman, David. "Descartes in Our Time." René Descartes. *Discourse on Method and Meditations on First Philosophy*. Edited by David Weissman(New Haven·London: Yale University Press, 1996).

Weller, Robert P., & Peter K. Bol, "From Heaven-and-Earth to Nature: Chinese Concepts of the Environment and Their Influence on Policy Implementation". Mary Tucker and John Berthrong, *Confucianism and Ecology: The Interrelation of Heaven, Earth and Humans*(Cambridge[MA]: Harvard University Press, 1998). 로버트 웰러·피터 볼, 「천지부터 자연까지: 중국인들의 환경 개념과 정책 수행에 미치는 영향」. Tucker and Berthrong(오정선 역), 『유학사상과 생태학』(서울: 예문서원, 2010).

Weststeijn, Thijs. "Vossius' Chinese Utopia". Eric Jorink and Dirk van Miert, *Isaac Vossius between Science and Scholarship*(Leiden: Brill. 2012).

_____. "Spinoza sinicus: An Asian Paragraph in the History of the Radical Enlightenment". *Journal of the History of Ideas*, Vol. 68, No. 4(Oct., 2007).

Whitehead, William. "Prologue". Arthur Murphy, *The Orphan of China, A Tragedy*. Performed at the Theatre Royal in Drury Lane [1759]. *The Works of Arthur Murphy*, Vol. 1 in 7 vols.(London: Printed for T. Cadell, 1786).

Whitney, Charles. *Francis Bacon and Modernity*(New Haven: Yale University, 1986). 독역본: *Francis Bacon - Die Begründung der Moderne*(Frankfurt am Main:

Fischer Verlag, 1989).

Widman, Max. *Albrecht von Hallers Staatsroman und Hallers Bedeutung als politischer Schriftsteller*(Biel: Buchdruckrei des "Bieler Anzeiger", 1894).

Wilhelm, Richard. *I Ging*(München: Diederichs, 1923·2000). 영역본: Cary F. Baynes(trans.). *The I Ching*(Princeton: Princeton University Press, 1950·1997).

Wilkinson, Endymion. *Chinese History*(Cambridge: Harvard University Asia Center for the Harvard-Yenching Institute, 2012).

Will, Pierre-Etienne. "On State Management of Water Conservancy in Late Imperial China". *Papers on Far Eastern History* 36(Canberra, 1987).

_____. "State Intervention in the Administration of a Hydraulic Infrastructure: The Example of Hubei Province in Late Imperial Times". S. R. Schram(ed.), *The Scope of State Power in China*(London·Hong Kong: School of Oriental and African Studies University of London/The Chinese University Press The Chinese University of Hong Kong, 1985).

Wills, Garry. *Inventing America: Jefferson's Declaration of Independence*(1978; Boston·New York, Houghton Mifflin Company, 2002).

Wilson, Edward O. *Consilence; The Unity of Knowledge*(1998). 에드워드 윌슨(최재천·장대익 역), 『통섭』(서울: 사이언스북스, 2010).

_____. *Biophilia: The Human Bond with Other Species*(Cambridge: Harvard University Press, 1984·1986).

Wilson, James Q.. "The Moral Sense", Presidential Address in American Political Science Association, 1992. *American Political Science Review*, Vol. 87(No.1 March 1993).

_____. *The Moral Sense*(New York: Free Press, 1993).

Wittfogel, Karl A.. *Wirtschaft und Gesellschaft Chinas – Versuch der Wissenschaftlichen Analyse einer grossen asiatischen Agrargesellschaft*, Erster Teil(Leipzig: Verlag von C. L. Hirschfeld, 1931).

_____. "The Marxist View of Russian Society and Revolution". *World Politics*, Vol.12, No.4(Jul., 1960).

Wittgenstein, Ludwig. *Philosophische Grammatik. Ludwig Wittgenstein Werkausgabe*, Bd. 4. Hrg. von Rush Rhees(Frankfurt am Main: Suhrkamp, 1984).

_____. *Tagebücher 1914-1916. Ludwig Wittgenstein Werkausgabe*, Band 1 in 8 Bänden(Frankfurt am Main: Suhrkamp, 1984).

_____. *Vermischte Bemerkungen. Ludwig Wittgenstein Werkausgabe*, Band 8 in 8 Bänden(Frankfurt am Main: Suhrkamp, 1984).

_____. "A Lecture on Ethics"(1929 or 1930). *The Philosophical Review*, Vol. 74, No. 1(Jan. 1965).

_____. "Notes on Talks with Wittgenstein"(1929). *The Philosophical Review*, Vol. 74, No. 1(Jan. 1965).

Wittrock, Björn. "Early Modernities: Varieties and Transitions", *Daedalus* 127 no. 3(1998).

Wolin, Sheldon S.. *Politics and Vision*(Boston: Little, Brown and Co., 1960).

Wong, R. Bin. *China Transformed: Historical Change and the Limits of European Experience*(Ithaca: Cornell University Press, 1997).

_____. "Chinese Economic History and Development: A Note on the Myers-Huang Exchange". *The Journal of Asian Studies* 51, 3(Aug. 1992).

Wood, Anthony. *The Life and Times of Anthony Wood, antiquary, of Oxford, 1632-1695*, Vol. III(Oxford: Printed for the Oxford Historical Society at the Clarendon Press, 1894).

Worden, Blair. "The Revolutions of 1688-9 and the English Republican Tradition". Jonathan I. Israel, *The Anglo-Dutch Moment. Essays on the Glorious Revolution and its World Impact*(Cambridge: Cambridge University Press, 1991).

Wotton, William. *Reflections upon Ancient and Modern Learning*(London: Printed by J. Leake, for Peter Buck, 1694).

Wu, Silas H. L.(吳秀良). *Communication and Imperial Control in China. Evolution of the Palace Memorial System 1693-1735*(Cambridge of Massachusetts: Harvard University Press, 1970).

Yang, Lien-sheng, *Money and Credit in China*(Cambridge, MA: Harvard University Press, 1952).

Yang, Chi-Ming. *Performing China - Virtue, Commerce, and Orientalism in Eighteenth-Century England, 1660-1760*(Baltimore: The Johns Hopkins University Press, 2011).

Yeh, Kung-Chia. "China's National Income, 1931-36". Chi-ming Hou and Tzong-shian Yu(eds.), *Modern Chinese Economics*(Taipei: Institute of Economics Academia Sinica, 1979).

Young, David. "Montesquieu's View of Despotism and His Use of Travel Literature", *The Review of Politics*, Vol.40, No.3(July, 1978).

Young, Leslie. "The Tao of Markets: Sima Quian and the Invisible Hand." *Pacific Economic Review* 1(1996).

Zelin, Madeleine. "A Critique of Rights of Property in Prewar China". Madeleine Zelin, Jonathan Ocko, and Robert Cardella(eds.), *Contract and Property in Early Modern*

　　　　　China(Stanford: Stanford University Press, 2004).

_____. *The Merchants of Zigong: Industrial Entrepreneurship in Early Modern China*(New York: Columbia University Press, 2005).

Zuckerman, Phil. "Atheism: Contemporary Rates and Patterns"(an unabridged version). Michael Martin(ed.), *The Cambridge Companion to Atheism*(Cambridge University Press, 2006).

Zurndorfer, Harriet T.. "Cotton Textile Production in Jiangnan during the Ming-Qing Era and the Matter of Market-Driven Growth". Billy K. L. So(ed.), *The Economy of Lower Yangzi Delta in Late Imperial China*(Oxford: Routledge, 2013).

5 서양 잡지

Gentleman's Magazine, 6(August, 1736); 8(July, 1738); 12(July, 1742).

Scots Magazine, 24(August, 1762).

The Spectator, No. 414(June 25, 1712). *The Spectator,* Vol. V in six vols.(New York: D. Appleton & Company, 1853). ★

찾아보기

찾아보기

✖ 용어색인

ㄱ

가브리엘 마블리(Gabriel Bonnet de Mably) / 357
간쟁諫爭 / 157
간체자簡體字 / 286
강희제 / 79, 144, 327
개연설(Probabilism) / 301
검투극 / 233
게르만의 숲 / 185, 195
격물치지格物致知 / 161
겸양(decency) / 73
경신성輕信性(fearful credulity) / 70
계몽군주정 / 91
계몽절대군주정 / 92
계연 / 389
고대헌법론 / 105, 195
고류사高類思(Kao Lei-se) / 346
고비앙 / 79
고비엥 / 152
고비엥(Charle le Gobien) / 152
고프리 허드슨(Geoffrey F. Hudson) / 278
공공법(Droit public) / 92
공자 / 220
공호이단攻乎異端 / 43
괘사卦辭 / 409
구다르 / 474
구르네 / 371
구민동(Min Dong Gu) / 187
구텐베르크 / 278
군림권(천하영유권) / 185
군자치국(신권정치) / 262

군주정 / 96
군주정(mornachical government) / 200
권귀權貴 / 205, 212
귀모鬼謀 / 39
귀신들림(hauntedness) / 87
그로티우스 / 17
극동화(Far-Easternization) / 106
근감각筋感覺(kinaesthesia; muscle sense) / 162
기독교철학자 / 176
기론氣論 / 53, 70
기번(Edward Gibbon) / 187

ㄴ

나방백羅芳伯 / 427
남경교령 / 143
내경內經(금강경) / 255
네르친스크조약문 / 324
네스토리우스교 / 325
노바야 젬랴(Novaya Zemlya) / 247
노블(C. F. Noble) / 374
농본주의農本主義 / 338
니우호프 / 120, 146
니콜라 말브랑쉬(Nicholas Malebranche) / 55
니콜라 말브랑쉬(Nicholas Malebranche, / 104, 134
니콜라 보도(Nicolas Baudeau, / 476
니콜라-가브리엘 르클레르크(Nicolas-Gabriel [Le] Clerc) / 481

ㄷ

다르장송 / 369
다르장송(Le Marquis d'Argenson, / 466
다미앙(Robert-François Damiens) / 234
달랑베르 / 342
대大추밀원(le grand conseil) / 415
대역大逆 / 157
대의자代議者 / 192
대진경교유행중국비大秦景教流行中國碑 / 325
데니 디드로(Denis Diderot) / 40
데리코 데 포르데노네(Odreico de Pordenone, / 126
데메소(Pierre Desmaiseaux) / 87
데모크리토스 / 51
데이비드 영 / 222
데이비드 영(David Young) / 221
데이비드 흄 / 105, 191, 237, 250
데카르트 / 137, 465
도금양桃金孃(myrte) / 118
도덕과학(la science des moeurs) / 26
도르브(d'Orbe) / 448
도르튀 드 마이랑(Dortus de Mairan) / 137
도마[J. Domat] / 406
도미니크 파렌닌 / 225
도비(Madeleine Dobie) / 197
도안고屠岸賈 / 333
독서노트 / 191
독임적(monocratic) / 201
돌바하(Paul-Henry, Baron d'Holbach, / 505
동세서점東勢西漸 / 199
뒤부르 / 470
뒤부르(Henri Dubourg) / 470
뒤알드 / 186, 191, 226, 241, 245, 247, 256, 397, 402
뒤크 드 생시몽(Duc de Sain-Simon) / 206
뒤퐁 드 네무르(DuPont de Nemours) / 366
뒤퐁 드 네무르(DuPont de Nemours) / 371

드 로피탈(Michel de l'Hopital) / 128
드 리온느 / 140, 144, 145
드 마리앙 / 225
드 마리앙(de Marian) / 224
드니 디드로(Denis Diderot) / 496
디드로 / 342, 397
디드로(Denis Diderot, / 464
똘레랑스(tol / 312

ㄹ

라 루베르(La Loubere) / 50
라 모트 르 베예 / 22, 27, 204
라 모트 르 베예 / 441
라 모트 르 베예(François de La Mothe le Vayer, / 15, 21
라 셰스 / 204
라 셰스(François de La Chaise) / 16
라우렌트 랑에(Laurent Lange) / 225
라이프니츠 / 175, 183, 289, 465
라플랜드(Lapland) / 247
랜 히르슐(Ran Hirschl) / 189
레세페르 / 371
레세페르(laissez faire) / 370
레지-에바리스트 위크(R / 294
로데(Bernhard Rode) / 362
로만(Geronimo Roman) / 442
로버트 필머(Robert Filmer, / 193
로제 보이쉬(Roger Boesche) / 206
로코코회화 / 120
로크 / 73
롱고바르디 / 152, 174
루비에 / 218
루비에(Joan-Pau Rubiés) / 190
루셰(Jean-Antoine Roucher) / 364
루셀렝(Rouxelin) / 378

루셀로 드 쉬르지(Jacques Philibert Rousselot de Surgy) / 396
루소 / 237, 335, 448, 451
루소(Jean-Jacques Rousseau, / 435
루이 14세 / 95, 126, 195, 202
루이 르콩트 / 54
루이 마르케(Luis Marquet) / 149
루트비히 포이에르바흐 / 88
르 마르키 드 미라보(Victor de Riquetti le Marquis de Mirabeau, / 342
르 트론(Guillaume-François Le Trosne) / 378
르노도(Renaudot) / 282
르장드르(François[?] Legendre) / 368
르콩트 / 120, 122, 142, 152, 485
르클레르크(Nicolas-Gabriel [Le] Clerc, / 393
리理 / 153
리골레(Regolet) / 317
리셸리외 / 195
리셸리외 / 96
리일분수론理一分殊論 / 169
리히터(Melvin Richter) / 254
링게(Simon-Nicolss-Henri Linguet) / 356

ㅁ

마담 퐁파두르 / 204
마르시 / 374
마르티니 / 152
마블리 / 358
마이그로 / 141, 143
마일라(Father de Mailla) / 351
마크 헐령(Mark Hulliung) / 244
마키 드 루브와(Marquis de Louvois) / 95
마테오리치 / 54, 58, 146, 152, 403
만다린 샴피(Cham-pi-pi) / 473
만다린세계(manrarinate) / 102

말브랑쉬 / 18, 134, 138, 145, 153, 159, 161, 171, 175, 182
매슈 틴들 / 67
매슈 틴들(Matthew Tindal) / 306
메소니에(Ernst Meissonier) / 123
멘도자 / 233, 278
명상적 원리(contemplative institute of beatific inaction) / 47
명암대비법(chiaroscuro) / 125
모레리(Louis Moréri) / 31
몽매주의자 / 90
몽테스키외 / 18, 99, 184, 191, 195, 209, 216, 225, 230, 241, 421
무신론자 / 146
무위교無爲敎(Vu Guei Kiao) / 47
무위이성無爲而成 / 177, 487
무위이치無爲而治 / 87, 242, 370
무위이치자無爲而治者 / 453
무한히 완전한 존재자(l'Etre infiniment parfait) / 173
물형物形 / 151
뮤리엘 도드(Muriel Dodds) / 188
미라보 / 343, 361
미셸 드 로스피탈(Michel de l'Hospital) / 99
미셸 르 텔리에(Michel le Tellier) / 141
민주정체론 / 236
밀경密經 / 46
밀턴 / 78

ㅂ

바니니 / 82
바니니(Lucilio Vanini) / 73
바로크양식 / 120
바르나부스(Barnabus) / 70
바울 / 70

박시제중 / 304
반反예수회파 / 141, 146
반달리즘(vandalism) / 250
반동복고 / 198
발리냐노(Alessandro Valignano) / 280
발리냐노와 산데 / 403
버나드 맨드빌(Bernard Mandeville) / 88
범신론자 / 138
법복귀족 / 203
베르나르(Bernard Jean-Frederic) / 225
베이컨 / 126
벤티(Ven-ti) / 262
벨 / 72, 83, 86, 89, 93, 96, 212
변신론辯神論 / 138
별애別愛(favor) / 75
보도(Nicolas Baudeau) / 356
보방(Sebastian de Vauban) / 346
보방(Sébatian Le Prestre de Vauvan) / 219
보브와이예르(Beauvoilluers) / 144
보쉬에(Bossuet) / 134
보시어스 / 54, 124, 125
보시어스(Vossius) / 282
볼테르 / 89, 127, 258, 277, 282, 288, 309, 333, 364, 470
볼테르(Voltaire, / 273
볼필하크-오제(Catherine Volpilhac-Auger) / 188
봉건적 민주주의(feudal democracy) / 205
부르주아(F. Bourgeois) / 352
부아길베르 / 368
불임적 지주 / 339
브레마르(Bremare) / 333
비시에르 / 245
비큐 파레크(Bhikhu Parekh) / 190
비토리오 에마누엘레 2세(Vittorio Emanuele II) / 506

비트포겔 / 186
빌리 베르거(Willy R. Berger) / 438

ㅅ

사대봉사四代奉祀 / 153
사두개교도 / 76
사두개교도들(Sadducees) / 76, 322
사마천 / 386
사이드(Edward W. Said) / 190
사해형제주의四海兄弟主義 / 304
산데(Duarte de Sande) / 280
삼위일체설 / 53
상본주의商本主義 / 379
상제(주재자) / 163
상제上帝(le Roi du Ciel) / 24
샐리 젠킨슨(Sally L. Jenkinson) / 91
생테브레몽 / 54
생프뢰(Saint-Preux) / 448
샤를 11세 / 99
샤를 드 투르농(Charles de Tournon, / 143
샤를 마이그로(Charles Maigrot, / 140
샤클리턴(Robert Shackleton) / 200
섀프츠베리 / 87
서원誓願 / 484
석전제釋奠祭 / 141
선험적 테제 / 259
성리학 / 146
성선설性善說 / 177
성훈聖訓 / 205
세메도 / 146, 152
소시누스(Laelius Socinus, / 53
소시니언 교파(Socinians) / 44
소시니언(Socinian) / 52
소피아昭披耶 / 426
쇼펜하우어 / 40

수범垂範 / 242
수오지심 / 81
쉬클라(Judith N. Shklar) / 189
스콜라철학 / 134
스테판 야콥센(Stefan Gaarsmand Jaconsen) / 433
스테판 제이콥슨(Stefan G. Jacobson) / 343
스트라톤주의 / 62
스피노자 / 49
시군弑君 / 157
시누아즈리(chinoiserie) / 15
시몽 푸셰(Simon Foucher) / 135
시민종교(civil religion) / 243, 268
식자공화국 / 102
신新교부철학자 / 139
신관神觀 / 39, 58
신들림(enthusiasm) / 87
신사관원(만다린) / 208
신성설神性說 / 44
신지神智 / 38
실루에트 / 204, 372, 490
실재태들 / 168, 173

ㅇ

아담 스미스 / 402
아돌프 라이히바인 / 107
아르놀(Antoine Arnauld) / 55
아르튀 드 리온느(Artus de Lionne) / 139
아리스토텔레스 / 99, 209, 221
아미오(J. M. Amiot) / 352
아보(Abo) / 247
아우구스티누스 / 104, 139, 465
안셀름(Anselm of Canterbury, / 172
알브레히트 폰 할러(Albrecht von Haller) / 434
앙리 3세 / 94, 99
앙시앵레짐 / 302

앙쥐 구다르(Ange Goudar) / 470
앙투안느 아르놀 / 141
앙투안느 아르놀(Antoine Arnauld, / 104
앙투안느 아르놀로 / 136
앤슨 경(Sir Anson) / 224
앤슨(George B. Anson) / 185
앤슨(George B. Anson) / 437
앤써니 콜린스 / 87
앤터니 콜린스(Anthony Collins, / 63
얀센니스트 / 104
양가적兩價的 / 186
양덕망楊德望(Yang Teh-wang) / 346
양묵楊墨 / 42
어니스트 휴즈(Ernest R. Hughes) / 17
어시위御侍衛 / 426
에드가 쇼러(Edgar Shorer) / 344
에티엔느 드 실루에트(Etienne de Silhouette, / 485
에피쿠로스 / 51
엑스라샤펠(아헨)조약 / 342
엘베시우스 / 461
엘베시우스(Claude Adrien Helv / 464
엥겔스 / 88
여일인余一人 / 308
역괘易卦 / 38
예수신성설神性說 / 53
예수회 공자주의자들(Jesuit Confucianistes) / 137
예수회파 / 141
예정설豫定說 / 71
오계五戒 / 46
오로스마니(Orosmani) / 471
오리엔탈리즘 / 190
오스만제국 / 98
오호십육국五胡十六國 / 333

완벽태들 / 168
왕권민수론王權民授論 / 220
왕위민여론王位民與論 / 220
외경外經 / 46, 254
외방선교회(Société des Missions étrangères) / 140
요하쉼 부베(Joachim Bouvet, / 179
요한 유스티(Johann H. G. von Justi) / 365
우신론祐神論 / 157
울리히 후버(Ulrich Huber) / 92
위그노 / 80
위정척사衛正斥邪 / 199
유럽중심주의자 / 199
유럽중심주의자(insular Eurocentrist) / 145
유방劉邦 / 504
유일무이성 / 249
유자儒者학파 / 22
이기설理氣說 / 57
이나쿠스(Inachus; / 119
이도메네 / 133
이도메네(Idoménée) / 131, 450
이르티쉬(Irtysh)강 / 247
이직보원以直報怨 / 306
이학理學 / 149
인 판 밤(In Fan Vam) / 45
인도주의(humanitarianism) / 304
인모人謀 / 39
인문주의(humanism) / 304
인상印象 / 161
인지人智 / 38
인토르케타 / 146
일반 민주주의(universal democracy) / 205
일반의지(general volition) / 136
일원론·이원론理氣一元論·二元論 / 146
일음일양一陰一陽 / 151

일일신우일신日日新又日新 / 286
임명귀족 / 404

ㅈ

자기애(amour-propre) / 64
자문명비판 / 294
자비행慈悲行 / 46
자연본성적 빛(la lumiere naturelle) / 24
자연종교 / 85
작화作話(confabulation) / 167
잔트라르트 / 120
장 보댕(Jean Bodin, / 93
장 프랑수아 멜롱(Jean François Melon) / 492
쟝 바르베락(Jean Barbeyrac, / 17
적도식 설치 / 281
적멸주의寂滅主義(quietism) / 47
전제국가 / 208
전제정 / 99, 192, 197
전제정(despotic government) / 200
전제정(despotism) / 209, 212
전제주의(despotism) / 200
전지적全智的 / 177
절대주의 / 103
절제적 정부(moderate government) / 201
절제적 통치(moderate government) / 263
정관주의(Quietismus) / 134
정치법(Droit politique) / 92
제이콥슨(Nolan P. Jacobson) / 41
제한적 관용론 / 78
조나단 이스레일(Jonathan I. Israel) / 208
조지 앤슨 / 225
조한 뷔팅어 / 119
존 로크 / 87, 105
존 쿠템베르고(John Cutembergo) / 278
존 톨란드 / 87

존 트렝커드 / 67
존슨 / 188
주기론主氣論 / 146
주리론 / 148
주리론主理論 / 146
주재主宰 / 153
주희 / 153
중국론 / 191
쥘르 드 마자렝(Cardinal Jules R. de Mazarin, / 212
지오반니 보테로(Giovanni Botero, / 217, 218
진무眞無 / 46
집체적(collegial) / 201

ㅊ

차지농借地農 / 381
찬참贊參 / 157
참달지심慘怛之心 / 453
참주정(전제정) / 207
참주정(폭정) / 210
천관天觀 / 50
천인상조론天人相助論 / 157
천즉리天卽理 / 153
천지지도天地之道 / 178, 371
천지화육찬참론天地化育贊參論 / 157
초超유신론 / 37
추일계鄒一桂 / 122

ㅋ

카를 마르크스(Karl Marx, / 338
카티우스(Catius) / 102
칼 마르크스 / 402
케네 / 204, 326, 341, 342, 352, 378
케네(François Quesnay, / 337
케네가 / 457

케어류(T. Carew) / 105
케어류(Thomas Carew) / 195
코우 / 198, 241
코우(Kou) / 305
코우(Simon Kow) / 186
코트니(Cecil P. Courtney) / 189
콘라도(Conrado) / 278
콜베르 / 204
쿠수 / 306, 312
쿠플레 / 146, 183
큐 가든(Kew Garden) / 127
크라우제 / 198
크라우제(Sharon Krause) / 196
크레비용(Posper-Jolot Crébillon) / 472
크리스토프 보리(Christoph le Borry) / 27
큰 존재자(l'Etre infiniment parfait) / 160, 163
클로드 엘베시우스(Claude Adrien Helvétius, / 497

ㅌ

타르베르니에(Jean-Baptiste Tarvernier) / 222
탁절하게(eminemment) / 163
탄 민(Tan Min) / 433
탈脫무신론 / 37
테미르칸(Temirkan) / 471
테브노 / 204
테브노(Melchisédech Th / 16
템플로 / 54
토도로브(Tzvetan Todorov) / 189
토마스 고든 / 67
토마스 모어(Thomas More, / 495
토마스 아퀴나스 / 465
토메 피레스(Tome Pires) / 258
투르네포르(Éloge de M. Tournefort) / 222
투르농 / 144

튀르고 / 204, 378
튀르고(Jacques Turgot, / 346
튀코 브라헤(Tycho Brahe, / 281
트리고 / 58, 120, 221

ㅍ

파렌닌(Parennin) / 224
파를레망 / 202, 203
파를레망(상고법원) / 99
페넬롱 / 18, 106, 119, 122, 126, 129, 178, 272, 449
페르 위크(P / 294, 598
페르네(Ferney) / 303
페르디난도 갈리아니(Ferdinando Galiani, / 357
페르비스트(Verbiest) / 247
페어비스트(Ferdinand Verbiest) / 35
펠롭스(Pélops; / 119
평민군주정 / 208
포르티코(현관지붕) / 121
푸펜도르프 / 17
풍토결정론 / 259
프랑수아 드 마르시(François Marie de Marsy, / 373

프랑수아 베르니에(François Bernier, / 31
프랑수아 베르니에(François Bernier, 1620-1688) / 15
프롱드의 난 / 217
프리드리히 그림(Friedrich von Grimm, / 435
피에르 벨(Pierre Bayle, / 17, 33
피에르 위에(Pierre Daniel Huet, / 307
피에르 푸아브르(Pierre Poivre) / 493
피에르 푸아브르(Pierre Poivre, / 376

ㅎ

한학파漢學派 / 146
햄프슨 / 198
햄프슨(Norman Hampson) / 187
허드슨 / 233
헤겔 / 481
헬레니즘 / 104
호변好辯 / 42
혹스트라텐(Samuel Van Hoogstraten, / 124
홉스 / 96, 214
황가략(Arcadio Huang) / 241
회교법률전문가(mufti) / 98
효사爻辭 / 409

저술색인

『17-18세기 영국의 공자숭배와 모럴리스트들』 / 237

『1740-1744년의 세계일주 항해』 / 225

『1747년과 1748년의 동인도 여행(A Voyage to the East Indies in 1747 and 1748)』 / 374

『'그들을 들어오도록 강요하라'는 예수의 말씀에 대한 철학적 주석(Commentaire philosophique sur ces paroles de Jesus-Christ, Constrain-les d'entrer)』 / 44

『'기독교철학자와 중국철학자의 대화'에 관한 조언(Avis touchant l'Entretien d'un philosophe chrétien avec un philosophe chinois)』 / 149

『"사람들을 강제로 데려와 내 집을 채우라"는 누가복음 14장 23절의 이 말씀에 대한 철학적 주석』 / 83

『감화적이고 신기한 서간들』 / 245

『강희회전』 / 267

『게르만의 풍속에 관하여』 / 192

『경제잡지(Journal Œconomque)』 / 369

『경제적 과학(la science économique)』 / 483

『경제철학의 초보입문(Premiere Introduction a la Philosophie Economique)』 / 476

『경제표(Tableau / 339, 599

『경제표』 / 353, 356, 372, 380, 395, 411, 483

『공자철학과 서구 계몽주의의 기원』 / 291

『과학과 예술의 역사에 기여하는 트레보의 연구논집(Mémoires de Trévoux pour servir a l'histoire des sciences et des baux-arts)』 / 148

『관용론』 / 288, 308, 310, 320, 323

『관용에 관한 서한』 / 326

『국가론』 / 440

『금강경』 / 46

『금강반야바라밀다심경金剛般若波羅蜜多心經』 / 46

『기독교에 우호적인 중국황제의 칙령의 역사』 / 152

『기독교의 본질』 / 88

『기독교의 제도적 확립의 역사(Historie de lètablissement du christianisme)』 / 288

『기독교철학자와 중국철학자의 대화』 / 147, 148

『기술(Observatione in quaestita Sinarum imperatori a patribus S.J. prositas)』 / 145

『나의 아저씨의 변호(Défence de mon oncle)』 / 287

『논어』 / 304, 407, 457

『농업·금융·상업에 잘못 정통한 프랑스의 이익(Les intérêt de la France man entendus dans dles braches de l'argriculture, des finances et du commerce)』 / 474

『농촌철학(Philosophie rurale)』 / 361

『농촌철학, 또는 농업의 일반적·정치적 경제(Philosophie Rurale, ou Économie générale et politique de l'agriculture)』 / 343

『농촌철학』 / 345, 365, 483

『니코마코스윤리학』 / 270

『다양한 관찰의 책』 / 124

『다양한 생각들의 속편(Continuation des Pensées diverse)』 / 60

『다양한 생각들의 속편』 / 62

『대우大禹와 공자(Yu le Grand et Confucius)』 / 481

『대우와 공자』 / 483

『대학』 / 270, 286, 407, 457
『대화』 / 149, 154, 173, 176, 177, 178, 180
『도덕·정치 에세이집(Essays Moral and Political)』 / 252
『독자를 위한 조언』 / 149, 179, 182
『드 리온느 마담에게 보내는 서한, 그녀의 아들 로살리 주교에 대한 예수회원들의 비방문에 관하여(Lettre à Madame de Lionne, sur la libelle des Jesuites contre l'Evêque de Rosalie, son Fils)』 / 145
『로마교황청 방문 일본사절단(De Missione Legatorum Iaponesium ad Romanum Curiam)』 / 280
『로마제국의 흥망사』 / 187
『루이 14세의 세기(Siècle de Luis XIV)』 / 287
『맹인서간』 / 40
『맹자』 / 407
『메르퀴르 드 프랑스(Mercure de France)』 / 368
『무식한 철학자(Philosophe ignorant)』 / 287
『무신론에 관한 일차 설교(Première homélie. Sur l'atheisme)』 / 287
『문예통신(Correspondance litt / 436, 600
『바빌론의 왕녀』 / 288
『백과전서』 / 342, 365, 386, 397, 456, 496
『법의 정신』 / 184, 191, 195, 196, 200, 201, 217, 219, 242, 244, 245, 250, 253
『법철학』 / 481
『보편기술(Relationi Universali)』 / 217
『부의 형성과 분배에 관한 성찰(R / 347
『북방항해기(Recueil de voyages au Nord)』 / 225
『사회계약론』 / 237
『사회의 자연질서』 / 358
『사회적 체계』 / 505
『사회질서론(Du l'ordre social)』 / 378
『상업에 관한 정치평론(Essai politique sur le commerce)』 / 492
『새 기독교교도들과 중국·일본·인도 선교사들의 변호(Défense des nouveaux chrétiens et des missionnaires de la China, du Japon et des Indes)』 / 141
『서경』 / 297, 407
『성경』 / 294, 300
『소학』 / 407
『시경』 / 407
『시민법 3책의 울리히 후버리(Ulrich Huberi de Jure civitiatis libri tres)』 / 92
『시민일지(Les Ephémérides du Citoyen)』 / 347
『시민일지』 / 358, 361, 397
『식자공화국의 새소식(Nouvelles de la Replique des Lettres)』 / 34
『신과 인간(Dieu et les hommes)』 / 287
『신과학의 진보의 기원에 관하여』 / 392
『신국』 / 278
『신기관』 / 126
『신기하고 다양한 항해 이야기(Relations de divers voyages curieux)』 / 16
『신기한 서한들(Lettres curieuses)』 / 308
『신의 존재와 본성에 관한 기독교 철학자와 중국철학자의 대화(Entretien d'un philosophe chrétien et d'un philosophe chinois sur l'existence et la nature de Dieu)』 / 55
『신의 존재와 본성에 관한 기독교철학자와 중국철학자의 대화(Entretien d'un philosophe chrétien et d'un philosophe chinois sur l'existence et la nature de Dieu)』 / 137
『신의 존재와 본성에 관한 기독교철학자와 중국철학자의 대화』 / 139, 145
『어느 철학자의 여행 또는 아프리카·아시아·아메리카 인민들의 도덕과 예술에 관한 관찰』 / 494

『어느 철학자의 여행(Voyages d'un philosophe)』 / 378
『에밀』 / 450, 452
『역경』 / 407
『역사·비판 사전』 / 56, 78, 99
『역사·비판사전』 / 102
『역사·철학사전』 / 93, 95, 98
『역사대사전(Le Grande Dictionnaire Historique)』 / 31
『역사에 관한 단상(Fragments sur l'historie)』 / 287
『역사적·비판적 사전』 / 62
『역사철학』 / 90
『예기』 / 220, 407
『예수회 회원들의 실천도덕(La Morale pratique des Jésuites)』 / 141
『예수회 회원들의 중국으로부터의 추방 이야기(Relation du banissement des Jésuites de la Chine)』 / 287
『예수회 회원들의 중국으로부터의 추방 이야기』 / 320, 323
『옹정회전』 / 267
『왕국의 10분지 1세(Le dîme royal)』 / 346
『우리의 자연질서 속의 시민법(Lois civiles dans leur ordre naturel)』 / 406
『우화』 / 106
『유럽의 중국 만다린(Le Madarin chinois en Europe)』 / 470
『유럽의 중국 스파이(L'Espion chinois en Europe)』 / 470
『유럽의 중국 스파이』 / 470
『유신론자들의 신앙고백(Profession de des théistes)』 / 287
『율리시스의 아들 텔레마크의 모험(Les Aventures de Télémaque, fils d'Ulysse)』 / 133

『이교도들의 덕성에 관하여(De La vertu des payens)』 / 15, 22
『이교도들의 덕성에 관하여』 / 22, 31
『이타카의 왕자이자 율리시스의 아들인 텔레마크의 생각할 만한 인생서술 아래 국가·예술·도덕론으로 가는 우아한 길을 매개로 어떻게 지휘하는지를 들려주는 국가소설』 / 133
『인간불평등기원론』 / 441
『인간의 벗(L'ami des hommes)』 / 343
『인간의 벗』 / 483
『인도에 대한 역사적 단상(Fragments historiques sur l'Inde)』 / 288
『잉여가치학설사』 / 338
『자본론』 / 338
『자연과 은총에 관한 논고(Traité de la nature et de la grâce)』 / 136
『자연과 은총에 관한 논고』 / 136
『자연법론(Du Droit Naturel)』 / 457
『자연법에 따른 인간의 전쵸 의무(The Whole Duty of Man according to the Law of Nature)』 / 17
『자연질서』 / 358
『장 멜리에르의 유서(Testament de Jean Mesliers)』 / 287
『재미있고 신기한 잡록, 또는 아시아·아프리카와 극지방의 자연적·도덕적·시민적, 그리고 정치적 역사의 요약집(M / 396
『재부·화폐·조세의 본성에 관한 논고(Dissertation de la nature des richesses, de l'argent et des tributs)』 / 368
『쟈오(Tchao)의 고아』 / 333
『정신론(De l'esprit)』 / 461
『정치경제론』 / 451

『정치학』 / 221
『제諸국민의 도덕과 정신, 그리고 샤를마뉴로부터 루이 13세까지의 역사적 주요 사실에 대한 평론(Essai sur les moeurs et l'esprit des nations et sur les principaux faits de l'histoire, depuis Charlemagne jusqu'』 / 282
『제국민의 도덕과 정신에 관한 평론』 / 277, 283, 297
『제국민의 도덕과 정신에 대한 평론』 / 304
『제민족의 도덕과 정신에 관한 평론』 / 288
『조씨고아趙氏孤兒』 / 333
『조씨고아대보수趙氏孤兒大報讎』 / 333
『조씨고아』 / 244, 335
『종교, 교회, 그리고 행복에 대한 자유로운 생각(Free Thoughts on Religion, the Church, and Happiness)』 / 88
『주역』 / 394
『죽은 자들의 대화(Dialogues des Morts)』 / 107
『중국 스파이 또는 북경황궁의 비밀특사(L'Espion chinois, ou L'Envoyé Secret de la Cour de Péking)』 / 470
『중국 스파이 또는 북경황궁의 비밀특사』 / 474
『중국 스파이, 또는 북경황궁의 비밀특사(L'Espion chinois, ou L'Envoyé Secret de la Cour de Péking)』 / 473
『중국 스파이, 또는 북경황궁의 비밀특사』 / 476
『중국(La Chine)』 / 396
『중국과 유럽』 / 492
『중국대제국의 주목할 만한 모든 것과 제례와 관습의 역사』 / 441, 443
『중국의 계몽군주정』 / 381, 394
『중국의 계몽군주정』 / 358
『중국의 계몽전제정(Le Despotisme de la Chine)』 / 217, 396
『중국의 계몽전제정』 / 341, 345, 353, 359, 365, 366, 378, 396, 397, 427, 481
『중국의 고아(L'Orphelin de la Chine)』 / 331
『중국의 고아』 / 288, 332, 333, 335, 446
『중국의 도미니크파 선교사들의 변론 또는 예수회 르 텔러 신부의 책에 대한 대답(Apologie des dominicains missionnaires de la Chine ou Réponse au Livre du Pere Le Teller Juiite)』 / 142
『중국의 저울, 또는 한 중국인의 교육에 관한 편지(La balance chinoise, ou lettres d'un chinois lettré, sur l'education)』 / 486, 490
『중국의 철학자 공자의 도덕에 관한 서한(Lettre sur La Morale de Confucius, philosophe de la Chine)』 / 135
『중국의 현상태에 관한 신비망록』 / 54
『중국의 현재 상태에 대한 신비망록』 / 142
『중국의 현재 체제에 대한 신비망록』 / 397, 400
『중국의 현재상태에 대한 신新비망록』 / 152
『중국의 현재상태에 대한 신비망록』 / 121
『중국인 편지(Lettres chinoises)』 / 466
『중국인 편지』 / 467
『중국인·일본인·인도인·페르시아인·터키인·러시아인 등의 현대사(Histoire moderne des Chinois, des Japonais, des Indiens, des Persans, des Turcs, etc.)』 / 373
『중국인들 사이에서의 기독교 선교』 / 22, 152, 221, 444
『중국인들의 정치·도덕학(Sinarum Scientia Politico-Moralis)』 / 16
『중국인의 과학, 또는 공자의 책(La Science des Chinois, ou le Livre de Cum-fu-çu)』 / 16
『중국인의 통치와 도덕의 일반이념』 / 485
『중국인의 통치와 도덕의 일반이념』 / 486, 490
『중국제국의 역사』 / 278, 279
『중국철학자 공자의 도덕(La Morale de

Confucius, philosophe de la Chine)』 / 135
『중국철학자 공자의 도덕』 / 34
『중국철학자 공자』 / 15, 16, 34, 54, 135, 146, 150, 183
『중국통사』 / 186, 397, 402
『중국황제의 칙령의 역사(Histoire de l'édit de l'empereur de la Chine)』 / 80
『중농주의(Physiocratie)』 / 326
『중농주의, 또는 인류에게 가장 이로운 통치의 자연적 헌정체제(Physiocratie, ou constitution naturelle du gouvernement le plus avantageux au genre humain)』 / 366
『중용』 / 407
『쥘리 또는 신엘로이즈』 / 448
『진리의 탐구에 관하여, 또는 인간정신의 본성의 논고(De la recherche de la vérité, Où l'on traite de la nature de l'esprit de l'homme)』 / 135
『진리의 탐구에 관하여』 / 137, 180
『진실 예찬(Eloge de la sincérité)』 / 241
『진실 예찬』 / 241
『창세기만큼 오래된 기독교』 / 306
『철학사전(Le Dictionnaire Philosophique)』 / 287
『철학사전』 / 277, 283, 289, 295, 324, 327
『철학적 주석』 / 86
『춘추』 / 297, 407
『태국여행기(Relation de Siam)』 / 50
『태국왕국론』 / 56
『텔레마크』 / 106, 130, 133, 134, 449
『트레보 지』 / 178, 180
『트레보 지』 / 149
『파리의 해외선교세미나 책임자 샤르몽 씨에게 보내는 드 리온느 신부의 서한(Lettre de M. l'Abbé de Lionne à M. Charmot, Directeur du Séminaire des Missions Etrangères de Paris)』 / 144
『페루의 잉카정부(Gouvernement des Incas de Perou)』 / 356
『페르시아인의 편지(Lettres Persanes)』 / 219
『포(Paw)씨로부터의 중국·인도·타타르 서한』 / 288
『프랑스로의 임박한 귀환에 관해 난민에게 주는 중요한 충고(Avis aux refugiez sur leur prochain retour en France)』 / 99
『프로이센 왕의 부속사제에 의해 마침내 해명된 성경(La Bible enfin expliquée par les aumôniers de roi de Prusse)』 / 287
『피에르 벨(Pierre Bayle)』 / 88
『학문예술론』 / 335
『한 지방사람의 질문에 대한 응답』 / 212
『현대 박사들에 대한 응답(Résponse aux Docteurs modernes)』 / 356
『혜성에 관한 다양한 생각들』 / 70
『혜성에 관한 다양한 생각』 / 81
『회고와 잡지(Mémoires et Journal)』 / 369
『효경』 / 407

「공자, 중국의 소크라테스에 관하여(De Confutius, le Socrate de la Chine)」 / 22
「공자와 소크라테스(Confucius et Socrate)」 / 107
「공자와 소크라테스」 / 132
「국민성에 관하여」 / 250, 252
「기술과 과학의 흥기와 진보에 관하여」 / 240
「내가 황 씨와 가진 대담으로부터 내가 도출한 중국에 관한 약간의 논평(Quelques Remarques sur la Chine que j'ay tirées des conversations que j'ay eües avec M. Ouanges)」 / 242
「누가복음」 / 301

「드 쉴리의 왕국 경제격률의 발췌」 / 384
「마태복음」 / 301
「뱅상 드 구르네에 대한 찬사(Eloge de Vincent de Gournay)」 / 368
「사개명의四個名義」 / 205
「예비논의」 / 146, 150, 183
「완벽한 공화국의 이념」 / 238
「왕의 국가(De le'Estat de la Loy)」 / 23
「중국 질의응답(Catechism chinois)」 / 305
「중국 질의응답」 / 312
「중국궁정에서의 협상에 관한 랑에 씨의 보고(Journal du Sieur Lange continuant ses négotiontions à la cour de la Chine)」 / 225
「중국도시들의 크기(De Magnis Sinarum Urbibus)」 / 124
「중국인들의 자연신학에 관한 논고」 / 183
「출애굽기」 / 172
「화식열전」 / 386